DATE DUE		
JAN 9 1998	AUG 4 – 2000	
FEB 2 6 1998	OCT 1 2003	
	FEB 2 6 2004	
MAY 7 1998		
MAY 7 1998		
JUN 2 4 1998		
JUL 8 1998		
DEC 1 5 1999		
SEP 5 2001		
APR 3 2002		
MAR 2 7 2003		

201-9500   PRINTED IN U.S.A.

Enciclopedia de la

Salud
y el bienestar emocional de la
Mujer

Denise Foley, Eileen Nechas
y las editoras de **PREVENTION** Magazine

Enciclopedia de la

Salud
y el bienestar
emocional de la
Mujer

Rodale Press, Inc.
Emmaus, Pennsylvania

TEMAS DE SALUD

Asesor:
Jose Luis Vaquero Puerta
Doctor en Medicina, Especialista en Medicina Preventiva

Título de la obra original: "Women's Encyclopedia of Health and Emotional Healing"

Traductora: Inés Martínez de Aguilar

Diseño de cubierta: C. Carabina

Dibujos de Carmen Colilla de Iscar

ADVERTENCIA

El propósito de este libro es el de informar al lector sobre los progresos de la medicina en el conocimiento y tratamiento de una serie de enfermadades comunes. Para obtener un diagnóstico y un tratamiento adecuados es necesario el dictamen de un especialista. La información que se incluye en este libro tiene como objeto el ayudarle a obtener un mejor conocimiento sobre el tratamiento recibido. Bajo ninguna circunstancia puede sustituir al tratamiento prescrito por su médico.

Prevention es una marca registrada de Rodale Press Inc.

Impreso en los Estados Unidos de América sobre papel libre de ácido y reciclado

Si tiene preguntas o comentarios con respecto a este libro, por favor diríjase a:

Rodale Press
Book Reader Service
33 East Minor St.
Emmaus, Pa 18098

SPANISH
613. 0424
FOL
9/97

Distribución comercial de St. Martin's Press

ISBN 0–87596–367–6

4 6 8 10 9 7 5 3   pasta dura

EDITORA: **Debora Tkac.**

ASESORA MÉDICA: **Lila A. Wallis,** doctora en medicina.

AUTORAS Y EDITORAS QUE HAN COLABORADO: **Alice Feinstein, Ellen Michaud**

JEFA DE INVESTIGACIÓN: **Ann Gossy**

INVESTIGACIÓN Y COMPROBACIÓN DE LOS HECHOS: **Christine Dreisbach, Melissa Dunford, Jewel Flegal, Melissa Gotthardt, Anne Imhoff, Karen Lombardi Ingle, Deborah Pedron, Bernadette Sukley**

MÉDICAS Y PROFESIONALES QUE HAN COLABORADO

Agradecemos a las siguientes médicas, psicólogas, educadoras y demás profesionales el hecho de que hayan compartido sus conocimientos, consejos y opiniones profesionales en la elaboración de este libro.

Constance Ahrons, doctora en filosofía es terapeuta de familia y marital con consulta privada; catedrática de sociología y subdirectora del Marriage and Family Program, en la University of Southern California, en Los Ángeles, y coautora de *Divorced Families: Meeting the Challenge of Divorce and Remarriage.*

Elizabeth Auchincloss, doctora en medicina, psiquiatra en Cornell University Medical College, en la ciudad de Nueva York.

Nancy Balaban, doctora en educación, es directora del Infant and Parent Development Program, en el New York City's Bank Street College Graduate School of Education, y autora de *Learning to Say Goodbye: Starting School and Early Childhood Separations.*

Mary Lou Ballweg es cofundadora y presidenta de la Endometriosis Association en Milwaukee, autora también de *Overcoming Endometriosis: New help from the Endometriosis Association.*

Lonnie Barbach, doctora en filosofía, psicóloga y terapeuta del sexo, además de profesora agregada clínica de psicología médica en la Universidad de California, San Francisco, School of medicine y autora de *For Yourself: the Fulfillment of Female Sexuality y de For Each Other: Sharing Sexual Intimacy.*

Laura Barbanel, doctora en educación, es catedrática y directora del programa de graduación en psicología en Brooklyn College de la City University de Nueva York.

Dorothy Barbo, doctora en medicina, catedrática de obstetricia y ginecología en la University of New Mexico School of Medicine y directora médica del Center for Women's Health, de la universidad, en Albuquerque.

Rosalind C. Barnett, doctora en filosofía, directora del Adult Lives Project y psicóloga clínica e investigadora en el Center for Research on Women en Wellesley College en Massachusetts.

Linda J. Beckman, doctora en filosofía, directora de investigación en la California School of professional Psychology, en Alhambro, y profesora adjunta del departamento de psicología en la Universidad de California, Los Ángeles.

Victoria Hilkevitch Bedford, doctora en filosofía, psicóloga en la Universidad de Indianápolis.

Stephanie DeGraff Bender, es directora de psicología clínica del PMS Clinic en Boulder, y autora de *PMS: Questions and Answers.*

JoAnne Bitner, doctora en filosofía, psicoterapeuta y miembro de San Diego Family Institute en California.

Gisela Booth, doctora en filosofía, psicóloga clínica y profesora agregada clínica de psicología en Northwestern University, en Chicago.

Linda Brubaker, doctora en medicina, directora del departamento de uroginecología, Rush Presbyterian-St.Luke's Medical Center, en Chicago.

Dedra Buchwald, doctora en medicina, profesora agregada de medicina en la Universidad de Washington y directora de la Chronic Fatigue Syndrome Clinic, en Harborview Medical Center, en Seattle.

Penny Wise Budoff, doctora en medicina, directora de Women's pavillion of Northshore University Hospital, en Bethpage, Nueva York, y autora de *No More Menstrual Cramps and Other Good News.*

Kathryn L. Burgio, doctora en filosofía, psicóloga del comportamiento, profesora agregada de investigación de medicina en la University of Pittsburgh School of Medicine y coautora de *Staying Dry: A Practical Guide to Bladder Control.*

Angela Burke, doctora en filosofía, psicóloga clínica y directora de Psychology Clinic en North Texas State University, en Denton.

Carol Ann Burton, doctora en medicina, profesora auxiliar clínica de obstetricia y ginecología en la University of Southern California School of Medicine, en Los Ángeles.

Trudy L. Bush, doctora en filosofía, profesora adjunta de epidemiología en Johns Hopkins University School of Hygiene and Public Health en Baltimore.

Jean Carter, doctora en medicina, obstetra en Wilkerson Obstetrics and Gynecology, Professional Associates, en Raleigh, Carolina del Norte, y coautora de *Sweet Grapes.*

Barrie Cassileth, doctora en filosofía, ex directora de los programas psicológicos en el University of Pennsylvania Cancer Center, en Norristown, Pennsylvania.

Joanne Cipollini, diplomada en enfermería, especialista en enfermería clínica para el tratamiento del cáncer en el Montgomery Cancer Center del Fox Chase Cancer Center de Norristown, Pennsylvania.

Nora W. Coffey, es presidenta de Hysterectomy Educational Resources and Services (HERS) en Bala Cynwyd, Pennsylvania.

Diane Courney, diplomada en enfermería especialista clínica en preparación para el parto y valoración de problemas en el embarazo en la University of Texas Health Service Center de San Antonio.

Chris Courtois, doctora en filosofía, psicóloga privada de Washington D.C., y autora de *Healing the Incest Wound.*

Rebecca Curtis, doctora en filosofía, profesora de psicología en la Adelphi University en Garden City, Nueva York y autora de *Self-Defeating Behaviors.*

Constance V. Dancu, doctora en filosofía, especialista en trastornos de ansiedad, y catedrática del departamento de psiquiatría y directora del Crime Victims program en el Medical College of Pennsylvania, en Filadelfia.

Barbara De Angelis, doctora en filosofía, terapeuta en Los Ángeles.

Sally Faith Dorfman, doctora en medicina, obstetra y ginecóloga, es comisaria de salud en Orange County, Nueva York.

Linda Dunlap, doctora en filosofía, profesora agregada de psicología en Marist College, en Poughkeepsie, Nueva York.

Adele Faber de Roslyn Heights, Nueva York, es coautora de *Siblings without Rivalry y Between Brothers and Sisters.*

April Fallon, doctora en filosofía, profesora agregada en el departamento de psiquiatría en el Medical College of Pennsylvania, Filadelfia.

Jacqueline Fawcett, diplomada en enfermería, doctora en filosofía, es investigadora en enfermería maternal y catedrática de la University of Pennsylvania School of Nursing en Filadelfia.

Helen Fisher, doctora en filosofía, está adjunta al departamento de antropología del American Museum of Natural History en la ciudad de Nueva York, y autora de *The Sex Contract: The Evolution of Human Behavior.*

Deborah Foley, doctora en medicina, es médica de Vein Clinic of America en Chicago.

Jacqueline Darroch Forrest, doctora en filosofía, es vicepresidenta de investigación en Alan Guttmacher Institute, organización sin fines lucrativos que hace investigación en estudios de reproducción, en la ciudad de Nueva York.

Marion Frank, doctora en filosofía, psicóloga privada en Marion Frank and Associates, en Filadelfia.

Mary Froning, doctora en psicología, psicóloga con clínica privada, en Washington, D.C.

Ellen Galinsky, copresidenta de Families and Work Institute, en la ciudad de Nueva York, y coautora de *The Preschool Years.*

Linda Gannon, doctora en filosofía, profesora de psicología en Southern Illinois University, en Carbondale.

Ann Garber, doctora en salud pública, especialista en genética de la reproducción en Cedars-Sinai Medical Center en Los Ángeles.

Jane Gaunt es asesora en adicciones y supervisora clínica de la unidad de mujeres en Betty Ford Center, Rancho Mirage, California.

Diane Gerber, doctora en medicina, cirujana plástica y de reconstrucción privada, en Chicago.

Mary M. Gergen, doctora en filosofía, profesora adjunta de psicología en Pennsylvania State University.

Matti Gershenfeld, doctora en filosofía, es catedrática en Temple University en Filadelfia, y directora de Couples Learning Center, en Jenkintown, Pennsylvania.

Lucia A. Gilbert, doctora en filosofía, catedrática del departamento de psicología educacional en la Universidad de Texas, Austin y autora de *Sharing It All: The Rewards and Struggles of Two-Carrer Families.*

Cynthia Gillespie, es abogada en Seattle y autora de *Justifiable Homicide: Battered Women, Self-Defense and the Law.*

Leslie Hartley Gise, doctora en medicina, es psiquiatra y directora del Premenstrual Syndrome Program en Mount Sinai Medical Center en la ciudad de Nueva York.

Shirley Glass, doctora en filosofía, psicóloga clínica privada, en Owings Mills, Maryland, y miembro de la American Association for Marriage and Family Therapy.

Deborah T. Gold, doctora en filosofía es miembro antiguo y profesora agregada de psiquiatría y sociología en el Center for the Study of Aging and Human Development en Duke University Medical Center, en Durham, Carolina del Norte.

Deborah Gowen es comadrona del Harvard Community Health Olan en Wellesley, Massachusetts, Brigham y Women's Hospital in Boston and Womencare en Malden Hospital.

Michelle Harrison, doctora en medicina es profesora agregada de psiquiatría en la University of Pittsburg School of medicine y autora de *Self-Help for Premenstrual Syndrome.*

Marion Hart, doctora en medicina, psicoanalista en Scarsdale, Nueva York, y profesora de psiquiatría en Cornell Medical Center en Westchester, Nueva York.

Renee Hartz, doctora en medicina, cirujana cardiotorácica y profesora adjunta de cirugía en Northwestern University Medical School en Chicago.

Penny Hitchcock es epidemióloga y directora suplente de Sexually Transmitted Diseases Branch del National Institute of Allergy and Infectious Diseases en Bethesda, Maryland.

Ellen Hock, doctora en filosofía es catedrática de relaciones familiares y desarrollo humano en Ohio State University.

Jimmie Holland es doctora en medicina jefa del servicio de psiquiatría en Memorial Sloan-Kettering Cancer Center, en la ciudad de Nueva York.

Marsha Hudnell es diplomada en dietética y asesora de nutrición para Green Mountain, en Fox Run, un centro de control del peso para mujeres en Ludlow, Vermont.

Mardy Ireland, doctora en filosofía psicóloga clínica en Oakland, California, y miembro adjunto de Santa Clara University en Berkeley.

Marla Beth Isaacs, doctora en filosofía, es psicóloga privada de Filadelfia y autora de *Difficult Divorce: Therapy for Children and parents.*

Margaret Jensvold, doctora en medicina es directora del Institute for Research on Women's Health en Washington, D.C.

Karen Johnson, doctora en medicina, trabaja en su consulta privada y es profesora clínica agregada de psiquiatría en la University of California, San Francisco, así como copatrocinadora de un movimiento para que se incluya la especialidad de salud de la mujer en la formación de medicina.

Rosemary Johnson doctora en filosofía, es profesora agregada en la University of Southern Maine School of Nursing, en Portland.

Florence Kaslow, doctora en filosofía es directora de Florida Couple and Families Institute, en West Palm Beach y anterior presidenta de la International Family Therapy Association.

Susan Kayman, doctora en salud pública, es dietista en Oakland, California y nutricionista y especialista en conservación del peso para Kaiser Permanente Medical Group.

Bonnie Kin, doctora en filosofía es psicóloga en California State University.

Abby King, doctora en filosofía es una antigua investigadora científica en Standford University School of Medicine's Center for Research in Disease Prevention.

Diana Kirschner, doctora en filosofía es psicóloga clínica con consulta privada en Gwynedd Valley, Pennsylvania

Ronette Kolotkin, doctora en filosofía es psicóloga clínica en Duke University Diet at Fitness Center en Durham, Carolina del Norte.

Mary Koss, doctora en filosofía es catedrática de psiquiatría en la Universidad de Arizona.

Terry Kriedman, doctora en medicina, es directora del departamento de obstetricia y ginecología de Chestnut Hill Hospital en Filadelfia.

Judith Lasker, doctora en filosofía, es catedrática de sociología en Lehigh University en Bethlehem, Pennsylvania y coautora de *When Pregnancy Fails.*

Maureen Lassen, doctora en filosofía es psicóloga clínica en Phoenix.

Jeannette Lauer, doctora en filosofía es decana del College of Liberal Studies en United States International University en San Diego, y coautora de *Til Death Do Us Part.*

Caryn Lerman, doctora en filosofía es directora de oncología conductista en Fox Chase Cancer Center en Cheltenham, Pennsylvania.

Paula Levine, doctora en filosofía es psicóloga y directora de Agoraphobia Resources Center en Coral Gables, Florida.

Linnea Lindholm, doctora en filosofía, es directora de investigación en el Departamento de Medicina, división de cardiología de la Universidad de Florida.

Dorothy Litwin, doctora en filosofía es psicóloga privada en la ciudad de Nueva York y Larchmont.

Sharon A. Lobel, doctora en filosofía es profesora agregada de administración en Albers School of Business and Economics en la Universidad de Seattle.

Wende Logan-Young, doctora en medicina es directora de Breast Clinic en Rochester, Nueva York y asesora de Roswell Park Cancer Institute en Buffalo.

Susan Love, doctora en medicina, es directora de Kaulkner Breast Center en Boston, profesora clínica agregada de cirugía en Harvard Medical School y autora de *Dr. Susan Love's Breast Book.*

Suzanne McClure, doctora en medicina y doctora en filosofía, es profesora agregada en la división de hematología-oncología de la University of Texas Medical Branch, en Galveston.

Kay McFarland, doctora en medicina es endocrinóloga y catedrática de medicina en la University of South Carolina School of Medicine, en Columbia.

Kerry McGinn, diplomada en enfermería de San Francisco; es autora de *Keeping Abreast: Breast Changes That Are Not Cancer.*

Ellen McGrath, doctora en filosofía es directora ejecutiva de Psychology Center in Laguna Beach, California, presidenta de American Psychological Association National Task Force on Women and Depression, y autora de *Women and Depression: Risk Factores and Treatment Issues.*

Kathleen MacPherson, diplomada en enfermería y doctora en filosofía, es catedrática de enfermería en la University of Southern Maine School of Nursing en Portland.

Maria Mancusi, doctora en filosofía, es psicóloga y directora de Mount Vernon Center for Community Mental Health en Springfield, Virginia.

Linda Mangels, doctora en filosofía, es psicóloga conductista y presidenta de American Academy of Risk Management en Longwood, Florida.

Judith Martindale es planificadora económica y presentadora de un programa de radio y televisión sobre temas monetarios en San Luis Obispo, California, y autora de *Creating Your Own Future: A Women's Guide to Retirement Planning.*

Diane Martínez, doctora en medicina, es psiquiatra en la University of Texas Health Science Center en San Antonio.

Midge Marvel es antigua especialista de programas para Widowed Persons Service of the American Association of Retired Persons en Washington, D.C.

Mary Jane Massie, doctora en medicina es psiquiatra adjunta en Memorial Sloan-Ketterin Cancer Center en la ciudad de Nueva York.

Jane Mattes es psicoterapeuta privada en la ciudad de Nueva York y fundadora de Single Mothers by Choice.

Diane Medved, doctora en filosofía es psicóloga privada en Santa Mónica, California y autora de *The Case Against Divorce.*

Diane Meier, doctora en medicina es codirectora de Osteoporosis and Metabolic Bone Disease Program en Mount Sinai Medical Center, en la ciudad de Nueva York, y profesora adjunta de geriatría y medicina en Mount Sinai School of Medicine de la City University of New York.

Susan Mikesell, doctora en filosofía es psicóloga privada en Washington, D.C.

Pamela Murray, doctora en medicina es directora de medicina adolescente en el hospital infantil de Pittsburgh.

Joyce Nash, doctora en filosofía es psicóloga privada en Woodside, California y autora de *Maximize Your Body Potential.*

Annette Natow, doctora en filosofía es asesora dietética y nutricionista en Nutrition Consultants, Inc., en Valley Stream, Nueva York y catedrática jubilada de nutrición en Adelphi University en Garden City.

Elizabeth Harper Neeld, doctora en filosofía en Houston, es investigadora del dolor y autora de *Seven Choices: Taking the Steps to a New Life after Losing Someone You Love.*

Christiane Northrup, doctora en medicina, es profesora clínica agregada de obstetricia y ginecología en la University of Vermount College of medicine, ginecóloga en Woman to Woman, en Yarmouth, Maine y copresidenta de American Holistic Medical Association.

Renae Norton, doctora en filosofía es psicóloga clínica en Montgomery Center en Cincinnati.

Nancy Norvell, doctora en filosofía es psicóloga clínica especialista en medicina conductista en la Universidad de Florida del Sur.

Michele Paludi, doctora en filosofía es coordinadora de Women's Studies Program en Hunter College en la ciudad de Nueva York.

Jeanne A. Petrek, doctora en medicina, es cirujana especialista en cáncer de mama en memorial Sloan-Kettering Cancer Center, en la ciudad de Nueva York y autora de *A Woman's Guide to the Prevention, Detection and Treatment of cancer.*

Kathleen Pike, doctora en filosofía es psicóloga en la New York State Psychiatric Institute en Columbia Presbyterian Medical Center, en la ciudad de Nueva York.

Suzanne Pope, doctora en filosofía es directora del Colorado Institute for Marriage and the Family en Boulder.

Robin Post, doctora en filosofía es psicóloga clínica privada en Denver.

Jill Maura Rabin, doctora en medicina es profesora agregada de obstetricia y ginecología en la división de uroginccología en Long Island Jewish Medical Center, en New Hyde Park, Nueva York.

Janice Rench es asesora nacional de abuso físico y violación y ex directora de Cleveland Rape Crisis Center en Ohio.

Virginia Revere, doctora en filosofía es psicóloga privada en Alexandria, Virginia.

Joyce Roberts, doctora en filosofía es comadrona, catedrática y directora del departamento de enfermería maternoinfantil de la University of Illinois College of Nursing en Chicago.

Beatrice Robinson, doctora en filosofía es psicóloga privada y profesora agregada de psicología en la University of Minnesota Medical School en Minneapolis.

Lillian B. Rubin, doctora en filosofía es psicóloga, graduada en sociología interpretativa en Queens College of the City University of New York, antiguo miembro de investigación en el Institute for the Study of Social Change en la Universidad de California, en Berkeley, y autora de *Erotic Wars: What Happened to the Sexual Revolution?*

Reva Rubin es investigadora en gestación, en Pennsylvania, y autora de *Maternal identity and the Maternal Experience.*

Linda Tschirhart Sanford es asistenta social y psicoterapeuta en Quincy, Massachusetts, coautora de *Women and SelfEsteem* y autora de *Strong at the Broken Places: Overcoming the Trauma of Choldhood Abuse.*

Iris Sanguiliano, doctora en filosofía, es psicóloga privada en la ciudad de Nueva York.

Rosemarie Schultz, doctora en filosofía es psicóloga clínica privada en Chicago, especializada en temas relacionados con la mujer y el dinero.

Ruth Schwartz, doctora en medicina es catedrática clínica de obstetricia y ginecología en la University of Rochester School of Medicine and Dentistry en Nueva York, y trabaja en American College of Obstetricians and Gynecologist's task force on hysterectomy.

Judith H. Seifer, diplomada en enfermería y doctora en filosofía es profesora clínica adjunta de psiquiatría, obstetricia y ginecología en *Wright State University School of Medicine en Dayton,* Ohio.

Marjorie Hansen Shaevitz es asesora familiar y matrimonial en el Institute of Family and Work Relationships en La Jolla, California, y autora de *The Superwoman Syndrome.*

Barbara B. Sherwin, doctora en filosofía es profesora adjunta de psicología, obstetricia y ginecología en McGill University, en Montreal.

Donna Shoupe, doctora en medicina, es profesora adjunta de obstetricia y ginecología en la University of Southern California, en Los Ángeles.

Judith Siegel, doctora en filosofía, es profesora adjunta en la School of Social Work en la Universidad de Nueva York, ciudad de Nueva York y terapeuta marital privada en Westchester.

Lisa Silberstein, doctora en filosofía, ex directora clínica de Yale University Eating Disorder Clinic, y ejerce actualmente en privado en New Haven, Connecticut.

Judith Sills, doctora en filosofía, psicóloga clínica privada de Filadelfia.

Judith Slater, doctora en filosofía, es psicóloga clínica privada de Buffalo.

Felicia Stewart, doctora en medicina, es ginecóloga en Valley Center for Women's Health en Sacramento, California, y coautora de *Understandig Your Body: Every Woman's Guide to Gynecology and Health.*

Nia Terezakis, doctora en medicina, es catedrática clínica de dermatología en Tulane University School of Medicine y dermatóloga en ejercicio en Nueva Orleans.

Sandra Thomas, diplomada en enfermería y doctora en filosofía, es directora del Center for Nursing Research en la University of Tennessee College of Nursing en Knoxville.

Yvonne S. Thornton, doctora en medicina, es profesora adjunta de obstetricia y ginecología en Cornell University Medical College en la ciudad de Nueva York.

Sarah Ullman, doctora en filosofía, es psicóloga en la Universidad de California, Los Ángeles.

Emily Visher, doctora en filosofía, psicóloga clínica y terapeuta familiar de Lafayette, California, es cofundadora de Stepfamily Associates of America en Lincoln, Nebraska.

Victoria Vitale-Lewis, doctora en medicina es cirujana plástica y trabaja con Plastic and Reconstructive Surgery Associates, en Melbourne, Florida.

Lenore E. Walker, doctora en educación, es psicóloga clínica y forense, trabaja con Walker and Associates en Denver, autora además de *The Battered Woman Syndrome.*

Marsha Walker, diplomada en enfermería es presidenta de Lactation Associates en Weston, Massachusetts, y asesora internacional en lactación.

Lila A. Wallis, doctora en medicina es catedrática clínica de medicina en Cornell University Medical College en la ciudad de Nueva York, anterior presidenta de American Medical Women's Association y fundadora y primera presidenta del National Council on Women in Medicine.

Michele Weiner-Davis es una terapeuta que trabaja en su consulta privada de Woodstock, Illinois y autora de *Divorce Busting: A Revolutionary and Rapid Program for Staying Together.*

Carol Weiss, doctora en medicina es profesora clínica agregada de psiquiatría y salud pública en Cornell University Medical College, en la ciudad de Nueva York; tiene además su consulta privada de psiquiatría.

Nanette K. Wenger, doctora en medicina es catedrática en Emory University School of Medicine y directora de la clínica cardíaca en Grady Memorial Hospital en Atlanta.

Deborah White es portavoz y codirectora de National Coalition against Domestic Violence en Washington, D.C.

Kristene E. Whitmore, doctora en medicina, profesora clínica adjunta de urología en la Universidad de Pennsylvania, directora de Incontinence Center y jefa del departamento de urología en Graduate Hospital en Filadelfia, coautora además de *Overcoming Bladder Disorders and Staying Dry: A Practical Guide to Bladder Control.*

Midge Wilson, doctora en filosofía, es profesora adjunta de psicología y estudios sobre la mujer en Paul University en Chicago.

Bonnie Worthington-Roberts, doctora en filosofía es catedrática y directora de Nutritional Sciences Program en la Universidad de Washington.

Camille Wortman, doctora en filosofía es investigadora en la Universidad de Michigan.

Judith Wurtman, doctora en filosofía es investigadora de nutrición en el Massachusets Institute of Technology.

Ellen L. Yankauskas, doctora en medicina, es directora de Women's Center for Family Health en Atascadero, California.

Shirley Zussman, doctora en educación, es terapeuta marital y de sexo de la ciudad de Nueva York.

ÍNDICE

PREFACIO

Los últimos cincuenta años han sido testigos de cambios fundamentales en la estructura demográfica de la sociedad actual. Los grandes avances en los conocimientos y tecnología médica, y su impacto en los hábitos de salud de la sociedad han contribuido a aumentar la esperanza de vida. Nunca en la historia se ha vivido más tiempo y disfrutado de mejor salud que ahora. Las mujeres en la actualidad pasan una tercera parte de su vida en la fase posmenopáusica; esto crea nuevos problemas de salud y exige nuevos planteamientos.

Los cambios en la estructura familiar han generado también nuevos retos y problemas de salud para las mujeres. Primero existió la «prolongación de la familia», que fue sustituida a mediados de este siglo por la «familia nuclear». Desde entonces ha sufrido una transformación posterior e incluso más importante, pasando a ser una familia en la que ambos cónyuges perciben un salario.

La ampliación del rol que desempeña la mujer dentro de nuestra sociedad y la incorporación masiva de la mujer al mundo laboral ha supuesto un importante instrumento del cambio. Las mujeres, hoy, se imponen en muchas esferas, y las actitudes, valores y estructuras sociales se encuentran ahora en una situación inestable de reajuste creativo a dicho cambio.

El movimiento del consumidor junto con la conciencia que la mujer tiene de sí misma dieron lugar a una nueva relación médico/paciente; relación basada en la educación, conocimientos, sofisticación y el querer «saber» del paciente. Las mujeres desean que se aclare su salud. Ya no existe una sumisión dócil a la recomendación de expertos —incluidos los médicos—. Las mujeres quieren «recuperar sus cuerpos» y ser las últimas en tomar una decisión sobre cuestiones que atañen a su salud. A los médicos se les considera asesores interesados, educadores y profesores, como hábiles detectives y personas que dan opiniones expertas. Pero la mujer es la que decide.

La relación que tiene la mujer con la salud y la medicina se ha visto afectada también por los importantes descubrimientos logrados en la investigación médica y en la alta tecnología. La disponibilidad de muchos medicamentos nuevos para enfermedades conocidas y nuevas, la creación del mamograma, la aplicación de la ultrasonografía en estudios de fertilidad y embarazo, las pruebas genéticas prenatales —incluida la amniocentesis y muestreo de las vellosidades coriónicas— han transformado los cuidados de todos, pero sobre todo los de la mujer.

Esta enciclopedia es un compendio de problemas de salud que las mujeres *de hoy* encuentran a lo largo de sus vidas. Aunque posee un rigor científico, no se trata de una exposición diseccionada de los hechos. Es una narración viva de problemas y soluciones, un panorama amplio de la salud de la mujer contemporánea. Sus páginas están llenas de casos de mujeres con problemas de salud, quienes en su mayoría hallaron el modo de resolver su problema, con o sin la ayuda de expertos. Asimismo, este libro presenta opiniones de doctoras en medicina, doctoras en filosofía y doctoras en educación, todas creíbles y destacadas autoridades en su materia.

Entretenida y optimista, la enciclopedia pone énfasis en el sentido común, pero indica claramente a las personas que acudan a su médico en caso de tener un problema complicado. Sus anécdotas y estampas son ingeniosas, pintorescas y prácticas.

La opinión que el cliente tiene de los cuidados de salud es clara pero no agresiva. Éste es el libro de salud de *la mujer de los años noventa*.

LILA A. WALLIS, M.D.
Facultad de Medicina.
Universidad de Cornell

Hace unos años pedí consejo a una psiquiatra amiga mía para salir de una situación particularmente desagradable en la que me encontraba. Su respuesta me impresionó mucho. No porque tuviera una rápida solución para mi problema (que no la tenía), sino por un comentario que hizo de improviso acerca de cómo aconsejan los asesores profesionales a las pacientes.

«Los médicos que son hombres aconsejan de distinto modo a las pacientes que los médicos mujeres», comentó ella. «Es posible que al final logren el mismo resultado, pero plantean el problema de formas totalmente distintas».

Como editora de salud, yo llego a conocer y a hablar con muchos médicos, y siempre me encuentro narrando esta historia a otros médicos que conozco —hombres y mujeres. Sí, dicen ellos, los médicos hombres y los médicos mujeres *difieren* en su modo de relacionarse con las pacientes. No se trata de que unos tengan la razón y otros estén equivocados. Su planteamiento es simplemente... distinto.

Me hizo pensar. Puesto que las estadísticas

dicen que el 84 por 100 de las mujeres son tratadas y aconsejadas por hombres médicos, entonces entrevistar a médicos *femeninos* sobre temas próximos al bienestar médico y emocional de la mujer podría aportarnos un punto de vista totalmente nuevo de nosotras.

Y eso es lo que ofrece esta enciclopedia: un punto de vista único, positivo e interesante. Las autoras de este libro han pasado más de un año entrevistando a cientos de *mujeres* profesionales (médicas, psiquiatras, psicólogas, enfermeras, comadronas, asesoras, etc.), interrogándoles sobre su punto de vista y consejo respecto a toda una serie de cuestiones relacionadas con la mujer: desde el envejecimiento, control de la natalidad y cáncer hasta problemas de tiroides, virginidad y viudedad. Después de todo, ¿quién comprende mejor el susto que supone detectar un bulto en el pecho, la desesperanza de la esterilidad, las molestias del síndrome postmenopáusico, la felicidad de la maternidad, que las mujeres? Ante todo otras mujeres a las que les ha pasado.

Esto me lleva a otra ventaja que hace que este libro destaque en el campo recientemente creado de consejos de ayuda personal para las mujeres. Las autoras Denise Foley y Eileen Nechas dedicaron muchísimas horas hablando con mujeres que habían tenido los problemas y cuestiones planteadas en este libro. Muchas de sus historias se narran aquí. Todas ellas son historias reales: de violación, recién nacido muerto, adulterio, rivalidad entre hermanas, autoestima baja, temores y enfermedades. Como sus historias son tan reveladoras, decidimos ocultar su identidad con nombres falsos. Les agradecemos su franqueza y honestidad.

«Algunas de las historias resultaban tan difíciles de comentar, para algunas mujeres, que a menudo tuve que levantarme y alejarme de mi cuaderno de notas, cuando intentaba plasmar en un papel sus historias», me dijo Eileen. «Yo me sentía muy afectada.»

Pero lo que hace que muchas de sus historias sean tan intensas es el motivo por el cual decidieron compartir sus vidas con nuestras lectoras. «Muchas mujeres me dijeron que si sus historias ayudaban a otras mujeres a superar lo que están pasando, valía la pena», dice Eileen.

Éste es el motivo por el cual usted no hallará nada de pesimismo o desesperanza en este libro. Esta enciclopedia le enseña a hacerse cargo de su salud y a controlar sus emociones. Le dice qué debe esperar (física y mentalmente), de una enfermedad, problema personal o simplemente de los cambios debidos al envejecimiento. Encontrará, además, gran cantidad de consejos que le ayudarán a tomar decisiones correctas. Éste es el libro sobre mujeres, escrito por mujeres y para mujeres. Y ninguna debería quedarse sin él.

Debora Tkac

Executive Editor Prevention Magazine Health Books

ABORTO Y NACIDO MUERTO

**Cuando
el embarazo
acaba mal**

Loretta Andrews ya tenía dos hijos y esperaba el tercero cuando de repente, sin previo aviso, abortó en el tercer mes de embarazo.

«Después» dice Loretta, actualmente madre de cuatro niños, «no paraba de pensar en una mujer que vivía en nuestro anterior barrio. Había tenido un aborto y recuerdo que yo intentaba consolarla diciéndole: "No pasa nada, es una forma natural de evitar tener un niño deforme". Cuando yo perdí mi bebé quise llamarla y pedirle perdón porque lo que yo le había dicho no significaba *nada*. *Nada*. Lo supe porque no significó nada para mí cuando las personas me lo dijeron».

Judith Lasker tuvo un primer embarazo sin complicaciones. Se puso de parto un bonito día de verano e hizo la dilatación en el jardín con su marido hasta que supo que había llegado el momento de ir al hospital. Cuando llegó, el médico la examinó y le dijo que el bebé estaba de nalgas y que era probable que fuese necesaria la cesárea. Tras realizarle una radiografía, el médico decidió no operar y pocas horas después la condujo en silla de ruedas a la sala de parto donde nació muerta su hija.

«Lo primero que dijo la enfermera fue, "hubiera sido peor si la niña hubiese tenido cinco años"» recuerda Judith, que es madre ahora de dos niñas sanas. «Probablemente tenía razón pero eso no era lo que yo había querido: ¿Prefiero un bebé que muera al nacer o uno que se muera a los cinco años? Yo esperaba tener un bebé vivo y el mío nació muerto. Su actitud —la actitud de muchas personas— es "tú no conoces a este bebé, no supone gran cosa, sólo hace falta volver a quedarse embarazada". Yo solía pensar también eso. Pero le puedo asegurar que aún sigo llorando, de vez en cuando, por mi bebé, y ya han pasado dos años y medio.»

Pérdida no reconocida

La pérdida de un hijo por aborto o por nacer muerto es a menudo una pérdida no reconocida, que sienten profundamente los padres y no comprenden las personas que les rodean.

En el caso de Judith Lasker, doctora en filosofía, la pérdida de su bebé le afectó tanto que ella, junto con Susan Borg, una amiga de la infancia que acababa de perder un bebé poco después del parto, escribieron uno de los primeros libros de divulgación general sobre pérdida en el embarazo, titulado *When Pregnancy Fails* (Cuando fracasa el embarazo). Este libro analiza lo que las autoras llaman la aflicción «incomprensible». La doctora Lasker, catedrática de sociología en Lehigh University en Bethlehem, Pennsylvania, se ha convertido en una experta del tema.

Nadie sabe a ciencia cierta cuántos padres afrontan la pérdida de un hijo cada año, pero basándose en cifras procedentes del National Center for Health Statistics, la doctora Lasker calcula que 800.000 familias al año sufren la pérdida de un hijo, bien por aborto o bien porque ha nacido muerto.

Las pruebas prenatales pueden avisar de la existencia de un problema genético causante de la muerte de un recién nacido. Los nacidos muertos y los abortos pueden ir precedidos por síntomas —hemorragia o ausencia de movimiento fetal o dolor. Pero también pueden ocurrir sin que haya advertencia alguna y a menudo no existe causa explicable. Puesto que esto es a menudo la primera experiencia de muerte de la pareja, de repente los padres afligidos o los «casi» padres pueden no saber cómo «se supone que deben sentir», pudiendo encontrarse desconcertados por la tristeza que les abruma, dice la doctora Lasker.

Las personas que rodean a la pareja afligida —familia, amigos, incluso el personal sanitario— les animarán a olvidarlo, a seguir adelante— algo que es posible que quieran hacer pero que no puedan. Las personas intentarán «animarles» pero no lo van a conseguir.

«Las personas intentan decir algo útil» dice la doctora Lasker. «Buscan algún modo de reducir la pérdida para que usted se sienta mejor. "Tendrás otro y todo irá bien." Es posible que nunca *vaya bien*. La pérdida que usted siente es real. Forma parte de su ser. Aunque es posible que nunca vuelva a estar *totalmente* bien, la mayoría de las personas se sienten mucho mejor con el tiempo.»

Aborto: algo corriente

A pesar de que la mayoría de los expertos calculan que entre el 14 por 100 y el 18 por 100 de todos los embarazos terminan en aborto, es probable que la cifra sea mucho mayor. Según las cifras aportadas por el gobierno de los EE.UU., sólo entre una cuarta parte y una tercera parte de todos los embriones concebidos terminan siendo niños vivos. El resto se pierden en alguna fase entre la fecundación y el parto, pero de forma particular durante las primeras fases, normalmente antes de que la mujer sepa que está embarazada.

Aproximadamente el 75 por 100 de todos los abortos suceden en las 12 primeras semanas de gestación y, según pruebas de laboratorio, aproximadamente el 60 por 100 se deben a alguna anomalía del embrión —un problema genético o una mutación casual—. El resto suceden, normalmente, porque el embrión no consigue implantarse correctamente.

El aborto es más frecuente en mujeres que han tenido varios abortos previos, en mujeres muy jóvenes (menores de 18 años) y mayores y en aquellas que tienen endometriosis, estado en el que el tejido uterino se implanta en otra parte de la cavidad abdominal. Los abortos tardíos, aquellos que se producen entre la 13.ª y la 20.ª semana de gestación, normalmente se deben a problemas de implantación, a pesar de que el feto puede ser normal. Aproximadamente el 35 por 100 se deben a defectos cromosómicos.

Si el cérvix es anormalmente débil, como es a menudo en mujeres cuyas madres tomaron la hormona sintética dietilestilbestrol (DES) durante el embarazo, pueden dilatar demasiado pronto y perder el bebé. Las anomalías uterinas, como el útero doble, pueden producir también abortos. Las infecciones uterinas (incluidas las enfermedades de transmisión sexual), fibromas y demás masas uterinas como tejido cicatral, malnutrición o la exposición a radiación o sustancias químicas tóxicas, por parte de cualquiera de los padres, están relacionadas también con el aborto, al igual que lo está el tabaco, consumo excesivo de alcohol y determinados fármacos, incluida la píldora anticonceptiva.

En algunos casos de aborto habitual puede existir un problema hormonal o un factor inmunológico.

A veces pueden evitarse los abortos, pero pocos pueden detenerse una vez que empiezan. Como dice la doctora Lasker, algunos médicos recomiendan reposo en cama al primer signo de peligro. Puede ser útil. A veces, incluso cuando hay sangrado, el cérvix permanece cerrado. Aproximadamente en el 50 por 100 de los casos de sangrado precoz las mujeres no abortan. La prescripción médica de reposo en cama puede hacerse para «mitigar un posible sentimiento de culpabilidad» en caso de que sí haya aborto.

No existe respuesta fácil

Su primera reacción ante un aborto —de hecho ante cualquier tipo de pérdida en el embarazo— pudiera ser, «¿Qué fue mal?» Aunque puede ayudarle el hecho de que su médico sea capaz de detallar la causa de la pérdida, sobre todo si existe un factor relacionado con el estilo de vida que pudiera modificarse, «muchas veces no hay respuesta», dice la doctora Lasker. «De modo que las personas sacan sus propias conclusiones. Se culpan a sí mismos. ¿Qué fue mal? Se convierte en ¿Qué hice mal?»

Con el aluvión de consejos prenatales que recibe la mujer embarazada puede resultar tentador sacar alguna conclusión de la pérdida del embarazo culpándose a uno mismo. Algunas parejas llegan incluso a ver la pérdida como castigo por algo que hicieron en el pasado —usar un método de control de la natalidad, o mantener relaciones prematrimoniales. «Nuestros amigos nos ayudaron. Ellos preguntan, "¿Qué podría haber pasado? ¿Fue esto que hiciste o eso otro?"» dice la doctora Lasker. «Muchas personas extraen una explicación que se centra en su propia conducta, incluso cuando el médico les dice claramente que no es así.»

Pero, dice ella, la culpa no resulta necesariamente un sentimiento negativo en un momento así. Al igual que el shock y la incredulidad que a menudo acompaña a un trauma, es un modo de ayudarnos a afrontar gradualmente la pérdida. «La culpa es un modo de aflicción» dice la doctora Lasker. «Es un modo de tener una explicación. Le permite pensar que puede controlar los resultados. Si no tuviera control sería peor psicológicamente porque significa que no puede controlarlo la próxima vez. Usted no puede impedir que vuelva a suceder, algo que puede pasar perfectamente, pero que puede aumentar sus malos sentimientos. Pero a medida que disminuye el dolor, disminuye su sensación de responsabilidad. Reconocerá la culpa como algo irracional.»

La mayoría de los sentimientos incomprendidos

El dolor que acompaña al aborto puede ser desconcertante tanto para la pareja como para aquellas personas que los rodean por la suposición de que los padres no se sienten «unidos» al feto que han perdido —algo que no es verdad, como se ha visto en estudios realizados. Las madres, especialmente, crean un fuerte lazo emocional con sus bebés desde el principio del embarazo. La investigación que ha realizado la doctora Lasker, donde participan cientos de parejas que han padecido la pérdida en el embarazo, halló que el dolor que siente la madre era normalmente más intenso cuanto más tarde fuese la pérdida en el embarazo; sin embargo, otros estudios indican que la duración de la gestación no es tan importante como la unión que siente la madre con su hijo. La madre que piensa que su hijo es «real», incluso

---

Signos de aviso

Póngase en contacto con su médico si presenta cualquiera de las siguientes situaciones que, a juicio de los médicos, pueden ser signos de aviso de interrupción inminente del embarazo o de una urgencia médica que pudiera poner en peligro su vida o la de su bebé.

- Manchar o sangrar (aunque manchar ligeramente puede ser normal al principio de la gestación, y puede aparecer un poco de exudado al final del embarazo a medida que el cérvix empieza a dilatarse).
- Salida de coágulos de sangre o tejido.
- Retortijones o dolores abdominales.
- Fiebre superior a 38 °C.
- Desmayo.
- Hinchazón de cara u ojos, sobre todo si es brusca.
- Sensación de escozor al orinar y malestar después.
- Cefalea intensa en la frente o por detrás de los ojos, al final del embarazo, que no responde a la medicación.
- Fuga de líquido por vagina ya que podría haber roto aguas.
- Reducción de los síntomas de embarazo.
- Ausencia de movimiento fetal durante 8 a 10 horas, sobre todo si normalmente el feto es activo.

al principio del embarazo, puede sufrir tanto dolor por un aborto como el que padecería si el hijo fuese un recién nacido.

Sin embargo, las personas que la rodean, incluido el personal sanitario, pueden intentar quitar importancia a la pérdida. En un estudio, el personal hospitalario dijo que reconocían que el aborto era una tragedia, pero las autoras del estudio decían que ese reconocimiento era un «sentimiento silencioso» ya que rara vez se expresaba.

Los esfuerzos que hacen los familiares, amigos y personal sanitario por ayudar a menudo perjudican, dice la doctora Lasker. Es posible oír: «Oh, siempre puedes tener otro hijo» a pesar de que ni siquiera usted mismo esté seguro de ello.

La doctora Lasker comprobó que muchas mujeres que abortaban presentaban una serie de síntomas físicos y psicológicos. Se puede tener problemas con el sueño y la comida. Puede preocuparle la pérdida y costarle concentrarse en otra cosa. El aborto puede hacer que aparezcan sentimientos de culpa, impotencia, inseguridad y temor a una futura fertilidad. Es posible que se sienta un fracaso como mujer por ser incapaz de hacer algo que hacen las demás con tanta facilidad.

De aquellos que ya lo han pasado

Cuando la catedrática de sociología, Judith Lasker, doctora en filosofía de Lehigh University en Pennsylvania, y sus compañeras estudiaron a cientos de hombres y mujeres que habían pasado por una interrupción del embarazo, les preguntaron qué consejo podrían dar a otras parejas que estén pasando por la misma experiencia. Éste es su consejo:

- Confíe y hable con los demás.
- Sea positivo.
- Intente ver la situación desde fuera.
- Siga con su vida.
- Aguante; sobrevivirá.
- Acepte el dolor.
- Conozca sus necesidades.
- Las cosas irán mejor.
- Todos tenemos un modo de expresar nuestro dolor.
- No está solo.
- No se eche la culpa.
- Inténtelo de nuevo.
- Confíe en su fe.
- Hágase con una buena atención médica y con un médico comprensivo.

Puede volverse hostil, enfadada y depresiva. Incluso cuando piensa que ya lo «ha superado», transcurridos unos meses, es posible que se sienta triste cuando llega la fecha del parto o durante unas vacaciones que usted esperaba pasar con su hijo.

Aunque la doctora Lasker dice que el mejor consuelo que las parejas logran es el que se dan uno al otro, esta ayuda mutua tiene un límite. La aflicción, como dice la doctora Lasker, es un proceso individual. Ni siquiera el cónyuge más solícito es capaz de liberarle de todo el dolor. Puede existir también una diferencia entre el dolor que usted siente y el que siente su cónyuge. Los estudios realizados por la doctora Lasker, al igual que muchos otros estudios, indican que es posible que el padre no sienta el mismo tipo de unión que siente la madre hacia su hijo no nacido, porque el niño no supone una realidad física para él. También puede tener distintos modos de expresar sus sentimientos más profundos.

Usted puede enfadarse con su marido por no compartir sus mismos sentimientos. Él, por su parte, puede sentirse impotente y frustrado por ser incapaz de consolarla. Es posible que usted desee hablar —muchas mujeres encuentran útil hablar del tema— y él puede pensar que dichas conversaciones son insoportables. «Parte de la diferencia puede residir en los distintos modos que tienen los hombres y mujeres de expresar el dolor» sugiere la doctora Lasker. «A los hombres y mujeres se les educa de forma distinta. A los hombres se les dice que tienen que ser fuertes y cuidar de sus mujeres, y por consiguiente se descuida gran parte de su dolor.»

El tiempo cura

Se tarda un tiempo en superar una pérdida. En un estudio, los padres tardaron entre seis meses y dos años en superar sus sentimientos. A pesar de que existan una serie de formas de expresar el dolor y superar la pérdida, dice la doctora Lasker, «probablemente lo que reduzca el dolor es el tiempo». Existen otras cosas que usted puede hacer, según la doctora Lasker:

Dar un sentido a la pérdida. Usted tiene que dar algún sentido a algo que parece tan insensato. Si es posible, averigüe el motivo de la pérdida, dice la doctora Lasker. Prácticamente la totalidad de las parejas que participaron en su estudio opinaban que era esencial que les explicasen la causa de la pérdida.

«Para algunas personas el único modo de que lo sucedido tenga sentido es hablar con otras personas», dice la doctora Lasker. «Otras personas encuentran consuelo en sus creencias religiosas. En nuestro estudio, entre las personas que se consideraban religiosas, aquellas con una fe consolidada se sentían mejor.»

Llevar a cabo un ritual. Incluso en el caso de un aborto algún tipo de ritual que reconozca su pérdida puede ser útil, incluso si sólo es plantar un árbol en memoria del hijo perdido.

Pedir ayuda. Superar la pérdida puede no ser fácil. Contar con un cónyuge, familia y amigos que le apoyen es algo muy importante. Pero como el dolor que acompaña a la interrupción del embarazo es tan incomprensible, es posible que tenga que buscar consuelo en otra parte; su asesor espiritual, un psicólogo, asistente social, asesor o grupo de apoyo, pueden ser de utilidad.

«Hemos podido comprobar que los grupos de apoyo pueden ayudar a algunas personas pero no a otras» dice la doctora Lasker. «A algunas personas les resulta difícil ir a un grupo de extraños y hablarles de su dolor. Pero puede valer la pena porque son personas que comprenderán su dolor.»

Aunque los padres pueden beneficiarse menos que las madres de los grupos de apoyo, a su marido le puede ayudar asistir a una o dos sesiones con usted, aunque sólo sea para que le ayude a comprender sus sentimientos, dice la doctora Lasker. «Puede que le ayude a ver que usted no es la única mujer que se pasa todo el tiempo llorando.»

ABUSO FÍSICO

Hallar una salida

Han pasado ya casi 10 años pero ella sigue recordando el terror como si fuera ayer. Durante tres años, Elizabeth estuvo casada con un hombre que la pegaba, la asfixiaba hasta dejarla sin sentido, la obligaba a drogarse y la amenazaba con matarla. Había momentos en los que ella podía oír los votos hechos el día de su matrimonio —ella temía que fuese una profecía: hasta que la muerte nos separe.

La violencia era sin orden ni concierto. Rara vez había algo que le sirviese a ella de advertencia.

«Recuerdo que un domingo antes de que saliese dijo, "te amo más que a nada en este mundo". La siguiente vez que le vi me levantó a la fuerza del sofá y me estranguló hasta que perdí el conocimiento. Cuando lo recuperé me encontraba en el jardín de delante de casa. Podía haber estado muerta.»

A veces él la golpeaba contra la pared una y otra vez hasta que ella era incapaz de levantarse. En una ocasión él la sentó en el sofá, apuntó su pistola contra su cabeza, levantó el gatillo y disparó, y estuvo a punto de darle. Otra vez, él la condujo a la fuerza al sótano y la obligó a presenciar cómo él afilaba el hacha.

Pero lo peor, dice ella, era las veces en que «me obligaba a quedarme quieta y me destrozaba verbalmente. Yo le suplicaba, "por favor no me hagas esto". Él me aplastó verbalmente. Me dio una paliza y destrozó todo lo que había».

Ella no le dijo a nadie lo que estaba pasando. Sus familiares y amigos vivían lejos. Ella tenía miedo de que ellos confirmasen lo que ella empezaba a pensar, «que yo soy tan horrible que todas las personas que me rodean se vuelven locas y me tienen que pegar». Ella no trabajaba, de modo que no tenía dinero para abandonarle. «Cuando alguien te apunta con una pistola y dice que no te vas a poner a trabajar, no buscas trabajo. Yo nunca tuve dinero en el bolsillo» dice ella.

De modo que durante tres años, Elizabeth fue cautiva de un terrorista que daba la casualidad que era su marido. Ella tenía miedo de irse, miedo de su vida. «Yo estaba paralizada» dice ella, «como un venado localizado con los faros delanteros de un coche».

Miedo de muerte

Cada año aproximadamente tres millones de mujeres reciben tortas, golpes, puñetazos, patadas, pisadas, quemaduras con agua caliente, quemaduras, puñaladas, tiros, mutilaciones o torturas sexuales por parte de los hombres que dicen que las aman. Cuatro mujeres mueren al día, muchas de las cuales mueren *después* de haber abandonado al hombre que las maltrataba.

Los expertos coinciden en decir que la violencia contra las mujeres es un problema social generalizado. Según el Worldwatch Institute, un grupo de investigación con base en Washington, es «la cuestión de derechos humanos más generalizada pero a la vez menos reconocida en todo el mundo». En 1989, Worldwatch halló que en algunos países del Tercer Mundo, hasta un 80 por 100 de las mujeres pueden sufrir abusos físicos. En los EE.UU. se calcula que un 16 por 100 de las mujeres son víctimas de violencia por parte de sus compañeros.

Los costos médicos derivados del abuso son asombrosos. En los servicios de urgencias se pueden ver a mujeres maltratadas con más frecuencia que pacientes con apendicitis. En un hospital, el 70 por 100 de las víctimas de violencia eran mujeres maltratadas. En otro, los malos tratos eran la causa de la mitad de las lesiones causantes de los ingresos de mujeres en el servicio de urgencias.

Muchas mujeres maltratadas sufren una serie de problemas psicológicos crónicos, incluidos la ansiedad y depresión. En un estudio de 100 mujeres maltratadas, más de un tercio de las mismas habían intentado suicidarse.

Con todo, cuando las mujeres maltratadas buscan ayuda a través de las vías usuales —la policía o el personal médico— a menudo se encuentran con poca solidaridad. «Ella es la única víctima de un crimen en nuestra sociedad de quien se espera que altere su vida y abandone su hogar y posesiones, y tal vez a sus hijos, para enfrentarse al problema» dice Cynthia Gillespie, abogada de Seattle y autora de *Justifiable Homicide. Battered Women, Self-Defense and the Law* (Homicidio justificable: Mujeres maltratadas, defensa personal y la ley), estudio de cómo trata la ley a las mujeres que matan a sus abusadores.

«Muchas mujeres llegan al servicio de urgencias con hematomas y fracturas y mienten sobre cómo se hicieron dichas lesiones» dice Lila A. Wallis, doctora en medicina, catedrática clínica de medicina en Cornell University College, en la ciudad de Nueva York, anterior presidenta, además, de la American Medical Women's Association (AMWA). «La AMWA está preparando ahora a mujeres médicos para detectar la violencia doméstica a pesar de que la mujer niegue o no presente antecedentes de abuso.»

Rara vez las mujeres que sufren abusos son identificadas como víctimas de un crimen. A pesar de que una serie de estudios han demostrado la presencia de una estrecha relación entre violencia doméstica, llamadas a la policía y homicidios, a veces la policía ni siquiera responde a una llamada desesperada. A una mujer que llamó a la oficina local del fiscal pidiendo ayuda, un abogado auxiliar del distrito le contestó que «contratase un matón» para que matase a su novio. Por el contrario, lo que hizo fue matarlo ella misma y, a diferencia de la mayoría de las mujeres que matan a sus abusadores, fue absuelta por un jurado benévolo.

Un «problema privado»

Parte del problema, dice Gillespie, es que en nuestra sociedad el crimen se define como «algo que pasa a alguien en manos de un extraño y en un lugar público. Lo que pasa dentro de casa es otra cosa. Es un problema, pero un problema privado. No es asunto de la policía, asunto público, asunto de la comunidad médica —ni siquiera es asunto de nadie más que de usted».

De hecho, Gillespie dice, la ley, así como el resto de la sociedad, no piensa que pegar a la mujer sea un crimen real. Por desgracia, existe la creencia tácita de que el abuso del cónyuge está justificado.

«Tradicionalmente en nuestra sociedad se ha visto con buenos ojos pegar a la mujer» dice Deborah White, asistente social implicada durante ocho años en el movimiento de violencia doméstica, primero como defensora de una mujer en un asilo y ahora como codirectora del National Coalition against Domestic Violence, en Washington, D.C. «Algunas de nuestras leyes se basan en esta idea. Unamos a eso el hecho de que cuando una mujer sí intentaba hacer algo básicamente se le decía que se fuese y se tranquilizase, y a él se le decía que se diera una vuelta a la manzana y tranquilizase sus ánimos. "Sabemos cómo pasan estas cosas con los hombres". Este tipo de actitudes ayudan a apoyar la idea global de que su conducta en cierto modo está bien.»

¿Por qué no le abandona ella?

Hay también un desconocimiento general de la dinámica del abuso por parte del cónyuge. Los policías y fiscales se quejan de que las mujeres, incluso cuando sí rellenan los cargos, no siguen adelante. Los jueces y jurados, familiares y amigos luchan con las preguntas más perplejas posibles: ¿Por qué no le abandona ella? La psicóloga forense Lenore E. Walker, doctora en educación, autora de *The Battered Woman Syndrome* (Síndrome de la mujer maltratada), en estudios que ha realizado con cientos de mujeres que han sufrido abusos, dice que «no hacer nada más que irse» no acabará con la violencia. A pesar de todo, ella señala que a muchas mujeres les resulta difícil, y a menudo imposible, librarse de una relación en la que pueden estar física, económica y psicológicamente prisioneras.

Al igual que Elizabeth, muchas mujeres maltratadas han sido aisladas por sus cónyuges, en un intento por controlarlas y hacer que sean más dependientes, privándolas de familiares y amigos o negándose a que trabajen. Cuando trabajan, a menudo tienen que dar cuenta de su tiempo y kilómetros recorridos. En el estudio realizado por la doctora Walker, una mujer, que era médico, llegaba inevitablemente tarde a trabajar y su marido le pegaba tales palizas que terminó perdiendo un riñón.

Cuando hay niños por medio la mujer económicamente dependiente a menudo tiene que escoger entre quedarse y que la peguen o escaparse, abandonando a sus hijos. En los estudios realizados por la doctora Walker ella ha podido comprobar que más de la mitad de los hombres causantes de malos tratos abusan también físicamente de sus hijos. Pocas madres querrán abandonar a sus hijos a un destino incierto y en manos de un padre violento.

No es infrecuente que el hombre que abusa amenace con llevarse a los niños. «Él le dice a ella, si me dejas, te llevaré ante los tribunales y probaré que eres una mala madre, y ella le cree porque siempre le ha oído decir que es una mala madre» dice Janice Rench, asesora de abuso físico y violación y exdirectora del Cleveland Rape Crisis Center en Ohio. «Cuando oyes esto día tras día empiezas a creerlo. Se produce un giro total en el concepto que la mujer tiene de su yo.»

A menudo, la ley —y la sociedad— culpan a la mujer maltratada por su propio sacrificio, en el sentido de la responsabilidad que la mujer siente por conservar el matrimonio y la familia unida. «Como mujer, estamos condicionadas a creer que controlamos nuestro hogar, nuestros hijos, nuestros maridos, y si hacemos todo bien, entonces todos los que nos rodean estarán contentos» dice Rench.

El hombre que abusa de ella a menudo explota esa sensación de responsabilidad que la mujer puede tener hacia el bienestar de su pareja y la culpa que puede sentir porque piensa que ella es quien tiene la culpa de la violencia. Es posible que intente en vano cambiar su forma de ser o la de él. Típicamente el abusor es un hombre que sostiene estereotipos sexuales de rol tradicionales y muestra conductas de «macho». Piensa que es el «rey de su castillo» y que su mujer e hijos son subordinados suyos, dice White. Puede incluso llegar a citar pasajes bíblicos para probar que está justificado pegarla. Asimismo intentará justificar su conducta violenta echando la culpa a la mujer.

Un chico tan agradable

«Él dirá, si fueses mejor persona, si fueses mejor mujer, si fueses mejor madre, yo no te tendría que hacer esto» dice Rench. «Con frecuencia es la lucha psicológica la que hace que la mujer sea incapaz de irse. Muchas mujeres realmente llegan a pensar que en cierto modo no son suficientemente buenas, y que si lo fuesen él no tendría que hacer eso.»

A veces, el hombre que abusa de su esposa tiene una doble personalidad. Puede ser un pilar de la sociedad y ser incontrolablemente violento en casa, como en el caso de John Fedders, anterior dignatario principal de ejecución para Securities and Exchange Commission, quien renunció a su cargo cuando la mujer con la que llevaba casado 17 años pidió el divorcio, exponiendo años de abuso físico y mental. «La mujer empieza a pensar, bien, a lo mejor es culpa mía, él no actúa así con nadie más» dice White. «Él es el jefe del grupo de exploradores de mi hijo, va a misa todos los domingos y está muy bien considerado en su trabajo, así que tengo que ser yo.»

Las personas de fuera a menudo pasan por alto el hecho de que la persona violenta no fue siempre así. La mayoría de estas relaciones empiezan en la «fase de tensión», descrita por la doctora Walker en su teoría cíclica de la violencia. Aunque en la mayoría de los casos existen algunos indicios de lo que vendrá, el hombre violento normal-

Incluso cuando al principio de la relación fueron cariñosos y agradables, muchos hombres con posibilidad de abusar muestran claramente signos de cómo será la vida una vez que se acabe «la luna de miel». Si usted empieza a interesarse seriamente por un hombre, hágase a sí misma las siguientes preguntas, procedentes del National Coalition against Domestic Violence.

- ¿Creció en una familia donde había abusos? Estudios realizados muestran que las personas que crecen en familias donde han sufrido abusos o han sido testigos de abusos son más propensos a crecer creyendo que la violencia es una conducta normal.
- ¿Se vale de la violencia para solucionar problemas? ¿Participa en peleas, tiene un pasado violento o tiene reacciones fuertes? ¿Reacciona en exceso ante problemas pequeños o da puñetazos a las paredes cuando se altera? ¿Tiene un mal carácter? ¿Es cruel con los animales?
- ¿Siente celos o es posesivo con usted? Aunque puede parecer lisonjero tener a un hombre que desee estar a su lado todo el tiempo o que desee saber dónde está, puede ser un signo de que quiere controlarla.
- ¿Tiene un punto de vista tradicional sobre el hombre y la mujer? ¿Piensa que el lugar de la mujer es la casa, sirviendo al hombre? ¿Piensa que el hombre es superior a la mujer?

mente es agradable y atento, volviéndose a menudo encantador después de ocasionar malos tratos, disculpándose, mostrando remordimiento, bombardeando a su pareja con regalos y promesas.

«Esto es lo que a las personas les cuesta comprender, que estos hombres a menudo son chicos realmente agradables» dice Gillespie. «Tenemos tendencia a pensar que son bestias con mucha sensiblería, grotescas caricaturas, controladores, que realmente necesitan tener control sobre todo aquello que les rodee y sobre las personas que hay en su vida. A menudo son amantes maravillosos y fantásticos papás, y cuando no están enfadados y no son violentos, pueden ser muy cariñosos. De modo que las mujeres se ven sacudidas por este cambio tan brusco en sus relaciones.»

- ¿Tiene una autoestima baja? Algunos hombres intentan probar su masculinidad actuando de forma ruda y como un macho para esconder el hecho de que tienen muy poca seguridad en sí mismos.
- ¿Tiene cambios de humor y su estado de ánimo mejora o empeora según su comportamiento? Por ejemplo, ¿se deprime si usted tiene que salir y se vuelve cariñoso cuando regresa? ¿Puede ser extremadamente cruel y extremadamente amable?
- ¿Abusa del alcohol o de las drogas? Existe una estrecha relación entre la violencia y la drogadicción.
- ¿Juega con pistolas, cuchillos u otro tipo de arma? ¿Ha amenazado alguna vez con usarlas contra las personas?
- ¿Espera que usted cumpla sus órdenes o sus consejos? ¿Se enfada si no lo hace y usted le tiene miedo?
- ¿Le ha tratado alguna vez con malos modos? ¿Le ha pegado, empujado o dado alguna vez una patada? ¿Ha utilizado alguna vez la fuerza física para lograr que usted haga lo que él quiere, incluso jugando? Si es así, ya está abusando de usted.
- ¿Le tiene miedo? Si usted ya ha modificado su vida para evitar discutir con él, está abusando de usted y necesita ayuda.

¿Será culpa mía?

Al igual que muchas mujeres, Elizabeth perdonó a su marido su primer episodio violento. «Él estaba más asombrado y horrorizado que yo. Literalmente me suplicó que le perdonase, en la puerta de nuestra casa y delante de los vecinos.» Sus remordimientos alimentaron la esperanza que ella tenía de que recuperase su viejo yo o que ella sería capaz de cambiarle. Lo que no hizo fue enfadarse con él por su comportamiento. Aunque posteriormente pudo asociar su violencia con el consumo de drogas, durante el breve respiro de lo que terminó por ser un ciclo de abusos, Elizabeth se encontró pensando, «¿Qué he hecho yo para que él sea así?»

«Con frecuencia ésta es la primera reacción» dice Gillespie. «O ponen excusas. Se trata de una racha de mala suerte. Ha pasado porque perdió su trabajo, discutió con su jefe. Él está arrepentido. Dice que no volverá a pasar. El hombre me ama, yo le amo, tenemos hijos comunes, tenemos un matrimonio feliz. Muchas mujeres maltratadas pasan un largo período excusando la conducta violenta o aceptando la culpa, a veces para siempre.»

Pero lo que puede ser peor, cuando sus repetidos intentos de frenar el abuso siendo una mujer y madre «mejor», discutiendo, suplicando, incluso escondiéndose o saliendo corriendo, no dan resultado, como suele pasar, ella puede empezar a pensar que *no hay* nada que ella pueda hacer.

De hecho, en un estudio se vio que las mujeres que se van, corren un 75 por 100 más de riesgo de que las maten que las que se quedan. «Muy a menudo, si la mujer se enfrenta a la elección de permanecer y que la peguen o irse y que la maten, quedarse y que la peguen es la decisión más racional» dice Gillespie.

Por ese mismo motivo las mujeres maltratadas no acuden a la policía o no dicen la verdad acerca de sus lesiones en la comisaría o en el servicio de urgencias. La mujer a la que un fiscal le aconsejó que contratase los servicios de un matón para que matase a su novio, más tarde dijo a la policía que nunca rellenó los cargos contra su novio porque tenía miedo de que una vez que estuviese libre bajo fianza regresaría para matarla. «Hubiera sido como clavar una aguja a una abeja enfadada» dice ella.

La gran escapada

A pesar del peligro que existe, el único modo eficaz de romper el círculo de abusos es escapar. «Lo mejor que puede hacer es irse, y cuanto más lejos mejor» dice Gillespie.

A pesar de que no hay suficientes cobijos para mujeres maltratadas, los que existen pueden ayudar mucho a mantener a la mujer y a sus hijos a salvo. Están en sitios no revelados y algunos tienen incluso acuerdos recíprocos con otros centros para ocultar a las mujeres y a sus hijos en otras ciudades. Algunos centros ayudarán a las mujeres a tener una formación laboral, encontrar un trabajo, un hogar y a veces una nueva identidad. Otros proporcionan cuidados de día. Todos ellos ofrecen comprensión y solidaridad.

Puesto que el hecho de fugarse puede poner en peligro a la mujer y a sus hijos, la mayoría de los expertos aconsejan que se planifique de antemano la escapada secreta. «Empiece cambiando su vida en secreto» dice Deborah White. «Ahorre un poco de dinero de la cantidad destinada a la compra y adquiera algún tipo de formación.»

Elizabeth encontró un trabajo a tiempo parcial sin decírselo a su marido. «Ahorré cada peseta que me dieron» dice ella, «y me cambié a un apartamento pequeño, encontré un trabajo a tiempo completo y contraté un abogado. Esto suponía intentarlo y yo tenía mucho miedo, pero también tenía suficiente juicio para saber que no podía seguir así».

Antes de irse tiene que saber a dónde va. Si sus familiares, amigos o vecinos no pueden ayudarle, o usted tiene miedo de ponerles en peligro, compruebe que en su listín de teléfonos tiene el número de un centro de acogida local. Averigüe si tienen sitio y, si es necesario, pida que pongan su nombre en la lista de espera.

Mientras tanto, para preparar su escapada y seguir estando segura mientras está en casa, esto es lo que los expertos sugieren que usted haga:

- Ensayar la escapada. Sepa exactamente cuándo y cómo se va a ir —en taxi, autobús, tren o coche— y cómo va a lograr salir de casa con los niños.
- Acuda a una clase o grupo de apoyo mientras su marido trabaje.
- Conserve llaves de más, copias de papeles importantes, una lista de números de teléfono, algo de dinero y una muda en algún sitio fuera de su casa; lo ideal es en casa de un amigo, familiar o vecino.
- Si tiene que irse en medio de la noche, encuentre un lugar seguro a donde ir: un motel, una tienda abierta toda la noche o un cine. Aparque siempre el coche en la calle o camino de entrada y mantenga la puerta del conductor sin echar el pestillo.
- Invente un sistema de señas con un vecino por si necesitase ayuda inmediata. «Dígale que tan pronto como oiga un ruido alto llame a la policía inmediatamente» sugiere White.
- Aprenda los signos de violencia inminente. Si usted sabe que él se vuelve más agresivo cuando bebe, organícese para estar en otro lugar cuando él regrese borracho. No le diga que se va; esto podría enfadarle aún más. Vayase con una excusa («tengo que terminar de lavar la ropa») o mientras él no ha entrado aún.
- Evite ciertos cuartos de la casa cuando él esté agresivo, sobre todo el cuarto de baño, ya que por lo general sólo tiene una puerta, y la cocina, donde él tiene acceso a armas.
- Esconda los objetos domésticos, como cuchillos y tijeras, que puedan usarse como armas.
- Si tiene pistolas en casa, aprenda a descargarlas de forma segura. Guarde la munición en otra parte de la casa.

Una de las cosas más importantes para su recuperación es pedir asesoramiento. «Usted ha tenido que soportar golpes muy duros, no sólo físicos sino también en su autoestima, y necesita hablarlo con alguien para descubrir el motivo del abuso cometido con usted» dice White. «Incluso cuando logra salir de esa relación usted puede seguir pensando que fue culpa suya. Tiene que entender que no es así.»

ABUSO SEXUAL

Hasta que tuvo 36 años, Jessie mantuvo sus recuerdos enterrados en una nube de alcohol. Hija única de un ejecutivo y su mujer, empezó a emborracharse de forma regular cuando sólo tenía 13 años. «En ese momento yo no lo sabía, pero en realidad me hacía olvidar mucho dolor» dice Jessie, que actualmente tiene 43 años. A los 36, se sometió a una desintoxicación etílica y empezaron a surgir los recuerdos de haber sufrido abuso sexual por parte de su padre.

En la terapia, Jessie comprobó que había estado usando la bebida para distanciarse del dolor. Incluso ahora, su temor a los hombres sigue existiendo así como su temor a la intimidad. Ella logró sacar una licenciatura en asistencia social pero tuvo problemas para mantener el puesto de trabajo. «En 11 años pasé por seis trabajos porque me sentía muy enfadada y volátil y era incapaz de fiarme de la autoridad. Me rebelaba contra cualquiera que tuviera autoridad sobre mí» recuerda ella. Al igual que muchas mujeres que han sufrido abusos, Jessie se convirtió en un ser solitario, obsesionada por una ansiedad amorfa que el alcohol era incapaz de hacer olvidar.

El crimen secreto

Jessie es víctima de lo que hasta hace poco ha sido una epidemia oculta. Investigaciones llevadas a cabo recientemente indican que de forma asombrosa una de cada cuatro mujeres —quizás más— sufrieron abuso sexual en su infancia. Muchas, como Jessie, son víctimas del «último tabú»: incesto. Otras fueron molestadas por familiares de más edad, figuras autoritarias, o, en un número más pequeño, por desconocidos. Para muchas, la lucha que supone guardar este secreto, a veces incluso a sí mismas, les ha llevado a graves trastornos mentales y físicos.

Investigadores procedentes de campos tan diversos como parto y drogadicción están hallando un número alarmantemente alto de mujeres cuyas vidas se han visto marcadas y alteradas por abusos sexuales en la infancia. Por ejemplo, en un estudio se vio que entre un 30 por 100 y dos terceras partes de todas las mujeres con trastornos de la ingesta sufrieron abusos en algún momento de su pasado. Y sorprendentemente un 70 por 100 de las mujeres drogadictas —alcohol y drogas— sufrieron abusos sexuales y físicos. En un estudio realizado en 1990 sobre mujeres que buscaban ayuda psiquiátrica ambulatoria por una serie de motivos, el 63 por 100 habían sido víctimas de abuso físico o sexual en su infancia.

En los últimos años dos personas famosas —Marilyn Van Derbur, ex Miss América y la cómica Roseanne Arnold— sorprendieron al público con sus asombrosas historias de abuso sexual en la infancia. Muchos expertos opinan que este tipo de revelaciones han podido acabar de una vez por todas con el secreto que ha mantenido oculto este trauma tan arrollador.

Durante demasiado tiempo ha sido un crimen fácil de ocultar. «Hace unos años simplemente no se hablaba de ello» dice Virginia Revere, doctora en filosofía, psicóloga privada en Alexandria, Virginia, que trabaja con víctimas de abuso sexual. «Si a usted le atropellaba un coche y sobrevivía, podía decírselo a todo el mundo, y resultaba aceptable. Pero no podía hablar sobre abusos.»

En algunos casos, nadie le escucharía. «Es posible que a las personas que sufrieron abusos se les dijera que habían seducido a su agresor y que son personas terribles» dice la doctora Revere. «Es muy normal que los padres culpen al niño por lo que ha pasado.»

A menudo la niña piensa que es culpa suya, dice Linda Tschirhart

Sanford, de Quincy, Massachusetts, terapeuta y autora de *Strong at the Broken Places: Overcoming the Trauma of Childhood Abuse* (Fuerte en los momentos difíciles: Superar el trauma del abuso en la infancia). Al intentar hallar algún sentido del abuso es posible que llegue a pensar que sucedió porque se lo merecía o lo provocó.

Superar el dolor

Pero en muchos casos el abuso se convierte en un secreto porque la niña reprime los recuerdos dolorosos. Incluso cuando sus recuerdos se entrometen en los pensamientos conscientes, pueden rechazarse como imaginación. En otros casos las víctimas tienen memorias atrozmente reales pero permanecen emocionalmente latentes para distanciarse del dolor. Una de las pacientes de Sanford se describe a sí misma a la edad de cinco años «como una niña con callos en el corazón».

A veces estos recuerdos reprimidos empiezan gradualmente a surgir. A corto plazo la víctima no tiene que enfrentarse a ellos, pero puede sufrir muchos síntomas físicos y psicológicos que parecen no tener causa alguna. «Lo que la mente olvida, lo recuerda el cuerpo» dice Christine Courtois, doctora en filosofía, psicóloga que trabaja con mujeres que han sufrido abuso sexual, en Washington, D.C., y autora de *Healing the Incest Wound* (Superar el daño causado por el incesto).

En realidad muchas víctimas viven sus vidas esclavas de un deseo compulsivo y destructivo cuyo origen resulta exasperantemente difícil de encontrar. Como Roseanne Arnold, que luchó toda su vida con el abuso de fármacos, comida y alcohol, dijo a una periodista de la revista *Time:* «Es el secreto que me ha estado matando toda mi vida».

Por lo general, las víctimas de abusos recobran sus recuerdos cuando empiezan a sentirse suficientemente seguras como para recordarlos, como cuando inician una relación íntima con alguien en quien confían o cuando inician una terapia, a menudo por otro problema. Jessie cree que no fue coincidencia que empezase a recordar cuando empezó a seguir un tratamiento de desintoxicación etílica, que le ayudó a recobrar su autoestima.

La terapia, que a menudo es necesaria, puede ser «extremadamente difícil y dolorosa» dice la doctora Courtois. Puesto que la mujer que sufrió abuso sexual en su infancia puede costarle mucho confiar en los demás, es muy importante buscar un terapeuta que merezca su confianza y que tenga experiencia en este tipo de abusos, dice ella.

«Yo estuve con un par de terapeutas que no me creían» dice Jessie. «Me dijeron que pensaban que mis recuerdos estaban relacionados con el hecho de haber tenido la polio a los siete años. Yo sabía que había más que eso.»

Muchas víctimas, dice la doctora Courtois «alternan entre enfrentarse a ello y bloquear los recuerdos. Sin embargo, una vez que se le hace frente, puede empezar a superarlo».

Los sobrevivientes

Pero la víctima de abusos sexuales en la infancia no está predestinada a llevar una vida llena de traumas psicológicos. En un estudio sobre dos grupos de personas que han sobrevivido al incesto, llevado a cabo por las expertas en abuso sexual Judith Herman, doctora en medicina, Diana Russell, doctora en filosofía y Karen Trocki, doctora en filosofía, la mayoría dijeron que la experiencia les había afectado mucho, pero aproximadamente la mitad de las mujeres dijeron que pensaban que lo habían superado.

De hecho, algunas mujeres afrontan la experiencia de forma positiva. «Gran parte de las víctimas logran superarlo muy bien y les va bien en la vida» dice la doctora Revere. «Sienten mucha vergüenza, y un modo de superar la vergüenza es alcanzar un objetivo.»

«Superar el trauma, aunque finalmente se logre, es a menudo lento. Además de tener un terapeuta compasivo, muchas víctimas pueden beneficiarse asistiendo a un grupo de ayuda personal, como Incest Survivors Anonymous y Alcohólicos Anónimos» dice ella. «Los grupos son un modo de evitar estar aislado. Una gran ventaja de la que me he dado cuenta es la posibilidad de conocer a hombres, en estos grupos, que también han sufrido abusos. Me ha resultado reconfortante saber que ellos han pasado por el mismo dolor y que son tan vulnerables como yo. El hecho de estar con otras personas como yo, me ayuda a recordar que, aunque pasó, *ló he superado.*»

ACOSO SEXUAL

Jennifer Leidy, una mujer soltera de 30 años de edad y madre de dos niños, fue contratada como administrativa en una pequeña empresa situada a 10 minutos de su casa. Antes de que finalizase la primera semana, su jefe, un hombre soltero de 36 años de edad que dirige el negocio familiar con su madre, le preguntó si quería salir con él. Ella dijo que no.

«Yo le dije que nunca quedaba con alguien con quien trabajase —dice Jennifer—. Pero él no paraba de molestarme. Se paraba delante de mi mesa durante el día, me preguntaba si necesitaba algo, charlaba conmigo. Me pidió que quedásemos unos cuantos días más y todas las veces le dije que no. Pero me estaba poniendo nerviosa. Él nunca dijo que me despediría si no salía con él, pero yo siempre pensé que era una posibilidad. Después de todo, él era el dueño de la compañía. Entonces, un día le vi conducir su coche lentamente delante de mi casa y realmente me produjo escalofríos.»

Verse metida en un juego de poder

Jennifer no tardó mucho en encontrar otro trabajo, pero nunca confesó a nadie por qué quería irse. «De todos modos nunca me gustó tanto el trabajo, y era la disculpa que usaba. Pero me pregunto qué habría hecho si tuviera que permanecer ahí» dice ella.

Circunstancia agravante por ser en el trabajo

En el, ahora clásico, estudio aleatorio Merit Systems Protection Board, 1981, de los empleados gubernamentales, el 42 por 100 de más de 10.000 mujeres encuestadas dijeron que habían sufrido acoso sexual en el trabajo. El 62 por 100 dijo que les habían tocado de forma sexual y el 20 por 100 notificó haber sido violadas, o sufrido intento de violación o agresión en el trabajo.

Otros estudios han hallado que aproximadamente el 50 por 100 de las mujeres han sufrido acoso sexual en el trabajo. Y al menos una experta dice que es incluso peor. Midge Wilson, doctora en filosofía, profesora adjunta de psicología y estudios de la mujer en De Paul University en Chicago, cuenta que les dice a sus estudiantes: «Nunca he conocido a una mujer que no haya sufrido acoso sexual en algún momento de su vida laboral».

Aunque el estudio Merit arroja algo de luz en lo que es claramente un problema social generalizado, se centra en el número de mujeres que han sufrido acoso sexual en el trabajo y no en lo que les ha pasado a consecuencia de ello. Las consecuencias del acoso sexual pueden ser profundas.

En el mismo año en que se hizo el estudio Merit, investigadores procedentes del Working Women's Institute, en la ciudad de Nueva York, descubrieron que el 42 por 100 de las mujeres encuestadas, como Jennifer, habían abandonado trabajos donde sufrían acoso sexual, y el 24 por 100 habían sido despedidas, bien por represalias por quejarse del acoso o porque el trabajo se había visto influido a consecuencia de ello.

En realidad, los investigadores descubrieron que el 75 por 100 de las mujeres notificaron un deterioro en su trabajo por ser incapaces de concentrarse, haber perdido confianza en sus aptitudes y logros o por haber perdido la motivación laboral por ser víctimas de una venganza. Prácticamente todas las mujeres dijeron tener uno o más síntomas de estrés psicológico, como tensión, nerviosismo, cólera, temor o impotencia. Algunas presentaban una gran sensación de angustia, similar a la que presentan las víctimas de violación e incesto. Muchas tienen además síntomas físicos, incluyendo náuseas, dolor de cabeza y fatiga crónica. Algunas incluso recurren al alcohol o a las drogas para mitigar su tensión.

No hay opciones fáciles

Jennifer probó una de las pocas opciones que existen para las mujeres que sufren acoso sexual en el trabajo. ¿Pero qué hay de las mujeres que no pueden dejar el trabajo por un motivo u otro? Pueden quedarse y sufrir o presentar cargos contra el agresor. Muchos empresarios tienen directrices y procedimientos de agravio para ocuparse de los casos de acoso sexual. En 1980, el Equal Employment Opportunity Commission (EEOC) (comisión que investiga discriminación racial o sexual en el empleo) permitió a las mujeres hacer un caso federal por acoso sexual. El acoso sexual se considera una violación de los derechos civiles de la mujer, bajo el Título VII de la Ley de Derechos Civiles de 1964, y los casos de acoso sexual son llevados a juicio.

«A pesar de todo, un porcentaje muy bajo de mujeres llegan a presentar cargos, contratar un abogado y llegar hasta el final» dice la doctora Wilson.

¿Por qué? Los motivos pueden ser múltiples. Un estudio reciente sobre estudiantes femeninas de universidad —víctimas frecuentes de lo que un experto denomina irónicamente profesores lascivos— halló que muchas mujeres dudan si presentar o no cargos contra el agresor, por temor a que arruinen su vida. «Muchas políticas sobre acoso sexual están muy orientadas hacia el castigo y a muchas mujeres realmente no les interesa ver a un profesor perder su trabajo o que despidan a un supervisor» dice la doctora Wilson. «No desean cargar con esa culpa —y las mujeres son muy propensas a sentir culpa.»

Temor al desquite

Existe también el temor a las represalias. Aunque la ley prohíbe a las compañías vengarse contra una mujer que presenta cargos contra su agresor, ella puede convertirse en persona non grata en su oficina; incluso sus propias compañeras pueden darle la espalda ya que, por temor a perder su puesto de trabajo, se niegan a apoyarla incluso cuando ellas pueden ser víctimas o conocer el problema.

Kathleen Neville, una ejecutiva financiera de Nueva York que presentó una acusación de ser acosada sexualmente por un supervisor, recibió amenazas de muerte incluso antes de presentar sus cargos a EEOC. La despidieron del trabajo y aceptó otro en el que le pagaban menos sueldo al año. En su libro *Corporate Attractions* (Atracciones en la compañía) ella escribe que su nuevo empresario, preocupado por el hecho de que llevase a su anterior jefe ante los tribunales, le dijo que sentía mucho haberla contratado y la presionó mucho obligándola a responder a cada minuto de su tiempo, incluido el tiempo que pasaba en el servicio.

Las mujeres temen también tener que repetir lo sucedido delante de los tribunales. Por desgracia, los tribunales, al oír casos de acoso sexual, también han permitido testimoniar sobre la conducta de la víctima de tal forma que la vida de una víctima de violación se convierte en un libro abierto. Con ello, escribe la catedrática de derecho Susan Estrich en *The Stanford Law Review* (Revisión de la Ley Stanford), los tribunales «refuerzan algunos de los estereotipos sexuales de la mujer más degradantes». La conducta de la mujer —incluso su modo de hablar y de vestirse— se considera una cuestión importante. En realidad tanto ella como su agresor se someten a juicio. La conducta de la mujer se analiza detenidamente para que los tribunales decidan si dejó claro que las insinuaciones del hombre no eran bien recibidas, algo que refuerza la idea de que la mujer mantiene un rol de protectora en las cuestiones sexuales. En efecto, escribe Estrich, catedrática de derecho y ciencias políticas en la Universidad de Carolina del Sur, en Los Ángeles, los tribunales establecen que «los hombres poseen el derecho legal a tratar a las mujeres que lleven la ropa apretada con menos respeto que a las mujeres que les queda más suelta».

«Yo admiro tremendamente el valor que tienen estas mujeres que han presentado estos cargos y han seguido hasta el final» dice la doctora Wilson. «Hace falta valor para arriesgarse a que la consideren alborotadora, en una sociedad que espera que las mujeres no se quejen cuando les pasan cosas a ellas.»

¿Qué es el acoso sexual?

Los tribunales también han luchado contra la definición de acoso sexual. En algunos casos, resulta fácil de reconocer. El denominado acoso sexual quid pro quo —yo hago algo por usted y usted hace algo por mí— normalmente implica una promesa de ventajas laborales a cambio de favores sexuales. Es entonces cuando el jefe le pide que se acueste con él a cambio de un trabajo o ascenso. No es tan fácil de reconocer el tipo de acoso que crea lo que la ley denomina un entorno laboral hostil. Comentarios insinuantes, bromas o gestos, incluso fotografías o dibujos sexualmente explícitos dejados en la mesa de trabajo, constituyen también acoso sexual, pero a muchas compañías y a los tribunales —incluso a algunas mujeres— les cuesta mucho distinguir entre lo que está bien y lo que está mal.

Parte del problema es que, como se ha visto en estudios, los hombres pueden ver la situación de forma muy distinta a las mujeres. Muchos hombres se sienten halagados por insinuaciones sexuales, y piensan que las mujeres también. Hasta 1991 los tribunales tendían a considerar los casos de acoso sexual más como los podría ver «un hombre razonable» que «una mujer razonable». Pero en enero de 1991 el 9th U.S. Circuit Court of Appeals invirtió una ley anterior que decía que un agente que inundaba a una compañera de trabajo con cartas de amor no era culpable de acoso sexual. Cualquier «mujer razonable», deciden los tribunales, se habría sentido asustada y alterada con las cartas.

Abuso de poder

«Es la diferencia de poder la que da lugar al acoso» dice la doctora Wilson. Normalmente una víctima de acoso sexual está en posición inferior a la de su agresor, como en el caso de Jennifer Leidy. Aunque su jefe no le amenazó claramente con respecto a su trabajo, el hecho de que fuese propietario de la compañía hacía que ella se sintiese intimidada. Si usted trabaja, hay muchas posibilidades de que su jefe sea un hombre. Según un estudio, el 75 por 100 de las mujeres están empleadas en trabajos donde existe segregación por sexo, están supervisadas por hombres, convirtiendo el lugar de trabajo en un lugar propicio para el acoso.

Pero no sólo los jefes tienen la culpa. Lo que le sucede a una secretaria le puede pasar también a una neurocirujana. Incluso cuando el hombre no está en una situación mayor de poder en el trabajo, nuestra sociedad considera a los hombres, por virtud de su género, más poderosos que las mujeres. «En los lugares de trabajo a los hombres se les considera más competentes, responsables, comprometidos y valiosos que las mujeres» escriben las expertas en acoso sexual Donna M. Stringer, doctora en filosofía, Helen Remick, doctora en filosofía, Jan Salisbury y Angela B. Ginorio, doctora en filosofía, en *Public Personnel Management* (Administración del personal público). Una mujer —incluso cuando ha alcanzado poder en una organización— tiene menos posibilidades de que la crean, que un hombre, y es posible que incluso la consideren menos influyente por haber sufrido acoso y no haber sido capaz de frenarlo.

Puesto que un hombre, independientemente del nivel en que se encuentra, puede considerarse más poderoso que cualquier mujer, ninguna mujer está inmune. En 1991 una neurocirujana de Stanford University School of Medicine dimitió de su cátedra tras años de acoso durante los cuales sus compañeros la llamaron «Querida» en el quirófano y acariciaban sus piernas por debajo de la mesa de quirófano.

«Una de las decanas de esta universidad fue acosada por un miembro de un equipo local visitante para habilitación de enseñanza» dice la doctora Wilson. «Ella era la anfitriona en una fiesta para el equipo y él se negó a abandonar su habitación del hotel incluso cuando el resto de las personas ya se habían ido. Ella se quedó de piedra. Dijo,

"Nunca pensé que me pasaría a mí. Tengo tanto poder en la universidad y sentí que si no me acostaba con él no nos habilitaría para la enseñanza".» De modo que sucede a todos los niveles.

Las mujeres que ocupan cargos tradicionalmente masculinos corren un riesgo especial, como es el caso de los trabajadores de la construcción, policías y bomberos. Jacquelyn L. Morris era maquinista en el plan de fabricación de botellas de Pevely Missouri, dirigido por American National Can Corporation. En 1987 había alcanzado la máxima antigüedad en una unidad con 12 hombres, y continuamente recibía buenas o excelentes puntuaciones por su trabajo. Sin embargo, dejó su trabajo porque sus jefes y compañeros de trabajo le hicieron la vida imposible. Varios hicieron crudos comentarios sobre su anatomía y una mañana llegó al trabajo y se encontró una foto de un pene en erección en su caja de herramientas. Ella les llevó a pleito y ganó.

Decir no, no basta

Si usted es víctima de acoso sexual, «lo más eficaz que puede hacer es enfrentarse a su agresor» dice la doctora Wilson.

«En cuanto lo vea, diga: "No me gusta lo que acaba de decirme y prefiero que no me hable de ese modo"» aconseja ella. «Intente decirlo delante de otras personas para que ellos puedan dar fe de que usted reconoció lo que era y respondió a ello la primera vez que ocurrió. No sonría al decirlo. Eso envía muchos mensajes equivocados. A las mujeres les cuesta mucho ser firmes y hablar con alguien directamente sin sonreír y aparentar una especie de renuncia: "Siento decir esto" —sonrisa, sonrisa— "pero realmente no me agrada" —sonrisa, sonrisa».

Según Susan Estrich el tribunal se fijará en su conducta y en sus palabras. «Sólo diga no» podría ser un buen eslogan para la lucha contra las drogas, pero no vale ante los tribunales. Si su negativa va acompañada de una sonrisa, los jueces considerarán su actitud ante el agresor como ambivalente y no se pondrán de su parte. Es posible que se sienta turbada, pero lo que tiene que hacer es enfadarse, dice la doctora Wilson.

Si el acoso persiste o va a más, notifíquelo a su supervisor o al supervisor de la persona que le molesta, o al director de personal, dice la doctora Wilson.

Conozca el protocolo para presentar una queja en su compañía. En caso de no haber, sugiera su creación. Es lo mejor que su empresario puede hacer para cumplir la ley. A una compañía le pueden hacer responsable del acoso sexual que tenga lugar durante el trabajo y, además de los perjuicios estimados por los tribunales, es posible que tenga que pagar los honorarios de su abogado y del contrario, recompensa económica y el paro. Es posible que también tengan que pagar por otras cosas —por la pérdida de clientes o futuros empleados por la mala publicidad.

Provocar problemas

Tener una cita en el trabajo tiene sus riesgos. Un motivo bien conocido que da lugar a acoso sexual es una relación amorosa en el trabajo que va mal. A no ser que usted esté totalmente segura de que se encuentra «entre amigos» en la oficina, evite entablar excesiva amistad con los hombres con quien usted trabaja.

¿Qué puede causarle problemas? Según Estrich, actuar de modo estereotipado —elogiando a los hombres, colocándoles bien la corbata o tener buena relación con un hombre que se aprovecha— puede perjudicarle en caso de ganar ante los tribunales. A la inversa, las mujeres que actúan como los hombres —usando un lenguaje obsceno, saliendo «con los chicos»— puede afectarles a la inversa.

Si después de usar el procedimiento de queja que exista en su trabajo, sigue habiendo acoso, o su supervisor toma represalias contra usted, póngase en contacto con la oficina de EEOC que le quede más cerca y solicite presentar una acusación. Incluso si EEOC no toma acciones legales, usted puede aún querellarse por privado.

AFLICCIÓN

La leyenda budista nos habla de una mujer joven que sintió tanto dolor por la pérdida de su hijo que no podía entregar su cuerpo para celebrar los ritos funerarios. Aferrando el cuerpo amado de su hijo se acercó al sabio y compasivo Buda pidiéndole su ayuda. Él accedió a ayudarle con una condición: ella tenía que ir al pueblo vecino y regresar con un grano de mostaza (una especia común para ese momento y lugar) procedente de un hogar que nunca hubiera sido castigado con la muerte.

La mujer regresó al lado de Buda esa noche sin la semilla. Y, después de preparar los ritos funerarios de su hijo, ella se convirtió en una discípula de Buda. Su búsqueda de casa en casa le enseñó una lección muy importante —que el dolor es general.

En algún momento de nuestra vida, cada uno de nosotros sentiremos dolor. Pero aunque sea algo generalizado, es una de las emociones menos comprendidas. A pesar de que la mayoría de

Es algo tan personal

nosotros pensemos que la aflicción es un huracán de sentimientos dolorosos que aparecen tras la muerte de alguien que queremos, los psicólogos reconocen desde hace mucho tiempo que también se siente aflicción con otras pérdidas importantes —divorcio, pérdida del trabajo, un hogar, amigos, un animal de compañía, nuestra salud, nuestros sueños, incluso cuando se pierde la sensación de lo que somos.

El dolor tiene muchas caras

Según la investigadora de la Universidad de Michigan, Camille Wortman, doctora en filosofía, la aflicción a menudo implica «un cambio permanente que no puede alterarse o deshacerse». Y los «cambios» que pueden originar este devastador sentido de pérdida pueden ser, sorprendentemente, muy diversos. Por ejemplo, los expertos en fertilidad han identificado las profundas emociones que acompañan al diagnóstico de esterilidad, como reacción de dolor, que aparecen a medida que la pareja se esfuerza por aceptar la pérdida de su deseo de ser padres. Incluso algo positivo, como es tener un trabajo nuevo o casarse, puede desencadenar un sentimiento doloroso. Aunque un trabajo nuevo o el matrimonio no sea ciertamente el final de la vida, sí pueden ser el final de la vida que usted conoce. En un momento en que teóricamente se tendría que estar muy contento, los sentimientos de aflicción y tristeza pueden resultar confusos, como pudo comprobar Rita Harper.

Hace unos años, Rita abandonó el periódico donde había trabajado durante ocho años, por un trabajo como directora de una revista nacional en Nueva York. «Debería estar encantada. Era lo que yo quería por encima de todo en el mundo. Pero en lo único que podía pensar era en que abandonaba a las personas que había llegado a conocer y querer en esos ocho años» dice Rita. «No paré de llorar. No podía dormir. No paraba de comer o no comía nada. Sabía bastante para darme cuenta de que eran signos de depresión, pero no podía imaginarme por qué estaba deprimida. Finalmente acudí a una asesora que me ayudó a darme cuenta de que estaba triste por la vida y las personas que dejaba atrás.»

Lo que hace que una pérdida sea dolorosa y difícil de superar, dice la terapeuta Alla Renee Bozarth, doctora en filosofía, es el significado que tiene (a veces inconsciente) aquello que perdemos. Cuanto más hayamos dado de nosotros mismos a una persona, lugar o cosa, más profundo será el sentimiento de pérdida. «Al separarnos de esa persona o cosa», escribe la doctora Bozarth en su libro *Life Is Goodbye, Life Is Hello* (La vida es adiós, la vida es hola), «de hecho me separo de esa parte de mí que representa la otra persona o cosa. Pierdo una parte de mi propio yo. Recuperar esa parte de mí que he perdido, reclamándosela a la persona o cosa desaparecida, es el proceso que he denominado aflicción. Es, literalmente, un proceso de salvamento».

Su modo de vivir y de afligirse

Es también un proceso doloroso y espantoso. A pesar de que generalmente se acepta que el proceso de aflicción consta de una serie de fases que van desde shock y confusión hasta recobrar el equilibrio, está claro que cada persona lleva su propio camino individual y solitario.

«Nos afligimos de la misma forma que vivimos», dice Elizabeth Harper Neeld, doctora en filosofía. Su libro, *Seven Choices: Taking the Steps to a New Life after Losing Someone You Love* (Siete posibilidades: Dar los pasos hacia una nueva vida después de perder a un ser querido), lo escribió después de realizar muchísimas entrevistas a personas que superaron la pérdida de algún ser querido, y describe asimismo cómo luchó ella misma para superar la muerte de su marido.

«No existe un modo correcto de sentir dolor» dice la doctora Neeld. «Si normalmente usted muestra mucha emoción, es posible que responda con mucha emoción. La persona que es silenciosa puede responder volviéndose aún más silenciosa. Una persona eficiente puede acentuar esa cualidad. Algunas personas caen enfermas, otras se enfadan muchísimo, y otras actúan como si nada hubiera pasado. Algunas mujeres limpiarán la casa de arriba abajo, y otras serán incapaces de levantarse del sillón. Actúan de este modo porque les ha sucedido algo profundo y así es cómo responden. Resulta ridículo pensar que existe un modo correcto de reaccionar. "Lo único que sí es correcto es ser consciente de que algo ha pasado y que ha roto el hilo de continuidad en su vida".»

Darle tiempo

De igual modo que no existe prescripción posible para la aflicción, no existe un programa para el dolor. Estudios realizados sobre el curso del proceso de aflicción han comprobado que un número importante de personas «no superan» o resuelven sus sentimientos durante años, si lo hacen. Investigadores de la Universidad de California, en San Francisco School of Nursing, entrevistaron a familias que habían experimentado la pérdida más dolorosa de todas —la muerte de un hijo. Hallaron que un número sorprendente de familias que habían perdido un hijo por cáncer seguían sintiendo una sensación de dolor y pérdida —a menudo descrito como un vacío en sus vidas— entre siete y nueve años después. A pesar de que las familias habían seguido viviendo sus vidas, y habían dejado de sentir un dolor intenso diariamente, veían la pérdida como parte de sí mismos y su dolor como una conexión con el hijo perdido. «Las cicatrices siempre quedan» explica una madre. «No quiero perder nunca parte de ello porque así me siento conectada.»

Aunque estas familias representan el segmento más grande del grupo de estudio, los investigadores vieron que otras familias habían afrontado la pérdida de sus hijos de formas muy diversas. Algunos pensaban que realmente «lo habían superado», aceptando la muerte como voluntad de Dios, o como explicó un padre, como «algo que pasa». Otros, intentaban llenar el vacío participando en proyectos tales como trabajos caritativos, construyendo una casa o teniendo o adoptando un hijo.

Un proceso caótico

En su trabajo, la doctora Neeld vio que aquellas personas que afrontaban bien las pérdidas en sus vidas atravesaban un proceso de cicatrización que, en el mejor de los casos, es caótico. «No es algo recto. Se avanza y se retrocede en todas las fases. En algunos momentos parece como si no se tuviera una dirección, pero todo va encaminado hacia la integración de la experiencia, para que tenga algún sentido. No se trata de "superarlo". Nunca dejamos atrás la pérdida o la superamos. Se convierte en parte de nuestro ser durante el resto de nuestra vida, pero sin que la domine. Las personas que yo entrevisté habían integrado sus pérdidas en sus vidas y no estaban perdidos».

Para muchas personas, la reacción inicial ante una pérdida es de shock y negación. Pero no es una negación real. El «entumecimiento» inicial que sentimos es un mecanismo de autoprotección, «un anestésico cardíaco», como lo describe la doctora Bozarth. Este afortunado entumecimiento nos permite absorber gradualmente la realidad. Una mujer se acuerda de repetir la palabra «no» una y otra vez después de enterarse que su mejor amiga había muerto en un accidente. «En alguna parte dentro de mí comprendía lo que estaba escuchando», dice ella, «pero no quería que fuese verdad».

Una vez que desaparece el shock, es posible atravesar fases de profunda tristeza, cólera, culpa, depresión, impotencia, confusión y conducta errática o impulsiva. Es posible que se encuentre pensando obsesivamente en la persona que ha perdido.

También puede experimentar síntomas físicos. Resulta normal la pérdida del apetito, insomnio e incluso enfermedades más graves. A pesar de que sabemos que la vida es efímera, la muerte nos sigue sorprendiendo, física y mentalmente.

Reconstruir una vida

En su investigación, la doctora Neeld halló que la mayoría de las personas atraviesan lo que ella llama una segunda crisis, una vez que parece haber desaparecido el dolor inicial, y luchan contra las implicaciones a largo plazo que tiene la pérdida. Esta segunda crisis puede ser incluso más dolorosa que la primera. Es como un parto, pero la nueva vida que se da a luz es la propia. «Esas tareas a largo plazo de crear una nueva identidad, nuevos patrones, nuevas conductas, realizar acciones nuevas, harán que resucite su dolor porque le recuerdan lo que ha perdido» dice la doctora Neeld.

«Lo que es difícil es que no se deja atrás la pérdida», dice ella. «Se crea una nueva identidad que es usted —usted además de la pérdida—. Usted ha perdido el futuro que pensaba tener y ahora necesita uno nuevo. A eso se le llama esperanza. Se le llama vida. Y eso no se consigue de un día para otro».

Puede pasar incluso que usted se resista a crear una nueva vida, por la lealtad que siente hacia el ser querido que ha perdido. «Es duro, porque no sabemos cómo querer a una persona muerta» dice la doctora Neeld. «Pensamos que la única forma es aguantar. No les tiene, por lo que se encuentra en esa tierra de nunca jamás. Resulta muy seductor porque es más fácil quedarse ahí que atravesar la segunda parte del proceso de aflicción, que es crear una nueva identidad».

En realidad, superar el dolor puede ser tan duro como un trabajo nuevo, dice la doctora Neeld. Es una etapa dura, durante la cual a menudo se realizan progresos imperceptibles mientras que los retrocesos pueden ser muchos. Aunque el dolor que siente es algo único, aquellas personas especializadas en ayudar a los demás a superar el dolor tienen algunas sugerencias para que se alcance la fase de aceptación.

Sentir el dolor

«Usted tiene que ser sincero con sus sentimientos y tiene que sentirlos» dice la doctora Neeld. Independientemente de lo doloroso que pueda resultar, la primera y mejor forma de afligirse es dejar que el dolor te llene por completo.

«El dolor tiene la tenaz costumbre de no irse sólo porque neguemos su existencia» explica la doctora Bozarth. «El dolor es parte esencial de todo proceso de desarrollo: el proceso de crecer, envejecer, superar el dolor... En el fondo, el único modo de superar algo es pasar por ello, no por encima o debajo o a su alrededor, sino atravesando todas sus etapas. Y durará el tiempo que tenga que durar».

Permítase llorar, gritar, tirar cosas, sentirse paralizado o enfadado o asustado. Reconozca que es normal enfadarse con el ser querido, con Dios o con el mundo, por haberle hecho daño o abandonado. Es normal sentir miedo de vivir solo o tener miedo por su futuro.

«Las cosas son como son» dice la doctora Neeld. Intentar hacerse la valiente u ocultar los sentimientos ante uno mismo y ante los demás simplemente les impulsará a surgir de algún otro modo, quizás más destructivo, dice ella.

No se asuste si usted piensa o hace cosas «locas», impulsivas y aparentemente autodestructivas, después de perder a un ser querido, explica la doctora Neeld. Algunas personas tienen alucinaciones u otras experiencias «sobrenaturales» después de perder a un ser querido, dice ella.

«Después de romper con mi novio, yo salía y me acostaba con todo el que me lo pidiera» confiesa una mujer. «No sé cómo no caí enferma, estaba tan ciega. Unos meses después me di cuenta de lo peligroso que era, y dejé de hacerlo. Pero durante un tiempo me parecía que todo el mundo estaba fuera de control y no sabía por qué yo no podía estarlo también».

Otra mujer que perdió a su mejor amiga dice que meses después ella seguía marcando el número de teléfono de su amiga esperando que lo cogiese. «Sabía que estaba muerta y sé que parece muy raro» recuerda, «pero una parte de mí seguía esperando que contestase si yo la llamaba».

Cuando le cueste mucho afrontar los sentimientos que tiene, hable de ello. Un asesor o amigo comprensivo puede ser de mucha ayuda.

«Necesita a alguien que acepte el modo que usted tiene de expresarle su dolor, de la forma que quiera, con la frecuencia deseada y durante el tiempo que haga falta» dice la doctora Neeld. «Necesita a alguien que no diga "lloraste viendo esa foto la semana pasada", sino que le diga, "puedes llorar viendo esa foto todas las veces que quieras"».

Haga lo que le parezca que está bien

En sus entrevistas, la doctora Neeld preguntó a las personas qué es lo que hacían para afrontar el proceso de cicatrización. Las respuestas fueron muchas —desde arreglar el jardín hasta ir a un acuario. «En cada uno de los casos era distinto, pero para cada uno de ellos era un modo de empezar a vivir de nuevo», dice ella. Algunas personas pensaban que los ritos funerarios —religiosos o propios— eran importantes y reconfortantes. Otras personas hacían ejercicio, escribían en revistas; otras personas recurrían a su fe en busca de consuelo, mientras que otros notan que se les tambalea su fe y necesitan reforzarla.

«Durante varios meses después de perder a mi padre y a un amigo muy querido, que murieron con pocas horas de diferencia, me apetecía embarcarme en el océano y tirar flores» dice una mujer. «No sabía por qué —sigo sin saberlo— pero pensaba que no podría "superarlo" hasta hacerlo. Finalmente lo hice durante mis vacaciones. Fue un manojo de flores silvestres en la playa de Nantucket Sound. Pensé que ese día realmente se había conjurado algo».

AMISTAD

Resulta irónico que Hollywood se entusiasme con las películas que tratan sobre la amistad entre hombres. Algunas de las historias de amor platónico más memorables del cine han unido a Newman y Redford, Gibson y Glover, Hoffman y Cruise. Lo irónico del caso es que este tipo de películas de «lazos de amistad» engloban una relación que se ha probado continua y científicamente que es casi tan rara como un campeonato de hockey sin lucha a puñetazos.

Lillian B. Rubin, doctora en filosofía, y antigua investigadora adjunta en el Institute for the Study of Social Change en la Universidad de California, en Berkeley, ha estudiado el papel que desempeña la amistad, algo que ella denomina la relación abandonada. Las relaciones entre mujeres, dice ella, y no entre hombres, es lo que debería ser el tema de la película y la historia.

La diferencia que existe entre ambos sexos

Éstas son dos buenas amigas

«Las mujeres tienen, en todas las etapas de su vida, relaciones más íntimas, cercanas e importantes que los hombres» dice la doctora Rubin, quien entrevistó a 300 hombres y 194 mujeres acerca de sus relaciones. «En mi opinión es uno de los motivos por los que los hombres que enviudan tienden a tener una tasa de mortalidad y morbilidad mayor que las mujeres. No es porque los hombres no sepan cocinar un huevo sino porque normalmente carecen de relaciones íntimas y estrechas, incluso con sus propios hijos. Las mujeres que se quedan viudas tienden a vivir sus vidas con amigos y familiares próximos que les enriquecen y hacen que merezca la pena vivir la vida».

La capacidad que las mujeres tienen de cuidar sus relaciones puede ser incluso uno de los motivos por los que viven más años que los hombres. Desde los años setenta, en los estudios que se han ido realizando se ha visto que las relaciones de amistad y relaciones sociales son buenas para la salud. De hecho, muchos de esos estudios afirman que si no hay relaciones sociales, la persona está perdida. En 1979, dos investigadores que estudiaban la salud y relaciones sociales de casi 5.000 residentes del condado de Alameda, California, vieron que podían predecir quién moriría en un espacio de tiempo de nueve años, que es lo que duraba el estudio, simplemente contando los lazos sociales que tenían. En base a esto y a estudios similares, el California Department of Health lanzó un programa exhortando a las personas residentes en California a «hacer amigos» ya que «los amigos pueden ser una buena medicina».

De hecho, los investigadores afirman actualmente que las relaciones sociales pueden tener la capacidad de alterar las sustancias químicas del cuerpo, protegiéndonos de una serie de enfermedades potencialmente fatales, desde la tuberculosis hasta el cáncer o cardiopatía.

Los amigos están para eso

Los amigos son esas personas que están ahí para echarle una mano cuando usted lo necesita. También amortiguan el estrés y la soledad. La frase «entre amigos» puede tener la misma sensación de confort y alivio que «hogar», ya que los amigos nos hacen sentirnos como en casa.

¿Cómo escogemos a nuestros amigos? A menudo escogemos a amigos que se nos parecen mucho, dice la doctora Rubin. Aunque el «porqué» de la amistad es tan misterioso como el «porqué» del amor, podemos dejarnos atraer por aquellas personas que instintivamente sabemos nos reflejarán la persona que somos, o deseamos ser.

«Somos como dos ríos que corremos juntos» dice Stephanie Gordon de su amiga Laurel, quien es también compañera de trabajo.

Al igual que muchas amigas, Stephanie y Laurel dan lo mejor de cada una. «Yo nunca hubiera imaginado empezar mi propio negocio si Laurel no hubiera estado a mi lado. Nunca lo hubiera podido hacer sola. Resulta agradable saber que tengo a alguien con quien compartir lo bueno y lo malo, y nos complementamos mutuamente. Ella es una persona muy organizada y tiene un sentido de los negocios, y yo soy muy creativa. También tenemos cualidades iguales, como el sentido del humor y la actitud que tenemos ante el mundo —un poco estrafalaria. Nos reímos mucho».

Mejor que la familia

Los amigos a menudo hacen por nosotros algo que la familia no puede. Podemos hablar con ellos acerca de cosas que son tabú entre los miembros de una familia. «Los amigos no critican», dice Sarah Garrison, de 47 años y madre de dos hijos, que se ha casado hace poco por segunda vez. «Yo puedo decir a mi mejor amiga que tuve un lío mientras estuve casada, pero ¿se lo hubiera podido decir a mi madre? No lo creo. "Oye, mamá, sabes qué, estoy mintiendo a mi marido". Me espanta pensar lo que hubiera dicho mi madre».

Como señala la doctora Rubin, nuestros amigos a menudo sirven como un espejo más exacto que nuestra propia familia; son más propensos a vernos tal como eramos, no como somos.

A veces, dice la doctora Rubin, los amigos llenan carencias en nuestras vidas, son el sustituto de los padres o hermanos que necesitamos para que nos ayuden a llenar el vacío y aprender a crecer. «Una de las principales ventajas que yo veo en los amigos fuera del matrimonio es que te distraen» dice la doctora Rubin. Los amigos pueden proporcionar de todo, desde intimidad hasta otro punto de vista, incluso el afecto que falta en un matrimonio, ejerciendo menos presión en ambos cónyuges para cubrir las necesidades del otro.

Los amigos también llenan la necesidad especial que sienten aquellas personas que pueden estar aisladas —los ancianos, por ejemplo. En un estudio sobre los efectos sobre la salud que tuvo un cambio de casa obligatorio en 401 personas mayores en New Haven y Hartford, Connecticut, los investigadores de la Universidad de Yale hallaron tres factores que ayudaban a las personas a mantenerse vivas cuando caían enfermas: tener un hijo que viva cerca de ellos, tener creencias religiosas y ser practicante y tener al menos dos buenos amigos. En otro estudio se vio que tener buenas amigas, incluso más que el matrimonio, los hijos y los nietos, era vital para la sensación de bienestar que tiene la mujer en sus últimos años de vida.

¿Puede existir una amistad entre hombres y mujeres? Esto es, ¿sólo amistad, compañerismo, compinches —sin sexo?

Esta pregunta era el tema de la película *When Harry met Sally* (Cuando Harry encontró a Sally), y la respuesta que dio Nora Ephron en su divertido guión era ambigua. «Bueno, sí y no». Harry y Sally eran amigos, y luego se hicieron amantes, algo que casi destrozó una bonita relación de amistad y una bonita relación amorosa.

¿Pero los hombres y mujeres pueden ser realmente amigos? La investigación dice que sí. Pero la amistad con un hombre tiende a ser una relación diferente a la que las mujeres tienen con otras mujeres, en gran parte porque los hombres y las mujeres tienen un sentido muy distinto de la amistad. Para las mujeres, los amigos son esas personas a las que cuentas lo más íntimo.

La seña de identificación de la amistad entre mujeres es la intimidad. Muy pocos hombres tienen relaciones de intimidad entre sí. Ellos hacen cosas, en vez de compartir las cosas entre sí. Los hombres lo que hacen, más bien, es guardar su intimidad para las mujeres de su vida. En el estudio

Continuar siendo amigos

A pocas personas hay que enseñarles cómo hacer amigos, pero en esta época atareada de «pide a tu contestador automático que llame al mío» se puede enseñar cómo conservar los amigos. Al igual que el resto de las relaciones, la amistad exige un tiempo y esfuerzo.

Lilly Keane, de 44 años, se esfuerza mucho por mantener sus amistades. Tiene unas cuantas buenas amigas por todo el país, y se mantiene en contacto con ellas. «Les mando muchas tarjetas», dice Lilly. «Veo tarjetas que me hacen acordarme de mis amigas, las compro y se las mando con unas líneas, para que sepan que me acuerdo de ellas. Y que pienso en ellas. Soy consciente de las personas que deseo conservar en mi vida».

Aunque a ella no le guste hablar por teléfono, siempre se propone llamarlas regularmente, incluso si sólo es para ver cómo están. «Incluso si no he tenido contacto con alguna durante un tiempo, nunca me ha resultado violento llamarla».

En su libro *Among Friends* (Entre amigas), la periodista Letty Cottin

realizado con 300 personas y sus amigos, la investigadora social Lillian B. Rubin, doctora en filosofía, encontró a muy pocos hombres que pudieran nombrar a su mejor amigo, y aquellos que lo hicieron nombraron, en su mayoría, a una mujer.

La amistad con hombres, dice la doctora Rubin, permite a la mujer expresar su lado «más duro», la parte de su ser que puede que oculte a sus amigas mujeres. «El sexo es casi siempre una tendencia oculta en todas las amistades entre ambos sexos. En parte es lo que hace tan atractiva esa relación e incluso excitante».

«Pero la mayoría de las mujeres y los hombres piensan que dejarse llevar por la atracción, y tener relaciones sexuales, arriesgaría la amistad, ya que el sexo tiende a despertar una sensación de pertenencia inapropiada para la amistad» añade ella.

Algunos hombres y mujeres logran con éxito mezclar la amistad con el placer sexual, pero la mayoría de las amistades entre mujeres y hombres evitan con cuidado el tema. El sexo puede confundir y cambiar una amistad para siempre. No todo buen amigo puede pasar a ser amante, a pesar de lo que le pasó a Harry y Sally.

Pogrebin escribe sobre un grupo de amigos que sí se mantienen en contacto a través de sus contestadores automáticos, dejando mensajes «cariñosos pero breves». Una mujer escribe cartas durante la hora de comer en casa, y dos amigas quedan el sábado para tomar un café por la mañana antes de empezar las labores domésticas —las dos en casa de ambas.

Un segmento de la sociedad que necesita desesperadamente amigos, pero les cuesta conservarlos, son las mujeres que acaban de ser madre, quienes a menudo están demasiado cansadas y ocupadas para mantener una vida social. Se ha visto en estudios que las nuevas madres se sienten más felices y tienen más confianza cuando quedan regularmente con otras mujeres, sobre todo con otras madres.

«Cuando tienes un hijo a menudo pierdes a viejas amigas porque no puedes verlas tanto» dice la psicóloga Ellen McGrath, doctora en filosofía y directora ejecutiva del Psychology Center en Laguna Beach, California. Las personas pueden sentirse rechazadas».

Para ayudar a conservar los amigos, dice ella, tiene que estar preparada de antemano. Decir a las amigas que no va a poderlas ver tanto. Cuando nazca el bebé, reúnase con ellas siempre que pueda, pero no pase todo el tiempo hablando del bebé.

Es importante dice ella, que independientemente de lo ocupada que usted esté, saque tiempo para ver a los amigos. «Tiene que estar pendiente de sus amigos y de usted misma». Esto es particularmente cierto cuando la vida empieza a separarles —a lo mejor usted trabaja y ella no, o usted está casada y ella no. Esté pendiente de su amiga y no desconecte porque su vida sea muy distinta a la suya. Lo que pasa es que están en momentos y etapas distintos de la vida. Es posible que pronto vuelvan a compartir las mismas experiencias.

ANEMIA

Cheryl Henry siempre se consideró una persona poco enérgica, pero la debilidad y fatiga que empezó a sentir después de perder «los últimos 5 kg» hizo que quisiera volver a meterse en la cama a mediodía.

«Era una buena cosa que yo trabajase en un sitio donde podía estar sentada la mayor parte del tiempo», dice esta secretaria de 33 años de edad y madre de dos niños, «porque no habría sido capaz de aguantar todo el día en un trabajo que requiriese más esfuerzo físico».

De hecho, Cheryl tenía que tumbarse en el sofá tan pronto como llegaba de trabajar. «Mi marido preparaba la cena mientras yo descansaba», dice ella, maravillándose ahora de su paciencia, «y luego, después de cenar yo me ponía el pijama y me iba a la cama. Independientemente de las horas que durmiese, seguía estando agotada al final del día. No podía pensar ni siquiera en dar paseos juntos. Yo era

Cuando las reservas de sangre se agotan

incapaz de dar un paseo por la calle sin tener que sentarme. Estaba sin vida».

Cheryl dice que a menudo le costaba respirar y que tambіén se mareaba. «Una vez me desmayé en la iglesia, caí redonda en el banco. Cuando me recuperé, oí música de órgano y vi a toda esa gente rodeándome. Pensé que estaba muerta.»

Este incidente fue lo que le faltó para acudir al médico. Sólo hizo falta un análisis de sangre, para descubrir el motivo de la sintomatología de Cheryl: tenía una anemia ferropénica, la enfermedad de «la sangre cansada» que amenaza a todas las mujeres.

Fuga de hierro

«Ausencia de sangre», eso es lo que significa literalmente anemia. Un poco exagerado, pero si usted preguntase a Cheryl, ella probablemente no lo creyese. Además de sentirse cansada y mareada, también tenía síntomas indicativos de un caso agudo de anemia, le había subido la frecuencia cardíaca, bajado la tensión arterial y a menudo se sentía mareada y débil.

¿Por qué? Los niveles energéticos del cuerpo acusan un esfuerzo cuando no reciben suficiente hierro, el mineral esencial para la producción de hemoglobina en los eritrocitos. La hemoglobina transporta oxígeno por la sangre. Cuando no existe una cantidad suficiente de hierro, disminuyen los niveles de hemoglobina y los tejidos y órganos no reciben suficiente cantidad de oxígeno para darle energía.

En las mujeres, el problema es frecuente. Las reservas de hierro de la mujer, pueden disminuir con la menstruación, sobre todo en los casos de flujo abundante. Encima de eso, la predilección que tiene la mujer por guardar su peso se añade al riesgo de reducción de los depósitos de hierro. Las mujeres embarazadas también corren riesgo. Necesitan más cantidad de hierro ya que están compartiendo su cantidad de hierro con el niño que está creciendo. De hecho, los expertos calculan que entre el 5 y el 15 por 100 de las mujeres con menstruación, y el 30 por 100 de las mujeres embarazadas presentan anemia ferropénica.

Cheryl dice que no sólo tenía unas menstruaciones abundantes, sino que después de dar a luz a dos niños, se hicieron peor. «Al principio pensé que este agotamiento intenso se debía a criar a dos niños pequeños y realizar a la vez un trabajo de media jornada. Y estoy segura de que contribuyó. Pero pronto me di cuenta de que no estaba sólo cansada, estaba anormalmente cansada, y tenía que averiguar por qué».

Robar las reservas

La anemia ferropénica, en sí, no es una enfermedad sino un síntoma de que hay algo más que no está bien en el cuerpo, explica Suzanne McClure, doctora en medicina, doctora en filosofía, profesora adjunta de medicina en la división de hematología-oncología de la University of Texas Medical Branch, en Galveston. «Es importante llegar al fondo del problema. Para la mayoría de las mujeres se trata de un caso de demasiadas pérdidas de sangre debido a la menstruación, y a una falta de hierro en la dieta que reponga lo que se pierde. Pero si usted ya ha pasado la menopausia y ha dejado de sangrar todos los meses, entonces su médico tendrá que estudiarla un poco.»

La pérdida intensa de hierro podría deberse a toda una serie de dolencias, desde una úlcera sangrante o hemorroides a enfermedades más graves, como cáncer gastrointestinal, aunque esto último es raro.

El hierro disminuye con el humo

Hacerse un análisis de orina rutinario es la mejor forma de protegerse contra la anemia —a no ser que usted sea fumadora.

Si usted fuma podría estar anémica a pesar de que sus niveles de hemoglobina, que transporta oxígeno por la sangre, parezcan estar dentro de los límites normales, según los investigadores de la División de Nutrición en el Centers for Disease Control, en Atlanta.

Éste es el motivo: el monóxido de carbono que existe en los pitillos liga hemoglobina, formando una sustancia denominada carboxyhemoglobina. Ésta es una forma inactiva de hemoglobina, que no posee capacidad para transportar oxígeno. «Para compensar el descenso en la capacidad para transportar oxígeno, los fumadores mantienen un nivel de hemoglobina superior al de los no fumadores», dicen los investigadores. Lo que es más, cuantos más pitillos se fumen, mayor será su nivel de hemoglobina, enmascarando una posible anemia.

Los investigadores sugieren que a la hora de analizar a los fumadores, en busca de anemia, el nivel de corte para la hemoglobina normal debería ajustarse hacia arriba, dependiendo del número de pitillos fumados al día. Por lo que, si usted fuma, asegúrese de comentárselo al médico.

La anemia ferropénica no aparece siempre con tres síntomas de aviso, como en el caso de Cheryl. De hecho, es posible que incluso usted no se haya dado cuenta de que tiene un problema hasta que aparece en un análisis rutinario de sangre, dice la doctora McClure. En realidad, usted puede tener una carencia de hierro sin presentar una anemia clara.

«La anemia puede aparecer de forma muy gradual», dice la doctora McClure. «Usted pierde algo de sangre todos los meses, tiene uno o dos embarazos en una serie de años, y sus depósitos de hierro van disminuyendo lentamente», explica. O usted hace una dieta tras otra, evitando constantemente los alimentos —carne por ejemplo— que debería tomar.

«Si usted no es una persona particularmente activa, y tiene un corazón y unos pulmones sanos, no notará los efectos de una falta de hierro en sangre hasta que sus depósitos de hierro estén muy mermados», afirma la doctora McClure. «De hecho es asombroso cómo puede compensarlo de bien el organismo.»

Por otro lado, si usted está acostumbrada a ser físicamente activa —nada o corre de forma rutinaria, por ejemplo— es posible que note un descenso de estamina más rápido, señala la doctora. «O si la anemia aparece de forma brusca —una rápida pérdida de sangre debido a una úlcera sangrante, por ejemplo, o menstruaciones particularmente abundantes— su sintomatología será mucho más pronunciada.»

El problema de la dieta

Debido a la naturaleza de sus cuerpos —y, en algunos casos, a cómo tratan sus cuerpos— resulta casi imposible para la mayoría de las mujeres aproximarse a la cantidad de hierro que necesitan en sus dietas, señala Annette Natow, doctora en filosofía, catedrática jubilada de nutrición en Adelphi University, en Garden City, Nueva York, y dietética en Nutrition Consultants en Valley Stream. «Si una mujer tiene una dieta de 1.000 calorías al día, por ejemplo, probablemente sólo esté tomando 6 miligramos de hierro —menos lamentablemente de la ración dietética recomendada, 15 miligramos. Incluso si ella come 2.000 calorías al día, que es generalmente mucho más de lo que las mujeres conscientes de su salud se permiten, el promedio de su ingesta de hierro sólo será aproximadamente de 12 miligramos.»

Añada a eso el hecho de que si la mujer escoge alimentos pobres en hierro, como el requesón, yogur, ensalada y zumo de frutas, como un buen porcentaje de su ingesta diaria, es mucho más probable que aparezcan carencias de hierro.

Incluso una anemia leve, según opinión de expertos, es un síntoma de carencia de hierro, ya que su cuerpo reducirá sus depósitos de hierro antes de que las células sanguíneas noten sus efectos. Cuando esto suceda, lo más probable es que su médico le recomiende que tome durante seis meses suplementos de hierro. Debe comprobar también, periódicamente, su nivel de hemoglobina. Si al aumentar la cantidad de hierro no mejora su nivel en sangre, el médico tendrá que buscar otras causas de la anemia.

«Puesto que usted sólo absorbe aproximadamente un tercio del hierro que hay en los suplementos», dice la doctora McClure, «tiene que tomarlo durante tanto tiempo, a pesar de notar, generalmente, una mejoría en su estado general, transcurridos uno o dos meses. Las pacientes a menudo me comentan que no se habían dado cuenta de cómo se sentían de mal hasta que empezaron a recuperar la energía que tenían antes».

Calidad del hierro

Por supuesto que, para la mujer corriente, comer una dieta rica en hierro puede ayudar a evitar el problema de la anemia en primer lugar. Pero ingerir una cantidad suficiente de hierro no es algo tan sencillo como comer una cantidad suficiente de alimentos ricos en hierro. Tiene que tener en cuenta también la calidad del hierro que ingiere. Esto se debe a que el hierro existe en dos formas —en forma hem, que se absorbe con mayor facilidad, y no-hem. Además, ciertas combinaciones y componentes de los alimentos pueden en realidad obstaculizar la capacidad que tiene su cuerpo de absorber hierro.

Ésta es una lista dietética que le ayudará a mantener un equilibrio del hierro.

Ingerir carnes magras. Las carnes son la principal fuente de hierro en forma hem. En realidad, el hierro en forma hem se halla sólo en productos animales. Y no hace falta comer carne grasa para conseguirlo. Por ejemplo, un trozo de solomillo de magro de 170 g, le proporcionará 5 miligramos de hierro.

Comer verduras y cereales junto con carne magra. Muchos cereales y verduras son una buena fuente de hierro no-hem. Aunque el cuerpo sólo absorbe un pequeño porcentaje de esta forma de hierro, ingerir estos alimentos junto con la carne puede ayudar a estimular la absorción de hierro, según la doctora Natow.

Comer legumbres ricas en hierro. Las habas y guisantes constituyen una buena fuente de hierro no-hem, por lo que debe introducir gran cantidad de ellas en su dieta. Comerlas junto con la carne magra facilitará también la absorción de hierro.

Tener cuidado con el efecto del calcio. El elevado contenido de calcio y fosfato de la leche y queso puede inhibir ligeramente la absorción de hierro. Si usted está tomando suplementos de calcio y hierro, tómelos a horas distintas del día.

Combinar alimentos ricos en hierro con alimentos ricos en vitamina C. La vitamina C favorece la absorción del hierro no-hem existente en las verduras, habas, cereales, frutas y nueces. Beber un vaso de zumo de naranja, con una comida rica en hierro, puede duplicar la cantidad de hierro que absorbe su organismo.

Evite beber té o café con las comidas. Y tampoco se tome un suplemento de hierro con una taza de café. El tanino que existe en estas bebidas liga hierro, disminuyendo la cantidad disponible para su absorción.

Cocinar los alimentos en una olla de hierro siempre que sea posible. En un estudio, la salsa de los espaguetis que cocía a fuego lento en una olla de hierro durante unos 20 minutos aumentó nueve veces su contenido en hierro. Seguro que el hierro que se extrae por disolución en la olla es no-hem, pero puede significar una gran diferencia en su dieta.

Ingerir alimentos enriquecidos con hierro. Los cereales para el desayuno y otros alimentos enriquecidos con hierro, pueden ayudar a estimular la ingesta de hierro. Pero no debe depender exclusivamente de ellos, ya que el hierro que contienen no es siempre muy absorbible.

ANSIEDAD

Tener miedo al lobo es una cosa. Pero tener un ataque de ansiedad —un brusco terror aparentemente sin motivo alguno— es otra cosa.

«Era un maremoto de ansiedad y temor que apareció como llovido del cielo», así es como Marian Baker recuerda su primer ataque. «Por aquel entonces yo estaba en la universidad, y un grupo de amigos se había reunido en uno de los cuartos para beber algunas cervezas. De pronto el corazón me empezó a latir sin ningún motivo aparente, y noté que me faltaba el aire. Salí disparada de la habitación y corrí afuera para intentar conseguir algo de aire.

«No sabía lo que me estaba pasando», añade Marian, «pero estaba aterrorizada. Sentía que me iba a morir».

Del temor a la fobia

El ataque de ansiedad de Marian —en realidad un estado de ansiedad particular, denominado ataque de pánico— duró menos de una hora. Pero en los días siguientes ella siguió estando mareada. «Todos los días temía que me volviese a pasar», dice ella. «Y al final tuve otro ataque. Sentía que me estaba volviendo loca».

Marian no es a la única persona a la que le ha pasado esto. Los ataques de pánico repetidos —enfermedad que se conoce como trastorno de pánico— son el doble de frecuentes entre las mujeres que entre los hombres, posiblemente, sospechan los investigadores, porque las fluctuaciones que existen en la hormona femenina, progesterona, pueden ayudar a desencadenar los mecanismos cerebrales implicados en el ataque.

Vivir a la espera

Todos sentimos ansiedad de vez en cuando, dice Paula Levine, doctora en filosofía, psicóloga y directora del Agoraphobia Resource Center, en Coral Gables, Florida. La ansiedad constituye una parte normal de nuestras vidas. Pero la ansiedad que se convierte en ataque de pánico no es normal. De hecho, en algunas mujeres, puede llegar a ser tan intenso que *interfiere* en sus vidas.

«Si usted se imagina a un violinista o a un bajo, todos tenemos las mismas condiciones», explica la doctora Levine. «Todos tenemos el mismo sistema nervioso, la misma bomba de adrenalina y el mismo corazón que puede latir demasiado rápido. Se trata de esa vieja respuesta de luchar-o-huir, que aparece cuando notamos que estamos en grave peligro.

«Si retrocedemos al hombre prehistórico», añade, «sucedía cuando nos perseguían los osos. En la actualidad, nuestro corazón puede latir más fuerte, sudarnos las palmas de las manos y revolvérsenos el estómago cuando nos disponemos a dar una charla delante de 200 personas. O cuando tenemos que presentarnos a un examen. O si un coche de policía se coloca detrás del nuestro y nos hace señas para que salgamos de la carretera. Pero todo ello forma parte de la respuesta normal ante un hecho estresante, que todo ser humano es capaz de sentir».

Esos síntomas pueden aparecer antes, durante o después de un acontecimiento temido o espantoso, dice la doctora Levine; pero siempre que usted pueda identificar la situación causante de los síntomas, y éstos no sean incapacitantes, siguen siendo respuestas normales.

«Además, los síntomas de ansiedad normal por lo general desaparecen a los pocos minutos», dice la doctora. Transcurridos cincuenta segundos del recital de piano, por ejemplo, su corazón deja de latir tan fuerte y usted se encuentra bien. O tres minutos después de empezar el examen usted lo hace sin ningún problema.

¿Es usted nerviosa?

Pero algunas mujeres no se tranquilizan una vez que desaparece la causa de una situación particularmente tensa. Por el contrario, parecen seguir preocupadas, y presentan lo que los psicólogos denominan un trastorno de ansiedad generalizado.

«Es un sentimiento constante de demasiado temor, preocupación y recelo infundado», explica Constance V. Dancu, doctora en filosofía, especialista en trastornos de ansiedad, de la Facultad de Medicina de Pennsylvania, en Filadelfia.

Es normal, por ejemplo, preocuparse si su hijo adolescente llega tarde a casa. ¿Quién no se preocuparía al menos un poco? Pero una mujer que presenta un trastorno de ansiedad generalizado se imaginaría a su hijo en un accidente de tráfico, cada vez que saliese, cuando en realidad, la probabilidad de que pase eso es relativamente baja.

«Lo que se considera una ansiedad normal se convierte en un trastorno de ansiedad cuando acontecimientos simples, y benignos dan lugar a la respuesta de luchar-o-huir», explica la doctora Levine. «En otras palabras, la respuesta no es apropiada para la situación». No existe ningún oso ahí —no hay que examinarse dentro de dos minutos, ningún coche de policía le está haciendo señales, ni existe amenaza alguna contra su seguridad— y a pesar de todo su cuerpo reacciona como si lo hubiera.

En estado de pánico

Un ataque de pánico es un tipo intenso de trastorno de ansiedad en donde parece que su cuerpo *intenta* luchar contra el oso.

El ataque de pánico real aparece cuando —aparentemente sin causa alguna— su grado de ansiedad se dispara y desencadena al menos 4 de los 12 síntomas siguientes: aumento de la frecuencia o intensidad de los latidos cardíacos, dificultad para respirar, mareos, hormigueo en dedos de manos y pies, dolor u opresión en el pecho, una sensación de ahogo, debilidad, sudoración, temblores, oleadas de frío o calor, una sensación de irrealidad y el embuste final, temor a morir. Los síntomas duran típicamente entre 5 y 20 minutos, dicen los médicos, durante los cuales muchas mujeres sienten como si se estuviesen volviendo locas.

Aunque el ataque de pánico es normalmente corto, durando sólo unos breves minutos, deja un residuo de ansiedad que crispa los nervios, que puede durar horas o incluso días.   Incluso cuando el ataque puede ser un hecho aislado, y nunca más aparecer, a usted le puede asustar tanto la idea de sufrir otro ataque que incluso la aparición de un síntoma —tal vez se siente débil mientras arregla el jardín, por ejemplo— puede desencadenar un ataque real.

Los psicólogos calculan que el 2 por 100 de las mujeres y el 1 por 100 de los hombres presentarán trastornos de pánico durante su vida. La doctora Levine opina que estas cifras subestiman enormemente la frecuencia del problema.

Por desgracia, nadie está seguro de qué es lo que provoca los ataques de pánico, dice la doctora Levine. Pero los datos actuales sugieren que entra en las familias, y que factores estresantes pesados, como son cambios importantes en la vida (cambio de trabajo, duelo, operaciones, enfermedades, separación de un ser querido, dificultad en la escuela) parecen desencadenar el ataque inicial.

De ratones y mujeres

Existe además otro tipo de temor que la mayoría de las mujeres conocen. Un temor a las cosas que se arrastran, que caminan a gatas. Si usted siente un escalofrío cada vez que se encuentra con la zona de las serpientes, en el zoo, y se niega terminantemente a acercarse demasiado, es muy probable que tenga fobia a las serpientes.

Los científicos dicen que la fobia es un temor persistente e irreal que altera la actividad normal. Es posible que usted no quiera ir nunca al zoo o a dar un paseo. No está claro cómo se desarrolla la fobia. Una idea es que este tipo de temor es una respuesta aprendida: algo terrible le sucede a usted en el pasado —su hermano le puso una serpiente debajo de la almohada, por ejemplo— de forma que ahora, cada vez que se acerca a una, se asusta.

Otra idea es que puesto que muchas de nosotras tenemos las mismas fobias —las serpientes, pequeños animales que vuelan rozando el agua/suelo, y los insectos son los tres principales tanto en hombres como en mujeres— la fobia en realidad puede ser una herencia genética. Puede ser que en algún momento anterior, era positivo que tuviésemos miedo a algo como las serpientes, con tanta intensidad que lo evitásemos como a las plagas. No heredamos el temor en sí, resaltan los científicos, pero estamos, en cierto modo, preparados a nivel biológico, para aprenderlo con mucha facilidad.

Independientemente de dónde proceda, la fobia puede ser tan leve que prácticamente no afecte a su vida, o tan intensa que la controle. «Supongamos que a usted le da miedo la altura y los puentes», dice la doctora Dancu. «Si usted viviese en un sitio donde nunca tuviera que cruzar un puente, nunca le supondría un problema. Pero si tuviera que atravesar varios puentes elevados para llegar a su trabajo o para ir de compras, entonces su fobia supondría un grave problema: Interferiría con su actividad social y laboral».

Pedir ayuda profesional

Afortunadamente, los trastornos de ansiedad, incluidos los ataques de pánico y las fobias, se pueden tratar, dice la doctora Levine. «A veces lo único que hace falta son unos consejos. Otras veces, una mezcla de asesoramiento y un tratamiento corto con medicación funciona mejor. Con cualquiera de ellos, toda mujer que tenga uno de estos problemas se sentirá normalmente mucho mejor transcurridos tres a seis meses.»

En el caso de los trastornos de pánico, por ejemplo, la medicación

---

Agorafobia: la enfermedad del ama de casa

Los ataques de pánico pueden asustar tanto que cualquier mujer que los tenga puede empezar a evitar situaciones o lugares donde los haya tenido. Así es como empieza la agorafobia —literalmente un «temor al mercado».

Constituye la principal fobia entre las mujeres, informa Paula Levine, doctora en filosofía, directora de Agoraphobia Resource Center, en Florida. Y, a pesar de su nombre, en realidad es un temor a estar sola en cualquier lugar público de donde usted piense que resulte difícil escapar durante un ataque de pánico. El National Institute of Mental Health (Instituto Nacional de Salud Mental) calcula que aproximadamente el 8 por 100 de las mujeres norteamericanas lo tendrán durante su vida —una frecuencia más del doble de lo que afecta a los hombres.

«Al principio, cualquier mujer que haya tenido varios ataques de pánico casuales en una serie de meses, intenta comprender lo que está pasando», explica la doctora Levine. «La mujer mira a su alrededor y se dice, he tenido ataques en el coche. Esto debe pasarme cuando conduzco; o he tenido ataques en el mercado. Esto debe pasar cuando voy de compras». De modo que la mujer deja de conducir y de hacer la compra. Se limita a ir a donde ella piensa que está segura, hasta que finalmente se queda metida en casa. Es por eso por lo que se conoce como la enfermedad del ama de casa.

Afortunadamente, la agorafobia se puede tratar bien, opinan los médicos. La psicoterapia y regresar a cualquier lugar donde haya tenido un ataque de pánico pueden eliminar todo el problema.

Si usted nota una ansiedad intensa, y sobre todo si tiene ataques de pánico, así es cómo los expertos dicen que puede mitigar el impacto que tiene la ansiedad en su vida.

Queme la adrenalina. El exceso de adrenalina que aparece con la respuesta de luchar-o-huir es lo que produce algunos de los síntomas más molestos de los ataques de pánico. Para eliminar esa adrenalina, intente dar un paseo corto y enérgico, dar unas carreras o ponerse a bailar, dice Paula Levine, doctora en filosofía, psicóloga de Florida.

Reduzca el ritmo de las respiraciones. Disminúyalas a 8 ó 12 respiraciones por minuto: Haga una respiración profunda, manténgala hasta contar 4, y luego espire lentamente.

Distráigase. En vez de centrarse en sus síntomas físicos, empiece a hablar con alguien o empiece a mirar a la gente. O pruebe echándose agua fría en la cara o colocarse un trapo frío.

Mire hacia arriba. La investigación indica que tenemos sentimientos más intensos, positivos o negativos, cuando miramos hacia abajo, según Ruth Dailey Grainger, enfermera, doctora en filosofía, directora clínica del Therapy Research

que se prescribe, alprazolam, ha tenido tanto éxito que es probable que el médico se la prescriba directamente. Con toda probabilidad ése es el motivo de que sea el fármaco más prescrito actualmente en el mercado. Sin embargo, el tratamiento farmacológico no ha tenido éxito en la mayoría de los casos de fobia.

Pero a la larga, lo mejor que usted puede hacer es asesorarse. «No podemos prometer a las mujeres que no van a sentir ansiedad nunca más, ya que una cierta ansiedad es normal», dice la doctora Levine, «pero un psicólogo puede enseñarle cómo controlarla —en vez de que la ansiedad le controle a usted».

El asesoramiento puede incluir aprender estrategias de afrontamiento, para comprender y controlar mejor los síntomas de ansiedad, dice la doctora Dancu. «Yo les pregunto a mis pacientes, ¿qué pruebas tiene usted de que va a morir durante un ataque de pánico? Usted ya ha tenido 20 —o quizás 100— y no se ha muerto aún».

«Es un modo de examinar aquello que se basa en los hechos y es lógico», explica ella, «y lo que está basado en creencias falsas o mitos, y es ilógico».

Institute, en Miami. Mirar hacia arriba puede ser un buen interruptor de ansiedad.

Baje los hombros. Cuando usted está tensa, casi siempre sube los hombros, según la doctora Grainger. Bajarlos puede desencadenar, instantáneamente, un alivio. Si esto le resulta poco natural, es posible que tenga que practicarlo.

Disminuya el ritmo de sus pensamientos. Las ideas que producen ansiedad son normalmente rápidas y dispersas. Al disminuir su ritmo y hacer que formen frases completas, puede colaborar a que disminuya la ansiedad en algunos casos, y tener una mayor sensación de control.

Altere la voz. Hacer que su voz sea más lenta, tenga un tono más bajo y sea más suave indicará a los demás, y a usted misma, que no ha perdido el control.

Cambie la expresión facial. Si usted tiende a fruncir el ceño cuando aparece la ansiedad, intente relajar la frente y subir la comisura de los labios. A pesar de que no esté sonriendo en ese momento, dice la doctora Grainger, una boca sonriente transmite un mensaje fisiológico para que relaje su mente.

En realidad, la lógica puede ser un arma importante. «Incluso si usted nunca es capaz de identificar lo que desencadena el ataque de pánico, puede modificar su respuesta a ello», dice la doctora Levine. «No tiene que pensar que le va a cegar o hacer que se desmaye o volverla loca. Usted puede romper esa espiral catastrófica de pensamiento y examinar los síntomas tal como son: síntomas de un trastorno de ansiedad, y no una enfermedad peligrosa para su salud.

El tratamiento incluye también tranquilizar a las mujeres diciéndoles que no se van a volver locas, recalca la doctora Dancu. A muchísimos pacientes se les ha dicho que sus síntomas son todos mentales. Pero sólo porque no haya una enfermedad física causante de su sintomatología no hace que sean menos reales.

«Los ataques de pánico son un fenómeno fisiológico registrado», recalca la doctora Levine. «Su corazón empieza a palpitar rápido, la visión se le borra, y se le revuelve el estómago. Esto no es psicosomático. No todo está en la cabeza. Comprender solamente que en realidad algo real sí está sucediendo en su cuerpo, supone un gran alivio. A veces es toda la información que necesitan las personas». Para otros, las técnicas de relajación muscular, ejercicios de respiraciones profundas, concentración mental o incluso la hipnosis pueden ayudarles a mitigar la ansiedad a unos niveles controlables.

Enfrentarse cara a cara al temor

Una vez que usted puede afrontar mentalmente el temor, es probable que su psicólogo quiera que lo ponga en prueba. «Se trata de la vieja teoría de volverse a subir al caballo», dice la doctora Levine. Esto es, no debe permitirse evitar situaciones que le produzcan más ansiedad o ataques de pánico. Por el contrario, debe enfrentarse a ellas. Los médicos aconsejan una terapia denominada exposición graduada in vivo; reintroduce muy lentamente a la persona en los lugares o situaciones temidos mientras usted aprende a analizar todos los síntomas que van apareciendo.

«Supongamos, por ejemplo, que usted no ha podido ir a la tienda de ultramarinos porque teme sufrir un ataque de pánico y tener una situación violenta», dice la doctora Dancu. «Primero, le pediríamos que fuese con una amiga con quien se sienta segura. Tal vez sólo dé una vuelta por la tienda durante unos 30 minutos. Una vez que pueda realizar eso con poca o nada de ansiedad, el siguiente paso es pedir a su amiga que se aleje de usted un pasillo. Después, quizás su amiga podría esperarle a usted fuera de la tienda, y luego en el coche. Con cada ejercicio usted va adquiriendo más valor, y, al final, se liberará del temor y la ansiedad.

«Lo más importante que debe recordar», añade la doctora Dancu, «es que si empieza a notar síntomas de ansiedad, *debe permanecer en la situación y dejar que la ansiedad disminuya por sí sola.* Al no salir corriendo en busca de un lugar «seguro», tan pronto como aparezcan los síntomas, usted aprenderá a controlar su ansiedad y temores».

ARRUGAS

Recuerda ese día soleado en la playa con su primer novio?, ¿y ese viaje que hizo con su hermano? ¿De verdad se acuerda? Si no es así, mírese la cara. Porque si de casualidad usted ha olvidado los ratos buenos que pasó al sol, su cara guarda un álbum de recortes permanente para hacérselo recordar.

Sí, es tiempo de que se enfrente a ello.

La cantidad de tiempo pasado al sol, durante toda su vida, es lo que usted lleva ahora en la cara, en lo que respecta a arrugas y marcas.

Por desgracia un poco de sol es malo, explica Nia Terezakis, doctora en medicina, catedrática clínica de dermatología en Tulane University School of Medicine, en Nueva Orleans. Perjudica a la piel y acelera el proceso normal de envejecimiento cutáneo, causante de las arrugas, patas de gallo y manchas por la edad. Además, a menudo lo hace mucho antes de que usted sea muy mayor.

Intentar ganar tiempo con un frasco

Protección solar: principal defensa

«Cuando se cumplen los 15 ó 20 años la mujer ya ha tenido aproximadamente el 80 por 100 de la exposición máxima al sol» dice la doctora Terezakis. Y si no tiene claros los efectos sobre su cuerpo, quítese la ropa y póngase delante de un espejo.

«Mire su cara» dice la doctora Terezakis. «Ahora dése la vuelta y mire sus nalgas. Ambas partes del cuerpo han cumplido los mismos años, y a pesar de todo la diferencia es indiscutible.»

«Es por eso por lo que, en lo que a mí respecta, sólo hay una crema antiarrugas: la protección solar.» «Yo les digo a mis pacientes que deben usar una protección solar todos los días si piensan que van a salir» añade ella. «Por supuesto que me ponen disculpas, "Sólo voy a hacer la compra" o "estaba viniendo aquí" me dicen. ¿Entonces, cómo piensa que ha llegado a mi consulta, por túnel? yo les digo. La cuestión es que cada rayo de sol afecta a su piel.»

La crema salvadora

¿Pero qué pasa si durante años usted ha frito su piel al sol y ahora se enfrenta a los resultados del tiempo?

Prevención de las arrugas

Aunque la mayoría de las arrugas se deben al sol, algunas aparecen por costumbres personales como arrugar la nariz. Éstos son algunos modos que los dermatólogos le sugieren para evitar estas arrugas.

- Evitar hacer gestos con la cara como arrugar la nariz, subir las cejas y gesticular.
- Dormir boca arriba. Si duerme de un lado pueden aparecer arrugas diagonales en las mejillas o frente.
- No fume pitillos. Después de una serie de años los fumadores desarrollan arrugas que parten desde el labio superior e inferior. También tienen más patas de gallo alrededor de los ojos, surcos profundos en las mejillas y un aspecto de piel como de cuero con un tono grisáceo.
- No hacer ejercicios faciales. Es un mito que evitan las arrugas. La realidad es que la mayoría de estos ejercicios pueden acentuar las arrugas porque utilizan los mismos músculos causantes de las arrugas.

Usted podría optar por estirarse la cara, hacerse una limpieza química o incluso hacer que le rellenen las arrugas con inyecciones de colágeno. También podría plantearse la posibilidad de probar una crema tópica que contenga ácido retinoico, una alternativa menos drástica, menos cara y bastante prometedora.

Es el mismo fármaco —tretinoina tópica, un derivado de la vitamina A— que los médicos han estado usando durante años para tratar el acné. Pero cuando se aplica diligentemente por la cara, manos o antebrazos se ha probado que desprende las células muertas que a menudo dan a su piel un aspecto de viejo, reduce las arrugas, disminuye el tamaño del poro, disipa las manchas de la edad, contrarresta el adelgazamiento de la piel debido al envejecimiento y aumenta el flujo de sangre, proporcionándole ese tono sonrosado que la mayoría de nosotros asociamos a la juventud. De hecho los médicos dicen que puede en realidad *invertir* al menos parte del daño que el sol hace a la piel.

Este medicamento debe prescribirlo y controlarlo un médico, dice la doctora Terezakis, puesto que todos tenemos distintos grados de lesión y distintos tipos de piel. Pero no está exenta de algunos efectos secundarios. Puede haber enrojecimiento, irritación y de vez en cuando descamación. Y puesto que el ácido retinoico puede hacer que la piel sea ultrasensible al sol, usted *tiene* que usar una protección solar con factor de protección al menos de 15 todos los días. Una cosa está clara: una vez que empieza a usarlo se acabó el tomar el sol.

Debe saber también que éste es un tratamiento a largo plazo, añade la doctora Terezakis. No es un milagro de una noche. Aunque es posible que empiece a ver alguna mejoría transcurridas 8 a 16 semanas, puede tardar en ver todos sus efectos un año, que persistirán cuanto más tiempo lo use. En caso de dejar el tratamiento en cualquier momento, su piel puede regresar gradualmente a su estado original.

Una alternativa natural

Otro tratamiento antienvejecimiento para la piel que ayuda a reducir las arrugas implica el uso de alfa hidroxiácidos, cinco ácidos distintos que se hallan en alimentos comunes como es la caña de azúcar, leche cortada, manzanas, peras, naranjas, mangos, uvas y limones.

Estudios realizados muestran que todos estos ácidos ayudan a reducir las líneas y arrugas, disimulan las manchas de la edad, mejoran la sequedad de piel e incluso ayudan a reducir el acné y las cicatrices que el acné deja.

Eugene J. Van Scott, doctor en medicina, catedrático clínico de dermatología en la Universidad Hahnemann, en Filadelfia, es uno de los principales investigadores en alfa hidroxiácidos. Lo ha usado durante 15 años para tratar el acné y la ictiosis, trastorno caracterizado por una piel extremadamente seca y escamosa. Observó que durante el tiempo que duraban estos tratamientos algunos de sus pacientes empezaban a parecer más jóvenes. Desaparecían las manchas que tenían en la piel y, en algunos casos, las arrugas parecían desaparecer.

¿Qué es lo que estaba pasando?

En muchos trastornos cutáneos las células cutáneas muertas no se caen como debieran hacer. Se acumulan en la superficie, formando una espesa capa externa y dando a la piel un aspecto viejo y apagado Si este cúmulo puede eliminarse, la piel mejora, según el doctor Van Scott. Así es cómo alfa hidroxiácidos funciona. Reblandece el «pegamento fisiológico» que sujeta las células muertas de la superficie, permitiendo que se caigan. La piel que queda debajo es suave como la de un bebé.

El tratamiento de eliminar las líneas y arrugas es un procedimiento sencillo que se realiza en la consulta. Se aplica una concentrada solución de alfa hidroxiácidos sobre la piel durante unos minutos, aclarándose posteriormente con agua. El paciente puede notar un ligero picor, que indica que una cierta cantidad del concentrado está penetrando en la piel y haciendo efecto, según el doctor Van Scott.

Hace falta que se siga investigando para determinar la eficacia exacta de estos ácidos. Pero si tenemos suerte pueden suponer una alternativa natural al estiramiento de la cara.

Véase también Envejecimiento, Cirugía estética.

ATENCIÓN MÉDICA

Además de sus seres queridos, ¿quién más está tan familiarizado con su cuerpo como su médico? ¿Quién más le ha visto en posturas comprometedoras, medio desnuda, con fiebre y dolor? Se trata de una relación anual, por lo menos, que se mantiene con una persona que no es un familiar próximo. Con todo, usted confía toda su vida a esa persona. Se quita las braguitas, desnuda sus pechos y le abre las piernas a él o ella. A cambio, usted espera que esta persona le escuche, le tranquilice, le informe acerca de su cuerpo y su salud y tal vez incluso que le cure.

Como dijo oportunamente una mujer: «Cuando la relación médico/paciente es buena, resulta muy pero que muy buena, y cuando es mala, es horrible».

Las mujeres son también seres humanos

Para las mujeres se trata de una relación especialmente delicada. «Desde una perspectiva histórica, la profesión médica no ha tratado a las mujeres con amabilidad, ni como consumidoras de cuidados sanitarios ni como proveedoras de cuidados sanitarios, ni siquiera como sujetos de investigación médica» dice Lila A. Wallis, doctora en medicina y catedrática clínica de Medicina en Cornell University Medical College, en la ciudad de Nueva York, y Perri Klass, doctora en medicina, investigadora de enfermedades infecciosas pediátricas en Boston City Hospital. «Las mujeres se han quejado muchas veces de que sus médicos no las toman en serio, que sus síntomas se dejan a un lado como algo imaginario o "psicosomático".»

La doctora Wallis y la doctora Klass señalan que cuando se trata de enfermedades que afectan a hombres y mujeres por igual, los estudios a menudo se realizan en grupos todos de hombres, y los resultados se generalizan a las mujeres, «como si los hombres fuesen realmente los seres humanos genéricos». Tomemos en cuenta estos estudios patrocinados por el National Institutes of Health:

- La investigación de la prevención de cardiopatías (incluido el uso de dosis bajas de aspirina) supuso la monitorización a largo plazo de 40.000 hombres, a pesar de que la cardiopatía es también la principal causa de muerte entre las mujeres.
- Un informe denominado *Envejecimiento humano normal* estaba enteramente basado en hombres.
- El famoso concepto de la personalidad Tipo A (persona ambiciosa, y trabajador obsesivo) se desarrolló a partir de un estudio de 4.000 *hombres* de negocio californianos.

Tal vez sea aún peor la ausencia de dinero destinado a investigación que se asigna a temas relacionados con la salud de la mujer. Según el General Accounting Office Federal, el National Institute of Health gasta menos del 13 por 100 en temas relacionados con la salud de la mujer, 2 por 100 en obstetricia y ginecología y menos del 0,5 por 100 en investigación básica sobre cáncer de mama.

Tratar el cuerpo

«Las mujeres quieren y se merecen tener un médico que sea clínicamente competente para tratar sus propias cuestiones de salud» dice Karen Johnson, doctora en medicina, profesora clínica agregada de psiquiatría en la Universidad de California, San Francisco, y co-patrocinadora de un movimiento para la creación de una especialidad sobre salud de la mujer dentro del currículum de medicina. «Y eso es una cuestión importante si se tiene en cuenta la cantidad de conocimientos médicos que se han basado, en realidad, en la investigación y comprensión del cuerpo *masculino* adulto. Se trata de una tendencia fundamental en la formación médica, tendencia de la que los médicos tienen que ser conscientes a la hora de tratar a las pacientes mujeres.»

El hecho es que las mujeres necesitan médicos que incorporen la comprensión del funcionamiento hormonal femenino, tan complejo, así como de otros aspectos de salud y enfermedad. Muchas situaciones médicas «rutinarias» en las mujeres exigen una atención especial en su diagnóstico y tratamiento debido a la posible existencia de una relación hormonal.

«La incorporación de la mujer a todos los niveles de la profesión médica está facilitando las cosas» sostiene la doctora Johnson. «Nos hemos dado cuenta de la existencia de lagunas dentro de la formación de medicina, y dichas lagunas tienen que llenarse con una investigación apropiada. Los datos que se obtengan de dicha investigación se filtrarán finalmente a los médicos que ejerzan la clínica y ello supondrá una mejora en los cuidados médicos para la mujer. Pero podría tardar años.»

Tratar a la persona

Con todo, si las mujeres tienen quejas de sus cuidados médicos, dichas quejas se centran más alrededor de la relación médico/paciente que por el grado de competencia clínica mostrada, dice Linda Mangels, doctora en filosofía, psicóloga conductista y presidenta de la American Academy of Risk Management en Longwood, Florida.

«Todas queremos encontrar un Marcus Welby», dice ella. «Queremos que nuestros médicos sean comprensivos, compasivos y competentes. Cuando estamos enfermas nos encontramos en posición vulnerable. Nos preocupa pensar qué es lo que podamos tener, existe el temor a lo desconocido y lo único que quieres es que el médico se moleste en explicarte lo que está pasando, que muestre su interés y escuche lo que tengamos que decirle. Los médicos que reúnen estas características rara vez se enfrentan a una demanda, porque la relación que se ha establecido con sus pacientes se basa en un auténtico respeto y amistad.»

La compasión puede provenir de cualquier persona, pero se espera que sea mayor en las mujeres médicos. «Cuando una mujer conoce a un médico hombre compasivo, hablará de él como de una *excepción* que confirma la regla, y supondrá puntos a su favor» dice la doctora Johnson. «Por otro lado, esperamos que los médicos mujeres sean compasivas, y cuando no es así, eso nos altera y decepciona mucho.»

Imagine ir sólo a un médico para *todas* sus necesidades de salud —de la cabeza a los pies, desde que nace hasta que muere. Es una visión que empieza a cobrar forma —la salud de la mujer como nueva especialidad en medicina. Esto es el invento y sueño de una serie de médicos mujeres que piensan que los médicos que se especialicen en salud de la mujer deben tener una serie de conocimientos sobre atención primaria, obstetricia y ginecología y psiquiatría. La salud de la mujer, después de todo, no sólo tiene que ver con la reproducción.

Los obstetras/ginecólogos se han considerado, por descuido, como médicos responsables de la salud de la mujer, por encontrarse actualmente en el único campo de la medicina donde la clientela es exclusivamente femenina, dice Karen Johnson, doctora en medicina y catedrática de la Universidad de California, quien participa activamente en la creación de esta nueva especialidad.

«No nos podemos olvidar que la obstetricia y ginecología es principalmente una especialidad quirúrgica» dice ella. «Sólo un número limitado poseen unos conocimientos completos sobre las necesidades que tienen las mujeres en los cuidados de salud no relacionados con la reproducción. Los obstetras/ginecólogos en general no están bien informados acerca de la hipertensión, cardiopatías, enfermedades del tiroides, problemas de la vesícula biliar, depresión o sexualidad. Por consiguiente carecen de la capacidad clínica para presentarse como especialistas en salud de la mujer.

«Éste es el motivo por el cual la American Medical Women's Association está desarrollando un currículum básico sobre salud de la mujer, que se convertiría en la base de referencia de los programas de formación médica y programas de residencia» dice ella.

A pesar de todo, los pacientes siguen prefiriendo que les trate un médico de su propio sexo. La doctora Mangels dice, basándose en estudios realizados, haber comprobado que las mujeres generalmente prefieren que los pediatras y ginecólogos sean mujeres.

«Las mujeres médicos pueden identificarse con sus pacientes a

La doctora Johnson junto con Laurel Dawson, doctora en medicina y médico que trabaja con Bay Spring Women's Medical Group, en San Francisco, han concretado la idea de una especialidad de salud de la mujer en la edición de noviembre/diciembre de 1990 del *Journal of the American Medical Women's Association.*

En la actualidad, dicen ellas, la mujer que padece el síndrome premenstrual es posible que tenga que ver a tres médicos diferentes para que le traten los síntomas. Puede que vea a un internista para las cefaleas, ansiedad, aumento de peso y demás síntomas no específicos. Puede que consulte a un psiquiatra para la depresión, irritabilidad, episodios de cólera y demás problemas psicológicos. Mientras tanto, un ginecólogo puede estar tratándola con píldoras anticonceptivas o progesterona. «Cada uno de los médicos está tratando síntomas que parecen formar parte del síndrome premenstrual» dicen. «Sin embargo, trabajan de forma aislada, mientras que sería más lógico unos esfuerzos coordinados». De hecho, muchas mujeres ven a varios especialistas antes de que se les diagnostiquen y traten correctamente.

No es de extrañar que la idea de una especialidad de salud de la mujer se halla encontrado con bastante resistencia por parte de la profesión médica, admite la doctora Johnson. «Cada vez que proponemos un cambio en el statu quo, las personas se resisten» dice ella. «Aún más, algunos médicos que atienden ya a las mujeres se sienten dolidos o insultados por nuestra propuesta, como si estuviésemos insinuando que la atención que proporcionan es inferior, algo que no tiene necesariamente que ser así. Y una parte de esa resistencia es económica. Si creamos una especialidad de salud de la mujer ¿a quién piensa usted que las pacientes decidirían ir?

un nivel que los hombres rara vez logran» añade la doctora Johnson. «De igual modo, es posible que exista un problema de salud propio de los hombres con el que las mujeres médicos no puedan identificarse.»

De hecho es un estudio realizado con 185 adultos, el 43 por 100 de las mujeres y el 12 por 100 de los hombres preferían a un médico mujer, mientras que el 31 por 100 de los hombres y el 9 por 100 de las mujeres prefirieron a un médico hombre. De forma interesante, las mujeres que preferían los médicos mujeres opinaban que eran más humanas, mientras que los hombres que preferían médicos de su mismo sexo pensaban que eran más competentes técnicamente.

En busca del doctor Perfecto

No existe duda alguna de que la medicina moderna brilla en muchas áreas de cuidados intensivos, dice Alexandra Todd, doctora en filosofía, autora de *Intimate Adversaries: Cultural Conflict between Doctors and Women Patients* (Adversarios íntimos: Conflicto cultural entre médicos y pacientes mujeres). «Con todo, los pacientes se quejan de que los médicos poco humanitarios proporcionan tratamientos impersonales y demasiado técnicos» dice ella. La doctora Todd, que se pasó dos años y medio observando la comunicación entre los ginecólogos y las mujeres, informa que la mayoría de las mujeres con las que habló tenían una opinión mala de su atención médica. «A pesar de que a menudo citaban experiencias positivas con determinados médicos y personal sanitario, habían tenido suficientes relaciones y resultados negativos que justificasen su sensación de descontento» añade la doctora.

No es que no existan buenos médicos. Para averiguar qué cualidades se precisan para ser un médico ideal, la doctora Mangels estudió a más de 200 médicos que habían ejercido la medicina durante más de 20 años sin haber sido demandados. En otro estudio, ella entrevistó a más de 250 familias de pacientes para averiguar qué motivos tenían para demandar a sus médicos. Los resultados que obtuvo constituyen una receta del médico perfecto. Aparte de compasión y competencia, ella averiguó que las mujeres querían médicos que las tratasen con una cortesía básica y que se molestasen en responder a sus preguntas.

Las mujeres de hoy desean que se las trate como seres intelectualmente iguales, dice la doctora Johnson. «Le dicen a sus médicos, "es mi cuerpo, yo soy una persona informada, leo, escucho, pregunto, siento curiosidad y estoy aquí para pedirle un consejo".»

No hay nada peor que tener a un médico que actúe como si no pudiera creer que usted pregunta *esa* pregunta, dice la doctora Mangels. «A nadie le gusta sentirse estúpido.»

Parte de la responsabilidad de cada médico está en informar a sus pacientes para que puedan participar en las decisiones relativas a su tratamiento, insiste la doctora Johnson. Los médicos tampoco deben usar jerga médica, añade la doctora Mangels. «En cualquier situación, pero sobre todo en aquellas situaciones en las que se pone en peligro la vida, los médicos tienen que informarle acerca de su enfermedad, las opciones de tratamiento que existen y de las consecuencias de dichos tratamientos» dice la doctora.

La doctora Johnson añade: «Las mujeres no desean que sus médicos les digan: "No se preocupe usted por eso. Deje que yo me ocupe". En la actualidad los pacientes quieren que se les informe y eduque para que puedan tomar parte en cualquier decisión relacionada con la atención sanitaria».

¿Cómo se pone esto en práctica?

Una madre joven dice que el pediatra de su hija siempre le incluye a ella en su diagnóstico. «El médico dice: "Mire este oído. ¿Ve lo sonrosado y bien que está? Ahora eche un vistazo a este otro. ¿Ve cómo está de rojo, en comparación?" O me muestra las placas que tiene mi hija en la garganta» dice ella. «Yo siento como si me diesen una clase de salud cada vez que voy a su consulta, y me encanta ser la estudiante.»

Los pacientes necesitan saber que si llaman a sus médicos, le devolverán la llamada. Muestra el interés auténtico del médico. Una mujer dijo que cuando su hija tuvo hepatitis el médico la llamó a *ella* todos los días para ver cómo iba progresando su hija. «Me emocionó profundamente esa muestra de interés» dice ella.

Las mujeres valoran también a los médicos que no las hacen esperar. Los estudios realizados a pacientes muestran coherentemente que muchas personas simplemente no toleran pasar largas horas en la sala de espera. En un estudio realizado por Dearing and Associates, en Washington, organización que reúne estadísticas de salud sobre la mujer, se vio que las mujeres esperan voluntariamente sólo unos 20 minutos más de la hora prevista. Si tienen que esperar más tiempo se impacientan.

Una mujer dijo que cambió de ginecólogo porque, por sistema, tenía que esperar en la consulta normalmente unos 45 minutos. «No obstante, es probable que hubiese seguido con él si pensase que sus exploraciones eran buenas» señala esta señora. «Pero lo que hacía era apretar cada mama dos veces, un reconocimiento interno rápido, e irse. Yo podía notar su impaciencia si le formulaba alguna pregunta que quería que me respondiese.»

Lo que usted tiene que saber

Las mujeres tienen, también, la responsabilidad de comunicarse honestamente con sus médicos. «Las mujeres tienen que ser menos sumisas en su relación con el médico; tienen que formular preguntas que les ayuden a aclararse y que garantice su consentimiento informado a la hora de tomar decisiones médicas» dice la doctora Todd. «Tienen que aprender a defender su derecho a contar sus historias.

Los médicos tienen que valorar nuevamente sus actitudes a menudo no examinadas y existentes desde hace mucho tiempo para con las mujeres y los pacientes, y aprender un lenguaje nuevo para comentar las cuestiones de salud.»

Como dice la doctora Mangels: «Yo no veo que se ejerza mal la medicina. Veo que existen malas técnicas interpersonales. De muchas formas está en manos del paciente comunicar a su médico lo que espera de su relación. Tiene que dejar claro que quiere ser parte activa en la relación médico/paciente y compartir las responsabilidades del tratamiento.»

«Para asegurarse de que tiene el tipo de relación que usted desea, tiene que interrogar a los posibles médicos. Y tiene que hacerlo mientras esté bien, no cuando caiga enferma» recalca la doctora Johnson. «Averigüe qué valores tiene, cuáles son sus antecedentes, la opinión que tienen otras personas de él/ella, si usted comparte expectativas similares de la relación y si existe una buena comunicación con usted.»

Véase también Ginecólogos.

AUTOESTIMA

C uando la psicoterapeuta Linda Tschirhart Sanford y su compañera Mary Ellen Donovan estaban escribiendo su libro *Women and Self-Esteem* (Mujeres y autoestima), sus amigas le dieron otro título más exacto. «Lo llamaron The Blind Leading the Blind» (La ciega que guía a la ciega) admite Sanford, que ha realizado talleres de trabajo para mejorar la autoestima, para mujeres en todo el país. «Yo crecí con una autoestima baja, y tal vez lo más importante que aprendimos, escribiendo este libro, es que realmente no existe nada innato o don de Dios en relación con la autoestima. Es algo que tiene que aprenderse con el tiempo.»

Y fue mucho lo que aprendimos. «Cuando yo era una adolescente, era alta y no formaba parte de la pandilla, de modo que me quedé con la idea de ser grande y desgarbada» dice Robin Tucker, una mujer delgada y maravillosa quien, a punto de cumplir los cincuenta, parece diez años más joven. «A los 16, pensaba que no era atractiva ni deseable, a pesar de tener muchas citas. Sacaba buenas notas en el instituto pero no pensaba que fuese lista. Pensaba que tenía suerte.»

Mujeres listas, decisiones tontas

Al igual que muchas mujeres con autoestima baja, Robin tomó decisiones basándose en su autoestima. Pensó que tenía suerte cuando, a los 17 años, conoció a Michele, un chico rubio y guapo con un cuerpo de atleta, dice ella, «de quien me enamoré apasionadamente». Se casaron poco después de acabar sus estudios y Robin se convirtió en madre un año más tarde. «Pero yo sabía casi desde el primer día en que me casé que había cometido una gran equivocación» dice Robin. «Me casé porque pensaba que no habría ningún otro hombre que me quisiera, y renuncié a la idea de la universidad porque pensaba que no era suficientemente inteligente. Me equivoqué en ambas cosas, pero tardé 15 desdichados años en darme cuenta.»

La historia de Robin no es inusual. Algunos expertos opinan que la autoestima baja es epidémica entre mujeres cuyas vidas y felicidad, dice Sanford y Donovan, «se han visto limitadas» debido a su sentimiento básico de incapacidad. La autoestima, opinan ellas, es la base de cualquier problema que tienen las mujeres, desde comer en exceso al alcoholismo. Nos casamos con hombres que no nos merecen, escogemos trabajos que se nos quedan cortos y tomamos otra serie de decisiones infortunadas —desde la drogadicción a tolerar el abuso— «basándonos», dice Sanford, «en lo que nosotras *pensamos* que nos merecemos».

Ella sugiere incluso que, en cierto modo, el sexo es un factor de riesgo de la autoestima mala, ya que vivimos en una sociedad que valora los rasgos masculinos, no los femeninos. A los presidentes no se les elige por ser cariñosos y sensibles. Son los hombres, y no las mujeres, quienes dominan la mayoría de las instituciones venerables de nuestra sociedad, desde el Congreso a la Iglesia. «La realidad es que vivimos en un patriarcado en donde las mujeres se encuentran en una posición subordinada» dice Sanford. «Resulta difícil tener una autoestima buena cuando la sociedad te dice constantemente que, por definición, no eres suficientemente buena.»

Captar el mensaje equivocado

Muchas mujeres han interiorizado dicho mensaje, y se pasan la vida persiguiendo, como dice un experto en autoestima, «el Santo Grial de la suficiencia». En su libro *Perfect Women: Hidden Fears of*

Inadequacy and the Drive to Perform (Mujeres perfectas: Temores ocultos de incapacidad y el impulso a actuar), Colette Dowling sugiere que para muchas mujeres «suficiencia» no es nada parecido a la perfección, una norma que, una vez alcanzada, finalmente hará que desaparezcan los sentimientos de inutilidad. Plagadas por el síndrome de «si sólo» —si sólo fuese más lista, más guapa, más delgada... añada su incapacidad— las mujeres llevan a cabo una carrera constante de mejora personal, con el objetivo de ganar la aprobación. Nos pasamos años luchando «preparándonos» para alcanzar finalmente lo que queremos y que nos asegure que sí, somos bastante buenas. Literalmente nos vemos obligadas a excedernos en el trabajo, a conservar un cuerpo escultural, a ser una superpersona cuyo puesto en la cima nos hará invulnerables, completas —incluso si ello significa que lo que vamos a conseguir es agotamiento, abuso de drogas o trastornos de la ingesta.

En su trabajo, Sanford ha comprobado que muchas mujeres que parecen ser conscientes de sus puntos positivos, dan más importancia a todas las cosas que no son. «Casi todas las mujeres tienen aspectos propios que les satisfacen, sobre todo aptitudes y capacidades, pero no son lo más importante en su vida. Esas características no son las que miden su valía personal.»

No, son sus defectos por lo que miden su valía. Muchas mujeres escriben sus aspectos positivos porque dan por sentado, dice Sanford, «que si soy buena en eso no debe importar». Tampoco es infrecuente, dice Sanford, que la mujer reconozca que es lista, atractiva, una buena madre, una buena secretaria, pero añada ciertas melancolías, «pero ciertamente podría adelgazar 5 kg», dejando claro que a pesar de todos esos puntos positivos, ante todo piensa que es obesa.

Estudios realizados han demostrado que los comportamientos contraproducentes, como es fijarse en los defectos o dar demasiada importancia a un fracaso, son signos clarísimos de depresión. De hecho, según la Task Force on Women de la American Psychological Association, la autoestima baja es claramente un importante factor de depresión. La autoestima baja se identificó como principal causa del aumento del número de casos de depresión entre mujeres, que padecen estados de ánimo bajos con el doble de frecuencia que los hombres.

Cambiar el mensaje

¿Qué puede hacer usted de su autoestima? Después de todo, usted no nació con esos mensajes de «inutilidad». Provienen de alguna parte fuera de usted —de sus padres que le dijeron que era mala, sus compañeros de clase que se burlaban de su pelo rojo, su nariz o su lentitud con las matemáticas. «Ninguno de nosotros poseemos una autoestima baja por motu proprio» dice Sanford. «Tampoco vamos a salir de ella solas.»

Los grupos de apoyo y asesoramiento pueden ayudarle a darse cuenta de los falsos mensajes que ha estado recibiendo sobre su persona, y ofrecerle una cierta afirmación de quien es realmente. Pero usted también puede hacer muchas cosas sola.

Sanford sugiere que empiece con una reflexión física de su imagen corporal: que haga un collage del concepto que tiene de sí misma. Coja un trozo de papel y dibuje símbolos que representen la opinión que tiene de usted —positiva, negativa y neutra— usando palabras, dibujos o fotografías y fotos de revistas. Coloque el símbolo que represente mejor su identidad en el centro. Para muchas mujeres, este sencillo acto artístico les hace abrir los ojos, dice Sanford. «Cuando hemos hecho esto en talleres, con mujeres que dicen que tienen una autoestima baja, y contamos lo que es positivo, negativo y neutro, realmente existen muy pocas cosas negativas. Éste es un modo muy bueno de llegar a conocerse.»

El collage sobre el concepto de uno mismo también puede ayudarle a lograr verse como una suma de partes, de modo que ese problema de peso o la nariz torcida que es tan importante para su identidad se convierten simplemente en una parte, junto a su buen humor, cariño, aptitudes con las personas, o la atención y cariño que muestra hacia sus hijos. En vez de fijarse en los defectos, literalmente puede ver el «dibujo completo».

A menudo las imágenes negativas se convierten en una parte tan integral de su identidad que incluso la realidad no logra convencerle para que renuncie a ellas. Sanford sugiere que haga una prueba de realidad. Pida a alguien próximo a usted, alguien en quien confíe, que describa su persona. «Pídale tres adjetivos» dice ella. «Pedir la opinión de otras personas es muy importante. Después de todo, fueron otras personas las que le dijeron que no estaba en primer lugar.»

Esto implica algún riesgo, pero hace falta tomar algún riesgo si desea cambiar la opinión que tiene de usted. Como señala Rebecca Curtis, doctora en filosofía, catedrática de psicología en Adelphi University, en Garden City, Nueva York, y autora de *Self-Defeating Behaviors* (Conductas contraproducentes). «No es posible quedarse de brazos cruzados y cambiar la imagen que tiene de sí mismo. Necesita la opinión de otras personas y la confirmación del entorno de que usted es diferente. Necesitamos tener una opinión de nosotras mismas que compartan los demás.»

Significa también hacer el tipo de cosas que haría su yo «real». Para Robin Tucker, hacer una prueba de realidad supuso mucho valor. Verse como inteligente y atractiva significaba pedir plaza en la universidad —y solicitar el divorcio. Pero valió la pena. «Entré en el aula con la cabeza baja y al final del primer año me sentía como una reina. Todos los profesores me apreciaban. Yo sacaba sobresalientes. Luego me casé con alguien que creía en mí. Me sentía una persona diferente. Pero lo que realmente pasó fue que yo descubrí quien era.»

Un nuevo concepto de su ser

Otro modo de ayudar a hacer desaparecer esas definiciones desfasadas es volver a enmarcarlas. Una de las técnicas usadas por Sanford implica usar dos listas, una que empieza por «Usted es» seguida de todos los adjetivos que sus padres pueden haber usado para describirla, y la segunda que empiece por «Yo soy» seguida de aquellas mismas cualidades pero vistas desde un punto de vista positivo. Por ejemplo, si sus padres le metieron en la cabeza que era cabezota o lenta, saque atributos positivos para esos rasgos. Una persona cabezota puede ser también independiente o persistente. Alguien lento puede ser pensativo o resuelto.

«Mejorar la autoestima no significa hacer un repaso general», dice Sanford. «Significa cambiar un poco, poniendo menos énfasis en los aspectos que no sean perfectos. Está realmente claro que los hombres están condicionados a coger las cosas que hacen mejor y crear su identidad alrededor de ellas. Los aspectos de su persona que no son perfectos tienden a rechazarlos.»

Ningún éxito súbito

Pero no espere sufrir una metamorfosis de un día para otro. Esto no va a ser necesariamente fácil. Por desgracia, dice Sanford, «se considera muy femenino autodenigrarse. Existe una falsa nobleza por el hecho de no estar contento con su forma de ser».

La realidad es que de vez en cuando hay que hacerse oír. Algo de sinceridad y sutil jactancia no vienen mal de vez en cuando. Si piensa que es terrible —después de todo usted no desea que la consideren vanidosa o egocéntrica— puede empezar lentamente aprendiendo a aceptar elogios. A muchas mujeres les cuesta mucho aceptar alabanzas, y mucho más tomarlas en cuenta, dice Linda Dunlap, doctora en filosofía y profesora adjunta de psicología en Marist College en Poughkeepsie, Nueva York. La respuesta adecuada a un elogio no es una negación turbada de que usted no dijo o hizo algo digno de mención, dice ella. «Es, gracias».

Dejar a un lado los aspectos negativos. Considere las equivocaciones y los fallos como experiencias de las que se aprende, en vez de como pruebas concluyentes de que es tan incapaz como cree ser. En vez de ser dura y acusativa consigo misma, sugiere la doctora Dunlap «mírelo con otra perspectiva y diga, he aprendido algo de ahí. La próxima vez voy a hacer todo lo posible y aceptaré lo que pase, así por lo menos puedo decirme "Hice todo lo que pude"».

Y tiene que darse cuenta de que «lo mejor que hace», independientemente de lo bueno que sea, nunca será perfecto. Nadie es perfecto. De modo que disminuya sus expectativas a algo dentro del ámbito de lo posible. Es más importante, dicen los expertos, ser lo mejor que se pueda ser, que ser el mejor.

Por encima de todo, dice Sanford, no se vuelva una de esas personas «que acaban teniendo una autoestima baja por tener una mala autoestima». La actriz Audrey Hepburn con una larga carrera llena de éxitos cinematográficos y humanitarios, una vez dijo que, a pesar de su fama y éxito, seguía pensando «que podía perder todo en cualquier momento».

«Pero» añadía, «la mayor victoria ha sido ser capaz de vivir conmigo misma, aceptar mis defectos y los de los demás. Estoy lejos de ser el ser humano que me gustaría ser. Pero he decidido que después de todo no soy tan mala».

Véase también Imagen corporal.

CÁNCER

Judith Martindale, planificadora financiera procedente de San Luis Obispo, California, tenía 41 años cuando le dijeron que tenía cáncer.

«Me han dado dos duros golpes en mi vida; mi marido vino un día y me dijo que se había enamorado de otra mujer, y mi médico me ha dicho que tengo cáncer», dice Judith. «Todas esas cosas fueron emocionalmente atroces, pero nada como que te digan que tienes cáncer».

En realidad, es posible que no exista ninguna otra enfermedad que tenga el poder de aterrorizar como el cáncer, una enfermedad insidiosa caracterizada por un crecimiento celular anómalo y disparatado que mata a 242.000 mujeres (y 272.000 hombres) cada año. Eso supone 700 mujeres al día, o aproximadamente una muerte por cáncer cada dos minutos.

Aunque la cardiopatía sigue siendo la principal causa de muerte, la mayoría de las personas temen más al cáncer, dice Barrie Cassileth, doctora en filosofía, exdirectora de programas psicológicos en el centro oncológico de la Universidad de Pennsylvania, y actualmente catedrática de medicina en Duke University, en Durham, en la universidad de Carolina del Norte.

Perspectivas optimistas que no se tienen en cuenta

En realidad, toda enfermedad que nos enfrenta a nuestra propia mortalidad tiene el poder de aterrorizar. Pero el horror asociado al

---

¿Se puede curar el cáncer con la mente?

En la actualidad al confrontar a pacientes cancerosos existe una teoría controvertida de que su enfermedad física tiene raíces psicológicas. La teoría se basa en estudios que sugieren que las personas que reprimen sus emociones, o que están deprimidas, pueden tener un riesgo mayor de desarrollar cáncer. Las idea es que las personas permiten que sus emociones les vayan destruyendo.

Algunos estudios han hallado también una relación entre la actitud y la supervivencia al cáncer. De manera notable, estudios de mujeres con cáncer de mama realizados en el Royal Marsden Hospital, en Surrey, Inglaterra, hallaron que aquellas mujeres que mostraban un espíritu luchador o negaban la gravedad de su diagnóstico era más probable que estuvieran vivas dentro de cinco a diez años, que aquellas mujeres que se sentían impotentes o sin ánimo alguno.

Frances Weaver es una mujer que cree en el desarrollo de ese espíritu de lucha. Esta ex decoradora de 69 años y abuela de cuatro nietos se enteró de que tenía cáncer de ovario. Los médicos le extirparon los ovarios y luego le administraron quimioterapia. Y, al igual que la paciente del estudio del Royal Marsden Hospital, ella se dedicó a negarlo. «Sé que tengo entre un 50 por 100 y un 80 por 100 de posibilidades de sobrevivir», dice ella. «Pero no leo nada acerca de mi enfermedad. No quiero saber nada. No creo que me ayudara. Me siento totalmente optimista. Me siento fenomenal. Sé que me voy a recuperar. Intento conservar esa actitud. Pensar otra cosa resulta demasiado deprimente».

Pero los médicos advierten que una actitud

cáncer está tan profundamente enraizado en nuestro subconsciente que persiste a pesar de que las tasas de supervivencia al cáncer han mejorado en los últimos 30 años. «Cáncer ha dejado de ser una sentencia automática de muerte», dice Jeanne A. Petrek, doctora en medicina y cirujana de mama en el centro oncológico del Memorial Sloan-Kettering, en Nueva York, y autora de *A Woman's Guide to the Prevention, Detection and Treatment of Cancer* (Guía de la mujer para la prevención, detección y tratamiento del cáncer). Los nuevos avances en el tratamiento del cáncer —tanto si el tratamiento implica cirugía,

positiva puede complementar, pero no sustituir, el tratamiento médico. Barrie Cassileth, doctora en filosofía, catedrática de Duke University, llevó a cabo dos estudios de mujeres con cáncer en fase avanzada o intermedia, y halló que los perfiles psicológicos —tanto si se sentían impotentes o mostraban un espíritu luchador— no tenían efecto alguno sobre las tasas de supervivencia. Ella dice que a menudo las pacientes con cáncer, atraídas por la idea de «que pueden no pensar en el cáncer» abandonan las terapias tradicionales en busca de tratamientos alternativos y a menudo controvertidos.

«Sería maravilloso si pudiésemos alejar el cáncer sólo con nuestros deseos», añade la doctora Cassileth. «Pero si eso fuese posible, todo el mundo se curaría. Como se sabe, no es así». Es posible que algunos estudios hallan mostrado que los factores psicológicos pueden alterar el sistema inmunitario, pero esos cambios no van necesariamente a curar la enfermedad.

No obstante, la mayoría de los expertos, incluida la doctora Cassileth, coinciden en decir que la actitud puede tener mucha importancia en el tratamiento del cáncer —no porque resalte el sistema inmunitario, sino porque una buena disposición mental ayuda a las mujeres a seguir el tratamiento prescrito. Ayuda también a las mujeres y a sus familiares a afrontar la enfermedad. De hecho, añade Jimmie Holland, doctora en medicina, procedente del centro de oncología del Memorial Sloan-Kettering, una actitud de negación «positiva» puede ser un «mecanismo muy sano» en la enfermedad.

radiación, quimioterapia o terapia experimental— significan que aproximadamente la mitad de las personas diagnosticadas de cáncer seguirán vivas cinco años después.

A pesar de estos avances, la idea de la posibilidad de tener cáncer conduce a un período de grave crisis emocional, dice Jimmie Holland, doctora en medicina, jefa del servicio de psiquiatría en el centro oncológico de Memorial Sloan-Kettering. «Pero una vez que se tiene un tratamiento, se empiezan a tener más esperanzas». Se piensa, «Yo puedo hacer esto, y esto y esto, y el médico dice que no me voy a morir mañana, como yo pensaba».

«Para la mayoría de las personas, iniciar un tratamiento les hace pensar que han recuperado el control», añade la doctora Holland. Independientemente de lo penoso del tratamiento, al menos están haciendo algo que les hace tener esperanza y volver a ser optimistas».

Usted se adapta a su modo

Por supuesto que no es tan fácil como parece. El cáncer es una enfermedad peligrosa para la vida, un importante trauma vital. Y el modo en que usted se enfrente a ello dependerá en gran parte de su forma de ser psicológica, de cómo se ha enfrentado a otros hechos importantes en su vida.

«Las personas no cambian simplemente porque tienen cáncer», dice la doctora Cassileth. «Siguen siendo quienes eran. Si son el tipo de persona que encaja bien los golpes, entonces harán eso. Si están dentro del grupo de personas que se derrumban cuando surgen problemas, harán lo mismo al oír el diagnóstico de cáncer».

Las mujeres que descubren que tienen cáncer muestran toda la serie de emociones detalladas en el trabajo realizado por Elisabeth Kubler-Ross, doctora en filosofía, y experta en muerte: negación, temor, cólera, desesperación, depresión, esperanza y aceptación. Pero cada mujer lo sentirá a su modo y en su orden. Y nadie debe esperar que pase «como en el libro», advierte la doctora Holland.

«Todas las personas pasan por ello», dice Joanne Cipollini, enfermera y especialista en oncología clínica en el centro oncológico de Montgomery, perteneciente al Fox Chase Cancer Center de Norristown, Pennsylvania. «La diferencia es que algunas personas lo hacen en cinco minutos y otras cada cinco minutos».

Judith Martindale dice que su primera reacción fue: «¿Por qué a mí?»

«Yo no tenía factores de riesgo para desarrollar cáncer de mama», dice ella. «No paraba de pensar, siempre he sido una persona buena, ¿cómo puede haber pasado esto? Siempre he comido bien y he hecho ejercicio. Nunca pensé que tendría cáncer».

A pesar de que pasó un tiempo viviendo con temor y autocompasión, dice ella, gradualmente fue surgiendo su propia personalidad. «Yo siempre he pensado que puedo hacerlo sola. Era consciente de que no tenía una respuesta a la pregunta de ¿por qué a mí?, pero sí tenía algunas opciones: qué médico iba a ver, qué tipo de tratamiento iba a tener, dónde me lo iban a poner. Me daba la sensación de recuperar en cierto modo el poder sobre mi vida en un área donde no tenía ninguno».

Crisis emocional

Por supuesto que no todas las personas reaccionan igual que Judith. Aproximadamente entre una cuarta parte y la mitad de los pacientes cancerosos pueden presentar depresión suficientemente grave como para que sea necesario usar antidepresivos o terapia psiquiátrica. Otras personas atraviesan una ligera depresión, pudiendo necesitar asesoramiento, o pueden afrontarlo solos una vez superado el shock inicial del diagnóstico e iniciado el tratamiento.

La depresión es comprensible. «Para la mayoría de las personas el diagnóstico de cáncer significa ante todo "puedo morir"», dice la doctora Holland. «Luego piensan, «puedo quedar incapacitada, depender de los demás, desfigurada. No volveré a ser igual. Las personas no podrán quererme igual. Me veré aislada y perderé las personas que me rodean porque no podrán tolerarme con una enfermedad así».

«En el caso de la mujer, hay otro significado más. Perderé parte de mi atractivo. Puedo resultar menos femenina. Es posible que se me caiga el pelo. Puedo perder mis órganos sexuales, mi atractivo sexual, mi respuesta sexual, y por tanto perder la oportunidad de tener relaciones íntimas». Y si se trata de una mujer joven, piensa «perderé la oportunidad de tener un hogar y unos hijos». Todas esas pérdidas son profundas y pueden conducir a un duelo anticipado», dice la doctora Holland.

Combatir el dolor

Estudios realizados han mostrado que de entre todos los temores que acompañan al diagnóstico de cáncer, a lo que más temen las mujeres con cáncer es al dolor. «La mayoría de las personas dicen que tienen más miedo a morir con dolor que al hecho de morir», dice Cipollini.

Según una serie de estudios clínicos, aproximadamente el 50 por 100 de todos los pacientes sometidos a tratamiento sufren dolor debido al cáncer en sí o al tratamiento. El 70 por 100 de las personas con cáncer en fase avanzado presentan dolor agudo. Pero a través de toda una serie de medios, se puede controlar el dolor satisfactoriamente en más del 90 por 100 de todos los pacientes con cáncer.

Las técnicas conductista y de relajación, utilizadas normalmente para tratar la ansiedad y depresión, pueden ser de gran ayuda para el dolor y malestar moderados, debidos al cáncer y a su tratamiento, y como impulsor no químico del tratamiento farmacológico. Resultan particularmente eficaces cuando una mujer con cáncer tiene ansiedad y depresión, dice Kathleen Foley, doctora en medicina, y jefa del Servicio de Dolor en el centro oncológico de Memorial Sloan-Kettering. Aunque estas emociones no producen dolor físico, sí lo empeoran, dice la doctora.

Algunas técnicas incluyen una relajación muscular progresiva, un método en el que el paciente tensa y relaja los músculos uno por uno; la meditación, que implica la repetición mental de una palabra que desvía la atención de las ideas molestas; y la distracción, donde se hace algo absorbente —cálculo de un problema aritmético o recitar mentalmente un poema, por ejemplo— para desviar la atención del dolor o del procedimiento. Otras técnicas son la retroalimentación, que utiliza sensores electrónicos para detectar cambios en la temperatura corporal y tensión muscular; hipnosis e incluso la musicoterapia.

Respuestas de fobia

La relajación es una técnica conductista que resulta particularmente útil en mujeres que tienen miedo a los procedimientos o a los efectos secundarios desagradables. Para algunas de ellas, las náuseas y vómitos asociados al tratamiento pueden dar lugar a la ansiedad y a reacciones condicionadas —esto es, sólo pensar en el tratamiento aparecen los síntomas. En un caso notificado, una mujer que había sido tratada con éxito de un cáncer hace diez años, presentaba náuseas cada vez que iba al hospital donde le habían puesto la quimioterapia.

Para ayudar a las mujeres a superar este tipo de ansiedad, un terapeuta preparado les ayuda a lograr un estado de relajación y, mientras se encuentran en ese estado de ánimo gradable, a visualizar una escena agradable. Si lo hacen con la frecuencia necesaria, muchas mujeres comprobarán que mientras están con el tratamiento, su ansiedad ha disminuido —y también el malestar previsto.

Fármacos tales como la morfina también pueden ser muy útiles para controlar el dolor del cáncer, coinciden en decir los médicos. Por desgracia, a muchas mujeres —y a algunos médicos— les preocupa la adicción. Como resultado de ello a algunos pacientes cancerosos no se les medica lo suficiente —bien porque no se les administre morfina o bien por recibir cantidades inadecuadas del fármaco para mitigar su dolor.

Con todo la morfina no se reserva a las personas que están en su lecho de muerte, dice la doctora Cassileth. Es un modo eficaz de reducir el dolor agudo, si aparece durante la enfermedad. La adicción simplemente no constituye un problema para las mujeres con cáncer.

Afortunadamente los médicos poseen ahora toda una serie de medidas preventivas, capaces de mitigar e incluso eliminar los efectos secundarios del tratamiento. Las náuseas, por ejemplo, que son un efecto secundario habitual de la quimioterapia, pueden aliviarse tomando antácidos, añadiendo alimentos ricos en potasio a la dieta, descansando después de las comidas o comiendo menos cantidades y de forma más frecuente.

Cuestionar la sexualidad

Un efecto secundario difícil de tratar es el daño que se causa a la sexualidad de la mujer. Incluso cuando la mujer con cáncer no sufre desfiguración quirúrgica, pueden pensar que la enfermedad ha destruido su sexualidad, explica Cipollini. «En nuestros grupos de apoyo, muchas mujeres han dicho que sienten que su sexualidad ha dejado de ser una parte activa en ellas. Mientras están bajo tratamiento, personas extrañas les tocan y miran sus cuerpos constantemente. Cuando eso sucede usted puede pensar que el cuerpo ya no es suyo. No tiene ningún control sobre lo que le está sucediendo interna y externamente».

Con algunos tipos de tumores ginecológicos, la cirugía —que puede implicar la extirpación de los órganos sexuales o incluso la vagina— puede reducir físicamente o eliminar la respuesta sexual, o imposibilitar para siempre el coito. Muchas mujeres con cáncer pueden necesitar una terapia que les ayude a afrontarlo; para algunas mujeres constituye un cambio fundamental en su modo de expresión.

Por desgracia, aunque la sexualidad es una cuestión importante para las pacientes cancerosas, «también es una de las cuestiones más difíciles de tratar, tanto para la paciente como para el personal sanitario», dice Cipollini.

«Las pacientes no quieren hacer preguntas y los médicos no desean preguntar», dice la doctora Holland, cuyo departamento posee uno de los pocos programas en donde se prepara al personal para que traten las disfunciones sexuales con los pacientes cancerosos. El personal sanitario aborda el tema con las pacientes y comentan nuevos modos de expresar su sexualidad.

Tener buen aspecto, sentirse mejor

Cuando los tratamientos del cáncer alteran el aspecto físico de la mujer, existen normalmente una serie de modos de parecer y sentirse nuevamente atractiva.

¿Qué es lo mejor que usted, como mujer, puede hacer para evitar morir de cáncer?

«Dejar de fumar», dice Jeanne A. Petrek, doctora en medicina y cirujana en el centro de oncología Memorial Sloan-Kettering. El tabaco es el único factor de riesgo que se conoce para el cáncer pulmonar.

A pesar de que el cáncer de mama tiene una incidencia mayor, son más las mujeres con posibilidad de curación, dice la doctora Petrek. Muy pocas sobreviven al cáncer pulmonar. Por desgracia, muchas mujeres desconocen que corren un gran riesgo de contraer y morir de cáncer de pulmón y de colon. Piensan que son tipos de cáncer propios del hombre, a pesar de ser la primera y tercera causa principal de cáncer en la mujer. El cáncer de mama está en segunda posición. Van seguidos del cáncer de páncreas y ovario, ambos tumores silentes e insidiosos que son letales principalmente porque rara vez se detectan en fases tempranas y curables.

Éstas son las recomendaciones que hace la American Cancer Society para ayudar a evitar el cáncer:

Dejar de fumar. El tabaco está implicado en el cáncer de pulmón así como en el cáncer de boca, lengua y garganta. El 75 por 100 de todas las mujeres con cáncer de pulmón fuman.

Ingerir una dieta rica en fibra y pobre en grasas. Una serie de estudios realizados indican que una dieta rica en fibra, frutas y verduras que contengan vitamina A y C, así como betacaroteno, puede proteger contra una serie de tumores malignos, incluido el cáncer de colon. Los estudios muestran también que las dietas pobres en grasas pueden tener un efecto protector contra algunos tipos de cáncer.

Limitar el consumo de alcohol. El alcohol, junto con el tabaco, puede aumentar el riesgo de desarrollar cáncer de boca, laringe, garganta, esófago e hígado.

Limitar los alimentos ahumados o curados. En las zonas del mundo donde se ingieren a menudo alimentos curados con sal y ahumados, existe una incidencia mayor de cáncer de esófago y estómago.

Evitar la obesidad. Las personas que superan en un 40 por 100 o más su peso ideal tienen un mayor riesgo de desarrollar cáncer de colon, mama, vesícula biliar, ovario y útero.

Usar protección solar. Se piensa que la exposición al sol es la principal causa de cáncer de piel.

Someterse regularmente a pruebas de detección selectiva del cáncer. Desde el momento en que la mujer es sexualmente activa, o al menos al cumplir los 18 años, debe empezar a someterse regularmente a pruebas selectivas para el cáncer.

Éstas son las directrices recomendadas para la detección precoz del cáncer, según la edad.

Edades comprendidas entre los 20 y los 39 años

- Una prueba de detección selectiva del cáncer cada tres años, que incluya examen de la cavidad oral, tiroides, piel, nódulos linfáticos y ovarios.
- Debe realizarse una autoexploración de mama una vez al mes; debe hacerse un examen clínico de las mamas cada tres años, aunque algunos médicos recomiendan un examen anual.
- Debe realizarse, anualmente, una exploración pélvica y una tinción de Papanicolau, o con menor frecuencia si el examen ha sido negativo tres años consecutivos.
- Debe programarse un mamograma basal entre los 35 y los 39 años.

Edades comprendidas entre los 40 y los 49 años

- Unas pruebas selectivas del cáncer cada tres años, que incluyan examen de la cavidad oral, tiroides, piel, nódulos linfáticos y ovarios.

■ Una autoexploración de mama mensual; examen clínico de las mamas anual.

■ Una tinción de Papanicolau, exploración pélvica y exploración digital rectal, anual.

■ Un análisis de la existencia de sangre oculta en heces, enema de bario con sigmoidoscopia o colonoscopia total, cada tres a cinco años, en mujeres con antecedentes familiares de cáncer colorrectal.

■ Mamograma cada uno o dos años, y en la menopausia un examen del tejido endometrial en mujeres cuyos médicos diga que corren riesgo de desarrollar cáncer endometrial.

50 años o más

■ Unas pruebas de detección selectivas del cáncer, todos los años, que incluyan examen de la cavidad oral, tiroides, piel, nódulos linfáticos y ovarios.

■ Una autoexploración de mamas de forma mensual; una exploración clínica de las mamas cada año.

■ Anualmente una tinción de Papanicolau y exploración pélvica, examen digital rectal, análisis de sangre oculta en heces y mamograma.

■ Cada tres a cinco años una sigmoidoscopia.

La reconstrucción de mama, por ejemplo, se realiza a menudo al mismo tiempo que o poco después de la mastectomía. Eso es lo que ha hecho Judith Martindale. «Regresé a casa con un poco de formas, justo lo que me va bien a mí».

La caída temporal del pelo puede cambiar también el aspecto exterior. Afortunadamente su médico debe poder predecir si sucederá o no, para que usted pueda estar preparada. «En Pennsylvania tuvimos a una mujer joven con el pelo muy largo, que era motivo de orgullo y felicidad para ella», dice la doctora Cassileth. «Cuando le diagnosticamos cáncer, ella sabía que lo iba a perder. Yo la envié a un peluquero que le hizo un corte de pelo atractivo, y con el pelo restante hizo una maravillosa peluca de su propio pelo.

«Si usted no tiene el pelo largo», añade ella, «actualmente puede conseguir pelucas maravillosas. Incluso puede divertirse con ellas, si compra una serie de cortes y colores distintos».

Hace ya varios años, la American Cancer Society, en cooperación con la Cosmetic, Toiletry and Fragrance Asociation Foundation, crearon un programa denominado *Look Good... Feel Better* (Tener buen aspecto... Sentirse mejor), para ayudar a las mujeres con cáncer a tener un mejor concepto de sí mismas y un aspecto mejor. En la actualidad, personas voluntarias dedicadas a la cosmética y asesores de belleza ayudan a las mujeres a aprender a cuidar su piel y pelo, a ponerse maquillaje y a escoger pelucas o turbantes. Varios grupos de apoyo cuentan con vídeos y folletos informativos, y entregan a las mujeres participantes equipos de maquillaje complementarios.

La idea fundamental del programa es que si una mujer sometida a tratamiento del cáncer tiene buen aspecto, se sentirá mejor y mejorará su calidad de vida. Se basa en la Teoría del lápiz de labios, observación hecha por profesionales de la medicina, que dice que una vez que la mujer que lucha contra el cáncer empieza a pintarse los labios ha iniciado el camino de la recuperación, o, al menos, ha recuperado su autoestima.

Ser tal como uno es

Una de las cosas más importantes que las pacientes con cáncer pueden hacer por ellas es seguir viviendo igual que antes del diagnóstico. Aunque existe la tentación de pensar que se ha detenido su vida, dice la doctora Cassileth, simplemente no se puede tirar la toalla.

Una mujer, por ejemplo, dice que dejó de lavarse los dientes mientras esperaba los resultados de la biopsia. «Yo pensaba, si me voy a morir, ¿a quién le importa si tengo bien los dientes?», confiesa.

«Ésa es una fase que atraviesan muchas mujeres», dice la doctora Cassileth. «Pero luego se dan cuenta de que probablemente tengan que vivir con ello un tiempo. De modo que empiezan a evaluar de nuevo lo que es importante, a integrar la enfermedad en su vida y a reajustar los objetivos fijados», dice la doctora Cassileth. «Desea mantener la enfermedad en su sitio, y asegurarse de continuar con el resto de los roles que tienen importancia en su vida: mujer, madre, amiga, profesional. Es muy pero que muy importante para su salud mental, y para su calidad de vida, mantener vivas el resto de las áreas de su persona». No puede dejar que el cáncer domine su vida.

Amigos como medicina

Una de las cosas más terapéuticas que usted puede hacer por usted misma es contactar con los demás, bien a través de un grupo de apoyo formal o bien de un grupo informal. La American Cancer Society patrocina una serie de programas educativos, tales como *I Can Cope,* y muchos hospitales y centros oncológicos poseen sus propios grupos, algunos de ellos para determinados tipos de cáncer.

Joanne Cipollini dirige varios grupos de apoyo para el cáncer, incluido uno concreto para mujeres con cáncer de mama. «Para nuestras pacientes, el grupo de apoyo ofrece información y compañerismo», dice ella. «Es un lugar seguro donde expresar sus sentimientos, sentimientos que probablemente no pueda decir a su familia y amigos. Como dijo una mujer en uno de nuestros grupos, «Las personas que no tienen cáncer no saben cómo nos sentimos. Tú sí sabes por lo que yo estoy pasando y no piensas que estoy loca».

Existen incluso algunas pruebas de que los grupos de apoyo pueden prolongar, así como mejorar, la calidad de su vida. Investigadores de la Universidad de Stanford, que examinaban los efectos del apoyo sobre la calidad de vida de mujeres con cáncer de mama en fase terminal, estaban «asombrados» al comprobar que las mujeres que asistían regularmente a grupos de apoyo vivían el doble de tiempo que las mujeres que no lo hacían. Era un dato no previsto.

«El apoyo social vale para todo», dice la doctora Holland. «Existen buenas pruebas de que las personas que forman parte de un grupo, bien como parte de una pareja o bien que cuentan con amigos que les apoyan, les resulta más fácil tolerar una enfermedad crónica, como es el cáncer. Y queda claro, por una serie de estudios, que si usted se ve como aislado y solo, la mortalidad es mayor para todo tipo de enfermedades».

Cambios permanentes

El diagnóstico de cáncer marcará probablemente su vida. Incluso aquellas personas que sobreviven encuentran que su vida no es igual. Esto tiene, sin embargo, aspectos positivos y negativos.

«Con toda probabilidad, el problema principal de las personas que sobreviven al cáncer es ese temor intenso, que nunca desaparece, a tener una recaída», dice la doctora Holland. «Puedes encontrar a personas que después de diez años siguen teniendo miedo. Cuando tienen que someterse a una exploración física, presentan ansiedad. Preguntan, ¿es posible que tenga una recaída? Sé que no es así, pero no estaré tranquilo hasta que me den los resultados».

«Se aprende a vivir con ello» dice la doctora Holland. «Aprende a contar hasta 10 y a recordarse a sí mismo que el dolor que nota en el dedo gordo del pie no significa una metástasis del cáncer».

Aunque al principio parezca incomprensible, el cáncer puede ser, como pudo comprobar Judith Martindale, algo que cambia su vida para bien. Como las personas que se enfrentan a la muerte, en el estudio de Stanford, Judith se ha vuelta «una experta en vivir».

«Hace que reorganices tus prioridades», dice ella. «Ya no estoy preocupada. Me dedico a disfrutar de las personas que me rodean. Soy mucho más consciente de la necesidad de cuidar mi cuerpo y de dónde gasto mis energías. Y sin duda me ayuda a resolver decisiones», añade riéndose. «Tengo dentro de mí una sensación de urgencia que se remonta al cáncer. Ha cambiado mi vida de forma más positiva que cualquier otra cosa».

Véase también Cirugía de mama.

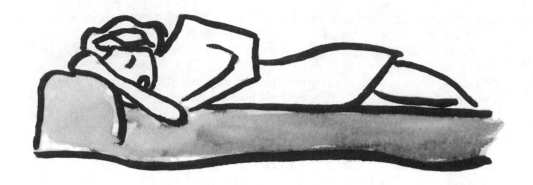

CARDIOPATÍAS

E n un estudio Gallup revelador se preguntó a 501 mujeres, «¿En su opinión, cuál es la principal causa de muerte entre las mujeres de 50 años y mayores?». El 65 por 100 contestó que el cáncer. Estaban equivocadas. La respuesta es la cardiopatía, y sólo un 15 por 100 acertó; eso no resulta, realmente, sorprendente. Hasta hace muy poco, las cardiopatías se han considerado siempre «una enfermedad que mata al hombre».

Según la American Heart Association aproximadamente 247.000 de más de 520.000 muertes anuales debidas a un ataque cardíaco (47 por 100) suceden en mujeres. Y más de 90.000 mujeres mueren cada año de una insuficiencia cardíaca. Una de cada nueve mujeres, con edades comprendidas entre los 45 y los 64 años tiene algún tipo de enfermedad cardiovascular, y la proporción aumenta a una de cada tres cuando se alcanzan los 65 años o más.

Las mujeres son uno de los principales objetivos

Descuido imperdonable

Estadísticas alarmantes. ¿Entonces, por qué se ha pensado siempre que la cardiopatía era algo que pasaba principalmente a los hombres? Y ¿por qué se ha prestado especial atención al hombre en lo que respecta a ganar la batalla contra la cardiopatía?

En parte, dicen los investigadores que están actualmente examinando la cuestión, porque la cardiopatía sólo se convierte en problema para las mujeres en las últimas etapas de su vida. Estadísticamente, las mujeres tardan, por lo general, 10 años más que los hombres en desarrollar una cardiopatía y 20 años más en sufrir ataques cardíacos. Otro motivo es que la cardiopatía aparece de forma más brusca en los hombres que en las mujeres. Para casi dos tercerios de los hombres con arteriopatías coronarias el primer signo de que algo va mal es un ataque cardíaco, dice Renee Hartz, doctora en medicina y cirujana cardíaca, así como profesora adjunta de cirugía en Northwestern University Medical School en Chicago. Pero más de la mitad de las mujeres presentan primero angina de pecho, un dolor torácico que se origina por un aumento de la presión sobre las arterias deterioradas debidas a la aparición de placas.

En el famoso y viejo Estudio Framingham Heart se vio que el 75 por 100 de los hombres con angina sufrían un ataque cardíaco en los próximos cinco años —una tasa el doble de alta que para las mujeres con angina que sufren un ataque cardíaco. «Estos datos fomentaron la percepción ampliamente compartida de que la angina de pecho era un problema benigno en la mujer» dice Nanette K. Wenger, doctora en medicina y catedrática en Emory University School of Medicine y directora de las clínicas cardíacas en Grady Memorial Hospital en Atlanta. «Este mito no correcto de mejor tolerancia a la angina alentó a que se prestara menos atención a las mujeres que tenían este síntoma, y que se cuidara menos sus cuidados preventivos y la modificación de los riesgos coronarios».

La creación de un mito

Si la profesión médica en sí puede aceptar gran parte de la culpa por perpetuar el mito de que las mujeres no presentan cardiopatías, también pueden hacerlo los medios de comunicación de masas y la publicidad. Piense en los anuncios que usted ve en la televisión. Una mujer dice cómo cuida la salud cardíaca de su marido preparándole comidas bajas en colesterol. ¿El mensaje? Sólo el marido corre riesgo. Ella cuida la dieta que él come —pero no la suya propia— por su bien.

«Las mujeres no están sensibilizadas para pensar en sí mismas como personas que corren el riesgo de desarrollar una cardiopatía»

Estrés. Es un término perteneciente al siglo XX, creado por presiones del siglo XX. En la casa, en el trabajo, por el jefe, cónyuge, compañeros y por los recaudadores. Hubo una época en que era un problema únicamente masculino. Pero ha dejado de serlo.

Algunos expertos opinarían que en el caso de las mujeres, sobre todo de aquellas que trabajan, es incluso peor. Las mujeres tienden a tener la necesidad de ser todo para todas las personas. En el trabajo o en casa, el trabajo nunca parece terminar. Tampoco lo hacen las demandas que hacen los demás. Todo ello entra dentro de esa olla a presión denominada estrés, un factor que contribuye a muchas enfermedades, incluida la principal causa de muerte, la cardiopatía.

«Las mujeres experimentan un mayor conflicto de rol entre el trabajo y la familia, que sus homólogos masculinos» dice Margaret A. Chesney, doctora en filosofía y profesora adjunta en el departamento de epidemiología en la University of California School of Medicine, en San Francisco. «Incluso en aquellos casos en los que el hombre comparte las tareas en el hogar, las mujeres, más que los hombres, asumen la responsabilidad de comprobar que se hacen estas tareas».

«Tanto los hombres como las mujeres que trabajan muestran excitación cardiovascular durante su jornada de trabajo» dice la doctora Chesney, «pero muestran patrones muy diferentes por la noche. Los hombres experimentan un descenso en la excitación que empieza a su llegada a casa. Las mujeres, por otro lado, muestran una mayor excitación que se extiende hacia la noche». En otras palabras, las mujeres no se relajan al final del día y siguen con su trabajo dentro del entorno del hogar.

¿A qué conduce todo este estrés? Dolor torácico, dice Linnea Lindholm, doctora en filosofía y directora de investigación en el departamento de medicina, División de cardiología, en la Universidad de Florida, en Gainesville. Las mujeres que tienen cardiopatías o que corren riesgo de desarrollarlo tienen que comprender que el trabajo excesivo, la sensación de quemazón y estar abrumada en exceso pueden perjudicarlas. «A las mujeres les puede costar tanto decir que no, que a veces la única forma de descansar es cuando caen físicamente enfermas» dice la doctora Lindholm, asesora de mujeres con cardiopatías. «Eso es un precio muy alto que pagar».

Las mujeres tienen que aprender a tomarse las cosas con más calma, delegar trabajo y aprender a decir no. «Decir no es lo más difícil». Yo pregunto a las personas que acuden a mí: «¿qué posibilidades tiene de perder su trabajo o de hacerse enemigos si dice que no de vez en cuando? Posteriormente es probable que hallemos modos de modificar el patrón de conducta» dice la doctora Lindholm. «Cuando alguien se te acerca con otra petición u otro proyecto, acostúmbrese a decir, "¿puedo atenderle en unos momentos?" Luego vaya a un sitio tranquilo —su despacho, cuarto de estar— y piense en ello un rato. Resulta muy fácil dejarse sorprender en el momento y decir sí antes de saber en lo que uno se mete. Tomarse unos momentos para reflexionar sobre su trabajo le da la oportunidad de valorar auténticamente el tiempo que supone el proyecto. Entonces resulta más fácil llamar a la persona y rechazarlo de forma cortés».

Dorothy Metzger sabe lo difícil que eso puede ser. Pero con la ayuda de la doctora Lindholm lo ha conseguido. «Pienso que se podría decir que yo era una trabajadora compulsiva, y siempre he trabajado bajo una carga muy alta de tensión. Esto solía durar durante varios meses cada vez, hasta que mi cuerpo se rebelaba con dolores en el pecho» admite Dorothy. «Siempre comprendí la relación que hay entre la dieta y la cardiopatía, pero no tenía ni idea de lo que el estrés podía hacer».

La doctora Lindholm ayudó a Dorothy a ser consciente de lo que la presión le estaba haciendo y le enseñó algunas técnicas sencillas para reducir el estrés. «Ahora reconozco en un día o dos cuándo se me acumula el cansancio laboral y soy capaz de solucionar el problema antes de que mi corazón se vea afectado» dice ella. «No me ha vuelto a doler el corazón».

dice Nancy Norvell, doctora en filosofía y psicóloga clínica especializada en medicina conductista en la University of South Florida, en Tampa. «Es algo con lo que los hombres tienen cuidado. En el caso de las mujeres, la palabra rara es cáncer. Los dramas de la televisión dan mucha importancia al cáncer de ovario, no a la cardiopatía, porque eso es a lo que las mujeres responderán» dice ella. «A las mujeres se las engaña constantemente, y ellas mismas se engañan creyendo que de algún modo están protegidas contra la cardiopatía sólo por ser mujer».

Todo está en la cabeza

Y cuando las mujeres presentan dolor en el pecho a menudo sus médicos no le dan importancia a la queja. A la propia madre de la doctora Hartz, que ingresó en el servicio de urgencias de su hospital local con dolor torácico la enviaron a casa con unas píldoras para el dolor, para lo que posteriormente resultó ser un ataque cardíaco. Al día siguiente estaba en una unidad de cuidados intensivos.

«A menudo las mujeres tienden a no ver al médico cuando notan un dolor torácico» dice la doctora Norvell. «Ello se debe en parte a que han aceptado el mito de que las mujeres no tienen cardiopatías, sobre todo las mujeres jóvenes. Pero también es porque los médicos son más propensos a pensar que las mujeres son unas neuróticas». En un estudio se vio que las mujeres tenían el doble de posibilidades que los hombres de que se atribuyesen sus síntomas cardíacos como psiquiátricos o a otras causas no relacionadas con el corazón.

«En el caso de los hombres no se les pone estigma alguno cuando su dolor torácico resulta no guardar relación alguna con el estado de su corazón» añade la doctora Norvell. «Se acepta, y de hecho, se espera que el hombre se preocupe por su corazón».

Inferioridad para la mujer

Todo se debe a una forma bastante peculiar de pensar, sobre todo si se piensa que los hombres tienen las de ganar —no las mujeres— cuando se trata de vencer a la enfermedad.

«Las mujeres rara vez muestran síntomas de cardiopatía antes de la menopausia, aunque probablemente se desarrolle antes» dice la doctora Hartz. «Debido a ello, no ha recibido la atención pública como en el caso del hombre».

Por consiguiente, las cifras son mucho mayores. En un estudio de 5.839 personas ingresadas por un ataque cardíaco, el 23 por 100 de las mujeres murieron durante su estancia inicial en el hospital, comparado con el 16 por 100 de los hombres. Y la American Heart Association informa que las mujeres que han tenido ataques cardíacos tienen el doble de posibilidades que los hombres de morir pocas semanas después.

Aún más, las mujeres que se someten a cirugía de bypass de la arteria coronaria tienen una tasa de mortalidad al menos el doble que la del hombre sometido a la misma intervención. En opinión de la doctora Hartz uno de los motivos de esta mayor mortalidad puede deberse al tamaño: las mujeres resultan más difíciles de operar porque son más pequeñas y sus arterias coronarias son más pequeñas. Asimismo, las mujeres normalmente tienen más años y están más enfermas que los hombres cuando se realiza la operación.

La relación con el estrógeno

La palabra clave aquí es mayor. Las mujeres tienden a sufrir el ataque cardíaco y a desarrollar una cardiopatía más tarde en la vida. Existe un motivo para ello: el estrógeno.

Desde hace mucho tiempo los investigadores saben que esta hormona femenina protege a la mujer de las cardiopatías. (Es interesante resaltar que los investigadores que administraron dosis experimentales de esta hormona a hombres observaron que no les proporcionaba ninguna protección). Cuando el nivel hormonal empieza a disminuir y finalmente desaparece en la menopausia, empieza a aumentar el riesgo que la mujer tiene de sufrir una cardiopatía. Pero los investigadores han descubierto también que corren un riesgo mucho menor si toman terapia de reposición de estrógeno (TRE). Las mujeres que utilizan la TRE presentan aproximadamente la mitad de ataques cardíacos que las mujeres que no usan estrógeno, según Trudy L. Bush, doctora en filosofía y profesora adjunta de epidemiología en Johns Hopkins University School of Hygiene and Public Health en Baltimore.

La opinión de los expertos es que el estrógeno fomenta niveles superiores de lipoproteínas de alta densidad —los que protegen el corazón. Han comprobado que las mujeres que toman estrógeno tienen niveles más altos de lipoproteínas de alta densidad y niveles menores de lipoproteínas de baja densidad (las malas) que las mujeres que no lo toman. «Los niveles altos de lipoproteínas de baja densidad son los culpables de que el corazón y los vasos sanguíneos se vean taponados por depósitos de grasa» explica la doctora Bush. Pero los niveles altos de lipoproteínas de alta densidad lo que realmente hacen es proteger el corazón y los vasos sanguíneos contra la acumulación de estos depósitos de grasa.

Pero la TRE no está exenta de riesgos. Por un motivo, se sospecha que aumenta el riesgo de aparición de ciertos tipos de cáncer.

Conseguir un corazón fuerte

De modo que ahí lo tiene. La cardiopatía es una oportunidad igual de muerte. No tiene preferencia por los hombres; no discrimina a las mujeres. Y no tiene por qué sucederle a usted.

A no ser que estuviera dormida durante los años 80, usted ya sabe que actualmente se cuentan con más pruebas que nunca de que su modo de vida tiene mucho que ver con su posibilidad de convertirse en estadística. Pero por si acaso necesita que se lo recuerden, estos son algunos consejos que debería aprenderse de memoria.

Dejar de fumar. Las mujeres que fuman tienen un riesgo de sufrir un ataque cardíaco entre dos y seis veces mayor que las no fumadoras. Si usted fuma y toma anticonceptivos orales tiene hasta *39 veces más* de posibilidades de tener un ataque cardíaco. Si su marido fuma haga que deje de fumar —por su bien. Las estadísticas indican que existe un mayor riesgo de muerte por cardiopatía entre las mujeres casadas no fumadoras cuyos maridos fuman que entre las mujeres que viven en hogares sin tabaco.

Mantener el nivel de colesterol bajo. Preferentemente en 200 o por debajo de dicha cifra. Casi un tercio de todas las mujeres adultas tienen niveles de colesterol que las hacen correr un riesgo mayor de desarrollar una cardiopatía. El colesterol es la sustancia causante de la acumulación de placas en las arterias. Si su nivel es superior a 240 miligramos por decilitro (mg/dl) el riesgo de tener una cardiopatía es dos veces mayor de lo que sería si el nivel fuese inferior a 200. En un estudio se sugiere que la aterosclerosis coronaria (estrechamiento de las arterias en el corazón) puede en realidad revertirse reduciendo los niveles de colesterol en sangre.

Perder peso. Las personas cuyo peso supera el 30 por 100 o más de su peso ideal son más propensas a desarrollar una cardiopatía e insuficiencia, incluso si no existen otros factores de riesgo. En el estudio Framingham Heart, cada 10 por 100 de reducción en el peso producía un 20 por 100 de caída en la frecuencia de arteriopatías coronarias.

Controlar la tensión arterial. Más de la mitad de todas las mujeres mayores de 55 años tienen hipertensión, según la American Heart Association. Pero de ningún modo se limita a estas edades. Si su tensión es alta, es posible que consiga hacer que vuelva a la normalidad adelgazando y reduciendo la sal de la dieta. También es posible que tenga que tomar una medicación especial, prescrita, que lo controle. En el estudio Framingham Heart, cada 10 puntos de descenso de la tensión arterial iban acompañados por una reducción del 30 por 100 en la frecuencia de cardiopatías.

Mantenerse en forma. Esto es, hacer ejercicio. Se ha comprobado científicamente que hay que hacer que el corazón funcione para que funcione para ti. En particular, se ha demostrado que el aerobic (y ello incluye caminar, jogging, natación y bicicleta) disminuye la tensión arterial, reduce el colesterol total y eleva las beneficiosas lipoproteínas de alta densidad.

Abstenerse de comer grasas. Sobre todo los ácidos grasos saturados. Los médicos coinciden en decir, y la investigación lo ha ratificado, que una dieta rica en grasas es el factor primordial para el desarrollo de cardiopatías. Puede reducir las grasas aumentando la ingesta de frutas, verduras y cereales y reduciendo la ingesta de carnes rojas, carnes en conservas y los alimentos fritos.

Preguntar al médico si puede tomar aspirina. Los médicos saben desde hace años que el consumo regular de aspirina disminuye la tasa de ataques cardíacos en el hombre. Pero puesto que ninguno de estos estudios muestra que incluyen a la mujer, los médicos se mostraban reacios a recomendar lo mismo a la mujer. Pero ahora un estudio, que siguió a más de 87.000 enfermeras durante seis años, muestra que las mujeres también se pueden beneficiar por tomar aspirina.

Considerar la posibilidad de la terapia de reposición de estrógeno. Aunque no sea para todas, pero si usted tiene cualquiera de los factores de riesgo que contribuyen a la cardiopatía, es posible que desee pensar en el estrógeno como una opción posible. Háblelo con su médico.

Cree una red de apoyo social. La investigación indica que las mujeres que adolecen de lazos sociales tienen más del triple de posibilidades de morir por cardiopatía que las mujeres con fuertes lazos sociales.

Véase también Terapia de reposición de estrógeno.

CELIBATO

Pero sigue siendo la misma canción

Nadie sabe a ciencia cierta cómo empezó, aunque algunos dicen que era una prolongación lógica de la vida yuppie. La devoción al trabajo y la lucha por ascender profesionalmente, mejorar el cuerpo por dentro y por fuera, renovar la casa, adquirir los objetos «adecuados» para decorar los cuartos y llenar los armarios. Es un estilo de vida que deja muy poco tiempo —o energía— para una relación sexual.

No es de extrañar que algunas personas se estén volviendo célibes —¡no hay *tiempo* para el sexo!

Bromas aparte, ¿existe realmente una nueva tendencia hacia un estilo de vida casto? Los expertos opinan que en cierto modo sí, pero no mucho. El «celibato nuevo» en realidad es una denominación errónea, dice Lonnie Barbach, doctora en filosofía, y terapeuta del sexo, autora además de *For Yourself: The Fulfillment of Fe-*

male Sexuality (Para usted: La satisfacción de la sexualidad femenina). En realidad no hay nada nuevo. Las personas célibes hoy lo son por el mismo motivo por lo que eran célibes hace diez años y diez años atrás. Posiblemente lo que sí sea nuevo es la mayor disposición que muestran las personas a hablar de ello.

«Muchas mujeres atraviesan períodos en los que no son sexualmente activas», dice la doctora Barbach, que está también en la facultad clínica de la Universidad de California, en la Escuela Médica de San Francisco. «A veces lo que sucede simplemente es que su profesión u otros aspectos de sus vidas se vuelven prioritarios durante un tiempo».

Esto es especialmente cierto en el caso de mujeres solteras, con carrera profesional, que dedican todos sus esfuerzos al trabajo, dice ella. Resulta bastante difícil conocer a alguien —pero es imposible conocer a alguien cuando se está demasiado ocupada y demasiado cansada incluso para salir a dar una vuelta. ¡Algunas mujeres son célibes porque no tienen otra elección! También son un poco demasiado listas para no distinguir el sexo; simplemente no vale la pena la posibilidad de coger una enfermedad como herpes o sida. Si existe un celibato nuevo, de lo que se trata es de este tipo de ideas.

Pero existen muchas mujeres célibes, dice la doctora Barbach y no todas están agobiadas por su trabajo y estresadas. En muchos casos, el celibato es una decisión consciente tras un examen introspectivo, que a menudo surge a partir de una experiencia que viene sucediendo a las mujeres desde el principio de todos los tiempos: ser abandonadas.

Rechazo-protección

«Si usted ha tenido ya bastantes relaciones negativas, tiene mucho cuidado antes de volver a enamorarse», dice Judith Sills, doctora en filosofía y psicóloga clínica que ejerce en Filadelfia. «Usted se harta de entregarse emocionalmente a alguien que no le aporta nada a cambio. Hace que la mujer se sienta utilizada, de modo que empieza a mantenerse a cierta distancia como modo de protección personal».

Margaret Kelsey, una profesora de universidad de 35 años, dice que su año de celibato se debió a lo que ella denomina como «un año en que vivió de forma peligrosa. Me abandonó un hombre con el que pensé que me gustaría pasar el resto de mi vida, e intenté sustituirle lo antes que pude. Quedé con muchos hombres y me acosté con 11 hombres en un año, en una búsqueda desesperada de compañía, amistad y amor. Ninguna de estas relaciones tuvo sentido y yo terminé sintiéndome peor que nunca».

De modo que decidió que necesitaba hacer inventario de su vida. Quería recuperar su autoestima; la mejor forma de empezar era separar a los hombres de su vida emocional.

Kathryn Webster, una ejecutiva de 40 años de edad, se ha mantenido célibe durante 10 años por el mismo motivo. «Creo que ahora sí deseo tener una relación, pero ni siquiera salgo. Muestro interés por alguien pero cuando me pide que salga con él me dejo intimidar. Simplemente no quiero volver a estar atada». No es que esté buscando sexo, dice ella. Es una relación. «¿Pero dónde se consigue una cosa sin la otra?»

En el caso de mujeres como ella, el celibato es un escudo. «El objetivo del celibato es evitar quedar con un hombre y crearse esperanzas», señala la doctora Sills. «Tener relaciones sexuales hace que te vuelvas vulnerable. El celibato es un modo de evitar ser vulnerable».

Vuelta a las andadas

El celibato puede ser una experiencia positiva si sirve para curar más que para herir, dicen los terapeutas. Así fue para Margaret. «Yo describiría mi año como célibe como muy tranquilo» dice ella. «Hice cosas que quería hacer y fui a donde quería ir. Pasar un año entero sin sobresaltos emocionales fue algo maravilloso».

Por lo general el celibato no es una situación permanente. «Las mujeres vuelven a tener una vida sexual cuando hallan el motivo para ello», dice la doctora Barbach. «Cuando piensan que son capaces de controlar sus vidas y sus relaciones. Cuando saben que no pueden recibir bofetadas de los demás que las utilizan y las desechan. Cuando se sienten capaces de decidir lo que quieren de una relación y cuándo la quieren».

Margaret sabía que no quería tener una relación sexual íntima con nadie hasta no tener primero con él una relación íntima de amistad. «No quería la ilusión de una intimidad, que era lo que tenía antes. Quería algo real». Y lo consiguió. Dos años más tarde se casó. Ahora tiene dos hijos.

CELOS/ENVIDIA

S e ha llamado una pasión contradictoria y caótica. Es una emoción que puede golpear con mucha intensidad, dejándola hecha polvo con una sensación de pérdida e histeria. Puede convertir sentimientos de profunda tristeza y temor en una intranquilidad, humillación insoportable y asombrosa hostilidad. Es la raíz de lo que se denomina atracción fatal.

En el peor de los casos es el culpable de los intentos de suicidio, malos tratos a la mujer e incluso del asesinato. En el mejor de los casos es un dolor agudo que usted puede notar cuando su mejor amiga le dice que se acaba de comprar otra casa mientras que usted no puede permitirse tener una propia.

Los celos son quizás la emoción más fuerte y menos comprendida del ser humano.

«Resulta perfectamente normal sentir un poco de celos de vez en cuando» admite Renae Norton, doctora en filosofía y psicóloga clínica en Mont-

Un sentimiento que no puede soportar

gomery Center en Cincinnati, Ohio. «Puede envidiar a un compañero de trabajo su éxito laboral o una determinada relación satisfactoria que tiene. Siempre que se percibe un desequilibrio o desigualdad no debe sorprender que el sentimiento que se tenga sea celos/envidia.»

De bueno a malo

A pesar de que sus connotaciones son notoriamente negativas, la envidia puede, de hecho, ser origen de motivación. La envidia que usted siente por las aptitudes de su jefe puede colaborar a impulsar sus propias ambiciones. Una punzada de celos puede ayudar a revitalizar una relación romántica cuando usted percibe, de repente, que resulta deseable para otra.

Pero la envidia se puede convertir en una emoción traicionera cuando domina su vida cotidiana. «Se tiene continuamente una actitud de celos» dice la doctora Norton. «Usted puede sentir un malestar razonable si su marido presta excesiva atención a una mujer atractiva y joven. Después de todo usted lo percibe como una amenaza real para su relación. Eso es racional.»

Pero lo irracional es otra cosa. «Yo tengo pacientes que no pueden tolerar que sus maridos vean una película donde salga una mujer guapa. Están totalmente obsesionadas con la idea de que sus maridos tienen pensamientos sexuales con otra mujer. De modo que seleccionan las películas o programas de televisión antes de dejar a sus maridos verlos. Eso es un comportamiento bastante anormal, incluso patológico» señala ella.

En esos extremos los celos pueden implicar amenazas imaginadas, sospechas paranoides y mucho de búsqueda en la persona sospechosa —siguiéndole, buscando en sus bolsillos, revisando su correspondencia o su maletín, haciendo muchas preguntas. En un estudio una paciente celosa se quejaba de que lo que más le ofendía era «la enorme pérdida de tiempo y esfuerzo que le suponían los celos al comprobar todos los aspectos de la vida de su marido».

¿Por qué tan pálida y triste?

Los celos, según opinión de expertos, es un signo obvio de mujer insegura. «Es probable que la mujer creciese con algún tipo de privación —tal vez de un modo no aparente. Y al haber sido privada siente que tiene derecho a que le concedan todos sus deseos» explica la doctora Norton. «Constantemente examina el entorno, comprobando quién cogió qué, o si alguien tiene más que ella. Por supuesto que siempre encontrará a esa persona e ignorará a aquéllas que tienen menos. Llegado a este punto, sentirá una intensa envidia.»

«Las mujeres celosas se pasan el tiempo comparándose con las demás» coincide en decir Shirley Glass, doctora en filosofía y psicóloga clínica de Owings Mills, Maryland, miembro además de la American Association for Marriage and Family Therapy. «Siempre piensan que son la parte perjudicada. Pueden volverse tan inseguras que sienten celos por el tiempo que su marido dedica a su afición, por ejemplo, o celos por el interés que tiene por su trabajo. Todo se convierte en una prueba de amor, una prueba de lealtad y de éxito.»

Y si es una emoción que se mete entre el hombre y la mujer, puede resultar difícil de comprender a quien le toque recibirlo.

Esto se debe a que los hombres y mujeres sienten celos por diferentes motivos, según la doctora Glass. «Ante todo, las mujeres necesitan sentirse seguras de que están enamoradas. Los hombres necesitan que se les admire. De modo que cuando un hombre dice o hace algo que pudiera doler, la respuesta de su mujer es: «¿Me quieres bastante?». Lo que diría el marido en una situación similar es: «¿Por qué me degradas? ¿No me respetas? ¿No me admiras lo suficiente?»

Cambiar de perspectiva

Las personas celosas a menudo son poco afables. Se les ha robado su autoestima y lo muestran en su relación. «Cuando la mujer se siente dentro del matrimonio sin ningún valor y depende del marido que se arregle el daño pasado» dice la doctora Glass, «cualquier rechazo o crisis en el matrimonio se percibiría como un golpe terrible, devastador».

«A estas mujeres les resulta también difícil establecer o mantener la amistad» añade la doctora Norton. «Cuando tienes una relación íntima, exige sentir y expresar alegría por el éxito logrado por la otra persona. La persona crónicamente celosa es incapaz de sentir ese tipo de alegría. Sus comparaciones envidiosas con la otra persona le dejarán, probablemente, un sentimiento de resentimiento y amargura. Es como si su amiga, por tener más en cierto modo le devuelve menos; si ella tiene éxito entonces usted fracasa.»

¿Cómo detener un sentimiento tan destructivo? Pues bien, no se puede decir simplemente a alguien que no tenga envidia, dice la doctora Norton. «Es como si se dice a alguien que no se altere cuando está alterada. Un sentimiento es un sentimiento y resulta casi imposible hacerlo desaparecer, sobre todo si se trata de celos/envidia. Podemos ayudar a las personas a superar un sentimiento de dolor, cólera, depresión y frustración. Pero los celos/envidia parecen ser algo muy interno. Lo que intentamos hacer, en cambio, es ayudar a la mujer a cambiar sus sentimientos.»

Una mujer a la que la doctora Norton ayudó, por ejemplo, sentía mucha envidia de una vecina. «Desde el punto de vista de mi paciente esta mujer tenía unos niños perfectos. Todos sacan buenas notas, siempre dicen algo adecuado, hacen bien las cosas, son motivo de orgullo para los padres. Los hijos de mi paciente parecen no dar la talla» dice ella.

«Yo le ayudé a ver la situación desde otro punto de vista. Yo le pregunté, ¿Dígame qué le gusta de sus hijos? Rápidamente enumeró una serie de características maravillosas. Luego le pregunté, ¿Las cosas podrían ser peor para ellos de lo que son ahora? Por supuesto e inmediatamente se dio cuenta de a dónde quería yo llegar. Podrían tener una enfermedad terminal o ser drogadictos.»

Cambiar el punto de vista ayuda también a adoptar una visión más comprensiva de la persona por la que se siente envidia, sigue diciendo la doctora Norton. «Yo pregunté a mi paciente: ¿Piensa que su vecina tiene una vida tan perfecta como usted piensa? ¿Piensa que alguna vez siente envidia de otras personas? La idea es que siempre hay alguien que tiene más que usted. ¿Y qué?»

Céntrese en usted

«A menudo las personas son conscientes de que una reacción de celos resulta desmesurada para un determinado hecho. Tiene importancia reconocer una respuesta inapropiada y corregirla» dice la doctora Glass. Supongamos que dos personas ensayan un papel principal en una obra. Si usted no lo consiguiera sería normal que tuviera un poco de envidia, después de todo usted tenía muchas ganas de hacerlo; usted está decepcionada porque significaba mucho para usted. Una reacción anormal sería odiar al resto de las personas o autodegradarse.

«Las personas necesitan hallar algo en ellos mismos que les haga sentirse bien para encontrar sus propias fuerzas», dice la doctora Norton. «En la terapia ayudamos a las personas a cambiar su locus de control para que pase de ser externo a interno. En otras palabras», explica ella, «las personas celosas están dominadas por cosas fuera de ellos, cosas sobre las que no tienen control. Les obsesiona. Como parte normal del proceso terapéutico enseñamos a las personas a recuperar el control sobre ellos. Cuando las personas están más controladas, internamente, no se fijan en los demás y en lo que los demás tienen. Se fijan en ellos mismos. Intentan lograr una autorrealización para satisfacerse, de modo que dejen de sentir un terrible estado de privación».

Hágase preguntas

Poner en práctica esta idea resulta bastante fácil, dice la doctora Norton. Lo primero que se tiene que hacer es ser consciente de que la mayoría de nosotros crecimos pensando que no teníamos elección. Eso significa que estábamos externamente controlados. Su madre le ordenaba que ordenase el cuarto, su padre le ordenaba que sacase la basura, sus profesoras le ordenaban hacer los deberes —todos controlaban su vida excepto usted. No había elección.

Ahora el modo en que esa falta de control se manifiesta en su vida adulta es que usted sigue sintiendo como si no tuviera elecciones. Intelectualmente es posible que usted se diga que sí las tiene. Pero en su fuero interno usted realmente *¡no lo cree!*

Con todo, la clave para superar la envidia/celos es hacer coincidir la cabeza con el fuero interno y hacer elecciones en vez de sentirse obligado a hacer lo que otras personas quieren que usted haga.

¿Cómo? Siempre que se vea obligada a hacer algo, dice la doctora Norton, deténgase y hágase tres preguntas claves: «¿Tengo que sentirme culpable si no hago esto?, ¿tengo una elección? y ¿por qué pienso que no tengo elección?»

Ese sentimiento compulsivo que usted tiene debe ser una bandera roja que le advierta que las preguntas son necesarias, añade ella. Una vez que empiece a formular conscientemente preguntas acerca de una determinada acción, usted empieza a comprender —en su fuero interno y en su cabeza— que *usted sí* tiene elección y *tiene* control de su vida. Ello fija su locus de control exactamente donde debe estar, dice la doctora Norton; justamente dentro de *usted*.

Después de eso, dice la doctora Norton, no hay motivo alguno para sentir envidia por nadie. ¿Cómo puede sentir envidia por alguien cuando usted ha *escogido* ser quien es?

CELULITIS

Desde un punto de vista técnico, ni siquiera existe. No lo hallará en un diccionario médico o libro de anatomía. Pero es una palabra que está en la mente de toda mujer mayor de 20 años cuando se mira al espejo.

La celulitis puede ser un concepto promocionado en las revistas y asesores de estética, pero lo que significa es algo muy real. Toda mujer que se ha mirado en el espejo y ha visto hoyuelos y protuberancias debidas a una acumulación de grasa en sus muslos o nalgas sabe lo que es la celulitis y lo que significa tenerla: Significa nunca tener que decir adiós. Porque independientemente de las dietas que usted haga, del ejercicio que haga, del peso que pierda o del tono muscular que logre, este signo tenaz e indeseado de envejecimiento sigue ahí.

La mayoría de las mujeres (¡pero no los hombres!) acaban finalmente con una cierta celulitis, dice Diane Gerber, doctora en medicina y ciru-

La realidad sobre esta grasa tenaz

jana plástica de Chicago. ¿Por qué aparece desgraciadamente en las mujeres? «Las mujeres tienen la tendencia a acumular grasa en los muslos y caderas debido en parte a su composición hormonal».

Otro factor es el modo en que las mujeres acumulan grasa. «Los hoyuelos se deben a cordones fibrosos que conectan la piel con el tejido subyacente», explica la doctora Gerber. «Estos cordones sujetan la piel a las estructuras internas, situándose la grasa entre las capas. Conforme va acumulándose grasa, ejercen una presión sobre la piel, y sobresaliendo alrededor de dichas cuerdas largas y resistentes». Es algo parecido a los botones que se cosen a un sofá.

Sólo otro modo de llamar a la grasa

La palabra *celulitis* se creó en 1975 cuando un libro de gran tirada hizo que las mujeres conociesen la existencia de otro motivo que contribuía a que tuviesen unos cuerpos lejos de ser perfectos —muslos y nalgas con aspecto de requesón. Desde entonces, el término ha sido explotado en las revistas, periódicos, libros y publicidad, y las mujeres han respondido gastándose fortunas al año intentando librarse de la celulitis.

«Yo lo intenté todo», admite Vera Hoffman, una escritora de 46 años de edad. «Solía volverme loca cuando me miraba al espejo y veía que mis nalgas se asemejaban al requesón. No es que esté gorda, simplemente llena de bultos».

La celulitis es el motivo perfecto para la «cura milagrosa», porque nunca encontrará a nadie a quien le guste o piense que es atractivo, dice la doctora Gerber. Pero no se trata de una enfermedad. Ni siquiera es algo anormal. Simplemente *es*. No obstante muchas mujeres lo atacan en serio. Intentan que desaparezca con masajes, con esponja de lufa, con vendas, con lociones y aceites. Pero lo cierto, dice la doctora Gerber, es que ninguno de estos métodos funciona.

Librarse de la celulitis, sin embargo, no es una causa totalmente perdida.

Reducirla

Al igual que sucede con otros problemas relacionados con la grasa, algunos tipos de celulitis (pero no todos) pueden perderse con una dieta y ejercicio. Los ejercicios enfocados a quemar grasas son aquellos englobados dentro del aerobic —jogging, natación, bicicleta, andar rápido. Pero tiene que hacerlo a un ritmo rápido durante 20 minutos o más, para quemar realmente la grasa. Es cierto que no se puede convertir la grasa en músculo, pero unos músculos firmes y tonificados pueden ayudar a alisar la piel y reducir la aparición de celulitis.

También puede colaborar a que desaparezca el exceso de grasa, y reducir la cantidad de grasa existente con una dieta baja en grasas. Comer más frutas, verduras y pescado y menos carne, productos lácteos y mantequilla, que contienen ácidos grasos saturados.

Los médicos coinciden en decir que estas medidas le darán algún resultado. A pesar de todo, algunas mujeres optan por una vía más drástica. Por una cantidad de dinero pueden quitarle la grasa de los muslos con la liposucción, una intervención quirúrgica donde literalmente se aspira la grasa. ¿Pero, funciona?

«Ayuda un poco», dice la doctora Gerber, «pero no consigue eliminar los hoyuelos. Lo que hace la liposucción es alisar ligeramente la superficie, eliminando la grasa causante de los montículos».

Pero existe un procedimiento nuevo que, en opinión de algunos, incluso ayuda a eliminar los hoyuelos. Así es cómo funciona. El médico primero aspira la grasa mediante liposucción. Posteriormente introduce y mueve hacia delante y hacia atrás un instrumento especial con un borde cortante. Este instrumento atrapa y rompe las fibras que hacen que aparezcan hoyuelos en la piel. Posteriormente, el médico inyecta grasa para alisar aún más la zona.

Esta técnica sigue considerándose controvertida, dice Victoria Vitale-Lewis, doctora en medicina y cirujana plástica en Melbourne, Florida. «Conozco el caso de un médico de Brasil que logró unos resultados asombrosos, pero sabemos por la experiencia con inyecciones de grasa que no es algo duradero. Hasta el momento, no ha habido buenos estudios que muestren que este procedimiento funciona a largo plazo».

Afrontar los hechos

¿Es posible —e incluso realista— llegar a la mediana edad con una piel lisa por debajo de la cintura? Probablemente no. Las posibilidades de evitar el problema son mayores si *nunca* engorda y *siempre* conserva una buena figura, dicen expertos en medicina. Pero puede aparecer celulitis, a pesar de tener una buena dieta y hacer ejercicio. Se trata realmente de una cuestión de composición genética.

«Solía volverme loca comparándome con fotos de modelos con cuerpos perfectos», dice Vera Hoffman. «A veces me sigue molestando. Tengo que decirme constantemente que así es cómo encontraron trabajo. Sus cuerpos *no son* normales. Me digo a mí misma que las mujeres "reales" tienen que tener caderas y muslos».

Como dijo un médico: «Está bien decidir que no pasa nada por no ser perfecta».

CESÁREA

A una de cada cuatro mujeres que ingresan en un hospital para tener un hijo le harán cesárea, y en muchos casos será el corte más cruel de todos.

Según un estudio sobre la tasa de cesáreas realizado en 41 estados, a 475.000 mujeres que podrían haber tenido el bebé por vía vaginal les hicieron cesárea, exponiéndolas a una tasa de muerte maternal que puede ser entre dos y cuatro veces superior a la de un parto normal. Cada año, las cesáreas innecesarias producen unas 25.000 infecciones graves, que significan 1,1 millones de días más ingresadas en el hospital y que cuesta más de mil millones de dólares. El estudio mostró también que en los estados con mayor tasa de cesáreas no existe una tasa menor de muertes de recién nacidos que se corresponda. Con todo, Japón, que cuenta con una de las tasas de mortalidad infantil y del recién nacido menores en el mundo, tiene también una tasa muy baja de cesáreas.

Lo que no muestran estas estadísticas es el trauma psicológico profundo y, para muchas mujeres, desconcertante que acompaña al dolor físico producido por la cesárea.

Sensación de fracaso

Su propia experiencia con una cesárea hizo que Esther Zorn, de Syracuse, Nueva York, fundara la International Cesarean Awareness Network, anteriormente el Cesarean Prevention Movement, en 1982. Esther estuvo de parto durante 36 horas cuando su médico decidió operarla. «Entré en ese quirófano lleno de Demerol y pensando que me iba a morir y esperando que al menos viviese el bebé», recuerda Esther. «Después, tuve mucho dolor. Durante seis meses pensé, "por Dios, me ha atropellado un camión". Nunca seré la misma. Incluso después de que desapareciese el dolor físico, no podía dejar de llorar.»

Estudios realizados muestran que algunas mujeres a las que han hecho cesárea tienden a pensar que han «fallado como mujer» por no haber sido capaces de dar a luz de forma natural. En un estudio canadiense, las mujeres a las que les habían hecho cesárea dijeron que estaban enfadadas consigo mismas y que se sentían culpables por estar tan insatisfechas y tristes con su experiencia del parto, a pesar de tener un bebé sano.

Para muchas mujeres, como Esther, la cesárea representa «una pérdida de expectativa». La mujer que se queda embarazada hoy normalmente realiza muchas horas de preparación para el parto —para un parto vaginal. Sus temores y fantasías se desvanecen delante de un dibujo de un parto «normal» que, de un modo cada vez más frecuente, se presencia en vídeo en vez de oírlo contar a otras madres. Privadas de lo que esencialmente es el logro de un sueño, algunas mujeres pueden pensar que no son mujeres. Mientras que la mayoría de las mujeres que dan a luz se sienten eufóricas, incluso victoriosas, muchas madres con parto por cesárea se sienten frustradas o desilusionadas.

Como dijo una madre: «La cesárea es un timo».

A algunas mujeres, al principio, también les cuesta atender a sus bebés. A la mujer del estudio canadiense, al igual que la mayoría de las mujeres con cesárea, se la separó de su bebé durante varias horas después del parto. La mayoría dijeron que no eran capaces de «hacer de madre» como quisieran porque sentían tanto dolor, cansancio o simplemente falta de motivación, todas ellas quejas normales entre mujeres con cesárea.

Vínculo humano

A la mujer a la que separan de su bebé después del parto —o que no haya podido presenciar el parto por estar dormida— la privan de un momento importante de unión con el recién nacido. «Con mi primera hija», dice Peggy Hathaway, madre de dos niños, «pude cogerla y darle de mamar inmediatamente. Con Jimmy, no le vi en 18 horas. Me costó mucho tiempo cogerle cariño».

No resulta difícil comprender la mezcla de emociones que debe sentir una madre después de una cesárea. Se considera cirugía abdominal mayor —equivalente a una extirpación del apéndice o vesícula biliar; la recuperación de la cesárea puede ser larga y dolorosa. Por desgracia, coincide también con el primer mes del bebé, que resulta cansado y absorbente. La operación hace que la tarea absorbente que supone cuidar a un recién nacido sea mucho peor.

Para muchas mujeres, mirar al recién nacido puede desencadenar recuerdos de un parto estresante y traumático. «Durante varios meses después de la operación», dice una madre de cesárea, «no podía ni siquiera hablar de bebés o embarazos. La visión de una mujer embarazada hacía que me pusiese a temblar. Por supuesto que también me sentía culpable por no querer a mi bebé de la forma que tendría que hacerlo. Luego, yo estaba leyendo un artículo acerca de los problemas psicológicos de los veteranos de Vietnam y me di cuenta de que estaba padeciendo un trastorno de estrés postraumático. Era como si yo también hubiera regresado de una guerra».

Pero no todas las mujeres a las que hacen cesárea presentan trauma psicológico. Una mujer que tiene que ser intervenida para salvar la vida de su bebé o la suya propia —o que piensa que es así— es más probable que vea la operación como algo positivo. «Normalmente, estas mujeres han recibido algún tipo de advertencia, incluso un sexto sentido les dice que algo va mal», dice Esther. «Lo integran en sus vidas y lo aceptan. Es posible que presenten depresión posparto, pero no es nada comparado con la mujer que no estaba preparada para ello y lo que es más importante, piensa que no era necesaria.»

Prevención como cura

El estudio sobre 41 estados mostró que la razón única y principal de cesárea es una cesárea previa. El principal argumento en contra del parto vaginal después de una cesárea ha sido el riesgo de rotura uterina. Aproximadamente una de cada tres cesáreas es repetida.

En 1988, la American College of Obstetricians and Gynecologists

Sacar el mejor partido de ello

Si le tienen que hacer una cesárea usted no tiene, necesariamente, que sentirse defraudada. Suzanne Pope, doctora en filosofía y directora del Colorado Institute for Marriage and the Family, en Boulder, tuvo su primera hija, Sofía, con una cesárea programada, y lo recuerda como una experiencia maravillosa.

«Aprendí que sólo por no poder dar a luz de forma natural no significa que no puedes tener lo que quieras», dice ella. De hecho, dice, usted tiene que insistir que se haga a su modo.

Su consejo: Decida qué quiere y pídalo.

¿Desea que le acompañe su marido o algún familiar? ¿Quiere que haya música suave? ¿Quiere dar de mamar inmediatamente después del parto? ¿Desea que se filme su parto? Probablemente pueda conseguirlo si usted habla con su obstetra y pediatra con antelación.

Por ejemplo, dice la doctora Pope, ella decidió que la experiencia del parto resultase para su hija lo más cómoda posible. De modo que cuestionó una serie de procedimientos hospitalarios estándar que en su opinión molestarían a Sofía —las gotas que le echan en los ojos para evitar una infección (normalmente sólo es un problema en el parto vaginal), la vitamina K que se le pone, el análisis de sangre que se les hace pinchándoles el talón.

«Mis médicos y yo los repasamos conjuntamente y decidimos que algunas cosas, como el colirio, no eran realmente necesarias», dice ella. «Algunos de los procedimientos que realizan son simplemente convenientes —para ellos— y otros se hacen por motivos médicos fundados. Una vez

anunció su opinión sobre la repetición de una cesárea, la regla que se sigue a nivel mundial, «si la primera es cesárea, siempre es cesárea». Ahora aconseja a sus miembros que animen a las mujeres a las que se ha hecho cesárea que intenten un parto vaginal la próxima vez. En estudios realizados sobre mujeres con incisiones uterinas transversas y bajas —la incisión horizontal en contraposición con la incisión vertical—, entre el 50 por 100 y el 80 por 100 fueron capaces de tener un parto vaginal en su siguiente embarazo. El 70 por 100 de las mujeres a las que se había hecho una cesárea porque su parto fue

que usted habla con el médico, empieza a saber qué es qué. Además, no todos tienen que hacerse inmediatamente. Algunos pueden hacerse una hora más tarde, después de darle de mamar.

«No tenga miedo de decir "no vamos a seguir literalmente los consejos del manual"», sugiere la doctora Pope.

Otra cuestión negociable: ¿Quién va a estar en la sala de parto con usted? La doctora Pope consiguió que el hospital permitiese a su marido y a su madre asistir al parto, y dejar que la madre lo grabase en vídeo. Insista, aconseja la doctora, pero sin ser agresiva. Una de las mejores técnicas de negociación que puede tener, es ser consciente de que la profesión médica puede intentar asustarle diciendo que «no será fácil».

Encuentre a un defensor, «alguien que esté de su lado o que haya pasado por ello; alguien que le ayude a enfrentarse a las cosas», dice ella. «Necesita a alguien que posea conocimientos que le ayuden a cuestionar los procedimientos.»

Lea todo lo que pueda y hable con otras madres que hayan pasado por ello. De ese modo conseguirá mucha información, dice la doctora.

Quizás lo mejor que usted puede hacer es participar en el proceso, dice la doctora Pope. «Creo que muchas mujeres tienen problemas porque desempeñan un rol pasivo en su propio parto. Sé que todo lo que yo hice en el parto formaba parte del hecho de convertirme en madre de Sofía. Estaba cumpliendo con mi labor de madre, decidiendo lo que era correcto para ella y para mí. Todo formaba parte del hecho de convertirte en madre.»

largo o difícil pudieron dar a luz al siguiente hijo por vía vaginal. Lo que es más importante, la tasa de mortalidad para las madres y bebés era menor que en el caso de segundas cesáreas.

Otros motivos responsables de la explosión de la cesárea son las distocias (término médico que significa un parto prolongado y difícil), y los partos en que el niño viene de pie o de nalgas, en vez de sacar primero la cabeza por el canal del parto. Irónicamente, entre muchos expertos en cesáreas, esto último rara vez se considera un motivo esencial para la cesárea.

Ser una consumidora de partos

Tal vez lo mejor que puede hacer una mujer para evitar una cesárea innecesaria es convertirse en consumidora informada. En EE.UU., sólo dos estados —Massachusetts y Nueva York— tienen leyes que exigen a los hospitales entregar a las mujeres su posibilidad de cesárea y el número de partos vaginales que pueden tener tras una cesárea. «Pero ciertamente usted también puede pedirlo», dice Esther Zorn.

Usted puede pedir a la persona que le atiende su opinión sobre la monitorización fetal y sobre los criterios que se utilizan para determinar cuando no progresa correctamente el parto. Si a usted ya le han hecho una cesárea, es posible que también desee saber cuál es la opinión del personal que la atiende respecto a intentar un parto vaginal. Si usted quiere evitar que le hagan una segunda cesárea, tendrá que tener a su lado a una persona comprensiva y amable que no le produzca más dudas y temores.

Uno de los motivos por los que muchas mujeres sienten que están psicológicamente afectadas después de una cesárea es que piensan que el parto estuvo fuera de su control. «Usted tiene que tomar algunas de las decisiones» dice Esther. «No puede poner toda su fe, sobre todo una fe ciega, en la persona que le atiende. No es justo ni para ellos ni para usted.»

Aunque reunir estadísticas pueda ayudarle a escoger un buen profesional, Esther recomienda una prueba final: «Usted tiene que poder mirar a los ojos de una persona, con la ropa puesta, y decir "me fío de esta persona. Sé que esta persona va a tener en cuenta mi opinión y que valora la información que he reunido, y se molesta en preguntarme qué es lo que me gustaría". Si no lo puede hacer, entonces tiene que ir a otro lado.»

Véase también Parto.

CIRUGÍA ESTÉTICA

Mejorar
el aspecto y
la autoestima

Ha visto alguna vez un libro con fotos de pacientes antes y después de hacerse la cirugía estética? Probablemente haya pasado más tiempo mirando a las fotos que un niño con un catálogo de juguetes. Y ¿por qué no? Ahí, justo delante de usted, está la evidencia visible del milagro que podría ser suyo. Narices aguileñas que se vuelven rectas. Muslos voluminosos que quedan rectos. Caras fláccidas que se vuelven frescas. Pechos pequeños que se vuelven voluminosos. Estómagos duros. ¿Es el libro de los deseos, verdad? Lo que *usted* podría hacer si tuviera el dinero y el valor.

Pues bien, hace falta mucho menos valor que antes (aunque el costo sigue siendo bastante alto). «En los últimos diez años ha habido un cambio social tan grande que la cirugía plástica ha alcanzado un grado de aceptación nunca imaginado», según Caroline Cline, doctora en medicina, doctora en filosofía y psicóloga y cirujana plástica de San Francisco.

«Las personas se ponen en forma de cualquier modo» añade Diane Gerber, doctora en medicina y cirujana plástica de Chicago. «Acuden a clubes de salud, hacen jogging o caminan de forma regular, y tienen cuidado con lo que comen. La cirugía estética es una ampliación del deseo de tener un aspecto formidable.»

Motivos sanos y jóvenes

«Lo que las personas ven al mirarse al espejo ejerce un gran impacto en su autoestima», afirma la doctora Cline. «¿Podría imaginarse lo que sería si alguien le hiciese un vestido del tamaño o forma equivocado y le hiciese llevarlo el resto de su vida?»

Así es como Melita Koch opinaba de su estómago. «He sido una persona físicamente activa toda mi vida», dice esta enfermera de 56 años de edad. «Pero después de cuatro embarazos, mi estómago se interponía en las actividades que más me gustaban —volleyball, montar en bicicleta y hacer jogging. Cuando pedaleaba en la bicicleta mis rodillas golpeaban constantemente mi estómago. Siempre parecía que estaba de tres meses, a pesar de no haber engordado excesivamente.»

Cuando Melita heredó algo de dinero, hace unos años, decidió que había llegado el momento de hacer algo con su tripa. «No decidí arreglarme la tripa para parecer más guapa o para gustar a alguien, incluido mi marido», insiste ella, «Lo hice por mi propio confort».

Al igual que Melita, las personas desean parecer tan jóvenes, vibrantes y atractivas por fuera como se sienten por dentro, añade Victoria Vitale-Lewis, doctora en medicina y cirujana plástica de Plastic and Reconstructive Surgery Associates, en Melbourne, Florida. O piensan que tienen una parte del cuerpo que no encaja con la idea que tienen de ellas mismas. Eso era particularmente cierto en el caso de Michelle Fitzgerald, una secretaria de 24 años. «Creo que fue el vídeo de la boda lo que finalmente me convenció de que me arreglase la nariz», dice ella. «Lo único que veía era mi nariz sobresaliendo del velo. Es una nariz larga que realmente no me importa, pero tenía un caballete grande arriba que arruinaba mi perfil. Lo que yo quería era quitarme el caballete, sólo eso. No quería tener un aspecto distinto, sino mejorar mi aspecto», dice ella.

Arreglar una parte del cuerpo que no nos gusta ayuda a las personas a afrontar sus vidas, olvidar recuerdos difíciles, dice la doctora Vitale-Lewis. Barbara Aston recuerda que le llamaban «orejas de mono» cuando era niña. «El insulto me dolía porque sabía que era cierto», dice la periodista de 28 años. «Desde que era niña siempre he llevado el pelo largo para poder tapar mis orejas. Cuando iba a nadar (que me encantaba) lo primero que hacía al salir a la superficie era tapar rápidamente las orejas con el pelo. Nunca me cogí una coleta de caballo aunque hiciera mucho calor. Arreglarme las orejas significaba que me podía olvidar de ellas. Ahora sólo son orejas, completamente indistintas y normales. Ya nadie se fija en ellas, ni siquiera yo misma».

Expectativas irreales

La cirugía estética no salvará un matrimonio que va mal. No erradicará milagrosamente 20 años de su aspecto. No le dará, necesariamente, una mejor oportunidad de conquistar a un chico nuevo. No le garantizará ese ascenso que tanto espera. De hecho, incluso si espera que la cirugía le proporcione un aspecto fantástico puede incluso decepcionarse, dice la cirujana plástica Elizabeth Morgan, doctora en medicina, en su libro *The Complete Book of Cosmetic Surgery* (El libro sobre cirugía estética). «La cirugía sólo puede *ayudar*. El hecho de que la cirugía sea un éxito no significa que cumpla objetivos concretos como es que le quede bien cierta ropa o corte de pelo. Querer poder «ver el cambio en el espejo» sí es realista; tener exactamente una cintura de 80 cm puede no serlo». La doctora dice que a no ser que sus esperanzas sean compatibles con lo que la cirugía puede realmente hacer, es posible que no quede contenta con los resultados.

No obstante, los médicos dicen que puede resultarle positivo participar en la planificación de la operación, indicando qué tipos le gustan y cuáles no hasta cierto punto. La doctora Cline recuerda a una paciente de 28 años que señalaba la fotografía de su hermana mayor diciendo, «Quiero una nariz como la suya». Investigando más a fondo se pudo saber que la hermana de la paciente era modelo profesional y que se consideraba que estaba acaparando toda la atención en la familia. En su fuero interno la mujer creía que si tenía la nariz de su hermana también lograría su estilo de vida. La doctora Cline le desaconsejó la operación y le animó a que buscase asesoramiento psicológico.

Incluso cuando sus motivos son normales y sus expectativas realistas, la cirugía estética puede seguir siendo inapropiada. Un buen cirujano le dirá, por ejemplo, si opina que mejorará mucho como para que compense el costo y el dolor que supone la intervención. Patricia Christman dice que en general estaba satisfecha con su aspecto, pero pensaba que tenía que mejorar los rasgos de envejecimiento de su cara. Esta directora de personal de 48 años explica: «Me parecía que de repente tenía aspecto de mayor», «pensé que si me estiraba la cara mejoraría la confianza que tengo en mí misma y me haría sentirme más joven». Patricia fue a ver a dos cirujanas plásticas y ambas le dijeron que era demasiado pronto para operar. «Opinaban que casi no se notaría la mejoría. En otras palabras, ¿por qué pasar por todas esas molestias y gastos para unos resultados tan escasos?»

Pero Patricia no hizo caso. Buscó un médico que le pudiera dar el tipo de resultados que ella buscaba, y encontró uno. «Debí hacer caso a las recomendaciones de la dos doctoras», confiesa ella. «Me gasté muchísimo dinero, sufrí varias complicaciones graves y cuando me miré al espejo casi no pude ver mejoría. Nadie pensaría que me estiré la cara hace un año.»

Los temores pueden hacerse realidad

La cirugía estética no es como ir a un salón de belleza, recuerda la doctora Gerber. Es una operación, y no está exenta de dolor, malestar y de algunos riesgos, aunque sólo rara vez se presentan graves complicaciones. En realidad, es normal que preocupe someterse a una operación de estética, añade la doctora Vitale-Lewis. Se está poniendo en manos del bisturí, y, en algunos casos, bajo anestesia general por lo que muchas consideran una vanidad y no una enfermedad.

Un buen cirujano le explicará toda la operación, incluyendo qué cantidad de hematomas, hinchazón y dolor debe esperar. Debe comentar también la posibilidad de que se presenten complicaciones leves o importantes, su frecuencia de aparición y cómo pueden corregirse. La realidad es que puede suceder una hemorragia posquirúrgica, coágulos de sangre, mala cicatrización, lesión de nervios e infección. ¡No es de extrañar que exista motivo de preocupación!

Patricia dice que el cirujano que acordó estirarle la cara no dio importancia a su preocupación por posibles complicaciones graves. Patricia estaba particularmente preocupada por la parálisis facial —una grave complicación que aparece cuando existe lesión de un nervio— ya que le sucedió a una amiga suya. Aunque raro, puede dejarle la mitad de la cara «congelada» durante más de un año.

«Cuando me quitaron las vendas el médico me pidió que cerrase los ojos», recuerda ella. «Aunque tenía la sensación de que cerraba ambos ojos, en realidad, sólo lo hacía uno. Tampoco podía mover la parte izquierda del labio superior. Y al sonreír sólo se movía media cara. Presentaba la única complicación que más temía.»

Patricia dice que al principio estaba frenética. No sólo tenía un aspecto grotesco, sino que se preguntaba cómo podría enfrentarse a sus compañeros de trabajo. Pero sus amigos y compañeros fueron de gran ayuda, dice ella. Tal como predijo el médico, el nervio lesionado se fue recuperando lentamente, aunque tardó más de un año.

Dejando a un lado las complicaciones, no es raro que a los pacientes les preocupe el resultado, dice la doctora Vitale-Lewis. Los temores son todos los mismos: ¿Cuánto tiempo tardaré en encontrarme bien? ¿Podré soportar el dolor? ¿Los resultados serán como yo espero? ¿Me gustará mi nuevo aspecto? «Yo intento mitigar todo temor que pueda

Es probablemente la técnica de cirugía estética más solicitada que exista durante años. De hecho, desde su llegada a principios de los 80 la liposucción se ha convertido en la intervención de cirugía estética más comúnmente realizada, efectuándose más de 109.000 en 1990, el año más reciente con datos estadísticos disponibles.

La liposucción es un procedimiento que pretende eliminar permanentemente los depósitos de exceso de grasa resistentes a la dieta y al ejercicio. Para realizar la liposucción, el médico introduce un tubo metálico con punta roma, denominado cánula, a través de una pequeña incisión que hace en la piel, haciendo varios túneles por debajo de la piel siguiendo un patrón circular para desalojar y retirar el tejido adiposo. La cánula se conecta a través de una pieza de plástico a un sistema de aspiración con vacío que aspira la grasa, mezclada con sangre y líquidos corporales.

La intervención, que dura entre 30 y 90 minutos, puede realizarse con anestesia local o general. Posteriormente, debe usar ropa de sostén, como faja o cinta especial para la barbilla, dependiendo de la zona de liposucción, durante varias semanas. Esto ayuda a evitar la formación de hoyuelos al distribuir uniformemente la grasa que permanece debajo de la piel. En caso de aplicar la liposucción en muslos, nalgas o caderas, es posible que no pueda andar cómodamente durante varios días. Los hematomas, hinchazón y el dolor pueden permanecer durante tres meses.

Las personas que pueden esperar los mejores resultados son aquellas que conservan una buena salud, tienen un peso ideal, tienen 40 años o menos y tienen un tono de piel excelente. La liposucción puede tener éxito si se tiene entre 40 y 60 años, si la piel conserva en cierto modo su elasticidad, se tiene buena salud y no se supera el peso ideal en más de 4,5 kg.

tener el paciente siendo totalmente franca con lo que pueden esperar» dice la doctora Vitale-Lewis. «A veces les enseño fotos de otros pacientes, pero sólo si puedo encontrar algunas que se parezcan mucho a lo que intento conseguir en sus casos.»

La tormenta antes de la calma

No importa lo contentas que estén las personas con los resultados finales (y, por cierto, casi siempre lo están), primero existe un proceso de cicatrización que hay que pasar. Dolor, hematomas e hinchazón pueden resultar bastante desagradables durante los primeros días o semanas posteriores a la intervención, dependiendo de la operación realizada. Con todo, las pacientes que están satisfechas con su aspecto nuevo parecen olvidar el dolor con bastante rapidez. Tal vez sea como dar a luz. No se insiste en el dolor que se ha pasado porque se está tan satisfecha con la recompensa final.

Melita Koch dice que los dos días después de estirarse la tripa fueron los peores. «Tenía sondas de drenaje que salían de mi abdomen. Tenía el estómago tan tirante que tenía que sentarme y caminar inclinada hacia delante», recuerda ella. «Y tenía que dormir boca arriba con almohadas debajo de las rodillas para que no me tirasen los puntos. Incluso respiraba de forma diferente. Antes de operarme el estómago se movía cuando respiraba. Luego permanecía quieto.»

Según Barbara Aston, el hematoma y la hinchazón posteriores a su operación de orejas fue mucho peor de lo que esperaba. «Estuve sangrando al día siguiente de la operación y me dolía bastante», dice ella, «de modo que mi madre me volvió a llevar al médico. Cuando me quitó las vendas, la mirada que echó a mi madre fue significativa. Incluso el médico admitió que había más hinchazón y hematoma de lo normal. Con todo, la aspirina me quitó el dolor y pocos días después me encontraba mucho mejor». Barbara dice que el hematoma duró varias semanas y que se esparció por el cuello, dejando una marca como si alguien hubiese intentado estrangularla.

Para Michelle Fitzgerald la molestia que notó después de operarse de la nariz fue relativamente poca. «Cuando me toqué la cara la notaba hinchada. Estuve con molestias durante las primeras 24 horas. Notaba la cabeza pesada y sangré bastante, pero no me dolió.»

Una cierta depresión

Durante la recuperación no es raro atravesar algún desequilibrio emocional, dice la doctora Gerber. Todo el mundo quiere tener resultados inmediatos, pero la realidad es que justo después de la operación el paciente tendrá que pasar varias semanas con hinchazón, hematomas y malestar. «Esto es especialmente cierto cuando se estiran la cara», dice ella. «Presentas hinchazón, estás encerrado en casa e incluso puedes tener la cabeza vendada, de modo que no puedes lavarte el pelo. A menudo las pacientes empiezan a mostrar una cierta depresión.»

Un estudio realizado a aquellas personas sometidas a cirugía estética de nariz (rinoplastia) mostró que el 20 por 100 tuvo una cierta insatisfacción y depresión durante los primeros 30 días después de la operación. Este sentimiento les duró hasta seis meses.

Existe una serie de motivos por los que algunas pacientes son propensas a tener una cierta depresión temporal después de someterse a una rinoplastia, dice Marcia Kraft Goin, doctora en medicina y profesora clínica de psiquiatría en la Universidad de Carolina del Sur, Los Ángeles, y autora del estudio. «Primero, la hinchazón y el hematoma pueden tardar algún tiempo en desaparecer y la paciente en ver los resultados reales de la operación. Y segundo, la rinoplastia es algo así como la reducción de mama ya que modifica la forma del cuerpo con la que la persona básicamente "ha crecido"», explica la doctora Goin. «A diferencia del estiramiento de cara, que recupera los rasgos que siempre se tuvieron, la rinoplastia crea una forma totalmente nueva. Sin importar lo mucho que se haya deseado ese cambio, al principio puede ser chocante.»

La doctora Goin observó también en su estudio que las pacientes más propensas a tener depresiones temporales e insatisfacción eran también aquéllas que notificaban un grado de ansiedad mayor de lo normal antes de la operación. El médico que sea sensible al estado de ánimo de sus pacientes, dice ella, es posible que pueda prever qué pacientes corren mayor riesgo de tener depresión postoperatoria y ofrecerles más apoyo y tranquilidad.

Un poco menos de pecho

«Soy yo, sólo que mejor», es lo que siempre dicen aquellas personas que han cumplido o excedido sus expectativas, independientemente de cuál sea su nuevo aspecto. Pero según los expertos, tal vez las pacientes más felices de todas sean aquellas sometidas a una reducción quirúrgica de las mamas. Se trata de aquellas mujeres cuya vida ha estado a menudo dominada por el tamaño de sus pechos. Seguro que provocaban silbidos, pero existía también otro dolor. La mayoría de estas mujeres presentan graves problemas de espalda y constantes irritaciones físicas debido al roce del sujetador, debido al peso excesivo de sus pechos. Casi de forma unánime, estas mujeres desearían haberse operado mucho antes.

Esther Goldman, una mujer y esposa de 56 años, se maravilla por el nuevo tamaño de su sujetador. «Puede que no parezca tanta cosa, pero le puedo asegurar que sí lo es», dice ella. «Inmediatamente después de la operación me sentí más joven, más ligera. ¡Si el sujetador me rozaba con los puntos lo que hacía era quitármelo e ir sin él! Nunca había podido hacer eso en mi vida», se jacta ella. «De repente podía

La cirugía estética no es barata, y normalmente no lo cubren las pólizas de seguros. La tabla que se muestra a continuación da una idea del número de intervenciones realizadas al año y el costo de varios procedimientos. Estas cifras se basan en las estadísticas de 1990, extraídas de American Society of Plastic and Reconstructive Surgeons. Las tarifas pueden oscilar significativamente dependiendo de la localización geográfica y complejidad de la operación. Estas tarifas corresponden sólo al médico y no incluyen gastos de hospital.

Intervención	Cifra aprox. (por año)	Tarifas (en dólares)
Aumento del tamaño del pecho	89.400	1.000-2.400
Estiramiento del pecho	14.300	1.000-2.890
Reducción del pecho	40.300	1.500-4.400
Aumento del tamaño del mentón	13.300	300-1.580
Liposucción	109.100	500-1.480
Rinoplastia	68.300	300-2.590
Reducción de tripa	20.200	1.200-3.430

usar ropa que nunca antes había tenido —un traje de baño sin tirantes, una blusa ajustada. También habían desaparecido mis problemas de espalda.»

Felizmente un nuevo yo

La mayoría de las personas están contentas con los resultados de la operación, independientemente de la intervención realizada, dice la doctora Gerber. Y ello se debe probablemente a que en la actualidad la cirugía estética escoge de forma extremadamente minuciosa a aquellas pacientes con expectativas realistas. A pesar de que la mayoría de las alabanzas son verbales, existen algunos estudios científicos que apoyan estas opiniones. El estudio realizado por la doctora Goin a 120 pacientes con rinoplastia, por ejemplo, mostró que el 90 por 100 opinaban que la operación había valido la pena.

Si sufre un cambio significativo —una nariz muy larga convertida en muy pequeña, o una reducción de mama, por ejemplo— existe un período de adaptación hasta que se valora el nuevo yo, dice la doctora Gerber. En el caso de cambios sutiles —un estiramiento de cara o de ojos— la adaptación puede ser prácticamente inmediata. «En realidad, las personas pueden acostumbrarse tanto a su nuevo aspecto que dejan de ver la diferencia. A menudo tengo que mostrarles sus fotos originales para recordarles el cambio que se ha producido», dice ella.

«Creo que no valoré totalmente mis orejas nuevas hasta después de muchos meses», dice Barbara Aston. «Un día estaba inclinada sobre mi mesa haciendo un trabajo muy minucioso. El pelo se me vino a la cara y sin pensarlo dos veces me lo puse por detrás de las orejas. Recuerdo que sonreí para dentro», dice ella, «consciente de que finalmente me había librado de la vieja costumbre de taparme las orejas con el pelo».

«Lo crea o no, me cabe la ropa que llevaba en la universidad» dice Melita Koch, que se había estirado la tripa. «De hecho, estaba tan contenta con los resultados que pocos años después regresé al mismo médico y le dije que me redujese el pecho. Ahora estoy encantada con mi cuerpo. Puedo hacer el mismo deporte que antes sin que me cuelgue la tripa.»

Michelle Fitzgerald dice que de frente su nariz no ha cambiado, que es justo lo que ella quería. «Lo que me molestaba era el caballete. El médico me lo quitó así que ahora tengo este perfil tan bueno. Me encantaría andar por la vida caminando de lado», dice sarcásticamente. Michelle dice que además se hace muchos peinados. «Me compré todo tipo de accesorios para el pelo —horquillas y lazos— y ahora a menudo llevo el pelo recogido fuera de la cara para mostrar mi perfil.»

Dejar que hagan suposiciones

La discreción tiene que ver más con el estilo personal que cualquier otra cosa, dice la doctora Vitale-Lewis. «Existe una serie de personas a las que les gusta guardarse las cosas. No quieren que nadie sepa que se han hecho la cirugía estética.» Una mujer que se había quitado el exceso de grasa de los muslos con la liposucción (véase «Liposucción: Acabar con los depósitos de grasa», en la página 141) disfrutó dejando que sus compañeras de clase de aerobic hiciesen conjeturas. A pesar de que varias le comentaron lo bien que estaba, nunca dijo a nadie que su aspecto nuevo se debía a todo menos al ejercicio.

«Luego existe otro grupo que no pueden estar callados. En la misma sala de espera se levantan las blusas para mostrar sus pechos nuevos, tanto si aumentaron como si redujeron el tamaño», dice la doctora Vitale-Lewis.

La gran mayoría de las veces las personas no sabrán que usted se ha arreglado algo, añade la doctora Gerber. «Incluso si ha hecho un cambio

Sólo se tiene una cara, de modo que si está pensando en hacerse la estética, debe escoger con cuidado al cirujano.

Pedir a otros médicos y enfermeras, que usted conozca, su opinión. Los amigos que se hayan sometido a cirugía estética también pueden ofrecer, a menudo, buenos consejos, si son francos. Aún más, al menos en algunos casos, usted puede ver con sus propios ojos si le agrada el resultado de su operación.

Sólo una advertencia: Desconfíe de un cirujano que se muestra excesivamente entusiasta, hace promesas irreales o intenta convencerle de que se opere de más cosas de las que usted quiere. Michelle Fitzgerald confiesa en secreto que un cirujano al que consultó la reconstrucción de su nariz también quería hacerle implantes de mejillas. También le mostró fotos de antes y después de otros pacientes suyos y todos tenían la misma nariz después de la operación —hombres y mujeres.

Asegúrese, también, de que el cirujano le comenta los posibles riesgos y complicaciones que pueden surgir con su tipo de operación. A pesar de ser raras las complicaciones graves, usted ne-

drástico —una nariz nueva, un estiramiento de cara, de ojos— algo justamente en la mitad de la cara, las personas no se dan cuenta. Es posible que le pregunten si se ha cortado el pelo o si lleva maquillaje. Pueden decir: "Pareces tan descansada, ¿has estado de vacaciones?"»

Michelle dice que sólo le dijo a unas pocas compañeras de trabajo que se había operado la nariz. «Estaban asombradas de cómo parecía la misma pero distinta a la vez. Nadie más lo notó ni hizo comentario alguno», dice ella.

Si usted es el tipo de persona que prefiere publicar su cuenta corriente a revelar el hecho de haberse hecho la estética, necesitará un plan para presentar a los posibles curiosos, dice la doctora Morgan en su libro. No obstante, recuerde que no tiene nada de qué avergonzarse o de lo que defenderse. Pruebe estas estrategias:

Ignorar la pregunta.   Añada una mirada heladora si no le importa ofender a la persona que le está ofendiendo.

cesita saber si su médico puede actuar correctamente en caso necesario.

Asegúrese de que el médico que escoja está acreditado por la American Board of Plastic Surgery. ¿Cómo saberlo? Busque su nombre en el Diccionario de Médicos Especialistas. Su sociedad médica puede proporcionarle también los nombres, direcciones y titulación de una serie de cirujanos plásticos acreditados de su zona.

También puede llamar al Servicio de Referencia de Cirugía Plástica, gratuito, que proporciona a los clientes los nombres de cirujanos plásticos acreditados disponibles en su zona geográfica. Si le interesa específicamente la cirugía estética, puede pedir que le remitan a la American Society for Aesthetic Plastic Surgery.

Si está particularmente interesada en la cirugía estética de cara —para dar una forma nueva a la nariz, estirarse la cara, estirar los ojos o hacer un implante de mentón— puede llamar al Facial Plastic Surgery Information Service, en Washington D.C. Le proporcionarán una lista de cirujanos plásticos faciales acreditados, según cada estado, así como folletos informativos sobre la operación que le interesa.

Responder a la pregunta con otra pregunta. Si le preguntan «¿Te has estirado la cara?». Responda «¿Quién te lo ha dicho?» o «¿Por qué lo quieres saber?»

Recurrir al humor. «Es más difícil alisar las plumas erizadas de uno si se molesta en evitarlas» dice la doctora Morgan. Si alguien le preguntase si se ha arreglado la nariz, por ejemplo, usted podría contestar: «¿Estás bromeando? ¿Por qué liarse con una obra de arte?»

Ser evasivo y usar terminología vaga. Decir que le han «tratado» un trastorno. No usar la palabra «operación» o «intervención», dice la doctora Morgan. La cirugía de mama puede llamarse un «trastorno glandular». Si se han estirado la cara puede decir que le han estado tratando por una «debilidad muscular».

CIRUGÍA DE MAMA

Encontrar un bulto en su pecho no era nada nuevo para Kerry McGinn, una enfermera de 48 años procedente de San Francisco.

«Mis pechos eran granjas de quistes, y yo siempre he tenido mamogramas anómalos, de modo que, de forma rutinaria, iba a ver a un cirujano de mama cada seis meses», explica Kerry. «Este diminuto bulto apareció justo antes de mi control habitual, y al principio no me preocupé. Tampoco lo hizo mi cirujano, y me dijo que volviese dentro de seis meses. Al mes siguiente el bulto seguía ahí, y mi instinto me dijo que algo no iba bien.

«En el mamograma no se vio nada, y tras un segundo examen, el cirujano siguió insistiendo que no era nada», dice Kerry. Pero Kerry insistió tanto que el médico decidió hacerle una aspiración —procedimiento relativamente indoloro en donde se extraen unas pocas células, a través de una aguja, para su examen microscópico— si seguía el bulto ahí al mes siguiente.

«Acordamos esperar», dice ella, «y un mes más tarde regresé a su consulta. Me hizo la aspiración con aguja, y 20 minutos después me encontré delante de un cirujano desconcertado».

El bulto tenía un aspecto tan distinto a otros que ella había descubierto, que Kerry dijo que no le sorprendió la noticia: cáncer de mama. «Me sorprendió lo rápido que me dieron la noticia», dice ella. «Yo pensé que tendría que hacerme una biopsia y esperar varios días para tener los resultados. Por el contrario, lo supe inmediatamente. "¡Por Dios!", me dije a mí misma, dándome cuenta al instante de lo que me esperaba. Pero al principio me encontré a mí misma consolando al cirujano porque estaba muy alterado por no haberlo detectado antes».

El escalofrío del descubrimiento

Ronnie Kaye, psicoterapeuta de Los Ángeles también había recibido numerosas «alarmas falsas», bultos en el pecho que al final no habían sido nada. Pero durante un determinado examen de rutina, ella supo que algo iba mal cuando oyó al médico suspirar. «Ronnie», dijo mientras tocaba suavemente el bulto, «esto hay que quitarlo de inmediato. ¿Tienes un cirujano?»

En su libro *Spinning Straw into Gold,* Ronnie describe su reacción inmediata. «Recuerdo que sentí un frío terrible. La enfermera trajo mantas, y me las echaron encima mientras yo estaba ahí temblando. Pasó un buen rato hasta que pudieron ponerme de pie. Yo estaba aturdida por el shock y por una sensación de irrealidad. «Esto no me puede estar pasando a mí», pensé. Pero sí podía, y estaba pasando».

Menos de 24 horas más tarde Ronnie estaba sobre una mesa de quirófano para someterse a una biopsia del bulto sospechoso; en alguna parte, dentro de ella, Ronnie estaba segura de que tendría un alivio temporal. Estaba equivocada. A sus 37 años de edad, le diagnosticaron cáncer de mama. «No lo supe entonces», dice ella, «pero ese fue el principio de la aventura más increíble de mi vida».

Opciones y resultados

Aproximadamente 175.000 mujeres, en los Estados Unidos, se embarcan en esa misma aventura cada año, y casi el 25 por 100 de ellas mueren, según las estadísticas del National Institutes of Health.

No obstante, las opciones de tratamiento y los resultados nunca han sido más prometedores. Lejos quedan los días en los que se extirpaba automáticamente la mama, los músculos torácicos y nódulos linfáticos circundantes, a veces antes incluso de que usted supiese si su bulto era maligno o no. Kerry McGinn dice que al principio, cuando se sometió a su primera biopsia —hace aproximadamente 25 años— ella tenía que firmar una hoja de consentimiento autorizando al cirujano a realizar una mastectomía en caso de que el bulto fuese canceroso. «Cuando me dormían», dice ella, «yo no sabía si despertaría con o sin pecho».

En la actualidad, los médicos saben que el hecho de extirpar más tejido no mejora necesariamente la tasa de supervivencia o aumenta la longevidad. De hecho, tras 17 años de estudio se ha visto que la lumpectomía —extirpación del bulto maligno dejando la mama practicamente intacta— proporciona tasas de supervivencia equivalentes a las obtenidas con la mastectomía total —extirpación de toda la mama y a veces de parte de los músculos torácicos.

De modo que, ¿por qué escoger una mastectomía cuando la lumpectomía es una opción? Bueno, la mastectomía es una opción para toda mujer con cáncer de mama, explica Jeanne A. Petrek, doctora en medicina y cirujano adjunta en Memorial Sloan-Kettering Cancer Center, en la ciudad de Nueva York. Pero para someterse a una lumpectomía la mujer debe cumplir una serie de requisitos.

En primer lugar, el diagnóstico debe indicar que usted tiene un cáncer de mama en fase I o II. «La fase I es un tumor maligno con menos de 2 centímetros de diámetro —aproximadamente el tamaño de una moneda de cinco centavos— y que no se haya diseminado a los nódulos linfáticos», dice la doctora Petrek. «La fase II significa que el tumor mide más de 2 centímetros, tiene nódulos, o que el tumor mide más de 2 centímetros pero menos de 5 centímetros, y presenta nódulos linfáticos no cancerosos». Afortunadamente, entre el 75 por 100 y el 80 por 100 de los tipos de cáncer de mama se clasifican en fase I o II.

Existen también otras cuestiones a tener en cuenta, añade la doctora Petrek. «La mama tiene que ser suficientemente grande para que al extirpar el bulto junto a aproximadamente un centímetro de tejido visualmente normal circundante, el pecho no quede deformado o distorsionado. Y las células cancerosas tienen que ser sensibles a radioterapia —el paso siguiente a la lumpectomía».

Tener suerte con los dados

En realidad es probable que su médico le recomiende la quimioterapia, terapia hormonal, o ambos, después de la operación y radiación, dice Susan Love, doctora en medicina, directora del Faulkner Breast Center, en Boston, y profesora adjunta de cirugía en la Universidad de Medicina de Harvard. Esto se debe a que el cáncer de mama es sistémico, puede diseminarse por todo el cuerpo. Las células cancerosas empiezan a circular lentamente por su torrente sanguíneo, dos o tres años después del inicio original del cáncer, para crecer en una determinada zona, dice la doctora Love. Y el cáncer puede estar en el pecho diez años antes de que lo detecte un examen físico. «En algunas mujeres afortunadas, el sistema inmunitario del cuerpo identificará las células cancerosas circulantes y las destruirá. En otras mujeres no lo hará».

Los médicos desconocen qué sistema inmunitario destruirá el cáncer y cual no, añade la doctora Love. De modo que, prácticamente toda mujer con cáncer de mama, tanto si escoge una lumpectomía como una mastectomía, se somete ahora a la quimioterapia —administrada principalmente a mujeres premenopáusicas— o terapia hormonal —administrada con mayor frecuencia a mujeres posmenopáusicas.

«Lo que intentamos hacer con la cirugía, radiación y quimioterapia, o con la terapia hormonal es reducir el número total de células cancerosas de modo que el sistema inmunitario se pueda encargar del resto», dice la doctora Love. De hecho, su sistema inmunitario es la principal arma contra el cáncer de mama. El tratamiento proporcionado por su médico sólo le echa una mano.

El diagnóstico de cáncer de mama va seguido, normalmente, por días y semanas de consultar a otros especialistas, reuniendo información y tomando decisiones sobre el tratamiento, dice Mary Jane Massie, doctora en medicina, y psiquiatra adjunta en Memorial Sloan-Kettering Cancer Center, quien asesora a pacientes con cáncer de mama.

El espacio de tiempo que existe entre el diagnóstico inicial y la operación es muy duro. «No se para de pensar, "¿estoy tomando la decisión adecuada?" y "¿cuáles son las consecuencias de la decisión que he tomado?"», dice la doctora Massie.

También es un tiempo tan horrible que las mujeres a menudo tienen miedo de «perder los estribos». Kerry McGinn dice que al principio estaba tan ocupada visitando a especialistas en cáncer, buscando a otro cirujano para tener una segunda opinión, y haciéndose análisis de sangre, gammagrafías óseas y radiografías de tórax que no tenía tiempo para llorar.

«Pensaba que no podía permitirme el lujo de relajarme y desahogarme», dice ella. «No, hasta no estar segura de saber lo que iba a hacer».

Tomarse un tiempo

A pesar de la malísima naturaleza del cáncer de mama, su lento crecimiento significa que usted no tiene que precipitarse para tomar una decisión. Tiene tiempo de pensar, decidir, volver a considerar y decidir nuevamente antes de iniciar el tratamiento.

Una única célula cancerosa tarda aproximadamente 100 días en duplicarse, explica la doctora Love. Y hacen falta 100 mil millones de células para que el tumor crezca un centímetro.

Es por eso por lo que «la mayoría de los médicos opinan que sería absolutamente seguro iniciar el tratamiento tres semanas después de la biopsia», añade la doctora Petrek. «Y si usted tiene que esperar un poco más, probablemente no pasaría nada». Después de todo, la mayoría de los tumores malignos han estado ahí alrededor de ocho años antes de detectarse en un mamograma diez años antes de notarse en un bulto.

Tomar la decisión correcta

A pesar de que usted cuenta con varias semanas para tomar una decisión, decidir qué tratamiento le dará la mejor posibilidad de supervivencia resulta probablemente una de las decisiones más difíciles que usted tenga que tomar nunca.

Kerry estaba inclinada a hacerse una lumpectomía hasta que vio al especialista de radiación. «Él me dijo una y otra vez lo maravilloso que era la lumpectomía y que era igual de eficaz que la mastectomía», dice Kerry. «Luego palpó mis pechos y dijo, ¿ha pensado en hacerse una mastectomía en el otro pecho? Le iría mejor si lo hiciera».

«Ese terapeuta de radiación me dijo que no había forma alguna de hallar nada en mis pechos porque tenían muchos bultos y tenían gran cantidad de tejido cicatral por las biopsias anteriores.»

«Yo sabía que estaba en lo cierto», dice Kerry. «De modo que me hicieron una doble mastectomía. Yo no quería perder mis pechos, pero fui consciente de que era la mejor alternativa para mí. Con tantos antecedentes familiares de cáncer de mama, yo tenía muchas posibilidades de desarrollar cáncer de mama. Podría haber vivido con ello si hubiera tenido un modo fiable de detectar rápido el problema. Pero no lo tenía. Mis mamografías siempre habían sido una pesadilla para el radiólogo, y todo el mundo coincidía en decir que mis pechos eran muy difíciles de examinar. Yo me veía como un miembro del club de la biopsia del mes».

Ronnie optó por la lumpectomía, que era un procedimiento relativamente nuevo cuando ella se lo hizo. «Tenía que mirar con mucha atención para ver alguna diferencia entre cómo era antes y como soy después de la operación», dice ella. «No había ninguna señal física agresiva que me recordase que había tenido cáncer; ello me ayudó a acabar un matrimonio que necesitaba terminar. Si no hubiese sido capaz de escoger este procedimiento, si hubiese perdido el pecho, dudo seriamente que hubiese tenido el valor de abandonar la relativa seguridad de mi matrimonio. El mundo social de la mujer soltera me

«En lo primero en lo que toda mujer piensa cuando le diagnostican cáncer de mama es ¿me voy a morir?», dice Susan Love, doctora en medicina del Faulkner Breast Center en Boston. «Esta pregunta va seguida rápidamente por ¿Tendré que perder el pecho?».

Con este tipo de preguntas que le pasan por la cabeza está claro que enfrentarse a la realidad del cáncer de mama tendrá un importante impacto psicológico.

«A usted le asombra que su cuerpo pueda haberle hecho esto», explica la doctora Love. «Y está particularmente sorprendida por no tener síntomas. Resulta difícil de creer que se tiene una enfermedad peligrosa en el cuerpo cuando la persona se encuentra bien».

Kerry McGinn se acuerda muy bien de esos sentimientos. Sobre todo la estupefacción. «Principalmente, lo único que hacíamos mi marido y yo era estar juntos y hablar», recuerda ella. «Yo intentaba tener algún control sobre lo que estaba pasando —el diagnóstico inicial hace que te sientas muy *fuera* de control— pero me sentía confundida.»

Con frecuencia cuando las mujeres tienen que enfrentarse a un cáncer de mama quieren la solución más rápida. «De hecho», dice la doctora Love, «durante aproximadamente las primeras 24 horas, es probable que las mujeres digan, ¡córtemelo! Es una especie de idea sencilla de que si le cortan el pecho, desaparecerá el cáncer y usted se puede olvidar de todo. Olvidar la realidad de que el cáncer es una enfermedad que se disemina por todo el cuerpo. Es como si usted pensase que puede entregar el pecho a cambio de su vida.

«Aunque esto resulta una respuesta emocional perfectamente comprensible, en ese momento», dice la doctora Love, «no es como para tomarla en serio. Pedir que le extirpen el pecho no hará que su vida regrese a la normalidad. Su vida ha cambiado, y usted tiene que darse cuenta de que ya nunca será lo mismo».

habría parecido totalmente inaccesible, y me habría aterrorizado la idea de que ningún hombre me volviese a querer».

Sin embargo, tres años y medio después Ronnie tuvo una recaída del cáncer y después de todo tuvo que someterse a una mastectomía. «Yo sentí el temor, la terrible previsión de una intervención que podría salvar mi vida pero que me dejaría desfigurada de un modo que yo desconocía que podría aceptar», dice ella. «Sentí el temor a la enfermedad que podía matarme y una ola de sentimientos tan complejos que me sentía totalmente abrumada».

Mujeres fuertes

El entumecimiento, negación y shock inicial que sigue a la cirugía de mama, sobre todo si es una mastectomía, en realidad sólo dura un par de semanas, dice la doctora Massie. «Luego hay otras pocas semanas de ansiedad y dificultad para concentrarse. Pero por lo general —y debo señalar que este tiempo varía enormemente entre las personas— una vez transcurridos un par de meses las mujeres empiezan a recuperarse. Sus familias vuelven a funcionar, ellas vuelven a trabajar, el matrimonio vuelve a la normalidad y la vida vuelve nuevamente a transcurrir de forma fluida».

Cuando usted ve a alguien que conoce que está pasando por algo como es una cirugía de mama, usted piensa que nunca sería capaz de afrontarlo, añade la doctora Massie. Pero la realidad es que cuando usted se tiene que enfrentar a una situación difícil, sí lo hace.

«Las mujeres son muy fuertes y tienen gran capacidad de adaptación», continúa diciendo, «El valor extraordinario y la resistencia que tienen las mujeres no han dejado nunca de asombrarme. La mayoría de las personas encuentran motivos para ser optimistas. Entablan relaciones con los médicos y enfermeras. Deciden seguir un tratamiento y lo cumplen. Y son capaces de sobreponerse a sus temores y depresiones y seguir adelante».

La sensación de ser menos que el resto

Las mujeres que han podido someterse a una lumpectomía a menudo tienen una ventaja cuando se trata de la curación emocional.

Estudios de investigación que se han realizado han demostrado que las mujeres que escogen la lumpectomía tienen una imagen corporal mucho mejor, y una sensación de capacidad de despertar interés sexual mayor que las mujeres que escogen la mastectomía, según informes científicos. Y al menos se ha visto en un estudio que la mitad de las pacientes mastectomizadas encuestadas lamentaban no haber escogido la lumpectomía.

«En general, a las pacientes sometidas a lumpectomía les va mejor porque son más capaces de olvidar», explica la doctora Petrek. «Cuando se dan una ducha, por ejemplo, no siempre se les recuerda lo que han pasado».

Por otro lado, la mujer sometida a mastectomía puede pensar que la operación la ha desfigurado, dice Jimmie Holland, doctora en medicina, jefa del servicio de psiquiatría, en Memorial Sloan-Kettering Cancer Center. Puede pensar que ya no es humana, que ya no es quien era, que ha dejado de ser atractiva para su marido. Ese sentimiento, que conduce también al temor a que su marido la abandone, se añade a la crisis emocional que rodea a la operación, tirando por tierra su autoestima.

A pesar de que se puede reducir el impacto emocional de la mastectomía, cuando la mujer se realiza una operación de reconstrucción, el problema de una mala autoestima a menudo lo agrava el marido de la señora, añade la doctora Holland. La mayoría de los hombres se muestran reticentes a la hora de iniciar las relaciones sexuales después de este tipo de operación, porque no desean «molestar» a sus mujeres. Lo irónico del caso es que su preocupación asienta un golpe duro a la autoestima de su mujer, ya que las mujeres interpretan la actitud del marido como «prueba» de su falta de interés sexual.

¿Creen realmente los hombres que las mujeres sometidas a operaciones de mama dejan de ser atractivas? «No», afirma con énfasis Joanne Cipollini, enfermera y especialista en oncología clínica en Montgomery Cancer Center, de la red Fox Chase Cancer Center, en Norristown, Pennsylvania, «*nunca* he oído al marido de alguna mujer decir que ya no es atractiva para él».

Los años venideros

A pesar de que el temor a no ser atractiva desaparecerá finalmente, nada puede disminuir aparentemente el temor a una nueva aparición del cáncer de mama.

«No es que sea la idea principal en la mente de la mujer», recalca la doctora Massie. «Pero las mujeres me dicen que tanto si vienen a una revisión tres veces al año, dos veces al año o una vez al año, el grado de ansiedad, intranquilidad, insomnio, temor o terror que sienten justo antes de la revisión es tan horrible como el que sintieron en el momento del diagnóstico».

Ese es uno de los motivos por lo que resulta tan importante pertenecer a un grupo de apoyo, dice la doctora Massie. Las mujeres que se han sometido a una operación de mamas necesitan saber que lo que están sintiendo es exactamente lo que las demás mujeres sienten después de la operación. Necesitan saber que es normal y para nada terrible.

Además, añade la doctora Massie, «la carga compartida es una carga más fácil de llevar».

Kerry McGinn está de acuerdo. «Todas las mujeres de mi grupo estaban bajo tratamiento al mismo tiempo», dice ella. «A algunas mujeres les habían hecho una lumpectomía, a otras una mastectomía, otras se habían sometido a una reconstrucción. Todas reíamos, llorábamos y establecimos una relación tan estrecha como si de hermanas se tratase».

El grupo le ayudó también a darse cuenta de que la experiencia del cáncer de mama tiene, a pesar de todo, una cara positiva. «No voy a ser una optimista redomada y decir que estoy contenta de haber tenido cáncer», dice Kerry. «Pero adquirí mucho respeto hacia mí misma. Pienso que he afrontado el sufrimiento con bastante ánimo. He aprendido a dar importancia a lo que realmente lo tiene, a cuidar mejor de mí misma. Me agradan los cambios que he hecho, la persona en quien me he convertido».

Ronnie Kaye tuvo una reacción similar. «Yo miré hacia dentro, buscando conectar con lo más básico de mi ser, volver a tener sentimientos de valía personal, cuestionar y definir nuevamente la feminidad, sexualidad, aceptación y belleza, y a ponerme de acuerdo con mi propia mortalidad», dice ella.

«En el proceso, aprendí más cosas acerca de mí misma de lo que había hecho en años de tratamiento. Cambié y crecí de una forma inesperada y muy satisfactoria. Me volví más enérgica, más segura de mí misma, más abierta acerca de mis pensamientos, y fui más capaz de pedir y aceptar ayuda. Hoy soy una persona muy distinta de lo que era cuando me hicieron la mastectomía», dice ella. «Y me gustan los cambios que se han producido. De forma extraña, el cáncer de mama ha supuesto una de las experiencias mas valiosas de toda mi vida».

Véase también Cáncer.

CISTITIS

Cuando Lisa Jacobson estaba en la universidad, adquirió algo más que una formación. Fue también su primera introducción a la cistitis, una infección de vías urinarias (UTI) demasiado bien conocida para las mujeres.

Los síntomas aparecieron rápido y bruscamente, dice la actual fotógrafa de 40 años de edad, con un intenso dolor y escozor cada vez que orinaba. «Y siempre tenía esa incómoda sensación de tener que volver a orinar», dice ella, «incluso cuando acababa de hacerlo unos minutos antes».

El médico de Lisa le recetó inmediatamente un antibiótico para matar la bacteria existente en su vejiga. Ella se recuperó rápido y pensó que ya había acabado todo. Pero pronto volvió a tener los síntomas, y tuvo que tratarse nuevamente. Sus brotes recurrentes de cistitis duraron más de dos años, hasta que finalmente un urólogo le prescribió un tratamiento antibiótico más

Cómo acabar con las infecciones vesicales persistentes

largo, que pareció dar resultado —o así pensó ella. «Pocos años después», dice Lisa, «volví a tener los síntomas vesicales. Eran tan tenaces como antes. Me dolía tanto cuando los tenía que interferían con mi vida sexual».

Tan frecuente como un resfriado

Lisa es una de las muchas mujeres afectadas por esta molestia omnipresente. De hecho, las infecciones de vías urinarias son tan normales que es raro ver a una mujer que nunca las haya tenido. «Sólo les supera en frecuencia el resfriado» dice Kristene E. Whitmore, doctora en medicina y profesora adjunta clínica de urología en la Universidad de Pennsylvania, y jefa del departamento de urología de Graduate Hospital, en Filadelfia.

«El veinte por ciento de las mujeres tendrán al menos una infección al año, provocando aproximadamente cinco millones de visitas al médico», dice la doctora Whitmore, coautora además de *Overcoming Bladder Disorders* (Superar los trastornos vesicales). «Los hombres también pueden tener infecciones vesicales, pero las mujeres tienen una frecuencia 25 veces mayor».

Y si acaba de tener una infección tiene el 15 por 100 de posibilidades de tener un problema recurrente. La doctora Whitmore clasifica «recurrente» como más de dos en un plazo de seis meses o más de tres en un año.

Lección de anatomía

Las mujeres son el objetivo natural de esta infección por virtud de su anatomía. Existe una corta distancia desde el recto a la vagina y uretra (el orificio que conduce a la vejiga). Siempre que las bacterias permanezcan donde deben estar —fuera del cuerpo— normalmente no hay problema. Pero una vez que estos gérmenes, normalmente inocuos (siendo el más común *E. coli*) penetran en la uretra y se dirigen a la vejiga, son perjudiciales. Lo que es peor, se quedan ahí y se reproducen.

Los síntomas aparecen con la sutileza de una apisonadora —escozor y dolor al orinar y una necesidad urgente de orinar de forma frecuente. En realidad, es posible que la orina esté manchada de sangre, pudiendo notar dolor en la parte inferior del abdomen, espalda o flancos.

Si lo ha tenido alguna vez, sabe que los síntomas son demasiado incómodos como para ignorarlos. Y no deben ignorarse. En caso de no tratarse, la infección de vías urinarias puede llegar incluso a los riñones, donde puede producir graves complicaciones.

Guerra bacteriana

Por fortuna para la gran mayoría de las mujeres, la infección de vías urinarias es fácil de diagnosticar y fácil de tratar. El tratamiento de rutina es antibióticos, como la amoxicilina.

«Hasta un 80 por 100 ó 90 por 100 de las mujeres con UTI, una dosis única de antibiótico —entre una y cuatro píldoras a la vez— pueden acabar con la infección y los síntomas, sobre todo si es la primera vez o aparece de forma esporádica», dice la doctora Whitmore. «Sin embargo, la mayoría de los médicos prescriben un tratamiento durante tres a cinco días para estar seguros. Esto es mucho menos de lo que nosotras solíamos prescribir normalmente, por lo que se reduce enormemente la posibilidad de complicaciones (típicamente trastornos de estómago e infecciones vaginales)».

«En caso de tener una infección durante el embarazo, hay que tratarlo, pero sólo con determinados antibióticos que se sabe que son seguros para el feto», recalca la doctora Whitmore. «Si no se trata, existe un 40 por 100 de posibilidades de que la mujer tenga una infección de riñón durante el tercer trimestre».

Aparición repetida de los culpables

Si usted es una de las afortunadas, un tratamiento corto con antibióticos será suficiente. Sin embargo, para algunas mujeres, las infecciones vesicales aparecen una y otra vez con una regularidad frustrante, a veces sólo con intervalos de días o semanas. ¿Por qué?

Las bacterias penetran en la vejiga constantemente, explica la doctora Whitmore, pero no significa automáticamente infección. Los gérmenes son eliminados mediante la micción normal, el mecanismo de defensa más importante de la vejiga.

No obstante, en algunas mujeres existe una interrupción de las defensas normales de la vejiga. Una teoría sostiene que aquellas mujeres susceptibles a tener UTI recurrentes tienen paredes vesicales que permiten a las bacterias «meterse», dificultando su salida mediante la micción. De hecho los médicos están actualmente experimentando modos de evitar la fijación bacteriana.

La relación con el sexo

Cuando los antibióticos no logran acabar con la recurrencia es posible que su médico decida hacerle pruebas más completas para comprobar la función vesical y descartar también otros problemas, como la diabetes, tumores, cálculos u obstrucciones renales.

Pero a menudo la causa de la aparición repetida de infecciones nunca se encuentra. A pesar de todo sigue habiendo muchas cosas que se pueden hacer. Por ejemplo, algunas mujeres han comprobado que existe una relación entre la UTI y la frecuencia de las relaciones sexuales.

«En el caso de mujeres con antecedentes de UTI después de mantener relaciones sexuales, recomendamos ahora que se tomen una tableta de antibiótico antes o después del coito», dice la doctora Whitmore. «Si el problema parece deberse al diafragma y al uso de espermicidas, sugerimos que pruebe otra forma de control de la natalidad, como es el tapón cervical. A menudo es lo único que hace falta para acabar con o restringir mucho el problema».

Si este sistema no tiene éxito y las infecciones siguen alterando su vida, entonces a menudo es aconsejable un programa a largo plazo de prevención, denominado terapia supresiva a dosis baja. Los médicos han comprobado que una píldora antibiótica cada dos días a menudo logra hacer desaparecer la infección en la mujer, con un mínimo de efectos secundarios.

Hacerse un análisis de orina

Si usted tiene cistitis recurrente, las respuestas a estas preguntas pueden ayudarle a usted y a su médico a encontrar la causa del problema.

¿Espera mucho tiempo antes de orinar? Aguantarse la orina demasiado tiempo antes de orinar hace que la orina rebose. Cuando esta práctica se repite una y otra vez, debilita gradualmente la vejiga, que es un músculo, de modo que no puede contraerse con suficiente fuerza como para eliminar toda la orina que tiene. Si no vacía por completo la vejiga, entonces cualquier germen que quede es probable que permanezca de forma permanente, aumentando el riesgo de infección.

¿Presenta infecciones después de mantener relaciones sexuales? Durante el coito, pueden penetrar en la uretra bacterias procedentes de áreas circundantes, debido al movimiento de una parte a otra que realiza el pene. Algunas mujeres se infectan casi todas las veces que tienen relaciones. Una mujer de 24 años comprobó que si mantenía relaciones a las 22:00 horas podía estar segura de tener síntomas de infección a las 03:00 horas. De hecho, la relación entre la infección y las relaciones sexuales es el origen del término «cistitis de la luna de miel».

En el caso de mujeres que presentan infecciones repetidas de forma casual, los médicos aconsejan la automedicación. Le informarán acerca de los medicamentos y le proporcionarán los fármacos para que los tenga en casa. Al primer signo de infección puede iniciar un tratamiento corto. Con ello evita llamar al médico, esperar a que le vuelva a llamar, ir a su consulta, recoger la receta, que resulta muy caro y una pérdida de tiempo. Usted sabe cuándo tiene infección, y de este modo puede empezar a medicarse mucho antes. Tendrá que conservar un diario médico y saber qué signos o síntomas sí exigen que vaya al médico.

Si ya ha pasado la menopausia, el problema puede solucionarse de forma tan sencilla como es iniciar una terapia de reposición de estrógeno. A veces sólo hace falta una aplicación tópica de crema de estrógeno en la vagina, dice la doctora Whitmore.

¿Utiliza un diafragma, gelatina espermicida, o ambas cosas? Estudios realizados han demostrado que las mujeres que usan diafragma son entre dos y cuatro veces más propensas a la infección que aquellas que no lo usan, dice Kristene E. Whitmore, doctora en medicina y jefa de urología en Graduate Hospital de Filadelfia. «El anillo elástico del diafragma puede oprimir el cuello vesical, provocando cierto hematoma e hinchazón, y obstruyendo posiblemente el flujo libre de orina, situación que se sabe favorece la infección».

Los estudios muestran también que la gelatina espermicida que se usa con el diafragma puede alterar el mecanismo de defensa vaginal, facilitando el crecimiento y la diseminación de bacterias.

¿Ha pasado la menopausia? El descenso del nivel de estrógeno después de la menopausia puede afectar al funcionamiento de la vejiga y uretra. El tejido se vuelve más delgado y más vulnerable a la infección, cuando los ovarios dejan de funcionar. «Lo que es más», dice la doctora Whitmore, «la vejiga anciana pierde elasticidad y no se contrae tan bien. El resultado es un menor vaciado vesical».

¿Dónde está el germen?

Los síntomas están ahí. Usted los conoce como la palma de su mano. Usted acude al médico, y ella envía una muestra de su orina al laboratorio para hacer un cultivo. Pero esta vez, cuando tiene los resultados su médico le llama y le dice, «No se han hallado bacterias en su orina». ¿Y ahora qué?

Ante todo no descarte rápidamente una infección bacteriana. Estudios realizados muestran que los criterios que se utilizan para determinar un cultivo de orina «positivo» no son suficientemente sensibles. Aproximadamente un tercio de las mujeres con UTI aguda tienen un recuento bacteriano *por debajo* del nivel que normalmente

Autoayuda para las infecciones	Lo que usted hace para sí misma y cómo trata su cuerpo puede significar mucho a la hora de evitar las infecciones vesicales —tanto si las tiene de forma frecuente como si aún no ha tenido esa experiencia.

Esto es, en opinión de los expertos, lo que debe hacer:

- Eliminar, con la orina, las bacterias fuera de la vejiga. Ésta es la mejor defensa contra la infección. Puede fomentar la eliminación bebiendo entre seis y ocho vasos de agua al día.
- Vaciar por completo la vejiga. Cuando piense que ha acabado de orinar, inclínese hacia delante y haga fuerza sobre el área de la vejiga. Luego, póngase de pie, siéntese y repita la maniobra.
- Tener un horario de micción. Aguantarse las ganas de orinar demasiado tiempo o intentar orinar con demasiada frecuencia puede producir problemas. Lo ideal es que orine cada tres a cuatro horas.
- Orinar antes y después de tener relaciones sexuales. Beba agua antes del coito para poder orinar después. Esto ayuda a eliminar las bacterias que pudieran haber entrado durante el acto sexual.
- Usar una ducha de mano después del coito. Es la mejor forma de lavar los gérmenes existentes en el área de la vagina.

define una infección, según las normas del laboratorio. La doctora Whitmore dice que su médico puede pedir un informe de laboratorio que indique *cualquier* bacteria presente.

A veces, no obstante, realmente no hay bacterias y el diagnóstico sigue siendo cistitis. Y hallar la causa no es siempre tan fácil. «Existen una serie de posibles explicaciones para esta afección pero la más frecuente es, "No sabemos"», admite Linda Brubaker, doctora en medicina y directora del departamento de uroginecología en el Rush Presbyterian-St. Luke's Medical Center de Chicago. «Sin embargo, las molestias son grandes, de modo que tratamos los síntomas lo mejor posible mientras buscamos una causa posible».

La doctora Brubaker dice que normalmente dedica las dos o tres

- Limpiarse siempre de delante hacia atrás después de defecar, y llevar encima pañuelos de papel para aquellas ocasiones en que necesita limpiarse fuera de casa.
- Usar ropa interior de algodón y evitar ropa estrecha. La ropa interior de algodón ayuda a conservar seca la zona genital; la ropa estrecha, por otro lado, puede atrapar la humedad en esa zona.
- Cambiar frecuentemente las compresas y tampones. Esto es básico para una buena higiene y prevención de la infección durante la menstruación.
- No usar sales de baño o jabones fuertes. Pueden irritar la uretra y hacer que sea propensa a la infección.
- Dejar de usar diafragma y espermicidas. Algunas mujeres son también alérgicas al látex de los preservativos y tienen que dejar de usarlos también.
- Neutralizar la orina con una dieta poco ácida. Los antiácidos pueden ayudar a mitigar el escozor durante su exacerbación. También se consigue comiendo sandía o bebiendo un vaso de agua mezclado con una cucharadita de bicarbonato de sosa, dos veces al día. (Observe, no obstante, que el bicarbonato de sosa puede producir retención de líquidos en ciertas personas. Si ese es su caso, no lo utilice).

primeras visitas reeducando a las mujeres y diciéndoles que no tienen una infección. «Les cuesta mucho creer que pueden tener esos síntomas sin que haya germen, incluso cuando tienen cultivos de orina negativos», dice ella. «Posteriormente, empezamos a estudiar los aspectos de su vida que pudieran estar exacerbando los síntomas. Se trata realmente de una prueba y error. Carecemos de toda evidencia científica que demuestre que algo es distinto».

«Empezamos formulando preguntas», dice la doctora Brubaker. «¿Ha empezado a usar un nuevo aceite de baño? ¿Ha pasado la menopausia? Describa su dieta. ¿Cuánto estrés tiene que soportar? Buscamos cualquier cosa que pueda producir una irritación vesical, y partimos de ahí. Si se trata de la menopausia, es posible que iniciemos una terapia de reposición de estrógeno. Si la causa fuese un aceite de baño nuevo, se interrumpiría inmediatamente».

Relación con la dieta y el estrés

Su dieta puede ser una de las mayores contribuciones, según las últimas opiniones procedentes de la comunidad médica. Durante años, las mujeres han ahogado su vejiga en zumo de arándano al primer signo de síntomas, pensando que acidificar la orina era la clave para tener una vejiga sana. Pero no es necesariamente así, según opinión de expertos, quienes creen ahora que los alimentos ácidos, como el zumo de arándano, pueden contribuir a una infección vesical no bacteriana. De hecho, algunos lo comparan como echar sal en una herida.

«Es probable que yo logre aproximadamente un 60 por 100 de tasa de mejoría haciendo que los pacientes abandonen todos los alimentos ácidos», dice la doctora Brubaker. En realidad, no existen pruebas científicas que demuestren que acidificar la orina ayude a los pacientes. «Por el contrario», dice ella. «He comprobado que las pacientes que han persistido en dicha práctica pueden desarrollar este trastorno vesical inflamatorio crónico». Además, ingerir una dieta poco ácida es uno de los modos más seguros de tratar esta dolencia.

El estrés también puede ser una causa. Mientras que para algunas personas el estrés se manifiesta en forma de úlceras, migrañas o retortijones, para otras lo hace en forma de síntomas vesicales.

«La cuestión de fondo es que estos problemas vesicales van a seguir desapareciendo y volviendo a aparecer con el tiempo», dice la doctora Brubaker. «Y aunque es posible que no logre curarlo, puede lograr un control sobre los síntomas, tanto si la causa de la dolencia es una infección como si no existen bacterias».

CÓLERA

uardárselo o echarlo fuera? ¿Reprimirlo o manifestarlo? ¿Quemarse poco a poco o saltar? Independientemente de cómo lo exprese, la cólera y sus distintas formas de expresión forman parte de la vida de todas nosotras.

Pero hasta hace muy poco las mujeres no han tenido —al menos las mujeres «educadas»— muchas posibilidades de elegir al respecto. Desde un punto de vista histórico, las niñas siempre han aprendido que no es fino mostrar cólera, que la cólera altera las relaciones, que puede arruinar las posibilidades de conseguir un hombre. Pero eso era para las mujeres de ayer.

¿Cómo expresa su cólera la mujer de hoy? Del mismo modo que el hombre. Una investigación realizada recientemente muestra que las mujeres se enfadan tan a menudo como los hombres, con la misma intensidad que ellos y por los mismos motivos que los hombres, según San-

El efecto que tiene sobre su salud

dra Thomas, enfermera, doctora en filosofía, directora del centro de Investigación en enfermería, de la escuela de enfermería de la Universidad de Tennessee, en Knoxville. Un tratamiento injusto, frustración sentida en el hogar y abandonos profesionales y expectativas no alcanzadas en general son sólo algunos de los motivos que pueden dar pie a la cólera.

¿Y qué reciben a cambio por manifestar su cólera como los hombres? Una mala salud. Igual que el hombre.

Según investigaciones realizadas, la cólera que sienten las mujeres ha estado implicada en toda una serie de problemas de salud, incluida la depresión, hipertensión, cardiopatías, artritis, estrés, abuso de drogas y alcohol y la obesidad. Las mujeres que inhiben o manifiestan extremadamente su cólera presentan una mayor tasa de cáncer de mama que las mujeres que no lo hacen. Las mujeres que se enfadan tienen también matrimonios menos felices.

Y parece ser que la cólera extremada —tanto si se manifiesta como si se reprime— crea problemas a las mujeres.

«Esto va en contra de la creencia general de que si se expresa la cólera la persona se sentirá mejor», dice la doctora Thomas, una de las investigadoras. Pero ella comprobó que el hecho de expresar la cólera sólo crea más cólera. Y reprimir la cólera tampoco es necesariamente bueno. En un estudio realizado durante 18 años, los investigadores comprobaron que las mujeres que reprimían su cólera durante un período largo de tiempo tenían el doble de posibilidades de morir prematuramente, que aquellas que expresaban directamente su cólera.

Tranquilizarse

«Dado el estado actual de la ciencia», dice la doctora Thomas, «el mejor consejo que podemos dar a las mujeres es que se liberen de su cólera. Que mediten los motivos de la cólera».

En vez de dejar que los problemas le amarguen, dice que analicen directamente los problemas que causan la cólera. Si se trata de una persona, y usted no puede hablar con el instigador, al menos coméntelo con un amigo o familiar de confianza. Otros consejos de expertos son:

Escribir un diario de la cólera.   En otras palabras, especialícese en su propia cólera. Escriba todos los episodios y anote el motivo que tuvo, quién más estaba presente, qué pensaba en ese momento, cuánto tiempo duró y cómo reaccionó usted, dice Maureen Lassen, doctora en filosofía, psicóloga clínica de Phoenix. También tiene que anotar cómo se sentía antes del acontecimiento. Transcurridas varias semanas, eche un vistazo a su diario y observe si existe algún patrón.

El hecho de escribir un diario de la cólera aclara la emoción, y le muestra que no es una fuerza incontrolable, añade Carol Tavris, doctora en filosofía, psicóloga social y autora de *Anger: The Misunderstood Emotion* (Cólera: La emoción incomprendida).

Contar hasta 10. Quizás incluso hasta 20. Y luego use una técnica que los expertos denominan adaptación pensativa: intentar solucionar el problema subyacente o el motivo de la cólera. En caso de no poder solucionar el problema, deben usarse entonces otros métodos de adaptación.

Analizar nuevamente la situación. Cuando alguien nos provoca, es probable que nosotros saquemos las cosas más de quicio diciéndonos a nosotras mismas, «¡Qué patán desconsiderado!» o «¡Esa bruja me pone a cien!», por el contrario, intente comprender a la persona que le ha ofendido o intente hallar una justificación de sus acciones, pensando «Debe de tener algún problema gordo para portarse así». Esto es lo que naturalmente hacen las personas que no se enfadan, dice la doctora Tavris.

Armarse de paciencia. Los ejercicios enérgicos, según la doctora Thomas, son una salida excelente para las emociones fuertes, incluida la cólera.

Liberarse. Si no hay posibilidad de conseguir un cambio, entonces retírese de la situación causante de la cólera.

CONTRACEPCIÓN

El aumento en el número de enfermedades de transmisión sexual —sida, herpes, verrugas genitales precancerosas, etc.— han forzado a las mujeres a darse cuenta de que el objetivo de la contracepción es algo más que sólo evitar tener niños. Es proteger su salud y su bienestar. Y eso —añadido al hecho de que las mujeres son más vulnerables a las enfermedades de transmisión sexual que los hombres— es por lo que muchos expertos opinan que las mujeres deberían hacerse cargo del control de la natalidad.

Sólo una relación sexual no protegida con un hombre infectado con gonorrea significa que usted tiene un 50 por 100 de posibilidades de contraer la enfermedad, según las estadísticas. En el caso de clamidias, herpes o sífiles, las posibilidades son entre el 30 por 100 y el 40 por 100.

¿Qué probabilidades hay de que la persona con quien usted mantiene relaciones sexuales tenga una de estas enfermedades? Bastantes. Según informes científicos uno de cada 25 hombres tiene herpes y uno de cada 60 clamidia.

Con todo, a pesar del riesgo, los expertos dicen que la mayoría de las mujeres tienden a escoger un método de control de la natalidad basado más en lo que han oído o en los alarmantes y a menudo contradictorios titulares que leen en un periódico que en información veraz que pretende proteger su salud. Como resultado de ello, algunas mujeres están aparentemente tan confusas sobre qué método usar que se han colocado en una posición arriesgada al no usar nada.

Algunas cosas en las que usted piensa

Los estudios realizados muestran que aproximadamente una de cada diez mujeres sexualmente activas, que corren riesgo de quedarse embarazadas, no utilizan ningún método anticonceptivo, dice Jacqueline Darroch Forrest, doctora en filosofía y vicepresidenta de investigación del Alan Guttmacher Institute en la ciudad de Nueva York, una organización sin fines lucrativos que realiza estudios de investigación sobre reproducción. Y estas mujeres representan más de la mitad de la totalidad de embarazos no previstos de los EE.UU.

Es sabido que no resulta fácil escoger un método anticonceptivo. El método concreto que escoge cada mujer depende de sus objetivos, estilo de vida, salud, nivel económico y relaciones, en un momento dado.

Una mujer sexualmente activa que no mantenga aún una relación monógama, por ejemplo, puede preferir la protección de la píldora anticonceptiva y un condón, mientras que la mujer que mantiene una relación de monogamia mutua con su pareja puede escoger el diafragma. Diez años más tarde —y aún fértil— es muy posible que estas mujeres cambien de método anticonceptivo.

La cuestión es que toda mujer que valore su salud tiene que tomarse un tiempo para sentarse y evaluar sus opciones y necesidades. A menudo, esto significa hallar el método que —para ella— suponga el mayor grado de protección contra el embarazo y las enfermedades de transmisión sexual, dice la doctora Forrest. Según opinión de expertos, en la actualidad, cuando se trata de prácticas sexuales inteligentes, las mujeres tienen que tener en cuenta los métodos de barrera. Y el principal de ellos es el preservativo.

Lo mejor que puede hacer

Los preservativos pueden ser un método eficaz de control de la natalidad para cualquier mujer, pero dados los 12 millones de casos nuevos al año de enfermedades de transmisión sexual (STDs), son imprescindibles para aquella mujer con más de una pareja sexual —o para la mujer cuya pareja sexual mantenga relaciones con otras personas a la vez. También resultan ideal para las personas que no mantienen relaciones sexuales de forma regular.

Los preservativos pueden ser casi tan eficaces como los anticonceptivos orales y el DIU. Su fallo —típicamente alrededor del 10 por 100 al 15 por 100— generalmente se debe a la persona que lo usa mas que al condón en sí. Por desgracia, resulta fácil tener algunas equivocaciones con los preservativos. Desenrollar el condón antes de colocarlo, por ejemplo, puede producir desgarros o roturas. Ponerse el condón durante el coito en vez de antes de la penetración, permite un contacto sin protección que puede producir embarazo y enfermedad. Exponer los preservativos a un calor, iluminación o humedad excesivos puede afectar también a la eficacia, así como los lubricantes aceitosos.

En caso de necesitar lubricación adicional, aconsejan los médicos, utilizar lubricantes hidrosolubles, como glicerina y gelatina K-Y. También se puede usar gelatina o espuma espermicida con el condón. De hecho, algunos preservativos vienen ya con espermicida; la tasa de fallo de preservativos con espermicida es generalmente baja.

En lo que respecta a su salud, el condón tiene mucho que ver en ello. Cuando se utiliza correcta y continuamente, los estudios han demostrado que puede reducir la transmisión de STDs bacterianas y enfermedades vitales tales como el sida, herpes y las verrugas. Puesto que ayudan a evitar las STDs, los condones protegen también contra la enfermedad inflamatoria de la pelvis —enfermedad que puede producir infertilidad— y contra embarazos ectópicos. Y puesto que los médicos actualmente opinan que el cáncer cervical puede deberse a ciertas cepas del virus del papiloma humano, una enfermedad de transmisión sexual, el preservativo también puede impedirlo.

Los condones pueden ayudar a evitar tanto el embarazo como las enfermedades de transmisión sexual, ya que el esperma y otros organismos no pueden atravesar la capa de látex. Los expertos en STDs, sin embargo, advierten que no deben usarse preservativos de «piel de cordero», ya que los organismos infecciosos, incluidos los causantes del sida, pueden atravesarlo, no resultando eficaces para la prevención de la enfermedad.

Sensibilidad del preservativo

El mayor problema con el condón es su utilización, dice la doctora Forrest. A diferencia de otros métodos anticonceptivos, el condón lo utiliza su pareja, de modo que su cooperación es inevitable. Con todo algunos hombres no quieren usarlo porque dicen que reduce la sensibilidad. Y tanto los hombres como las mujeres se quejan de que los preservativos son sucios y molestos y que interfieren con la pasión y espontaneidad del momento.

Sin embargo, si usted es soltera o no está comprometida, su mayor problema puede que sea la falta de voluntad de usar el condón. Estudios realizados demuestran que a las mujeres les gustan los condones más que a los hombres usarlos, dice la psicóloga Linda J. Beckman, doctora en filosofía y directora de investigación en la California School of Professional Psychology, en Alhambro, por lo que puede resultar difícil convencer a la pareja que es mejor para él usar el preservativo que usted da la casualidad que tiene. Las mujeres tienen que ser capaces de hacerlo, ya que aproximadamente el 40 por 100 de las personas que compran condones son mujeres.

¿Cómo se pide a un hombre que use preservativo? «Muchas mujeres piensan que esa pregunta puede tomarse como un insulto», dice la doctora Beckman, también profesora adjunta en el departamento de psicología de la Universidad de California, Los Ángeles. Temen que se pueda interpretar como una falta de confianza.

Pero no se trata de confianza, señala ella. Usted no intenta protegerse porque sospecha que su pareja le oculta información pertinente, sino porque es posible que incluso él mismo desconozca que ha estado expuesto a una STD. El virus del sida, por ejemplo, puede permanecer latente durante años, sin producir ningún tipo de síntoma.

¿Cuál es la cuestión de fondo? Los preservativos son eficaces, baratos y fácilmente disponibles en las farmacias y máquinas situadas en los aseos. Se comercializan en una serie de tamaños, colores y texturas, y en la actualidad son el tercer método anticonceptivo más popular entre las mujeres.

Sin embargo, con el alarmante aumento de STDs, la mayoría de los expertos esperan que dentro de poco se conviertan en el primer método anticonceptivo.

El condón de la mujer

Para aquellas personas que prefieren evitar las negociaciones, a veces nada seguras, con los hombres reacios a usar condones, el condón de la mujer puede ser una alternativa.

El primero en comercializarse fue Reality, una bolsa de poliuretano de 17,5 cm de largo, ya lubricada, que se introduce como un tampón.

Se asemeja a un diafragma con un manguito de caucho que se prolonga fuera de la vagina y que se sujeta mediante un anillo elástico situado en ambos extremos. El anillo mayor, interno, rodea el extremo cerrado y sujeta el dispositivo, cubriendo el cuello del útero, y se

Lo más importante que usted debe recordar cuando inicia una relación sexual es que no se está metiendo en la cama con un hombre, dice Jacqueline Darroch Forrest, doctora en filosofía del Alan Guttmacher Institute en Nueva York. Está compartiendo el sitio con todas las personas con las que *él* mantuvo relaciones sexuales —¡y con todas las personas con las que *ellos* mantuvieron relaciones!

«El mayor problema que tenemos no es la tecnología de la contracepción —el soporte físico, por así decirlo—, sino los componentes lógicos de nuestra propia conducta y con cómo nos enfrentamos a nuestras relaciones con los demás», dice la doctora Forrest. A menudo resulta mucho más fácil tener relaciones sexuales que hablar de ello.

Pero hay que hablar. Y la International Planned Parenthood's Federation ofrece las siguientes respuestas a las mujeres que estudian la posibilidad de usar el condón.

ÉL: Sé que no tengo ninguna enfermedad. No he mantenido relaciones sexuales desde hace mucho tiempo.

USTED: En cuanto a lo que yo sé, tampoco tengo ninguna enfermedad, pero sigo queriendo usar condón ya que cualquiera de los dos podríamos tener una infección y no saberlo.

O:

ÉL: ¡Qué insulto! ¿Piensas que soy el tipo de persona que coge el sida?

sujeta por detrás del hueso de la pelvis. El anillo externo rodea el borde abierto inferior del manguito, y se coloca por fuera de la vagina después de su inserción. Puede introducirse en cualquier momento antes del coito —no depende de la erección como es el caso del preservativo— y se tira a la basura posteriormente. Los lubricantes no reducen su eficacia.

Aunque las mujeres que han probado este dispositivo lo encuentran cómodo, muchas se quejaron de la visibilidad del anillo externo.

Las pruebas preliminares realizadas por el fabricante indican que el preservativo protegerá a quienes lo usen de igual modo contra todas las STDs, y es casi tan eficaz como el preservativo a la hora de evitar

USTED: No he dicho eso. Todos podemos coger una infección. Quiero usar el preservativo para protegernos los dos.

O:

ÉL: Te amo. ¿Te infectaría yo a ti?
USTED: No de forma deliberada. Pero la mayoría de las personas no saben que están infectados. Por eso es lo mejor para los dos.

Otras sugerencias:

- Comentar el uso del preservativo antes de estar físicamente cerca, cuando aún controla sus sentimientos.
- Ensayar lo que quiere decir a la pareja. Pedir a una amiga íntima que lo ensaye con usted.
- Sacar el tema mencionando un nuevo artículo o programa de televisión que haya visto acerca de preservativos.
- Si su pareja no tiene un preservativo, saque uno de su bolso (asegúrese de tener uno a mano siempre) y diga algo sencillo y claro como «usemos el preservativo como protección».
- Mantenerse firme. Ser clara, no empiece una discusión. Lo que está en juego es su vida y su salud.

el embarazo. No obstante, hacen falta otros estudios que demuestren su eficacia contra STDs. El condón femenino se comercializa en muchos países, pero cuando se publicó este libro, su venta en los EE.UU. seguía en trámites.

Otra alternativa

Un método de barrera que depende totalmente de la mujer es el diafragma, un resorte flexible de caucho, en forma de cúpula, con un anillo flexible que se encaja en la vagina y cubre el cuello del útero.

Impide el embarazo del mismo modo que el condón, evitando la entrada del esperma en el cuello y que se dirija hacia el óvulo. Normalmente se utiliza con espermicida, que puede ayudar a matar al espermatozoo que consigue atravesar el anillo.

El diafragma puede introducirse hasta seis horas antes del coito, de modo que usted no tiene que preocuparse por «estropear el momento», pero sí tiene que tenerlo previsto. Nunca debe dejarse puesto más de 12 horas. Retirarlo demasiado rápido puede aumentar el riesgo de embarazo. Consulte con su médico.

Cuando se utilizan con espermicida, los diafragmas reducen la posibilidad de transmisión de STDs y enfermedad inflamatoria pélvica. Protegen también contra neoplasmas cervicales y a menudo contra enfermedades precancerosas que pueden estar relacionadas con el cáncer cervical.

El diafragma puede ser casi tan eficaz como la píldora anticonceptiva, pero sólo si se usa correctamente y de forma constante. En un estudio, por ejemplo, las mujeres casadas de mayor edad, que habían estado usando diafragma durante más de cinco años tenían una tasa de fallo —en este caso, tasa de natalidad— de sólo 1,1 por 100. Sin embargo, cuando se estudió a un grupo de mujeres jóvenes casadas y solteras la tasa de embarazo era del 21 por 100, el primer año y del 37 por 100 el segundo.

Está claro, dependiendo de la motivación que tenga la mujer que lo utilice, que el diafragma no es ni totalmente seguro ni un desastre.

Arriesgarse más

Otros métodos de barrera son en cierto modo menos eficaces. Pero dadas las opciones, son mejor que nada. Estos son los espermicidas y las esponjas.

El espermicida es una sustancia química que inmoviliza o mata el esperma. Se comercializa en distintas formas, incluida espuma, gelatina, supositorios, cremas y películas que se disuelven en la vagina. El ingrediente activo en la mayoría de los espermicidas es nonoxynol-9, una sustancia química capaz de reducir las enfermedades de transmisión sexual, tanto las de origen bacteriano como las víricas.

La tasa de embarazo, en el caso de los espermicidas, puede ser hasta del 28 por 100, según muestran los estudios, a pesar de que la tasa de fallo típica sea de un 13 por 100. Resulta muy eficaz cuando se utiliza conjuntamente con otro método de barrera como el diafragma, esponja o condón.

La esponja es un dispositivo en forma de almohada, de poliuretano, que contiene nonoxynol-9, de modo que técnicamente es un método de barrera y un espermicida. La esponja en sí atrapa el esperma, mientras que el espermicida lo mata. Se coloca en la parte superior de la vagina, con la cara cóncava tapando el cuello del útero, para que sea menos probable su descolocación. Tiene un cordón para facilitar su retirada, se comercializa en un único tamaño y se puede adquirir sin receta médica. Ofrece protección durante 24 horas, independientemente del número de coitos realizados; transcurrido ese tiempo debe retirarse.

La esponja tiene una tasa de fallo de entre el 17 por 100 y el 25 por 100, según muestran los estudios, y debido al espermicida, puede ayudar a reducir el riesgo de enfermedades de transmisión sexual, tanto de origen bacteriano como víricas.

Por desgracia, la esponja puede producir reacciones alérgicas e irritación vaginal, como sequedad vaginal, picor, mal olor, escozor y exudado vaginal. Puede ser también un mayor riesgo para infecciones por fermento y síndrome de shock tóxico, aunque esto último es raro.

La esponja no es la mejor elección para la mujer para la que la eficacia sea la prioridad. Sin embargo, para una mujer muy motivada, la esponja tiene algunas ventajas: es barata, fácil de usar, no requiere una visita al médico y protege contra la enfermedad.

De modo que, ¿cuál es el mejor anticonceptivo para usted?

Tome su decisión y coméntelo con el médico. Pero recuerde que la decisión de qué método usar es sólo la mitad de lo que usted necesita para proteger su cuerpo. Usarlo es la otra mitad.

Véase también Píldoras anticonceptivas, Enfermedades de transmisión sexual.

CUIDADOS DE LA MAMA

Cada dos meses, más o menos, y a veces de forma más frecuente, yo hago una autoexploración poco entusiasta de mi pecho» dice Marlene Egan, representante comercial de una importante compañía informática. «Sé que debería ser más consciente de ello. Después de todo tengo 41 años».

«Pero yo noto todos estos bultos y surcos ahí y me pregunto si podría reconocer un bulto peligroso incluso si apareciese. De modo que dependo, en gran parte, de la exploración que mi médico me realiza una vez al año, y me hago una mamografía cuando me lo dice», dice ella.

El plan de cuidados de mama, que tiene Marlene, es bastante común. Estudios realizados han demostrado que la mayoría de las mujeres están informadas acerca de la autoexploración de mama, pero sólo aproximadamente un tercio lo realiza. Y aunque ha crecido el número de mujeres que se realizan al menos una mamografía, el

Instituto Nacional de la Salud informa que sólo el 31 por 100 de las mujeres con 40 años o más la realizan con la asiduidad recomendada por el Instituto Nacional de Cáncer (NCI). De hecho, las pruebas de detección selectiva para el cáncer de mama se utilizan tan poco, que el NCI cree que podría ser un motivo importante de que la tasa de muerte por cáncer de mama no haya descendido en estos últimos treinta años.

Llevar un control riguroso

A pesar de que no existe ningún modo seguro de evitar el cáncer de mama, los expertos opinan que su mejor posibilidad de supervivencia es la detección precoz. Y para ello, la mayoría de los especialistas recomiendan que todas las mujeres mayores de 20 años hagan lo siguiente:

- Realizar mensualmente una autoexploración de mama (véase «Cómo realizar la autoexploración de mama», en la página siguiente).
- Ir al médico para someterse a una exploración de mama, cada tres años, hasta cumplir los 40, y anualmente a partir de entonces.
- Hacerse un mamograma inicial (primero) entre los 35 y 39 años.
- Hacerse un mamograma cada uno a dos años, entre los 40 y los 49 años, y una vez al año a partir de los 50.

¿Suena bastante sencillo, no? ¿Entonces, por qué la mayoría de las mujeres no siguen este consejo?

Un motivo es que la autoexploración de mama no se enseña muy bien, dice Susan Love, doctora en medicina, directora del Faulkner Breast Center, en Boston, y profesora clínica adjunta de cirugía en la Universidad de Medicina de Harvard. «Nosotras decimos a las mujeres que busquen algún cambio, pero no les decimos qué tipo de cambio. Ni tampoco les decimos cómo es un bulto canceroso».

Al igual que Marlene, la mayoría de las mujeres que intentan hacerse una autoexploración de mama renuncian o lo hacen sólo esporádicamente, porque les da miedo lo que están palpando. «Les falta confianza en su técnica o temen hallar algo», dice Wende Logan-Young, doctora en medicina, directora de la Breast Clinic en Rochester, Nueva York, y asesora del Roswell Park Cancer Institute, en Buffalo. «En cualquiera de los casos, crea mucha ansiedad».

«Yo he tenido mujeres que me han dicho: "Mire, sé cómo hacer la autoexploración de mama, pero si en algún momento me encuentro un bulto yo me muero. No sería capaz de afrontarlo". Quieren que otra persona —su médico— tome la responsabilidad», añade.

Incluso mujeres que han pasado por el descubrimiento de un bulto benigno se muestran reticentes a realizar la autoexploración. En un estudio de 655 mujeres, investigadores procedentes de la Escuela de Salud Pública de la Universidad de Michigan, en Ann Arbor, comprobaron que las mujeres que descubrían un bulto que posteriormente resultaba ser benigno eran tres veces más propensas a dejar de realizar el autoexamen, que las mujeres que nunca habían descubierto un bulto.

Es como si las mujeres que descubrieron sus bultos creyeran que tuvieron que afrontar todo lo desagradable de la experiencia por haber realizado la autoexploración de mama, especulan los investigadores. A pesar de que el resultado fue claramente favorable, el estrés, malestar e inconvenientes que lo acompañaron tuvieron, aparentemente, un impacto tan negativo que muchas mujeres dejaban de realizar la autoexploración. Estas mujeres, en concreto, dicen los investigadores, necesitan que sus médicos les animen a seguir con los autocuidados.

Cómo realizar la autoexploración de mama

La mayoría de los bultos en el pecho (aproximadamente el 90 por 100) se descubren con la autoexploración de mama. De modo que, cuanto mejor preparada esté usted para hacer un buen examen, más posibilidades tiene de descubrir un problema tan pronto como aparezca. Antes de empezar, esto es lo que debe buscar:

- Nuevos bultos.
- Arrugas en la piel.
- Hoyuelos en la piel.
- Engrosamiento o dureza debajo de la piel.
- Retracción del pezón.
- Sangrado o exudado a través del pezón.
- Cualquier otro aspecto anómalo en la piel o pezón.

Así es cómo debe examinarse, según la American College of Obstetricians and Gynecologists, y la Albert Einstein Healthcare Foundation.

En la ducha. Subir un brazo, y con los dedos de la mano planos, tocar todas las partes de cada pecho, buscando suavemente un bulto o engrosamiento. Utilizar la mano derecha para examinar el pecho izquierdo y la mano izquierda para el pecho derecho.

Las mujeres que se sienten tan abrumadas por la ansiedad que son incapaces de hacer una autoexploración deben simplemente acudir más a menudo a su médico, quizás cada tres o cuatro meses, dice la doctora Love, autora también de *Dr. Susan Love's Breast Book* (Libro de la mama, de la doctora Susan Love). «Entonces no tienen que afrontar la ansiedad que supone hacerlo ellas, y se benefician de la ventaja que supone la rápida detección de un bulto».

«No piense que usted es algún tipo de chiflada si el hecho de realizar la autoexploración le hace sentirse rara», añade la doctora Love. «Todas tenemos nuestra parte "loca", y se nos permite tener algunos sentimientos irracionales».

La detección precoz puede salvar su pecho

La autoexploración de mama puede significar una detección precoz; y la detección precoz puede significar una cirugía menos agresiva, dice la doctora Love. «Puede significar la diferencia entre una lum-

---

Delante del espejo. Con los brazos a ambos lados, y luego subidos por encima de la cabeza, buscar detalladamente cambios en el tamaño, forma y contorno de los pechos. Observar la existencia de hoyuelos, arrugas o cambios en la textura de la piel. Apretar suavemente ambos pezones y comprobar si sale algo.

Tumbada boca arriba. Éste es el paso más importante ya que es la única posición en la que usted puede notar todos los tejidos. Colocar una almohada o toalla doblada debajo del hombro izquierdo y colocar la mano izquierda debajo de la cabeza. Con la mano derecha, manteniendo los dedos planos y juntos, tocar suavemente el pecho izquierdo sin ejercer demasiada presión. Usar pequeños movimientos circulares colocando los dedos al principio en la parte superior externa de la mama, deslizando los dedos en espiral hacia el pezón. Examinar todas las partes del pecho. Repetir el procedimiento con el pecho derecho. Asegúrese de examinar el área situada por debajo de la axila, ya que contiene también tejido mamario.

pectomía grande o pequeña, o incluso la diferencia entre una lumpectomía y una mastectomía».

Pero aunque la detección precoz es importante, usted tiene que
saber que lo que no tiene importancia es si descubre un bulto este
mes o el próximo. «Los bultos en el pecho generalmente tienen un
crecimiento lento», explica la doctora Love. «Y algunos de ellos son
sigilosos. No llegan a notarse hasta que alcanzan un tamaño bastante grande, ya que el cáncer tiene que hacerse suficientemente grande
para crear una reacción —se forma un tejido fibroso, semejante a
una cicatriz alrededor del cáncer— que es en realidad lo que usted
nota». Por desgracia, la idea de que usted se ha «saltado» un bulto es
motivo de mucho sentimiento innecesario de culpa, dice la doctora
Love. La mujer a menudo piensa que se ha armado un lío y ha
pasado por alto algo evidente, cuando sencillamente no es verdad.

Imagínese esto

Si la realización de la autoexploración de mama ofrece la posibilidad
de una detección precoz, piense lo que el mamograma puede hacer.

«Aunque los mamogramas no son perfectos, por regla general, el
mamograma puede detectar un cáncer dos años antes que la paciente
o el médico», dice la doctora Logan-Young, añadiendo algunas palabras de precaución. «No es perfecto. De hecho, si el tejido mamario
de la mujer es muy denso, la mujer o su médico pueden notar un
bulto antes de que se pueda ver en un mamograma. A pesar de todo»,
insiste ella, «es asombroso lo que pueden detectar los mamogramas. Uno de los motivos es que el 50 por 100 de todos los tipos de
cáncer contienen grupos de calcificaciones —sales de calcio que se
dejan como material de desecho celular—, que aparecen como pequeñas
manchas blancas visibles incluso entre un tejido mamario denso».

«Si se forma un tumor alrededor de los bordes de la mama, o si
se crea mucha reacción fibrosa, o si la mama es excepcionalmente
densa, es posible que el mamograma no lo detecte», añade la doctora
Love.

Con todo, las pruebas de detección mediante mamograma mejoran
la tasa de supervivencia de las mujeres mayores de 50 años, con
cáncer de mama, en un 30 por 100.

«Es por esto por lo que yo creo firmemente en él», dice la doctora
Love. «Y los mamogramas resultan más eficaces cuantos más años
tenga la mujer. Conforme se van cumpliendo años, el tejido mamario
disminuye de densidad volviéndose más adiposo, facilitando al mamograma la detección de anomalías».

Las mujeres se someten a un mamograma con un cierto grado de
ansiedad. «Siempre que vas a hacerte un mamograma, sientes temor

y estás temblando», admite la doctora Love. «Después de todo, ¿no está usted ahí para buscar un cáncer?».

«Cuando voy a que me hagan un mamograma anual, no puedo dejar de pensar en el motivo que me trae», confirma Samantha Kern, una escritora de 52 años. «Después de todo, no es una radiografía corriente. No es el dentista que busca una caries. Estoy aquí para que descarten la existencia de un cáncer de mama, y no hay más», admite. «Conforme me siento en la sala de espera, pienso en mi futuro y en mi salud. ¿Qué pasará si encuentran algo? pienso para mí misma. Aún peor. ¿Qué pasará si *no ven* algo? Resulta una experiencia dura que siempre hace que me sienta vulnerable».

Vulnerable sí. Pero —una vez que se tienen los resultados— probablemente también se sienta aliviada. Porque la verdad es que a la gran mayoría de las mujeres no se les detecta nada. «Por cada 200 mamogramas que hacemos», dice la doctora Logan-Young, «sólo hallamos un cáncer. Las 199 restantes están sanas».

Pero, ¿qué pasa si su mamograma es el que está mal? Hallar una anomalía —tanto si al final resulta ser benigna como si es maligna— produce mucha ansiedad, coinciden en decir los médicos. En un estudio realizado por Caryn Lerman, doctora en filosofía, directora de oncología conductista en Fox Chase Cancer Center, en Cheltenham, Pennsylvania, y sus colaboradoras, se vio que aproximadamente un 40 por 100 de las mujeres con mamogramas sospechosos se preocupaban a menudo por la posibilidad de tener cáncer de mama, desde el momento en que se les hacía el mamograma hasta las pruebas de diagnóstico realizadas posteriormente. Aproximadamente el 25 por 100 de éstas dijo que este sentimiento de preocupación era tan importante que afectaba a su estado de ánimo, y el 20 por 100 dijo que les costaba realizar las actividades cotidianas.

A diferencia de lo que sucedía con las mujeres que descubrieron un problema a través de la autoexploración, sin embargo, aquellas mujeres con mamogramas anómalos era más probable que volviesen a realizarse otros posteriores, que las mujeres cuyo mamograma estaba perfectamente normal.

Disculpas, disculpas

Pero el motivo por el que la mayoría de las mujeres no se someten a un mamograma rutinario no es el temor o la ansiedad. Es la ignorancia.

De acuerdo con un estudio realizado por Jacobs Institute of Women's Health, en Washington, D.C., y por el NCI, las mujeres funcionan bajo una serie de ideas falsas que podrían perjudicarles.

El 35 por 100 de las mujeres encuestadas, que sólo se habían sometido a un mamograma, por ejemplo, pensaban que si no se veía ningún problema, no tenían que hacerse otro, según Sharyn Sutton, doctora en filosofía, jefa de la Information Projects Branch del National Cancer Institute. El estudio indicaba también que más del 25 por 100 de las mujeres que nunca se habían realizado un mamograma pensaban que no corrían riesgo de tener cáncer de mama. Y aproximadamente el 40 por 100 pensaban que no corrían riesgo porque nadie en su familia tenía antecedentes de cáncer de mama. Como señala la doctora Sutton, ellas desconocían por completo que «hasta el 80 por 100 de los cánceres de mama aparecen en mujeres sin antecedentes familiares».

El estudio mostró también que aquellas mujeres que nunca se habían hecho un mamograma, era más probable que pensasen que los mamogramas son importantes sólo para las mujeres que se notan bultos o tienen otros síntomas de cáncer de mama.

No obstante, si usted está esperando a que su médico le recomiende que se haga un mamograma, prepárese a esperar mucho tiempo. A pesar del esquema de mamogramas recomendado por la American Cancer Society, un estudio halló que casi la mitad de las mujeres que nunca se habían hecho un mamograma dijeron que sus médicos nunca se lo habían recomendado.

Con todo, cuando un médico recomienda un mamograma, dice la doctora Lerman, la gran mayoría de las mujeres se lo hacen. De hecho, un estudio patrocinado por la American Cancer Society halló que el 94 por 100 de las mujeres cuyos médicos les habían recomendado un mamograma, se habían hecho uno en los dos últimos años, mientras que sólo el 36 por 100 de las mujeres cuyos médicos no se lo habían recomendado, se lo habían hecho.

Como señala un experto, los médicos están perdiendo una oportunidad muy buena. Si los médicos prescribiesen mamogramas cuando realizan un examen mamario, y si todas las pacientes se lo hiciesen, el número de mamografías podría aproximadamente ser el doble a nivel nacional. ¿Y según usted, cómo podría afectar eso a la tasa de mortalidad por cáncer de mama?

Cuando un bulto es sospechoso

Sucede. Usted o su médico, o un mamograma, detectan algo sospechoso. Es una situación que teme toda mujer, y a la que se enfrentan miles de mujeres cada año.

Cuando Annette Sobel, una profesora de 49 años, halló un bulto en su pecho, dijo que estuvo pensando en ello, durante dos semanas, antes de decidir qué hacer. «Yo tenía la regla la primera vez que me lo noté, así que pensé esperar a ver si desaparecía una vez que acabase de manchar», dice Annette. «No fue así. Yo no dejaba de pensar que no podía ser nada —nadie en mi familia había tenido antes ningún tipo de cáncer. Pero me fastidiaba, y cada vez que me desnudaba yo lo miraba, lo tocaba y me ponía más nerviosa. Al final, una noche me eché a llorar y le dije a mi marido lo que me pasaba. Al día siguiente fuimos a ver a mi médico. Ella nos dijo que sí tenía aspecto sospechoso, aunque intentó tranquilizarme diciéndome que nadie podía asegurarlo hasta no hacerse una biopsia. Se me puso el estómago de punta y estuve a punto de vomitar. Luego, me puse a llorar».

«Existen tantas reacciones diferentes a la noticia de un posible cáncer de mama como número de mujeres», dice la doctora Logan-Young. «Hay mujeres que entran en shock y son incapaces de pensar en nada. Están tan abrumadas por la noticia que se les queda la cabeza en blanco. No oyen nada de lo que se les dice. De hecho, ha habido casos en los que hemos tenido que llevar a las mujeres a sus casas, porque estaban tan afectadas por la noticia que eran incapaces de hacerlo solas».

«Nuestras pacientes nos dicen que atraviesan periodos de negación e incredulidad, quedarse paralizadas y sentir un terror absoluto», añade Mary Jane Massie, doctora en medicina, y psiquiatra adjunta en Memorial Sloan-Kettering Cancer Center, quien se ocupa de asesorar a las pacientes cancerosas. «Algunas de esas reacciones emocionales pueden impedir a las personas avanzar hasta el diagnóstico final; pero para la mayoría tiene el efecto contrario. Necesitan una respuesta inmediatamente».

«Pero la mayoría de las mujeres son realmente fuertes», dice la doctora Logan-Young. «Reaccionan de forma muy pragmática. Dicen: "Bueno, explíqueme qué tengo que hacer y lo haré". Y nosotras le damos por escrito todas las instrucciones: que tienen que ir a ver a un cirujano; que el médico fijará una fecha para la biopsia; que el día en que está programada la biopsia, pueden hacérsela con anestesia total o local. También les damos copias de sus mamogramas y de cualquier otra prueba diagnóstica para que se lo lleven al cirujano.»

«Damos a las pacientes toda la información que podemos», sigue diciendo la doctora Logan-Young. «Les mostramos su mamograma y el área en cuestión. Si no han notado aún el bulto —porque se vio en un mamograma, por ejemplo—, les ayudamos a que lo palpen. Si pensamos que es muy sospechoso, se lo decimos; y si pensamos que es probable que sea benigno, también se lo decimos».

«Yo les doy también a las mujeres mi número de teléfono», dice la doctora, «y les digo que me llamen siempre que tengan alguna duda. Hay mujeres que me han dicho que aunque no me han llamado, sólo saber que podían hacerlo les ayudaba mucho».

Tiempo de incertidumbre

El peor momento para la mujer es ese espacio de tiempo que hay entre averiguar que tiene un bulto sospechoso y los resultados de la biopsia. «Es ese temor a lo desconocido», dice la doctora Logan-Young. «Y a pesar de que las cifras son favorables —a nivel nacional, sólo una de cada siete biopsias de bultos resultan ser cáncer— ella es incapaz, por supuesto, de dejar de pensar que puede ser esa una».

Para Annette, ese tiempo de incertidumbre fue «la semana más larga de mi vida», dice ella. «Tenía que esperar a que pasase todo el fin de semana antes de que me hiciesen la biopsia. Mi marido y yo fuimos a una tienda de vídeos y alquilamos más de una docena de películas —de suspense, comedias, aventuras, ciencia ficción— de todo menos melodramas. Lo crea o no, fui incluso capaz de reírme ese fin de semana, y de vez en cuando pude incluso escapar de la realidad», dice Annette. «Pero por las noches, me despertaba e imaginaba cuál podría ser mi futuro —enferma, con dolor, desfigurada, tal vez muerta. Yo no quería que cambiase mi vida y mi estilo de vida. No me agradaba tener que enfrentarme a mi propia muerte. No estaba preparada».

Aguantar la espera

«Intentamos que nuestras pacientes tengan los resultados de las pruebas diagnósticas lo antes posible», dice la doctora Massie, «porque realmente no hay nada que pueda decir un psiquiatra sensato, y no existe ninguna píldora mágica que se lleve el horrible temor que sienten estas mujeres. Es por esto por lo que las mujeres necesitan tener médicos compasivos que entiendan realmente lo mal que lo están pasando».

La doctora Logan-Young dice que entre sus pacientes normalmente ve dos estrategias de afrontamiento diferentes. Un grupo desea hablar de ello con todas las personas que conocen, y el otro grupo desea leer todo lo que pueda. «Ambas cosas ayudan», dice la doctora Massie, «pero yo siempre fomento la comunicación oral. No es el momento para no contar con la familia. Usted necesita todo el apoyo posible. No obstante, en el caso de las mujeres que prefieren el planteamiento intelectual, yo les sugiero los libros y artículos apropiados».

Annette le dijo a sus mejores amigas y a sus dos hijas que se iba a hacer una biopsia, y lo que podía significar. Pero no se lo dijo a su madre ni a su hermana hasta que tuvo el diagnóstico. «Sabía que estarían destrozadas hasta saber los resultados», explica ella. «Yo habría acabado consolándolas y tranquilizándolas a ellas en vez de lo contrario. Además, pensaba que tenía un gran apoyo por parte de mi marido, niños y amigos».

«Después de la biopsia, llamé a mi madre y hermana y les conté lo que me había pasado», dice Annette, «y también les dije las buenas noticias, que se trataba de una alteración fibroquística benigna, y nada de cáncer».

«Nos pusimos a llorar todas juntas, y yo pasé el mejor verano de mi vida», añade Annette.

Véase también Embarazo.

CUIDADOS DEL NIÑO

E n 1986, un destacado informe en investigación sobre guarderías sembró el terror en el corazón de millones de mujeres trabajadoras cuyos hijos estaban en guarderías. Ese año, Jay Belsky, doctora en filosofía y psicóloga del desarrollo, anunció que en los estudios que había realizado se había visto que los niños que pasaban más de 20 horas a la semana en la guardería corrían el riesgo de no desarrollar una relación de seguridad con sus madres, y de tener problemas de conducta cuando llegan a la edad escolar.

«¡Chica, eso hizo que me sintiera culpable!» dice Lee Ann D'Andrea, cuya hija de 7 años había estado en una guardería 40 horas a la semana desde que cumplió los 4 meses. «Empecé a observar a mi hija en busca de signos que me dijesen que no estaba unida a mí, pero no pasó. A pesar de todo, el informe Belsky hizo que me quedase la duda en la mente. Incluso hoy me pregunto si algún tipo de cosa horrible va a pasar sólo porque dejé a mi hija en una guardería todos esos años».

Guarderías y culpa. Para muchas madres ambas cosas van juntas. A pesar de que muchos expertos no están de acuerdo con el informe de la doctora Belsky —y echan piedras sobre él— y de que otros estudios han demostrado que lejos de ser perjudiciales las guarderías pueden incluso ser beneficiosas, muchos padres se plantean con intranquilidad la idea de dejar a sus hijos en guarderías.

Esto quedó bien claro en un estudio realizado con 4.050 personas —2.009 de ellas eran padres— llevado a cabo por Louis Harris y sus colaboradores. Más del 95 por 100 de los padres dijeron que sería mejor para el niño que un familiar cuidara de él en casa, y les proporcionaría tranquilidad, pero sólo un poco más de la mitad dijo que era una opción realista, y sólo el 39 por 100 lo hacía en realidad. Sólo el 8 por 100 dijo que pensaban que el sistema de atención del niño funcionaba «muy bien», y el 38 por 100 dijo que «no funcionaba nada bien». Tan solo el 25 por 100 del número total de personas encuestadas, incluidas las personas sin hijos, dijo que pensaban que los niños recibían unos cuidados de calidad mientras sus padres trabajaban.

Alegar culpa

El sentimiento de culpa parece ser general entre las madres trabajadoras. En un estudio realizado por la revista *Working Mother* más de las 3.000 encuestadas dijeron que de vez en cuando sentían culpa —«como cuando te duele una cicatriz un día de tormenta», según dice Carin Rubenstein, doctora en filosofía y asesora del estudio— y la mayoría dijo que era autoinfligido. ¿Por qué se sienten culpables? El 44 por 100 —el grupo más grande— dijo que era por no pasar suficiente tiempo a su lado. Para ser justos, su sensación ocasional de culpabilidad parecía compensarse por el orgullo y la autoestima que adquirían trabajando y trayendo un sueldo a casa.

Pero el sentimiento de culpa no es siempre necesariamente malo. Sirve como señal para hacer una reflexión, dice Ellen Galinsky, experta en cuidados infantiles y copresidenta del Families and Work Institute, en Nueva York, coautora además de *The Preschool Years* (Los años preescolares), y de otra serie de libros sobre cuidados del niño y desarrollo infantil. «La culpa es una señal que nos indica que no estamos viviendo como queremos», dice ella. «Lo que tenemos que hacer en ese caso es preguntarnos, ¿nuestras expectativas son realistas o no?».

Las mujeres que trabajan lo hacen, bien porque quieren o bien porque tienen que hacerlo, y a veces por ambas cosas. En la sociedad actual está generalizada la incorporación de la mujer al trabajo. De las mujeres que vuelven a trabajar después de un año de haber dado a luz a su primer hijo, la mayoría lo hacen transcurridos tres meses. Pero muchas mujeres piensan que, al igual que sus madres, ellas deberían quedarse en casa con sus hijos. Algunas mujeres son conscientes de que están continuamente sopesando los «debería»: Debería estar trabajando porque necesitamos el dinero. Debería estar trabajando porque mi trabajo me produce satisfacción. Debería estar en casa porque a los niños deben criarlos sus padres.

Profecía de la realización de los más íntimos deseos de cada uno

Uno de los modos de evitar sentirse culpable es convencerse de que está haciendo lo correcto. En caso contrario, dice Galinsky, su sentimiento de culpa puede convertirse en «una profecía de la realización de los más íntimos deseos personales». Un estudio realizado por Ellen Hock, doctora en filosofía y catedrática de relaciones familiares y desarrollo humano en la Universidad de Ohio, comprobó que la actitud que tiene la madre hacia abandonar a su hijo influye en el modo que el niño tiene de reaccionar ante la separación. La culpa puede incitarle a actuar de un modo perjudicial para su hijo.

«Usted piensa que está perjudicando a su hijo, por lo que empieza a actuar como si el hijo tuviera problemas», dice Galinsky. «Es posible que usted empiece a pensar que "debe compensarle" a su hijo su pérdida porque usted trabaja».

Lo que sucede a menudo es que, debido al sentimiento de culpa, los padres miman a sus hijos, consintiéndoles sus caprichos constantes y dejando que se acuesten tarde, para pasar más tiempo con ellos. Otras intentan ser una súper madre, agotándose en el proceso. El resultado pueden ser niños confusos o inciertos que «saben que lo que usted hace no está muy bien», dice Galinsky.

En vez de enfocarlo de ese modo, dice ella, «afronte la culpa directamente y diga, "¿voy o no voy a trabajar?". Y en caso de que lo haga, llegue a algún tipo de acuerdo. No permita que interfiera en la relación ya que puede suceder lo que los padres más temen. Puede perjudicar a su hijo».

Analice modos para pasar más tiempo con sus hijos. Si su trabajo se lo ofrece, aprovéchese de una flexibilidad de horario, si es una opción viable. Establezca unas prioridades. ¿Trabaja para mantener a la familia o para pagar las letras? Si puede vivir cómodamente, si no con lujo, con un solo sueldo y le gustaría quedarse en casa —al menos hasta que crezcan sus hijos— entonces considere como otra profesión la de madre que se queda en casa.

Escoger la atención adecuada

Pero si necesita o desea trabajar, le será útil estar convencida de que ha escogido la mejor guardería para su hijo, dice Galinsky, que ha hecho varios estudios sobre qué es lo que agrada o no convence a los padres de las guarderías o personas que cuidan a sus hijos.

Aunque tiene que prestar atención a lo que su instinto le dice al entrevistar a señoritas o al visitar las guarderías, hay otra serie de aspectos importantes a tener en cuenta.

Pregunte si puede ver la guardería por dentro. A las personas que trabajan ahí no les debería molestar que lo haga. Usted desea poder ver el centro en su mejor y peor momento. Usted quiere saber dónde va a estar su hijo todo el día, y qué hará. «Todo debe estar claro. De lo contrario, es mejor que vaya a otro sitio», aconseja Nancy Balaban, doctora en educación, y autora de *Learning to Say Goodbye: Starting School and Early Childhood Separations* (Aprender a decir adiós: Separaciones en la edad escolar y primera infancia), y directora del Programa de Desarrollo Paterno-Infantil en City's Bank Street College Graduate School of Education, de Nueva York.

Averigüe la proporción que hay entre adultos y niños. Algunos estados permiten a las personas que cuidan de los niños tener sus propias directrices, pero la American Academy of Pediatrics recomienda que la guardería tenga un adulto por cada tres o cuatro niños, por cada cuatro o cinco niños que empiezan a caminar y por cada seis a nueve preescolares. A menudo los padres prefieren que alguien cuide de sus hijos en casa, para garantizar que el niño recibirá suficiente atención, pero eso es poco frecuente y se lo pueden permitir muy pocos. Una alternativa buena puede ser que al niño lo cuide otra familia, ya que los cuidados normalmente los imparte otra madre en su propio hogar, y si ella está licenciada, tiene un límite de niños a los que puede cuidar, dice la doctora Balaban.

¿Qué tipo de formación tienen las personas que trabajan en guarderías? ¿Resulta segura? ¿Qué actividades especiales ofrece el centro o las personas que trabajan ahí? ¿Cómo se organizan las comidas, disciplina o en caso de enfermedad? ¿La familia que cuida de niños tiene una recompensa o vacaciones? Éstos son algunos de los factores que pueden aclarar la diferencia entre una buena situación para el cuidado del niño y una pesadilla; con todo, muchos padres no logran darle la importancia que tiene. Galinsky dice que en su estudio se vio que lo que más predecía la satisfacción de los padres era una relación de cariño entre el niño y su cuidador. La investigación confirma que los padres piensan que esta relación es, de hecho, el aspecto más importante de la calidad. «Pero la investigación muestra también que es mucho más probable que exista una relación de cariño cuando las personas están preparadas, la proporción adulto/niño

Abandonar a un niño que llora y que se deja en manos de una niñera, profesora, personal de guardería o incluso en manos de un familiar puede producir mucha ansiedad —para usted y para su hijo.

Los niños atraviesan varias fases predecibles de ansiedad debidas a la separación, a pesar de que a algunos, por su temperamento, les cuesta decir adiós, dice Nancy Balaban, doctora en educación, y experta en cuidados infantiles en Nueva York. Sin embargo, por norma general entre los 7 y los 10 meses, la mayoría de los niños montarán un número si usted les deja, incluso si sólo es para ir al cuarto de al lado. «En esta edad, ellos tienen muy claro que usted es algo especial y harán una escena cuando les abandone», dice la doctora Balaban.

La mayoría de los bebés superan su ansiedad con el tiempo, para volver a tenerla aproximadamente entre los 14 y 15 meses y a los 2 años y medio. «Estos niños lo notan de un modo aún más intenso», dice la doctora Balaban. «Saben lo vulnerables que son, y lo mucho que la necesitan».

Usted tiene que reconocer sus sentimientos —«Sé que estás triste porque mamá se va»— y prestarles un poco más de atención, dice la doctora Balaban. «Nunca rechazarlos o dejarles a un lado si se ponen pesados».

Salga de forma airosa, sonriendo después de abrazarlo y darle un beso. A pesar de que usted también sienta ansiedad por separarse de él —las madres lo sienten— intente no transmitírselo al niño. Una persona llorando es suficiente, «y nunca se vaya a escondidas», advierte Ellen Galinsky, que trabaja en Families and Work Institute en la ciudad de Nueva York. «Puede dar resultado la primera vez, pero a la segunda y tercera vez lo paga porque no le creerán».

Ella recomienda que le deje algo suyo al niño «como un gesto simbólico de su regreso —un objeto que el niño pueda guardar en casa hasta que usted vuelva».

es correcta, no existe mucho cambio de personal, etc.», dice Galinsky. Por eso es por lo que los padres tiene que plantearse estas cuestiones vitales.

Prolongación de la familia

También es importante que el personal o cuidador cuide realmente de su hijo, y le ayude a usted. Lo que usted busca es una atención infantil «centrada en la familia», dice Galinsky. Ante todo, usted quiere saber que el cuidador desea ayudarle a usted en los retos a los que se enfrenta a la hora de hacer un balance de la vida familiar.

«En un estudio, vimos que los profesores ayudaban menos a los padres cuando opinaban que las madres no deberían trabajar», dice ella. «Parece asombroso, pero aproximadamente una cuarta parte del personal, de una muestra representativa de centros donde hicimos el estudio, opinaban que las madres no deberían trabajar. Como preguntamos, pudimos saber que la mayoría de los padres desconocían los sentimientos negativos de los profesores, respecto a su trabajo. Aquellos padres cuyos hijos eran atendidos por personas que opinaban que sus madres no deberían trabajar, dijeron tener mucho menos apoyo por parte del personal. Por lo que, debería ser muy importante preguntar, ¿metería al niño en este programa? ¿Piensa que las madres deben trabajar? Si el cuidador no cree en los cuidados del niño entonces, desde mi punto de vista, no es un buen programa».

Ésta es una pregunta especialmente importante que hay que hacer a una familia que cuida de niños, ya que muchas son madres de niños pequeños que han escogido aportar unos ingresos cuidando de otros niños, para no tener que trabajar así fuera de casa.

Hay otro signo importante que hay que buscar que indica una buena situación de cuidados infantiles «centrados en la familia». «Cuando usted llega», dice Galinsky, «¿están los padres bromeando con el personal? ¿Parece que se lo pasan bien juntos? Si usted interroga a una de las personas contratadas acerca de la familia del niño, y ellos le dicen cosas despreciativas y horribles, es posible que digan lo mismo de usted. A veces el programa sólo puede estar centrado en el niño. Si el personal está centrado en el niño, es posible que usted tenga la impresión de que ellos piensan "yo voy a salvar a este niño". Se consideran depositarios de todo el juicio y piensan que saben más de los niños que sus mismos padres. En realidad sí se preocupan por los niños, eso está bien, pero pueden ocasionar ciertos sentimientos negativos entre los padres y el personal».

¿Qué pasa si usted no encuentra un lugar donde los cuidados del niño estén centrados en la familia? ¿Bastará con uno centrado en el niño? «Bueno», dice Galinsky, «si yo tuviera que decidir entre un buen entorno para mí frente a un buen entorno para mi hijo, y esa fuese la única elección posible, yo escogería un lugar para mi hijo y lo comprendería como adulta. Lo podría afrontar. Pero si está centrado en la familia resulta mucho mejor para todos».

Véase también Maternidad frente a profesión.

DECIDIR NO TENER HIJOS

Hace treinta, e incluso veinte años, la mujer que decidía no tener hijos se habría considerado, en el mejor de los casos, una curiosidad, y en el peor de los casos, una proscrita social. Como dijo textualmente un investigador, «ella estaría incurriendo en un tabú». De hecho, en esa época, la presión social para tener hijos forzó probablemente a muchas mujeres que dudaban de sus propios sentimientos maternales a ser madres infelices y poco dispuestas a ello.

En la actualidad, aunque no desaparecida, dicha presión está disminuyendo lentamente. Mientras la maternidad se ve cada vez más como una elección mas que un destino, las pocas mujeres que deciden no tener hijos —un cálculo aproximado de entre 3 por 100 y 6 por 100 de todas las mujeres casadas— encuentran que su decisión está mejor aceptada y, en muchos casos, apoyada. De hecho, el término negativo «sin hijos» está siendo rápidamente sustituido por «libre de hijos», que describe de forma más exacta cómo son las mujeres que no tienen hijos.

También están desapareciendo las suposiciones que hay acerca de las mujeres libres de niños: que son egoístas, inmaduras, mal adaptadas, infelices y que ven a los niños con indiferencia.

Conflicto de intereses

La psicóloga Mardy Ireland, doctora en filosofía, que realizó entrevistas exhaustivas a 100 mujeres libres de niños, comprobó que a la mayoría de las mujeres que no desean ser madres sí les gustan los niños, pero dan más valor a otros aspectos de su vida, como es su carrera profesional o sus relaciones.

«En realidad esperaba encontrar a más mujeres que no les gustasen los niños, pero constituían una minoría», dice la doctora Ireland, miembro de la Universidad Santa Clara, en Berkeley, California, quien, a su vez, no tiene niños. «Por el contrario, se trataba de mujeres que valoraban la naturaleza igualitaria de su principal relación, y les preocupaba la idea de que cambiase con la llegada de un niño. También valoraban su libertad personal y su estilo de vida espontáneo, y poseían fuertes intereses laborales creativos que les hacía pensar que no podrían hacer ambas cosas tan bien como ellas querrían».

Algunas de las mujeres que participaron en el estudio de la doctora Ireland incluso comprobaron sus sentimientos, pasando deliberadamente un tiempo con los hijos de amigos o familiares. «Éste era un modo de que ellas averiguasen hasta qué punto deseaban tener hijos. Obviamente decidieron que no», dice ella.

Otros estudios han hallado que las mujeres que no quieren tener hijos tienden a tener una buena educación, ser buenas profesionales con trabajos que les agradan, y que piensan que la maternidad no ofrece las mismas recompensas. Muchas opinan que no pueden mezclarse niños con carreras profesionales absorbentes. Es posible que piensen que incluso en un matrimonio «igualitario» el cuidado de los niños tiende a ser labor de la madre.

Elsa Harrow, una científica dedicada a la investigación, de 34 años de edad, dice que está segura de que los niños serían un motivo de conflicto en su matrimonio que dura felizmente 10 años. «Eduardo es un psicólogo que ve a personas hasta las nueve de la noche, de modo que yo sería quien haría todo, y sé que eso me irritaría. Sé que empezaría a echarle en cara que trabajase hasta tan tarde, y yo empezaría a sentirme como si estuviera sola con el niño».

Una decisión consciente

La prueba crucial de lo acertado de no haber tenido hijos llega transcurridos unos años en la vida de la mujer, cuando el hecho de no tener hijos podría ser un inconveniente. Gisela Booth, doctora en filosofía, psicóloga clínica y profesora clínica adjunta en Northwestern University, en Chicago, dice haber conocido a una serie de mujeres mayores en su práctica «que se sentían desconectadas y aisladas» al enfrentarse a la vejez sin hijos.

Puede ser cierto en algunos casos, sobre todo en aquellas mujeres cuyos maridos han muerto y ya se han jubilado. Pero cuando los estudios se centran en mujeres mayores, no surge la imagen de una mujer agotada, infeliz. En un estudio realizado con mujeres con edades comprendidas entre los 60 y 75 años, las mujeres sin niños veían más ventajas —libertad personal, intimidad, menos estrés, un matrimonio mejor— que inconvenientes en su estilo de vida.

Tener amigos y ser capaz de hacerse amigos —tanto si se tienen como si no se tienen hijos— ayuda a evitar la soledad. A no ser que usted sea un corazón solitario, sus amigos pueden ser tan útiles o mejor que los niños y nietos, conforme se van cumpliendo años.

Pero la decisión de renunciar a la maternidad no se debe tomar a la ligera, sobre todo si está pensando en dar el paso, prácticamente irreversible, de la esterilización. Tiene que estar segura de que lo hace por los motivos correctos, y ser consciente de la presión a la que tendrá que enfrentarse como parte de una minoría muy pequeña de esta sociedad.

La mayoría de las parejas comprometidas expresan la opinión que tienen respecto a los niños, y con buenos motivos. Cuando en una pareja uno quiere hijos y el otro no, el futuro de la pareja es malo. «Éste es un conflicto fundamental que sólo tiene una solución: alguien tiene que cambiar de parecer», dice la doctora Ireland. «De lo contrario, la relación no durará».

Examinar el subconsciente

Jacqueline Fawcett, enfermera, doctora en filosofía, e investigadora en enfermería materno-infantil en la Escuela de Enfermería de la Universidad de Pennsylvania supo desde muy temprana edad que quería una carrera profesional y no deseaba ser madre. No obstante, dice ella, «Fui a terapia porque quería estar segura de que no me especializaba en enfermería materno-infantil por un motivo equivocado».

La terapia puede que le ayude a tomar una decisión clara y equilibrada, sobre todo si usted tiene algunos conflictos no resueltos de su pasado, o algunos conceptos erróneos sobre lo que es ser madre. Algunas mujeres pueden tener una visión distorsionada de la maternidad —como de dar todo y no recibir nada, por ejemplo. Otras pueden tener miedo al parto. Otras mujeres pueden ser lo que un psicólogo llama niños paternos, que tuvieron que cuidar a hermanos o hacer de cuidador en su infancia, por una paternidad disfuncional, y ahora les «agota» el rol de ser madres.

«Lo triste del caso es que si su elección está fundada en una herida emocional, usted puede seguir viviendo pagando continuamente por esa herida original», dice Suzanne Pope, doctora en filosofía, directora del Institute for Marriage and the Family in Boulder, Colorado. «Si no se es consciente de ello, puede afectar a cada cosa que usted haga».

La doctora Pope dice que a las mujeres que fueron niños paternos se les robó su infancia. «Ahora, en la edad adulta, no se les permite ser padres». Es un ciclo que tiene que romperse.

«Se trata más de una decisión por reacción» dice la doctora Ireland, «o en algunos casos una decisión activa pero no muy consciente. La terapia puede ayudarle a superar esos conflictos. Es posible que al final tome la misma decisión, pero estará clara».

Espere a tener treinta y tantos

Es posible que usted desee posponer la esterilización hasta cumplir los treinta, para ver si cambia de opinión respecto a la maternidad, sugiere la doctora Ireland. Eso puede pasar y pasa. Decisiones que se toman a los veinte pueden ser incorrectas para la persona en que se convertirá usted más tarde.

«Hasta que no tuve treinta y cinco no me importó nada no tener niños» dice Bernadette Grundy, una investigadora financiera que finalmente sí tuvo un hijo cuando tenía casi 40 años. «Yo estaba totalmente dedicada a mi carrera y a mi vida social. Luego, algunos de mis amigos empezaron a tener niños y la maternidad empezó a parecerme atractiva. Al final decidí ir a por uno y estoy contenta de haberlo hecho».

«Resulta difícil no tener un sentimiento desviado cuando se pasa tanto tiempo al lado de mujeres que son madres», dice la doctora Ireland. Puesto que la mayoría de las mujeres lo son, usted corre el riesgo de sentirse muy aislada a no ser que tenga amigas libres de niños.

«Es como cuando usted es soltera y todos los demás ya se han casado», dice la doctora Booth. «Es posible que usted esté perfectamente bien como soltera, e incluso puede estarlo por decisión propia, pero en cierto modo se siente diferente».

Asunto de todos

No sólo se sentirá distinta, sino que realmente *será* distinta. Lo que significa que puede esperar una presión social, y en primer lugar de su familia.

«La mayoría de los padres desean tener nietos» dice la doctora Booth. «Se sienten privados a nivel narcisista si no se les dan nietos. Desean ver algún tipo de continuidad familiar».

La suegra de la doctora Fawcett le presionaba a su hijo y a ella para que tuvieran niños. «La insistencia de mi suegra se debía a que mi marido era hijo único», dice ella. «A mí me molestaban las constantes referencias a los hijos de otras personas. Transcurridos varios años, le pedí a mi marido que dijera a sus padres que era una decisión mutua, y no que su mujer les impedía tener nietos. De modo que escribió una carta a sus padres».

Pero incluso si usted consigue reducir la tensión procedente de su familia, no se sorprenda si sus amigos o incluso personas totalmente extrañas dan su opinión. «Cuantos más años llevamos casados Ed y yo más personas piensan que es asunto suyo», dice Elsa Harrow. «Una de mis mejores amigas tiene tres niños y un día dijo: "Bueno, probablemente no sea asunto mío —y yo pensaba, ¡oh, ya estamos otra vez!— pero ¿cómo es que Ed y tú no tenéis hijos?"; me quedé anonadada. Yo nunca pensé en preguntarle por qué había tenido hijos, que es una pregunta tan legítima».

Una cosa que puede ayudarle a superar esta eventualidad es estar preparada para ello. Tenga preparada una explicación para dar a sus padres y demás personas que le pregunten por qué no tienen niños. «Puede decir, no quiero tenerlos. Ya estoy bastante ocupada o no todos tienen que ser padres», sugiere Matti Gershenfeld, doctora en filosofía, directora del Couples Learning Center en Jenkintown, Pennsylvania. «Prepare una respuesta. Puede estar segura de que las personas se lo van a preguntar».

Al no tener niños usted está escogiendo un estilo de vida alternativo, pero no es anormal. No todas las mujeres —ni tampoco todos los hombres— sirven para ser madres. «Tendemos a olvidar que entre las mujeres existe un amplio espectro de instinto maternal, incluso entre mujeres con niños», dice la doctora Booth. «Existen algunas mujeres que realmente no serán buenas madres, y tal vez lo sepan. No está escrito en ningún sitio que las mujeres tengan que tener hijos sólo porque son mujeres».

DEPENDENCIAS

Patricia Lane es una asesora de drogodependientes que se prepara para sacar su licenciatura. Una mujer con un objetivo. Una mujer con una profesión satisfactoria. Una historia de éxito. Pero hasta que cumplió los 25 tenía una historia muy distinta que contar. Estaba fuera de control, existiendo en una confusión etílica, subsistiendo a base de lasaña congelada y más de 4 litros de vino cada vez que bebía, que era muy a menudo.

«Tardé años en tocar fondo», dice Patricia. «Cuando tenía 12 años ya me bebía frascos de medicina para la tos, que en esa época estaban llenos de alcohol. A los 13, dejé de tomar eso y empecé a beber realmente alcohol. A los 18 sabía a ciencia cierta que era alcohólica. Empecé a perder el conocimiento y era consciente de que yo tenía un deseo que otras personas no tenían. Después de dos tragos mis amigas me decían: «No quiero beber más porque empiezo a notarlo». Y yo me preguntaba: «¿Por qué tú sí quieres más?»

Mujeres con una «enfermedad de hombres»

La espiral de declive de Patricia continuó hasta que cumplió 25 años. «Mi vida giraba en torno a la bebida. Yo buscaba trabajos en los que aceptasen que bebiera. No iba a sitios donde no se podía beber. No fui al cine durante años, por ejemplo, porque no se bebía. También era una borracha desagradable. Iba a los bares, bebía y luego me liaba a dar puñetazos. A veces me despertaba en el parque, llena de manchas de suciedad y césped, sin saber cómo había llegado ahí. No dejé de conducir mientras estaba borracha. Es un milagro que no me matase o que no matase a alguien durante esos años».

Para cuando Patricia fue en busca de ayuda, estaba en un estado horrible. «Mi vida era un infierno. Tenía tal dolor emocional que pensaba que era incapaz de respirar *sin* ayuda del alcohol», recuerda ella. «Cuando me vi como era realmente —encerrada en mi cuarto, con las cortinas corridas, con la televisión, el teléfono y mis cinco litros de vino para hacerme compañía— supe que tenía que salir o me iba a morir».

Pero Patricia no sólo no se murió, sino que sobrevivió y se transformó. «Hice el compromiso de participar en la vida, con todas sus partes positivas y negativas y sin "ayuda" del alcohol», dice ella. Fue un cambio particularmente maravilloso sobre todo para alguien tan cerca de la autodestrucción como estaba ella.

Fuera del armario

Betty Ford, Liza Minelli, Kitty Dukakis, Elizabeth Taylor —la lista de las personas adictas al alcohol o a las drogas podría ser infinita, llena de nombres de famosos, ricos y pobres, guapos y feos. Con todo, no hace mucho tiempo las mujeres deterioradas por su dependencia a sustancias químicas evitaban la atención pública. De hecho, lo hacen con mucha mayor frecuencia que los hombres.

«Antes de principios de los años sesenta y del surgimiento del movimiento de la mujer, la dependencia femenina a sustancias químicas se consideraba una rara manifestación de una enfermedad esencialmente «masculina», según Kathleen Bell Unger, doctora en medicina y profesora clínica adjunta en el departamento de psiquiatría de la Universidad de California, San Francisco. Por consiguiente, la adicción de las mujeres a menudo se «ignoraba», no se notificaba, no se diagnosticaba y ciertamente se dejaba sin tratar».

La realidad es que el 40 por 100 de todos los adultos que abusan del alcohol y las drogas, son mujeres, y en el caso de los jóvenes se aproxima al 50-50, añade Jane Gaunt, asesora de drogadicción y supervisora clínica de la unidad de las mujeres en el Betty Ford Center en Rancho Mirage, California. «En nuestro centro, aproximadamente el 70 por 100 de las mujeres están aquí por adicción al alcohol. La adicción a tranquilizantes y analgésicos va en segundo lugar y en tercero la adicción a la cocaína». Pero muchas mujeres son también doblemente adictas.

Las mujeres corren particularmente el riesgo de múltiples adiciones, añade Sherri Matteo, doctora en filosofía, y subdirectora del Institute for Research on Women and Gender en la Universidad de Stanford. Son más propensas que el hombre a ocultar su alcoholismo, de modo que cuando acuden al médico se quejan de fatiga, depresión, ansiedad o estrés, que habitualmente está relacionado con la familia, la universidad o el trabajo.

«Todos ellos son síntomas que probablemente se traten con sedantes, tranquilizantes menores u otros fármacos psicóticos» señala la doctora Matteo, «sin hacer un estudio más exhaustivo que pudiera dejar ver un problema con la bebida». Es posible que no sea una coincidencia total, añade Gaunt, que dos tercios de esos fármacos prescritos se receten a mujeres.

Doble rasero para la adicción

Las mujeres son también más propensas a ocultar una adicción por el concepto que la sociedad tiene de la mujer ebria.

«A lo largo de toda la historia, ha existido un doble rasero que nos permite tolerar a un hombre borracho pero aborrecer a una mujer ebria, diciendo que es sexualmente peligrosa, promiscua y que generalmente está fuera de control», dice la doctora Matteo.

«La adicción en sí no es algo que se lleva la masculinidad del hombre», añade Gaunt. «Para las mujeres, se pone en cuestión su feminidad. Se supone que las mujeres tienen que ser puras, la norma de moralidad».

La doctora Matteo coincide en decir: «La reacción de repulsión y asco que debe soportar la mujer alcohólica puede reforzar su actitud reacia a admitir un problema con la bebida» dice ella. Patricia dice que si sus amigas sacaban el problema de la bebida, ella inmediatamente dejaba de verlas. «Me imagino que sabía que tenía un grave problema, pero intentaba por todos los medios no pensar en ello», explica Patricia. «Si ellas me interrogaban al respecto, se convertían en una amenaza para mí, una amenaza para mi problema por lo que nunca las volvía a ver».

Es tan grande el estigma asociado a la drogodependencia que aproximadamente el 25 por 100 de las familias de mujeres adictas en realidad se oponen a que busquen un tratamiento por temor a decirlo, dice Gaunt. Eso simplemente no ocurre con el hombre. «Para complicar el tema, las mujeres adictas están más a menudo divorciadas, y, por consiguiente, con mayor frecuencia son cabeza de familia. Tienen más problemas económicos, les cuesta más pagar el tratamiento y les preocupa la idea de que se lleven a sus hijos. No es de extrañar que intenten ocultar su adicción todo el tiempo posible y pedir un tratamiento, de forma menos frecuente, que los hombres».

«Más aún», sigue diciendo, «incluso si la mujer acude pidiendo un tratamiento, será, por necesidad, partícipe de un programa diseñado principalmente bajo un modelo masculino, ya que casi todo lo que se sabe acerca de la adicción y su tratamiento se ha basado en estudios prácticamente de hombres. Por supuesto que, es mejor que no tener un tratamiento».

La prisión de la adicción

La adicción es lo mismo que estar en prisión, dice Angela Burke, doctora en filosofía, psicóloga clínica y directora de Psychology Clinic en la North Texas State University, en Denton. «La adicción literalmente dirige su vida. Dicta su comportamiento, sus emociones y sus objetivos. Lo único que importa es satisfacer esa necesidad».

Lo más probable es que también cree una situación caótica en su familia y suponga una carga para ellos, dice Gaunt. «Es probable que en algún momento sufra abuso verbal o físico. De modo que usted empieza a pensar que lo mejor que puede hacer es abandonar a la familia, no estar presente mientras beba». Incluso entonces, la adicción sigue siendo probable que destroce sus vidas, su vida y su autoestima. «Usted no puede depender de sí misma para ejecutar las funciones más simples», dice Gaunt. «A menudo pierde al novio o al marido y se pelea con amigos y familiares. Su mundo se reduce y aísla cada vez más. Si usted es joven y soltera, a menudo se ve metida en situaciones de promiscuidad que erosionan aún más su autoestima. Es simplemente algo emocionalmente devastador».

¿Quién se convierte en adicta?

Las mujeres drogodependientes no son como el resto, dice la doctora Unger, ni siquiera como los hombres drogodependientes. Las mujeres piensan que son «peores» que los hombres drogadictos, y los hombres que conocen, normalmente están de acuerdo con ellas. No tienen esperanza en sus vidas y se sienten culpables y responsables de su situación. «Es más probable que procedan de familias rotas marcadas por la dependencia al alcohol o la droga, enfermedad mental, suicidio, violencia familiar y abuso físico o sexual personal», señala la doctora. «De hecho», dice Gaunt, «aproximadamente el 70 por 100 de las mujeres adictas han estado también sujetas a algún tipo de abuso infantil o durante su etapa adulta».

Patricia dice que tanto su madre como su hermana son drogadictas y que abusaron sexualmente de ella cuando era niña y que fue violada de adulta. «Mis primeros recuerdos de abuso sexual se remontan a cuando tenía tres años», dice ella, «pero mis médicos opinan que empezó antes de los dos años. Durante casi toda mi vida he sufrido mucho emocionalmente. El alcohol era mi modo de afrontarlo, de mitigar el dolor. Solía justificar la bebida diciendo: "Si tuvieras la vida que yo he tenido, beberías"».

Las mujeres drogodependientes normalmente no reconocen que las drogas o el alcohol son también la causa del problema, según la doctora Unger. Piensan que es un modo de afrontar las pérdidas, los problemas familiares o una relación mala o violenta. «Ven el consumo de alcohol o droga como parte de la solución».

«La drogodependencia no es una debilidad moral» dice la doctora Unger. Es una enfermedad. Aunque el dolor emocional puede contribuir a la adicción, según la doctora Burke, es mucho más probable que suceda si se tiene también una «fisiología vulnerable». «Y algunas personas parecen más susceptibles a la adicción fisiológica que otros, aunque nadie está seguro de por qué».

Tocar fondo

«Las cosas llegaron a un punto en el que tenía miedo de salir cuando iba a beber, porque me metía en tantos problemas», dice Patricia. «De modo que lo que hacía era quedarme en mi cuarto con mi televisión con mando a distancia y el teléfono cerca. Carecía prácticamente de contacto con el mundo exterior. También dormía muchísimo —otro modo de escapar del mundo real. Posteriormente empecé a perder el contacto con la realidad y me costaba distinguir entre la realidad y mis sueños. Posteriormente supe que estaba en estado de psicosis tóxica».

Las mujeres drogodependientes viven al borde del precipicio según Carlene Hunt, doctora en educación, que ha estudiado a mujeres con problemas de adicción. Al igual que Patricia, las historias que cuentan tienen un fondo de desesperación y desesperanza, inestabilidad y de una soledad atroz. En el caso de las mujeres que ella estudió, la situación de caos se prolongó «durante largos períodos de tiempo sin que ellas buscasen tratamiento», dice la doctora Hunt, que tiene una consulta privada en Nashville. «Hicieron falta algunos incidentes graves o experiencias críticas para que la persona decidiera buscar tratamiento».

Enfrentarse a la realidad

Lo que Patricia llama su momento de claridad llegó una noche mientras estaba en casa de una amiga íntima.

«Después de que ella se hubiese acostado yo me senté delante de la televisión y bebí hasta quedar inconsciente», recuerda ella. «Estaba haciendo mucho ruido abriendo y cerrando armarios en busca de más bebidas. Mi amiga llegó a la cocina y le dije que tenía que irme a casa. Me rogó que no fuese en mi coche y al final decidí coger un taxi. Tenía que salir de ahí y conseguir algo más de beber. Cuando me fui, ella llamó a mi padre, sabiendo a ciencia cierta que probablemente nunca la volvería a hablar».

«Yo lo tomé como una gravísima traición por su parte, pero en realidad, me salvó la vida. Mi padre me llamó y me dijo que quería verme al día siguiente. Me dijo que conocía a alguien que era adicta a la heroína, y que había acudido a un centro en busca de ayuda. Dijo que sabía que yo tenía un grave problema y temía que pudiera matarme yo o matar a otra persona. Luego me preguntó si quería ir a uno de esos sitios a curarme. Yo le dije que sí y, todavía hoy, no sé de dónde salió ese sí».

Patricia dice que ese sí abrió la compuerta. «Empecé a llorar y pensé que nunca pararía. Le dije a mi padre que no podía soportarlo más, que estaba aterrada, fuera de control y que pensaba que me estaba volviendo loca. Ingresé pocas semanas después, para someterme a un tratamiento».

La ayuda

Una cosa es librar al cuerpo de la sustancia que crea adicción y otra muy distinta es librar la mente del deseo de tomarla, admite la doctora Burke. De hecho, la retirada física de una sustancia que crea adicción puede ser la parte más fácil.

«Sabemos de los veteranos del Vietnam que es relativamente fácil de superar la adicción fisiológica» dice la psicóloga. «Muchos veteranos se hicieron adictos a la heroína durante su estancia ahí, pero no tantos permanecieron adictos una vez que regresaron a los EE.UU. Eso es porque se encontraban fuera de la situación estresante que creaba la necesidad psicológica. De modo que una vez tratada su adicción fisiológica ya no deseaban la sustancia», explica la doctora Burke.

Esté segura de que la retirada de una sustancia que produce adicción no es nada agradable, añade la asesora Gaunt. «Dependiendo de la sustancia, la desintoxicación dura unos pocos días a más de un mes. Los pacientes pueden presentar fatiga, depresión y agitación.

Responda a estas preguntas creadas por la American Holistic Medical Association y averigüe cuál es su situación.

- ¿Piensa que usted casi nunca juzga?
- El placer que usted siente en su vida se centra alrededor de una sustancia (alimento, alcohol, droga) o actividad (sexo, ejercicio, trabajo)?
- ¿Es usted muy crítica consigo misma?
- ¿El resto de las personas opinan que usted es fuerte, autosuficiente y controlada (pero usted sabe que no es verdad)?
- ¿Evita los conflictos?
- ¿Se siente impotente en muchas áreas de su vida?
- ¿Tiene mucha necesidad de aprobación?
- ¿Le cuesta tomar decisiones?
- ¿Le cuesta experimentar o identificar sentimientos?
- ¿Se encuentra a menudo sintiéndose responsable de la conducta de los demás?
- ¿Le cuesta establecer relaciones estrechas e íntimas?

Según la asociación usted corre un alto riesgo de desarrollar dependencia a una sustancia o actividad si contesta afirmativamente a cinco o más preguntas. Póngase en contacto con un cabildo local de uno de los grupos anónimos (alcohol o narcóticos) y pida información, o piense en la posibilidad de ver a un terapeuta en busca de más consejos y asesoramiento.

A veces existen también síntomas de retirada muy raros, como notar que el brazo está separado del cuerpo. Y con algunas drogas se puede tener una crisis convulsiva si la retirada es demasiado rápida. De modo que controlamos detalladamente a todos los pacientes y les medicamos únicamente para hacer que permanezcan estables y seguros».

Puesto que la mayoría de las personas tienen una adicción fisiológica además de psicológica, los programas como el que se imparte en Betty Ford Center se concentran en un enfoque holístico para la recuperación. Por lo general, eso significa que un equipo multidisciplinario de médicos y enfermeras atienden las necesidades fisiológicas del paciente, mientras un equipo de asesores y psicólogos le ayudan a exponer y afrontar los motivos de tensión y experiencias vitales que le están perjudicando. De forma simultánea, dice Gaunt, otros miembros del equipo le introducen en programas nutricionales de fomento de la salud y de bienestar físico.

«Los centros de recuperación abarcan todas las partes de su ser», dice Gaunt. «Todo el proceso de recuperación se basa en la terapia de grupo. Todo aquello que hacemos está estructurado alrededor de la comunidad de nuestro paciente, y eso es porque existe algo extremadamente terapéutico acerca de recuperar a las personas trabajando con los demás» señala ella. «Es por eso por lo que Alcohólicos Anónimos ha tenido tanto éxito».

Volverse a sentir bien

Patricia dice que retirarse del alcohol no fue tan difícil. «Casi no fue tan incómodo para mí como lo que acababa de dejar atrás» admite ella. «Sabía sencillamente que había terminado con la bebida, que no podía seguir bebiendo. Había tocado fondo emocional y espiritualmente. Casi inmediatamente empecé a sentirme mejor por no volver a tener resaca».

Al final, dice Gaunt, las modificaciones que cada persona tiene que hacer en su estilo de vida durante el proceso de recuperación poseen un impacto extremadamente positivo sobre sus vidas. De hecho, para muchos, el proceso de recuperación les deja más sanos de lo que nunca habían estado.

Patricia pasó cinco semanas en el centro de tratamiento. «Recuerdo cuando llegué al día 30 limpia y sobria —todo un acontecimiento cuando te estás recuperando— empecé a llorar porque habían pasado tantos años sin que yo estuviera sobria», dice ella. «En mi vida había esperanza, cosa que no existía antes. Resultó ser estimulante pero también espeluznante. ¿Qué sabía yo de la esperanza?»

En el estudio que la doctora Hunt hizo sobre mujeres alcohólicas existía también la sensación de que lo fácil era dejar el alcohol atrás. El mayor reto era el largo proceso de cambio y desarrollo. Estas mujeres señalaron que la recuperación fue «una experiencia continua que incluía una realización cada vez mayor de partes de ellas mismas anteriormente desconocidas. A menudo eran conscientes de partes dolorosas del pasado que habían estado tapadas por la bebida y los sistemas de negación. La recuperación significó un conocimiento nuevo de la realidad».

«Cuando dejé de beber, tomé la decisión consciente de aceptar la vida que me tocase vivir», dice Patricia. «Durante el verano, por ejemplo, mantuve una breve relación con un hombre, que luego terminó. Yo lo pasé muy mal. Mi terapeuta me explicó que había tenido el típico amor de verano característico de cualquier estudiante universitaria. Pero como yo había estado metida en el alcohol desde los 12 años, no había tenido nunca la oportunidad de conocer estas situaciones o saber cómo afrontarlas y superarlas. Era como volver a empezar —emocionalmente— desde la adolescencia».

DEPRESIÓN

Deprimida? No es la única. En realidad, incluso si está muy deprimida, no es la única.

Una cuarta parte de todas las mujeres se enfrentan a una depresión profunda en algún momento de sus vidas, pero a veces los síntomas están tan enmascarados en una enfermedad que no se dan cuenta de que la depresión es la causa de sus problemas, según Margaret Jensvold, doctora en medicina, directora del Institute for Research on Women's Health, en Washington D.C. «Por el contrario, la mujer puede acudir a su médico de cabecera quejándose de dolor de cabeza o de espalda o de estar «depre».

La depresión profunda es mucho más que una tristeza implacable o la incapacidad de disfrutar de lo bueno de la vida. Los síntomas clásicos son importantes trastornos del apetito y patrones del sueño, insomnio y una drástica pérdida de peso. No obstante, algunas mujeres co-

> **Las mujeres superan a los hombres en una proporción de 2 a 1**

men en exceso —sobre todo dulces y otros hidratos de carbono— y duermen demasiadas horas.

De vez en cuando todos nos sentimos mal, y normalmente existe un buen motivo para ello. Se rompe una relación, pierde el trabajo o no encuentra el que desea. Y es normal estar deprimido tras la muerte de un ser querido. Pero en este tipo de casos al final sale del bache y sigue viviendo. Esto es porque son cosas que pasan siempre en la vida. Es una depresión ligera, se trata más bien de lo que se conoce normalmente como melancolía.

Algo más que melancolía

Luego existe la depresión crónica, cuando los síntomas se vuelven cada vez más agudos hasta que empiezan a deteriorar su rutina normal cotidiana, explica la doctora Jensvold. Es un sentimiento que le coloca en un círculo emocional. Y lo peor del caso es que usted no sabe por qué. A menudo usted es incapaz de señalar una causa o situación causante de la depresión. Encuentra que todas las cosas que normalmente hace para salir de una situación de desánimo ya no funcionan.

Además de una tristeza o sensación de «vacío» persistentes, es posible que también tenga sentimientos de culpa, falta de valía o desesperanza, dice la doctora Jensvold. O puede estar intranquilo o irritable y costarle concentrarse, recordar o tomar decisiones. Sin embargo, no todas las personas deprimidas presentan todos los síntomas. Según el National Institute of Mental Health, algunos sólo presentan unos pocos, y otros muchos. Más aún, la intensidad de los síntomas varía de una mujer a otra. Sin embargo lo que sí es coherente con la depresión es que los síntomas aparecen, todo o la mayoría del tiempo al menos durante dos semanas.

¿Por qué las mujeres?

«Existen, actualmente, al menos siete millones de mujeres en los EE.UU. con una depresión diagnosticable» según Ellen McGrath, doctora en filosofía, y presidenta de la American Psychological Association National Task Force on Women and Depression, directora ejecutiva, además, del Psychology Center en Laguna Beach, California. Se ha demostrado científicamente que las mujeres tienen el doble de riesgo de tener depresión. La doctora McGrath y sus colaboradoras hallaron una serie de posibles explicaciones para esta diferencia de género.

Un factor podría ser que las mujeres tienden a insistir mucho en sus sentimientos. «Las mujeres piensan y piensan en sus sentimientos y en los motivos de su estado de ánimo, hasta el punto de que realmente amplían y prolongan sus periodos depresivos» dice la doctora Jensvold. «Los hombres que se deprimen, por otro lado, son más propensos a exteriorizar sus sentimientos, a menudo dirigiéndolos hacia la actividad. A las mujeres se les debe animar a usar más la acción, salir y hacer algo, cualquier cosa, en vez de pensar solamente en sus sentimientos. Los hombres y las mujeres tienen que aprender a adoptar parte del estilo de vida del otro. A los hombres se les debe animar a tener un poco más en cuenta sus sentimientos».

El abuso físico y sexual son también factores importantes en la depresión de las mujeres, observa la doctora McGrath en su libro *Women and Depression: Risk Factors and Treatment Issues* (Mujeres y depresión: factores de riesgo y tratamiento). Un estudio calculó que el 37 por 100 de las mujeres han tenido una experiencia significativa de abuso físico o sexual antes de los 21 años. Varios miembros de grupos especiales opinaban que estas cifras no eran reales y que la cifra real podría ser tan alta como el 50 por 100», escribe ella. Para muchas mujeres depresivas, los síntomas, en realidad, pueden ser efectos existentes desde hace mucho tiempo de un síndrome de estrés postraumático, sostiene la autora.

El matrimonio, aunque le parezca increíble, puede ser también un factor de riesgo para las mujeres, pero no para los hombres. Según la American Psychological Association, las mujeres que tienen un matrimonio infeliz son más propensas a estar deprimidas que los hombres casados o las mujeres solteras. Las madres de niños pequeños son también muy vulnerables. La pobreza es también una «vía de depresión», según la doctora McGrath. Y hay más mujeres pobres que hombres pobres.

El factor biológico también desempeña su papel. Además de la posibilidad de un factor hereditario, la esterilidad, menopausia, menstruación y el parto pueden desempeñar también un papel. De hecho, se sigue investigando la relación que existe entre el desarreglo hormonal del ciclo menstrual y los distintos estados de ánimo.

Aprender a afrontarlo

La forma más eficaz de afrontar la depresión crónica, coinciden en decir los expertos, es mediante asesoramiento, medicación, o ambas cosas. Se ha comprobado que estos tratamientos ayudan significativamente a reducir los síntomas de depresión en un 80 a 90 por 100 de las personas, en 12 a 14 semanas, según la doctora McGrath.

Gracias al asesoramiento, las mujeres pueden aprender a cambiar las ideas negativas, sentimiento de impotencia y la autoestima baja. «Aprender a adquirir control y capacidades en sus vidas» dice Robin

Consejo de ayuda personal para el estado de ánimo bajo

Tanto si se trata de un estado de ánimo bajo como de una depresión profunda, los expertos dicen que existen una serie de cosas que usted puede hacer por su bien para lograr salir. El secreto está en dejar de poner excusas y *hacer algo*. Y eso incluye buscar ayuda profesional. Mientras tanto, esto es lo que usted puede hacer ahora mismo.

- No fije objetivos difíciles a cumplir ni acepte demasiada responsabilidad. Esperar demasiado de usted misma lo único que hace es aumentar la posibilidad de fracaso, que sólo hará que se sienta peor.
- Desdoblar los trabajos abrumadoramente grandes en otros pequeños más manejables; fije algunas prioridades y encárguese de las cosas como pueda.
- No tome decisiones importantes, como trasladarse, cambiar de profesión, divorciarse sin hablar antes con amigos íntimos o familiares de confianza. Intente posponer las decisiones importantes hasta haber superado la depresión.
- Evitar estar sola. Pase el tiempo junto a otras personas. Intente hablar con ellos de algo diferente a la depresión.

Post, doctora en filosofía, y psicóloga clínica de Denver. «Aprenden a ser firmes y a comunicar sus necesidades. Aprenden las técnicas de adaptación que precisan, modos de solucionar problemas y cómo afligirse por las pérdidas que se producen en la vida. Aprenden a reconocer y a aceptar los sentimientos que tienen, tanto si son de cólera, tristeza como de temor».

Para algunas mujeres, la medicación antidepresiva, y especialmente fluoxetine (Prozac) y los antidepresivos tricíclicos, como nortriptylina, a veces se prescriben para ayudarles a superar los peores momentos. Pero la medicación no está exenta de inconvenientes. Pueden tener efectos secundarios desagradables, como sequedad de boca, estreñimiento, problemas vesicales, problemas sexuales, visión borrosa, mareos, somnolencia y trastornos del sueño.

«Por supuesto que la medicación prescrita y el espacio de tiempo en que se debe tomar depende de cada persona y del tipo de depresión que tenga» dice la doctora Jensvold. «Si no puede dormir ni comer, por

- Participe en actividades que le hagan sentirse mejor. Pruebe a ir al cine, a un campeonato de tenis o a otra actividad social.
- Ejercicio. Estudios realizados sugieren que las personas deprimidas se sienten mejor cuando hacen ejercicio de forma regular. Los ejercicios de aerobic, en particular (jogging, caminar, nadar, bicicleta) logran un importante efecto antidepresivo.
- Eliminar la cafeína y el azúcar refinado de la dieta. Un estudio demostró que las personas que lo hicieron notaron un importante descenso en su depresión, conservando ese estado después de tres meses.
- No se exceda con las comidas malas y no se salte comidas. Más bien, conserve una dieta sana y bien equilibrada.
- Dése gusto. Dése un respiro de vez en cuando, haga algo sólo para usted, sólo porque le hace sentirse mejor: un buen baño de agua caliente con sales, una noche en la opera, baile de figuras, lo que sea.
- No se preocupe si su ánimo no mejora inmediatamente. Se tarda un tiempo en encontrarse mejor.

ejemplo, su médico puede mandarle nortriptylina, un fármaco conocido por su cualidad sedativa, que le ayuda a dormir. Para aquellas personas que comen y duermen demasiado, el antidepresivo fluoxetine es el más prescrito. A veces una combinación de fármacos es necesaria para obtener mejores resultados» dice la doctora Jensvold.

Aunque de vez en cuando los fármacos pueden tomarse durante largo tiempo, normalmente forman parte de un tratamiento a corto plazo. El objetivo principal es aprender las técnicas de adaptación necesarias para recobrar la vida. Y lo que da resultado a unos puede no darlo a otros.

Lo que hay que recordar, dice la doctora Jensvold, es que la lucha contra la depresión puede durar mucho tiempo. Pero se *puede* triunfar.

DESEO SEXUAL INHIBIDO

Usted es fogosa. Él no. A usted le duele la cabeza. A él no. O a lo mejor a los dos les duele la cabeza todo el tiempo. O ambos tienen trabajos y niños que quitarse de encima, de modo que ¿quién tiene energía para pensar en sexo bueno?

Los expertos lo llaman deseo sexual inhibido (DSI). Shirley Zussman, terapeuta marital y de sexo de la ciudad de Nueva York, doctora en educación, dice que es algo que afecta aproximadamente al 50 por 100 de las mujeres que llegan a su consulta.

¿Cuántas veces ha hecho sus cálculos y se ha quedado corta? Ya sabe qué cálculos. Esas estadísticas que dicen que las parejas que llevan casadas entre cinco y diez años hacen el amor un promedio de 2,8 veces por semana. De modo que hace un esfuerzo y tal vez recuerda la última vez que hizo el amor, pero —y ésta es la parte que le preocupa a usted— es algo así como *2,8 meses atrás*. Y cuando piensa en ello más a fondo es consciente de que probablemente podría pasar otros cuantos meses sin que le apetezca. Le hace pensar, «¿me pasará algo?»

Olvídese de esas estadísticas, dice Judith H. Seifer, diplomada en enfermería, doctora en filosofía, profesora clínica adjunta de psiquiatría y obstetricia y ginecología en Wright State University School of Medicine en Dayton, Ohio. Es posible que usted esté por debajo de la media, pero eso no significa que sea *anormal*. Mírelo de este modo. Por definición, el 50 por 100 de las parejas estarán por debajo de la media. «La cuestión es», dice la doctora Seifer «que no importa si usted hace el amor dos veces al día o dos veces al año, siempre y cuando la pareja esté satisfecha y se sienta cómoda con esa frecuencia. Tiene que aprender lo que es normal para *usted*».

«El interés y deseo de sexo, en cualquier momento dado, es algo único para cada persona, como lo es su deseo de usar minifalda o camisa de seda» añade Lonnie Barbach, doctora en filosofía, profesora clínica agregada de psicología médica en la University of California, San Francisco, School of Medicine. «¿Pero con qué frecuencia ve usted estadísticas sobre el porcentaje de mujeres que usan esas prendas de vestir? ¿Le molesta pensar que no tiene suficientes blusas de seda?»

Demasiado cansada para jugar

Por otro lado, si su libido anteriormente fuerte sigue ahí —y lo echa de menos— es posible que usted tenga DSI. Dolencia moderna que afecta a mujeres y hombres por igual, este impulso sexual parado a menudo se debe a que la vida interfiere con la diversión.

Como dijo una mujer agotada: «Después de no parar de trabajar durante 60 horas semanales y de atender a las necesidades de mis hijos, además de cocinar para la familia y atender la casa, lo que quiero cuando me meto en la cama es dormir». De hecho, la presión actual puede privarle de tanta energía que el sexo parece una tarea más a realizar antes de poder descansar, dice la doctora Seifer.

Aunque el DSI puede aparecer por muchos motivos, con toda probabilidad surge principalmente de un cansancio y estrés excesivo, dice la doctora Zussman.

¿Existe algún modo, algo así como reorganizar la vida, de recuperar algo de ilusión en la vida sexual? Por supuesto que lo hay.

«Lo que yo aconsejo a las parejas, sobre todo a aquellas mayores de 45 años, es mirar atrás y recordar su época de novios» dice la doctora Seifer. «El coito se retrasaba, a menudo hasta después del matrimonio, y las parejas pasaban mucho tiempo tocándose, acariciándose.»

«Yo pregunto a la pareja, ¿con qué frecuencia agrada usted a su pareja como solía hacer, sólo tocándola, deslizando los dedos por la espalda, acariciando su antebrazo? Las parejas se miran y se ríen.»

La pareja no va a tener ganas de hacer el amor si no disfrutan de un tiempo a solas, dice la doctora Zussman. Ella sugiere que salgan, se sienten en una mesa de un restaurante romántico y cenen a la luz de una vela, vayan al cine o den un paseo por la playa al amanecer.

Recuperar la pasión

«La cólera que va aumentando con el paso de los años es la principal causa de la falta de deseo sexual» afirma Barbara De Angelis, terapeuta de Los Ángeles y doctora en filosofía. «Cuando las personas piensan que tienen un problema sexual, en el 90 por 100 de las veces tiene que ver con un poco de resentimiento, sensación de frustración por no ser querido o reconocido como quisiéramos. Esfuércese en acabar con todo obstáculo emocional que exista entre ambos. Esas cosas matan la pasión.»

Otro motivo es la diferencia en el deseo. A veces uno de los dos quiere sexo con más frecuencia que el otro. Es la interpretación que se hace de esta discrepancia la causa del problema, dice la doctora Barbach. No haga acusaciones tales como, «no me amas», «no te importo» o «algo te pasa» al cónyuge con poco apetito sexual. Por el contrario busque modos alternativos de satisfacer al cónyuge impaciente y formas de evitar que el otro se sienta acosado por tener que tener más sexo de lo que le apetece.

«La causa más común que yo encuentro en la pareja de mediana edad es el aburrimiento sexual» dice la doctora Seifer. «Las parejas se cansan de hacer lo mismo, de la misma forma y en el mismo sitio.»

¿Cómo saber si el problema es el aburrimiento? Hágase esta pregunta, dice la doctora Seifer: «Cuando se va de vacaciones y se encuentra en un lugar nuevo, como un hotel, ¿encuentra que la relación sexual es más excitante y parece volver a la rutina cuando regresa a casa?»

Usted tiene que dar a su vida sexual una prioridad tan alta como la que da a sus ejercicios o a la compra de un coche, dice la doctora Zussman. «No permita que nada interfiera en el momento que dedica al sexo. Esto puede significar limitar el tiempo que dedica a trabajar y que se preocupa por problemas familiares, crisis en el hogar o cuestiones mundiales.»

Y cuando se trata de hacer el amor no permita que haya agobios. Esto significa no preocuparse con las técnicas o con alcanzar ambos el orgasmo, dice la doctora Zussman. «Intente los juegos preliminares antes del coito. Concéntrese en bailar, tocarse, darse un baño. Recuerde, su único objetivo deberá ser relajarse, acercarse y sentir placer.»

Véase también Disfunción sexual.

DIETA

Perder peso es algo tan normal entre las mujeres que hacer una dieta se considera una comida «normal». De hecho, algunos investigadores han hallado tantas cosas en común entre las personas que hacen dieta y mujeres con trastornos de la comida que han llegado a considerar la anorexia y bulimia sencillamente como «el extremo final de la conducta femenina ante las comidas», según Kathleen Pike, doctora en filosofía y una psicóloga que estudia y trata trastornos de la ingesta en el Psychiatric Institute de Nueva York, en Columbia Presbyterian Medical Center.

Muchas mujeres que hacen dieta tienen la misma imagen corporal torcida que presentan las personas con trastornos de la ingesta, viendo la gordura donde los demás ven delgadez. Si usted no es una de ellas, conocerá a una crónica. Es posible que esa mujer tenga 2, 4 u 8 kg que perder, o ninguno. Pero por todo el esfuerzo (y

> **Para muchas es una segunda profesión**

de vez en cuando kg) que pierde haciendo dieta, es como si perdiera 45 kg. Muchas mujeres que hacen dieta sufren lo que la terapeuta Kim Chernin, autora de *The Obsession: Reflections on the Tyranny of Slenderness* (La obsesión: reflexiones sobre la tiranía de la delgadez) denomina pseudoobesidad. Alcanzado o muy cerca de su peso ideal, a pesar de todo se esfuerzan por conseguir un «estado de demacración fresca» idealizado por las modelos y actrices que son inusualmente altas y delgadas.

Al igual que las anoréxicas y bulímicas, las mujeres que hacen crónicamente dieta *siempre* están pendientes de la dieta y a la vez pensando, soñando, obsesionándose por la comida. «Si realmente me dejase llevar por mis deseos, pesaría 100 kg» dice Delia Bogart, de 46 años, que con una estatura de un metro sesenta pesa unos 60 kg, peso razonable para su estatura, pero no para ella. Tengo mucho apetito y me encanta comer. Empiezo a mirar el reloj durante el desayuno para ver el tiempo que falta para la comida. Mi mejor amiga me dice «que desde que me conoce llevo intentando perder los mismos 5 kg».

Sentirse gorda

No es de sorprender que las personas que hacen crónicamente dieta son casi siempre mujeres. «Para un número abrumador de mujeres en nuestra sociedad, ser mujer significa sentirse demasiado gorda» escriben las investigadoras de la universidad de Yale, Judith Rodin, doctora en filosofía, y Lisa Silberstein y Ruth Striegel-Moore, que han analizado algunas de las presiones que existen sobre la mujer que le hacen «aspirar a ser delgadas como a tener una carrera profesional».

Para las mujeres, el problema empieza a los 9 años. Un estudio realizado por una investigadora de la Universidad de California, sobre 494 niñas con edades comprendidas entre los 9 y los 18 años, halló que un número asombroso (31 por 100) comen excesivamente llegados a los 9 años, con otro tercio que admitía que tenían miedo de engordar. Para cuando esas niñas llegan a la universidad, según otro estudio, más de la mitad siguen prácticas dietéticas poco sanas, como comer en exceso y vomitar. Y aparentemente no tiene fin. En un estudio sobre mujeres ancianas, realizado por la doctora Robin y sus compañeras de Yale, su mayor preocupación personal, junto a la pérdida de memoria, era su peso.

Dónde empieza

Hubo un tiempo, no hace mucho, en el que el exceso de carnes se consideraba sexy, y no nos estamos remontando a los desnudos de

Rubens. En los años cincuenta, la ultradelgada, y bien arreglada Audrey Hepburn se consideraba guapa y atractiva, pero era Marilyn Monroe la que tenía un atractivo sexual. Excepto durante su enfermedad, la figura de Marilyn fue redonda, blanda y voluptuosa, dentro de vestidos estrechos e insinuantes. Hoy, Marilyn puede servir como foto de referencia de los modelos de belleza de antes, para una persona que cuida su peso.

En la actualidad, existen millones de mujeres que han crecido con la imagen de las personas delgadas, como la supermodelo Twiggy, cuyas figuras eran decididamente de muchachos —o de niñas prepubescentes— y sorprendentemente como las siluetas cadavéricas de anoréxicas, cuyos trastornos algunos investigadores opinan que son una reacción violenta contra la madurez y las formas femeninas. De hecho, varios investigadores han sugerido que la búsqueda de la delgadez es una expresión de liberación sexual, ya que un cuerpo delgado representa atletismo y lo andrógeno —si no evidentemente la masculinidad— en vez de lo maternal.

Existen también otros motivos. La grasa se considera insana, llegándose a asociar incluso a una serie de enfermedades, incluida la cardiopatía. Se ha demostrado científicamente que incluso de niños pensamos en la grasa como «malo», una transgresión virtualmente moral. Las personas gordas están tan estigmatizadas que vemos el sobrepeso casi con el mismo temor que una enfermedad mortal. En un estudio eficaz, donde se preguntaba a niños con diabetes juvenil si cambiarían su enfermedad por la obesidad, la mayoría dijeron que no.

Por desgracia, para la mayoría de las mujeres, su atractivo es su forma de ganar dinero. Es lo que compra la aceptación, el mejor hombre, el mejor trabajo, la vida mejor. A excepción de unas pocas, la mayoría de las personas no consideran que la mujer gorda sea guapa.

Nuestros cuerpos, nosotras

¿Por qué las mujeres normales aspiran a tener las curvas digamos de la modelo Paulina o de la actriz Julia Roberts, cuyos cuerpos son un instrumento de trabajo y que tienen unas medidas naturales sólo para aproximadamente el 5 por 100 de la población?

Para la mayoría de las mujeres, la genética es lo que determina la posibilidad de conseguir ese tipo de cuerpo casi imposible. Y ahí está el fallo. Nuestra cultura, dice la historiadora social Roberta Pollack Seid en su libro *Never Too Thin* (Nunca demasiado delgada), «ha fijado un cuerpo femenino estándar que es la antítesis de la biología femenina». A pesar de que nos resistamos a la idea que la biología es el destino, cuando se trata de nuestros cuerpos, así es. Una mujer necesita una proporción grasa-magro aproximadamente del 22 por 100 para iniciar y conservar la menstruación. Por debajo de esa cifra nos arriesgamos a tener una amenorrea con disminución de la densidad ósea (una ausencia del ciclo menstrual) e infertilidad.

También estamos limitadas por lo que algunos expertos en dieta denominan nuestros puntos de partida, el peso que podemos mantener sin un esfuerzo consciente. Cuando estamos por debajo de nuestro peso basal, nuestro cuerpo busca implacablemente el statu quo anterior, conservando energía y desencadenando nuestro apetito, uno de los principales motivos por el que la dieta es casi siempre una batalla perdida.

Una mujer que hizo dieta finalmente se dio cuenta de la futilidad de sus constantes esfuerzos por adelgazar hasta alcanzar las medidas de una modelo cuando, dice ella, leyó el artículo de una revista que

Cómo perder peso de forma feliz

¿Qué pasa si usted realmente necesita adelgazar? ¿Cómo se deshace del síndrome de perder/ganar, perder/ganar y acaba siendo vencedora perdiendo?

«Cualquier dieta que funcione tendrá que enseñarle nuevos hábitos de comida que pueda realizar durante el resto de su vida» dice Kathleen Pike, doctora en filosofía, psicóloga y experta en trastornos de la ingesta de Nueva York. «Tan pronto como empiece a pensar que va a hacer régimen durante seis semanas y luego se acaba, está lista para volver a engordar. Las personas dicen que hacen régimen porque no tienen que pensarlo. Simplemente abren la caja y se lo comen. El problema es que para que funcione a largo plazo, sí tienen que pensar en ello».

Un modo relativamente fácil de adelgazar es dejar de contar calorías y empezar a contar la grasa. En un estudio que duró 22 semanas, realizado en la Universidad de Cornell, 13 mujeres quer comían una dieta pobre en grasa (obteniendo el 25 por 100 de sus calorías de la grasa), sin limitar la cantidad de calorías o la cantidad de alimentos que ingerían, perdieron peso lentamente durante unos meses, sin tener que renunciar a lo que les gustaba. Podían comer pizza, helados y galletas siempre que tuvieran poca grasa. Los in-

trataba sobre estrellas de cine y su ropa. «¡Antes de leerlo, no sabía que eran personas mayores que usaban tallas pequeñas!», decía asombrada. «Yo sería incapaz de meter el antebrazo en esa talla. Decidí que a no ser que hiciese una dieta de campo de concentración, es mejor que estuviese contenta con mi propia talla».

Advertencia: la dieta es mala para la salud

Existen otros motivos para abandonar las dietas rutinarias. Primero, las dietas crónicas son una forma de malnutrición. No es sano. «Perder peso puede ser tan malo como la obesidad, por ir acompañado de un asombroso número de riesgos para la salud», según las investigadoras de trastornos de la comida Janet Polivy, doctora en filosofía, y Linda Thomsen. A pesar de que la obesidad puede constituir

vestigadores calculan que usted puede perder el 10 por 100 de su peso corporal en un año sólo restringiendo la grasa.

También tiene que hacer ejercicio. El ejercicio, además de dar firmeza y tono a los músculos y quemar calorías es lo que le permite comer más. Usted puede quemar aproximadamente 200 calorías o más, dependiendo de su peso, sólo dando un paseo rápido de media hora todos los días. Puede significar la diferencia entre escuchar cómo protesta su estómago por una dieta de 1.000 calorías al día y darle un par de aperitivos como ayuda con 1.200 calorías al día.

De hecho, los investigadores han comprobado que la diferencia entre las personas que adelgazan a largo plazo y las que lo recuperan, es el ejercicio, algo tan poco como 3,3 horas de ejercicio a la semana, según la opinión de un experto.

Tenga cuidado de no hacer ejercicio de la misma forma en que algunas personas hacen régimen. De la misma forma que comer demasiado poco puede hacer que caiga enfermo y le predestine a ser gorda en el futuro, el ejercicio en exceso puede conducir a lesiones, depresión y problemas de fertilidad. De hecho, cuando se trata de peso, el mejor consejo dietético proviene de la Grecia antigua: nada de excesos.

un grave problema para la salud para determinadas personas, en especial para aquellos con hipertensión y diabetes, existen muchas pruebas que demuestran que la mayoría de las personas sobrestiman el peligro de estar gordo. De hecho, algunos investigadores opinan que estar moderadamente gordo —hasta un 25 por 100 por encima del peso corporal estándar— no afecta a largo plazo a la salud.

También se ha probado que las dietas —sobre todo los planes dietéticos con muy pocas calorías o raros— pueden *producir* una serie de enfermedades incluidas la formación de cálculos biliares, cefalea, náuseas, dolor muscular, fatiga, anemia, trastornos cardíacos e incluso la muerte, en casos aislados. Es posible que se sienta cansada e incapaz de concentrarse incluso con una dieta equilibrada. Estudios realizados, incluido el famoso Framingham Heart Study, han hallado que la dieta denominada yo-yo puede hacer que la grasa del cuerpo pase al área abdominal, donde la grasa va asociada a la diabetes, hipertensión y cardiopatías.

Las dietas hacen que esté gorda

También existen riesgos psicológicos. Muchas mujeres que hacen dieta pueden reconocer lo que los expertos denominan el síndrome de depresión por dieta, con sentimientos tales como irritabilidad, ansiedad, depresión, apatía, alteraciones del humor y fatiga, que acompañan a los palitos de zanahoria y a los vasos de agua.

Estas mujeres pueden estar, también, hipersensibilizadas al estrés y comen para mitigarlo. No sólo hallan confort comiendo, sino que muchas escogen alimentos dulces y ricos en hidratos de carbono, que se ha demostrado científicamente que aumentan las sustancias químicas cerebrales que suben la moral. De hecho, una serie de estudios han hallado que las dietas pueden conducir a un modo de comer compulsivo, que podría ser el motivo por el que tantas mujeres que hacen dieta que «se lo habían quitado todo» lo vuelven a recuperar. En otras palabras, las dietas pueden hacerla gorda.

«Cuando usted hace dietas con muchas limitaciones que esencialmente son insostenibles, termina comiendo de forma compulsiva o excesiva» dice la doctora Pike. «Una vez dentro de ese círculo —limitaciones y luego excesos— al final las limitaciones pierden y gana la comida».

Usted se convierte en la víctima del «ciclo del peso». Una vez que deja la dieta, su cuerpo está dentro de la moda de una figura de hambre. Su metabolismo se enlentece y su cuerpo puede almacenar más grasa. Si usted vuelve a sus hábitos alimentarios habituales, el hambre es una necesidad tan primaria, que a menudo se encuentra pesando más de lo que pesaba antes de empezar. Puede hacer nuevamente una dieta, dice la doctora Pike, «pero su cuerpo se ha vuelto tan eficiente que no pierde tanto peso».

Prueba de realidad

¿Cómo saber si necesita hacer un régimen o es simplemente una víctima de la demanda actual de extrema delgadez? Tiene que hacerse una prueba de realidad, dice la doctora Pike. Pregunte a las personas que conoce y en las que confía —una amiga, su médico o enfermera— si *ellos* piensan que usted tiene que adelgazar. En algunos estudios se ha visto que muchas mujeres (el 95 por 100 en un estudio de investigación) sobrestimaban el tamaño de sus cuerpos, debido más a la opinión que tenían de sí mismas que a cómo se veían.

También puede pensar de forma «mágica», dice la doctora Pike. Muchas mujeres piensan que estar delgada equivale a feliz. «A veces se asocia un determinado peso a un momento feliz de su vida en el que usted tenía ese peso». Usted piensa, «Si recupero ese peso, alcanzaré ese grado de felicidad». «A menudo las mujeres piensan que existe algún tipo de causa-efecto, que alcanzar un determinado peso les garantizará todo tipo de felicidad y placer».

Tanto si resulta reconfortante como si resulta molesto el pensar «si pierdo 10 kg seré feliz» la verdad es que seguirá siendo usted. La persona delgada que existe dentro de toda persona gorda es la misma persona sin celulitis.

Véase también Imagen corporal, Trastornos de la ingesta, Sobrepeso.

DINERO

Protagonista principal en la batalla de los sexos

No hay nada en la Tierra tan emocionalmente explosivo como el dinero. Da lugar a todo tipo de argumentos, engendra los mayores resentimientos y todo tipo de envidias y es la principal causa de problemas matrimoniales entre el hombre y la mujer.

Piense en ello un momento. ¿Qué es el dinero para usted? ¿Independencia? ¿Control? ¿Autoestima? ¿Seguridad? ¿Felicidad?

Los psicólogos opinan que éstas son algunas de las actitudes más habituales entre las personas que luchan por dinero.

¿De dónde proceden nuestras ideas —nuestros sentimientos y ansiedades— sobre el dinero? En gran parte se remontan a nuestras experiencias infantiles, dice Victoria Felton-Collins, doctora en filosofía, psicóloga y planificadora económica titulada.

Intente recordar: ¿Cómo administraban sus padres el dinero? ¿Qué papel desempeñaba su madre en las decisiones económicas? ¿Pertenecía usted a una clase pobre, media o acomodada? Todas estas cuestiones influyen en cierto modo en la actitud que usted tiene actualmente ante el dinero.

Pero existe otra variante en la ecuación: su sexo, dice la doctora Felton-Collins. Por el hecho de ser mujer su actitud ante el dinero es muy probable que sea muy diferente a la de su hermano —y posiblemente incluso a la de su marido. Y la diferencia de opinión en sí y por sí genera conflicto.

Él gana, ella gasta

Las batallas financieras han existido probablemente desde el día en que se acuñó la primera moneda. Y, al menos en lo que respecta a hombres y mujeres, muchas discusiones se basan en quién administra el dinero.

A pesar de existir más de un 69 por 100 de mujeres que trabajan, la sociedad actual sigue considerando al hombre principal mantenedor de la familia, dando por sentado que él asume la principal responsabilidad en las decisiones económicas, dice Judith Siegel, doctora en filosofía, profesora adjunta en el School of Social Work en la Universidad de Nueva York y terapeuta marital en práctica en Westchester County. A las mujeres, por otro lado, se las ha enseñado a ser amas de casa y las que atienden a la familia, incluso si tienen también un trabajo a tiempo completo.

Por consiguiente, es típico ver cómo las mujeres miden el éxito y el logro personal según lo bien que les vaya el matrimonio y la familia, y los hombres por la cuenta corriente que tengan en el banco, dice la doctora Felton-Collins, autora también de *Couples and Money: Why money interferes with Love and What to Do about It* (Parejas y dinero: ¿Por qué interfiere el dinero con el amor y qué se puede hacer al respecto?).

Los hombres y las mujeres, además, sienten un tipo de miedo distinto por *no* tener dinero, dice la doctora. Como ellas no están tan bien afincadas en el mundo laboral muchas mujeres tienen miedo de acabar viviendo con lo puesto —un sentimiento inseguro de acabar sin nada de dinero, recorriendo las calles con sus posesiones dentro de una bolsa. El temor que sienten los hombres gira alrededor de «perder el prestigio», cuando es incapaz de pagar la hipoteca o mandar a los hijos a un campamento de verano. Les preocupa perder sus amigos y familia.

Es un punto de vista divergente que mantiene vivo el viejo cliché del hombre como principal cabeza de familia: Ella lo gasta con la misma rapidez que él lo gana. «Por desgracia es un estereotipo basado en la realidad» admite Rosemarie Schultz, doctora en filosofía, psicóloga clínica en Chicago, especializada en temas que versen sobre mujeres y dinero. «Después de todo, cuando el marido era el único que ganaba dinero en la familia era su dinero y sólo su dinero el que la mujer *podía* usar para hacer la compra o administrar el hogar. En la actualidad, todavía aún, incluso con más de un 50 por 100 de mujeres casadas que trabajan fuera de casa —y que gastan gran parte de su propio dinero— persiste la vieja reputación.»

La doctora Schultz lo atribuye al ego masculino. «Tal vez para proteger su ego y no perder su principal rol de único portador de dinero, los hombres necesitan mantener vivo ese viejo estereotipo, a pesar de no ser ya apropiado» dice ella.

Mujeres y dinero

Desde una perspectiva histórica el hecho de que las mujeres tengan control del dinero, de *su propio* dinero, es un fenómeno relativamente nuevo. «En los últimos 10 a 20 años las mujeres han aprendido a ver el dinero como un modo de realzarse a sí mismas, de llegar más lejos y de proporcionarse confort —sin tener que depender de un hombre para ello» dice la doctora Schultz.

Pero sigue existiendo una gran diferencia entre lo que el hombre y la mujer tienen que gastar. Las mujeres ganan solamente el 73 por 100 de lo que gana el hombre. La doctora Felton-Collins dice en su libro: «Cuando logran un éxito profesional los hombres y las mujeres usan el dinero de distinta forma porque poseen distintas cantidades. Hace tres mil años, según la Biblia, cuando se ponía precio al valor del trabajo del ser humano, los hombres valían 50 siclos de plata y las mujeres 30 siclos». Hoy en día no hay mucha diferencia.

No existe duda alguna de que esta desigualdad resulta perjudicial para la seguridad que tiene la mujer respecto al dinero y a su vida económica, dice la doctora Schultz. Incluso para su vida emocional. A algunas mujeres, por ejemplo, les resulta más fácil aguantar un matrimonio infeliz que intentar salir adelante con sus bajos ingresos.

Dinero y amor

En la actualidad, sin embargo, muchas mujeres *sí logran* un éxito económico. Compiten frente a frente con los hombres por el poder y el dinero. Se casan más tarde, viven solas, son responsables de ellas mismas y de su dinero. Y les van bien las cosas.

Si el dinero ya era motivo de disensión matrimonial cuando sólo el marido ganaba dinero, es probable que cause el doble de problemas en una relación donde dos personas dirigen todo.

«Las decisiones económicas son suficientemente difíciles cuando sólo está implicada una persona» dice la doctora Judith Siegel. «Cuando dos personas comparten decisiones económicas, el conflicto resulta casi inevitable». Cada uno es obligado a defender valores, deseos y necesidades no del todo entendidas por el otro. «Muchas de las discusiones económicas se originan por la frustración y el resentimiento que la pareja siente por el cónyuge que desea gastar el dinero de forma diferente» señala ella. «Tú quieres gastar, él desea ahorrar, o viceversa.»

Los problemas de dinero realmente se reducen a poder, dice la doctora Siegel. «Para la mayoría de las parejas el dinero es un producto limitado, y gastarlo en una cosa impide invertirlo en otra. Esto crea competición entre las necesidades individuales de cada uno de los cónyuges, llevando a sentimientos de deprivación en el "perdedor". En las relaciones buenas, dice ella, la pareja es capaz de compartir poder de un modo flexible y cooperativo.

Las parejas además tienen la tendencia a usar el dinero como instrumento o arma, dice la doctora Schultz. «Si utilizas el dinero para atraer, impresionar, ganar la aprobación de los demás o para dominar o atrapar a los demás, lo estás usando como arma, volviéndose destructivo para uno mismo y para su relación. Cuando se utiliza para el propio bienestar general o para el bienestar de los demás, para mejorarse uno mismo y realzar su propia persona y a los demás, se utiliza entonces como instrumento y es constructivo.»

El puchero dijo a la sartén apártate de mí que me tiznas

Pero, según opinión de los expertos, en realidad no importa quién maneje el dinero en un matrimonio siempre y cuando exista un acuerdo entre ambos. Puede ser incluso que lo hagan ambos, dice la doctora Siegel. «Podría pasar que todos los jueves por la noche sacasen las facturas y empezasen a hacer cheques juntos o a comentar la forma de hacer los pagos. O quizás una semana hace las cuentas uno o la siguiente el otro.»

Pero antes de llegar a ese punto los expertos recomiendan que se llegue a un acuerdo sobre una filosofía básica de la administración del dinero. «El modo que un marido y una mujer tienen de organizar su dinero resulta una reflexión interesante de lo que yo llamo compromisos de la pareja frente a compromisos individuales» dice la doctora Siegel.

Existen tres posibles situaciones. Existe el sistema del bote único donde se mete y saca todo el dinero de una cuenta corriente conjunta. «En este caso se pone mucho énfasis en el *nosotros*», dice la doctora Siegel. El segundo es el sistema de dos botes en donde cada uno tiene una cuenta separada y es responsable de sus propios gastos. «Con este sistema se aporta un énfasis muy individual a la relación», dice ella. Y la última opción es la familia con tres botes donde cada uno de los cónyuges tiene una cuenta corriente y además tienen una cuenta conjunta para los gastos del hogar. «Con ello se quiere decir que la pareja tiene una identidad individual y compartida», explica ella.

No hay un sistema mejor que otro, dice ella. «Lo importante es hablar antes de tomar la decisión y sentirse cómodo con ella.»

Y funciona. Carol Regan, de 44 años de edad, es una arquitecta que gana mucho más que su marido como profesor. «Él es un tipo de chico tradicional y nunca pensó que tendría un matrimonio donde ganase menos dinero que su mujer» dice ella. «Pero no le molesta para nada gracias al modo que tenemos de controlar nuestro dinero». El matrimonio Regan usa el sistema de tres cuentas. Cada uno tiene su propia cuenta corriente con la que hacen sus propios gastos personales. «Cada semana metemos en la cuenta de gastos del hogar una misma cantidad de dinero para pagar los gastos. De este modo participamos al 50 por 100. Cuando compramos muebles tiramos de la cuenta conjunta. Cuando vamos de vacaciones y salimos a cenar lo mismo. A él no le importa que yo tenga más dinero para gastarme en mí misma porque piensa que él paga su parte proporcional de lo que realmente importa.»

Margo Armstrong, farmacéutica de 47 años de edad, dice que tiene con su marido un sistema entre de uno o tres botes. «Casi todo lo que ganamos lo ingresamos en la cuenta conjunta» explica ella. «Pero también conservamos nuestra cuenta corriente individual. De ese modo podemos comprarnos regalos sin que el otro sepa lo que han costado. Aunque ambos tenemos hijos de nuestro anterior matrimonio pensamos que todo el dinero que ganamos es para todos. A mí no me molesta el dinero que él manda a su ex mujer para los gastos de sus hijos por ejemplo, y cuando llegó el momento de meter a mis hijas en la universidad, el dinero lo pusimos los dos. Funcionamos en equipo.»

Y de lo que se trata es de trabajar en equipo, dice la doctora Siegel. «Resulta fácil ver lo unido que está el amor a la mujer y el dinero» dice ella. «La estima, compromiso, unión y afecto se expresan con el acto de dar y recibir dinero». Las decisiones sobre cómo se gasta el dinero se basan en poder, respeto mutuo y confianza. «Conflictos sin resolver en cualquiera de estas áreas podrían hacer imposible que exista satisfacción mutua con los gastos.»

DISFUNCIÓN SEXUAL

Cuando lee sobre ello usted piensa que es un problema que sólo les ocurre a los hombres. Con todo, casi todas las mujeres —o al menos la mayoría de ellas— tendrán un problema sexual en algún momento de su vida. No se trata que no deseen el sexo. Es que no pueden. O pueden pero no les resulta satisfactorio. Es una especie de versión femenina de la impotencia.

A los hombres, les resulta bastante difícil de ocultar un problema de erección o eyaculación prematura, dos de sus disfunciones sexuales más frecuentes. Pero cuando la mujer tiene un problema sexual, a menudo es invisible: se sienten inhibidas, les cuesta llegar al orgasmo o son incapaces de tenerlo. Es el tipo de cuestión que las mujeres tienden a no comentar, por lo que es un problema a menudo ignorado. Pueden hacer el amor, normalmente, pero sin quedar satisfechas. Y la frustración sexual, al igual que en el hombre, puede poner en peligro la felicidad,

**Un problema
demasiado
fácil
de ocultar**

la satisfacción y la autoestima. Puede incluso poner en peligro su matrimonio.

En el caso de la mujer, el problema sexual más común de todos es la inhibición, que a menudo proviene de esa sensación de analizar «lo prohibido», que se remonta a la época en que el hecho de enseñar el tobillo daba lugar a exclamaciones.

«Hay una historia muy larga detrás de la sexualidad inhibida» dice Judith H. Seifer, diplomada en enfermería, doctora en filosofía, profesora clínica adjunta en el departamento de psiquiatría y obstetricia y ginecología en la Wright State University School of Medicine en Dayton, Ohio.

La inhibición cala a fondo

«La inhibición es más un problema en las mujeres jóvenes y en las mayores» dice la doctora Seifer. «Aquellas que se encuentran en la mediana edad —entre los 30 y los 45 años— tienen menos inhibiciones, probablemente porque ya han pasado su Revolución Sexual. Para las mujeres más jóvenes la inhibición tiene que ver más con la ignorancia sexual. En las mujeres mayores es un regreso a la época en que fueron educadas.»

La inhibición es el principal motivo por el que a las mujeres les cuesta llegar al orgasmo, dice la doctora Seifer. Todas las angustias y ansiedades que atraviesan para hacer el amor la primera vez, o las primeras veces les deja con la idea: «¿Y esto es todo?»

A pesar de todo, una vez que la mujer aprende a llegar al orgasmo, rara vez pierde la capacidad, añade Lonnie Barbach, doctora en filosofía, psicóloga y terapeuta sexual, autora además de *For Yourself: The Fullfilment of Female Sexuality* (Para usted: La satisfacción de la sexualidad femenina) y *For Each Other: Sharing Sexual Intimacy* (Para cada uno: Compartir la intimidad sexual). Pero llegar al orgasmo, en primer lugar, a menudo exige un autoanálisis, algo que muchas mujeres siguen encontrando violento de hacer o que les produce sentimientos de culpa. Las mujeres más jóvenes han descubierto, también, libros de autoayuda que les ayudan a alcanzar el orgasmo, dice la doctora Seifer.

La doctora Seifer admite, no obstante, que toda esta cuestión de la satisfacción sexual puede haberse perdido en las mujeres mayores, que proceden de una generación en donde el apetito sexual de una mujer sana se consideraba más mal que bien. «Mi cuñada y yo a menudo nos sentamos y nos reímos del sexo con nuestras hijas adolescentes» dice la doctora Seifer. «Pero mi querida suegra, que está sentada junto a nosotras, no logra comprender por qué todas nos mostramos tan emocionadas por el sexo. Para ella no es gran cosa.

Ella ha conseguido mantener su sensación de valía personal porque piensa que es una "buena" mujer. Ha tenido un buen matrimonio, y está orgullosa de no haber dicho nunca que no a su marido. Pero también hará un balance de su vida sin saber nunca lo que es la satisfacción sexual.»

Aflojar un poco

Pero olvidemos las causas perdidas. ¿Cómo logra descubrir el éxtasis sexual? «El orgasmo depende de su capacidad de "dejarse llevar" dicen Maurice Yaffe y Elizabeth Fenwick, autoras de *Sexual Happiness for Women: A Practical Approach* (Felicidad sexual para la mujer: Un planteamiento práctico). Si usted es ese tipo de persona a quien le gusta tener control de sí mismo, permanece imperturbable independientemente de lo que pase, entonces la idea de dejarse llevar por el orgasmo puede darle bastante miedo. También puede ser que la pérdida del control que tiene lugar durante el orgasmo haga que usted piense que resulta inatractiva, indigna o incluso ridícula a su pareja, sugieren ellas.

«A veces las mujeres intentan con todos sus medios llegar al orgasmo y se concentran en el acto y no en los sentimientos» dice la doctora Seifer. «Empiezan a adoptar la postura de espectador. Pueden ver cómo responden y se dicen a sí mismas, "esto es, va a pasar, lo noto esta vez", y luego no lo logran. Simplemente desaparece porque no participan de la experiencia.» «Yo les digo, no puede estar en dos sitios a la vez al mismo tiempo. No puede estar pendiente de todas las sensaciones buenas que se tienen mientras se hace el amor y al mismo tiempo en su cabeza pensando en ello a la vez.»

La doctora Seifer explica a las parejas durante la terapia que el orgasmo en y de por sí no está donde parece estar. «Todos tenemos una orientación muy productiva en nuestra sociedad. Queremos resultados y los queremos ahora. Los resultados de una buena relación sexual, en nuestra cultura, significan que el hombre eyacula y la mujer tiene un orgasmo. Pero el sexo realmente no es eso. *Llegar a eso* es de lo que trata el sexo.»

Cierre sexual

Sin embargo, la falta de orgasmo no es el único problema en lo que respecta a la disfunción sexual de la mujer. Algunas mujeres llevan una vida sexual muy feliz y muy satisfactoria hasta que un día otra cosa sustituye al placer —como el dolor.

Se conoce con el nombre de vaginismo, y es la tercera causa más común de disfunción sexual en las mujeres. ¿Qué sucede? Se produce un estrechamiento involuntario de los músculos que rodean la abertura de la vagina y el tercio externo de la vagina, impidiendo la penetración del pene. Significa, en el peor de los casos, que el sexo es imposible, o esporádico y doloroso, en el mejor de los casos. Lo extraño del caso es que es posible que usted logre excitarse, e incluso llegar al orgasmo, a pesar de todo.

Esto también tiene una base psicológica. «Es la reacción que el cuerpo tiene a los tabús y temores» dice esta terapeuta sexual de Nueva York, Shirley Zussman, doctora en educación. Tener una actitud sexual negativa, machacada por los padres desde la infancia, o demasiado rígida siguiendo las órdenes de una religión estricta y de desaprobación, por ejemplo, son motivos frecuentes. También puede pasar que la mujer tiene problemas de intimidad. Es incapaz de abrirse a los demás y se protege emocionalmente y no responde sexualmente, continúa diciendo la doctora Zussman.

«Cuando veo a una mujer con vaginismo» añade la doctora Seifer, «a menudo es extraordinariamente competente. En otras palabras, ha compensado elocuentemente su incapacidad sexual. A menudo se trata de una mujer con carrera profesional, mucho poder, que en muchos casos tiene antecedentes de abuso sexual» explica ella. «Es como si se dijese a sí misma: "Bueno, el sexo no va a ser importante para mí. Voy a triunfar en el mundo de los negocios".»

Mientras tanto su vida sexual o su matrimonio está fracasando. A pesar de que ella sabe que algo va mal, a menudo ignorará el problema, sobre todo si puede tolerar el coito al menos algunas veces, según Jo Marie Kessler, enfermera en Crenshaw Clinic, en San Diego, California. Lo que es peor es que el médico puede pasar por alto sus síntomas al «no encontrar ningún problema» en la exploración. Y, en realidad, no hay nada que ver si su situación es esporádica. Sólo cuando la mujer llega debido a un matrimonio no consumado el médico tendrá en cuenta esta situación, dice Kessler. No es de sorprender que las mujeres con vaginismo se sientan culpables, avergonzadas, con miedo y desconfianza. Al final esos sentimientos dan paso a la frustración, cólera, resentimiento y hostilidad, así como a sentimientos de impotencia, desesperanza e incapacidad, indica Kessler.

Despertar sexual

A pesar de lo devastador que el vaginismo puede parecer —algunos terapeutas han llegado incluso a llamarlo una emergencia sexual— la mayoría de los tratamientos tienen resultados positivos. Los terapeutas han desarrollado un programa usando dilatadores de plástico, goma o cristal, de distintos tamaños. Se empieza con el dilatador de menor tamaño y, tras un baño de agua caliente para relajar los tejidos, se inserta suavemente el más pequeño para dilatar la vagina. Esto se hace varias veces al día, hasta lograr introducir sin ningún problema el dilatador de mayor tamaño. Una vez que lo consiga, entonces puede aceptar que otra persona haga esto con usted y pronto tolerará la penetración del pene. También pueden usarse los dedos en vez del dilatador.

Los médicos también han comprobado que los ejercicios de Kegel —endurecer y relajar voluntariamente los músculos pélvicos— pueden proporcionarle una sensación de control sobre su musculatura vaginal. A otras mujeres les han ido bien las técnicas de relajación y la concentración mental dirigida mediante hipnosis.

«Tanto a los hombres como a las mujeres normalmente les va bien y recuperan una vida sexual satisfactoria una vez finalizada la terapia» dice la doctora Zussman. «Simplemente hablar del problema sexual ya es terapéutico; para muchas personas es la primera vez que hablan de ello. Todo el mundo se siente mejor una vez que se dan cuenta de que un problema sexual no es motivo de temor y turbación como piensan.»

Véase también Deseo sexual inhibido.

DIVORCIO

Cuando mi mejor amiga me dijo que se iba a divorciar, de repente sentí envidia. Sí, *¡envidia!*, admite Alice Jordan, una tecnóloga médica de 47 años de edad. «Creo que fue entonces cuando supe, a ciencia cierta, que mi matrimonio también había acabado. Y, de hecho, tres meses más tarde, tuve el valor de hacer algo que había estado meditando durante 14 de los 16 años que mi marido y yo llevamos juntos, le dije que quería el divorcio.»

Esta proclamación de libertad se escucha ahora más que nunca en las mujeres. Olvide «hasta que la muerte nos separe». De acuerdo con los cálculos más recientes, uno de cada dos matrimonios acaba ahora en divorcio. «En cierto modo se ha culpado al movimiento feminista de la altísima tasa de divorcios», dice Constance Ahrons, doctora en filosofía y catedrática de sociología en la Universidad del sur de California, en Los Ángeles, y subdirectora del programa Ma-

El final resulta abrumador

rriage and Family Therapy. «Y en parte puede que sea cierto. En realidad, a medida que las mujeres se han vuelto más independientes económicamente, han podido finalmente acabar con un matrimonio roto.»

Tal vez usted piense que ahora las mujeres abandonan su matrimonio con mayor frecuencia que los hombres. De hecho entre el 65 y el 68 por 100 de las rupturas las hacen mujeres, dice la doctora Ahrons.

La era de la ausencia de culpa

Está claro que ha disminuido el estigma que rodea el divorcio, dice Diane Medved, doctora en filosofía y psicóloga clínica de Santa Mónica, California, y autora de *The Case against Divorce* (El caso contra el divorcio). «En algunos círculos se considera casi de moda. En verdad, la mayoría de las personas no ansían hacerlo» admite ella, «pero tampoco lo ven como algo necesariamente trágico».

La doctora Ahrons está de acuerdo. «El hecho de que el concepto de divorcio sin culpa se haya aceptado ampliamente es un modo de afirmar que dos personas tienen el derecho a disolver un matrimonio si así lo deciden. No hay que "culpar" a nadie por la ruptura con acusaciones de adulterio o crueldad mental» dice la doctora Ahrons, coautora también de *Divorced Families: Meeting the Challenge of Divorce and Remarriage* (Familias divorciadas. Enfrentarse al reto del divorcio y un nuevo matrimonio). «Actualmente, el motivo más frecuente que se da es la falta de comunicación.» El propósito, el motivo de enfrentamiento de la pareja (tanto si era económico, engaños, crianza de los niños, responsabilidades del hogar) carece realmente de importancia. Todo se reduce a lo mismo: la falta de comunicación, un distanciamiento de los valores básicos.

Es posible que el divorcio esté más aceptado ahora y sea más fácil de conseguir, pero no significa que el hecho de romper un matrimonio sea coser y cantar. Todo lo contrario, es una de las experiencias más difíciles por las que se puede pasar, cuyos efectos posteriores pueden durar años, independientemente de quién haya roto.

Cuando usted es quien abandona

No resulta siempre fácil contar con la solidaridad de los amigos y familiares cuando usted es quien quiere romper, sobre todo si su marido era un «buen chico», dice la doctora Ahrons. Y si existe algún momento en que se necesita solidaridad es éste.

«Las mujeres se sienten muy responsables del dolor que sienten sus maridos e hijos durante el divorcio» dice la doctora Ahrons. «Piensan que están siendo egoístas al pensar en sus propias necesidades, por lo que tienen mucho sentimiento de culpa.»

«Del lado positivo, quien decide romper normalmente se adapta antes que la persona abandonada» explica la doctora Ahrons. «Esto se debe a que las personas que abandonan sienten gran parte de su dolor antes de la separación. Han pasado anteriormente por el difícil proceso de toma de decisión y están más preparadas cuando sucede realmente.»

A veces la decisión de abandonar puede durar años, dice la doctora Ahrons. «La mujer que decide romper puede ver que su matrimonio no va bien, de modo que regresará a la universidad, se buscará un trabajo o probará con otras muchas actividades —incluso una relación extramatrimonial— en un intento por cubrir sus necesidades en otro lugar» dice ella. «Al final es posible que empiece a pensar en la realidad de la separación, lo que podría ser, dónde viviría, incluso cómo decoraría su propia casa. Es un intento por normalizar el proceso del divorcio.»

Cuando su marido es quien se va

Cuando es la otra persona quien se va, y su marido rompe el matrimonio, sin embargo, su experiencia puede ser más dolorosa.

No existe repulsa mayor que cuando un marido le dice a su mujer que quiere el divorcio, dice la doctora Ahrons. «No importa lo mucho que intente suavizar el golpe, la realidad es que ya no te quiere» dice ella. «Normalmente hay una pérdida de autoestima, sobre todo para aquellas mujeres cuya identidad ha sido encubierta en sus matrimonios.»

«Por lo general, las mujeres atraviesan un período de desconocimiento de quiénes son y de la necesidad de descubrirse. De este gran trauma puede surgir algún tipo de desarrollo profundo. Se puede oír a una mujer decir con orgullo, «esta semana he hecho las cuentas del talonario», o «la semana pasada arreglé el retrete». Ellas están enfrentándose y dominando los retos que se les presentan. El hombre, por otro lado, puede decir, «esta semana he aprendido a hacer un rollo de carne picada cocida». Cada cual tiene que adoptar los roles que desempeñaba su pareja dentro del matrimonio».

Al final se supera el trauma del divorcio, dice la doctora Ahrons, aunque se puede tardar entre dos y cinco años. Usted se encuentra viviendo una nueva vida.

Las emociones dolorosas tampoco son el único factor al que se enfrenta uno mientras se acostumbra la persona a vivir solo. La cuestión económica es muy difícil en estos casos.

El dinero y los desatinos del divorcio

Para exponerlo claramente, el nivel de vida de una mujer normalmente cae en picado después de un divorcio, dice la doctora Medved. No pasa lo mismo con los hombres.

Según una serie de cálculos, el nivel de vida de las mujeres desciende un 73 por 100 después del divorcio, mientras que el de los hombres *asciende* el 42 por 100. De hecho, la idea de un futuro económico difícil a menudo hace que la mujer aguante un matrimonio malo o pcor.

«Si se trata de una mujer que ha ejercido de ama de casa, y él ha estado trabajando, el marido es quien tiene un fondo de jubilación y años de experiencia profesional» dice la doctora Ahrons. «Cuando la mujer entra en el mercado laboral entra en una escala con ingresos inferiores, y cs muy improbable que llegue al nivel de su marido. Y aunque es cierto que las mujeres también sufren estas desigualdades dentro del matrimonio, no las vemos ya que se comparten los ingresos.»

Sin embargo, las desigualdades surgen indiscutiblemente durante el divorcio. «A pesar de que los bienes de la pareja normalmente se dividen de forma bastante equitativa ahora, no pasa mucho tiempo antes de que aparezca la desigualdad económica» dice la doctora Ahrons. «Es posible que durante unos años ella obtenga un apoyo económico, mientras se pone en marcha, pero la mujer seguirá ganando mucho menos dinero que él. Cinco años después él tendrá una situación económica mucho mejor que la de ella.»

Y los problemas económicos son mayores si se tienen hijos. De hecho, si usted tiene hijos, la experiencia del divorcio puede hacerse muy complicada.

Decírselo a los niños

Usted está pasando su propio calvario pero al mismo tiempo tiene que ser fuerte y apoyar a sus hijos, algo que no es nada fácil. Pero los niños necesitan que se les diga lo que está pasando, y dependiendo de la edad que tengan, también se les puede explicar un poco por encima el porqué.

Los hijos tendrán también preguntas inmediatas que deberán responderse de forma explícita y siempre que se formulen, que pueden ser muchas veces durante y después del divorcio. Preguntas tales como: ¿Por qué hacer esto? ¿Dónde viviré yo? ¿Tendré que cambiar de colegio? ¿Dónde vivirá papá? ¿Cuándo le podré ver? Según los expertos, a los niños hay que tranquilizarles diciéndoles que sus necesidades no van a verse alteradas.

En el caso de niños mayores, usted puede darles más explicaciones acerca del motivo del divorcio; no obstante, pase por alto los detalles íntimos, y tenga cuidado de no hablar mal del otro, advierte la doctora Ahrons. «Independientemente de lo enfadada que usted esté, no le diga a los hijos que odia a su padre» aconseja ella. «Después de todo, sus hijos son parte de él. Si usted le odia, les está diciendo que también odia una parte de ellos.»

No espere que los niños superen alegremente una convulsión tan fuerte como es un divorcio. Incluso los bebés y los niños pequeños pueden reaccionar negativamente mostrando problemas con el sueño, higiene y alimentación. Los niños en edad preescolar pueden empezar a pegar o morder a sus compañeros o tener rabietas. Los niños pequeños en edad escolar pueden reaccionar con tristeza, fobia al colegio, mojando la cama o mostrando una hiperactividad. Los niños mayores y los adolescentes, por su parte, pueden sentirse deprimidos, solos, infravalorados, rechazados, dolidos, preocupados o avergonzados. Es como para que usted siga estando casada. Y algunas personas lo hacen.

Usted puede ser el mayor motivo de ayuda para su hijo cuando se trata de superar el divorcio. Tiene mucho que ver con cómo su marido y usted llevan el proceso que significa, por supuesto, que ambos tienen que actuar como personas mayores, algo no siempre posible en medio de la lucha. Y con demasiada frecuencia *sí hay* un enfrentamiento.

La doctora Ahrons ha identificado cuatro tipos de relaciones entre ex cónyuges: enemigo acérrimo, compañero airado, compañero servicial y amigos perfectos. «Lo mejor para los niños es que los padres encuentren un modo de cooperar uno con el otro, sobre todo en temas relacionados con la crianza de los niños» dice la doctora. «Por el contrario, los niños están constantemente implicados en conflictos de fidelidad y eso puede ser desastroso.»

Una chica de 15 años dijo a la doctora Ahrons que ella no cree en la religión. ¿El motivo? Su padre es judío y su madre católica. Si ella tuviera que escoger una religión significaría escoger a uno de los padres o al otro, y ella no podría hacer eso, dice la chica.

Facilitar las cosas

Para que usted —y sus hijos— tengan un divorcio lo más tranquilo posible los expertos tienen unas cuantas sugerencias más.

Atender a la cólera de los hijos. La sentirán y mostrarán. Después de todo, ellos no pidieron que les sucediera esto en la vida.

Ser consciente de que sus hijos tendrán sentimientos tristes. El divorcio no es algo que superarán rápido. Pasarán entre dos y tres años antes de que superen lo peor.

Intente conservar la paciencia. Sin duda sus hijos le plantearán preguntas todos los días. Unas intencionadas, otras acusatorias y otras repetitivas. Conteste a todas lo mejor que pueda.

Comprender las fantasías de unión de sus hijos. La mayoría de los niños sueñan con que sus padres se vuelven a juntar, incluso si el matrimonio fue un desastre. No insista en esas fantasías y dése cuenta de que son normales.

Establezca un esquema de visitas. Se ha comprobado científicamente que la frecuencia de las visitas no tiene efecto en la adaptación del niño, pero sí lo tiene la regularidad de esas visitas, según Marla Beth Isaacs, doctora en filosofía, psicóloga privada en Filadelfia y autora del libro *Difficult Divorce: Therapy for Children and Parents* (Divorcio difícil: terapia para niños y padres). Los niños cuyos padres tenían un programa de visitas durante el primer año de separación son aparentemente más competentes socialmente transcurridos tres años que aquellos niños cuyos padres carecían de un programa de visitas. Los investigadores opinan que el esquema proporciona a los niños la prueba de que la familia sigue estando ahí a pesar de los múltiples cambios acaecidos por el divorcio.

Hable con el ex cónyuge acerca de los niños. Los padres que hablan de sus hijos (problemas en el colegio, clases de música, cumpleaños, etcétera), sobre todo durante el primer año de separación, tienen unos hijos que se adaptan mejor al divorcio.

DOS CARRERAS

Enfrentarse al reto

En un libro sobre matrimonios en los que ambos cónyuges tienen una carrera, publicado hace diez años, las autoras —dos psicólogas— denominaron al por entonces fenómeno reciente «probablemente el cambio social más importante del siglo veinte», comparable en magnitud con el amaestramiento de animales y con la Revolución Industrial.

Sólo la comprensión a posteriori de la historia mostrará si es verdad o una exageración. Pero para las parejas actuales que se las arreglan trabajando fuera de casa, son matrimonio y a veces tienen hijos —aproximadamente el 38,7 por 100 de 26,3 millones de familias, según las últimas estadísticas— la pregunta más inmediata es «¿Cómo lo hacemos?». Para muchos es como encontrarse en el desierto sin un mapa.

«Antes de casarme tenía problemas con la idea de tener una cuenta corriente conjunta» bromea

Helen Bergey, bibliotecaria de 39 años casada con un profesor de universidad y madre de tres niños.

«Imagínese mi confusión» dice Helen, «cuando tuve que enfrentarme de repente a los problemas modernos de hallar dos buenos trabajos en un mismo sitio y dividir la lavandería, cocina y transporte de los niños entre dos personas que pasan muchas horas fuera de casa. Mi madre nunca tuvo que hacer esto. Pienso que las cosas eran mucho más fáciles para ella de lo que son para mí. Ella vivió en una época en la que la división de las tareas estaba bien clara. Actualmente hacemos las reglas sobre la marcha»

De hecho, algunas parejas con dos carreras admiten anhelar una época más fácil, donde los hombres eran los cabezas de familia y las mujeres eran amas de casa y todo el mundo sabía lo que tenía que hacer. Para algunos el estrés de mantener dos carreras, el hogar y una familia, es tan grande que uno o el otro —normalmente la mujer— renuncia.

Pero son muchos más los que aguantan. La familia con dos carreras se ha convertido en un hecho económico y social de la vida. Aunque la imagen media de la pareja con dos carreras es la de un par de *yuppies* luchando por pagar el Volvo y el Saab y una buena casa, muchas parejas necesitan dos salarios para vivir en una época de personas con dotes prácticas y coches económicos que cuestan más que la casa en la que nacieron. Pero muchas mujeres necesitan una carrera profesional —no sólo trabajos— para tener un sentimiento de realización, autovalía y la independencia económica que ofrece. Necesario o no, este estilo de vida no resulta nada fácil.

Los conflictos son normales

La oportunidad de que surjan conflictos en una familia con dos carreras profesionales es enorme. Estudios realizados muestran que independientemente del prestigio y lo lucrativo de sus carreras, las mujeres siguen haciendo el trabajo del hogar y cuidan de los niños, una situación que puede producir muchos altercados en los hogares con dos carreras. Existen otras consideraciones aún más graves de quién quita el polvo y quién saca la basura. ¿Qué pasa cuando a uno de los dos le ofrecen un trabajo fabuloso en otro lugar? ¿Qué pasa si usted gana más dinero que su marido o asciende mucho más que él en la carrera profesional? ¿Qué pasa si usted deja de ser la mujer con la que él se casó? Al igual que el trabajo doméstico, éstos pueden ser temas importantes que pueden hacer que el matrimonio explote como una mina.

No existen respuestas fáciles a los conflictos que se presentan en los matrimonios con dos carreras. En estos matrimonios tienen lugar muchas negociaciones y compromisos sobre todas las cosas, desde quién cambia el pañal hasta cuál de las dos carreras es más importante esta semana. Con demasiada frecuencia, las parejas que están muy ocupadas dedican a su matrimonio sólo el tiempo que les resta, conduciendo a un sentimiento de cólera, resentimiento y soledad. Si el matrimonio deja de llenar, a veces las parejas se vuelcan en sus profesiones para obtener una mayor satisfacción. Entonces se arriesgan a tomar decisiones positivas desde el punto de vista profesional pero negativas para su matrimonio.

«Muchas parejas con dos profesiones sienten que siempre están cansados» dice Matti Gershenfeld, doctora en filosofía y directora de Couples Learning Center, en Jenkintown, Pennsylvania. «No es fortuito que para muchos de ellos el sexo sea malo».

Al igual que en cualquier matrimonio bueno, las parejas superan las diferencias con el tiempo reparando los fallos técnicos del mismo modo que aprendieron a tolerar su propia idiosincrasia. Pero para que vaya bien una relación de dos profesionales, esta relación tiene que ser sana. «Su única seguridad es tener una relación realmente buena, de cariño y amor, donde puedas hablar de estas cosas con honestidad» dice Gisela Booth, doctora en filosofía, psicóloga clínica y profesora adjunta de psicología clínica de la Chicago's Northwestern University. «Es esencial que las dos personas acepten y respeten el compromiso profesional y las necesidades del otro».

A diferencia de la relación, que existía antes, de dar y recibir (ella da y él recibe) el dar y recibir es algo recíproco en el matrimonio moderno con dos carreras profesionales. Es un matrimonio basado en el trabajo de equipo, en un apoyo mutuo.

Gay Hirshey comprobó por primera vez cómo funciona un matrimonio con apoyo mutuo cuando se casó por segunda vez con Tom, hace nueve años. «En mi primer matrimonio, mi marido quería que yo le hiciese las cosas. Yo también quiero hacer cosas para Tom, pero la diferencia es que él también quiere hacer cosas para mí. Cuando hace unos años perdí mi trabajo a tiempo total, pensé que podría ser una buena oportunidad de iniciar mi propio negocio. Me preocupaba toda la presión económica que supondría para Tom, pero él dijo, "Adelante". Él me recordó que cuando perdió su trabajo, hace unos años, yo fui quien mantuve a la familia durante seis meses. Él dijo, "si tu puedes hacer eso por mí, yo también lo puedo hacer por ti". Pues bien, esto no entraba dentro del juego cuando yo crecí. ¡Vaya concepto!».

Cuidar el matrimonio es algo esencial. Además de mantener un diálogo fluido, la doctora Gershenfeld a menudo recomienda que las parejas se tomen unas «mini vacaciones», aprovechando las ofertas especiales de fin de semana que muchos hoteles y moteles ofrecen para atraer a clientes en temporada baja. «Básicamente, necesita salir de la rutina» dice ella. «Es bueno para el matrimonio e indirectamente es bueno para los hijos. De lo contrario usted paga con ellos sus frustraciones».

Profesión versus matrimonio

Habrá momentos en los que su carrera tendrá preferencia sobre su relación, pero no de forma que lo hiera mortalmente. Puede llegar un momento, por ejemplo, en el que tenga que escoger entre permanecer en casa al lado del marido enfermo que desea que le atiendan e irse a trabajar porque tiene entre manos un proyecto. «Es posible que decida cumplir con sus exigencias profesionales, sabiendo que no perjudicará a su relación, aunque es posible que moleste a su marido en ese momento» dice la doctora Booth.

Usted no puede sacrificar constantemente su trabajo por su relación porque usted o su marido así lo esperen. Si lo hace es posible que pierda de antemano oportunidades que pudieran hacer que su profesión sea menos satisfactoria y hacerle infeliz.

«Creo que en el análisis final debe anteponerse la relación» dice la doctora Booth «pero no tiene que ser lo primero siempre en todos los casos».

Poder y nivel

Hacer que este matrimonio funcione no va a ser siempre fácil. Usted está pidiendo al hombre que entre en una relación totalmente nueva en la que probablemente no haya tenido ningún modelo de rol ni experiencia previa. Y es probable que ambos comprueben que la cultura les ha inculcado profundamente mensajes subliminales sobre cómo se espera que el hombre y la mujer piensen y actúen. Es posible que usted descubra, como si se tratase de la primera vez, que los hombres y las mujeres son realmente distintos.

Tanto si le agrada como si no, a los hombres se les enseña a asumir el poder, dice Lucia A. Gilbert, doctora en filosofía, catedrática del Departamento de Psicología educacional en la Universidad de Texas, en Austin, y autora del libro *Sharing It All: The Rewards and Struggles of Two-Career Families* (Compartirlo todo: Las recompensas y luchas de las familias con dos profesiones). Ellos crecen con lo que llama una sensación de «derecho», la creencia de que lo que hacen o quieren debe prevalecer sobre las necesidades de las mujeres. Algunos lo sienten de forma más intensa, y otros menos intensa.

Para algunos hombres, según sugieren estudios realizados, el poder es básico para su imagen personal. Incluso el hombre más sensible

Hace trece años, Jacqueline Fawcett, enfermera, doctora en filosofía, recibió una oferta irresistible. La Universidad de Pennsylvania le ofrecía un trabajo de investigación que le permitiría enseñar y seguir investigando dentro del campo de la enfermería maternoinfantil. El problema era que el marido de la doctora Fawcett se encontraba firme y felizmente asentado en su trabajo en la Universidad de Connecticut.

El problema del cambio de trabajo es uno de los más difíciles a los que se enfrentan las parejas con dos profesiones. Pero como se vio finalmente, no supuso ningún problema para los señores Fawcett. La doctora Fawcett aceptó el trabajo y su marido permaneció en Connecticut. Acababa de nacer su matrimonio de cercanías.

La doctora Fawcett pasa dos noches a la semana en Filadelfia, en una casa que comparte con una compañera. El resto del tiempo vive en Connecticut con su marido. «Es lo mejor que le puede pasar a una mujer casada que trabaja» dice la doctora Fawcett. «Tengo mi propia vida tres días a la semana —tengo tiempo para mí misma y para mi carrera— y el resto del tiempo vivo mi vida de casada. Es fantástico. Tenemos nuestro propio tiempo y espacio y luego pasamos un tiempo juntos».

En vez de perjudicar su matrimonio, la doctora Fawcett dice, que la cercanía lo ha mejorado. «A veces pienso que nos hubiéramos divorciado si yo no hubiese hecho esto» admite ella. «El tiempo y la distancia que nos separa hace que nos apreciemos más. Las noches que paso en casa soy feliz. No me importa cocinar y recoger un poco la casa. Probablemente tendría más responsabilidades, más expectativas, si viviese en Connecticut

puede sorprenderse al percatarse que cuando hay un enfrentamiento, él considera la profesión de su mujer inferior a la suya.

Es posible que le moleste la mujer que gana mucho dinero o que ascienda antes profesionalmente que él. Es posible que le vea a usted como usurpadora del poder que le han hecho creer que es suyo por derecho propio, por inculcación cultural, dice Diane Martínez, doctora en medicina y psiquiatra en el Centro de Ciencias de la Salud de la

todo el tiempo. De este modo puedo tener una vida social con mis compañeras que no interfiera con mi matrimonio».

El matrimonio de cercanías ciertamente no es la mejor solución para todos los problemas de cambio de trabajo. Los señores Fawcett tienen trabajos en ciudades que están sólo a poco más de una hora en avión. Las parejas en las que cada uno de ellos vive en un lado de la costa por ejemplo, es posible que sólo puedan verse una vez cada muchas semanas; por desgracia, ese tipo de ausencia no hace que se quieran más. Los Fawcett además no tienen hijos por decisión propia. Las parejas con niños pueden encontrar esta solución muy estresante —o imposible—, si los niños van al colegio.

Los conflictos profesionales hay que hablarlos, pero a parte de eso, no existe regla empírica —ningún límite a las posibles soluciones a las que llegan las parejas—, dice la psiquiatra del Centro de Ciencias de la Salud de la Universidad de Texas, Diane Martínez. Aquí, como en otros aspectos de su vida, las parejas con dos carreras tienen que anteponer su relación, sopesando las oportunidades profesiones y el sacrificio que tiene que hacer su pareja.

La doctora Martínez dice que una pareja que ella conoce —ambos son médicos— han solucionado el problema creando turnos «de elección entre una serie de opciones viables para ambos». Él escogió la Universidad de Medicina a la que ambos iban (difícil ya que tenía que entrar) y ella hizo la siguiente elección, el lugar de residencia. Pero, la doctora Martínez señala, ninguno de los dos pensó nunca que estaban haciendo un gran sacrificio.

Universidad de Texas, en San Antonio. Un hombre con un sentido de derecho tan enraizado no es un buen candidato para un matrimonio con dos profesiones.

La mayoría de los hombres que pertenecen a matrimonios con dos carreras luchan con estos sentimientos de «ser especiales» dice la doctora Gilbert. Educados para ser los cabeza de familia, es posible que el hombre piense inconscientemente que puede anteponer su trabajo para desempeñar este importante papel, que, en realidad, ahora comparte con usted. De forma especial, si es ambicioso, puede sorprenderle notar que le molesta que usted gane más dinero o tenga mejor posición profesional, ya que tradicionalmente los hombres han hecho más y logrado más en el terreno laboral. También puede pasar que espere que usted deje todo y le siga si él logra una buena oferta de trabajo en otra ciudad, ya que él asume que la profesión de su mujer desempeña un papel secundario después del suyo.

«Vivimos en una sociedad en la que son relativamente pocas las mujeres casadas que tienen una posición de poder y liderazgo, a pesar de que muchas pueden tener profesiones interesantes» dice la doctora Gilbert. «Los hombres son muy conscientes de las aptitudes y ambiciones de sus mujeres; lo que pasa sencillamente es que no toman tan en serio su profesión como la propia».

Los hombres que se comprometen a que funcione el matrimonio con dos profesiones hacen el esfuerzo de reconocer estas bombas de relojería sublimes y desactivarlas —algo que supone muchos exámenes de conciencia, discusiones y de vez en cuando ayuda profesional—. Recuerde, va a ser difícil, advierte la doctora Gilbert. Tendrá que poner en tela de juicio las nociones tradicionales de lo que se supone tiene que ser el hombre, nociones que es posible que usted también tenga.

Sabotaje sutil

Incluso si usted va al matrimonio con la mejor intención de que sea equitativo, su educación puede sabotearle. Al igual que su cónyuge, es posible que usted acepte inconscientemente ciertas ideas preconcebidas acerca de los roles según el sexo.

«Los hombres y las mujeres interiorizan los mismos mensajes» dice la doctora Gilbert. Incluso en la cultura actual las mujeres «se casan». Buscan a hombres mayores y con más juicio y probablemente más poder. Los estereotipos están muy inculcados. Cuando la doctora Gilbert y sus compañeras preguntaron a futuras licenciadas acerca de sus futuros compañeros, los resultados fueron sorprendentes. «Las mujeres no quieren sólo que el hombre sea cariñoso y sensible, también quieren que tenga éxito» dice la doctora Gilbert. ¿Y los hombres? Ellos también desean que sus mujeres sean cariñosas y amables, pero no se plantean el éxito.

Muchas mujeres aceptan, subconscientemente, la idea de que el hombre es quien mantiene a la familia, incluso cuando ellas mismas tienen una profesión bien remunerada. Sin saberlo, es posible que usted piense que tiene el derecho innato a permanecer en casa y puede estar sutilmente transmitiendo el mensaje a su marido de que el deber de la mujer es que alguien se ocupe de ella, dice la doctora

Gilbert. «Piense en ello. Si el hombre pensase así, usted le llamaría un fracasado».

También es posible que crea, inconscientemente, que su profesión es menos importante que la de su marido. Desde un punto de vista tradicional, se ha esperado que las mujeres fuesen altruistas, interpretasen señales y cubriesen las necesidades incluso antes de que se expresasen, dice la doctora Martínez. Debido a su educación, es posible que incluso usted tenga miedo de anteponer su trabajo a sus relaciones y sacrifique sus aspiraciones profesionales para mantener la familia contenta, algo que puede ser importante para *su propia* imagen personal.

Buscar a un buen chico

Usted facilita la oportunidad de tener una buena relación con otra persona que también trabaje si primero se casa con el hombre adecuado. Puede parecer de risa, pero el fenómeno de la familia con dos profesiones ha añadido una nueva dimensión a la idea de compatibilidad en el matrimonio. Antes de comprometerse, usted tiene que saber si se va a casar con un hombre honesto, bueno y dispuesto a compartir las tareas del hogar.

Si desea que la relación entre dos personas que trabajan sea buena también necesita un hombre que apoye su carrera y que no le pida que subordine sus objetivos a los de él.

Todo esto tiene que averiguarlo durante el noviazgo, dice la profesora Lucia A. Gilbert, doctora en filosofía, de la Universidad de Texas.

«Lo primero que el hombre hará durante el noviazgo es comentar con su futura esposa sus planes», dice la doctora Gilbert. «Las personas difieren en cuánto desean implicarse en el cuidado de los niños y en sus ambiciones profesionales. Pero independientemente de estas diferencias, la mayoría de las mujeres no querrán formar una familia donde no existirá un cierto grado de reparto de los roles e implicación en las labores domésticas y crianza de los hijos. Si parece que no va a haber compatibilidad y él no está nada interesado en hacer nada de eso, entonces no funcionará. Si usted está tan enamorada de ese hombre que piensa casarse con él de todos modos, eso es asunto suyo, pero le va a ser muy difícil».

¿Cómo *luchar* contra este enemigo mental? Le será útil saber que estos mensajes desfasados salen de repente de su subconsciente a sus acciones. También le ayudará si usted y su cónyuge hablan de ello. Examinar sus motivos le ayudarán a evitar actuar de forma automática.

Razonablemente justo

No existen unas prescripciones claras y breves para solucionar los detalles de un matrimonio sólido con dos profesiones, pero sí hay un objetivo a alcanzar. No se trata de igualdad, dice la doctora Gilbert, sino de equidad, la sensación de que todos están haciendo y recibiendo lo que les corresponde. «Si se pone a pensar en ello, ¿cuándo en una relación las dos personas ganan exactamente la misma cantidad de dinero o tienen exactamente las mismas exigencias en su tiempo?» señala ella. «Antiguamente, lo que los investigadores hacíamos era buscar la igualdad en un matrimonio, por lo que toda la investigación realizada muestra la ausencia de igualdad en el matrimonio».

Pero la igualdad no es todo. Los matrimonios buenos no están necesariamente basados en la igualdad o incluso en dividir uniformemente las cosas, sino en una sensación de justicia. Es la creencia global en la relación de que se cubrirán sus necesidades. Si no ahora más tarde.

Carolyn Roberts es uno de esos matrimonios. Tanto ella como su marido David tienen un puesto ejecutivo en las compañías Fortune 500 y comparten la crianza de sus dos hijos. Su división del trabajo es estrictamente según el estereotipo sexual. «No creo que él haya limpiado nunca una caca en su vida» dice Carolyn. «Por otro lado, yo nunca he cambiado el aceite al coche. En nuestro matrimonio yo atiendo a la mayoría de las cosas "propias de la mujer", y él atiende a las cosas "propias del hombre", y ambos atendemos a los niños. Pienso que así funciona bien. Me siento muy feliz».

Carolyn y su marido (así como muchas otras parejas con dos profesiones) están abriendo un camino en nuestro sistema social mutable, acción que exige valor y visión. Están desafiando a una serie de normas restrictivas que anteriormente predestinaban a la mujer a la cocina y a la crianza de los hijos y al hombre a una muerte joven relacionada con el estrés. Son la vanguardia de una nueva revolución, personas que se están liberando de esas normas y, como dice Helen Bergey, están creando nuevas normas a medida que avanzan.

Véase también Quehaceres domésticos, Síndrome de supermujer.

EJERCICIO

Qué diría usted si su médico le dijese que adoptando un único hábito de salud bueno usted podría adelgazar, reducir el riesgo de cardiopatía, cáncer y osteoporosis, eliminar los síntomas del síndrome premenstrual, controlar el estrés, mitigar la depresión, hacer que desaparezcan sentimientos de hostilidad y mejorar su vida sexual?

Cuando su médico se lo dijo, Josie Alberts respondió, «Odio sudar. ¡Pero entonces» dice riéndose Josie, de 42 años, que al final sí siguió la recomendación de su médico, «no era consciente de que un poco de esfuerzo podría hacer tanto!»

Según una serie de estudios está claro que puede hacer todo eso y mucho más. Pero algunas mujeres parecen resistirse al ejercicio de igual modo que los gatos al agua. ¿Sufren ellas lo que algunos llaman temor a estar en forma?

«Nos encontramos con una serie de mujeres

con cuarenta y cincuenta años, e incluso algunas más jóvenes, que dicen "odio sudar"», dice Ronette Kolotkin, doctora en filosofía y psicóloga clínica en el Centro Dietético y para Estar en forma de la Universidad de Duke, en Durham, Carolina del Norte. «Se toman el ejercicio como si fuera broma. Lo ven como algo poco femenino. Estropea su pelo o uñas. Además, a muchas mujeres les preocupa que les critiquen por hacerlo mal, o les molesta ir al club sanitario donde todas usan una talla de ropa pequeña.»

Visión analítica

Al menos el 40 por 100 de la población entra dentro de la categoría de vida completamente sedentaria. De aquellas personas que sí realizan ejercicio, aproximadamente la mitad abandonan pocos meses después. Estadísticas pasmosas cuando se tiene en cuenta lo convincentes y ampliamente probados que son las ventajas sanitarias del ejercicio. Y resulta ciertamente sorprendente para aquellos investigadores que estudian la psicología del seguimiento del ejercicio. ¿Por qué las personas no hacen masivamente ejercicio?

Se puede hallar en cierto modo respuesta —al menos en lo que respecta a las mujeres— si se mira el ejercicio dentro de un contexto histórico. A principios de este siglo se consideraba insano e inapropiado que las mujeres hiciesen ejercicio debido a la creencia equivocada de que perjudicaría su sistema reproductor o les daría un aspecto masculino. A las mujeres se les permitió participar en las Olimpiadas de 1920 y sólo en ciertos deportes «propios de mujeres». Las viejas creencias estaban muy enraizadas: ¡Hasta 1984 no se añadió, finalmente, un maratón femenino a los juegos olímpicos!

Incluso en los años sesenta, cuando apareció el furor de estar en forma, parecía que la mayoría de las chicas pensaban que el ejercicio era algo que realmente no se tenía que hacer una vez finalizada la clase de gimnasia. «A la mayoría de las mujeres no se les enseñó a pensar que el ejercicio forma parte del estilo de vida de cada uno» dice la psicóloga Joyce Nash, doctora en filosofía y autora de *Maximize Your Body Potential* (Aumentar el potencial de su cuerpo). «Ahora las cosas han cambiado un poco. Mi hijastra está aprendiendo a jugar al baloncesto y hace cosas que yo nunca hubiera soñado, porque cuando yo era adolescente las niñas no jugaban al baloncesto. Las chicas eran animadoras e incluso eso significaba tener más energía que el resto de las personas.»

El síndrome Klutz

Si usted creció en los años sesenta y no fue agraciada con un talento natural atlético es muy probable que tenga una historia deportiva traumática que contar. Y probablemente ése sea el motivo por el que no hace ejercicio en la actualidad. Beatrice Robinson, doctora en filosofía, jugadora entusiasta de tenis, admite haber sufrido el «síndrome Klutz».

«Recuerdo cuando estaba en séptimo participar en un campeonato de voleibol y ser incapaz de sacar» dice la doctora Robinson, profesora adjunta de psicología en la Facultad de Medicina de la Universidad de Minnesota, en Minneapolis. «¡Qué humillación! Cuanto peor me sentía más incapaz era de sacar. Teniendo a todo el equipo mirándome y realmente entadado me traumatizó tanto que no intenté hacer nada físico durante 10 años. Estaba convencida, que yo era un desastre en atletismo. Pienso que muchas mujeres han tenido al menos un incidente que les haya convencido también de que son un desastre para los deportes.»

Las mujeres obesas, que podrían beneficiarse mucho del ejercicio, pueden haber tenido traumas durante toda su vida, debido al ejercicio, que les impulse a evitar el club de salud. «Cuando yo era joven, era gorda, torpe y no utilizaba mi cuerpo» dice la doctora Kolotkin. «Era la clásica que escogían la última para formar un equipo. ¿Cómo se dice a alguien que haga ejercicio cuando su cuerpo es motivo de turbación y es incapaz de hacer cosas que tiene que hacer en la clase de gimnasia?»

Cabezas parlantes

De hecho, muchas mujeres gordas o no, se sienten tan frustradas por sus cuerpos que prácticamente prescinden del cuerpo. «Veo a muchas personas que viven en sus cabezas, que evitan mirarse el cuerpo y hacer nada físico» dice la doctora Robinson, que dirige terapias de grupo para mujeres obesas. «Parece que piensan que si ignoran sus cuerpos, que odian, será menos doloroso. Afortunadamente, eso no funciona muy bien. Pero este tipo de pensamiento hace que la persona se vuelva más inactiva.»

Con todo, aquello a lo que tememos puede ser nuestra solución. En sus grupos de terapia, la doctora Robinson y su compañera psicóloga Jane Bacon hallaron que una vez que las clientas obesas empezaban a hacer ejercicio, mejoraba su autoestima. «Al principio no nos fijamos en ello, pero al final empezamos a ver la importancia que el ejercicio tenía en lo referente a estar contento con el cuerpo. Si usted hace ejercicio, es algo acerca de su cuerpo que *le puede gustar*. Cuando usted ve que mejora su resistencia y fortaleza casi le obliga a fijarse en otra cosa distinta al aspecto de su cuerpo. Le hace ser consciente de que el cuerpo se ideó no para ser mirado sino para funcionar y moverse.»

La experiencia que la doctora Robinson tiene con sus clientes concuerda con la investigación que ha hallado que el ejercicio es el antídoto de la depresión, y que incluso puede mejorar el estado de ánimo de las personas no deprimidas. Uno de los datos más esperanzadores de la última investigación es que el hecho de hacer ejercicio, no el estar en forma, es lo que mejora el estado de ánimo, lo que significa que usted no tiene que estar en forma, desde un punto de vista cardiovascular, o ser corredor de maratón, para notar el «estado de ánimo eufórico del corredor». Un estudio realizado en el Institute for Aerobics Research, en Dallas, Texas, informó de un dato similar relacionado con la longevidad. El estudio, en el que participaron más de 10.000 hombres y 3.000 mujeres, mostró que incluso un ligero aumento en el ejercicio —media hora de caminar a paso rápido todos los días— puede reducir significativamente el riesgo que usted tiene de morir por una enfermedad cardíaca, cáncer y las demás enfermedades causantes de muerte.

Formar parte del club

Ahora que sabe que no hace falta mucho para encontrarse mejor y vivir más, ¿qué más puede hacer para motivarse? Ésta es la opinión de los expertos.

Hacer algo divertido.   Si ve el ejercicio básicamente equivalente a tener que hacer algo de forma radical, está haciendo el ejercicio equivocado. «Pienso que es muy importante hallar algo que le guste, y también variar» dice la doctora Robinson. Si le hace daño correr y la bicicleta fija le aburre mucho, pruebe a hacer un deporte como la bicicleta, tenis o frontón. El ejercicio no debe ser una rutina. Debe hacer que usted pase un rato agradable.

«Correr siempre me ha parecido algo rutinario, y por eso juego al tenis» dice la doctora Robinson. «Correr es esforzarse y jugar al tenis es pasarlo bien. Es posible que al principio no le encante, pero una vez que va mejorando, se hace más agradable. También debe encontrar otras cosas que le guste hacer para no aburrirse.»

Ser realista.   Si la última vez que se ató unas zapatillas de deporte fue en sus últimos años de universidad, ciertamente no querrá ponerse un programa de ejercicios excesivo. De lo contrario se está labrando su fracaso. «Si se pone un plan de ejercicios tan ambicioso lo hará un par de semanas y luego abandonará» dice la doctora Robinson. «Haga algo moderado que pueda encajar fácilmente en su vida». La mayoría de los estudios que examinan las ventajas físicas y psicológicas que tiene el ejercicio para la salud han hallado que poco a poco se llega muy lejos. Todo lo que usted necesita es un paseo a ritmo rápido varias veces a la semana.

Si usted no es particularmente deportista, absténgase de participar en competiciones. Se arriesga a sufrir una lesión y un duro golpe en su autoestima. «Vaya poco a poco» dice la doctora Kolotkin. «No hace falta que sea la mejor en la clase de aerobic. En nuestra sociedad se da demasiada importancia a las competiciones y deportes de competición. Si usted no es particularmente deportista es posible que no tenga un buen concepto de su cuerpo o de sí misma.»

Asimismo, si fija unos objetivos un poco más bajos es más probable que note el tipo de éxito autoperpetuable que necesita para seguir haciendo ejercicio. Usted tiene que hacerlo lo mejor que pueda, no superar a nadie. No se exija demasiado.

«Usted ha leído todos los libros sobre ejercicios y sabe que para conseguir estos buenos efectos cardiovasculares tiene que hacer ejercicio al menos tres o cuatro veces por semana, durante media hora», dice la doctora Robinson. «De modo que si los hace dos veces por semana, durante 15 minutos, es mejor que nada. Piense un poco en lo que realmente puede hacer y lo que puede aguantar.»

Incorporar a la vida cotidiana el hecho de estar en forma. Esto debe de ser fácil ya que es probablemente algo que hace inconscientemente. «Subir o bajar escaleras, aparcar el coche un poco más lejos y caminar hasta la tienda» aconseja la doctora Robinson. «Cuando esté en casa, suba y baje las escaleras cada vez que se acuerde de algo.»

Y si apunta los éxitos que logra haciendo ejercicio, concédase una recompensa cada vez que haga algo extra.

Motívese. Para hacer que un caballo ande usted cuelga una zanahoria al final de un palo y lo cuelga enfrente de su cara. Averigüe su propia recompensa. Un experto en ejercicio sugiere que escoja un punto donde le gustaría ir, calculando la distancia que hay desde su casa, y empiece a hacer ejercicio para llegar ahí. Anote el número de kilómetros que hace caminando, en bicicleta, o nadando, y organice una celebración cuando finalmente logre llegar ahí. Usted puede recompensarse haciendo un viaje, una fiesta, un traje nuevo —lo que le parezca apropiado.

Crear un entorno favorable. Haga ejercicio con una amiga o familiar. Tenga siempre lista la ropa de hacer deporte. Acuda al club deportivo los días que realmente no le apetece hacer deporte (una vez allí le será muy fácil entrar). Conserve un diario de ejercicios para que pueda ver pruebas físicas de su compromiso y de los progresos realizados. Su vida cotidiana debe recordarle que el deporte forma parte de ella.

Esfuércese en hacerlo. El ejercicio es un hábito que, según los expertos, tarda entre 60 y 90 días en entrar a formar parte de su vida. Durante esos primeros meses, encontrará que es muy fácil hallar excusas para no hacer deporte. Es por eso por lo que tiene que estar pendiente y sustituir los pensamientos que desaniman («Estoy demasiado cansada», «Estoy demasiado ocupada», «Nunca podré salir de este estado») con ideas positivas («Siempre me encuentro bien después de hacer deporte», «Disfruto caminando con una amiga»).

EMBARAZO

En la vida de toda mujer hay muy pocos (en caso de que los haya) momentos más emocionalmente intensos que cuando está embarazada. «Una montaña rusa emocional» es como a menudo lo denominan artículos de revistas y libros sobre el embarazo, así como en la cantidad de información que la mujer recibe en su primera visita prenatal. Eso apenas le hace justicia.

El embarazo, en lenguaje psicológico, es una época de «crisis», término poco afortunado que sugiere desastre pero cuyo significado se aproxima más a «convulsión». Después de todo, el embarazo es un punto decisivo en la vida de la mujer, quizás su único rito de iniciación en una sociedad desprovista de rituales significativos para la mujer.

La llegada de un hijo señala una vida nueva para todos. La mujer que pudiera verse como hija, mujer, amiga, compañera de trabajo, jefa, ahora tiene que dejar un espacio para una nueva

Una nueva vida para todos

identidad: madre. Además, las personas que la rodean ya no son quienes eran. Su pareja se convierte en padre; sus padres, en abuelos; sus hermanos en tíos y tías.

Su cuerpo cambia, se hace más bello y torpe, vivo y pesado. Estos cambios pueden perjudicar o intensificar su autoestima, perjudicar o resaltar su vida sexual, pero prácticamente con toda seguridad le proporcionarán un asiento en un autobús lleno de gente. A medida que se preocupa cada vez más por su nuevo rol, su ambición, impulso, su carrera profesional e incluso sus amigos son apartados de su conciencia. Las películas tristes le harán llorar; una broma le hará reír de forma escandalosa.

Lucha con los conflictos que tiene sobre su capacidad de ser madre y por tener que reorganizar su vida para acomodar a su hijo. Se siente turbada por una mezcla de sentimientos hacia un embarazo que al principio no es más que la falta de la regla y tal vez un cierto asco en el estómago pero que terminará en un paroxismo de dolor. Al final esto da lugar a un amor inmenso hacia el hijo que no puede ver pero que crece voluptuosamente y conmueve suavemente su corazón.

Hay momentos en los que su alegría y temor parecen unirse como átomos en una reacción. Cada una de sus fibras —físicas y emocionales— estarán pendientes de los nueve meses que quedan por delante. «Es un acto de valentía» escribe Reva Rubin, una de las principales investigadoras y teoristas de EE.UU.

La pérdida antes de la recompensa

Existe una tendencia a culpar de esta serie de emociones a las hormonas que aparecen y crecen durante el embarazo. Pero la mayoría de los expertos coinciden en decir que las hormonas, aunque pueden intensificar los sentimientos, no pueden producirlos. La experiencia que la mujer tenga de la gestación se basará en sus antecedentes personales. «Damos a luz de la misma forma en que vivimos» dice Christiane Northrup, doctora en medicina, ginecóloga de Women to Women en Yarmouth, Maine, copresidente además de la American Holistic Medical Association. «Compruebe cómo reacciona usted ante una crisis y así es como usted será durante el embarazo.»

Pregúntese a sí misma cómo se ha enfrentado anteriormente a una pérdida. Aunque, como señala un experto, la emoción básica de la gestación es el éxtasis, tener un hijo desencadena mucha ambivalencia en muchas mujeres ya que la alegría que representa se comparte con grandes pérdidas.

«Usted pierde una identidad, su libertad, y probablemente pierda oportunidades profesionales» dice Ellen McGrath, doctora en filosofía y madre de dos niños, especializada en cuestiones relacionadas con la reproducción femenina, y además directora ejecutiva de Psychology Center en Laguna Beach, California. «Usted toma la decisión activa de aceptar un rol sobrecargado, sobre todo si trabaja fuera de casa. Definitivamente perderá la amistad de algunas personas en lo relativo a calidad y cantidad porque carece de tiempo para dedicarles. Existe también mucha ambivalencia acerca de la vulnerabilidad física y peligro inherente en el embarazo y parto. Cómo haya reaccionado usted anteriormente ante una vulnerabilidad física, teniendo limitación de movimiento, indicará cómo será nuevamente.»

Para algunas mujeres profesionales que tienen su primer hijo tras dedicar diez o más años a su profesión, el momento puede ser el doble de difícil porque están muy acostumbradas a tener el control de las cosas. «El embarazo es una experiencia principal y es muy física; usted pierde completamente el control de muchas formas» dice la doctora McGrath, ella misma madre por primera vez con 40 años.

Es importante recordar que todos estos sentimientos, aunque sean perturbadores, son normales y humanos. El embarazo es una época de gran desarrollo psicológico —despojarse de una identidad para adoptar otra— y casi todas las mujeres sienten ansiedad en estos períodos de su vida. Para la mayoría de las mujeres estos sentimientos son productivos. Son la preparación para la maternidad.

Fases emocionales

Para la gran mayoría, el embarazo se divide en tres fases psicológicas que corresponden a los trimestres médicos. Casi todas las mujeres atraviesan uno o varios cambios emocionales predecibles que le prepararán para ser madre.

Si se somete a una prueba prenatal sus experiencias pueden ser ligeramente distintas. Puede dividir su embarazo en otros tres períodos distintos: antes de la prueba, espera de los resultados y después de la prueba. En el segundo trimestre, mientras las otras mujeres se encariñan con sus hijos usted prefiere no pensar nada hasta tener los resultados de la amniocentesis para ahorrarse un dolor si los resultados fuesen anómalos. Si presenta un problema físico o emocional durante el embarazo puede esperar, normalmente, que sus temores y ansiedades aumenten pudiendo necesitar ayuda profesional para que le sea más fácil mitigar el estrés.

Aunque todos los embarazos son diferentes, los investigadores han clasificado algunas emociones y sensaciones físicas comunes que puede notar durante esta etapa especial de su vida. Esto es lo que dicen que usted puede notar durante cada una de las fases del embarazo.

Los expertos coinciden en decir que existen ciertos temores y ansiedades que tienen las mujeres durante el embarazo. Estos son seis puntos principales, junto con el consejo de los expertos, sobre cómo afrontar estos temores y ansiedades.

Temor por el bienestar de su hijo. Una vez que el bebé empieza a moverse usted puede hacer un gráfico de las patadas que nota. Escoja un momento del día que sepa que su hijo está despierto y activo y cuente el número de veces que se mueve en media hora. Si no nota ningún movimiento fetal durante 12 horas avise a su médico. Pero no se alarme. En un estudio, la mayoría de las mujeres cuyos hijos no se habían movido durante 12 horas tuvieron un parto normal y niños sanos. Si sigue preocupada, pida a su médico que le prescriba una ecografía —prueba inocua y no invasiva que le permitirá ver al bebé en el útero.

Su trabajo. Es posible que preste menos atención a su trabajo durante parte de su embarazo, sobre todo si no se encuentra bien. Pero se ha comprobado en estudios realizados que la mayoría de las mujeres pueden trabajar durante todo su embarazo sin que su rendimiento se vea afectado. Le ayudará el hecho de tomarse pequeños descansos para alimentarse o descansar.

Determinados trabajos pueden hacer que resulte difícil trabajar hasta el momento del parto, sobre todo aquellos que requieren permanecer mucho tiempo de pie, cargar peso o subir escaleras. Coméntelo con su médico. Asimismo, averigüe en su trabajo si existe la posibilidad de exposición a sustancias tóxicas, como plomo o a radiaciones. Todas las sustancias peligrosas deben etiquetarse y las empleadas pueden recoger copias del Material Safety Data Sheets, que proporcionan información detallada sobre los límites de exposición y especiales precauciones a tomar. Es posible que no pueda seguir trabajando debido al mayor riesgo que existe para el feto.

Mareos matutinos. La mayoría de las mujeres que se marean por la mañana encuentran que es útil hacer pequeñas comidas a lo largo del día, principalmente de hidratos de carbono. Algunas mujeres comen varias galletas cuando se levantan ya que los mareos matutinos parecen empeorar con el estómago vacío. Deborah Gowen, comadrona de Boston, dice que sus pacientes logran un gran alivio cuando comen almendras.

Estrés. Pida ayuda. Dependiendo del motivo del estrés, el servicio de limpieza, un canguro ocasional, un psicólogo u otras mujeres embarazadas o madres que le ofrezcan solidaridad pueden ayudarle. Estudios realizados muestran que cuanto más apoyo reciba la mujer durante el embarazo menos ansiedad tendrá. Pida ayuda en lugares inusuales, la sala de espera del médico, en el grupo de apoyo a la lactación, en la clase de ejercicios prenatales, etc.

Ser madre. Existen literalmente cientos de libros en el mercado que le ayudarán a desarrollar técnicas para el cuidado del niño. Una recomendación: *A Good Enough Parent* (Unos padres bastante buenos) de Bruno Bettleheim. Sólo el título le debe tranquilizar con la idea de que no es necesario ser una madre perfecta. Bastante buena resulta suficiente.

Sexo. Algunas mujeres encuentran que su impulso sexual disminuye durante el embarazo, aunque son más las mujeres que dicen que aumenta. Si su falta de interés por el sexo se debe al temor que tiene por lesionar al feto, esté segura de que no existen pruebas de que el coito perjudique al bebé; e incluso puede, de hecho, aumentar su sensación de bienestar ya que se siente más cerca de su pareja. Comente con su médico posiciones sexuales alternativas y otras formas de expresión sexual. Si tiene antecedentes de aborto o está teniendo un embarazo conflictivo, hable con su médico acerca de su caso concreto.

Primer trimestre: una nueva conciencia

En sus primeras fases, su embarazo puede no ser más que un resultado positivo en el Predictor que le proporcione simultáneamente alegría y ansiedad.

Gradualmente, empezará a notar algunos cambios físicos. Probablemente se notará inusualmente cansada. «Yo me encontraba tan cansada al principio de mi embarazo» dice Lonnie Hagstrom-Benner, antigua ejecutiva publicitaria, «que pasaba la hora de la comida tirada en el cuarto de descanso próximo a mi despacho. Me dormía profundamente media hora sin importarme las veces que la puerta se cerrase bruscamente y tirasen de la cadena en el servicio.»

En el primer trimestre los pechos se hinchan y se vuelven sensibles. Aunque no ha ganado peso su cintura puede ensancharse y es posible que no le cierre la ropa. Es posible que se note débil y que tenga vómitos. Aunque se dice que pasa por la mañana, las náuseas debidas al embarazo pueden aparecer en cualquier momento del día o de la noche. Puede notar cambios en el olfato y gusto. Es posible que desee comer alimentos que antes no le gustaban y aborrezca aquellos que le encantaban.

La mayoría de los investigadores dicen que llegado a este punto, casi la totalidad de las mujeres no piensan en su hijo como algo «real», algo que podría ser una defensa psicológica contra el aborto, que aparece con mayor frecuencia durante las primeras semanas de gestación. Estudios realizados sobre motivos de estrés durante el embarazo han visto que uno de los temores más intensos que tiene la mujer en el primer trimestre es que el niño no nazca normal y sano, ansiedad que tiende a reaparecer nuevamente cuando se aproxima el día del parto. Algunas mujeres incluso esperan hasta el final del primer trimestre antes de decir que están embarazadas debido al mayor riesgo que existe de aborto. Este temor puede contribuir también a la preocupación que tienen algunas mujeres por la muerte. Al estar ahora totalmente entregada al ciclo de la vida es posible que note que se entristece más y que llora cuando oye la historia de un niño que muere en un accidente.

Pero de hecho, en su primer trimestre usted puede estar aún más preocupada consigo misma, con sus síntomas físicos y por lo que significará convertirse en madre en su vida que lo que está por su bebé. Algunas mujeres se encuentran tan mal en esas semanas que se preguntan, «¿merece la pena todo esto?». Otras encuentran sus síntomas físicos reconfortantes, incluso emocionantes, puesto que indican que el embarazo es normal. ¿Qué pasa si usted no tiene mareos por la mañana? Es posible que piense que es afortunada, pero no se sorprenda si se preocupa por estar privada de este signo físico de «que todo está bien».

La gran incógnita

Al enfrentarse a una maternidad inminente algunas mujeres incluso sienten pánico. Se preocupan y se preguntan, «¿Podré hacerlo?».

«Cuando me enteré de que estaba embarazada incluso a pesar de que deseaba con toda mi alma tener un hijo me di un susto de muerte» confiesa Mimi Cohen, tecnóloga médica y madre de Amanda, de dos años de edad. «Resultaba algo tan irrevocable y yo no estaba segura de tener las características propias de una madre.»

Es posible que le preocupe «la gran incógnita». ¿Cómo influirá en su vida el bebé, en su trabajo, en su matrimonio? ¿Cómo afectará a su vida sexual? Luego está el parto. Es posible que ya le hayan contado las historias de horror o, en caso de haber dado ya a luz, que tenga su propia historia de horror que no desea repetir. La mayoría de los expertos opinan que esta preocupación temprana en relación con la dilatación y parto en realidad ayuda a la mujer a prepararse emocionalmente para la prueba permitiendo ensayarlo mentalmente.

La fecha más importante en su calendario será la fecha probable de parto. Usted organizará todo para esa fecha. En caso de caer cerca de otros aniversarios es posible que usted lo vea como presagio, bueno o malo. Algunas mujeres que han perdido recientemente seres queridos pueden pensar en el bebé como sustituto. Cuando Maria Bell profesora de arte en un instituto averiguó que estaba embarazada se dio cuenta de que probablemente el niño nacería al año de morir su madre. No pensaba que fuese una coincidencia. «Creo que en cierto modo intentaba sustituir a mi madre» dice Maria. «Cuando nos dijeron que iba a ser niña la familia de mi madre no cabía en sí de alegría. Básicamente consideraban que mi hija era la reencarnación de mi madre. Yo no creo en la reencarnación pero cuando miro al bebé pienso que el alma de mi madre también está ahí.»

A medida que mira hacia el futuro es posible que se preocupe de su pasado. El embarazo tiende a abrir la caja de Pandora de los recuerdos, buenos y malos. Es posible que reviva escenas de su infancia, vuelva a experimentar conflictos familiares y momentos maravillosos. «Cualquier cuestión sin resolver que usted tenga surgirá de nuevo» dice la doctora McGrath. «El embarazo le hace revivir hechos pasados. Es como si todo hubiese pasado el día antes. Usted puede tocar, sentir y degustar todo como si estuviese ahí. Volverá a vivir episodios de su infancia, prestando una especial atención a cómo era su relación con sus padres.»

Recuerdos de mamá-*SU* mamá

Al enfrentarse a la maternidad es posible que recurra a sus primeros modelos de rol para que le ayuden a desarrollar su nueva identidad de madre. Puesto que usted está literalmente siguiendo los pasos de su madre, dicha relación puede ser de suma importancia para usted ahora. Y dependiendo de cómo haya sido, puede encontrarse con conflictos o confort. Kathy Scott acababa prácticamente de salir de una adolescencia conflictiva, marcada por fuertes enfrentamientos con su madre, cuando se enteró de que estaba embarazada. «Me daba mucho miedo pensar que pudiera ser una madre como la mía» dice Kathy, hija única de padres mayores, que se quedó embarazada a los 20 años. «Recuerdo escribir en mi diario, ¿me voy a volver como mi madre? Por favor Dios no permitas que me vuelva como mi madre».

Peggy Hathaway, por otro lado, tenía con su madre una relación perfecta. «Ella y yo teníamos esa especie de admiración mutua y yo me identificaba mucho con ella» dice Peggy. «Cuando me quedé embarazada sentí como si estuviese llenando una necesidad inconsciente de ser como ella. Nos hizo estar aún más unidas».

Segundo trimestre: una nueva realidad

Si usted tuvo una mala relación con su madre normalmente superará gran parte de su cólera y desengaño durante el tercero a quinto mes de embarazo. Es posible que se encuentre con que el resto de los conflictos desaparecen a medida que usted les da una nueva perspectiva. Pero si encuentra que no lo está afrontando bien es posible que necesite durante un tiempo asesoramiento dice Deborah Gowen, comadrona que trabaja en Harvard Community Health Plan en Massachusetts y en Brigham and Women's Hospital en Boston. Estudios realizados han demostrado que el estrés que aparece al principio del embarazo es uno de las mejores predicciones de complicaciones en la gestación. Gowen y otras expertas en partos opinan también que el estrés, sobre todo cuando se debe a cuestiones sin resolver en la vida de la mujer, puede contribuir también a una dilatación difícil o larga.

«No ignore estas cuestiones porque volverán a surgir» advierte Gowen. «El embarazo es el momento en que, si usted se enfrenta a conflictos no resueltos de su pasado, podrá realmente solucionarlos».

La calma antes de la tormenta

Para la mayoría de las mujeres el segundo trimestre de embarazo es una época de gran alegría y paz. Por lo general desaparecen los mareos matutinos. Su cuerpo se ha adaptado al flujo de hormonas. Usted puede volver a vivir como antes.

En el segundo trimestre tienen lugar dos acontecimientos emocionantes. Empieza a notársele el embarazo y empezará a notar al bebé

El embarazo, la obesidad y la pubertad son momentos en los que es más probable que aparezcan, y hasta hace poco tiempo, usted podía estar segura de que las tendría para toda la vida. Pero ahora algunos médicos dicen que las estrías —que aparecen en sitios donde el colágeno y las fibras elásticas cutáneas se han estirado más allá de su capacidad natural— pueden desaparecer gracias a la aplicación de la misma crema tretinoina que se utiliza en el tratamiento de arrugas y acné.

Según los investigadores, esta crema, que contiene ácido retinoico, puede ayudar a enmascarar o eliminar por completo las estrías si se aplica cuando aparecen estas marcas. En otras palabras, cuando aún son sonrosadas y dolorosas. Una vez que son blancas desaparece prácticamente el índice de éxito.

Actúa estimulando el movimiento de fibroblasto (células productoras de colágeno y fibras elásticas) en la zona de la cicatriz. No puede usarse durante el embarazo, cuando es muy probable que aparezcan estrías, o durante la lactancia materna.

moviéndose dentro de usted. Esta experiencia es la primera señal de vida del feto. Algunas mujeres describen este primer movimiento como un revoloteo, como si tuviera mariposas en el estómago. Otras dicen que es como si tuvieran retortijones. Independientemente de cómo lo note usted, es el inicio de una relación muy íntima que usted tendrá con el bebé, que ahora se vuelve muy real para usted. Usted podrá saber cuándo duerme, cuando tiene hipo, qué alimentos parecen gustarle incluso de qué lado le gusta dormir. En estudios realizados sobre las percepciones que las parejas tienen de sus bebés no nacidos, los investigadores han visto que los padres, interpretando los movimientos del niño dentro del útero, le daban una personalidad: activa, tímido, feliz, amable.

Un miembro del club

Durante el segundo trimestre es probable que usted empiece a llevar ropa de embarazada, un nuevo signo externo de su estado que afectará al modo que los demás tienen de tratarla. En estudios realizados se ha visto que las personas tienden a ayudar a las mujeres embarazadas. Los amigos y personas extrañas le abrirán la puerta, se ofrecerán a llevarle los paquetes o a dejarles su sitio. También puede recibir consejos y atención no deseados. «Una persona totalmente desconocida se le acercará, cuando está embarazada, y le tocará la tripa o le dirá que use un jersey» dice asombrada la doctora Northrup. «Usted es la imagen de la fecundidad divina». Es posible que usted tenga que ensayar unos cuantos modos amables de decir a las personas que no le agrada su atención.

Usted observará que el resto de las mujeres le tratarán especialmente bien. «Lo que vemos es que las mujeres, en general, desean ser amables con las mujeres embarazadas» dice Gowen.

En esta fase es posible que usted se acerque a hablar con otras embarazadas y madres no sólo por su apoyo, sino porque ahora se siente «un miembro del club», signo importante de que usted se está adaptando a la idea de lo inminente de su maternidad.

Enamorarse

Las hormonas de la gestación que hacen estragos en su cuerpo durante el primer trimestre, pueden contribuir al buen aspecto que usted muestra en el segundo trimestre. Su piel se vuelve clara y lisa. Éste es el momento en que aparece la «luz» del embarazo, posible causante de múltiples elogios y que le hace pensar que usted es especial. Pero, dice Rubin en su libro *Maternal Identity and the Maternal Experience* (Identidad maternal y la experiencia maternal), esa «luz» puede deberse en parte al amor que usted va sintiendo por su bebé y en parte al incremento hormonal que se produce. «Cuando una mujer ama» escribe Rubin, «aumenta su atractivo, existen recompensas sociales y crece el lazo de amor».

Es posible que usted sienta realmente amor por su hijo no nacido. Puede tener fantasías idílicas sobre su bebé. El amor que usted siente adquiere una calidad «romántica» fomentada por la relación especial que existe con este hijo a quien sólo usted puede notar y con quien sólo usted puede comunicarse. Es posible que usted sueñe con su bebé, busque pistas de cuál será su sexo («Si es tan activo tiene que ser chico»), hable con él, apoye las manos en su abdomen abultado y lo acaricie.

Temores y dudas

En el segundo trimestre es muy probable que usted quiera que su marido note y acepte también al bebé. Usted pone su mano en su barriga para que note la patada del bebé. Si no reacciona como usted espera, a usted puede molestarle.

«Yo estaba muy nerviosa porque mi marido no participaba aún del hijo» recuerda Maria Bell. «En ese momento, yo estaba muy emocionada por mi bebé y a él le preocupaba el hecho de que se le acabase la vida. Eso me preocupaba y recuerdo que a veces me afectó mucho y me enfadaba con él.»

A pesar de que algunos estudios han hallado que las parejas se someten a más tensión durante el embarazo y que es posible que haya más discordias maritales, muchos otros revelan que el bebé puede unir más a un buen matrimonio. En un estudio los investigadores hallaron que, aunque las parejas entrevistadas dijeron que tuvieron más conflictos durante el embarazo también sintieron más amor uno hacia el otro.

A algunas mujeres les preocupa cómo responderán sus maridos ante el cambio de sus cuerpos. La mayoría de los estudios muestran que tanto los hombres como las mujeres parecen adaptarse bastante bien a los cambios, aunque a algunas mujeres les cueste adaptarse a sus nuevas formas. Mimi Cohen se quedó tranquila cuando empezó a notársele el embarazo. «A los cuatro o cinco meses las personas no saben si estás embarazada al mirarte» dice ella. «Piensan que tienes mal tipo. Yo estaba menos pendiente de ello cuando se hizo más evidente».

El sexo resulta divertido

Hay más buenas noticias durante este segundo trimestre. Usted puede recobrar su vida sexual. Las investigadoras en sexo Masters y Johnson comprobaron que el 80 por 100 de las mujeres dijeron que había una importante mejora en sus vidas sexuales pasado el primer trimestre y para algunas el sexo resultaba incluso mejor que cuando no estaban embarazadas. Esto puede deberse al incremento del flujo sanguíneo en el área pélvica y a una mayor cantidad de lubricante vaginal debido al embarazo. Pero también pueden existir motivos psicológicos.

«Era fantástico» recuerda Carol Tucker, escritora de ciencias y madre de dos niños, quien dice que su vida sexual durante el embarazo fue mejor que en cualquier otro momento de su matrimonio. «¡Lo mejor es que no había que preocuparse de quedarse embarazada!».

Tercer trimestre: sobrecarga sensorial

De repente el cuerpo gestante que en los meses previos ha podido ser motivo de alegría se vuelve incómodo. Usted se describirá a sí misma tristemente refiriéndose a cosas de tamaño grande. Es posible que se describa como una «sandía» o «una ballena fuera del agua».

El aumento de su tamaño y la posición del bebé pueden hacer que usted esté muy incómoda en los últimos meses. Los movimientos del bebé, al principio deliciosos, pueden hacerse dolorosos debido al tamaño. A usted le puede costar respirar, levantarse de una silla o coger los zapatos del suelo —si es que los llega a ver. Usted puede padecer de acedía y de otra serie de dolencias y dolores. «Hacia el final yo tuve un dolor en la zona pélvica que era exactamente como si llevase pantalones demasiado estrechos, a pesar de que todo lo que usaba fuesen vestidos» recuerda Becky Stern, escritora de historias de ficción y madre de dos niños.

Desde el punto de vista emocional, es posible que tenga «una sobrecarga sensorial». Estudios realizados demuestran que en los últimos meses del embarazo algunas de las ansiedades propias del primer trimestre regresan. Usted puede volver a preocuparse por su salud, la salud de su bebé, la inminencia de la dilatación y parto, su aumento de peso, el tamaño de sus pechos y por las estrías. Es posible que empiece a preocuparse de nuevo por el hecho de ser madre, algo muy lejano hace medio año pero ahora inminente. A usted le preocupa cómo reaccionarán sus otros hijos ante el nuevo hermanito. También le preocupa cómo será capaz de hacer todo.

Pero al mismo tiempo es muy probable que ya se haya adaptado a la idea de la maternidad y se dedique a recopilar información que le ayude a mitigar algunos de sus temores. Revistas, libros, el resto de las mujeres gestantes que ve en la consulta del médico son fuentes para usted. Usted puede mantenerse ocupada para evitar pensar en lo que se le avecina.

Pero el último trimestre no es todo preocupaciones e infortunios. También sentirá mucha esperanza y anticipación. «En lo único en lo que podía pensar era en rodear al bebé con mis brazos» recuerda Lonnie Hagstrom-Benner. «De hecho, en muchos momentos tenía tantas ganas de abrazarle que me olvidaba de lo que hacía falta para que saliese».

Sueños del parto

Al igual que con la maternidad, el parto nunca deja de estar presente en su mente. Estudios realizados muestran que el tercer trimestre es un momento en el que las mujeres tienen sueños vivos de ser atrapadas o estar en gran peligro o de descuidar u olvidar a un niño. «En mi segundo embarazo, que coincidió con el terremoto de San Francisco, yo tenía estas pesadillas justo antes de caer dormida» recuerda Becky. «Soñaba que había salido a hacer la compra o al banco con mi hijo de 18 meses y que de repente había un terremoto. Una grieta se abría y caíamos dentro. Ahí estaba yo, cubierta de escombros y de repente me ponía de parto. Yo soñé esto muchas veces, caerme en un agujero y dar a luz».

También es posible tener sueños agradables de «un parto fácil». Una mujer soñó que iba al supermercado a coger a su bebé y se despertó pensando, «¡Qué fácil era!«.

La mayoría de los expertos coinciden en decir que los sueños más negativos —en realidad las pesadillas— pueden ser el modo que la mujer tiene de prepararse para los peligros y lo inevitable del parto y de las responsabilidades derivadas de la maternidad. De hecho toda la experiencia incómoda del último trimestre puede ayudarle a afrontar con mejor ánimo lo que se le avecina. Lynda Rubin, profesora de escuela elemental, con una hija de cuatro años de edad, bromea diciendo: «Según yo, el tercer trimestre es sólo la forma que tiene la naturaleza de hacer que el parto parezca algo bueno».

Véase también Pruebas prenatales.

EMBARAZO DESPUÉS DE LOS 35

Cuando la enfermera salió de la habitación yo eché un vistazo a mi gráfico. Ahí me vi inscrita como una primípara añosa. Estaba indignada. ¿Desde cuándo se es viejo con 36 años?
MADRE CON 40 AÑOS DE UN NIÑO DE 4 AÑOS DE EDAD

Lonnie Hagstrom-Benner se casó a los 34 años y se quedó embarazada a los 36. «Ésta ha sido la única vez en mi vida que he seguido las tendencias actuales» dice esta ex directora de publicaciones que tuvo a su hijo un mes antes de cumplir los 37 años.

De hecho, Lonnie está dentro de una tendencia que se espera que continúe de forma indefinida: ser madre a la mediana edad. Según el National Center for Health Statistics el número de mujeres primíparas con edades comprendidas entre los 30 y los 39 años es más del doble que en los últimos 15 años. Durante el mismo período, ha habido un incremento del 50 por 100 en el número de mujeres mayores de 40 años que dan a luz por primera vez. Hace diez años el reloj biológico de la mujer empezaba a repiquetear al cumplir los 30. Actualmente es posible que suene por primera vez cuando tiene 35 o incluso cuando está cerca de los 40.

¿Qué ha prolongado la edad de tener hijos?

Las alegrías, los riesgos y los peligros

Una cosa, resulta más seguro esperar. Gracias a las pruebas prenatales la mujer de 40 años reduce el riesgo que corre de tener un hijo con una anomalía genética al de una mujer de 20 años. La tecnología también ha producido una serie de tratamientos contra la esterilidad, que tiende a aumentar en mujeres mayores de 35 años. Y la nueva especialidad de medicina materno-infantil permite a mujeres con enfermedades crónicas, y a aquellas que desarrollan problemas de salud durante el embarazo, tener partos normales y niños sanos y sobrevivir ellas mismas al embarazo. Métodos relativamente seguros de contracepción y modelos de rol públicos, tales como Bette Midler y Glenn Close —ambas madres por primera vez a los 40 años— han contribuido también a esta actitud generalizada de que nunca es demasiado tarde. En la actualidad, muchas mujeres opinan que pueden posponer con seguridad el nacimiento de sus hijos hasta que llegue el momento «oportuno», que para muchas ha significado después de finalizar los estudios, tener un trabajo profesional y una cuenta corriente sólida y mantener una relación estable.

La realidad es que muchas mujeres no han pospuesto deliberadamente el momento de la maternidad. La maternidad a la mediana edad puede ser simplemente el efecto secundario de la esterilidad, el hecho de casarse tarde o casarse por segunda vez.

«Yo no decidí conscientemente posponer el nacimiento de un hijo» dice Lonnie. «Lo que pasó es que yo no conocí a mi marido hasta los 33 años. Yo no quería quedarme embarazada en el viaje de novios. Bruce y yo queríamos pasar un tiempo solos antes de tener hijos. Sin embargo, viéndolo en retrospectiva, pienso que era el momento oportuno para mí. Mi carrera profesional iba bien, gozábamos de una seguridad económica y yo estaba emocionalmente estable, algo que no hubiera podido decir de mí misma cuando tenía 24 años. Pero en realidad no fue una decisión consciente que tomé. Fueron las circunstancias.»

Mejor momento para tener hijos

Aunque, en términos médicos, el mejor momento para que la mujer tenga hijos es entre los 20 y los 24 años, muchas opinan que no es su mejor momento emocional. Para algunas mujeres (y hombres) que crecieron en los años cincuenta y sesenta, los veinte años eran más una prolongación de su adolescencia que la antesala de la edad adulta. En lo que respecta a tener hijos este giro de la edad adulta ha significado que las mujeres alcanzan el pico emocional un decenio más tarde, a veces más tiempo, después de alcanzar la madurez física. Pero la realidad es que la «primípara añosa» no es lo que solía ser. Incluso el término, usado en los libros de medicina, se está

El embarazo después de los 35 ciertamente no está exento de riesgos, pero es posible que no sean tan espectaculares como usted piensa, y en muchos casos pueden reducirse. Esto es a lo que una mujer mayor puede enfrentarse si desea tener su primer hijo.

Ante todo es posible que le cueste quedarse embarazada. Es algo bien sabido que la fertilidad disminuye gradualmente después de que la mujer cumple los 35 años. «Pero el factor importante aquí es que disminuye *gradualmente*» dice Sally Faith Dorfman, obstetra-ginecóloga de Nueva York. «Salvo cuando existe una menopausia prematura no es como si usted pudiese concebir un día y no al otro. De modo que pueden pasar entre 6 y 12 meses hasta poder quedarse embarazada, en vez de 4».

Pero un riesgo incluso mayor al que se enfrenta la mujer primípara es tener un hijo con anomalías genéticas, sobre todo síndrome de Down. Las estadísticas muestran que las posibilidades que una mujer de 40 años tiene de tener un hijo con síndrome de Down son nueve veces mayores que las de otra de 30 años de edad. «Pero», dice la doctora Dorfman, «hay que tener en cuenta las cifras además de los porcentajes». Una mujer de 40 años de edad tiene *menos de un 1 por 100* de posibilidades de tener un hijo con síndrome de Down. Aunque el riesgo aumenta con la edad, la mujer de 45 años sólo tiene un 3 por 100 de posibilidades de tener un hijo con síndrome de Down —o para decirlo en otras palabras, un 97 por 100 de posibilidades de tener un niño sano. «Por supuesto que con esas cifras sólo se puede jugar hasta un cierto límite» advierte la doctora Dorfman. «Si le pasa a usted, supone un 100 por 100 de posibilidades».

Las mujeres mayores de 35 años tienen más posibilidades que las más jóvenes de tener algunos problemas de salud durante el embarazo, sobre todo diabetes e hipertensión, ambos problemas más frecuentes en edades avanzadas. Aproximadamente el 6 por 100 de todas las mujeres mayores de 35 años desarrollan estas complicaciones, comparado con el 1,3 por 100 de mujeres jóvenes. Estadísticamente, las mujeres mayores tienen además un riesgo mayor de tener complicaciones en el embarazo, incluidos problemas con la placenta y con la colocación del feto, pudiendo todos ellos dar lugar a más intervenciones médicas y graves consecuencias para la salud tanto para la madre como para el hijo. Existe además un mayor riesgo de abortar. La realidad nos muestra que las mujeres mayores pueden tener una dilatación más larga o difícil, factor primordial en la tendencia actualmente desmesurada a hacer cesáreas. Sin embargo, la doctora Dorfman comprobó, al repasar algunos estudios de la dilatación de mujeres añosas, que el promedio de dilatación era de 45 minutos.

Existe también una posibilidad mayor —simplemente por el «tiempo pasado en este planeta» según palabras de la doctora Dorfman— de que la mujer añosa haya estado expuesta a toxinas ambientales potencialmente perjudiciales. Una mujer mayor de 35 años corre también un riesgo mayor de problemas asociados con endometriosis y fibromas, que pueden afectar a la fertilidad y embarazo.

Pero todos estos riesgos pueden reducirse si la mujer mayor, que tiene muchas posibilidades de tener un embarazo planificado, se prepara físicamente para la gestación. Los cuidados previos al embarazo permiten a la mujer cuidarse de forma *óptima* antes incluso de quedarse en estado. Los órganos fetales se forman en las primeras 12 semanas de gestación y es el momento en que son más vulnerables, dicen los médicos, por lo que si usted ingiere una dieta sana, se abstiene de fumar, beber alcohol y líquidos que contengan cafeína y de tomar drogas, toma vitaminas y hace ejercicio *antes* de quedarse embarazada, tiene más posibilidades de tener un embarazo y un niño sano. Pero el embarazo no es el momento de *iniciar* un programa de ejercicios, advierten los médicos. Es mejor estar físicamente en forma antes de quedarse embarazada para que le ayude a afrontar lo que le espera.

volviendo anticuado. Hoy una mujer de 35 años que se queda embarazada no es automáticamente de «alto riesgo». Eso supone una preocupación menos.

De hecho, si una mujer mayor de 35 años está físicamente sana y carece de antecedentes de esterilidad, abortos o nacidos muertos, sus posibilidades de tener un hijo normal y sano no son muy diferentes que las que tiene una mujer de 20 años, según un estudio realizado con 3.917 mujeres embarazadas en Mount Sinai Hospital en la ciudad de Nueva York. El estudio, dirigido por Gertrud Berkowitz, doctora en filosofía, contradice estudios anteriores donde se veía que las mujeres mayores tenían más posibilidades de tener niños prematuros o de menos tamaño y niños con más probabilidades de morir o presentar problemas de salud.

Tener ideas clarar de los riesgos reales que se corren por ser una madre primípara añosa es el primer paso para reducir la tensión durante el embarazo, algo que puede producir complicaciones durante la dilatación y el parto, dice Christiane Northrup, doctora en medicina, ginecóloga en Women to Women en Yarmouth, Maine, y copresidenta de la American Holistic Medical Association. «Lo peor para usted, si está sana, es que digan que es de alto riesgo, ya que el término en sí puede afectarla psicológicamente. Toda emoción va acompañada por cambios bioquímicos en el cuerpo. Si usted piensa que está enferma puede caer enferma.»

Leslie Steele, directora comercial de 38 años de edad que desarrolló una hipertensión leve relacionada con el embarazo en el segundo trimestre de gestación piensa que eso podría haberle pasado a ella. «Mi obstetra era una de esas personas nerviosas que prácticamente trató mi embarazo como si de una enfermedad se tratase» dice ella. «Yo estaba estresada. Cuando mi tensión arterial empezó a subir él me remitió a un especialista en medicina materno-fetal que había en una ciudad próxima a la mía. Cada semana yo tenía que recorrer 50 kilómetros para que me tomase la tensión arterial, me hiciese una ecografía, unos análisis de sangre y orina, añadiendo la prueba de anomalía fetal. Ahora sé que tuve los mejores cuidados posibles. Sabía que todo era por el bien del bebé, pero puedo jurar que mi tensión arterial literalmente subía cada vez que veía una bata blanca. Pasé de estar nerviosa a sentirme absolutamente asustada. Quiero decir, ¿por qué me hicieron pasar por todo eso si no me pasaba nada importante?

Preocupación del médico

Si unos cuidados tan meticulosos parecen excesivos, si no alarmantes para la futura madre añosa, no lo son para el obstetra quien, basándose en su formación, considera a la primípara añosa como paciente de alto riesgo.

Una serie de estudios han sugerido que lo que un médico llama el factor «nervioso» obstetra puede al menos ser parcialmente responsable del incremento tan elevado de las cesáreas en mujeres mayores de 35 años. En algunos casos, el porcentaje de cesáreas es tres veces mayor en mujeres añosas que en las jóvenes.

«Durante generaciones se ha enseñado a los obstetras que la edad de la madre es un factor de riesgo» explica Sally Faith Dorfman, doctora en medicina, especialista en obstetricia y ginecología, y comisario de salud en Orange County, Nueva York. «Si la mujer ya ha cumplido los cuarenta y está embarazada, al primer signo de problema el obstetra no va a quedarse de brazos cruzados. Querrá intervenir. Por desgracia, los estudios realizados con mujeres mayores embarazadas son bastante parciales y sesgados. Hace años, las mujeres que daban a luz, por lo general, tenían una o dos situaciones: ya habían tenido muchos niños por lo que sus cuerpos podían estar desgastados, o habían intentado durante 15 años tener un hijo y habían sufrido una serie de abortos».

Las investigaciones realizadas más recientemente, como el estudio de Mount Sinai, se centran en la madre añosa, demográficamente más actual, que con toda probabilidad pertenece a una clase media, tiene un nivel educativo bueno, y tiene su primer parto, no su décimo. Cuando se extraen los factores de fertilidad de la situación, la mujer añosa y su hermana más joven no son muy diferentes.

Además, las nuevas generaciones de obstetras están preparadas y se han reescrito los libros de medicina, dice la doctora Dorfman. «Yo no tengo los mismos tipos de prejuicios que muchos otros médicos» explica ella. «Yo nací cuando mis padres tenían 43 años».

Buen momento

Cada vez resulta más claro que retrasar la maternidad tiene algunas ventajas. De hecho, cuando las investigadoras de Wellesley College, Pamela Daniels y Kathy Weingarten, preguntaron a un grupo de padres que habían tenido hijos con veintitantos años si tomarían la misma decisión ahora, más de la mitad dijeron que, si se les diera una segunda oportunidad, esperarían. Cuando se planteó la misma pregunta a un grupo de padres que habían esperado hasta cumplir los treinta o cuarenta años para formar una familia, casi todos dijeron que el momento había sido apropiado.

Las mujeres que esperan están, en realidad, lo mejor preparadas posible para asumir las tareas de tener y criar a los niños. Se ha demostrado científicamente que las madres añosas son menos propensas a ser ambivalentes y tienen menos conflictos con su embarazo. De hecho son propensas a considerar su embarazo como una bendición, y no simplemente porque estén derrotando las cifras de fertilidad. Con la edad y la experiencia se adquieren conocimientos —o quién es uno y lo que uno desea.

«Se tiene más control y se siente uno más cómodo consigo mismo» dice Corinne Nye, fotógrafa profesional que se casó en segundas nupcias cuando su única hija tenía 16 años. «Se tiene una cierta idea de a lo que se renuncia y de lo que se avecina. Cuando yo me quedé embarazada con 41 años no sólo pensé que era afortunada sino que sabía que iba a ser tremendamente feliz. Era consciente de que tener un hijo suponía una enorme responsabilidad. Aunque a veces es difícil, proporciona más alegría de lo que yo hubiera esperado o deseado».

El embarazo en la mediana edad resulta normalmente la culminación de años de consideraciones profundas, la decisión de dos personas maduras y con experiencia. Dependiendo de la edad de la pareja se puede tomar como la «última posibilidad» y, por tanto, como un regalo muy querido.

«La investigación muestra que un hijo nacido de una madre añosa posee un significado muy especial para la madre; las madres añosas a menudo se muestran menos estresadas y más abiertas y aprecian más la experiencia que las madres jóvenes» dice Ellen McGrath, doctora en filosofía, directora ejecutiva de Psychology Center en Laguna Beach, California, quien tuvo al primero de sus dos hijos cuando tenía 40 años, y el segundo a los 43. «El hijo de una madre añosa llega al mundo muy estimado por la mujer, quien tiene muy claros sus valores».

En un estudio realizado en Toronto General Hospital, donde se comparaban los sentimientos de mujeres jóvenes y mayores que eran madres por primera vez, los investigadores vieron que las mujeres mayores presentaban menos sensación de angustia durante el embarazo que las jóvenes, a pesar de tener un riesgo mayor de tener un hijo con anomalías genéticas y del cambio, tal vez más importante, que la llegada del niño suponía para ellas. Los investigadores formulan teorías de que las mujeres mayores, la mayoría de las cuales han tardado en casarse, tienen gracias a su edad, más oportunidades de desarrollar su sentimiento de autoestima, confianza e independencia, contribuyendo a su sensación de bienestar durante el embarazo. A pesar de que las mujeres se mostraban más deprimidas conforme se acercaba la dilatación, seguían estando menos afectadas que las mujeres más jóvenes.

Asimismo, las mujeres mayores que han pasado gran parte de su vida adulta consolidando su carrera profesional, pueden ver el embarazo como un modo de analizar lo que para ellas es un territorio desconocido: su feminidad. «Yo veo a muchas mujeres, sobre todo mujeres con treinta años y con éxito profesional, que desean afirmar las partes de su ser que han estado latentes, que no afloraron por el simple hecho de ser esposa o trabajar» dice la doctora McGrath. «Para estas mujeres, tener un hijo representa el compendio de la feminidad. Opinan que han tenido que tener la parte femenina de sí mismas latente durante tanto tiempo para poder sobrevivir, que anhelan ese tipo de equilibrio».

A diferencia de la mujer joven quien, tal vez, aún no ha encontrado su puesto en el mundo, la mujer mayor es menos probable que espere que su hijo le haga sentirse realizada. Es menos probable también que se sienta «sujeta» por el niño cuando intenta ocuparse del trabajo que ha dejado inconcluso. La mayoría de las madres primíparas añosas ya han trabajado. «Recuerdo que mi madre decía que había una serie de cosas que deseaba hacer en la vida para demostrar que era igual de buena que cualquier hombre en su campo, y lo hizo, por lo que nunca albergó ningún resentimiento de que los hijos le cortasen las alas» dice la doctora Dorfman.

La parte negativa

La maternidad durante la madurez tiene su propia parte negativa, por supuesto. Las madres mayores pueden no recuperarse del parto con la misma rapidez que las jóvenes. «Después de que Danny naciese, yo tenía una lista de al menos doce cosas que no iban bien en mi cuerpo» dice riéndose Corinne Nye, quien descubrió durante su embarazo que presentaba artritis degenerativa temprana en la columna. Durante el embarazo hizo ejercicios dentro del agua y siguió haciendo ejercicio, controlando su peso y sometiéndose a tratamientos quiroprácticos regularmente para tener bajo control su enfermedad.

Al igual que muchas mujeres mayores encuentra que tiene menos energía que cuando era joven. Depende de las clases de ejercicio y biofeedback, que se vale de sensores electrónicos para detectar cambios en la temperatura corporal y tensión muscular, para que le ayude a aguantar la actividad de un niño de tres años de edad. «Pero básicamente no aguanto a Danny los tres días a la semana que trabajo» dice ella. «Soy incapaz de hacer cualquier esfuerzo físico con él. Esos días lo único que puedo hacer es leerle libros. Afortunadamente mi marido es maravilloso con Danny y juegan juntos, por lo que hay un equilibrio».

Algunas mujeres mayores también pueden encontrar difícil adaptarse a un niño exigente tras tantos años de dedicarse sólo a sus propios deseos y voluntad. A la mujer que sea muy organizada puede faltarle tiempo cuando todo, desde el embarazo, al parto y la lactación, no va según el plan, como pasa a menudo.

El padre de Bonnie Kin tiene 72 años y es un enfermo terminal. Pero su hija tiene 3 años, apenas una preescolar y vive en el polo opuesto del país.

¿Dónde está Bonnie? «Estoy en algún punto a mitad de camino» responde esta psicóloga de la Universidad de California de 45 años de edad. Y sólo está hablando medio en broma.

Esto es porque, al igual que muchas mujeres hoy, Bonnie Kin, doctora en filosofía, se encuentra emocional y geográficamente a caballo entre las necesidades de la generación futura y las necesidades de la generación pasada. Es una posición que la convierte en miembro privilegiado de lo que los demógrafos denominan generación de sandwich, generación de mujeres que se encuentran entre los padres y los hijos.

Supone también un fenómeno sociológico que está haciendo que masas de mujeres se conviertan en berros marchitos, añade la doctora Kin. Fruto de una colisión entre tres tendencias culturales diferentes —padres que viven más años con enfermedades crónicas, mujeres que posponen el matrimonio y mujeres que se convierten en madres cuando están a punto de cumplir los cuarenta— el «sandwich» de las mujeres está convirtiendo rápidamente lo que deberían ser los años más estimulantes y productivos de la vida de la mujer en una época de servidumbre agotadora.

Las mujeres, tradicionalmente, se han ocupado de sus familiares muy jóvenes o muy viejos, explica la doctora Kin. Pero en nuestra cultura por lo general no se esperaba que trabajasen de 09:00 a 17:00 horas y atendiesen al mismo tiempo a estos dos extremos generacionales. Sobre todo no cuando esos dos polos opuestos generacionales viven a menudo en dos lugares totalmente distintos.

Por desgracia, las exigencias que existen en las mujeres que se encuentran en esta situación son a menudo tan grandes que las mujeres se ven obligadas a posponer su propio desarrollo profesional, como mujer y como criaturas de este planeta.

Algunas mujeres opinan que sus vidas han

acabado cuando esto sucede, dice la doctora Kin. Pero simplemente significa un paréntesis en su desarrollo profesional, durante un tiempo. Y resulta intenso. La mayoría de las mujeres salen de este paréntesis totalmente locas o tan llenas de ideas creativas que despegan como un cohete.

¿Cómo puede saber usted si la situación en la que se encuentra es una lanzadera y no un billete sin retorno al extremo opuesto?

Aclárese las ideas. Aclare sus prioridades, recalca la doctora Kin. Sepa quién es y lo que quiere. Sepa lo que desea para sus hijos, sus padres y para usted misma.

Busque las implicaciones a largo plazo. Si decide, por ejemplo, ocuparse del abuelo, ello restará recursos, tanto económicos como de tiempo —para sus hijos. ¿Cómo afectará eso a la salud emocional de sus hijos? ¿O a su posibilidad de costear su educación?

Reconozca sus propias limitaciones. A pesar de la publicidad que insiste en decir que podemos hacer cualquier cosa mientras tengamos las medias apropiadas, no es así. A algunas de nosotras nos falta paciencia, a otras tiempo. Reconozca sus propias limitaciones, dice la doctora Kin. Si normalmente se excede de sus límites al final aparecerán inesperadamente y le harán sentirse culpable.

Hable acerca de las expectativas. ¿Qué espera de usted misma como hija? ¿Qué esperan sus padres de usted? ¿Qué significa ser «una buena hija»? ¿Ser buena hija es invitar a la madre anciana a que venga a vivir con ella? ¿Es alguien que se organiza para que un vecino vaya a dar de comer a la madre? ¿Es alguien que mete a su madre en una residencia? Todas tenemos expectativas diferentes de nosotras mismas, dice la doctora Kin. La única forma de saber realmente lo que es lo mejor para cada uno es sentarse y tener una charla abierta y franca.

Hable de dinero. Probablemente resulte más fácil hablar con sus padres de la muerte o sexo que de dinero, dice la doctora Kin. Pero debe hacerlo antes de asumir cualquier responsabilidad respecto al cuidado de los padres. Es mucho más probable que su relación no se vea afectada si las cosas quedan claras.

Fije límites. Decida qué puede y qué no puede hacer por la familia. Luego, mantenga esos limites —independientemente de lo que los demás digan.

Programe las reuniones familiares. Es fácil que los hermanos olviden que sus padres también necesitan atención. Dígales que va a ir a verlos, concrete todos los cuidados que sus padres necesitan —compra, citas con el médico, lavandería...— y luego pida tranquilamente a cada hermano qué tarea le gustaría hacer.

Intercambiar consejos con otras personas. Grupos tales como Caring Children of Aging Parents (Hijos que atienden a padres ancianos) están surgiendo en EE.UU., dice la doctora Kin. Son un modo fantástico de conocer a otras personas con problemas similares, intercambiar consejos sobre cuidados paternos, descubrir otros recursos y desahogar la tensión que esta situación de «sandwich» parece crear.

Existen otra serie de realidades sobre el embarazo en la mediana edad. Aunque se ha ampliado, *sí* existe un límite para la concepción. Los padres mayores pueden verse obligados a limitar su familia a un hijo, o a tener los hijos en menos tiempo del deseado. Algunas críticas a los padres mayores, señalan que existe a menudo una tendencia entre los padres añosos a ser más condescendientes con sus hijos —el síndrome del hijo único— sobre todo si es hijo «único». Pero esa es una tendencia que no se limita a un grupo generacional.

Existe además una aritmética a tener en cuenta. A los 35 ó 40 años la mujer puede encontrarse con dos roles: ser madre por primera vez y tener que cuidar de sus padres ancianos. Karen Hutchinson, que tuvo a su hija, Jamie, cuando tenía 39 años, tuvo que dejar su trabajo bien remunerado y aceptar un trabajo de media jornada después de que a su padre le diagnosticasen un Alzheimer. «Pensé que ocuparme del bebé y trabajar era duro» dice ella. «La tensión crece de forma exponencial cuando se añade a la ecuación un padre enfermo».

Es algo para lo que la hija de la señora Hutchinson pueda tener que prepararse. Cuando ella tenga 35, sus padres tendrán setenta y tantos años. Ella es posible que forme parte de una generación —denominada generación sandwich— agobiada por la responsabilidad de atender a sus padres mayores *antes* de tener la posibilidad de establecer su propia vida.

Mamás con canas

¿Qué tipo de modelo de rol serán las madres con canas para sus hijos adolescentes? Debido a la enorme diferencia de edad que existe entre padres e hijo, existe el riesgo de abismo generacional, algo de lo que Corinne se preocupó «durante unos minutos» antes de rechazarlo.

«Es posible que no sea joven en edad pero sí lo soy en espíritu» dice Corinne. «Cuando yo era una madre joven, recuerdo que pensaba que el resto de los padres que me rodeaban eran todos chapados a la antigua. Cuando ahora miro a mi alrededor, independientemente de la edad que tengan, pensamos que somos de la misma edad».

De hecho, mientras una madre más joven puede bromear diciendo que «los niños te envejecen», las madres añosas pueden pensar que la maternidad rejuvenece. La doctora Dorfman no recuerda pensar que su madre fuese vieja. En realidad, dice ella, sospecha que muchos padres mayores encuentran que están demasiado ocupados para sentirse viejos.

«Recuerdo pedirle a mi madre que me hablase de la menopausia» dice la doctora Dorfman. «Ella dijo: "Casi no lo noté. Estaba demasiado ocupada preocupándome por las ideas y los retos de una niña de nueve años, llevándola a clases de ballet y a las *girl scouts*". La maternidad tardía te mantiene joven. Te mantiene vibrante y en tono. Yo lo pude comprobar. Cuando las personas contemporáneas de mis padres hablaban de la jubilación y de trasladarse de casa, mi madre seguía participando en el APA».

Véase también Pruebas prenatales

ENDOMETRIOSIS

Mary Lou Ballweg pasó 15 años desconcertando a los médicos antes de averiguar la causa del dolor atroz de sus menstruaciones. «El dolor era tan fuerte que muchas veces era incapaz de subir o bajar las escaleras de mi casa» dice Ballweg, a quien diagnosticaron finalmente endometriosis a la edad de 31 años. Mucho antes de que ningún médico lo dijera, Ballweg estaba convencida de que tenía endometriosis. Ella ya había rechazado la idea de que los síntomas fuesen psicosomáticos, que ella era hipocondríaca o, como le dijo un médico, «era el tipo de persona nerviosa». Decidió investigar por su cuenta.

«Casi todo lo que leí u oí acerca de la endometriosis resultó ser contradictorio, confuso y a menudo equivocado» dice ella. «Parecía que nadie sabía nada acerca de esta enfermedad», éste fue uno de los principales motivos por los que fue una de las fundadoras de la Asociación de

Endometriosis. «Incluso hoy, aproximadamente el 70 por 100 de las mujeres que vienen a vernos se quejan de que sus médicos intentan culpar a los síntomas de algo psicológico».

El invitado molesto

Los médicos no saben qué es lo que provoca la endometriosis. Tampoco saben explicar por qué algunas mujeres lo tienen y otras no, aunque existen algunos indicios de que podría ser hereditario. También es la primera sospecha cuando la mujer tiene problemas para quedarse embarazada. Básicamente, la endometriosis significa alteración del ciclo menstrual. Cada mes, preparándose para un posible embarazo, los tejidos que recubren la cara interna del útero aumentan de tamaño con sangre para formar un nido nutritivo. Al no haber fecundación, la capa interna (llamada endometrio) se deshace y se expulsa a través de la vagina —en otras palabras, su menstruación.

Sin embargo, a veces el tejido endometrial normal se retiene en las trompas de Falopio, escapa a través de los bordes a la cavidad abdominal, se implanta y crece fuera del útero, explica Dorothy Barbo, doctora en medicina, catedrática de obstetricia y ginecología en la Facultad de Medicina de la Universidad de Nuevo México y directora médica del Centro de Salud de la Mujer, de la Universidad, en Albuquerque. Puede unirse a los ovarios, trompas de Falopio, vejiga o incluso recto. Al igual que el tejido endometrial que permanece dentro del útero, estos fragmentos responden a las señales procedentes de las hormonas ováricas. Cuando los ovarios mandan al tejido endometrial una señal para que inicie su engrosamiento cíclico, el tejido extraviado también engrosa con sangre. Como resultado de ello, usted puede notar dolor intenso durante la menstruación, durante el coito o incluso cuando intenta evacuar. También es posible que no note dolor alguno. En realidad, usted puede tener endometriosis y ni siquiera saberlo.

A diferencia del líquido menstrual, que fluye del útero fuera de la vagina todos los meses, la sangre procedente del tejido endometrial anormal carece de sitio a donde ir. Se produce una inflamación. Conforme la inflamación va disminuyendo, se va sustituyendo por tejido de cicatrización. A medida que se repite este proceso un mes tras otro, los parches de endometriosis pueden ir aumentando. A veces incluso pueden producir un mal funcionamiento orgánico o provocar adherencias que unen distintos órganos.

El diagnóstico de problema mental

Lo peor de la endometriosis es su naturaleza insidiosa. Puede estar oculta durante años, causando una lesión sin que usted lo sepa.

Aproximadamente entre el 1 por 100 y el 2 por 100 de todas las mujeres que no han pasado aún la menopausia tienen algún grado de endometriosis. Puede empezar a cualquier edad, aunque es más frecuente en mujeres entre treinta y cuarenta años. Los síntomas remiten una vez que la mujer llega a la menopausia —si es capaz de aguantar tanto sin una intervención quirúrgica.

A pesar de que la gravedad de los síntomas varían de una mujer a otra, «la queja típica de aquellas mujeres que lo padecen es un dolor constante y profundo que a menudo precede, acompaña y perdura después del período», dice Ellen L. Yankauskas, directora de Women's Center for Family Health en Atascadero, California. De hecho, un estudio realizado por la Asociación de Endometriosis informa que el 83 por 100 de las mujeres que presentan este trastorno presentan dolor durante todo el ciclo.

Como si el dolor no fuese suficientemente malo, la mayoría de las mujeres tienen que aguantar mucho tiempo entre que buscan ayuda, diagnostican correctamente y tratan la afección, o ambas cosas. «A la mayoría de las personas parece costarles creer que las mujeres con endometriosis están sujetas a la incredulidad y falta de respeto generalizado que existe» dice Ballweg, autora también de *Overcoming Endometriosis* (Superar la endometriosis). Un estudio preliminar realizado en el Instituto del Estudio y Tratamiento de la Endometriosis, en el Grant Hospital de Chicago, deja ver el problema.

Los investigadores hallaron que las mujeres con endometriosis que se quejaban de tener períodos dolorosos o coitos dolorosos normalmente no se trataban —o se trataban con fármacos que se venden sin receta— sin hacer un estudio más exhaustivo. Una mujer dijo que su médico le cogió la mano y le dijo, «es algo que es parte de toda mujer». Otra dijo que su médico le prescribió un tranquilizante suave porque pensaba que tal vez tenía problemas.

Cuando finalmente diagnosticaron a estas mujeres la mayoría de ellas expresaron un sentimientos de alivio, dicen las investigadoras. «Las mujeres estaban contentas de que se hubiese probado que su dolor no era psicológico» dicen las investigadoras. «Se sentían justificadas».

Opciones de tratamiento

«Al igual que con cualquier enfermedad, la información y el apoyo son la base del tratamiento» sostiene la doctora Yankauskas. Para las mujeres que empiezan es muy probable que el médico sugiera usar medicación antiprostaglandina y antiinflamatoria para aliviar el dolor. Pero el tratamiento a largo plazo incluirá seguramente una terapia hormonal o cirugía.

La terapia hormonal en la forma de píldora anticonceptiva, mantiene la endometriosis bajo control en muchos casos, dice la doctora Yankauskas. La mayoría de las píldoras anticonceptivas contienen progestina y estrógeno, cuyas cantidades se han ido reduciendo con el paso de los años. Puesto que la progestina es la que colabora en la disminución de la endometriosis, la cantidad de estrógeno deberá ser mínima. A veces se prescriben tratamientos hormonales más fuertes para dominar temporalmente el trastorno, en espera de la cirugía, o si se está próxima por la edad a la menopausia. El embarazo también puede detener los síntomas, pero no cura la endometriosis, como se pensó en algún momento. Por el contrario, dice Ballweg, a menudo los síntomas reaparecen pocos meses después del parto.

Danazol, una hormona masculina sistética, suprime la produción ovárica de estrógeno y crea una falsa menopausia. Pero según la doctora Barbo, a menudo produce efectos secundarios indeseables —aumento de peso, depresión y oleadas de calor. Otro medicamento (Gn-RH agonistas —hormona liberadora de gonadotropina—) se utiliza de un modo similar, y la mayoría de las mujeres encuentran que sus efectos secundarios son más aceptables que los del Danazol. Ninguno de estos fármacos pueden administrarse durante más de seis meses, debido a las consecuencias de una falsa menopausia, incluido el riesgo de osteoporosis, con la consiguiente reducción de la masa ósea.

La cirugía convencional antiguamente implicaba abrir la cavidad abdominal, extirpar tejido y posteriormente cauterizarlo. Una técnica nueva y altamente tecnológica se denomina laparoscopia. Realizada con un instrumento denominado laparoscopio el procedimiento, bien con láser o bien con cauterización eléctrica, se realiza a través de pequeñas incisiones realizadas en el abdomen, explica la doctora Barbo. Puesto que no se abre el abdomen existe menos riesgo de infección, cicatrización, hemorragia y dolor, y la paciente puede regresar a casa el mismo día. El procedimiento parece tener más éxito que la cirugía convencional, en los casos de endometriosis aguda.

Y por supuesto que existe la histerectomía —extirpación del útero, y en el caso de endometriosis, los ovarios. Casi el 20 por 100 de las histerectomías se realizan para tratar la endometriosis. También es un procedimiento controvertido debido al número que se realizan anualmente. Pero, según dicen algunos médicos, incluso esta cirugía mayor no es una solución segura para la enfermedad, ya que es posible que quede en el cuerpo un pequeño trozo de ovario, que genere estrógeno. Aún más, la terapia de reposición de estrógeno, posterior a la histerectomía, puede hacer que reaparezca la endometriosis, sobre todo en los casos agudos.

Véase también Fibromas, Histerectomía.

ENFERMEDAD INFLAMATORIA PÉLVICA

Hecho: Más de la mitad de todos los casos de enfermedad inflamatoria pélvica (EIP) se deben a una enfermedad de transmisión sexual. ¿Lo sabía?

Si usted es una mujer de raza blanca y de clase media y tiene una EIP, su respuesta probablemente sea no. ¿Por qué? «Con bastante probabilidad porque su médico no quiso sacarle el tema» dice la doctora Penny Hitchcock, epidemióloga y directora de un programa en el Sexually Transmitted Diseases Branch de la National Institute of Allergy and Infectious Diseases, en Bethesda, Maryland. «Tener una enfermedad de transmisión sexual sigue suponiendo un estigma en nuestra sociedad».

Realidad: Aproximadamente aparecen cada año un millón de casos de EIP, 200.000 de ellos entre adolescentes. Y cada año, la EIP deja a la mitad de estas mujeres y niñas estériles. ¿Lo sabía?

Si no lo sabía, debería saberlo. Porque la EIP es una enfermedad potencialmente devastadora, física y emocionalmente. Casi siempre es prevenible.

La EIP es una inflamación del sistema reproductor que empieza como infección bacteriana en vagina y cérvix, pasando posteriormente a útero, trompas de falopio y ovarios. Es una infección grave que a menudo precisa hospitalización y antibioticoterapia intravenosa. Los síntomas también pueden ser agudos —dolor o retortijones en la región pélvica, dolor durante la micción, fiebre, náuseas y secreción anormal por vagina, son los más frecuentes.

Pero para aproximadamente el 50 por 100 de las mujeres infectadas, la EIP no causa ningún síntoma, o solo algunos menores, dice la doctora Hitchcock. Ese fue el caso de Annette Dwyer, una cajera de banco de 33 años de edad, que cogió la enfermedad cuando era adolescente debido a una infección por clamidias, enfermedad de transmisión sexual común «que existía por aquel entonces».

«La primera vez que caí enferma mis síntomas fueron malos —retortijones y secreción— pero no hice nada al respecto durante aproximadamente un mes» recuerda ella. «Además, estaba un poco asustada. Pero el dolor de estómago empeoró y pensé que a lo mejor era un apendicitis».

Annette fue al médico, quien sospechó una EIP. «Cuando me dijo lo que tenía y me explicó lo grave que era, yo me asusté de verdad» dice ella. «Se lo dije al chico con el que salía porque él también tenía que tratarse la infección por clamidias. Pero nunca se lo dije a ninguna de mis amigas y no quería que lo supiesen mis padres. Me daba demasiada vergüenza». Por desgracia para Annette, la cicatriz que le ha quedado es permanente: es estéril.

Con la EIP la carga emocional es grande. «Además de tener que enfrentarse a una enfermedad de transmisión sexual, tiene que preocuparse por la actividad biológica femenina más fundamental —la capacidad de tener hijos» dice la doctora Hitchcock. «Es posible que la mujer ni siquiera sepa que tuvo una EIP en su juventud hasta que comprueba que no puede tener hijos. Puede ser emocionalmente devastador».

EIP y DIU

Una enfermedad de transmisión sexual puede ser la causa más común de la EIP pero no es la *única* causa. El dispositivo intrauterino (DIU), espiral u objeto introducido a través del cérvix en el útero para el control de la natalidad, también está asociado a la EIP.

El riesgo de desarrollar una EIP es mayor durante los tres primeros meses posteriores a la inserción del DIU, según la doctora Hitchcock.

Durante este tiempo su cuerpo está haciendo cambios y ajustes para acomodar un cuerpo extraño. El proceso puede crear un cambio en el entorno vaginal normal, disminuyendo las defensas y dejando el sistema reproductor abierto a la infección. Sin embargo, si el DIU se inserta correctamente y la pareja es monógama, el riesgo de EIP con un DIU no es mayor que si no se tiene.

Las duchas vaginales se piensan que pueden ser también otra causa. En estudios realizados en la Universidad de Washington y en la Universidad de California, San Francisco, los investigadores hallaron que las mujeres que se daban duchas vaginales tres a cuatro veces al mes tenían al menos el triple de posibilidades de desarrollar una EIP que aquellas que se daban duchas menos de una vez al mes. Los médicos que dirigieron este estudio no saben a ciencia cierta por qué las duchas vaginales pueden hacer que la mujer sea más susceptible a la EIP, pero tienen varias teorías. Una explicación posible es que las duchas pueden alterar el entorno vaginal haciendo que proteja menos contra gérmenes causantes de infección. Sospechan también que las duchas pueden arrastrar los gérmenes vaginales y cervicales hacia la cavidad uterina donde puede producir inflamación e infección.

Asimismo, los gérmenes que normalmente habitan en vagina y los organismos que penetran en vagina gracias a hábitos higiénicos poco sólidos pueden invadir los órganos reproductores, dice la doctora Hitchcock. A pesar de que los médicos no están seguros de cómo penetran estos gérmenes en los órganos, sospechan que las defensas normales que existen alrededor del cérvix desaparecen permitiendo el acceso al útero y trompas de falopio.

La chica más propensa

¿Quién tiene más posibilidades de tener una EIP? Una mujer joven sexualmente activa con edad comprendida entre los 16 y los 25 años, que haya tenido múltiples parejas sexuales, dice Pamela Murray, doctora en medicina, directora de medicina adolescente en el Hospital Infantil de Pittsburgh. Esto se debe en parte a que los órganos reproductores de las adolescentes no están completamente maduros y una vez infectados el cérvix y la infección tiene más posibilidades de diseminarse al útero y trompas. Cuantas más parejas sexuales tengan mayor será el riesgo de contraer una EIP.

Además cada vez es mayor la posibilidad de tenerla. Un médico nos dijo que una vez que la mujer contrae una EIP tiene el doble o el triple de posibilidades de tener episodios recurrentes. A pesar de que el motivo de esto no esté claro, podría ser que la infección inicial destruyese las células que recubren las trompas de falopio, haciendo que sean más susceptibles a otra infección.

Pero lo que los médicos sí saben es que la EIP a menudo causa cicatrices permanentes en las trompas de falopio, causa principal de esterilidad y embarazo ectópico (tubárico). De hecho, dice la doctora Murray, con cada episodio de EIP el riesgo de esterilidad es del 11 por 100. Este riesgo aumenta al 20 por 100 tras una segunda infección, llegando a ser del 50 por 100 tras un tercer brote. Una mujer con EIP tiene también entre seis y diez veces más riesgo de tener un embarazo ectópico, estado peligroso para la vida de la madre y que ocasionará la pérdida del feto.

Mejor segura que arrepentida

Como dice ese viejo dicho, «Prevenir es armarse de antemano». En el caso de la EIP es su mejor defensa. Además, tenga en cuenta las siguientes recomendaciones de su médico relativas a la prevención.

- Conozca los síntomas de la enfermedad de transmisión sexual y de la EIP y acuda al médico si sospecha que tiene una. No pierda tiempo. Cuanto más tiempo espere a tratarse, más posibilidades tendrá de desarrollar futuras complicaciones, como cicatrices tubáricas.
- Tenga el menor número posible de parejas sexuales, y tenga cuidado a la hora de escogerlas.
- Protéjase contra las enfermedades de transmisión sexual usando un preservativo cada vez que mantenga relaciones. Las espumas y gelatinas espermicidas y los diafragmas ofrecen probablemente protección adicional pero son menos fiables que los preservativos. Lo mejor es usarlos junto a los preservativos y no en sustitución de éstos.
- Trátese cualquier infección de transmisión sexual y tome toda la medicación prescrita, incluso si desaparecen los síntomas. No realice el coito hasta estar totalmente curada. Asegúrese de que todas sus parejas sexuales se traten también.
- Si utiliza un DIU hágase análisis regulares.
- Si es sexualmente activa, hágase revisiones regulares.

Véase también Enfermedades de transmisión sexual.

ENFERMEDADES DE TRANSMISIÓN SEXUAL

L a revolución sexual que tuvo lugar a mediados del siglo XX y que empezó con la píldora, está desapareciendo rápidamente por una epidemia de enfermedades de transmisión sexual (ETS).

Aparte de la gonorrea y sífilis, de las que fuimos avisados hace una generación, los microscopios actuales han revelado la existencia de otras enfermedades que pueden transmitirse durante lo que se supone que es uno de los momentos más sublimes de la existencia humana.

Tal vez sea por eso por lo que muchas de nosotras nos resistimos a protegernos de las enfermedades de transmisión sexual. Si se piensa realmente que nos pueden contagiar un herpes genital, clamidias, verrugas genitales, tricomoniasis o el sida durante una manifestación exquisita de la comunicación entre seres humanos, es como si en cierto modo, se empañasen los sentimientos y a los seres humanos implicados. Pero cualquier persona que haya tenido alguna

No hay nada como tener mucho cuidado

vez una ETS le dirá que no resulta un intercambio justo por unos pocos momentos de éxtasis.

Aproximadamente el 50 por 100 de la población tiene o tendrá una experiencia con una enfermedad de transmisión sexual, en algún momento de su vida, dice la doctora Penny Hitchcock, jefa interina de la Rama de Enfermedades de Transmisión Sexual del Instituto Nacional de Alergias y Enfermedades Infecciosas en Bethesda, Maryland. A pesar de todo, siempre ha sido y sigue siendo uno de esos temas que nadie se atreve a sacar entre amigos. O en compañía de *cualquiera.*

«Resulta bastante asombroso cuando se piensa en ello» dice ella. «Tenemos totalmente asumida la posibilidad de contagiarnos unos a otros la gripe o un constipado. Con todo, nos avergonzamos al pensar en la posibilidad de coger una enfermedad por haber mantenido relaciones físicamente íntimas con alguien. Este malestar se produce a todos los niveles de la sociedad: ricos, pobres, negros, blancos, bien educados, etc.».

Para probar su punto de vista, la doctora Hitchcock a menudo realiza un ejercicio con el público al que habla acerca de las ETS. «Este público está compuesto por profesionales que se enfrentan a las ETS y cuyo trabajo consiste en impedir y controlar que la infección se disemine» señala ella. «Usted pensará que estas personas serán muy francas acerca de sus experiencias personales con ETS».

«Primero pido a todos que levanten la mano si son sexualmente activos. A las personas no les importa reconocer esto, de modo que prácticamente todos la suben. Cuando pido que suban la mano todos aquellos que hayan tenido enfermedades de transmisión sexual, todo el mundo la baja, por supuesto. Sólo una vez unos pocos valientes mantuvieron la mano alzada. Con todo, si tenemos en cuenta lo diseminadas que están las ETS en nuestra sociedad, sería de esperar que muchas de esas manos siguiesen alzadas» dice ella.

Jugando seguro

Esta actitud silenciosa es, en gran parte, responsable de toda la confusión y falta de comunicación relativa a estas enfermedades. Las personas saben que existen pero son demasiado tímidos para preguntar cómo protegerse.

Pero si tuviese el valor de preguntar (*debería* hacerlo) esto es lo que le dirían: tenga *mucho* cuidado.

Esté segura que cuando se acuesta con alguien no está sola, aconseja la doctora Hitchcock. Las parejas que haya tenido antes que usted y *las parejas de éstos* aumentan el riesgo que usted corre de contraer una ETS. No se puede negar, cuantas menos parejas tenga,

La realidad y las cifras de las ETS

Enfermedad	N.º infectados en los EE.UU.	Causa	Vía de transmisión
SIDA	1 millón (150.000 mujeres)	Virus de inmuno-deficiencia humana (VIH)	Intercambio de líquidos orgánicos mediante contacto genital.
Clamidia	4 millones al año (1,3 hombres por cada mujer)	*Chlamydia trachomatis* bacteria	Contacto directo con mucosas y secreciones infectadas en genitales, boca y garganta.
Herpes genital	30 millones afectados; unos 500.000 al año (2 mujeres por cada hombre)	Virus del herpes simple	Contacto directo con una herida activa o secreciones genitales que contengan el virus. Puede estar en estado latente durante meses o años. Puede transmitirse incluso cuando no hay síntomas.

Síntomas	Pruebas diagnósticas	Tratamiento	Complicaciones
Puede no haber síntomas durante años. Finalmente aparece ARC (complejo relacionado con el sida) con síntomas tales como persistente inflamación glandular e infecciones crónicas que no responden a la medicación. Los tumores malignos o las infecciones agudas aparecen cuando existe deterioro del sistema inmunitario.	El análisis de sangre determina la presencia de anticuerpos del VIH	Fármacos experimentales tales como AZT. No cura.	Puede pasarse de madre a hijo en el útero o en el parto, siendo a menudo fatal para el niño así como para la madre.
El 75 por 100 de las mujeres carecen de síntomas. Aquellas que sí los presentan, normalmente aparecen 1-3 semanas después del contacto; incluyen escozor al orinar, exudado vaginal inusual, dolor abdominal, coito doloroso y hemorragia entre las menstruaciones.	La muestra de secreción vaginal puede dar los resultados en 30 minutos.	Antibióticos.	Principal causa de enfermedad inflamatoria pélvica. Los niños expuestos durante el parto pueden desarrollar infecciones oculares o neumonía.
Aparece generalmente 2-20 días después del contacto con el virus. Son ampollas o bultos que pueden picar, escocer o producir hormigueo. Puede producir síntomas semejantes a la gripe, en el primer brote. Puede hacer que la micción resulte dolorosa. Probabilidad de recurrencias.	Muestra de una herida.	Acyclovir es eficaz para reducir la frecuencia y duración de los brotes. Durante los brotes, mantener el área limpia y seca. No hay cura.	Autoinfección de ojos, dedos y otra parte del cuerpo, si se toca el área infectada. Los bebés pueden infectarse en el parto.

Enfermedad	N.º infectados en los EE.UU.	Causa	Vía de transmisión
Verruga genital	1 millón al año (no hay diferencia en los sexos)	Virus del papiloma humano	Contacto directo piel-piel con una persona infectada durante el sexo, tanto si las verrugas son visibles como si no lo son.
Gonorrea	1,4 millones al año (1,3 hombres por mujer).	Bacteria *Neisseria Gonorrhoeae*	Contacto directo con mucosas y secreciones infectadas en genitales, boca y garganta.
Sífilis	130.000 al año (1,3 hombres por mujer).	Bacteria *Treponema pallidum*.	Contacto directo con úlceras de alguien con la infección en fase activa. Los gérmenes pueden pasar también a través de heridas cutáneas en otra parte del cuerpo. Las personas infectadas, no tratadas, (incluso con síntomas leves o sin ellos) pueden infectar a los demás durante las dos primeras fases de la enfermedad —hasta 2 años.

Síntomas	Pruebas diagnósticas	Tratamiento	Complicaciones
Las verrugas aparecen en o cerca de la vagina varias semanas a 9 meses después del contacto. Pueden ser abultadas o planas, solas o en grupos. A menudo asintomáticas y normalmente indoloras, pero pueden producir picor y escozor.	Examen visual directo. Muestra para Pap.	El médico puede aplicar un líquido para retirar gradualmente las verrugas. Las verrugas pueden quitarse quemándolas con frío o calor. A veces es necesario operar para extirpar verrugas de gran tamaño.	Fuerte relación con el cáncer cervical.
A menudo leve o inexistente, sobre todo en mujeres. En caso de aparecer, por lo general es 2-10 días después de un contacto sexual con una persona infectada. Los síntomas son dolor en la micción y exudado vaginal amarillento.	Muestra de exudado.	Antibióticos; pueden hacer falta nuevos fármacos para cepas resistentes a antibióticos estándar.	Causa común de EIP. Si no se trata puede producir artritis, úlceras cutáneas o infección cerebral. La infección de niños durante el parto puede producirles ceguera.
Úlcera abierta indolora, denominada chancro; aparece en o cerca de vagina entre 10 días y 3 meses después del contacto. Los síntomas tardíos son erupción cutánea en el cuerpo o en palmas de las manos y plantas de los pies, y síntomas semejantes a la gripe. Pueden desaparecer pero no la infección, a no ser que se trate.	Análisis de sangre e identificación microscópica de bacteria, usando una muestra del chancro.	Antibióticos.	La bacteria puede lesionar el corazón, ojos, cerebro, médula espinal, huesos y articulaciones. Puede producir aborto o defectos congénitos. Los bebés adquieren la infección en el útero pudiendo desarrollar los síntomas en la infancia.

Enfermedad	N.º infectados en los EE.UU.	Causa	Vía de transmisión
Tricomoniasis	3 millones cada año (no se dispone de la proporción hombre/mujer).	Protozoo *Trichomonas vaginalis*.	El coito.

menos probabilidades tendrá de adquirir una ETS, dice la doctora Hitchcock.

Tener cuidado significa también usar un preservativo. De hecho, el uso del condón debe considerarse un acto de cuidado más que un acto de sospecha, dice la doctora Hitchcock. Las únicas personas que no deberían usar condón son aquellas que mantengan una mutua relación monógama con una pareja no infectada, desde hace muchos años. Es posible que quiera protegerse aún más, usando un diafragma y espermicida junto con el preservativo. Hay algunos indicios que prueban que los espermicidas que contienen nonoxynol-9 pueden reducir el riesgo de algunas ETS. No obstante, no olvide que mantener relaciones con una persona no protegida nunca es seguro.

Estar en guardia

Usted debe iniciar toda relación sexual nueva con los ojos abiertos literalmente. Conozca los signos y síntomas de las enfermedades de transmisión sexual, dice la doctora Hitchcock. Observe la presencia de verrugas, erupciones o úlceras inusuales en el área genital.

Examine también su propio cuerpo. Las verrugas y úlceras en el área genital, secreción inusual, incluida la secreción sanguinolenta, hormigueo y escozor en vagina, así como el coito doloroso son algunos de los síntomas más claros. (Véase «La realidad y las cifras de las ETS», en la página 288, para más detalles). Busque inmediatamente atención médica si sospecha la posibilidad de un contacto o infección, incluso si los síntomas son leves.

Asimismo, debe hacerse anualmente una exploración pélvica y una muestra para Pap, incluso si no presenta síntomas, dice la doctora Hitchcock. Algunas enfermedades de transmisión sexual son tan sutiles que pueden pasarse por alto, pero los análisis pueden revelar su existencia.

Síntomas	Pruebas diagnósticas	Tratamiento	Complicaciones
Abundante exudado vaginal amarillo verdoso o gris, dolor abdominal, malestar durante el coito y micción dolorosa a los 4-20 días del contacto.	Examen microscópico del fluido vaginal.	Metronidazol elimina al parásito.	Inflamación vesical o uretral.

Si descubre que tiene una ETS, debe considerar como obligación suya notificárselo a sus parejas recientes e instarles a hacerse un chequeo, dice la doctora Hitchcock. Durante el tratamiento debe abstenerse de mantener relaciones sexuales.

Herpes y sida: consejos actuales para su prevención

Las ETS causadas por bacterias —gonorrea, clamidia, sífilis— se curan por completo. Aquellas debidas a virus —sida, herpes genital y verrugas genitales— no lo son.

Si contrae un herpes, es posible que usted tenga entre cinco y ocho recurrencias al año. Tendrá que abstenerse de mantener relaciones sexuales durante dichos brotes, que duran entre 10 y 14 días. Los preservativos ofrecen cierta protección, pero no total, avisan los médicos, ya que el virus se transmite por secreciones procedentes no sólo de la vía genital, sino también de úlceras fuera del área genital. Aún más, incluso cuando no hay signos y síntomas de herpes, la persona infectada puede estar diseminando el virus, haciendo factible la transmisión de la enfermedad.

Por fortuna, el fármaco acyclovir puede eliminar el 90 por 100 de todos los brotes, cuando se toma como se prescribe, dice la doctora Hitchcock. En parte gracias al acyclovir, el herpes ha dejado de ser el foco de ansiedad que era para las mujeres. En la actualidad el sida ocupa el puesto principal, y el número de mujeres infectadas por el virus del sida está aumentando a una velocidad mayor que en cualquier otro grupo.

El principal modo de transmisión a las mujeres son las relaciones sexuales. De modo que, a no ser que las mujeres mantengan relaciones mutuamente monógamas, desde hace mucho tiempo, coinciden en decir los expertos, las mujeres simplemente no pueden estar «seguras» si no usan preservativos. El temor al sida es el motivo de que haya aumentado el uso de los condones. Hoy en día es igual de probable que las mujeres lleven condones en el bolso que los hombres.

Por desgracia, no son suficientes el número de hombres y mujeres que se toman en serio esta amenaza. Al menos eso es lo que dicen las estadísticas. En un estudio, el 58 por 100 de las mujeres encuestadas dijeron que su pareja rara vez, o nunca, usaba condón. En otro estudio, sólo un 24,8 por 100 de los hombres y un 15,6 por 100 de las mujeres dijeron que usaban preservativo durante el coito.

Lo que es peor es que entre el 21,3 por 100 de los hombres y el 8,6 por 100 de las mujeres con diez o más parejas, el uso regular del condón sólo representaba el 21 y el 7,5 por 100, respectivamente.

Véase también Contracepción.

ENVEJECIMIENTO

Pasar de joven a vieja puede suceder en un abrir y cerrar de ojos. Puede empezar en el momento en que usted regresa de la playa, se da una ducha para quitarse la arena, se mira al espejo y descubre toda una serie de líneas verticales. Puede empezar en el momento en que usted entierra a sus padres, echa un vistazo a las manchas que tiene en las manos, propias de la edad, y se percata que usted es el cabeza de familia. ¿Cómo ha podido suceder *esto*? Puede empezar también en el momento en que se mira en el escaparate de una tienda y observa —abriendo la boca de asombro— que la mujer que se refleja *no* es su madre.

Un momento de discernimiento

Con frecuencia, comprendemos que se ha acabado la juventud a partir de un momento de discernimiento sorprendente que marca la mitad de la vida, y nos obliga a convertirnos en lo que los franceses llaman una «mujer de cierta edad». Es un momento que puede impulsarnos a una evaluación o autoanálisis de meses e inclusos años: «¿Qué he hecho con mi vida hasta ahora?» «¿Hacia dónde voy?» «¿Qué quiero hacer con el resto de mi vida?» Pero también es una situación que puede —y *debe*— lanzarle a usted hacia un momento bueno para descubrirse a sí misma y lograr un desarrollo personal.

¿Cuándo empieza? Algunas mujeres desarrollan una sensación de envejecimiento propio, y empiezan el paso de la juventud a la edad mediana, cumplidos los treinta. Algunas empiezan a los cuarenta, e incluso algunas no lo empiezan a notar hasta los cincuenta, según Mary M. Gergen, doctora en filosofía, profesora adjunta de psicología en la Pennsylvania State University. Y aunque por norma general

---

¿Quién tiene miedo a los 40?

Usted sí. Por lo menos lo tiene si aún no ha llegado a esa edad. «Llegar a los 40 es fundamental», dice Marion Hart, doctora en medicina, profesora de Cornell Medical Center. «Los decenios marcan un tiempo de la vida, y cuando se cumplen los 40 es cuando realmente empiezas a darte cuenta de que ha pasado la mitad de la vida». El temor a los 40 es en realidad temor a envejecer.

Pero una vez cumplidos, la mayoría de las personas en realidad se dan cuenta de que les *gusta* tenerlos.

«No se puede imaginar el miedo que me daba cumplir los 40», admite Melanie Anderson, una mujer con carrera y sin hijos. «El fin de semana que cumplí los 40, mi marido y yo nos fuimos de viaje, porque yo deseaba desaparecer cuando ocurriese. También sabía que no me acercaría a un espejo. No sé qué pensaba que iba a pasar cuando desperté el día de mi cumpleaños, pero sí puedo decirle que sentí un gran alivio. Esperar a cumplir los 40 fue lo peor. Yo no había cambiado nada, ni sentía nada nuevo —excepto, tal vez, un poco estúpida por sacar las cosas de quicio».

Es normal llegar a los 40 con un cierto grado de cólera, dice la doctora Hart, sobre todo puesto que la sociedad tiende a darle tanta importancia.

Pero usted debería darle la misma importancia que a las tarjetas de felicitación. Se trata sólo de algo de lo que sonreír.

nos referimos al paso de la juventud a la vejez como mediana edad, el momento es diferente para cada una.

«Mi hija tiene 29 años y ya se mira al espejo en busca de arrugas», dice la doctora Gergen. Busca los signos físicos del envejecimiento que le dirán si sigue pareciendo joven o está envejeciendo. Porque, hablando en términos generales, así es como la mayoría de las mujeres se juzgan a sí mismas. La mayoría marca el final de la juventud y el inicio de la edad mayor por los cambios físicos.

El espejo, por supuesto, es donde la mayoría de las mujeres que se acercan a la mediana edad, parecen pasar demasiado tiempo. Al igual que la hija de la doctora Gergen, nosotras miramos si tenemos arrugas, buscamos la flaccidez, analizamos el tono de la piel. Ninguna de nosotras queremos entrar en la mediana edad con arrugas y bolsas, no por voluntad propia.

Lena Borovitz es un ejemplo que hace al caso. Rubia, alta y delgada, con mirada introspectiva, a Lena le preocupa el destino del mundo, el destino de su alma y la trayectoria de su carrera. Su aspecto —además de inteligente para su jefe y sexy para su marido— nunca le ha preocupado mucho.

A pesar de todo, incluso a Lena no le gustan los cambios físicos que ve que le están pasando a sus 44 años. No es tanto por las canas, que ella describe como si se le hubiese congelado el pelo, sino las arrugas en los ojos, las bolsas debajo de los ojos, su tendencia a engordar, esto preocupa a Lena.

«Intento razonarlo pero no sirve de nada» dice con franqueza. «Eché un vistazo a mi aspecto en el escaparate de una tienda, mientras caminaba por la ciudad, y pensé, ¡por Dios!, ¿cuándo *me ha* pasado?».

Temor a envejecer

Por desgracia, explica la doctora Gergen, el imperativo cultural según el cual el aspecto que tenemos determina nuestro valor —para nosotras, nuestros hombres, nuestro mundo— es lo que hace que las mujeres se preocupen tanto por los signos físicos del envejecimiento.

¿Todavía? Sí, todavía. A pesar de estar las mujeres en quirófanos, cabinas y salas de junta, los psicólogos han comprobado que la mayoría de las mujeres siguen pensando que no es la labor que desempeñan por lo que se les valora, sino por su aspecto externo.

En algún nivel sencillo, las mujeres consideran equivalente ser guapas con ser sexualmente atractivas, dice Laura Barbanel, doctora en Educación, catedrática y directora del programa de graduación en la escuela de psicología de Brooklyn College de la City University de Nueva York.

Tal vez sea una extensión de la vieja ecuación «Si...entonces...».

Si el envejecimiento reduce nuestra belleza, *entonces* disminuye también nuestro atractivo sexual. *Si* poseemos menos atractivo sexual, *entonces* no atraeremos a los hombres. *Si* no atraemos a los hombres, *entonces* no tendremos niños. *Si* no tenemos niños, *entonces* carecemos de función. *Si* carecemos de función, *entonces* no tenemos ningún valor. ¿Resulta lógico? ¿El valor de la mujer reside realmente en su capacidad de engendrar?

Está claro que no. A pesar de todo, esto es de lo que básicamente se trata el temor al envejecimiento, dice la doctora Barbanel. Para la mujer, como dijo una de sus compañeras, el envejecimiento no es otra cosa que «un proceso humillante de descalificación sexual».

El efecto Jane Fonda

La cuestión se complica con el conocimiento, adquirido en los años 90, de que tenemos el poder de posponer al menos los signos claros de envejecimiento. Los ejercicios pueden reafirmar unos muslos

Doble rasero: el matrimonio marca una diferencia

Es una teoría tan vieja como el tiempo mismo, y dice algo así: Los hombres envejecen bien —en realidad se vuelven más atractivos a medida que cumplen años. Sus líneas añaden carácter, sus canas, juicio. ¿Pero a las mujeres? En ellas, las líneas son arrugas y las canas, aire de matrona. Las mujeres pierden su atractivo a medida que cumplen años.

¿Qué opina la mujer de los 90?

Para averiguarlo, Carol B. Giesen, doctora en filosofía, de la División de Desarrollo Humano, de St. Mary's College, Maryland, en la ciudad de St. Mary, interrogó a 32 mujeres, con edades comprendidas entre los 28 y 63 años, para que compartiesen sus definiciones de atractivo, feminidad e interés sexual.

Esta doctora comprobó que el doble rasero seguía existiendo —al menos en opinión de las mujeres casadas de mediana edad y mujeres mayores. Todas las mujeres coincidieron en decir que los hombres cuando más atractivos están, y más interés sexual tienen, es a principios de los cuarenta y finales de los cincuenta. Las mujeres casadas, sin embargo, dijeron que pensaban que entre los

fofos, los abdominales pueden endurecer las tripas blandas, el estiramiento de cara elimina las bolsas, las cremas hidratantes rellenan las patas de gallo. Está claro que el aspecto que nosotras tenemos a los 40 no es el que tenían nuestras madres.

Lo irónico es, según la doctora Gergen, que la capacidad que tenemos de parecer jovenes, conforme nos vamos acercando a la mediana edad, puede en realidad perpetuar el mito de que sólo eres lo bueno que pareces ser. Es lo que ella denomina el efecto Jane Fonda.

El problema, explica la doctora, es que si Jane puede tener un aspecto magnífico a los 44 ó 54 años nosotras pensamos que también deberíamos poder. Y en poco tiempo se convierte en otro imperativo cultural. Es algo que la sociedad espera de nosotras, algo que nosotras esperamos de nosotras mismas. Nos empezamos a obsesionar tanto con ocultar cosas, mitigar otras o borrarlas todas, que seguimos pensando que una mujer que tenga arrugas en la cara, manchas en las manos o canas está perdiendo su valor, o al menos una parte de su ser. Pero, en realidad, sucede justo lo contrario. La mediana edad puede ser una etapa de gran desarrollo personal, ya que es el momento

---

veinte y los treinta años es cuando están más guapas y tienen mayor interés sexualmente. Las mujeres solteras y las jóvenes casadas, no obstante, pensaban que el mejor momento de la mujer era desde los treinta al principio de los cincuenta. Las mujeres solteras tendían también a quitar importancia a la definición de atractivo, prefiriendo pensar en ellas como «siendo más atractivas y con más interés sexual con los años».

Las mujeres casadas de mediana edad y de edad avanzada culparon a los cambios relacionados con el envejecimiento, como las canas, arrugas y aumento de peso, como la causa de haber perdido atractivo e interés sexual. Las mujeres solteras (sobre todo las de mediana edad) dijeron que estas cosas realzaban su atractivo. De un modo interesante, dice la doctora Giesen, ambos grupos atribuían sus puntos de vista divergentes a la misma cosa: una mayor aceptación de sí mismas.

¿Qué se extrae de aquí? Tal vez, dice la doctora Giesen, sus hallazgos «reflejan experiencias de vida cualitativamente distintas para las mujeres solteras y casadas».

en que nos miramos al espejo y nos preguntamos: «¿Qué he hecho con mi vida?» «¿Qué voy a hacer el resto de mi vida?»

Volver a nacer

Esto es de lo que *en realidad* se trata el envejecimiento. La mediana edad se asemeja al tiempo, durante la infancia, denominado *rapprochement,* cuando el niño —normalmente alrededor de los 18 meses— se percata por primera vez de que no es omnipotente, explica Elizabeth Auchincloss, doctora en medicina, psiquiatra de Cornell University Medical College, en la ciudad de Nueva York.

Esta comprensión hace que el niño se sienta vulnerable, dice la doctora Auchincloss, respondiendo con un gran desarrollo personal, tan intenso que al menos un psicólogo lo ha clasificado como un segundo nacimiento psicológico. La respuesta que tiene la mujer ante el conocimiento de su mortalidad es casi igual. De hecho, es posible que incluso usted piense que la mediana edad es un momento para volver a dar a luz, esta vez a usted misma.

De modo que, ¿cómo reacciona la mujer que vuelve a nacer? Los científicos coinciden en decir que todas las mujeres son distintas. Una mujer se compra un coche. Otra regresa a la escuela. Una tercera deja su trabajo, vende su casa y se pasa seis meses en otro país. Una cuarta participa en protestas contra el desarrollo del poder nuclear. La quinta se dedica a hacer windsurf. Una sexta, pide un permiso de seis meses para poder estar con su hijo, hacer una excursión a pie con su marido o plantar un jardín de rosas para su suegra.

El temor común que parece aunar a todas estas mujeres es que cada una de ellas está descubriendo una faceta particular. La mujer que se compró un coche está descubriendo que puede comprarse sus propios lujos, en vez de esperar a que el Príncipe Encantado le entregue las llaves. La mujer que emprende acciones políticas está descubriendo que posee la fuerza para enfrentarse a los poderosos y decirles que lo que están haciendo está mal. Y la mujer que se dedica a hacer windsurf está descubriendo un poder físico que nunca sospechó que tenía.

Cada una de estas mujeres está haciendo también algo que deseaban hacer desde hace mucho tiempo, pero nunca lo hicieron. De hecho, cada mujer está diciendo, «¡Oye! No voy a estar aquí para siempre. Tengo que tomar algunas decisiones. Tengo que fijar mis prioridades y concentrarme en lo que tiene importancia».

Desarrollar sus capacidades

Las decisiones que se toman en la mediana edad pueden a veces causar un cierto grado de dolor emocional, ya que, con frecuencia, cuando se decide hacer una cosa, siempre renuncias a la posibilidad de hacer otra. La mujer que decide escribir un libro, por ejemplo, es posible que tenga que abandonar su sueño de ser doctora en filosofía —simplemente porque sólo se tiene tiempo para hacer una cosa o la otra.

Por fortuna el dolor que se siente mientras se toman decisiones en la mediana edad está —al igual que en todo proceso de creación— directamente relacionado con la preparación que se tenga de antemano.

¿Cómo se puede preparar usted para este tipo de nacimiento? Bueno, si está entrando en la mediana edad únicamente por su cara bonita, es que tiene problemas, dice con toda franqueza la doctora Auchincloss. Pero si entra en la mediana edad con una serie de aptitudes —aptitudes que le dan una sensación de competencia e independencia— puede resultar un período de gran creatividad y desarrollo.

La mujer que sabe cómo se hacen las cosas —tanto si sabe cómo estirar el dinero, enseñar a los niños, escribir un libro, organizar una barbacoa o llevar a cabo una prueba de laboratorio— es una mujer que tendrá una opinión positiva de sí misma, y que usará sus talentos como base para un futuro desarrollo. Esencialmente, sus aptitudes le proporcionarán la materia prima a partir de la cual creará una nueva infraestructura de su persona.

Éste es el porqué muchas mujeres vuelven a la facultad siendo mayores, añade la doctora Auchincloss. Son conscientes de la necesidad de adquirir nuevos conocimientos antes de poder seguir adelante con su proyecto. Es tan frecuente ver a una mujer que se convierte en ama de casa, cría a sus hijos, y luego saca una carrera, que resulta casi un tópico.

Desarrolle una opinión sobre sí mismo

En gran parte, el modo que usted tiene de experimentar la mediana edad depende de si mantiene o no una actitud sana hacia la vida, dice Marion Hart, doctora en medicina, psicoanalista y catedrática de psiquiatría en Cornell Medical Center, en Westchester, Nueva York. Si la tiene, entonces le resultará más fácil afrontar la mediana edad. Si no la tiene, tendrá que volver a intentarlo.

Una actitud mental positiva tiene que ver con el desarrollo de una opinión buena del yo, dice la doctora Hart. Saber quién y qué es usted, a quién y qué valora usted. Establecer relaciones plenas y ricas con amigos y familiares, sobre todo con otras mujeres. El envejecimiento puede ser un proceso enriquecedor si se tiene una sólida red de apoyo.

La doctora Gergen nos insta a que nos rodeemos de personas queridas, positivas y activas. Decidamos qué personas son importantes en nuestra vida y merecen que les dediquemos nuestro tiempo. Escoja amigos que intensifiquen su vida, personas que quieran ser y hacerse amigos, amigos a los que les importe el desarrollo personal tanto como a usted.

«Deje que su alegría retumbe en su grupo social» añade la doctora Gergen. La volverá a recibir ampliada 100 veces, y enriquecerá enormemente su vida.

Comprar un coche deportivo

Haga algo que le apetezca, dice la doctora Barbanel, sobre todo cosas que sean divertidas.

Sarah Rogers siempre quiso tener un coche deportivo, por ejemplo, pero siempre había cedido ante las decisiones más prácticas de su marido. Como resultado de ello, cada coche que compraban tenía un depósito mayor de combustible, era más caro, tenía más averías. ¡Pero para ella eran aburridos, aburridos, aburridos!

Al final, dice Sarah: «Me di cuenta de que probablemente existían sólo unos pocos coches más que comprar antes de montarme en el coche de la funeraria». De modo que cuando se rompió su coche viejo, arrastró a su marido hasta una sala de exposición, le miró fijamente a los ojos, señaló al brillante descapotable de dos plazas, color gris, y dijo: «Éste es el coche que me voy a comprar».

«¡Perfecto!» dijo riéndose la doctora Barbanel al oír la historia de Sarah. La mediana edad es el momento de hacer estas cosas. Experimente. Pruebe cosas nuevas. Satisfágase a sí misma en vez de a los demás.

Simplemente no haga algo que implique más trabajo, advierte la doctora. «Nosotras las mujeres hemos cometido la equivocación de ponernos a trabajar», dice sólo medio en broma. «Ahora estamos hasta arriba de trabajo, y trabajamos demasiado duro».

Analice distintas partes de su ser y pruebe distintos aspectos de su personalidad, del mismo modo que haría con un sombrero nuevo, insta la doctora Barbanel.

¿Se acuerda de cómo pasaba por el departamento de sombreros de un almacén cuando era una niña pequeña? Si su madre se detenía a hablar con una de sus amigas, usted se iba al espejo y se probaba todos los sombreros. El que era de fieltro negro, de alas anchas, colocado de lado, hacía que pareciese una espía, ¿verdad? Y el de terciopelo negro, con un velo que le hacía cosquillas en la nariz le convertía en mujer fatal, ¿verdad? ¿Y el sombrero de paja, de ala ancha, con los lazos de terciopelo? ¿No se parecía a una niña de principios de siglo? ¿Cómo se sentía cuando se veía así en el espejo? ¿Delicada? ¿Vulnerable? ¿Algo especial?

Todas nosotras tenemos un armario lleno de sombreros dentro de nosotras esperando a ser usados, dice la doctora Barbanel. De lo que se trata la mediana edad es de probárselos todos.

Véase también Arrugas.

ESTERILIDAD

Intentar
que suceda
un milagro

Para la mayoría de las parejas su sueño se puede resumir bien en la frase, «Primero llega el amor, luego llega el matrimonio y luego llega el bebé». Pero para aproximadamente 1 de cada 13 parejas, el sueño se convierte en una pesadilla cuando se enteran de que son estériles.

El diagnóstico de esterilidad —técnicamente, la incapacidad de concebir después de un año de intentarlo o el repetido fracaso a la hora de intentar llevar el embarazo a buen término— puede ser una de las crisis vitales más difíciles a la que se enfrenta la pareja. En un estudio realizado con 200 parejas sometidas a tratamiento en una clínica de fertilidad, el 40 por 100 de las mujeres notificó que la esterilidad era la experiencia emocional más dura de su vida.

Para muchas parejas el dolor por no poder tener un hijo consume sus vidas, influyendo y alterando cada aspecto: su autoestima, su identidad, su sexualidad, su matrimonio, sus trabajos y su relación. El embarazo se convierte en obsesión, «una plena dedicación» según palabras de una mujer. Los amigos, la familia, la profesión, todo es menos importante que el hecho de tomarse diariamente la temperatura, hacer recuentos espermáticos, el siguiente procedimiento médico, el siguiente fármaco. Como dijo un psicólogo, «No existe equilibrio en sus vidas. Por el contrario, hay esperanza una semana, dolor la siguiente».

Susan Mikesell, doctora en filosofía, psicóloga especialista en asesorar a parejas estériles, en Washington, D.C., describe el ciclo mensual desde su propio punto de vista privilegiado, tanto como psicóloga como como mujer que lucha con su propio problema de esterilidad.

«Al principio del mes tienes muchas esperanzas», dice ella. «Piensas que éste es un ciclo nuevo y vamos a empezar de nuevo y esta vez funcionará. Si la temperatura sube como debiera subir (signo de ovulación) y si se realiza el coito en el momento adecuado se tiene esa sensación de euforia durante las dos semanas siguientes, junto a una cierta incertidumbre. Te preguntas a ti misma, "¿Noto algo en el pecho? ¿Tengo náuseas?" Esa euforia permanece hasta que aparecen los signos del período. En ese momento existe normalmente una respuesta de negación: "Las personas manchan cuando están embarazadas, ¿no es así?"

Luego todo se derrumba. La temperatura ha descendido y usted no está embarazada. La tristeza e inmediata sensación de pérdida que se siente puede durar desde unos pocos minutos hasta varios días o semanas. A medida que se inicia un nuevo ciclo, estos sentimientos se desvanecen y se recupera la esperanza, a no ser que el ciclo continúe durante demasiado tiempo. Este terrible ciclo se repite un mes tras otro.»

La identidad estéril

En algunas mujeres, la esterilidad, que posee una sensación de fracaso y pérdida, se convierte en algo tan central en su identidad que incluso cuando se quedan embarazadas les resulta difícil quitárselo.

«Me costó muchísimo pasar de ser una mujer estéril a una mujer embarazada» dice Lisa Halloran, de 40 años, quien finalmente tuvo una hija, Colleen, después de seis años de tratamientos caros y muy técnicos que agotaron sus ahorros y casi destruyen su matrimonio. «Yo comprendía más a las mujeres que seguían intentándolo que a las amigas que estaban embarazadas. Siempre pensé que podía perder el bebé y encontrarme nuevamente junto a esas mujeres, intentando que se produjese un milagro.»

La esterilidad conlleva una sensación fundamental de fracaso. La pareja estéril no puede evitar sentir «que algo va mal en nosotros». No sólo no han logrado alcanzar un aspecto importante de sus vidas —la paternidad— sino que no pueden realizar una simple función biológica que dos adolescentes pueden hacer inadvertidamente en el asiento trasero de un coche. «Es el fracaso de su voluntad el hecho de ser incapaz de producir algo que deseas más que nada en el mundo» dice Lisa, «algo tan fácil para otras personas».

La decisión de ser madre puede tomarse tras varios meses, incluso años, de pensar y planearlo, y de repente averiguas que está —tal vez siempre estuvo— fuera de tus manos. Por primera vez en su vida adulta pueden sentirse un juguete del destino.

El síndrome de la esterilidad

De hecho, todos estos sentimientos son parte de un síndrome de dolor que experimentan la mayoría de las parejas estériles, que a menudo empieza con una sorpresa y negación. «Cuando descubren que algo no va como ellos quieren que vaya lo primero que piensan es, "no, no es verdad". Se tarda mucho tiempo en aceptar el calificativo de estéril» dice la doctora Mikesell. «Algunas personas acuden a expertos en esterilidad durante años y no paran de pensar que "es cuestión de tiempo".».

Al igual que la mayoría de las parejas, Lisa y su marido, Sean, pasaron años tomando medidas para evitar un embarazo. Pensaban que una vez que quisieran tener hijos, sólo sería cuestión de dejar los anticonceptivos. La idea de ser estériles resultaba tan inverosímil para ellos que durante los dos primeros años probando «no nos llegamos a preocupar demasiado. Perdimos mucho tiempo porque no teníamos mucha prisa» dice Lisa.

La negación es en realidad un mecanismo de adaptación temporal, según Barbara Eck Menning, fundadora del grupo nacional de ayuda personal a la esterilidad, «Resolve», y asesora de parejas estériles. «Permite que la mente y el cuerpo se adapten a su propio ritmo ante una situación abrumadora.

Sin embargo, poco después la negación da paso a la cólera, una respuesta predecible a la pérdida de control» dice la doctora Mikesell. «Hay personas que han trabajado duro y organizado sus vidas y han conseguido lo que querían con mucho trabajo y esfuerzo. Ahora comprueban que independientemente de lo mucho que lo intenten, el esfuerzo no guarda relación alguna con el resultado.»

Como muchas mujeres estériles, Lisa dice que sintió cólera al principio. «Yo pensé, ¿Por qué pasaría todos esos años tomando la píldora?» Luego, la cólera la sentía hacia su marido, quien al principio se resistió a que le hiciesen pruebas, y hacia los médicos quienes,

Para las parejas cuyo deseo de ser padres supera su deseo de tener un hijo biológico la adopcón puede ser la solución. «Pero recuerde» advierte Susan Mikesell, doctora en filosofía y psicóloga en Washington, D.C., «la adopción cura la falta de niños. No cura la esterilidad.»

Además, no es siempre fácil. Cada vez son menos los niños disponibles para su adopción debido al uso más generalizado de los contraceptivos y a la reducción del estigma que existía sobre las familias monoparentales. Algunos centros de adopción tienen límites de edad y otros tienen listas de espera tan grandes que no admiten más solicitudes. La adopción privada puede ser muy cara, y a veces, angustiosa.

Marisa Sangiacomo y su marido, Louis, tenían cuarenta años, se habían sometido a 14 inseminaciones artificiales y habían pasado meses discutiendo la posibilidad de adoptar. «Atravesamos un largo y penoso proceso para darnos cuenta de que era el único modo de formar una familia» dice Marisa, dueña de una empresa de artes gráficas en la ciudad de Nueva York. «Sabía que siempre notaría una enorme pérdida en mi vida si no hubiese tomado la decisión de adoptar».

El matrimonio Sangiacomo intentó primero la adopción privada, y pasaron meses negociando con una adolescente soltera de otro estado, pa-

según ella, eran insensibles ante su frustración y dolor físico y emocional. Su cólera incluso se volvió irracional. «Veía a los adolescentes en la calle, cargando con tres niños y yo deseaba quitárselos y decirles, "si no lo quereis, me lo quedo". Estaba enfadada con el mundo.»

Sola

En su cólera y dolor, Lisa también se sentía aislada. Muchas parejas estériles mantienen su problema en secreto para evitar consejos no deseados y compasión. «No quiero que las personas piensen que tienen que tener cuidado conmigo» dice Lisa, que esperó varios años antes de decírselo a su familia y amigos. «Hubiera encontrado eso más doloroso que soportar lo que tenía que soportar.»

gándola mucho dinero para gastos médicos y varios. Cuando la familia de la chica les llamó para decirles que el bebé había nacido, el matrimonio Sangiacomo cogió un avión y se fue al hospital sólo para comprobar que la joven madre había cambiado de idea.

«Yo estaba furiosa, asolada y helada» recuerda Marisa. «Mientras íbamos de regreso hacia el aeropuerto yo estaba tan desorientada que me salté una señal de stop que estaba justo delante de un policía. Cuando nos detuvo y vino hacia mi ventana yo me eché a llorar. Entonces no podía creer lo que dije. Se me escapó, «Lo siento, pero acabo de perder a mi bebé», y lloré aún más porque fui consciente de que así era como realmente me sentía».

Poco después una amiga me habló de una agencia nueva que se encargaba de adopciones de niños procedentes de América central y del sur, con un coste de 12.500 dólares. Rellenaron la hoja de solicitud y 11 meses después se convirtieron en padres de Marta, un bebé de 5 semanas de edad, procedente de Colombia.

«Desde que ella llegó a nuestra vida yo estoy flotando entre nubes» dice Marisa. «Pero aunque ahora soy madre, sigo siendo consciente de que soy estéril. No logras superar el dolor. No significa que todo haya acabado. Sigue estando ahí pero es mucho menos doloroso.»

Otro motivo por el cual algunas parejas mantienen en secreto su esterilidad es que se sienten culpables. La esterilidad es «su castigo» por algunas transgresiones pasadas, dice la doctora Mikesell, y su culpa un modo de expiación y de que todo tenga un sentido; hallar alguien o algo a lo que echar la culpa. Su pecado pasado puede ser una relación extramatrimonial, sexo antes del matrimonio, uso de anticonceptivos, cualquier cosa que les haga merecedores de esta retribución. Según Menning esta relación no parece guardar relación alguna con el nivel de educación de la persona. «Algunas de las personas más sofisticadas a las que yo he asesorado poseen la creencia mística de que su esterilidad es "castigo divino", incluso cuando no creen en una religión» dice ella.

No obstante, como pudo saber Lisa, mantener en secreto su esterilidad también le privó del confort y apoyo que su familia y amigos

¿Qué produce la esterilidad? Según opinión de expertos, tres factores contribuyen en la mayoría de los casos a la esterilidad en las mujeres: problemas de ovulación, obstrucción o presencia de cicatrices en las trompas de Falopio y la endometriosis, situación en la que existe una separación y fijación en otra parte del abdomen de parte de la capa interna del útero. En los hombres la principal causa de esterilidad es un recuento muy bajo o una anomalía en el esperma.

Tanto el hombre como la mujer pueden poseer anomalías estructurales genéticas causantes de esterilidad. Asimismo, aquellas personas expuestas a la hormona sintética denominada actualmente dietilestilbestrol (DES), durante su fase fetal, pueden presentar anomalías en los órganos reproductores que afecten a la esterilidad. La esterilidad resulta inexplicable en un 3 por 100 a 20 por 100 de las parejas.

La mayoría de las parejas que buscan tratamiento para su esterilidad se tratan con técnicas médicas y quirúrgicas convencionales que van desde una simple prueba para ayudar a la pareja a delimitar la ovulación hasta una operación de reparación de anomalías estructurales, o para tratar problemas de las trompas, endometriosis o fibromas. Las mujeres con problemas de ovulación pueden tratarse con medicamentos que induzcan

le proporcionaron posteriormente. Ella se unió a «Resolve» y vio en privado a un asesor, cuando comprobó que su aislamiento incluía también un sentimiento de enajenación hacia su marido.

Tensión marital

Resulta fácil que las parejas se polaricen por su incapacidad de tener un hijo, dice la doctora Mikesell, y pocos matrimonios no se ven afectados. En un estudio, el 71 por 100 de las parejas entrevistadas dijo que su esterilidad afectaba a su matrimonio. Aunque el 56 por 100 dijo que habían extraído algo positivo de ello, un número similar dijo que la experiencia tenía algunos efectos negativos. «Todos coincidían en decir que o junta a las personas o las separa» dice la doctora Mikesell.

la ovulación, como citrato de clomifeno (Clomifen), una potente hormona inyectable denominada Pergonal, o ambos. La terapia hormonal se utiliza también en los casos de endometriosis y en algunos casos de esterilidad masculina. Otros métodos son:

- Inseminación artificial con el esperma del marido (si posee esperma fértil) o esperma de un donante (si el esperma del marido es inactivo o el recuento espermático es bajo).
- Fecundación in vitro, en donde se extrae quirúrgicamente el óvulo del ovario de la mujer y se traslada a un disco de Petri, donde se fecunda con esperma. El embrión resultante se implanta posteriormente en el útero de la mujer.
- Traspaso intrafalopiano del gameto, en donde se recuperan los óvulos de la mujer, quirúrgicamente, y se mezclan con esperma, para su posterior implantación en las trompas de Falopio, donde tiene lugar la concepción.
- Traspaso intrafalopiano del cigoto, en donde se recogen quirúrgicamente los óvulos de la mujer y se fecundan. El embrión resultante se coloca en la trompa de Falopio, por donde viaja hacia el útero.

El motivo por el cual el problema separa a muchas personas tiene mucho que ver con la opinión que estas personas tengan de la esterilidad y con cómo afrontan este problema. Los estudios muestran que las mujeres tienden a sentir el dolor de forma más aguda que los hombres, tal vez porque la maternidad es algo tan integral en la identidad femenina. Sin embargo, algunos expertos opinan que los resultados de dichos estudios pueden atribuirse al hecho de que las mujeres son simplemente más propensas a expresar sus sentimientos.

A menudo surgen problemas cuando uno —normalmente la mujer— necesita hablar mientras el otro prefiere estar callado. En un estudio de parejas estériles los maridos decían que querían ayudar a sus mujeres, pero las discusiones que ayudaban a mitigar el estrés de las mujeres aumentaban el propio. Esto puede ser conflictivo también si el hombre y la mujer tienen sentimientos enfrentados respecto al hijo. Un hombre que ya tenga un hijo de un anterior matrimonio, por ejemplo, es posible que desee abandonar los tratamientos de esterilidad tan caros mucho antes que su actual mujer. Ambos pueden diferir en la posibilidad de adoptar. «Las parejas que se llevan bien la mayor parte del tiempo pueden tener cierta dificultad a la hora de tomar decisiones relativas a la esterilidad, sobre todo si la mujer espera que su marido va a tener los mismos tipos de sentimientos y reacciones que ella», dice la doctora Mikesell. «En primer lugar, él no tendrá necesariamente los mismos que ella y, segundo, puede no tenerlos al mismo tiempo que ella.»

De hecho, lo que puede pasar es que el marido, educado para proteger a su mujer, puede sentirse tan abrumado por el dolor que siente ella y por su incapacidad de detenerlo que se aisle aún más, llegando incluso a abandonar el tratamiento. Entonces su mujer se siente abandonada. «Estábamos aún en la mitad de la fecundación in vitro cuando Sean empezó a decir que no podíamos afrontar esto mucho más tiempo, económica y emocionalmente» recuerda Lisa. «Yo me quedé aterrorizada. Él estaba preparado para abandonar y yo no.»

Si la esterilidad es problema del hombre, que lo es en el 40 por 100 de los casos, la mujer puede enfadarse con él y él puede sentirse castrado. «A menudo existe más confusión con la esterilidad masculina porque existen menos tratamientos» dice la doctora Mikesell.

Es posible que la pareja tenga que pelearse con la peliaguda cuestión de la inseminación de un donante, que puede ser la única oportunidad para ella de tener un hijo. «Resulta realmente un dilema» dice la doctora Mikesell, «y a menudo la mujer es quien más se preocupa por la actitud o los sentimientos del hombre por ser padre de un hijo de un donante de semen. También es posible que ella se sienta egoísta: Esto es algo que yo puedo tener y él no. ¿Es justo que lo haga?».

La cuestión del sexo

Incluso si la pareja se une aún más, existe normalmente una víctima temporal del problema de la infertilidad —la vida sexual de la pareja. En un estudio donde más de la mitad de las parejas dijeron que su esterilidad había beneficiado a su matrimonio nadie dijo que había beneficiado a su sexo.

Según los resultados de un estudio, para muchas parejas hacer el amor se convierte en una «tarea necesaria pero falta de interés» un modo de quedarse embarazada. El sexo se divide en dos categorías: «sexo por amor» y «sexo para el médico» tomando este último a veces la delantera. Los juegos preliminares pueden incluir la toma de la temperatura e inyecciones de hormonas, convirtiendo lo que antes era placer en dolor. El coito está dirigido para que la pareja use la posición «correcta» —aquella que aumente la posibilidad de concepción— y se hace las noches «apropiadas».

No sólo eso, sino que el sexo deja de ser algo privado entre dos personas que se aman. Puede parecer que toda la clínica de esterilidad esté invitada en el cuarto para echar un vistazo. El tratamiento de la esterilidad incluye un perfil detallado de la vida sexual de la pareja, desde la frecuencia en que hacen el amor hasta las posiciones que utilizan. «Pierdes la sensación de intimidad. Se analizan minuciosamente todas las experiencias y el tono alegre del sexo» dice la doctora Mikesell.

El sexo puede incluso no estar unido a la concepción. Con procedimientos tales como la fecundación in vitro, inseminación de un donante y demás técnicas, el hombre y la mujer ni siquiera tienen que estar en el mismo cuarto para concebir un hijo —y a menudo no lo están. Puede resultar desconcertante pensar «no es necesario mantener relaciones sexuales para quedarse embarazada», dice la doctora Mikesell. «Yo tengo una cliente que entró en mi despacho y dijo, "llevo sin acostarme con mi marido tres meses y aquí estoy sentada embarazada de gemelos".»

La vida sigue

Un estudio realizado denomina la esterilidad una crisis sin solución, algo que no es estrictamente cierto. «Solía haber un punto natural donde se hacían todos los tratamientos disponibles y no había más que hacer. Ahora se puede hacer una fecundación in vitro hasta pasada la menopausia» dice la doctora Mikesell. «Se ha convertido ahora más que nunca en una elección personal.»

¿Cómo saber cuándo hay que parar? A veces la decisión se encuentra cuando compruebas que te has quedado sin dinero. Con mayor frecuencia es una decisión que se tiene que tomar personalmente. «Las parejas tienen que sopesar hasta qué punto les compensa —emocional, física y económicamente— someterse al tratamiento comparado con el porcentaje de posibilidades de concepción» dice la doctora Mikesell. «¿Merece la pena gastar todos los ahorros de la vida, obtener una segunda hipoteca de la casa y arriesgar el matrimonio o la carrera profesional para tener un 10 por 100 de posibilidades de quedarse embarazada en un determinado ciclo?»

Algunos aceptan lo que la vida les depara y lo ven de otro modo. En vez de aceptar no tener hijos, Jean Carter, doctora en medicina, obstetra de Carolina del Norte, y su marido, Michael, profesor de inglés, decidieron ser una pareja «sin hijos».

«Tuvimos que cambiar y pasar de ser padres frustrados a una pareja alegre sin hijos» dice la doctora Carter, cuya esterilidad se diagnosticó como «inexplicable». «Realmente cambiamos. Empezamos a levantarnos por la mañana sin vernos como dos personas incapaces de alcanzar lo más importante en sus vidas. Habíamos pasado cinco años pensando que la vida sin hijos no merecía la pena vivirse, un fallo garrafal, y tuvimos realmente que dar un vuelco de 180 grados y decir sí, la vida puede ser buena, puedes hacer cosas, puedes marcar una diferencia en la vida de las personas, puedes ser una persona que aporte algo, puedes tener un buen matrimonio, puedes ser un buen hijo para tus padres, sin tener que reproducirse. En cierto modo fue un descubrimiento para nosotros. Nos costó un poco acostumbrarnos a ello.»

El matrimonio Carter, que escribió un libro, *Sweet Grapes* (Uvas dulces), sobre su experiencia, comprobó que además del dolor y la aceptación existe una fase que ellos denominan transformación, en donde la pérdida se transforma en adquisición. «Hay que analizar qué cualidades de su ser son importantes para usted, como posible padre, para ver si puedes usarlo de otro modo, trasladar esos impulsos hacia otra esferas de la vida», explica la doctora Carter. «Tras el dolor, hay que tomar una decisión, diciendo, ahora soy responsable de lo que pase el resto de mi vida.»

En el caso de los señores Carter ellos comprobaron que centraron su atención en sus carreras profesionales, «llenando el vacío sin saberlo».

«Todos mis impulsos maternos los traslado a mis pacientes y a sus bebés» algo que en una época le produjo más dolor que alegría, dice la doctora Carter. «Maleducamos mucho a nuestros sobrinos. La esterilidad se lleva toda la energía. Después de superar el hecho de la esterilidad, volvimos a reanudar nuestra labor de voluntariado en la comunidad e iglesia. Yo colaboro con "Resolve", ayudando a otras parejas estériles, y de ese modo me ayudo a mí misma. Me doy a mí misma justificaciones. Resulta interesante, se tarda aproximadamente nueve meses en lograrlo y yo lo logro penosamente. De modo que, en cierto modo pienso que yo les doy vida a ellos.»

ESTERILIZACIÓN

Usted ha hablado con su marido, su médico, sus amigos, y ha decidido que ha pasado el momento de tener hijos. Se mueve en otras direcciones que van a llenar todo su tiempo, energía y concentración.

No necesita preocuparse mensualmente por la duda de si estaré o no estaré justo en el momento más inapropiado, ni tampoco necesita la molestia de tener que recordar ponerse, insertarse, tragar o aplicar un método contraceptivo apropiado.

De modo que decide que o su marido o usted debe poner punto final a su vida reproductora.

Eso es justamente lo que Suky Webster decidió. Suky creció siendo la mayor en un hogar lleno de hermanos y hermanas y con poco dinero, y ella recuerda vívidamente cómo su padre —que ganaba un sueldo decente— se quejaba y gruñía pensando cómo iba a alimentar a sus seis hijos. Consiguió hacerlo, dice ella, pero debido a los

**Llámelo
liberarse**

gastos que supone tener seis hijos, Suky echó en falta tres cosas que un niño necesita: ropa, atención y amor.

Sin embargo, cuando cumplió los 28 años, Suky había rectificado la situación. Como ejecutiva triunfante tenía más ropa exquisita de lo que muchas mujeres ven en toda su vida y también una buena cuenta corriente. Tenía un buen círculo de amigos y compañeros de trabajo y gozaba prácticamente de la adoración de su marido, Aaron.

Lo único que podía arruinar la próspera vida que Suky se había creado era la llegada de un bebé. El bebé supondría una disminución tanto de los recursos personales como económicos, razonaba Suky, y limitar su libertad de viajar. Suky no tenía ninguna intención de que eso pasase, ni tampoco quería tener que preocuparse todos los meses de si estaba o no embarazada. De modo que le pidió a su médico que le ligase las trompas y, como dice 14 años más tarde, «pusimos punto final a nuestro control de natalidad sin pensarlo un segundo».

El procedimiento

Una vez que usted y su marido han decidido no tener hijos la siguiente pregunta es *¿quién* se lo va a hacer?

Eso depende. Para el hombre, el procedimiento —la vasectomía— es una operación sin riesgos, sencilla y sin importancia, que tarda 15 minutos en hacerse con anestesia local. El cirujano puede hacer una pequeña incisión o pinchazo en el escroto, llega con un instrumento a los conductos deferentes —los tubos pequeños por donde el esperma llega al testículo—, los corta y los sutura. Los conductos deferentes suturados no permiten nunca más que el esperma llegue a la eyaculación. El esperma fabricado en los testículos lo reabsorbe el cuerpo. El hombre no tiene por qué notar ninguna diferencia en la cantidad o aspecto de su eyaculación.

Por otro lado, el procedimiento para la mujer es mucho más complicado. La ligadura de trompas implica obstruir las trompas de Falopio, que transportan el óvulo desde el ovario al útero. Normalmente significa una operación, que se realiza bajo sedación y anestesia local, durante la cual se realiza una pequeña incisión en el abdomen. El cirujano introduce un instrumento, denominado laparoscopio que le permite ver, separar y ligar las trompas de Falopio.

La ligadura se realiza con sutura reabsorbible, aunque de vez en cuando se cauterizan los extremos distales de las trompas. En ocasiones la operación se realiza por vagina.

El momento más común para la esterilización de la mujer es dentro de las primeras 48 horas del parto. Aproximadamente un 40 por 100 se realizan en ese momento, según informes médicos, en gran parte porque resulta conveniente y la cirugía es técnicamente más simple.

Sopesar las pruebas

Tanto la vasectomía como la ligadura de trompas resultan muy eficaces, motivo por el cual probablemente la esterilización es el método contraceptivo más popular entre las parejas casadas. La frecuencia de embarazo es del 0,2 por 100 con la vasectomía y del 0,5 por 100 con la ligadura de trompas.

Pero, ¿cómo afectan a la salud? En el caso de la mujer, las complicaciones derivadas de la esterilización quirúrgica ocurren en menos de un 1 por 100 de los casos, según informes médicos. La tasa de mortalidad es aproximadamente de 3 por 100.000, de modo que los profesionales siguen considerando esta operación relativamente segura. Una complicación física importante a largo plazo es un mayor riesgo de embarazo ectópico.

La vasectomía es incluso más segura y tiene menos posibilidades de complicaciones graves. La mortalidad es rara —uno cada 300.000— así como las complicaciones tales como infección o sangrado. Dos terceras partes de los hombres vasectomizados desarrollan anticuerpos de esperma, pero no hay prueba alguna de que esto tenga ningún efecto adverso. Sí hay pruebas, en cambio, de que la mujer de un hombre vasectomizado está protegida contra el cáncer cervical.

¿Es reversible?

Aunque los médicos animan a los hombres y mujeres a pensar que la esterilización es una decisión irrevocable, en ocasiones sí puede revertirse. Según informes médicos, aproximadamente la mitad de los hombres vasectomizados se revierten y fecundan a sus mujeres, pero la mayoría de los que cambian de opinión deshacen la operación antes de que pasen diez años. Transcurrido ese tiempo la posibilidad de fecundar disminuye espectacularmente, en parte porque la vasectomía tiende a producir un descenso del recuento espermático.

Algunos cirujanos se jactan de índices de embarazo de un 60 a 80 por 100 en mujeres a las que han vuelto a conectar las trompas, pero la mayoría de los expertos opinan que las cifras corrientes son más bajas. La operación para revertir la esterilidad es una delicada operación de microcirugía —bajo anestesia general— para unir nuevamente los extremos distales de las trompas de Falopio. Es una operación mucho más arriesgada que la esterilización.

¿Qué se siente realmente?

Antes de tomar la decisión debe saber que algunas mujeres que se lo han hecho lo han lamentado. De modo que lo más importante que hay que hacer si piensa en la posibilidad de hacérselo es tomarse un tiempo y averiguar realmente qué piensa usted al respecto.

Las siguientes preguntas creadas por investigadores de la University of Texas Health Science Center en San Antonio, y el Transactional Research Institute en Palo Alto, California, pueden ayudar a aclarar algunas de las cuestiones implicadas y a evaluar el impacto emocional que dicha decisión tendrá en su vida.

¿Su marido lo desea más que usted? En un estudio, las mujeres cuyos maridos querían la esterilización más que ellas eran más propensas a no estar muy convencidas de la decisión.

¿Piensa que tiene una presión social para dar o no dar el paso de esterilizarse? En un estudio las mujeres que se sentían presionadas de algún modo eran las más propensas a arrepentirse de la decisión.

¿Ha alcanzado su tamaño ideal de familia? Cuanto más pequeño era el ideal de familia de una mujer, según los investigadores, más seguras estaban de que tomaban la decisión correcta. Si usted tiene dos, pero piensa que cuatro es el tamaño ideal de familia, puede tener sentimientos mezclados. Las parejas que decidieron esterilizarse porque pensaron que sus familias eran suficientemente grandes era más probable que estuviesen más cómodos con la decisión tomada.

¿Ha considerado su decisión durante mucho tiempo, o se basa en una experiencia reciente? Los investigadores hallaron que cuanto más tiempo llevase la pareja madurando la decisión más segura estaba de tomar la decisión correcta. Cuanto más basasen la decisión en una experiencia reciente —como un problema de salud durante el embarazo— más inseguros estaban.

¿Es una decisión tomada conjuntamente? Una decisión tomada exclusivamente por uno de los cónyuges puede hacer que el otro se sienta incómodo, según un estudio. También se vio que las mujeres que habían discutido con sus maridos por la decisión —o simplemente que tenían una relación conflictiva con ellos— no estaban de acuerdo con la decisión una vez tomada.

FATIGA

Dile a los niños que contesten al teléfono». «Contrata a una mujer de la limpieza». «Pide a otra persona que cambie el papel higiénico, ¡y recoge esos calcetines sucios!». «Deja que el perro salga solo a dar una vuelta».

¿Le suena familiar? Si usted ladra al perro y las bolsas que tiene debajo de los ojos son tan grandes que podrían ser equipaje de mano, tal vez lo que pase simplemente es que usted esté agotada. Todas conocemos ese sentimiento, esa sensación de cansancio que le cala hasta los huesos. Cuando usted se encuentra tan baja de ánimos, resulta difícil ver la vida de forma optimista, y no digamos recoger calcetines. Pero no tiene por qué ser así. Usted puede hacer que desaparezca la fatiga y volver a ser como antes.

El cansancio puede ir asociado a alteraciones del estado de ánimo o a un aumento del estrés. También puede ser un indicio de enfermedad física. Pero sin duda es una señal de que algo va

Luchar contra la apatía

mal, dice Dedra Buchwald, doctora en medicina y profesora adjunta de medicina en la Universidad de Washington y directora de la Clínica de Cansancio Crónico en el centro médico Harborview, en Seattle. La fatiga crónica es un síntoma que nunca debe pasarse por alto.

Demasiado frecuente

Por supuesto que es normal que las personas se cansen. A todo el mundo le pasa. El cansancio normal se nota en una carrera de bicicletas, después de despertarse cinco veces por la noche porque el niño tiene fiebre, después de un día de trabajo estresante, y la fatiga normal desaparece después de dormir bien por la noche.

Lo que no es normal, en cambio, es estar cansado cuando te levantas por la mañana o después de caminar hasta el final del camino de entrada a la casa para coger el correo. No es normal tener que descansar antes de realizar una tarea tan sencilla como es pasar la aspiradora a las alfombras. Y no es normal vivir cansada semana tras semana independientemente de lo que descanse.

A pesar de todo, el cansancio es algo normal para muchas personas. Y los médicos reciben muchas quejas al respecto. En un estudio, el 28 por 100 de las mujeres y el 19 por 100 de los hombres que visitaban a sus médicos se quejaban de fatiga como problema importante durante un mes o más.

¿Cuáles son los problemas más frecuentes por los que la mujer tiene una sensación de estar demasiado cansada para hacer nada? Ésta es la opinión de los expertos.

Dieta basura

Ellas no lo llaman dietas «basura». Dieta o no, usted tiene que comérselo si no quiere acabar tumbada en el suelo. En palabras sencillas, tanto las dietas basura como las dietas novedosas pueden hacer que usted se sienta cansada.

Puesto que ofrecen tan poco equilibrio nutritivo, las dietas basura pueden convertir su masa muscular en masa blanda y espesa. La destrucción se vuelve tan pronunciada después de un breve espacio de tiempo que el tejido muscular es incapaz de procesar el calcio, según estudios realizados en la Universidad de Toronto. Si usted está haciendo una dieta de ese tipo, su organismo será incapaz de funcionar correctamente. Se enlentecerá y convertirá energía haciendo que usted disminuya su ritmo.

Para empezar bien una dieta que le haga sentirse bien y le levante el ánimo, no olvide estas normas básicas creadas por médicos y nutricionistas.

Comer distintos tipos de alimentos. Evite dietas que le obliguen a comer sólo un determinado tipo de alimentos, como el zumo de uva. Necesitamos una amplia variedad de nutrientes procedentes de todo tipo de alimentos. Ningún alimento le proporciona todos los nutrientes que necesita su cuerpo para mantener la salud.

Las mujeres, en general, no deberían comer menos de 1.200 calorías al día. Según expertos en dieta y nutrición, de la Universidad de Stanford, no se pueden obtener todos los nutrientes necesarios si se come menos cantidad. Las dietas de 800 calorías pueden suponer un riesgo particular para la salud, pudiendo provocar una insuficiencia en el músculo cardíaco.

Asimismo, no se deben hacer comidas abundantes por la noche. Con toda probabilidad no se podrán quemar las calorías de forma tan rápida estando en cama que cuando son primeras horas de la mañana.

No saltarse comidas. Si lo hace lo único que conseguirá es tener más hambre luego. Cuando se siente a comer probablemente comerá más de lo que debiera.

Duerma profundamente

Parece demasiado obvio, pero si no se ha dormido bien la noche anterior es muy probable que esté cansada al día siguiente.

Muchas personas tienen problemas por quedarse medio dormidos en algún momento de su vida y una cifra alarmantemente elevada presenta insomnio crónico. Los científicos opinan que los trastornos del sueño son una respuesta normal a cambios en nuestras vidas, desde problemas en el trabajo a una grave enfermedad. La mayoría de nosotros recuperamos un patrón de sueño normal una vez que desaparece o mejora el problema causante del trastorno.

Si la falta de sueño ocasional es problema para usted siga estas sencillas sugerencias que le hace Patricia Prinz, doctora en filosofía y catedrática de psiquiatría y ciencias de la conducta en la Facultad de Medicina de la Universidad de Washington.

- Intente no beber café, cola u otras bebidas que contengan cafeína después de las 18:00 ó 19:00 horas.
- Acuéstese a la misma hora todos los días.
- Hacer ejercicio moderado de forma regular.
- No beber alcohol después de la cena. Las bebidas alcohólicas interfieren con el sueño profundo.

¡Eso no es excusa!

Si usted no hace ejercicio de forma regular, probablemente su cuerpo no utilice el oxígeno de forma muy eficaz. Los músculos necesitan el oxígeno o no trabajan tanto tiempo o con tanta fuerza como debieran. El resultado de una vida tan sedentaria es: Cuando usted necesita la fuerza muscular no la tiene y se cansa rápidamente.

Aún más, a medida que los músculos se vuelven fláccidos, también lo hace su imagen personal. Su estado emocional puede convertirse en la imagen refleja de su estado físico, añadido a su fatiga.

Por eso, en opinión de los expertos, es por lo que el ejercicio le beneficia de dos formas. Primero, mejora su estado físico, permitiendo que su cuerpo aporte oxígeno más eficaz a los músculos, aumentando su resistencia. Segundo, el ejercicio estimula una sensación general de bienestar. Estudios realizados muestran que conforme se hace ejercicio, su cuerpo es más capaz de afrontar las tensiones emocionales y físicas que se plantean a diario.

Desestresar su vida

Hace falta mucha energía para afrontar las tensiones de la vida cotidiana. Sobre todo si usted es esposa y madre y además trabaja. Después de gastar toda esa energía es posible que se quede con una sensación de cansancio corrosiva y abrumadora.

No todas las tensiones de la vida nos agotan emocionalmente, dicen los médicos. Se trata de un cierto tipo de estrés, ése que no le deja elección, opciones ni alternativas. El ejemplo clásico es la mujer que se encuentra en un trabajo sin futuro. Tiene un jefe duro al que no puede responder. Tiene que hacer lo mismo un día tras otro. Carece de sensación de control. Es posible que tenga una familia que la necesita, por lo que tiene incluso más trabajo que hacer cuando vuelve a casa. Se siente atrapada.

Existen algunos pasos que usted puede dar que pueden mitigar los síntomas de cansancio asociado al estrés.

Pregunte a su médico o consulte a un terapeuta de estrés acerca de técnicas de relajación. Es posible que sólo se tarde 10 a 15 minutos en aprender. Una vez que sabe las técnicas, utilícelas para darse un respiro de 10 ó 15 minutos cada día. Si hace estos ejercicios y presta atención a sus sentimientos puede acabar con la sensación de tensión que siente durante todo el día.

Piense internamente

El cansancio también es síntoma de múltiples dolencias físicas. Después de analizar las causas no médicas de su cansancio, es probable que su médico quiera hacerle algunas pruebas para descartar una posible enfermedad subyacente.

El cansancio es el primer síntoma de una serie de enfermedades que afectan a la mujer. La anemia ferropénica, por ejemplo, es común en las mujeres con ciclo menstrual. Alteraciones del tiroides pueden producir también mucha fatiga.

De hecho, muchas enfermedades pueden producir fatiga, dice la doctora Buchwald. De modo que si su estilo de vida no es el causante, tiene que ir al médico, tanto si le gusta como si no.

Véase también Síndrome de fatiga crónica.

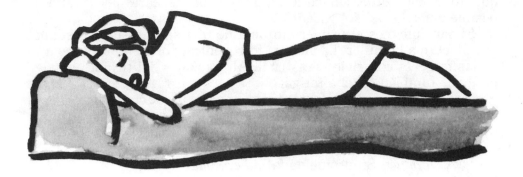

FIBROMA

Elsa Davidson, nutricionista de 39 años de edad, se enteró de que tenía un fibroma uterino durante una exploración ginecológica rutinaria. Aunque su médico le dijo que «tenía muchos» ella no había notado nada. De hecho, ella ni siquiera se había imaginado que lo tenía. De modo que hizo lo que su médico le sugirió: vigilar su crecimiento mediante exámenes anuales. Durante los cinco años siguientes los fibromas crecieron uniforme y gradualmente, al igual que los síntomas.

«Empecé a tener unos períodos tan abundantes que tenía que ir al servicio cada media hora para cambiarme el tampón super plus y dos compresas que tenía que usar» dice Elsa. «Estas pérdidas de sangre mensuales me dejaron anémica y literalmente débil. Cada vez que me ponía mala me aterrorizaba pensar que no podría encontrar un servicio a tiempo y que mancharía la ropa.»

Elsa sabía que se estaba acercando el momento en que los fibromas crecían tanto que harían presión sobre la vejiga, provocando una incontinencia ocasional además de la hemorragia mensual. Tras considerar todas las opciones, decidió que lo mejor para ella era hacerse una histerectomía.

Según el National Center for Health Statistics, los fibromas representan el 30 por 100 de todas las histerectomías que se realizan en los EE.UU. —casi 200.000 al año—. Pero de ningún modo significa que la histerectomía sea la *única* solución al problema del fibroma, a pesar de que a veces lo parezca.

La opción de no hacer nada ahora

Los fibromas normalmente son tumores benignos compuestos principalmente por tejido muscular; su tamaño oscila entre un cantalupo o incluso mayor. Pueden estar fuera o dentro del útero, metidos dentro de las paredes del útero o fijados mediante tallos (denominados fibromas pedunculados). En realidad nadie sabe a qué se debe su aparición, pero aproximadamente el 20 por 100 de las mujeres mayores de 35 años lo tienen. Las mujeres de raza negra son tres veces más propensas a tenerlos que las mujeres de raza blanca.

Los fibromas rara vez son cancerosos (sólo aproximadamente 1 de cada 1.000 lo es). De modo que si no tiene síntomas —y muchas mujeres no los tienen— no hay motivo para actuar, dice Ruth Schwartz, doctora en medicina y profesora clínica de obstetricia y ginecología en la University of Rochester School of Medicine y Dentistry, en Nueva York.

Puesto que el fibroma depende del estrógeno para su crecimiento, la mujer que esté cerca de la menopausia (momento en el que empieza a disminuir de forma natural la producción de estrógeno) es posible que pueda esperar. Los fibromas son propensos a contraerse o desaparecer por completo después de la menopausia. En el caso de mujeres más jóvenes, es mejor controlar los fibromas para ver si crecen, con qué rapidez lo hacen y si empieza o no a producir trastornos importantes, dice la doctora Schwartz.

Y en muchos casos sí lo hacen. La American College of Obstetricians and Gynecologists dice que aproximadamente un tercio de las mujeres con fibromas se quejan de abundante hemorragia durante su período, otro tercio nota una presión de distinta intensidad y dolor pélvico.

Complicaciones en las relaciones sexuales y el embarazo

Diane Shapiro, una secretaria de 42 años, dice que la hemorragia y dolor debido a sus fibromas se acentuaron hasta el punto que ella dejó de quedar con nadie. «Soy una mujer soltera, y me daba miedo pensar que si conocía a alguien que me interesase no podría decirle que el coito me resultaba doloroso» dice ella. «Sé que una esposa puede decir eso a su marido, "no lo hagas que me duele". Yo pensaba que podría ahuyentar a mi posible novio con este problema. Fue entonces cuando supe que tenía que hacer algo al respecto. ¿Qué podía hacer, pasar el resto de mi vida sola?»

Los fibromas pueden interferir también con el embarazo y parto, aunque está admitido que la gran mayoría no producen ningún tipo de problema, dice Carol Ann Burton, doctora en medicina, profesora auxiliar clínica de obstetricia y ginecología en la University of Southern California School of Medicine, en Los Ángeles.

«Si el fibroma está situado en la parte interna del útero, es posible que la placenta no se implante correctamente, provocando un aborto en el primer trimestre del embarazo» dice ella. «A veces los fibromas crecen durante el embarazo, debido al entorno hormonal. Conforme el útero va aumentando de tamaño puede producirse un parto prematuro. También puede suceder que el fibroma deje de recibir su aporte de sangre y muera, produciendo un dolor atroz a medida que tiene lugar su degeneración.»

Evitar la histerectomía

Para librarse de los fibromas el médico puede limitarse simplemente a extirpar todo el útero, fibromas incluidos. Pero eso puede no ser necesario. Lo crea o no, los médicos han estado realizando miomectomías (extirpación quirúrgica *sólo* de los fibromas) desde el siglo XIX. Y lo que se podría llamar la miomectomía tradicional está volviendo a ser la técnica de elección. Cada año se realizan aproximadamente 18.000, tal vez porque son más las mujeres que exigen alternativas a la histerectomía.

Durante una miomectomía tradicional, el médico realiza cortes a través del abdomen y el útero. Se cortan los fibromas, se extirpan y luego se cosen las incisiones. Sin embargo, se trata de una cirugía mayor, y al igual que toda cirugía mayor, existe la posibilidad de infección y de que aparezcan reacciones adversas a la anestesia o pérdida de sangre que haga necesaria una transfusión, dice la doctora Burton. En realidad, es posible que la pérdida de sangre sea incluso mayor en la miomectomía que en la histerectomía, aunque el tiempo de recuperación sea aproximadamente el mismo —entre cuatro y seis semanas.

Más aún, aproximadamente el 25 por 100 de los casos de fibromas vuelven a crecer en cinco años, bien debido a un pequeño trocito que se dejó durante la operación inicial o bien por la aparición de nuevos fibromas después de la intervención. Entonces es posible que haya que volver a intervenir quirúrgicamente o realizar una histerectomía, después de todo, dice la doctora Schwartz, miembro también del grupo especial en histerectomía de la American College of Obstetricians and Gynecologists. Cuantos más fibromas existan al principio, mayor la posibilidad de recurrencia.

Puesto que la miomectomía implica cortar el útero, es posible que existan adhesiones o cicatrices que produzcan posteriormente problemas de fecundación o fertilidad. Los médicos aseguran que estas complicaciones no son frecuentes. Y para las mujeres cuyos fibromas estén produciendo problemas de embarazo, la operación resulta normalmente beneficiosa.

La opción de la microcirugía

Si usted tiene fibromas muy pequeños es posible que sea candidata a alguno de los procedimientos más novedosos que acortan enormemente el tiempo de recuperación y reducen la posibilidad de complicaciones. La localización de los fibromas a menudo dicta el tipo de técnica que el médico puede realizar para extirparlos, por consiguiente, no existe un solo procedimiento que vaya bien en todos los casos.

Los fibromas que se extienden hacia el interior de la cavidad uterina, por ejemplo, normalmente pueden manipularse con un histeroscopio, instrumento semejante a un telescopio que se introduce a través de la vagina en el cuello del útero, permitiendo la inspección visual de la cara interna del útero, explica la doctora Schwartz. El histeroscopio puede equiparse con un láser que quema los tumores, o con un resectoscopio, instrumento que utiliza una corriente eléctrica para eliminar los tumores.

Los fibromas pequeños situados en la cara externa del útero, por otro lado, pueden extirparse a menudo con un laparoscopio, instrumento que se introduce a través de una diminuta incisión que se realiza cerca del ombligo. El laparoscopio puede ir también equipado con un láser u otro tipo de instrumento de cauterización para extirpar los fibromas, dice la doctora Schwartz.

Tanto la histerectomía como la laparoscopia se realizan de forma ambulatoria, lo cual es una gran ventaja. Los procedimientos en sí cuestan aproximadamente lo mismo que una miomectomía tradicional, pero generalmente, no hay costos hospitalarios. En los días posteriores a la intervención puede existir un ligero dolor, dice la doctora Schwartz, pero la recuperación es rápida. Por lo general, la mujer puede incorporarse a su trabajo en menos de una semana. La parte negativa es que incluso con estos procedimientos menos invasivos los tumores pueden volver a aparecer, pudiendo ser necesario que se repita la intervención o se realice una histerectomía.

Primero disminuir su tamaño, luego operar

Incluso si los fibromas son grandes, usted puede seguir beneficiándose de las técnicas de microcirugía. Ésta es una opción a comentar con su médico. Una clase nueva de fármacos —denominada GnRH agonistas (hormona liberadora de gonadotropina)— tomados durante algunos meses, pueden en realidad disminuir el tamaño de los fibromas lo suficiente para evitar la cirugía mayor.

Estos fármacos bloquean la producción ovárica de estrógeno, hormona femenina. Y puesto que los fibromas son tumores sensibles al estrógeno, disminuyen su tamaño aproximadamente en un 40 por 100 a 50 por 100. Además, como la medicación interrumpe también el aporte de sangre al útero, dice la doctora Schwartz, se pueden realizar las miomectomías con menos pérdida de sangre.

En realidad, si usted está cerca de la menopausia, el hecho de tomar uno de estos medicamentos puede evitarle pasar por quirófano, dice la doctora Burton. Para cuando finaliza el tratamiento es posible que el descenso natural que se produce en su cuerpo, en la producción de estrógeno, haga el resto. Puesto que los medicamentos crean una menopausia artificial, sólo pueden usarse durante unos seis meses.

Una vez que deja de tomar estos fármacos y vuelve a aparecer la producción de estrógeno, es posible que aparezcan nuevamente fibromas, por lo general en un espacio de tiempo de seis meses. Esto puede carecer de importancia si la idea es disminuir el tamaño del fibroma lo suficiente para realizar microcirugía.

Disminuir el flujo

Si los fibromas no son grandes, y la única molestia que le producen es una hemorragia abundante, existen otras opciones que usted puede comentar con su médico. Fármacos tales como Danatrol (un esteroide sintético derivado de las hormonas masculinas) frenarán las hemorragias anormalmente abundantes, aunque no disminuirán el tamaño de los fibromas. Sin embargo, usted puede opinar que los efectos secundarios de estos fármacos no le compensan. Aproximadamente el 80 por 100 de las mujeres presentan algunos efectos secundarios, incluidos un excesivo aumento de peso, abotagamiento, crecimiento de vello, aumento del colesterol y manchas vaginales. Estos efectos son leves en la mayoría de los casos.

Otra alternativa posible es un procedimiento denominado terapia de ablación con láser. Mediante un histeroscopio equipado con láser se destruye literalmente la cara interna del útero. Si no hay capa interna, no hay hemorragia. Pero los fibromas siguen estando ahí y pueden crecer y causar problemas en un futuro. Asimismo, se considera que la mujer es estéril después de someterse a este procedimiento. De modo que queda claro que esta opción no es válida para todas. Sin embargo, si usted no desea tener más hijos y las hemorragias abundantes no se pueden controlar por otro medio, la solución de la ablación con láser puede ser válida. Se realiza de forma ambulatoria y la recuperación es muy rápida. Las pacientes regresan a casa el mismo día y regresan a su trabajo uno o dos días después. Los efectos secundarios son normalmente leves.

La mejor decisión para usted

No existe ningún tratamiento perfecto para todos. De hecho, existen pros y contras en casi todas las opciones. Hable con su médico acerca de lo que piensa hacer y por qué. Busque una segunda opinión si no está segura de su opinión o simplemente desea estar más informada. Después de todo lo que se dice y hace, usted puede pensar que la histerectomía es lo mejor para usted. Al fin y al cabo, es la única «curación» segura de los fibromas. No obstante, en cualquier caso, busque un médico experto en esa técnica que sea de su confianza.

Véase también Endometriosis, Histerectomía.

FIBROMA QUÍSTICO DE MAMA

¿Qué encierra un nombre? Si el nombre es fibroma quístico de mama —o sus alternativos, enfermedad benigna de mama, displasia mamaria, mastopatía fibroquística o mastitis quística crónica— no gran cosa. El fibroma quístico de mama (FQM) es un término general insignificante, un término donde los médicos engloban todo problema de mama que no es canceroso, dice Susan Love, doctora en medicina, directora del Faulkner Breast Center, en Boston, y profesora clínica adjunta de cirugía en la Facultad de Medicina de Harvard. El FQM y sus seudónimos no son otra cosa que nombres intimidadores de una «ausencia de enfermedad».

Hasta que usted se informa mejor, el diagnóstico de fibroma quístico de mama parece amenazador. Pero no lo es.

De lo que se trata es de mamas dolorosas y con bultos, o sensibles. Mamas que pueden hinchar-

El tipo de dolor equivocado

se o eliminar un poco de exudado por el pezón. Pero *no* mamas que matan —a pesar de que sabemos de al menos una mujer que admite que hubo momentos durante su ciclo menstrual en los que «quiso arrancárselas».

¿Normal o anormal?

«Las alteraciones de mama que los médicos denominan fibroma quístico a menudo tienen poco o nada que ver con tejido fibroso ni con quistes» explica Kerry McGinn, diplomada en enfermería y autora de *Keeping Abreast: Breast Changes That Are Not Cancer* (Estar al corriente: Alteraciones mamarias que no son cáncer): «La mama lo que hace simplemente es llevar a cabo procesos normales, a veces de forma excesivamente entusiasta.»

Las mamas son básicamente tejido graso, panales con glándulas productoras de leche y conductos que responden a las alteraciones que se producen en las sustancias químicas orgánicas. Las células productoras de leche que existen en las glándulas están cíclicamente controladas por hormonas. Durante los años de crianza, estas células se estimulan para que crezcan y para que acumulen líquido durante el ciclo menstrual, haciendo que a menudo el pecho parezca que tiene bultos. «Si existe suficiente líquido para estirar los tejidos y nervios, la mujer puede notar sensibilidad e incluso dolor» dice la señorita McGinn, que escribió el libro con la participación del Centro de Salud de la Mama del Hospital Infantil de San Francisco.

De modo que sí, sus síntomas son muy reales, dice la doctora Love. Es el diagnóstico el que no es real. De hecho, lo que usted nota es *normal,* alteraciones *benignas* que suceden en las mamas de casi todas las mujeres en algún momento de sus vidas, y con distintos grados de malestar. Los expertos opinan que al menos el 50 por 100 de las mujeres, en algún momento dado, notificarán la existencia de bultos o dolor en el pecho. Y se calcula que otro 40 por 100 no se lo notifica al médico. ¿De modo que, por qué hacer tantos aspavientos?

Bulto frente a sensación de bulto

«Me doy un susto de muerte cuando noto bultos en mi pecho» dice Mamie Kessler, ama de casa y madre de cuatro hijos, de 42 años. «A veces están ahí, y otras veces no están. Entonces pienso que me lo estoy imaginando, o que estoy paranoica porque el espectro del cáncer de mama resulta tan abrumador. Mi médico dice que se trata sólo de alteraciones fibroquísticas y que no hay nada de lo que preocuparse. Pero me preocupa pensar que uno de esos bultos no sea "nada".»

Por supuesto que hay bultos y hay *bultos*. Pero, como señala la doctora Love, «la sensación de tener bultos no es lo mismo que tener un bulto concreto. La confusión que crea estas dos cosas puede producir a la mujer días o semanas de angustia mental innecesaria. La sensación de tener bultos no es una enfermedad —"fibroquística" o del tipo que sea—. Sencillamente es tejido mamario normal». Un patrón general de muchos bultos pequeños en ambas mamas *es* perfectamente normal.

Los quistes y fibroadenomas también son alteraciones fibroquísticas, y aunque se parezcan al tipo de bulto peligroso, no lo son. Un fibroadenoma es un bulto de tejido fibroso o glandular, explica la doctora Love. Normalmente es indoloro, firme o elástico y a menudo se mueve libremente por la mama. Es más frecuente en mujeres adultas jóvenes.

«El quiste aparece típicamente en mujeres de treinta, cuarenta y principio de los cincuenta años» dice la doctora Love. Se trata de un saco lleno de líquido, como una gran ampolla, que crece en medio del tejido mamario. «Es suave por fuera y puede aplastarse por dentro, de modo que si se aprieta se puede notar que está lleno de líquido». Sin embargo, si existe suficiente líquido en el quiste, puede notarse bastante firme.

También existen algunos muy dolorosos, dice la señorita McGinn, pero cuando se aspiran con una aguja, el quiste desaparece conforme se va extrayendo el líquido, desapareciendo también el dolor.

La señorita McGinn dice que ella ha tenido muchos quistes que le producían mucho dolor y malestar. «Iba al médico, él aspiraba el líquido, desaparecía el dolor instantáneamente y ahí se acababa todo».

No obstante el médico tiene que examinar cualquier bulto discreto o inusual, recalcan la señorita McGinn y la doctora Love. A pesar de que los fibroadenomas y quistes sean totalmente benignos sólo el médico puede determinar lo que son, bien aspirando el líquido, si se trata de un quiste, o bien mediante biopsia si el bulto es sospechoso.

Cuando duele el pecho

Una mujer describe el dolor de pecho como si «tuviera migraña en el pecho». Otra dice que no puede dormir boca abajo dos semanas antes de tener el período. Pero en el caso de la FQM el dolor puede notarse un mes y desaparecer el siguiente, para volver a aparecer una y otra vez.

«Justo cuando pienso que soy incapaz de aguantar otra vez el dolor y la hinchazón de mama tengo un ciclo prácticamente indoloro» dice Shannon Scott, programadora informática de 29 años. «Para empezar tengo bastante pecho, pero algunos meses, el pecho se me hincha mucho más, y es entonces cuando me duele más.»

Pero esto también es normal. «Los síntomas mamarios varían de un mes a otro porque las hormonas varían de un mes a otro» explica la doctora Love. «Sus ovarios no producen la misma cantidad todos los meses. Después de todo no son máquinas. Por lo que no resulta raro que le duela mucho el pecho un mes y no tenga dolor al mes siguiente.» Se puede tener dolor durante seis meses seguidos y luego desaparecer y no volver a tener ningún problema.

Controlar los síntomas del FQM

Puesto que el FQM ni siquiera se clasifica como enfermedad no debe sorprenderle saber que no existe curación. Su médico puede decirle que el dolor, hinchazón, presencia de bultos y la sensibilidad que usted tiene es algo a lo que tendrá que acostumbrarse. O que los síntomas desaparecerán. Pero existen otros cambios en el estilo de vida —principalmente dietéticos— que sí pueden marcar una diferencia.

Intente suprimir el café y otros alimentos que contengan cafeína. Esto incluye el té, colas, chocolate y medicamentos que se venden sin receta.

Aunque la conexión entre la cafeína y el fibroma quístico de mama es algo controvertido, algunos estudios han hallado una disminución en el dolor de las mamas en mujeres que dejan de tomar café. Linda Russell, una enfermera que trabaja en el Departamento de Cirugía de Duke University Medical Center, en Durham, Carolina del Norte, dice que el 61 por 100 de las pacientes de su estudio notaron una «espectacular reducción» del dolor de mama cuando dejaron de tomar café. Si el dolor de mama es intenso, también puede probar a evitar productos que contengan cafeína durante una temporada y ver si se alivia el dolor.

Limitar la ingesta de sodio. Esto ayuda a reducir la hinchazón. No tome más de una cucharadita de sal al día.

Dejar de fumar. Pero no crea que el chicle de nicotina le ayudará, porque la nicotina es el irritante sospechoso.

Ingerir una dieta baja en grasas. Algunos estudios preliminares muestran que las dietas pobres en grasa pueden reducir el dolor de mama, y, lo que es más significativo, disminuir el riesgo que usted corre de desarrollar cáncer de mama, dice la doctora Love.

Considerar técnicas para reducir el estrés. Se sabe que las hormonas responden al estrés que tenemos en nuestras vidas, dice la señorita McGinn. Todo lo que se pueda hacer para reducir las tensiones puede colaborar también a disminuir el malestar en el pecho. Esto incluye

«Cuando le dicen a una mujer que tiene fibroma quístico de mama ella no puede evitar pensar también en la posibilidad de cáncer. Desea saber si puede desarrollar cáncer o si aumenta su riesgo de desarrollarlo», dice Kerry McGinn, diplomada en enfermería y experta en fibroma quístico de mama.

Hace muy pocos años, los patólogos (los médicos que examinan microscópicamente el tejido mamario para determinar si es canceroso) tuvieron una conferencia para contestar a esas preguntas de una vez por todas. Tras analizar toda la investigación que pudieron hallar (y era mucha) los patólogos llegaron a la siguiente conclusión: prácticamente en todos los casos, el FQM *no* conduce a la aparición de cáncer o aumenta el riesgo de tenerlo.

«Las células mamarias se multiplican o proliferan, generalmente, para sustituir las células viejas o para preparar el pecho para el embarazo o lactación, pero lo hacen dentro de unos límites claros», explica la señorita McGinn. «De modo que cuando un patólogo habla de cambios "no proliferativos", significa que no existe multiplicación celular más allá de los límites de lo normal.»

De hecho, Susan Love, doctora en medicina en Faulkner Breast Clinic, de Boston, señala que en un estudio de 10.000 biopsias benignas de mama, sólo el 3 por 100 entraban dentro de una categoría que se consideraba que aumentaba moderadamente la posibilidad de que la mujer tuviera cáncer de mama.

la meditación, ejercicio físico y biofeedback, que utiliza sensores electrónicos para detectar cambios en la temperatura corporal y tensión muscular.

Tomar un suplemento multivitamínico y mineral. Debe contener vitamina A, el complejo vitamínico B, vitamina E, yodo y selenio. En todos los ensayos de investigación se ha visto que tienen algún efecto positivo en el dolor y los bultos en las mamas, a pesar de que algunas de las pruebas no son muy concluyentes.

Tener cuidado con los diuréticos. Las denominadas píldoras del agua eliminan el líquido que usted retiene en todas partes menos en el pecho, dice Wende Logan-Young, doctora en medicina y directora del Breast Clinic en Rochester, Nueva York, asesora también en el Roswell Park Cancer Institute en Buffalo. Más aún, los diuréticos en realidad pueden agravar los quistes de mama por poseer un efecto semejante al hormonal, que se combina al de sus propias hormonas. No obstante, algunos ginecólogos siguen prescribiendo diuréticos para la hinchazón y dolor de mamas, dice la doctora Logan-Young.

Tomar analgésicos. La aspirina, acetaminofen e ibuprofen eliminan el dolor independientemente de su localización.

Usar un sujetador que sostenga bien. Las mamas que se mueven libremente añaden dolor al malestar existente.

Como último recurso, usar medicamentos prescritos. Danazol, un fármaco que actúa al interferir con la producción de hormonas de los ovarios, debe reservarse para aquellas pocas mujeres realmente afectadas por sus síntomas mamarios, dice la doctora Love. Danazol puede producir graves efectos secundarios como saltarse ciclos menstruales (pudiendo producir pérdida de masa ósea), acné, piel grasa, aparición de vello facial, retención de líquidos y aumento de peso.

Eso es *algo* de ayuda. Pero, ¿habrá alguna vez alguna «curación»? «Al final», dice la doctora Love, «seremos capaces de inventar algo tan específico para el dolor del pecho como algunos de los fármacos antiinflamatorios que existen para el dolor menstrual, y las mujeres ya no tendrán que padecerlo».

Véase también Cáncer.

GINECÓLOGOS

Amy Glass dice que no puede recordar su primera cita, el día que se licenció o la mitad de los hombres con los que salió antes de casarse. «Pero sí puedo recordar la primera vez que fui al ginecólogo, como si fuera ayer» dice esta profesora de colegio de 41 años de edad.

Tenía 19 años, desde hacía poco tiempo mantenía relaciones sexuales con el hombre con el que acabaría casándose, y deseaba tomar la píldora.

«Yo era ese tipo de personas que ni siquiera se desnuda delante de una hermana o de la mejor amiga» recuerda ella. «Mientras estaba ahí tumbada, con las piernas en alto, notaba cómo me iba poniendo roja y me latía el corazón. Quería llorar de turbación cuando el médico me dijo que separase las rodillas. Yo las separé entre 5 y 10 cm y él tuvo que separármelas a la fuerza. Para él sólo era algo rutinario. No tenía ni idea de la pesadilla que era para mí».

Veinte años y tres niños después, Amy sigue temiendo su visita anual al ginecólogo. Y no es la única. Incluso las mujeres que son ginecólogas odian hacerlo.

Un sufrimiento anual

Desnuda y tumbada boca arriba, con las piernas bien en alto y separadas y *sin* estar cara a cara con el médico —que es prácticamente un extraño y con toda probabilidad hombre— puede resultar una experiencia humillante, incluso si existe la mejor relación médico/paciente.

Las mujeres me dicen: «Le quiero mucho, doctora Thornton, pero no soporto tener que estar en esta posición, así que por favor dese prisa» dice Yvonne S. Thornton, doctora en medicina y profesora adjunta de obstetricia y ginecología en Cornell University College, en la ciudad de Nueva York. «Y eso también va por mí, ya que también tengo que pasarlo una vez al año. Con toda probabilidad es el principal motivo por el que las mujeres no se hacen un examen ginecológico anual, a pesar de que tendrían que hacerlo».

Y aunque nadie admitirá nunca que le resulta agradable acudir anualmente a la cita ginecológica, un médico adecuado puede en realidad hacer que resulte lo más agradable posible, dice la doctora Thornton. Un médico atento, por ejemplo, hablará con usted durante largo tiempo antes de proceder a la exploración física. «Deseo conocer las características psicológicas de mi paciente» dice la doctora Thornton. «¿Parece estar muy nerviosa? ¿Llora con facilidad? ¿Ha tenido alguna experiencia ginecológica previa desagradable? ¿Es virgen? ¿Tiene hijos? No hay que meter prisa a la paciente. En mi opinión hay que dedicarle el tiempo que sea necesario».

El médico adecuado también hará que resulte lo más agradable posible. La doctora Thornton tiene estribos forrados (en realidad de piel sintética y lavable), bolas y conchas colgadas del techo justo encima de cada camilla de exploración y cómodas batas de tela. No de papel.

Cheryl Hogan dice que tiene una ginecóloga tan maravillosa que le gustaría haberla conocido hace veinte años. «Ni siquiera me pongo nerviosa», dice esta ama de casa de 39 años. «Mi médico me hace muchas preguntas acerca de *mi persona* y de cómo me va en la vida, y no sólo acerca de mis síntomas y partes del cuerpo. Sabe cuál es mi trabajo y sabe todo acerca de mi marido e hija. Luego, durante la exploración, me dice exactamente lo que está haciendo y por qué. Siempre tiene tiempo para responder a todas mis preguntas y ¡eso que llevo una lista escrita!».

Cheryl admite haber tenido una experiencia inicial similar a la de

Amy Glass. «Escogí decididamente a una mujer porque pensé que hallaría una cierta empatía. ¡Por el contrario, era un general nazi! Era brusca conmigo y ladraba órdenes como, "¡debe relajarse!". Yo tenía 21 años, era virgen y estaba aterrorizada. *Odiaba* tener que volver a verla».

Desprovisto de personalidad

La doctora Thornton puede sonreír ante la descripción que Cheryl hace de su primera médica, ya que encaja típicamente dentro de la categoría de obstetras/ginecólogas descritas por ella. Ella les llama mujeres-insensibles. Y son el peor tipo que puede existir.

«Este tipo de mujer sargento de instrucción resulta muy desilusionante porque la mujer acude con la esperanza de que sea *más* compasiva, no menos», dice la doctora Thornton. «A pesar de todo, ahí está tan bruta y brusca como cualquier hombre. Te sientes traicionada por tu propio sexo».

En el libro escrito por la doctora Thornton, el segundo grupo peor es el tipo hombre-insensible. «Para él, usted sólo es un espécimen patológico sobre el que poner en práctica su destreza» explica ella. «Él hace el examen, le dice si está sana o enferma, le dice que se vista, le dice adiós, cierra la puerta, y sale».

Una mujer, que había estado yendo al mismo ginecólogo durante diez años, dijo que él la miró sin reconocerla, una noche durante un acto social, pero saludó efusivamente a su marido, a quien conocía de un club deportivo. «No tenía ni idea de quién era yo» dice ella.

Otra mujer dice que su ginecólogo silbaba mientras trabajaba, y luego dijo, basándose en su examen, que con toda probabilidad nunca podría tener un hijo. «Yo tenía 24 años por aquel entonces y me sentía destrozada por lo que me acababa de decir», dice ella. «Le odié aún más cuando averigüé más tarde, por otro médico, que estaba equivocado».

Buscar al médico correcto

El mejor médico que se puede tener es uno que sea compasivo y no importa si es hombre o mujer, dice la doctora Thornton. Pero, admite, el tipo de médico mujer, compasiva, es probablemente el mejor de todos.

«El obstetra/ginecólogo, hombre, realmente amable será más consciente y escuchará e intentará comprender y solucionar sus problemas. No dirá que los síntomas son todos psicológicos», dice la doctora Thornton. «Sin embargo, la médico mujer, compasiva, resulta la mejor,

Lo ideal es que la mujer se someta a su primera exploración pélvica aproximadamente a los 18 años o cuando inicie su actividad sexual.

Después de eso, muchos médicos, incluida Yvonne S. Thornton, doctora en medicina de la Cornell University Medical College, recomiendan una cada año.

Pero la atención preventiva no es el único motivo por el cual debe ir al ginecólogo. La visita al médico está indicada también en los siguientes síntomas del aparato reproductor:

- Si no ha tenido la menstruación cumplidos los 16 años.
- Si su madre tomó el fármaco actualmente prohibido dietilestilbestrol (DES), usado anteriormente para que los embarazos con problemas llegasen a buen término. Se ha comprobado que las hijas de madres que tomaron DES corren mayor riesgo de tener cáncer de útero y cérvix.
- Si usted ha sufrido intenso dolor menstrual.
- Si tiene abundantes menstruaciones o dura más de diez días o si tiene otro tipo de hemorragia vaginal.
- Si nota algún tipo de escozor, picor o exudado inusual.
- Si ha tenido coitos dolorosos, sobre todo si presenta escalofríos y fiebre.
- Si usted es sexualmente activo y se ha saltado una menstruación.
- Si se ha saltado tres o más menstruaciones y no está manteniendo relaciones sexuales.
- Si nota escozor al orinar.

porque posee todas esas cualidades, y además ella misma sabe lo que es un parto vaginal, menstruación, infecciones, exploraciones pélvicas y mamogramas. Tiene una intuición especial para los sentimientos que no están escritos en los libros, ese tipo de cuestiones ocultas que unen a todas las mujeres en una especie de hermandad. Ella *sabe,* por ejemplo, lo que se siente cuando averiguas que tienes herpes, o cuando las menstruaciones abundantes y dolorosas arruinan la mitad de cada mes».

De hecho, es más importante investigar el tipo de persona que es el médico que examinar los títulos acumulados en la pared. Todos los ginecólogos, independientemente de dónde estudiaron, tienen una misma formación, dice la doctora Thornton. Por lo que, médicamente hablando, usted puede estar bastante segura de la atención médica que recibirá. «Pero el modo de proporcionar dichos cuidados es otra cosa», dice ella. «El grado de sensibilidad que muestra hacia sus sentimientos puede variar de un médico a otro. ¿Su ginecólogo usa un especulo más pequeño para vaginas más pequeñas? ¿Intenta hacer la exploración vaginal con un dedo (en vez de con dos) en una mujer joven cuya vagina es tan estrecha que no cabe un lápiz?»

Si usted está sana, el examen anual *no debe* ser doloroso. «Tanto usted como su médico tienen que idear un plan para que usted esté relajada. Cuanto más tensa esté usted, más duros estarán sus músculos y acabarán luchando entre sí. Cuando la paciente se pone tensa, yo le digo que sujete la mano de la enfermera, haga respiraciones profundas, intente relajar todo lo que pueda la tripa. Cuando se haya relajado, entonces prosigo con la exploración».

Un vistazo, una palpación y un Papanicolau

Obviamente el propósito del examen ginecológico no es sólo medir su cociente de turbación. Es la mejor medicina preventiva que se puede tener, y a veces la única atención médica rutinaria que se tiene. A menudo el ginecólogo de la mujer actúa también como médico de atención primaria.

«Cuando realizo una exploración física lo hago de la cabeza a los pies, porque sé que probablemente soy el único médico que ve a la paciente» dice la doctora Thornton.

Además de un examen pélvico y de mama, importantes ambos, el médico que tenga interés comprobará también el estado cardíaco y de la tiroides. La exploración pélvica debe incluir, además, una muestra para hacer un Papanicolau. Se trata de un procedimiento indoloro en donde se cogen muestras de la pared del cuello del útero para descartar la existencia de cáncer. El cáncer cervical es uno de los tipos de cáncer que producen menos muertes entre las mujeres.

La tinción de Papanicolau, sin embargo, conlleva entre el 15 y el 30 por 100 de posibilidad de falso negativo. Esto es, los resultados pueden indicar que el cérvix está normal cuando, de hecho, no lo está. Por ello, la doctora Thornton y la mayoría de los demás especialistas recomiendan una exploración pélvica y una tinción de Papanicolau anual, para estar seguros.

Si usted pretende ponerse en manos de un sólo médico, no tiene que ser, necesariamente un ginecólogo, dice Lila A. Wallis, doctora en medicina, catedrática clínica de medicina en Cornell University Medical College, en la ciudad de Nueva York, y anterior presidenta de la American Medical Women's Association. «Hay muchos internistas que pueden y hacen un buen trabajo, están preparados para hacer técnicas ginecológicas, y poseen más aptitudes psicosociales que los ginecólogos» dice ella. «Existen también muchas mujeres médicos que se interesan y conocen bien el aparato reproductor así como otros sistemas. Si la mujer lo prefiere, no tiene que ir de un médico a otro».

Véase también Atención médica.

HERMANAS

Ustedes han compartido a los padres, los genes, la historia, a veces la habitación y la ropa. Han sido amigas y rivales, conspiradoras y enemigas mortales. Hay veces que se sienten tan unidas como gemelas siamesas, o tan distantes como desconocidas. Son capaces de provocar una a la otra un amor muy profundo y el peor sentimiento de odio.

Si usted tiene hermanas, se encuentra dentro de una de las relaciones más complejas que se conoce en los seres humanos.

Se trata de «no puedo soportarte», «te detesto», «te quiero», «eres parte de mí», dice Adele Faber, coautora junto con Elaine Mazlish de *Siblings without Rivalry* (Hermanas sin rivalidad) y *Between Brothers and Sisters* (Entre hermanos y hermanas). «Puede ser una relación volátil y ambivalente.»

En los estudios que ha llevado a cabo sobre relaciones entre hermanas adultas, la investigadora de la Universidad de Indianápolis, Victoria Hilkevitch Bedford, doctora en filosofía, halló que para la mayoría de las personas, la relación de hermanos está llena de expectación, obligación y conflicto. Los hermanos de todas las edades y con todo tipo de relaciones opinan que siempre pueden contar unos con otros aunque rara vez están dispuestos a ayudarse. Las hermanas, en especial, ven las distancias y los roces en su relación como algo temporal. «Cuando se separan», dice ella, «esperan volver a conectar más tarde, y lo hacen».

Crear conflictos

A pesar de todo, la doctora Bedford, que estudia a hermanos del mismo sexo, halló que las hermanas son más propensas a tener conflictos que los hermanos, porque durante toda su vida mantienen una relación más emocional entre sí. «La intimidad alimenta el conflicto» dice ella.

Con raras excepciones, el hecho de tener hermanos, no sólo hermanas, parece dar lugar a conflictos. «Las personas se ven afectadas por las relaciones que tienen con sus hermanos» dice Faber, quien dirige talleres de rivalidades entre hermanos para padres. «Los hermanos son capaces de hacer mucho daño; "yo era la hermana fea y ella la guapa, yo era la tonta y ella, la lista". Hace mucho daño. A menudo nos definimos en relación con nuestros hermanos».

Y estas primeras impresiones tienden a perdurar; en la edad adulta seguimos influidos por ello y por la rivalidad de nuestra infancia. «En los talleres que yo hago» dice Faber, «digo a todas las personas que cierren los ojos y les pregunto "¿cuántos de ustedes siguen teniendo vestigios de rivalidades entre hermanos?". Sus manos van subiendo lentamente. Luego les digo que abran los ojos y miren a su alrededor. Por un instante dejan de respirar. Hay tantas manos alzadas, tantas personas que admiten este secreto que incluso con los ojos cerrados dudaron en admitir».

El tiempo crea nuevas heridas

Los hermanos que durante niños lucharon por sentarse en el asiento de delante y por ser el preferido de mamá, en la edad adulta luchan por ver quien gana más dinero, cuáles hijos son más listos y quién se va a ocupar de mamá. En los estudios de la doctora Bedford, ella comprobó que las hermanas tendían a verse implicadas en conflictos por la herencia.

Las hermanas sobrepasan límites que nadie más se atreve a cruzar. Usted resucitará los momentos más violentos de la vida de cada una en los momentos más inapropiados. Se recordarán entre sí quién solía ser (un «pelmazo», «un cerdo», «un egoísta») mientras es incapaz de reconocer en quién se ha convertido. Piensan que tienen derecho a analizar y criticar cualquier aspecto de la vida del otro.

«Mi hermana es increíblemente indiscreta» dice Karen Spaulding, de 48 años, hablando de su hermana de 54 años de edad, «Con los años he aprendido a no tomarlo como algo personal. En una ocasión fui a hacerle una visita a su casa usando sandalias. Ella dijo, "¿qué son esas sandalias ortopédicas de vieja que llevas?". Yo me eché a reír. Yo pienso que ella se viste con ropa de señora mayor, pero nunca se me ocurre decírselo. Pero cuando éramos más jóvenes ese tipo de cosas me hacían llorar.»

Aunque hay algunos indicios científicos de que las relaciones entre hermanas mejoran con el paso de los años, a veces incluso el tiempo y la realidad no pueden modificar impresiones que se tienen desde hace mucho tiempo. La doctora Bedford recuerda precipitarse a casa de una mujer que participaba en su estudio, para conocer finalmente a la hermana de ésta, a quien había descrito vívidamente como la belleza de la familia. «No lo era en absoluto, excepto a los ojos de su hermana» dice la doctora Bedford. «Para mí, la mujer de mi estudio era la hermana guapa. Tenía un brillo en la mirada, resultaba interesante, poseía talentos secretos y veía la vida con mucha alegría. Su hermana era una mujer oficialmente guapa pero carente de interés y torpe.»

Las raíces de la rivalidad

No resulta difícil averiguar las raíces de la rivalidad entre hermanas. «Todo se remonta al principio, teniendo que compartir el amor de papá y mamá» dice Faber. «La última vez que hice un estudio en serio, observé una madre con un bebé de unos 6 ó 7 meses de edad y un niño de 3 años, quien obviamente seguía necesitando la atención de su madre. La madre estaba completamente absorbida por el bebé, le cantaba canciones, le hacía reír. Era una monada ver el tipo de amor que había entre ellos. ¡Pero, qué cara tenía el niño de 3 años!, era como si dijese: "¿Cómo puedes hacer esto? ¡Tú eres *mi* madre!".»

Incluso si los padres están pendientes de sus sentimientos y se esfuerzan por tratar a todos los miembros de la familia por igual, los hermanos pueden seguir considerándose rivales. Para un niño, escribe Faber, el hermano «roba el tiempo... canciones, historias y sonrisas que van dirigidas a él».

«No hace falta tener padres para fomentarlo» dice Faber. «De hecho, yo sostengo una teoría personal de que las personas se casan porque el voto de abandonarás a lo demás, significa que serás mío. Eso es lo que he querido toda mi vida, ¡un ser humano que sea sólo mío!

Pero no es sólo la rivalidad inicial y las cicatrices que tenemos de la infancia lo que se interpone entre nosotros y la amistad con un hermano. A pesar del hecho de que los hermanos comparten la mitad de los genes, es muy posible que no nos parezcamos más que dos desconocidos por la calle, dicen los investigadores Judy Dunn y Robert Plomin en su libro *Separate Lives: Why Siblings Are So Different* (Vidas separadas: ¿Por qué los hermanos son tan distintos?). Aunque es posible que compartamos una relación genética, podemos ser personas totalmente diferentes, con una vida aparentemente común pero muy distinta, viéndola a través de las diversas personalidades. Si se le pide a unos hermanos que narren su misma infancia, es muy probable que cuenten historias muy distintas.

Faber cuenta una historia de ella misma cuando tenía 10 años y esperaba con ansiedad a que regresase su hermano mayor de trabajar en la ciudad. Cuando llegó, él le pidió que diesen un paseo después de cenar. «Eso era lo que yo esperaba —él quería hablar conmigo» recuerda Faber. Pero cuando hubieron andado varios metros de la casa, su hermano le dio una moneda y le pidió que le hiciese de coartada. Tenía una cita con una chica. «Me quedé destrozada. Fue el primer rechazo que tuve con un chico» dice ella. Cuando, ya de adulta, sacó a colación el incidente, su hermano casi no se acordaba. «Es muy típico entre hermanos» dice ella. «Lo que para uno es muy doloroso el otro casi no lo recuerda».

La fuerza de la gravedad

A pesar de todo, independientemente de lo distanciados que estemos, psicológica o físicamente, la relación entre hermanos puede ser muy fuerte. Es posible que estemos unidos para siempre por una especie de gravedad emocional.

«Yo soy tan distinta de mi hermano y hermana» dice Faber. «Mi hermana es una persona pragmática, buena con los números. Mi hermano es un hombre de negocios. Yo soy más emocional. Pudiera parecer que no hay una gran conexión entre nosotros. Con todo, un domingo decidimos ir a ver a nuestro padre que está en una residencia. Mis hermanos vinieron a buscarme. Estaba a punto de sentarme en el asiento trasero cuando dijeron, «No, siéntate delante con nosotros». Cuando pasé delante, me sentí tan cómoda, tan inundada de la sensación tan bonita que era, lo primitivamente *familiar* que resultaba estar sentada en el coche entre mi hermano y mi hermana. Había algo físico en ello. Era como si mis células genéticas estuvieran diciendo, «Oh, felicidad, felicidad, la familia ha vuelto a unirse».

En su investigación, la doctora Bedford descubrió una serie de hechos que parecían ayudar a encubrir algunas relaciones fraternales que no iban bien. La vejez, dice ella, es «algo en pro de la igualdad de derechos. Conforme vamos envejeciendo valoramos más la familia y nos sentimos más obligados a mantener el contacto». «Vas perdiendo a los vecinos de modo que empiezas a depender de la hermana. Te pasas las horas colgada al teléfono hablando con ella».

Aunque puede tener el efecto contrario, la muerte de los padres puede unir más a los hermanos, sobre todo si hace que mantengan más el contacto, dice la doctora Bedford. «Las personas se quieren más cuanto más se relacionan. Circunstancias tales como la muerte de los padres, que da más motivos de contacto, ayudaron a algunas de las personas de mi grupo de investigación. Mejoraron los aspectos emocionales de su relación. A menudo desaparecían los aspectos negativos de su relación, y la relación les ayudaba a tener más contacto con el presente».

Por supuesto, dice ella, el contacto estrecho puede resucitar viejas heridas. «El niño que usted era puede estar oculto esperando a sabotearle» dice ella.

Si el tiempo no ha curado esas viejas heridas, dice Faber, usted tiene dos elecciones. Puede enterrarlas, por el bien de su relación, o hablar de ello con sus hermanos.

«Algunos hermanos tienen que mantener esa larga y dolorosa charla» dice Faber. «Nunca te odié. Tenía envidia. Pensé que tú me odiabas, por eso hice lo que hice». «Usted ríe, llora y de repente empieza una nueva relación.»

HISTERECTOMÍA

C ada año 650.000 mujeres se someten a una histerectomía, intervención quirúrgica importante donde se extirpa el útero y se pone fin a los años de fertilidad de la mujer. De hecho, es una operación tan frecuente en los EE.UU. que las cifras muestran que una de cada tres mujeres se someterá a la intervención para cuando cumpla los 60 años, según el National Center for Health Statistics.

Es asimismo una operación que se encuentra en un semillero de controversias. Los médicos y demás profesionales sanitarios relacionados dicen que es posible que hasta un 90 por 100 de todas las histerectomías no sean necesarias. Es una cuestión basada en el hecho de que la histerectomía es la segunda cirugía mayor más común que se realiza en los EE.UU. —siendo hasta cinco veces mayor que en otros países desarrollados como Francia, Dinamarca, Suecia, Noruega y el Reino Unido. La diferencia entre los EE.UU. y los demás países es tan importante, de hecho, que una broma que circula entre los médicos es: «¿Cómo se llama a una mujer de San Diego que sigue conservando su útero?» Respuesta: «Una turista.»

La cuna de la controversia

¿Hay algo respecto al útero de las americanas que lo hace más propenso a su extirpación que una matriz procedente de Francia?

No, dice Ruth Schwartz, doctora en medicina y catedrática clínica de obstetricia y ginecología en la University of Rochester School of Medicine and Dentistry en Nueva York. La histerectomía está especialmente indicada sólo en complicaciones debidas a partos, hemorragia incontrolada en donde otros tratamientos hayan resultado infructuosos, cáncer y alteraciones precancerosas en el útero.

Por desgracia, éstos no son los principales motivos de la realización de histerectomías en los EE.UU. Las cifras ofrecidas por el National Center for Health Statistics muestran que el 30 por 100 de todas las histerectomías se realizan para extirpar fibromas, que normalmente son tumores benignos culpables a menudo de dolor o de menstruaciones excesivamente abundantes. El 20 por 100 se realizan por una serie de motivos varios, como incontinencia urinaria o «trastornos menstruales» (término general que engloba toda cuestión ginecológica que pueda incluir hemorragia incontrolada pero que cubre también prácticamente todo).

Aproximadamente un 20 por 100 se realizan para mitigar la endometriosis, estado en el que existe un crecimiento fuera del útero de parte de su capa interior. El prolapso de útero representa el 16 por 100 y el cáncer (principal indicación para la histerectomía) sólo representa un 10 por 100.

Estas cifras indican que el 75 por 100 de las histerectomías se realizan por motivos no peligrosos para la vida, y que es posible que entre el 80 por 100 y el 90 por 100 no sean para nada necesarias. Pero estos porcentajes se basan en suposiciones procedentes de una única fuente, ya que no todos los médicos coinciden en decir cuál es motivo suficiente para la extirpación del útero, dice el American College of Obstetricians y Gynecologists.

Piense usted misma

La doctora Schwartz reconoce la diferencia de opiniones que existe entre los facultativos. En parte, explica ella, se debe a la formación que se imparte en distintas universidades americanas de medicina. Los médicos procedentes de algunas facultades son muy conservadores y enseñarán a sus estudiantes a hacer juicios médicos que ayuden a las mujeres a conservar su útero a no ser que ponga en peligro su vida. Los médicos de otras facultades son menos conservadores y enseñarán a sus estudiantes a enjuiciar a aquel útero que presente problemas.

El resultado es una opinión médica diferente que varía de una región a otra por todo el país, diferencia que puede explicar, por ejemplo, por qué las mujeres del sur se someten a más del doble de histerectomías que sus primas yanquis.

¿Cuál es su mejor defensa contra una histerectomía innecesaria? Información, y una segunda opción, dice Nora W. Coffey, presidenta de Hysterectomy Educational Resources and Services, una organización docente en Bala Cynwyd, Pennsylvania. Las organizaciones docentes pueden aportar información relativa a la intervención, sus opciones, y proporcionarle alguien con quien hablar, que haya pasado por la experiencia de la operación.

«A menudo las mujeres piensan que la histerectomía es algún tipo de rito de iniciación, algo que sucederá en sus vidas» añade Coffey. «A sus madres se lo hicieron, a sus hermanas, abuelas y tías también, de modo que ¿por qué no se lo van a hacer a ellas?»

Pero la mayoría de las veces no es necesario. «De las mujeres a las que remitimos a especialistas en busca de una segunda opción, el 98 por 100 no necesitaba la histerectomía» dice Coffey.

Cuando también se extirpan los ovarios

Casi el 50 por 100 de las histerectomías que se realizan incluyen también la extirpación de los ovarios, procedimiento que Carol Ann Burton, doctora en medicina, denomina castración.

«Esto equivale a la extirpación de los testículos en el hombre» dice la doctora Burton, profesora auxiliar clínica de obstetricia y ginecología en la University of Southern California School of Medicine, en Los Ángeles. «Los ovarios son el órgano principal productor de hormonas sexuales que hay en el cuerpo. Cuando se extirpan los ovarios produce una menopausia instantánea e intensa, con todos sus síntomas típicos». Aunque la terapia de reposición de estrógeno colabora normalmente en la adaptación del organismo, sigue sin ser tan bueno como poder producir tus propias hormonas.

«Incluso los ovarios "viejos" son importantes productores de hormonas sexuales» según Winnifred B. Cutler, doctora en filosofía y autora de *Hysterectomy: Before and After* (Histerectomía: Antes y después). «En cualquier edad, su pérdida provoca una importante carencia corporal. Se debe intentar conservar los ovarios, independientemente de la edad que se tenga.» Conservarlos, dice ella, no aumenta su riesgo de cáncer de ovario, como se pensaba anteriormente. El cáncer de ovario en sí es raro.

Problemas postoperatorios

Aunque la mayoría de los médicos dicen que las mujeres que se operan rara vez tienen problemas postoperatorios, los estudios muestran que la histerectomía está más asociada, frecuentemente, a depresión que otras operaciones consideradas de cirugía mayor. Otra investigación, además, sugiere que esta operación —incluso sin la extirpación de ovarios— puede aumentar el riesgo de cardiopatía, insuficiencia ovárica temprana, pérdida de masa ósea y disfunción sexual. A la inversa otros investigadores indican, a pesar de todo, que las mujeres sometidas a histerectomía viven más años que las que no. Por desgracia, la investigación en esta área sigue siendo incoherente y poco convincente. Pero sí provoca algunos problemas graves.

Coffey afirma que ella ha asesorado a miles de mujeres que presentan depresión poshisterectomía, así como una amplia variedad de problemas a largo plazo, como pérdida del impulso sexual, dolor articular, insomnio, aumento de peso, problemas urinarios y fatiga. «Los médicos le dirán que todo es psicológico, o que usted es el único caso que conocen con esas quejas», dice ella. Y sencillamente no es verdad.

«Existen algunos informes que indican que la histerectomía afecta espectacularmente al deseo y a la función sexual» coincide en decir la doctora Schwartz. «Pero en el estudio que yo he realizado, personalmente, de pacientes durante 35 años de profesión, la histerectomía parece influir en la vida de aquellas mujeres que tuvieron problemas sexuales antes de la operación.»

Para reducir la posibilidad de dicho impacto, dice la doctora Schwartz, ella siempre comenta con cada paciente la importancia que el útero tiene para ellas, y qué importancia tiene para su marido, ya que su opinión puede influir en sus sentimientos.

La cara positiva de la operación

Por supuesto que, para algunas mujeres, la operación no es sólo el único recurso que les queda, sino que tiene también un final feliz. Para Barbara Paulson la histerectomía le supuso vivir una nueva vida.

Barbara, secretaria legal de 34 años de edad y madre de tres niñas, tenía problemas con su período desde su inicio a los 13 años.

«El dolor y la hemorragia eran tan intensos que tenía que tumbarme y dejar de ir al colegio» dice Barbara. Además, la menstruación parecía no tener fin. «Para cuando cumplí los 25 años, yo sangraba tres de cada cuatro semanas.»

El médico de Barbara intentó mitigar su hemorragia realizándole un legrado (intervención quirúrgica frecuente en donde se dilata el cérvix y se raspa la capa interna del útero) en tres ocasiones diferentes.

«Me servía durante un mes o dos» dice ella, «pero luego volvía a sangrar a chorros. Terminé tan cansada de tener que levantarme por las noches totalmente empapada de sangre que finalmente empecé a dormir sobre toallas. Al final el médico me dijo, "Barbara te has pasado la mitad de tu vida sangrando, cuando te parezca oportuno te hago la histerectomía".»

Barbara dice que pensó en la histerectomía durante un tiempo antes de decidirse a hacérsela. Pero admite que le preocupaban dos cosas: la posibilidad de tener una crisis nerviosa y engordar mucho. «Eso era lo que yo había oído que podía pasar» dice Barbara.

No sólo no pasó nada de eso sino que Barbara dice que su vida sexual mejoró después de la operación, respuesta confirmada por otras mujeres. «Puesto que no sangraba todo el tiempo, y no existía la amenaza de un embarazo, simplemente nos dedicamos a disfrutar de un placer absoluto» dice ella.

«Yo estaba un poco asustada la primera vez que hicimos el amor después de la operación. Pensaba que a lo mejor destruía algo de dentro. Pero mi respuesta sexual fue exactamente la misma. Y mi marido dijo que él tampoco había notado nada.»

Joan Cantrell, una dependienta de 49 años y madre de dos hijos ya mayores dice que ella también tenía miedo de que hubiese problemas con la respuesta sexual después de la histerectomía. «Pocas semanas después de la operación yo pregunté a mi médico si podría tener un orgasmo», recuerda ella. «Aunque él dijo que sí podría yo no estaba convencida hasta que pasó. Sin embargo, debo admitir que el coito no es igual que antes. De todos modos no me puedo quejar» dice Joan. «El sexo me sigue pareciendo estupendo —sólo un poco diferente». No obstante, los médicos advierten que ésta no será la experiencia de todas las mujeres. Algunas mujeres se han quejado a sus médicos de que no pueden alcanzar el orgasmo o de que la sensación ya no es lo que era.

¿Qué salida hay?

Las sensaciones que se tienen después de una histerectomía dependen también del tipo de histerectomía que se realice: la intervención tradicional en donde se extirpa el útero mediante una incisión en el abdomen o el procedimiento mediante el cual la extirpación se realiza por vagina.

La extirpación del útero a través de vagina es el procedimiento de elección, dice la doctora Burton, ya que esta intervención permite una recuperación más rápida sin dejar ningún tipo de cicatriz.

Si la histerectomía no es la respuesta a su problema, ¿entonces qué alternativa hay?

Depende de cada caso, explica Ruth Schwartz, doctora en medicina y catedrática en la University of Rochester School of Medicine and Dentistry en Nueva York. No existe realmente alternativa para la histerectomía. pero sí hay opciones a analizar para casos tales como fibromas, prolapsos uterinos y demás problemas de salud femeninos que a menudo acaban en histerectomía pero sin ser necesario.

Para analizar las opciones distintas a la histerectomía usted necesitará el mejor médico que pueda encontrar. Busque un médico acreditado por la American Board of Obstetrics and Gynecology o un internista acreditado por la American Board of Internal Medicine especializado en endocrinología (preferentemente uno que esté contratado en un hospital docente o centro médico importante).

Cuando dude acerca del diagnóstico o recomendación, no dude en buscar una segunda opinión o una segunda prueba diagnóstica. Su mejor defensa contra una histerectomía innecesaria es obtener información antes de quedar con el médico. Lea libros, busque personas que se hayan operado (o hayan optado por una alternativa), póngase en contacto con grupos de apoyo, busque bibliografía médica. Luego, enséñesela a su médico, dice Nora W. Coffey, presidenta de Hysterectomy Educational Resources and Services en Bala Cynwyd, Pennsylvania. «Ése es el modo de conseguir la cooperación del médico y no su hostilidad.»

También le anima la doctora a llevar el control a la hora de tomar decisiones. Obtenga información exhaustiva acerca de su afección, las opciones que existen y los riesgos y peligros derivados de dichas opciones.

«Es como recuperarse de un parto vaginal» explica ella. La mujer permanece en el hospital unos tres días y logrará recuperar toda su actividad en unas tres a cuatro semanas. Con la cirugía abdominal la estancia en el hospital es aproximadamente de cinco días y la recuperación total tarda unas seis semanas.

Sin embargo, no todas las mujeres son candidatas a la histerectomía vaginal. La mujer que nunca haya tenido un parto vaginal, por ejemplo, o la que tenga un útero demasiado grande, no es candidata, dice la doctora Burton. Tampoco lo es alguien con una extensa endometriosis o cáncer de endometrio u ovario.

Se debe esperar tener un cierto dolor postoperatorio independientemente de la intervención realizada, dice la doctora Burton. Barbara Paulson dice que después de su histerectomía abdominal sintió «más dolor del que nunca había imaginado. Pienso que yo creí que iba a ser algo parecido a un legrado. Pero cuando me desperté, yo gritaba: "Duele, duele, duele", dice ella, asombrada ahora de lo ingenua que había sido. El médico me dijo: «Por supuesto que le duele; le acabo de hacer un corte. ¿Qué piensa que iba a pasar?»

De todos modos, Barbara pudo volver a trabajar después de seis semanas sintiéndose totalmente recuperada. Joan Cantrell también pasó sus dolores, a pesar de que su intervención fue vaginal. «Recuerdo tomar mucha cantidad de analgésicos, que me ayudaba mucho» dice ella. «Pero me hacía sentirme tan alejada, incluso deprimida. Una vez que dejé las medicinas, salí de mi abatimiento y volví a ser como era antes.»

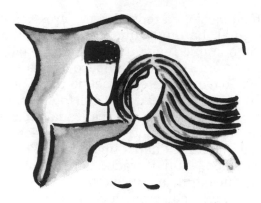

HOMBRES CASADOS

L a otra mujer. Resulta un rótulo provocador que conjura diversas imágenes de amantes en ropa interior, mujeres fatales, mujeres patéticas y solas que esperan al lado de un teléfono que no suena. Son la imagen de películas tristes, protagonistas de las novelas de Jackie Collins y de la música country. Pero su relación con la realidad es sutil.

«La mayoría de las "otras mujeres" son como usted y yo» dice Joanne Bitner, doctora en filosofía y psicoterapeuta de San Diego. La doctora Bitner fue ella misma «la otra mujer», y su vida y sesiones de terapia de grupo para mujeres que mantienen relaciones con hombres casados se convirtieron en tema de una película para la televisión hace varios años.

De hecho, en el futuro, dice una experta, será raro encontrar una mujer que no haya tenido relaciones con un hombre casado.

De acuerdo con una fuente consultada, entre el 15 por 100 y el 20 por 100 de las mujeres

Enamorarse del señor erróneo

solteras mayores de 35 años tendrán una relación con un hombre casado (eso representa prácticamente 11 millones de mujeres que tienen relación con hombres casados).

Aunque estas cifras pueden incluir a algunas mujeres «mantenidas», las relaciones puramente sexuales y mujeres con vena destructiva que les hace especializarse en atrapar al marido de otra, no son la norma.

En realidad la norma es mucho más normal de lo que la mayoría de las personas creen. La doctora Bitner dice que «estas mujeres, en muchos casos, son mujeres que conocen y tienen una amistad duradera que acaba en amor, igual que pasa con otras relaciones».

Una chica tan agradable como tú...

A veces, dice ella, el amor aparece así a pesar de estar casado y de las cuestiones morales. Como han podido descubrir demasiadas mujeres, a veces el hombre de sus sueños ya está cogido, pero la fuerza de la atracción ensombrece las viejas limitaciones que impiden una relación. «Su impulso de enamorada a veces es más poderoso que ese tabú» dice la doctora Bitner. «Y ese impulso, como el tabú, desaparecen para siempre.»

Existen otros motivos, muy pragmáticos, por los que estas relaciones «simplemente suceden». En su libro *The New Other Woman* (La otra mujer nueva), Laurel Richardson, doctora en filosofía y catedrática de sociología en Ohio State University, señala que los datos demográficos actuales, así como las tendencias y realidades culturales ayudan a que existan relaciones ilícitas. Estadísticamente, y por una serie de motivos, la cifra de hombres solteros ha disminuido muchísimo, creando, según la doctora Richardson «una sorprendente escasez de hombres para las solteras mayores de 27 años». Al mismo tiempo, dice ella, la sociedad sigue pidiendo mujeres que desean que se las considere «normales» para que formen parte de una pareja heterosexual. «Dadas las limitaciones demográficas» escribe ella, «muchas mujeres solteras que aceptan ser una pareja heterosexual tendrán que optar por modos socialmente no aprobados para lograrlo».

Por motivos prácticos, dos grupos de mujeres en concreto, dice la doctora Richardson, son más propensas a buscar «una relación heterosexual» en los brazos de un hombre casado: las mujeres mayores, para quienes «los buenos» es muy probable que estén casados (entre las mujeres solteras mayores de 55 años, sexualmente activas, aproximadamente el 45 por 100 mantienen relaciones con hombres casados), y mujeres que están tan ocupadas en ascender profesionalmente que deciden que para lo único que tienen tiempo es para eso.

Agridulce

A pesar de que algunas relaciones amorosas pueden durar toda una vida, estas relaciones son rara vez permanentes. Sólo aproximadamente el 25 por 100 acaban en matrimonio. «La mayoría de las relaciones amorosas duran unos dos años» dice la doctora Bitner. «Existe un proceso por el que hay que pasar. Primero la atracción, luego el período lleno de esperanza en donde piensas que tal vez esta vez va a funcionar, para darte cuenta luego de que no va a ser así, que él no va a dejar a su mujer. Usted se hace la siguiente pregunta, ¿puedo vivir así? La mayoría de las mujeres no pueden, y entonces todo acaba.»

Aunque el aspecto clandestino de la relación puede resultar excitante al principio, después de unos meses de sexo maravilloso, un romance delicioso, un enamoramiento, la mujer puede pensar que su autoestima se está dañando lentamente. De forma gradual, lo que era dulce se hace amargo, lo que era delicioso se convierte en mortificante. Al vivir una vida secreta corre el riesgo de aislarse socialmente, pendiente de un teléfono que «puede que» suene, mintiendo a aquellas personas más próximas a ella, incapaz de compartir su felicidad o tristeza con nadie. Puede llegar a fines de semana y vacaciones horribles en las que no sólo no ve a su amante sino que es totalmente incapaz de dar con él. Es él quien controla su relación, no ella, y puede terminar «psicológicamente desequilibrada» según la doctora Richardson. Renunciar al control de su tiempo —en realidad de su vida— puede dar pie a cólera, resentimiento y depresión.

«Los domingos eran siempre el peor día de todos porque sabía que no podía dar con él de ninguna forma» dice Sherri Chadwick, una periodista de 28 años de edad que mantenía relaciones amorosas con un político local. «A veces me entraba tal pánico —quiero decir, él podía haber *muerto* y yo no me hubiera enterado hasta leer su esquela en el periódico— que daba unos cuantos tragos para calmar mi ánimo. Cuando se convirtió en mi ritual dominical supe que había llegado el momento de romper.»

De vez en cuando no es suficiente

Aunque se resista, en un momento dado la otra mujer tiene que darse cuenta de que la realidad es que es «la otra mujer» en la vida de ese hombre. Siempre hay alguien que está primero. La comprensión de ello, aunque se haga lentamente, puede ser muy dolorosa.

«Casi todo el tiempo yo me sentía fatal» dice Linda Friel, de 32 años, quien finalizó una relación de dos años y medio con un hombre 15 años mayor que ella y casado. «Tardé más de un año en darme cuenta de por qué. El fondo de esta relación era que cada día que él pasaba con su mujer, en su otra vida, suponía un rechazo hacia mí. Yo me limitaba a esperar sentada a que él decidiese cuando, por supuesto, ya lo había hecho. Había escogido a su mujer. Yo estaba al final de todo, detrás de ella, sus hijos, su trabajo y la comunidad. Yo me quedaba con lo que me dejaban los demás. Yo era el secreto que él guardaba con tanta vergüenza. Tenía que enfrentarme al hecho de que me sentía mal porque me rechazaba *de forma diaria*. Ningún tipo de autoestima puede sobrevivir a eso.»

Lo irónico del caso, dice ella, era que piensa que, al igual que la mayoría de las mujeres que están en situaciones similares, desempeñó un papel vital en la salvación de ese matrimonio. «Durante más de dos años *yo* fui quien hizo que soportara su matrimonio.»

¿Pero qué hace llevadera la vida de la otra mujer? Ella se acomoda. Para aquellas mujeres que deciden seguir, ayuda bastante tener una autoestima inusualmente fuerte, dice la doctora Bitner. «Y un buen grupo de amigos. Necesitas tener una vida muy ocupada, muy llena aparte de la relación con él. Necesitas una profesión que te tenga ocupada y que mantenga alta tu autoestima. Usted no le necesita para tener una autoestima alta. Usted se asegura de que tiene algún plan de Navidades, Semana Santa y demás vacaciones. No depende económicamente de él. Tiene una vida propia y él es algo accesorio. Ésta es la única manera de que funcione.»

Cindy Merrill vive a muchos kilómetros de distancia de su amante, a quien ve sólo uno o dos fines de semana al mes. «Como vivimos en ciudades diferentes, yo soy capaz de controlarlo. Si le viese todo el tiempo, caería y me ahogaría» dice ella.

Pero ella no se limita a contar los días que faltan para estar juntos. Además de su éxito profesional, colecciona antigüedades, cría y lleva a exposiciones a sus gatos persas y es profesora de equitación. «Llevo una vida muy ocupada, activa y comprometida; una vida feliz» dice ella. «Lo tengo organizado de tal modo que la relación gira en torno a mi otra vida. Tenía que ser así. Simplemente no podría permitir que me tratasen así de forma regular y seguir estando satisfecha de mí misma.»

Linda Friel también tiene una vida activa, pero encuentra que no es suficiente. «Probablemente yo pasaba más tiempo con mi amante que la mayoría de las mujeres en esta situación. Trabajábamos juntos y él no tenía ningún problema para desaparecer por las noches, fines de semana y vacaciones, incluso si sólo era por una hora. Aunque le quería con toda mi alma —y creo que sigo queriéndole— no era suficiente. Yo quería que fuese sólo mío. Quería un marido e hijos, igual que su mujer. Él no paraba de decir que iba a abandonarla pero, después de dos años y medio, no estaba más dispuesto a hacerlo que cuando le conocí.»

¿Qué puede hacer?

¿Cuál es el motivo de que Cindy siga y de que Linda lo deje? «El hecho de seguir o romper la relación tiene mucho que ver con la vida que se lleve y con cuáles son sus expectativas y promesas, más que con cualquier otra cosa» dice la doctora Bitner. «Si tiene más de 35 o 40 años y ha estado casada, es consciente de que no hay muchas posibilidades de que haya otra persona en su vida. Resulta mucho más fácil decir que se trata de una persona realmente fantástica con la que tener una medio relación, pero es mejor que nada. Si usted es joven, no ha estado nunca casada y desea casarse y tener hijos, la relación resulta menos atractiva y más dura de soportar. Piensa que debe de haber algo mejor ahí fuera para usted.»

Linda además se dio cuenta de que a menudo pensaba en la mujer e hijos de su amante. «Creo que me sentía un poco culpable, a pesar de que sabía que no estaba rompiendo un matrimonio feliz y que sus hijos ya eran adolescentes. Pero de todos modos resulta difícil de llevar.»

Respecto a las esposas, la doctora Bitner dice que en su experiencia las «otras mujeres» racionalizan que ellas «no son las que son infieles y no son para nada responsables» o sienten todo lo contrario «que se ha violado una especie de hermandad».

Salir

Tanto si su amante está casado o soltero, romper resulta difícil. ¿Cómo saber cuándo ha llegado el momento? «Si la relación ha durado más de dos años y usted sigue sin saber por qué está ahí, usted sigue intentando hacer que él cambie y se sigue sintiendo mal, es posible que haya llegado el momento de acabar», dice la doctora Bitner. «Si existe algún tipo de adicción en la relación, debería servirle de señal de alarma. Si usted está vendiendo su alma, su moral o su autoestima por la relación, con toda probabilidad no se trata de nada bueno. Usted rompe cuando se hace demasiado doloroso y desea acabar con ese dolor.»

Un grupo de apoyo le ayudaría. En el grupo de la doctora Bitner, el 90 por 100 de las mujeres dejaron al final a sus amantes (incluida la misma doctora Bitner). «Oyeron la opinión de las demás, se aconsejaron mutuamente y empezaron a ver sus propias relaciones desde otro punto de vista» dice ella.

Pero existen pocos grupos de apoyo para «las otras mujeres». Los buenos amigos pueden ayudar. «Yo tenía dos amigas que también mantenían relaciones amorosas con hombres casados y nos ayudamos mutuamente» dice Linda. «Yo fui la primera en romper, y las otras dos lo hicieron poco después. En cierto modo lo decidimos hablando.»

Sin embargo, lo que más ayuda, dice la doctora Bitner, es enfadarse. «Si consigue almacenar suficiente cólera y resentimiento se puede salir con la inercia» dice ella. «Tiene que tener algo que usar para que su decisión tenga peso. Recuerde lo que sería en caso de seguir. Luego hay que coger la cólera y convertirla en energía, hasta que se tiene tanta cólera que ya no se puede soportar».

Eso fue lo que al final dio a Linda la fuerza para romper con el hombre que ama. «Al final, el dolor de estar con él era más fuerte que el que sentía cuando no estaba a su lado.»

IMAGEN CORPORAL

Cuando se mira al espejo, ¿qué es lo que ve? Si usted es como muchas mujeres, no es lo que se refleja. Más bien, los ojos mentales ven su cuerpo con un punto de vista crítico, como un *collage* complejo, en continuo cambio, de experiencias pasadas y presentes, de elogios olvidados e insultos recordados. De sentirse demasiado gorda, demasiado redonda, demasiado alta o con demasiadas caderas, en un momento en el que los signos de belleza eran la delgadez, líneas rectas, caderas pequeñas o estrechas. De nunca encajar, si eso significa parecerse a las modelos de las revistas o a las actrices de pieles perfectas que descubren sus cuerpos perfectos en las pantallas de cine. De preguntarse a veces quién va a querer a una mujer normal, humana y del montón, como usted, porque no resulta tan deseable como la sociedad y Madison Avenue hacen que usted piense que debería ser.

«De todas las formas que las personas piensan que son, ninguna es tan importante como la imagen de su propio cuerpo», dice April Fallon, doctora en filosofía, profesora adjunta del departamento de psiquiatría de la Universidad de medicina de Pennsylvania, en Filadelfia. «El modo en que vemos nuestros cuerpos es un reflejo de nuestra autoestima. Está sujeto a las mismas distorsiones psicológicas que nuestro sentido del yo, y afectará a su vez al modo que tenemos de vernos.

Las chicas y las mujeres por lo general están menos satisfechas con sus cuerpos, y sobre todo con su peso, que los chicos y los hombres», continúa diciendo la doctora Fallon, quien ha investigado mucho la imagen corporal. «Incluso las chicas más delgadas señalan zonas que ven como demasiado grandes —muslos y caderas, en particular». Estudios realizados por la doctora Fallon han demostrado que, en general, las mujeres piensan que están más gordas de lo que los demás las ven, mientras que los hombres tienen una opinión más exacta de sus cuerpos. Aún más, la opinión que las mujeres tienen de lo que los hombres consideran que es la figura femenina ideal es significativamente más delgada que la figura que en realidad desean los hombres.

Oír es creer, además

La aparición de una imagen corporal negativa tiene sus raíces en la infancia, añade Mary Froning, doctora en psicología, y psicóloga clínica en ejercicio, en Washington D.C. Nuestra sociedad se preocupa demasiado del aspecto físico. Miren donde miren las chicas y las mujeres, los ideales de belleza les asaltan desde la televisión y revistas hasta las mujeres escogidas para ser Miss América.

A las niñas pequeñas que crecen fuera del «ideal» a menudo otros niños o adultos insensibles les dicen cuál es; una especie de abuso emocional que deja huella en el subconsciente. Resulta invisible para el mundo exterior pero queda grabado para siempre en la mente del receptor, dice la doctora Froning.

«Yo crecí pensando que era un monstruo horrible, una rareza», admite Darlene Balin, una mujer de 41 años que ha triunfado en los negocios. «Yo era gorda, alta, y al llegar a la pubertad fui agraciada con una abundancia de vello. En una ocasión, cuando estaba de pie delante de un supermercado esperando que me recogiese mi padre, un niño de unos cinco años me miró y dijo: "Eres fea". Me parecía ir recibiendo palos por todas partes. Caminar al lado de un grupo de chicos adolescentes era la peor pesadilla. Resulta muy difícil tener un buen concepto de uno mismo cuando el mundo se encarga de decirte lo contrario».

Síndrome de imagen lesionada

Sería una equivocación infravalorar la influencia del abuso en la opinión que las mujeres tienen de sus cuerpos, dice la doctora Froning. Lo crea o no, estudios aleatorios realizados con adultos indican que hasta un 50 por 100 de todas las mujeres dicen haber sufrido abusos sexuales, del tipo que sea, una o más veces antes de cumplir los 18 años. Entre el 20 por 100 y el 25 por 100 han sufrido abuso sexual en la infancia. «Este tipo de abuso crea lo que se conoce como el síndrome de imagen lesionada», explica ella. «Esto es, las mujeres a menudo piensan que el abuso ha dañado, en cierto modo, sus cuerpos y que todo el mundo podrá ver lo horribles que realmente son. De hecho, yo he oído a varias mujeres realmente bellas decir lo feas que piensan que son. Con frecuencia, estas mujeres luchan por alcanzar una perfección corporal, a través de una dieta excesiva o numerosas operaciones de estética, ya que creen que es el único modo que tienen de dejar de ser feas».

Construir ideas positivas

Si sirve de consolación, muchas mujeres empiezan a aceptar más sus cuerpos conforme van cumpliendo años. No es que de repente les gusten sus caderas demasiado anchas o su nariz excesivamente larga. Pero lo que ellas llaman sus imperfecciones van perdiendo importancia en la percepción global que tienen de sí mismas.

Además, usted puede colaborar a alcanzar una opinión más positiva de su cuerpo si aún no lo ha logrado. Esto es lo que aconsejan las expertas:

Reconocer el problema. Las cuestiones relativas a la estima e imagen del cuerpo son resultado de una complicada serie de presiones culturales, dice la doctora Fallon. En realidad, estas presiones han influido en sus ideas y actitudes respecto a la importancia que tiene la belleza y el interés físico. En otras palabras, usted no tuvo una opinión tan crítica de su ser por una vacuna.

Mejore lo que pueda, dentro de lo razonable. Un esfuerzo responsable por perder peso, un programa de ejercicios para tonificar los músculos y mejorar el estado cardiovascular, puede hacer maravillas para mejorar la autoestima. Pero tenga cuidado, dice la doctora Fallon, de no excederse en su esfuerzo. No es una casualidad que las mujeres que son excesivamente críticas con sus cuerpos son también aquellas con más probabilidades de desarrollar trastornos tales como la anorexia nerviosa (pasan voluntariamente hambre) y bulimia (pegarse comilonas y luego vomitar) —un desorden de dieta.

No resulta irrazonable pensar en la posibilidad de cirugía estética, añade la doctora Froning. «A veces una consulta con un cirujano plástico puede tranquilizarle de que la "imperfección" que usted tiene está ciertamente dentro de los límites de lo normal. Es como si se obtuviese una afirmación de una autoridad, de alguien que realmente sabe», dice ella. Por otro lado, la reparación quirúrgica de una característica física molesta puede, a veces, iniciar un proceso de curación emocional, afirma la doctora Fallon —sobre todo en una persona que es, por lo demás, realista en relación con su aspecto físico.

Convertir las ideas negativas en positivas. La doctora Froning enseña a las mujeres a decir algo positivo acerca de una parte de su cuerpo que no les gusta pero que no puede hacer nada al respecto. «Una mujer me puede decir, por ejemplo, que tiene el pecho demasiado pequeño», dice la doctora Froning. Pero puede darle la vuelta a esta afirmación y decir, en cambio: «mi pecho tiene exactamente el tamaño adecuado para mi cuerpo y estoy satisfecha así. Son una parte de mi ser y estoy contenta así». Esto es lo que nosotras llamamos una afirmación, y yo aconsejo a las mujeres a que repitan esta afirmación diez veces al día, durante 21 días. Esto es porque si usted repite algo una y otra vez, llegará a formar parte de su sistema de creencias».

Resaltar lo positivo. Todo el mundo tiene algo —pelo, ojos, manos— por lo que puede estar contento. Usted puede ser la mejor amiga con que una persona podría soñar, o puede ser particularmente sensible para otros. Independientemente de cual sea el caso, si usted presta atención al aspecto que más le agrada de usted, hace que los demás también se fijen en él.

Tomarse a uno mismo con sentido del humor. Sandra Gursky, de 35 años de edad, ama de casa y madre, recuerda que, mientras hacía un viaje a las Islas Británicas, se encontró en una situación en que le salvó su sentido del humor. Había conocido en un pub a un hombre, que resultó ser un jugador de rugby. Empezaron a hablar, y de repente él le dijo a ella: «Tienes una nariz realmente grande y larga». La primera reacción de Sandra fue alterarse, pero algo hizo que se detuviera. «Le miré fijamente a la cara», dice ella, «y observé por primera vez que tenía un aparato en los dientes —tanta cantidad de hierros que parecían cables de alta tensión cruzando su boca. Yo le contesté con una gran sonrisa: "Es posible que yo tenga una nariz grande, pero al menos puedo salir fuera una noche con tormenta de relámpagos"».

Sandra dice que el hombre empezó a reírse y que dijo que era lo más gracioso que le habían dicho jamás. «Pienso que destacar, de algún modo, su imperfección nos hacía ser iguales», dice ella. «Se me ocurrió entonces que las personas se fijan en las imperfecciones y debilidades de los demás porque son muy conscientes de sus propios defectos. Esa noche adquirí una nueva sensación de seguridad».

Modificar sus prioridades.   ¿Qué es lo que realmente le importa? ¿El aspecto que tiene o lo que usted es? Una persona que crezca en una familia que dé mucha importancia al aspecto físico es probable que preste más atención a la imagen corporal que otra, cuya familia recalque la educación y los logros, dice la doctora Froning. «La realidad es que la mujer que generalmente está contenta con su trabajo o escuela o familia no da importancia a las imperfecciones físicas». Es posible que la cultura siga acosándole para que esté delgada y tenga buenas proporciones, pero usted podrá aguantar mejor las presiones y centrarse en lo realmente importante —sus relaciones y su conducta.

Aprenda a borrar «viejas canciones».   Usted no es su nariz. No es sus caderas —a pesar de los mensajes desagradables que recuerde del pasado. Donna Degregorio, sensible por el tamaño de sus caderas (que no eran exageradamente grandes) siempre pensaba que las personas sólo veían eso de ella. Se preguntaba cómo la verían los demás y buscaba comparaciones. Cuando caminaba detrás de otra mujer, ella preguntaba a su marido, «¿Así es como soy *yo* por detrás?» Su marido siempre se asombraba por las personas con quienes se comparaba, ya que éstas eran a menudo obesas. Lo que sucedía es que la hermana mayor de Donna también tenía caderas anchas, y Degregorio creció oyendo cómo su familia se metía con las caderas de su hermana.

«Las personas que se centran en imágenes corporales negativas han tenido motivo para ello», señala la doctora Froning. «Llevan ese mensaje encima hasta la edad adulta, al igual que las cintas programadas para que funcionen a la señal apropiada. Usted tiene que borrar esos mensajes abusivos de su memoria. Siempre que piense que las personas la están juzgando, por una determinada «imperfección», reconozca inmediatamente la conexión con los mensajes anteriores y dígase a sí misma que no es verdad, que eso no es lo que están haciendo, que su cuerpo está bien como está. Repítalo una y otra vez, convirtiendo una idea negativa en una afirmación positiva».

Reconocer que la belleza tiene muchas formas.   Michelle Pfeiffer es muy guapa. También lo son Barbra Streisand, Oprah Winfrey, Sinead O'Connor y Jessica Tandy. La cuestión es que hay muchos modos de ser guapa. En la actualidad, en muchas ocasiones una cara interesante acumula tanta atención, si no más, que una belleza clásica, como la de Christie Brinkley. Y eso son buenas noticias para todas nosotras.

INCONTINENCIA

Rara vez constituye un problema grave pero las mujeres normalmente encuentran que resulta demasiado difícil de llevar.

«Muchas mujeres no hablan de ello, ni siquiera a los médicos» dice Kathryn L. Burgio, doctora en filosofía y profesora agregada de Medicina en la University of Pittsburgh School of Medicine. «Resulta embarazoso. Piensan que es un problema inaceptable y prefieren ocultarlo en vez de enfrentarse a él.»

A pesar de todo, la realidad es que existen muchos motivos médicos de por qué los adultos pueden tener pérdidas vesicales, situación que se conoce como incontinencia urinaria.

Es además un problema más común de lo que se puede pensar. Afecta a millones de adultos. Y las mujeres —principalmente debido al parto y al diseño de su sistema urinario— superan en número a los hombres en una proporción de cinco a uno.

Uno de los secretos mejor guardados de la mujer

A veces controlar la incontinencia vesical es una cuestión de entrenamiento. Esto es lo que los médicos recomiendan.

Guardar un diario de las micciones. Durante una semana, escribir lo que se ha comido, bebido, cuándo fue al servicio y la frecuencia de las fugas. El diario le ayudará a usted y a su médico a buscar las causas.

No excederse con los líquidos. Algunas mujeres descubren, gracias a su diario, que beben litros de agua durante el día, normalmente debido a un régimen de adelgazar. Beber menos puede mitigar el problema, pero no se debe limitar la ingesta de líquidos. Beber demasiado poco puede acarrear graves consecuencias.

Hacer un esquema vesical. Empezar orinando a intervalos regulares —por ejemplo cada hora— durante el día. Transcurridas varias semanas, aumentar el intervalo, con el objetivo de lograr dos horas y media o tres horas de intervalo. En un estudio, esta práctica curó al 12 por 100 de las mujeres, mientras que el 75 por 100 mejoró un 50 por 100 o más.

Evitar el alcohol y las bebidas y medicinas que contengan cafeína. Ambos están considerados como diuréticos pudiendo estimular la incontinencia.

Comer mucha fibra. La fibra ayuda a combatir el estreñimiento, pudiendo contribuir a la incontinencia.

Dejar de fumar. La nicotina irrita la superficie vesical y la tos asociada al tabaco desencadena la incontinencia de esfuerzo.

Librarse de los kilos de más. Estar gorda añade presión a la vejiga empeorando la incontinencia.

De modo que ¿por qué el estigma? «Porque mojarse las braguitas es algo que hacen los bebés; no lo pueden evitar. Pero a veces los adultos tampoco lo pueden evitar» dice la doctora Burgio, quien dirige también el programa de incontinencia en la universidad donde ella trata a personas con este problema.

Probar la micción doble. Esto le ayuda a vaciar totalmente la vejiga. Permanezca sentada en el retrete hasta notar que ha vaciado toda la vejiga; posteriormente, inclínese hacia delante y ejerza presión sobre el área vesical. Póngase de pie, siéntese e intente volver a orinar.

Orinar cuando lo pida el cuerpo. Vacíe la vejiga de forma regular y no deje que se llene en exceso, ya que puede producir hiperextensión vesical. Asimismo, si usted tiene una vejiga demasiado llena y debilidad en el músculo del esfínter (uretral) es probable que tenga pérdidas involuntarias al toser o estornudar.

Hacer los ejercicios de Kegel. Este ejercicio pélvico, usado normalmente después de un parto para fortalecer los músculos de sostén de la vejiga y uretra, puede colaborar también a luchar contra la incontinencia. Incluso si usted no es incontinente, los ejercicios de Kegel pueden evitar el problema. Éste es el modo de hacerlo. Ante todo, usted necesita identificar los músculos correctos a ejercitar. Vaya al servicio y empiece a orinar. Una vez que haya empezado a salir el chorro de orina, intente detenerlo. Si es capaz de enlentecer ligeramente el chorro, está usando los músculos correctos. Si le cuesta mucho aislar un músculo, los expertos recomiendan probar primero con el brazo. Apriete un determinado músculo, luego relájelo. Lo único que tiene que hacer es endurecer el músculo, aguantar durante tres segundos, luego relajarlo y repetir la acción. Necesita hacer al menos 100 a 200 ejercicios de Kegel al día para obtener los resultados deseados.

Un síntoma, no una enfermedad

Existen principalmente dos tipos de incontinencia. La más común es la incontinencia de esfuerzo, fuga de orina que se puede producir al toser, reír, hacer ejercicio o cargar peso. En un estudio realizado con 326 pacientes de ginecología, en la Universidad de Michigan, el 47 por 100 de las mujeres se quejaba de incontinencia de esfuerzo. El otro tipo se denomina incontinencia por urgencia, una necesidad incontrolable de orinar que provoca «un accidente». Entre el 40 por 100 y el 70 por 100 de las mujeres que presentan incontinencia de esfuerzo tienen también incontinencia por urgencia, según las estadísticas.

«Existen múltiples causas posibles de incontinencia» explica Kristine E. Whitmore, doctora en medicina y profesora clínica adjunta de urología en la Universidad de Pennsylvania, directora además de Incontinence Center y jefa del departamento de urología en Graduate Hospital de Filadelfia. «Pero es importante recordar que la incontinencia no es una enfermedad. Es un síntoma de un trastorno subyacente que afecta a la vejiga. Precisa una evaluación médica». Ignorarlo sólo ayuda a empeorar algo que podría ser fácil de controlar.

Las mujeres que han tenido hijos pueden tener problemas de incontinencia. El embarazo debilita los músculos pudiendo provocar una caída vesical fuera de su posición normal. La falta de estrógeno después de la menopausia puede producir una irritación uretral, orificio por donde se orina. Ciertas infecciones urinarias y renales y determinados medicamentos pueden ser origen también del problema. Incluso la tensión emocional puede ser un factor.

Lo que no es la incontinencia, recalca la doctora Burgio, es una enfermedad de la vejez. Aunque es más frecuente entre personas mayores, estudios realizados muestran que el 31 por 100 de las mujeres menopáusicas —aquellas mayores de 40 años o incluso más jóvenes— tienen algún grado de incontinencia de forma regular. La doctora Burgio dice que ella tiene una paciente que es incontinente desde los 13 años, pero que no buscó ayuda hasta los 83 años. «Ése es el caso más extremo que tengo» dice la doctora.

Silencio mayoritario

La incontinencia a menudo empieza como pérdida de algunas gotas de orina de vez en cuando. Y para muchos no resulta gran cosa. Pero es muy normal que la situación empeore progresivamente con el tiempo. «Las mujeres me dicen que tienen incontinencia durante 12 o 20 años, o más, y que sólo en los últimos tres meses se ha convertido en un «problema», dice la doctora Burgio, coautora también de *Staying Dry: A Practical Guide to Bladder Control* (Permanecer seca: Guía práctica para el control vesical). «Por supuesto que lo que constituye un problema varía de una mujer a otra. Para algunas cualquier fuga resulta intolerable. Otras, en cambio, no desean tratarse incluso cuando tienen problemas grandes.»

Sin embargo, incluso cuando a las mujeres les trastorna el problema, es raro que busquen consejos médicos. La doctora Burgio dice que en su estudio sólo el 25 por 100 de las mujeres estudiadas habían comentado a su médico la incontinencia. Otros estudios, en cambio, dicen que el porcentaje es menor. Según otro experto, 1 de cada 12 personas ni siquiera se lo mencionan a su médico.

Esto sólo contribuye a que resulte más difícil vivir con ello.

Situaciones embarazosas

Las historias de horror abundan, dice la doctora Burgio. «Yo he oído muchas en el programa de continencia. Se puede decir que puede resultar catastrófico a veces». Las revistas médicas informan que la incontinencia contribuye a la depresión, aislamiento social, sentimiento de autoestima baja y ansiedad. «Una mujer me dijo, por ejemplo, que no fue a la boda de su nieta porque temía que se le escapase la orina y provocar una situación violenta. Otra dijo que había dejado de mantener relaciones sexuales debido a las fugas.»

La doctora Burgio se acuerda de una mujer que trabajaba para una agencia inmobiliaria y tenía que estar en su coche mostrando casas todo el día. «Su trabajo y su vida giraban en torno a dónde estaba el servicio y cuánto tiempo podía esperar antes de necesitar uno. Había momentos en los que realmente sufría accidentes delante de sus clientes. Resultaba asolador» dice la doctora Burgio. «Terminó por dejar el trabajo.»

Aunque la turbación puede constituir gran parte del silencio, la doctora Burgio dijo que otro motivo por el que muchas mujeres no plantean el problema es que piensan que es intratable. La realidad es que la incontinencia sí se trata, ahora más que nunca.

Tratamientos efectivos

La doctora Whitmore dice que el 50 por 100 de las personas incontinentes pueden curarse por completo, el 30 por 100 mejorar mucho y el resto lograr sentirse más cómodas. Se trata de determinar la causa de la incontinencia y aportar luego el tratamiento apropiado. A menudo si se trata la causa subyacente se cura la incontinencia.

Las medidas de ayuda personal, incluidos los ejercicios de Kegel (véase «Guía de ayuda personal para la incontinencia vesical», en la página 364) pueden ser de gran ayuda y merece la pena probarlas, dice la doctora Burgio. El biofeedback, que utiliza sensores electrónicos que detectan alteraciones en la temperatura corporal y tensión muscular, ha demostrado ser de utilidad curando el problema en la mayoría de las personas que lo han probado. En los casos más agudos están indicados fármacos, incluso una cirugía menor. La cirugía tiene un 90 por 100 de éxito.

«Los médicos generalmente empiezan con métodos conservadores» dice la doctora Whitmore, «y en caso de fracasar, cambian entonces a otros más invasivos. Lo más importante es que el médico haga una evaluación apropiada y comente las opciones que cada uno tiene».

INFECCIONES VAGINALES

La primera vez que tuve una infección por levadura no tenía ni idea de lo que era» dice Beth Hyland una secretaria médica de 46 años de edad. «Tenía 18 años y acababa de empezar a tener relaciones sexuales con mi novio. Pensé que se trataba de algún tipo de castigo divino. Cuando finalmente reuní el valor para decírselo a mi madre, el picor y escozor eran tan intensos que se me saltaban las lágrimas. Ella me llevó al médico y me diagnosticó inmediatamente una infección por levadura, sin duda debido a un antibiótico que acababa de tomarme por tener estreptococos en la garganta.

«Me sentí tan aliviada al pensar que no se debía a algo sexual que ni siquiera me quejé por la crema que tuve que ponerme durante una semana» dice Beth.

La infección por levadura no es una enfermedad de transmisión sexual, aunque es *posible* que lo contraigas de la pareja. Tampoco es un castigo divino. Sin embargo es un tormento común y espantoso para un número muy elevado de mujeres.

Entre cuatro y siete millones de mujeres tienen, cada año, picor, escozor y una secreción blanquecina, semejante al requesón, indicativos de infección por levadura. De hecho, es tan corriente, que aproximadamente el 75 por 100 de las mujeres tendrán al menos un ataque durante sus años de fecundidad.

De normal a inusual

No es de extrañar que la infección por levadura esté tan generalizada. El principal culpable de todo este picor y escozor es *Candida albicans,* hongo que se encuentra en todas las personas en pequeñas cantidades. Está en nuestro entorno, a menudo reside en el tubo digestivo y los investigadores han hallado que al menos el 20 por 100 de las mujeres presentan levadura en vagina. Esta cifra asciende al 40 por 100 en las mujeres gestantes.

Normalmente, la levadura existe en armonía junto a otros organismos en su cuerpo, dice Dorothy Barbo, doctora en medicina, catedrática de obstetricia y ginecología en la University of New Mexico School of Medicine y directora médica del centro de salud de la mujer, perteneciente a la universidad en Albuquerque. «Pero cuando algo altera el ambiente normalmente ácido de la vagina puede hacer que los organismos residentes en la zona crezcan de forma inusual» explica ella. «Literalmente se apoderan, y es entonces cuando aparecen los síntomas».

Aparentemente pueden suceder todo tipo de cosas que desencadenen dicho cambio en el medio vaginal. A menudo, antibióticos que se utilizan para tratar otras infecciones erradican también las bacterias y otros microorganismos que mantienen la vagina ácida. Se altera el equilibrio; el resultado, infección por levadura. De hecho «se piensa que el uso de antibióticos es uno de los precipitantes más comunes de esta infección» según Terry Kriedman, doctora en medicina, directora del departamento de obstetricia y ginecología en Chestnut Hill Hospital en Filadelfia.

Pero ésa no es la única causa. Algunas mujeres son particularmente susceptibles al final de cada hemorragia menstrual mensual, dice la doctora Barbo. El nivel bajo de estrógenos que acompaña a la menopausia también puede desencadenar infecciones vaginales. El embarazo también, siendo la frecuencia de aparición, al final del embarazo, del 20 por 100. Aún más, las mujeres sometidas a una gran tensión, aquellas que utilizan anticonceptivos orales o corticosteroides y las mujeres diabéticas corren un riesgo mayor de desarrollar infección por levadura.

Como si las infecciones por levadura no fuesen suficientemente desagradables, tienden a repetirse.

Aprender qué desencadena la infección en *su* organismo es lo primero que hay que hacer para reducir la posibilidad de coger otra, dicen los expertos. Mientras tanto, pruebe a hacer lo siguiente para que le ayude a evitar futuras recurrencias.

- Usar siempre ropa interior de algodón o al menos que la entrepierna sea de algodón, y que deje que circule el aire.
- Evitar las medias o cualquier tipo de ropa estrecha en verano, por el mismo motivo anteriormente expuesto.
- No estar durante horas con un traje de baño húmedo. Crea un entorno húmedo y cálido muy favorable para la levadura.
- No comer demasiada cantidad de dulces, ya que pueden alterar el pH vaginal, convirtiéndolo en entorno propicio para el crecimiento de la levadura.
- Pruebe una ducha de vinagre y agua para que le ayude a acidificar la vagina. Alterar el pH al primer signo de infección por levadura puede ser suficiente para detenerla.
- También puede probar una ducha de povidona yodada (duchas desechables medicadas con Betadine) ya que pueden destruir muchos organismos. Este producto puede comprarse sin receta médica.
- Tener al alcance de la mano un tubo de medicación antilevadura para los momentos en los que tenga que tomar un antibiótico por otro tipo de dolencia.
- Abstenerse de tener relaciones sexuales durante el tratamiento de la infección por levadura.
- Comer un yogur todos los días, pero no

Incluso la dieta puede afectar a su riesgo, según una investigación realizada por Barbara Reed, doctora en medicina, profesora agregada en el departamento de práctica familiar, en la Universidad de Michigan. La doctora Reed y sus compañeras hallaron en su estudio de 373

cualquier tipo de yogur, dice la doctora Eileen Hilton, doctora en medicina, especialista en enfermedades infecciosas en Long Island Jewish Medical Center, en New Hyde Park, Nueva York. Ella, llevó a cabo un estudio con el que demostró que el yogur que contiene *Lactobacillus acidophilus* activo reducía la frecuencia de infección por levadura tres veces más en mujeres con antecedentes de recurrencia. No todas las marcas de yogur contienen estos organismos específicos. Para averiguar si su marca comercial favorita lo tiene tendrá que llamar a la compañía. Haga la siguiente pregunta a un representante del público o persona responsable del mercado: ¿cuál es el recuento viable (en células por gramo) del cultivo en su yogur congelado? Si la respuesta es 10 elevado a ocho o nueve (mil millones) células por gramo, usted tiene una fuente excelente; 10 elevado a cinco, seis o siete estaría bastante bien; por debajo de esa cifra no es válido.

- Secar bien el área genital después de ducharse, bañarse o nadar.
- No compartir la toalla con otras personas. Las toallas húmedas pueden favorecer la infección.
- Limpiarse de delante hacia detrás para evitar transportar bacterias anales a la vagina.
- Evitar productos tales como aceites de baño, polvos y atomizadores para la higiene femenina, que pueden irritar la piel que rodea la vulva.
- Controlar el estrés es siempre una buena idea, pero sobre todo si nota que la infección coincide con acontecimientos particularmente estresantes. Pueden ayudarle a controlar el estrés los ejercicios de respiraciones profundas.

mujeres, que aquellas que ingerían dietas ricas en calorías eran más propensas a notificar infecciones vaginales que las mujeres cuya dieta era más baja en calorías.

Marsha Ellis estaría de acuerdo con eso. «Yo me di cuenta de que siempre desarrollaba una infección vaginal justo después de unas vacaciones» dice esta contable de 37 años de edad. «Un año tuvimos tres vacaciones y yo tuve tres infecciones vaginales. Después de pensar en ello un tiempo, se me ocurrió que en las vacaciones yo tendía a comer postres muy dulces —más a menudo que lo hago en casa. Cuando mejoré mis hábitos alimenticios de vacaciones dejé de tener infecciones por levadura.»

Sin embargo, el hongo *Candida albicans* no es el único culpable de esos síntomas tan molestos. Tanto las tricomonas como la vaginitis bacteriana (producida por *Gardnerella vaginalis*) pueden simular los síntomas de una infección por levadura, pero el tratamiento de las infecciones debidas a estos tres organismos son diferentes, dice la doctora Barbo. Ése es uno de los motivos por los que tiene que dejar que el médico haga el diagnóstico inicial.

Determinadas sustancias químicas pueden producir también lo que parece ser una infección vaginal, dice la doctora Barbo. «Algunas mujeres se hacen alérgicas a las duchas vaginales o a los perfumes o desodorantes que contienen» dice ella. «De vez en cuando he visto a mujeres que han desarrollado alergia a los tampones, preservativos de látex o a los espermicidas que se utilizan con las esponjas. A pesar de que los síntomas pueden parecerse a los de la infección por levadura, en la exploración no se encuentra rastro alguno del hongo. Lo que se tiene es una inflamación del área vaginal. Simplemente eliminando lo que desencadena la inflamación a menudo solucionará el problema.»

Tipos de tratamiento

Cuando los primeros síntomas de ese molesto picor y escozor le anuncien el inicio de una posible infección por levadura, ¿qué puede hacer usted? Recobre el ánimo. Es más fácil que nunca contrarrestar el crecimiento excesivo de levadura. Pero ante todo debe cerciorarse de que *sea* levadura. Si se trata de su primera infección debe acudir al médico para determinar la causa exacta de los síntomas. Por otro lado, si ya ha tenido infecciones por levadura muchas veces y está segura de que se trata de otra igual, el tratamiento está tan cerca como la farmacia más próxima. Esto se debe a que los dos medicamentos más frecuentes para la levadura —nistatina (Mycostatin) y econazol (Gyno-Pevaryl)— se venden sin receta. Eso significa que usted no tiene que esperar a tener una receta médica, dice la doctora Barbo y puede iniciar el tratamiento al primer síntoma de infección.

Estos dos medicamentos deben usarse durante siete días. Si desea probar la dosis de tres días o la nueva dosis única, tendrá que pedir una receta médica.

«Las medicinas de duración más corta no valen a todas las mujeres» dice la doctora Barbo. «Para algunas, la medicación no logra erradicar la levadura, pudiendo recurrir la infección. A pesar de todo vale la pena probar, sobre todo si es su primera infección. A menudo se prescribe un preparado de cortisona para aquellas mujeres con síntomas más agudos.»

No obstante, si ésta es su segunda o tercera infección por levadura, en pocos meses, es posible que su pareja sexual tenga que tratarse también, según Felicia Stewart, doctora en medicina, ginecóloga en Sacramento, California, coautora además de *Understanding Your Body: Every Woman's Guide to Gynecology and Health* (Comprender su cuerpo: Guía de ginecología y salud de la mujer). Aunque no sea una causa común de infección por levadura, usted puede volver a infectarse con levadura a partir de la boca o semen de su pareja, indica ella.

INFIDELIDAD

Estar casado se parece mucho a salir a cenar. Estás satisfecho con lo que quieres hasta que ves lo que tiene la otra persona.
ANÓNIMO

Sucede en matrimonios buenos así como en matrimonios que van mal. Implica a chicos buenos así como a los lascivos. Es la causa principal de divorcio, pero se sabe que también arregla relaciones.

Con toda probabilidad al menos el 50 por 100 de todas las mujeres casadas viven con un marido que ha sido o será infiel, a pesar de que algunos expertos y estudios dicen que la cifra podría ser incluso mayor. Pero lo que hace que el término infidelidad sea tan distinto ahora de lo que era la generación anterior es el número de mujeres que han entrado en el juego.

«Cuando se trata de engañar al cónyuge, las mujeres están alcanzando a los hombres» dice Judith Slater, doctora en filosofía, psicóloga clínica que ejerce en Buffalo. «Un motivo podría ser que al incorporarse la mayoría de las mujeres al mundo laboral tienen más contacto con hombres y por lo tanto más oportunidades de tener relaciones extramatrimoniales.»

Motivos de infidelidad en el cónyuge

Lo que sin embargo no parece que esté cambiando es el vuelco que una relación amorosa puede suponer para la relación. Y, como sucedía anteriormente, las mujeres son más propensas a superar la herida emocional, incluso cuando son ellas las que engañan.

Amor y sexo

Cuando se trata de aventuras amorosas, los hombres y las mujeres se sienten víctimas de distinto modo. En un estudio se preguntó a 202 hombres y mujeres qué les haría sentirse más traicionados: la idea de que su pareja tiene relaciones con otra persona o la idea de que su pareja esté enamorada de otra persona. De forma arrolladora, las mujeres (85 por 100) dijeron que la relación emocional sería mucho peor de llevar, mientras que los hombres (60 por 100) dijeron que no soportarían pensar que su mujer se acuesta con otro hombre.

Según los investigadores, el motivo tiene mucho que ver con la naturaleza humana y la diferencia que existe entre ambos sexos. Los hombres intrínsecamente se preocupan más por la castidad de su pareja, mientras que a las mujeres les preocupa más el compromiso emocional del hombre.

«Por supuesto que las mujeres no desean que sus maridos tengan ningún tipo de relación, sexual o emocional» dice Shirley Glass, doctora en filosofía y psicóloga clínica de Owings Mills, Maryland, miembro además de la American Association for Marriage and Family Therapy. «Pero a las mujeres les preocupa más la relación emocional que puedan tener sus maridos con otra mujer que su relación sexual. Las mujeres se derrumban al pensar que sus maridos han compartido detalles personales de su matrimonio con otra mujer. Es como una terrible violación.»

No es que no les importe que sus maridos tengan relaciones sexuales con otra mujer. «Las mujeres pueden sentirse aturdidas al pensar en ello» añade la doctora Slater. «Pueden enfurecerse. Algunas mujeres me han dicho que sintieron un grado de furia que nunca habían sentido antes en sus vidas, y que les asombró. Ello puede deberse a que la autoestima de la mujer a menudo no es muy sólida, y la idea de ser comparada desencadena sentimientos de incapacidad y humillación.»

Por encima de un sentimiento de celos abrumador, dice la doctora Slater, es más probable que la mujer se culpe a sí misma por la relación amorosa de su pareja. Pueden acosarle dudas tales como: ¿Qué tengo yo de malo? ¿No he sido suficientemente buena?

El marido, por otro lado, reacciona en cierto modo de forma diferente ante el lío de su mujer. El golpe a su ego sexual puede ser lo primero que le venga a la cabeza cuando descubre la infidelidad de su mujer. «A veces el marido no puede creer que su mujer, que no le interesa mucho el sexo con él, mantenga relaciones sexuales muy calurosas con otro» dice la doctora Slater.

Por qué engañan los hombres

Puesto que los hombres y las mujeres se sienten traicionados de distinto modo, no debe sorprender que tengan distintos motivos para hacerlo.

Muchos hombres se ven arrastrados por el deseo de una aventura sexual. «No es que los hombres no disfruten de la atención especial y el romance que conlleva una relación amorosa. Sí lo hacen», dice la doctora Slater. «Pero no se puede negar la importancia que los hombres dan al sexo.»

Para muchos hombres, una relación amorosa puede romper la monotonía de una vida satisfecha, aunque corriente, que le da el trabajo, el hogar, la mujer y los niños. «Un lío ofrece una especie de válvula de escape», dice la doctora Slater. «Y si existen problemas en el matrimonio, muchas discusiones por ejemplo, la relación amorosa ofrece un tiempo donde no existen conflictos y da una nueva sensación de control.»

Pero no todos los hombres tienen relaciones amorosas por el sexo. «Existen hombres para los que el sexo y la relación emocional van unidos, por lo que un lío puede tener graves implicaciones» dice la doctora Glass. Éstos son los hombres que normalmente sufren más el sentimiento de culpa, sentimiento que puede ser muy grande.

«Existe también un grupo de hombres que piensan que tener relaciones extramatrimoniales es algo aceptable» dice la doctora Glass. «Forma parte de sus valores, y estos hombres no tienen ningún sentimiento de culpa.»

No se puede esperar que un ligón cambie, advierte la doctora Glass. «Si su marido era así antes de casarse, hay muy pocas posibilidades de que de repente se vuelva un compañero fiel después del matrimonio.»

Sufrir en silencio

Tampoco es probable que el hombre engañe a muchas personas, sobre todo a su mujer. Las mujeres, mucho más que los hombres, poseen la capacidad «de poner la otra mejilla», cuando se trata de aguantar a un marido infiel. El hecho de que haya tantos hombres infieles que sigan casados lo confirma.

«A veces la mujer, por el motivo que sea, decide ignorarlo, sobre

Una película popular de los años cincuenta lo llamaba la crisis de los siete años. Pero las ansias de libertad pueden llegar después de 1, 4, 15 ó 30 años de matrimonio, dice la psicóloga clínica Judith Slater, doctora en filosofía. Lo que sí es cierto es que hay momentos en los que el matrimonio es más vulnerable.

Cuando estás recién casado. Una vez finalizado el viaje de novios algunas parejas se asombran de las exigencias de la vida en pareja. Pensaban que seguiría existiendo el mismo nivel alto de romance, de forma indefinida, y no están preparados para afrontar las realidades y el compromiso de una vida en común, dice la doctora Slater.

Cuando tienes un hijo. El interés sexual normalmente disminuye en las mujeres durante el primer año después de dar a luz, sencillamente porque están agotadas la mayor parte del tiempo, dice la psicóloga de Maryland Shirley Glass, doctora en filosofía. Con mucha frecuencia la mujer presta toda su atención al bebé hasta el punto que el marido puede sentir que le dejan a un lado. No es infrecuente intentar equilibrar eso buscando a alguien que se fije exclusivamente en él.

Cuando se cumplen los treinta. Sacar adelante a una familia, ascender profesionalmente y las exigencias cotidianas de la vida normalmente empiezan a notarse cuando se superan los treinta años. Una relación amorosa puede ser una diversión agradable.

Cuando te enfrentas a la mediana edad. Cuando llegas a la mediana edad, se empieza a pensar en el envejecimiento, los logros alcanzados, etc., dice la doctora Slater. Es posible que te sientas estancado en la vida y empiezas a evaluar nuevamente lo que has hecho y más importante aún, lo que no has hecho. Un lío a menudo parece como si ofreciese un nuevo inicio.

Cuando has sufrido una tragedia. Tras la muerte de uno de los padres o una enfermedad grave de un hijo, por ejemplo, las personas pueden tener una relación amorosa para olvidar o, al menos, intentar olvidar. Es una fantasía casi como unas vacaciones dice la doctora Glass.

todo si su marido es muy bueno con ella de otras formas» dice la doctora Glass. «Esto no es infrecuente. Puede decidir seguir casada para garantizar un hogar "intacto" para sus hijos. No olvidemos que el divorcio normalmente resulta devastador económicamente para la mujer, en muchos más casos que para el hombre.»

«A menudo» sigue diciendo «las mujeres deciden compartir sus maridos en vez de perderlos. No quieren renunciar a la posición de ser la mujer de un hombre rico o famoso. A otras mujeres les da mucho miedo estar solas».

Sin embargo, por desgracia para la mujer, a veces los motivos que el marido tiene para seguir casado son los mismos que los de ella. Por lo tanto, cuando finalmente crecen los hijos o desaparecen las obligaciones económicas, a menudo el hombre se va, dejando a la mujer sola, mayor y amargada.

«Mi marido se divertía con todas las mujeres que podía y yo lo sabía» dice Stella Jenks, una mujer de 55 años sin carrera profesional. «Me acuerdo perfectamente del día en que encontré la factura del sofá cama que compró para su despacho. Yo me quedé con los niños pensando que ellos no sabían lo que era su padre. Cuando los niños se graduaron, él me abandonó para casarse con su última novia —una mujer con la edad de mi hija mayor. Más tarde averigüé que los niños sabían cómo había sido durante todos esos años. Pensaban que yo era quien no lo sabía.»

Por qué engañan las mujeres

La fuerte carga emocional de la mujer le hace vulnerable a caer en una relación amorosa.

«Con toda probabilidad la mayoría de las mujeres que tienen un lío están buscando algo que no consiguen tener con su marido» dice la doctora Slater. «Atención especial, afecto físico y comunicación. Cuando las mujeres me cuentan una relación amorosa casi nunca dan mucha importancia al sexo. De hecho a menudo es la parte menos importante, y en realidad puede no ser tan bueno como en su matrimonio. Pero la atención, el romance, la sensación de valía que obtienen de la relación es algo irresistible. De repente su punto de vista, quienes son, lo que dicen, todo es importante para este nuevo hombre.»

Una mujer, profesora de 42 años, dice que mantuvo una relación emocional y física con un compañero casado de forma accidental —o así pensaba ella.

«La idea que mi marido tenía del afecto era hacer el amor. No le interesaban mucho los abrazos y besos espontáneos, y a menudo retiraba mi brazo de su cuello cuando yo intentaba ser cariñosa» dice ella. «Cuando empezó mi relación amorosa yo no sabía lo maravilloso que el sexo podía ser con otra persona. Me enamoré perdidamente. Lo que pasa es que él no. Fue algo difícil de superar. Nunca se lo dije a mi marido pero sigo sintiéndome culpable.»

En realidad la culpa es una consecuencia habitual en las mujeres, dice la doctora Glass. «Algunos estudios han sugerido que las mujeres se sienten más culpables que los hombres de su infidelidad.»

Se trata de una emoción intensa que a veces impide a las mujeres actuar según sus deseos o necesidades. «Para muchas mujeres la culpa a menudo actúa inhibiendo la relación amorosa» dice ella. «En otras palabras, la culpa que sienten al saber que tienen sentimientos sexuales e intensos hacia otro hombre puede ser suficiente para evitar que pase nada. Y en caso de que tengan relaciones sexuales a menudo justifican sus actos diciéndose a sí mismas que están enamoradas.»

Todo termina menos la cólera

Un matrimonio afectado por la infidelidad puede sobrevivir, insiste la doctora Glass. En algunos casos fortalece el matrimonio; pero no va a pasar en unos días o incluso meses. La infidelidad produce una herida que tarda mucho en cicatrizar. La doctora Slater dice que puede tardarse entre uno y tres años para que se arregle definitivamente el matrimonio.

Pero en las consecuencias de un lío la pareja tiene una única oportunidad de aumentar y fortalecer su unión, dice la doctora Slater. La herida puede y de hecho cicatriza, y si el matrimonio sobrevive y es bueno, la pareja mirará hacia atrás y verá todo desde una perspectiva mucho menos dura.

Si usted desea que su matrimonio sobreviva esto es lo que la doctora Glass y la doctora Slater dicen que puede ayudar a cerrar la herida. Y estos consejos pueden ser válidos para ambos, tanto si el defraudado como el defraudador es quien inicia la reconciliación.

Asegúrese de que la relación ha terminado. El defraudador tiene que poder probar que la relación ha terminado como primer paso para que funcione su matrimonio.

Dejar mucho tiempo para las lamentaciones. No olvide que hay más de una parte afectada en ese triángulo. El cónyuge que rompe la relación sufre también dicha pérdida.

Dejar de mentir. La mayoría de las personas lo pasan muy mal con las mentiras y engaños que acompañan a la infidelidad. Una mujer recuerda que mientras lo estaba pasando fatal y rogaba a su marido que le dijese qué pasaba, él le miró fijamente a la cara y le mintió, insistiendo que todo era imaginación suya. Eso fue lo peor de todo, dijo ella.

El cónyuge engañado tiene derecho a hacer muchas preguntas —posiblemente dolorosas e íntimas— y el culpable tiene la obligación de responder honestamente.

Cuestionar los motivos de la relación amorosa.   Independientemente de lo mucho que le moleste, necesita averiguar cuál puede ser el fallo en su matrimonio que llevó a su marido a los brazos de otra mujer.

Estar preparado para las caídas.   Es posible que las cosas vayan bien y entonces su marido se muestra misteriosamente malhumorado. Recuerde que puede haber cosas en la vida de su marido que desencadenen recuerdos agradables de su relación. Esas cosas tienen la habilidad de afectar al cónyuge. El cónyuge afectado tendrá recuerdos y dolor que debe compartirse y comprenderse.

Pedir disculpas sinceramente y a menudo.   En otras palabras, arrepiéntase. El cónyuge engañado tiene que estar seguro de la importancia que tiene y necesitará que se le preste mucha atención. A menudo es algo que antes no tenían o que no han tenido desde hace muchos años, y puede añadir jugo a la relación.

Véase también Divorcio, Hombres casados.

LACTANCIA MATERNA

Antes de que naciese su primer bebé, Marianne Lupinski pensaba que la lactancia materna era la cosa más natural del mundo. Pronto descubrió lo contrario.

Cuando su hijo Brian nació con una baja cantidad de azúcar en sangre, se lo quitaron para llevárselo al nido, donde le dieron glucosa para ayudar a estabilizarle. «Cuando le volví a ver al día siguiente», recuerda Marianne, «las enfermeras le llevaban en una cunita que contenía una serie de botellitas de agua azucarada y leche en polvo. Yo pensé que tenía que darle eso hasta que me subiese la leche, y así lo hice».

Entre una y otra toma de biberón, Marianne intentó por primera vez ponérselo al pecho. «Yo pensé que se agarraría al pezón y mamaría toda la leche. Bueno, pues trató el pecho como si tuviera veneno. No sólo no se agarró, sino que lo sacó de la boca con la lengua. Yo lo intenté unas cuantas veces más en los días sucesivos, y algunas enfermeras intentaron ayudarme, pero todo fue en vano. Yo me sentía como una absoluta boba. Ésa era yo, una abogada bien educada y muy cotizada, y era incapaz de hacer lo que millones de mujeres del Tercer Mundo hacían todos los días. Yo pensaba que dar de mamar era algo que simplemente se hacía, y no algo que tenías que aprender a hacer.»

Marianne y Brian lograron finalmente acoplarse en una rutina, pero sólo después de que Marianne se pusiera en contacto con una asesora en lactancia materna que encontró a través de un grupo local de apoyo a la lactancia materna. La asesora le enseñó lo que ella y su recién nacido hacían mal.

Dominar una técnica

«Dar de mamar es un arte y una técnica», dice Marsha Walker, enfermera y presidenta de Lactation Associates, en Weston, Massachusetts, y una asesora técnica en lactación, a nivel internacional. «Es algo que se tiene que aprender. Tanto la madre como el bebé tienen una serie de reflejos y conductas que lo hacen posible, pero hace falta la práctica.»

Para algunas mujeres y para sus bebés, dar de mamar parece ser algo innato. «Yo di de mamar a mi hijo en la misma sala de parto», dice Maureen Becker, quien crió a sus dos hijos hasta que aprendieron a andar. «Yo tenía tanta leche que pensaba que podía alimentar a todo el nido. Me sentía una auténtica vaca lechera.»

Otras mujeres y sus bebés, como Marianne y Brian, necesitan ayuda. Pero, al igual que Marianne, muchas madres no lo prevén hasta que llega el momento de «la cosa más natural del mundo».

Estar preparada ayuda, dice Walker. Esto puede significar hacer un curso sobre lactancia materna *antes* de que nazca el bebé. Muchos hospitales y centros de preparación para el parto y la mayoría de los grupos de apoyo para la lactación, como La Leche League International y Nursing Mothers Council, imparten sesiones a futuras madres. «A pesar de que existen buenos libros sobre lactancia materna», dice Walker, «es difícil comprender algunos de los puntos sutiles, sólo mirando a los dibujos y leyendo palabras. Algunas clases cuentan con madres que dan de mamar quienes enseñarán cómo se hace, para que usted aprenda y haga preguntas. Además, los bebés son tan ricos y las madres tienen unas sonrisas tan maravillosas en la cara que la mayoría de las parejas lo ven y dicen, esto es lo que nosotros queremos. Queremos sentarnos así y sonreír de ese modo».

Anticiparse

Es posible que usted necesite esa motivación. Los primeros días de lactancia materna, incluso si casi no tiene dificultad, pueden ser de prueba. A menudo cansada y dolorida por el parto, usted se va acostumbrando al recién nacido, y a su nuevo rol como madre. Además, pone en práctica una nueva técnica, por lo general entre 8 y 12 veces al día y por la noche. «Una mujer que acaba de ser madre es *muy* vulnerable», dice Walker. «Usted tiene que tener fe en sí misma y en su decisión de proporcionar una óptima nutrición a su bebé. Todo esto tiene una recompensa que no se logra con la lactancia artificial.»

«La lactancia materna da al bebé un margen», dice ella. «Estudios realizados muestran que los bebés alimentados con leche materna son más sanos que los bebés alimentados con leche artificial». El motivo es uno, la leche materna contiene los anticuerpos maternos para las infecciones y enfermedades. Se ha demostrado científicamente que la leche materna ayuda a proteger a los bebés contra trastornos gastrointestinales, alergias e infecciones. También pueden ser los primeros «sesos» que coma el bebé.

La leche materna contiene «ácidos grasos de cadena larga cuya composición se asemeja mucho a la del tejido cerebral», dice Walker. «Es por eso por lo que es tan importante alimentar al bebé con leche materna, ya que por el contrario es posible que usted esté asentando una matriz totalmente distinta en el cerebro. La leche materna es exactamente el alimento fisiológicamente adecuado para el bebé. Garantiza además el contacto con la madre, necesario para el bebé para que pueda socializarse.»

Directo al corazón

Y ésta es la segunda recompensa, la recompensa psicológica. «Las mujeres que dan de mamar a sus hijos dicen que les proporciona una sensación de orgullo y logro el hecho de poder alimentar a sus hijos», dice Walker.

Y la mayoría de las madres que alimentan satisfactoriamente a sus bebés dicen que el tiempo empleado merece la pena una vez que el bebé te mira a los ojos y sonríe. «Cuando Terence tenía aproximadamente seis meses, me sonreía, me tocaba la cara, y es en realidad entonces cuando yo empecé a notar que habíamos establecido un estrecho lazo de amor», dice Penny Stevens, una madre de 34 años, quien también se ocupa de su propio taller de costura.

La lactancia artificial ofrece algunas ventajas —la posibilidad de dormir más horas y más libertad de movimiento. Pero no resulta

¿Cuánto tiempo debe dar de mamar?

«Todo el tiempo que quiera», dice Marsha Walker, enfermera y asesora técnica de lactación, a nivel internacional. En algunas sociedades, a los niños se les deja de dar de mamar cuando tienen tres o cuatro años. «La norma es hasta que cumplen dos años. Eso es desde el punto de vista tradicional», dice Walker.

El destete, dice ella, «es apropiado cuando el bebé o la madre dicen que basta. Muchas veces coincide con un momento determinado, como es cuando el niño empieza a andar. El bebé piensa, ¿quiero andar más que mamar? Dan unos pasos, maman un poco, y se van. La madre puede cansarse de levantarse cuatro o cinco veces por la noche, o el bebé pasa a otras cosas».

Un motivo por el que no debe dejar de dar de mamar, dice Walker, es porque usted se incorpora a su trabajo. Si usted tiene una situación laboral flexible —si trabaja en casa, por ejemplo, o si tiene la guardería cerca— usted puede seguir dándole de mamar por lo menos de forma parcial. Incluso las madres que trabajan a tiempo completo pueden sacarse la leche y dársela en biberones.

Por lo general, dice Walker, la lactancia materna proporciona al bebé la protección contra enfermedades que le pasa la leche materna, antes de que el sistema inmunitario del bebé empiece a funcionar, y por lo tanto, mientras el bebé está expuesto a riesgos ambientales. La American Academy of Pediatrics recomienda a las madres que den de mamar durante un año, a pesar de no haberse observado ningún efecto perjudicial por pasar a leche de vaca y suplementos cumplidos los seis meses. «La leche materna sigue aportando nutrientes que no aportan los nutrientes en puré, por lo que sigue teniendo sus ventajas hasta que el bebé cumpla un año», dice Walker.

Recomienda que el destete se haga de forma gradual, interrumpiendo una o dos tomas cada varios días, y sustituyéndolo con abrazos, atención o juegos. De este modo no se priva al bebé de la proximidad que han establecido la madre y el hijo, además del pecho. Tampoco querrá usted privarse de ello.

necesariamente más conveniente. Además es más caro. La leche materna no tiene que almacenarse a una temperatura apropiada, no tiene que calentarse, medirse o verterse. Y aunque las madres que crían a sus hijos puede que pierdan un poco más de sueño que las madres que utilizan biberones —pudiendo representar la tasa más alta de depresión posparto, según han podido comprobar algunos estudios realizados a madres lactantes en los primeros meses de crianza— muchas madres compensan esa falta de sueño, durmiendo cuando lo hacen sus bebés, o despertándose sólo a medias durante la noche.

Un poco de prevención

La mayoría de los problemas con la lactación pueden solucionarse o evitarse si la madre y el bebé empiezan bien desde un principio, dice Walker. Algunas veces eso significa que es posible que usted tenga que pedir ayuda a una asesora de lactación, como hizo Marianne Lupinski. «No podía imaginar qué es lo que hacía mal, y después de que ella me hiciese unas preguntas y me viese intentar dar de mamar a Brian, me dijo que no es que estuviese haciendo nada mal. El problema estaba en que Brian había empezado mal en el hospital, al darle biberones», dice Marianne.

Es importante, dice Walker, que usted ponga a su bebé al pecho lo antes posible después de nacer, preferentemente en la sala de parto o de recuperación. El bebé al que se le da un biberón tiene que poner la boca y mamar de forma totalmente distinta que el bebé que mama de la madre. «Pienso que también tiene que ver con la huella en la boca del bebé», dice Walker. «Los primeros objetos que entran en su boca son muy importantes. Constituyen una importante vía de comunicación para el bebé. Las tetinas artificiales no se parecen en nada al pezón materno. Las tetinas artificiales y los chupetes estimulan a los bebés a cerrar la boca, subir la lengua y morder. Las madres acaban con dolor en el pezón y los bebés no logran sacarles la leche. Se han echado a perder todos sus esfuerzos, por lo que acaba dándole una ayuda con el biberón.»

Utilizando una de las múltiples técnicas aconsejadas por un asesor técnico en lactación, la asesora de Marianne le ayudó a enseñar a Brian a mamar de un pecho. Su problema se podría haber evitado si ella hubiese aprendido la técnica de lactancia materna que existe en el hospital donde dio a luz, dice Walker.

Su experiencia con la lactación materna sería mucho mejor si el hospital donde usted va a dar a luz fomentase la lactancia materna manteniendo a las madres y a los bebés juntos, en vez de llevar a los bebés al nido. «Lo que usted necesita es mucha práctica y mucho contacto», dice Walker.

Un estudio realizado hace varios años halló que incluso algunas madres que pretendían dar de mamar antes de que naciesen sus hijos, se vieron influidas por las prácticas del hospital donde dieron a luz. Si el hospital alimentaba a los niños con biberones en el nido, o regalaba a las madres muestras de leches en polvo, era más probable que la madre alimentase al niño con biberones, usando la leche que le daban en el hospital, a pesar de que resultase caro.

Algunas madres rechazan la idea de tener al bebé en el cuarto porque piensan que no podrán descansar tanto después del parto, pero Walker dice que no hay pruebas de que usted pueda descansar más si el bebé está en el nido. «Si usted habla con cualquier enfermera de noche, le dirá cuánto tiempo duermen las madres», dice ella. «Estudios realizados muestran que duermen cinco horas por la noche tanto si el bebé está como si no está con ellas en el cuarto. De modo que no hay motivo para separar al bebé de la madre. Usted duerme mejor, y el bebé duerme mejor cuando todo funciona según la fisiología humana.»

Un cierto dolor

Algunos de los problemas más frecuentes con la lactancia materna pueden evitarse con un poco de conocimientos previos. A pesar de que la mayoría de las mujeres notarán un cierto dolor cuando empiezan a dar de mamar, dice Walker, la lactancia materna no debe doler mucho. Hace falta muy poco para preparar los pezones, únicamente pasar un tiempo sin sujetador para permitir que el pecho roce suavemente la ropa y para que circule aire entre ellos.

Transcurrida una semana o dos el dolor debe desaparecer. Si no es así, o si el dolor empeora o le hace daño dar de mamar, dice Walker, es posible que el bebé esté mal colocado o no esté mamando bien; también puede pasar que usted tenga el pecho demasiado lleno de leche. Éstas son las causas normales de dolor en el pecho durante el principio de la lactación.

Es posible que necesite que le ayuden a colocar al bebé o a determinar si está o no mamando bien. Para que se enganche correctamente, el bebé tiene que abrir mucho la boca para coger con la boca el pezón y parte de la areola —el área pigmentada que rodea al pezón—. Usted puede usar la mano que le queda libre para sujetar el pecho y mantenerlo dentro de la boca del bebé. Ponga el dedo pulgar en la parte superior del pecho y los cuatro dedos restantes por debajo. Usted puede sujetar al bebé colocándolo de lado o con su barriguita contra su estómago, situando su boca a la altura del pezón.

Para ayudar a que empiece a mamar el bebé, esprima algo de leche en su boca para animarle a abrirla mucho, a chupar y tragar.

La práctica lo hace perfecto

Lo que ayuda en todos estos problemas es la práctica frecuente. Dar de mamar a menudo —incluso si es durante poco tiempo— puede ayudar a evitar dolor en el pezón, engurgitación, obstrucción de conductos y mastitis, una infección de mama. Garantizará también un adecuado aporte de leche conforme vaya creciendo el bebé, dice Walker.

Limitar el tiempo que el bebé pasa mamando —algo que aconsejan algunos expertos— no evitará dolor en el pezón, según Walker. La mayoría de los recién nacidos pueden comer desde unos pocos minutos hasta 20 minutos de cada lado. Se debe tener al bebé en el primer pecho el tiempo que el bebé quiera antes de cambiarle al otro. «Puesto que el dolor en el pezón normalmente se debe a problemas con la posición o con la forma de mamar», dice ella. «Este tipo de restricciones puede limitar la cantidad de leche que es capaz de generar la madre.»

La leche materna contiene sustancias químicas, denominadas péptidos supresores, que regulan automáticamente la cantidad de leche materna. Si la leche se va acumulando en el pecho produciendo una congestión, aparecen los péptidos supresores enlenteciendo la producción de leche. Mientras usted se vaya sacando la leche —bien dando de mamar o bien con una pera— los péptidos no aparecerán. «Lo único que limita la cantidad de leche que usted es capaz de producir es el apetito del bebé», dice Walker. «Es por eso por lo que las madres pueden alimentar a gemelos y trillizos.

Seguir una indicación

Como regla general, dice Walker, usted debe alimentar a su bebé de 8 a 12 veces en 24 horas. Pero no le dé de mamar con un horario rígido, advierte Walker. «Cuando usted da de mamar siguiendo un horario estricto, usted literalmente hace eso, alimentar a su hijo tanto si el bebé tiene hambre como si no. Usted alimenta a su bebé según influencias externas, como una línea de producción de una fábrica.»

Las madres que dan de mamar «a demanda», normalmente consideran que «demanda» significa cuando el bebé llora, algo que en opinión de expertos no es siempre sensato. «Cuando lloran, tienen demasiada hambre», dice Walker. «Los bebés no se alimentan bien cuando tienen demasiado hambre. Darles de mamar "siguiendo una indicación", que es preferible, sería 20 minutos antes de que empiece a llorar.»

Dar de mamar siguiendo una indicación significa que usted tiene que estar pendiente de los signos sutiles del bebé, que le indican que tiene hambre. Los bebés que duermen —y muchos recién nacidos lo hacen— emiten algunas señales cuando pasan de un sueño profundo a otro más ligero. Usted verá que hace movimientos rápidos con los ojos, mueve la boca y aumenta su intranquilidad, dice Walker. Los bebés que están despiertos se mostrarán también más inquietos y pueden empezar a mover la boca mamando instintivamente. Mantener al bebé en una cuna situada delante suyo ayuda mucho a aprender a interpretar las señales de un recién nacido, ya que si lo abraza cerca del pecho, el bebé probablemente buscará el olor de la leche y el pecho, dice Walker.

Otro signo que usted debe buscar es si su bebé, que está chupando como un loco, se traga la leche. «Normalmente, los bebés que maman de la madre hay veces que chupan sin mamar», dice Walker. «Están ahí jugando con el pezón, colgados del pecho, sin tragar nada de leche. Por norma general, los recién nacidos maman entre una y tres veces, y luego usted debe observar y oír si tragan. Si a algunas madres no se les advierte esto, es posible que pongan felizmente a su bebé al pecho durante 15 minutos, de cada lado, como dicen los libros, y acudan dos semanas después al médico con un bebé que no ha engordado nada o ha perdido peso.»

LEGRADO

El legrado es un procedimiento ginecológico tan rutinario que muchas mujeres lo llaman «raspado».

«Cuando yo era pequeña, recuerdo que mi madre me decía que se iba al hospital para hacerse un raspado, y pensaba que era algo divertido», dice Monica D'Angelo, propietaria de un salón de belleza, de 38 años de edad. «Luego, cuando crecí, mi médico me dijo que tenía que hacerme un raspado. Cuando describió lo que estaba haciendo, pensé que el apodo encajaba perfectamente. Pero no me sirvió de nada para mitigar el malestar que iba a pasar. No tuve que ir al hospital, como hacía mi madre. Mi médico lo hace en su consulta. Y sorprendentemente fue fácil e indoloro para mí».

La cirugía más frecuente

El raspado realmente significa dilatación del cuello del útero y legrado del útero, un procedimiento en el que se dilata el útero y se limpia la capa interna con un instrumento llamado legrado. A pesar de que hoy en día no se realiza tanto como en la generación de nuestras madres, *sigue siendo* el procedimiento quirúrgico más corriente entre las mujeres.

Aproximadamente una de cada 200 mujeres se somete a un raspado cada año en los EE.UU., según el National Center for Health Statistics en Washington, D.C.; eso es más de medio millón de intervenciones.

El ABC del raspado

La mayoría de los raspados se realizan para diagnosticar, tratar, o ambas cosas, hemorragias uterinas anómalas, dice Dorothy Barbo, doctora en medicina y catedrática de obstetricia y ginecología en la Universidad de New Mexico School of Medicine, y directora médica del Centro de Salud de la Mujer, en Albuquerque.

«Puede tratarse de hemorragias entre las menstruaciones, menstruaciones excesivamente abundantes o hemorragias después de la menopausia. Todo lo que esté fuera de lo normal para la mujer», explica la doctora Barbo. «También se realiza para extirpar pólipos, que son pequeños bultos en la cara interna del útero que pueden provocar hemorragias anormales».

Y puesto que una hemorragia anómala puede ser signo de cáncer de útero, a menudo se hace un raspado para descartar el cáncer. «Ésta es la cuestión clave y el motivo principal de preocupación para la mujer», dice la doctora Barbo.

El legrado es también el procedimiento de elección para tratar los abortos incompletos y para la extirpación de todo fragmento que quede de placenta. Normalmente se hace en el hospital, bajo anestesia general, aunque a veces se realiza en la consulta del médico, con anestesia local, como en el caso de Mónica.

«Para la mayoría de las mujeres resulta sencillamente demasiado doloroso someterse a un raspado sin estar dormida, ya que la dilatación del cuello es como el dolor de la dilatación en un parto» dice la doctora Barbo. El cérvix —orificio diminuto de entrada al útero situado en la parte posterior de la vagina— es extremadamente sensible, pero con anestesia, desaparece todo dolor.

Una vez dilatado el cérvix, el médico introduce el legrado, en forma de cucharilla, y raspa la capa interna del útero. Todo el tejido extirpado se recoge para su posterior examen microscópico.

«Más tarde, hay que abstenerse de tener relaciones sexuales durante dos semanas» aconseja la doctora Barbo. «También tiene que tomarse un día o dos de descanso para reponerse de los efectos de la anestesia. Por lo demás, puede reanudar sus actividades normales».

Aunque las complicaciones son raras, es posible desarrollar una infección después del raspado, o tener hemorragia abundante si se lesionan o pinchan las paredes del útero durante el raspado. De modo que en caso de tener fiebre, dolor abdominal persistente o retortijones, hemorragia abundante, sensación de mareo o desmayo o un exudado vaginal anormal o mal oliente debe avisar inmediatamente a su médico.

Procedimientos alternativos

A pesar de que los médicos siguen haciendo legrados de forma regular, son menos las mujeres a las que se les realiza ahora en comparación con antiguamente. No es que haya nada malo con el procedimiento. En muchos casos —aborto incompleto, por ejemplo— es el único válido.

Pero hoy en día, para tratar hemorragias anormales, los médicos se inclinan más a hacer una biopsia endometrial más que un legrado. Este procedimiento implica la toma de una pequeña muestra de capa interna del útero —el endometrio— para determinar la existencia o no de cualquier tejido anómalo. «Resulta un procedimiento menos invasivo y más sencillo que puede hacerse en la consulta», dice la doctora Barbo. «Por consiguiente, no precisa anestesia general o la utilización de un quirófano, por lo que es mucho más rentable. Y en caso de no salir de dudas, siempre se puede recurrir al legrado».

Sin embargo, siempre que le realicen un legrado o biopsia de endometrio es importante que comprenda que ninguno de los dos puede garantizar por completo la ausencia de cáncer de útero. Es posible que se pase por alto una pequeña área de tejido anómalo. En caso de seguir teniendo problemas de hemorragia después de un raspado es posible que tenga que hacerse un examen más exhaustivo para determinar la causa de sus síntomas.

MADRE

Una mujer adulta siente mucha emoción cuando se trata de su madre. Es una relación que puede ser armoniosa u hostil, dulce o conflictiva, de amor u odio.

«Algo que nunca puede ser es neutral» dice Karen Johnson, doctora en medicina, profesora clínica agregada de psiquiatría en la Universidad de California, San Francisco, y psiquiatra privada especializada en cuidados psicológicos de la mujer. Tomemos en cuenta estas dos situaciones tan diversas pero tan reales.

«Mi madre es probablemente mi mejor amiga» dice Dina Farber, reportera de 27 años. «Ella me acepta tal como soy, incluso si fracaso. Yo acudo a ella en busca de consejos y ayuda pero también para mantener una buena conversación. Por supuesto que nos hemos peleado durante estos años pero nunca ha habido un problema tan grande que haya puesto en peligro la naturaleza básica de nuestra relación.»

Una relación
sin igual

La experiencia de Sharon Cook es totalmente distinta. «Mi madre me saca de quicio y siempre lo ha hecho» dice esta abogada de 41 años de edad, totalmente frustrada. «Nada de lo que hago le place. Cuando le hago un regalo me acusa de comprar algo que *a mí* me gusta porque sé que lo voy a heredar. Un año, por su cumpleaños, la llevé a un restaurante francés muy elegante —algo que le encanta pero que nunca hace porque es algo que a mi padre no le gusta nada. Cuando pagué la cuenta me dijo que realmente no era un regalo porque yo también lo había pasado bien. Y dijo también que sólo lo había hecho por no haber tenido tiempo de comprarle un regalo. Encuentro que es tan difícil a veces que me entran ganas de gritar y pegar patadas.»

Pero Sharon ha aprendido también a reírse de lo que ella llama sus apuros. «La visión retorcida que tiene mi madre de mi modo de tratarla me ha enseñado algo. Ahora cuando le hago un regalo *sí* compro lo que *a mí* me gusta. ¡Existe la posibilidad remota de que me lo deje!»

Las relaciones madre/hija a veces son ideales, y otras torcidas. «Pero no hay duda alguna de que la preocupación que sienten las mujeres por sus madres llega al límite de la obsesión» dice la doctora Johnson.

Doble problema

«No *todas* las madres e hijas tienen problemas, pero casi todas tienen problemas en algún momento dado» dice Paula J. Caplan, doctora en filosofía y autora de *Don't Blame Mother* (No culpes a mamá).

Después de todo ¿quién se parece más a usted que su propia madre? Existe una identificación «natural», una identidad femenina compartida que sostiene la unión madre/hija, explica la doctora Johnson.

«Puesto que la relación madre/hija tiende a ser tan estrecha combinan la posibilidad de mucha alegría así como de mucho dolor», añade la doctora Caplan. «Parte del dolor especial entre madre e hija surge porque piensas que la cólera y el alejamiento *no* deben formar parte de la relación madre/hija». De modo que cuando sucede, el dolor es intenso.

De acuerdo con nuestros ideales culturales, explica ella, se supone que la madre tiene que ser amable y cariñosa —igual que su hija. Pero debido a la aptitud instintiva que posee la mujer para comprender las emociones de otra persona, muchas madres e hijas pueden causarse dolor y curar, hacerse daño y producirse placer mejor que nadie.

Agradar a mamá

Dina dice que la aprobación de su madre supone mucho para ella, a pesar de que ella es una adulta que vive a miles de kilómetros de su madre. «Valoro la opinión de mi madre porque aunque se ha equivocado alguna vez en su vida ha sido capaz de corregir sus equivocaciones. Podría casarme fácilmente con un hombre que mi padre no aprobase, pero me costaría muchísimo hacerlo con un hombre que no fuese de la aprobación de mi madre.»

«Cuando mi madre cuestiona o está en franco desacuerdo con una decisión que he tomado me siento fatal» sigue diciendo Dina. «Lo gracioso del caso es que una vez que mi madre se da cuenta de lo afectada que estoy se deshace en disculpas y dulcifica su mensaje.»

Pero demasiada aprobación también puede causar problemas, recalca Rosalind C. Barnett, doctora en filosofía, psicóloga clínica y de investigación en Center for Research on Women en Wellesley College en Massachusetts. «Buscar la aprobación conduce a una lucha constante» dice ella. «Un problema al que cada vez más mujeres jóvenes actuales se enfrentan es la presión procedente de sus madres para que logren ser la mujer con éxito que sus madres nunca fueron.» Tanto si su hija se rinde o rebela, el resultado es una situación sin vencedores. «Rara vez conduce a una vida satisfactoria» dice la doctora Barnett.

A las hijas les puede costar distinguir entre las decisiones que toman ellas solas y las que toman para agradar a sus madres. «En cualquiera de los casos» dice la doctora Barnett, «las cuestiones que quedan sin resolver con la madre pueden influir y distorsionar el éxito o fracaso de la hija».

Lapso generacional

Un motivo importante de falta de comprensión entre madres e hijas es la enorme diferencia que existe en sus vidas. Esto es especialmente cierto en las mujeres que tienen cuarenta y cincuenta años que tienen madres con sesenta y muchos, setenta u ochenta años. De hecho, la idea de una hija adulta con una madre viva es algo nuevo. Hasta 1963, menos del 25 por 100 de las mujeres mayores de 45 años tenían un progenitor vivo —normalmente la madre.

«Comparado con nuestras madres, nosotras estamos bastante mejor educadas, tenemos una posibilidad mayor de desarrollo y actividades profesionales, somos capaces de configurar nuestra vida reproductora en cuanto al número y momento de tener hijos y tenemos más libertad para acabar con un matrimonio destructivo» dice la doctora Barnett. «En resumen, tenemos muchas más opciones de las que tuvieron nuestras madres». Todos los elementos para una relación volátil.

La doctora Barnett dice que en un estudio de hijas de mediana edad, recientemente divorciadas, aproximadamente el 25 por 100 de las mujeres *nunca* habían comentado su relación matrimonial con su madre, típicamente, porque esperaban desaprobación o falta de comprensión por su parte. «Algunas mujeres admitieron retrasar su divorcio debido a la reacción negativa que preveían que tendría su madre.»

Una mujer dijo que su madre se lo hizo pasar muy mal durante un año al conocer que había pedido el divorcio. «Ella insistía que yo no había intentado suficientemente cambiarle» dice ella. «Lo intenté durante 17 años. Pensé que era bastante, pero mi madre insistía que hubiera conseguido que saliese si hubiese insistido. Al final aceptó mi divorcio, pero tardó varios años antes de admitir que estaba mejor así.»

Afortunadamente para las mujeres jóvenes de hoy, dice la doctora Barnett, el lapso generacional no es tan pronunciado. Una mujer de veinte años tiene mucho más en común con su madre (con cuarenta o cincuenta años) que su madre con su abuela; algo que, en parte, puede ser por lo que la relación que Dina y Sharon tienen con sus madres son polos opuestos.

Mayores expectativas

No sería realista esperar que las madres no tengan *algunas* expectativas para sus hijas, dice la doctora Johnson. «Siempre y cuando la madre reconozca que sus expectativas no son necesariamente las que tiene su hija —y lo acepte— la relación deberá ser buena. En una relación buena, la madre entenderá que la hija no mire al mundo como hace ella, o incluso que no comparta los mismos valores o intereses. Puede ser extremadamente perjudicial para la relación madre/hija si son incapaces de apreciarlo» afirma la doctora.

Sharon dice que en realidad tenía una relación excelente con su madre durante sus años adolescentes. «Yo era muy popular en el instituto y tenía muchos admiradores. Eso le gustaba a ella. Me ponía muy pocas limitaciones. Me dejaba ir a fiestas y quedar hasta muy tarde, mucho más tarde que mis amigas. Básicamente confiaba en mí.

«Mirando hacia atrás yo diría que nuestra relación empezó a cambiar cuando escogí mi carrera, que según ella era un trabajo de hombres» dice Sharon, que sigue siendo soltera pero es feliz y está contenta con una relación monógama que dura mucho tiempo. «Ella quería tener nietos. Sigue sin perdonarme el haber roto con un hombre que iba a ser médico y procedía de una familia rica. Según ella yo le dejé alucinado, y ella nunca me ha dejado olvidarlo, incluso en la actualidad. Estamos hablando de hace 20 años.»

Es cierto que el modo de vida de una hija adulta puede afectar a la calidad de la relación que mantiene con su madre, dice la docto-

¿La relación que usted mantiene con su madre le saca de quicio? ¿Le gustaría despertarse una mañana y averiguar, quizás, que usted fue adoptada? ¿Le horroriza pensar que usted *tiene* la posibilidad de convertirse algún día en alguien tan exasperante?

Las relaciones madre/hija no tienen por qué ser así, resalta la psiquiatra Karen Johnson, doctora en medicina, especialista en relaciones de mujeres. Usted como hija puede dar el primer gran paso para mejorar una relación difícil. Se empieza por ver a la madre como un ser humano, no sólo como madre. A partir de ahí usted tiene que tener en cuenta lo siguiente:

Intente comprender los motivos de su madre. «Es importante que usted aprecie de qué modo los factores externos influyen en el estilo de vida de su madre, y por consiguiente en el suyo propio» dice la doctora Johnson. «Una madre que se preocupa en exceso y controla demasiado a su hija cuando ésta llega a la pubertad, por ejemplo, puede reaccionar así por haber sufrido ella abusos sexuales cuando tenía la edad de su hija. Al controlar todas sus actividades lo que intenta, simplemente, es impedir que su hija corra la misma suerte. Mientras tanto, su hija piensa que su madre está siendo desagradable y desea arruinar su vida.»

Conozca la historia de su madre. Cuanto más sepa acerca de su madre más podrá verla como alguien distinta a su madre. Intente recordar lo que sabe acerca de su infancia, sugiere Paula J. Caplan, doctora en filosofía, autora de *Don't Blame Mother* (No culpes a mamá). «Puesto que los niños nos parecen a la mayoría de nosotros muy humanos somos menos propensos a venerar o condenarles como a los adultos.»

Por ejemplo, usted debe saber lo siguiente: ¿Qué edad tenían sus abuelos cuando nació su madre? ¿Cómo fue su vida junto a ellos? ¿Cómo fue su vida desde el punto de vista económico, político y social a medida que pasaron los años?

Busque semejanzas entre usted y su madre. «Pregúntese a sí misma cuál de los siguientes aspectos comparte con ella» dice la doctora Caplan, «valores, temores, postura política, tipos de amigos, creencias religiosas, alimentos preferidos, motivos de alegría y frustración, peculiaridades, gestos, rasgos físicos, estilo, etc.».

Pida a su madre que le cuente cuál fue su experiencia con usted desde el principio. La doctora Caplan sugiere que preguntemos: ¿Cómo fue su embarazo? ¿Cómo era dentro del útero? ¿Pegaba patadas o estaba quieta? ¿Cómo fue el parto? ¿Qué sintió ella la primera vez que la vio? ¿Qué le gustaba de usted cuando era bebé? ¿Qué le molestaba de sus cuidados? ¿Tenía miedo? ¿Piensa que fue una mala madre o una madre inadecuada?

Hágale saber, dice la doctora Caplan, que usted comprende lo difícil que resulta ser madre y que le gustaría saber cómo fue para ella —desde su punto de vista.

Tenga en cuenta las responsabilidades de su madre. «Las madres tienden a cargar excesivamente con las responsabilidades de la crianza de los niños» afirma la doctora Johnson. «No quiero decir solamente las tareas prácticas del día a día, que son de por sí desalentadoras. Hay cosas mayores. Se tiende a hacer que las madres sean responsables también del bienestar psicológico de sus hijos. A menudo son las primeras personas a las que se les echa la culpa cuando algo va mal.»

No piense que su madre no era vulnerable o era todopoderosa. Cuanto más sepa acerca de las dificultades que ella tuvo al criarla, más amable será con sus sentimientos hacia ella, dice la doctora Caplan. En otras palabras, piense en cómo los problemas a los que tuvo que enfrentarse pudieron haber influido en cómo le trataba. «¿Recuerda momentos en los que parecía estar demasiado cansada para jugar con usted o excesivamente irritable o con demasiada necesidad de afecto? ¿Podrían haber sido esos momentos cuando peor lo estuvo pasando?»

Como dijo una mujer, ella nunca fue consciente de lo infeliz que fue el matrimonio de su madre con su padre hasta que su madre se divor-

ció. «Cuando vi lo tranquila y alegre que estaba
después del divorcio y de su segundo matrimonio
finalmente comprendí que su mal humor tenía
poco que ver conmigo.»

Póngase en su lugar. No importa lo distinta
que sea de su madre, intente imaginar cómo hubiera sido si tuviera que vivir la vida de su madre,
dice la doctora Johnson. «Yo lo hice recientemente
y decidí que mi madre hizo lo mejor que pudo en
esas circunstancias.»

ra Johnson. Pero tiene que verlo desde la perspectiva correcta. «Uno
de los factores más importantes para una madre puede ser si su hija
está o no "colocada". Estar colocada significa tener la sensación de
que se hace y se ha hecho lo que ella quiere, haber concretado planes
para el futuro y poder imaginar cómo será su vida. En una relación positiva es posible que la madre no esté de acuerdo con la elección
tomada por su hija, pero reconoce que su hija tiene derecho a hacerlo
porque es una persona que se ha desarrollado a su modo.»

Regañina materna: una mala relación

Es bueno saber que éste es el modo de ser habitual. A pesar de la
tendencia cultural nuestra de culpar a mamá de los problemas de la
hija, dice la doctora Barnett, «vemos que, en general, las hijas tienen
relaciones positivas con sus madres».

Según un estudio realizado con 238 mujeres de mediana edad, la
doctora Barnett halló que para cuando la mujer cumple los 35 años,
consigue «ponerse de acuerdo» con su madre.

Asimismo halló que existía una correlación entre la calidad de la
relación madre/hija y la salud psicológica de la hija. «La mayoría de
las hijas que piensan que tienen una buena relación con sus madres
notificaban también tener una mayor autoestima, satisfacción general
con la vida, felicidad y optimismo, que las hijas cuya relación con sus
madres era más problemática» dice ella.

Cuando una relación es mala, dice la doctora, las hijas más jóvenes,
que son solteras o que no tienen hijos propios son las que aparentemente sufren más. «En otras palabras, cuantos menos papeles desem-
peñemos como adultas más importante es para nuestra salud mental
la relación que mantenemos con nuestra madre.»

La imagen reflejada

De hecho, tener un hijo propio puede ayudar a enmendar una solución difícil, dice la doctora Johnson. «Existe un cambio dinámico que tiene lugar una vez que la hija tiene un hijo propio. Por primera vez realmente compartes el mismo rol con la propia madre» explica ella. «Muchas mujeres opinan que cuando se convierten en madres se entienden con sus madres mucho mejor que antes.»

Charlotte Campbell no podía estar más de acuerdo. «Cuando mi hija cumplió los 18 y se fue al instituto pensé que mi labor había terminado y que podía relajarme» dice la planificadora económica de 47 años de edad. «Para mí fue una auténtica sorpresa comprobar que cuando mi hija tenía problemas yo reaccionaba del mismo modo que lo hacía cuando tenía 7 ó 12 años. Ahora comprendo por qué mi madre se inquieta cuando me voy de viaje de negocios sola o cuando tengo un contratiempo en el trabajo.»

Después de todo, dice ella, «una vez que se es madre, siempre se es madre».

MANCHAS

l acné nunca ha sido un problema de los adolescentes. De hecho, si usted tiene más de 30 años y sigue luchando contra las manchas, no es la única. Pregunte a cualquier dermatólogo.

«No resulta agradable enfrentarse al mundo con un cutis malo», admite Amy Miller, una contable de 31 años de edad. «Cuando yo era adolescente, los demás niños me llamaban cara de pizza. Yo usaba gruesas capas de maquillaje e intentaba ignorar los insultos, pero a pesar de todo era una experiencia dolorosa. Incluso ahora, cuando me sale un solo grano en la cara, vuelvo a sentir el horror que sentía antes.»

¿Una reacción exagerada en una mujer hipersensible? Difícilmente. «Vivimos en una sociedad extremadamente visual» dice Nia Terezakis, doctora en medicina, catedrática clínica de dermatología, en la Facultad de Medicina de la Universidad de Tulane, y dermatóloga en ejercicio en Nueva Orleans. «Los problemas cutáneos, y especialmente aquellos que están en la cara, le hacen pensar que todo el mundo se fija en sus imperfecciones. Por supuesto que, a usted le gustaría pensar que las personas le van a querer por lo que usted es, y la realidad es que la mayoría así lo hacen. Pero existe esa inseguridad dentro de muchas de nosotras.»

La doctora Terezakis a menudo ve las cicatrices físicas y emocionales que puede dejar un cutis malo. «He estado tratando a una mujer durante una serie de años debido a importantes cicatrices producidas por el acné; es de los peores casos que he visto», dice. «Parecía una anciana, con 20 años, ya que las cicatrices profundas sobresalían semejando arrugas. Si usted la viese hoy, vería a una maravillosa mujer joven con un bonito cutis. A pesar de todo, se siente tan insegura que no deja que le dé de alta.»

El descubrimiento para los granos

De lo que es posible que usted no se dé cuenta es de que se ha avanzado mucho en el conocimiento de las causas y tratamientos para el acné, desde que usted era una chiquilla que luchaba contra su primer grano. Los estudios científicos realizados en los últimos 15 años han demostrado que *no* es lo que usted come lo que hace que le salgan granos. La herencia es el factor más importante determinante de la aparición de manchas.

El estrés, por otro lado, se piensa que es responsable en una persona predispuesta, a pesar de que, como señaló un investigador, resultaría muy difícil probar esto en estudios controlados. Después de todo, ¿a quién le gustaría que le sometiesen a una gran tensión para averiguar si le salen granos o manchas en la cara? Con todo, los dermatólogos tienen miles de pacientes cuya frecuencia de acné puede relacionarse con momentos estresantes en sus vidas.

Julie Sandburg, una programadora informática de 25 años de edad, sabe lo que el estrés puede hacer. «Solían salirme granos antes de los exámenes finales, cuando estaba en el colegio», dice ella. «Era tan consciente de ello que cuando hablaba con las personas, giraba la cara para mostrar el lado bueno. O no dejaba de pasarme los dedos por el pelo para evitar que se fijasen en mi cara. Lo que más me preocupaba es que el chico con quien había quedado intentase tocarme la cara y notase los granos.» Julie buscó la ayuda de un dermatólogo y se apuntó también a un curso de control del estrés que ofrecía su colegio. Dijo que esta mezcla hizo maravillas en su psique y en su piel.

El arsenal anti-acné

Los dermatólogos actuales poseen muchas armas en su arsenal anti-acné. La doctora Terezakis recomienda a menudo el ácido retinoico para los casos peores. «Este fármaco es absolutamente sensacional para el acné. Yo he tenido pacientes tan asustadas con la idea de que se retirase del mercado, que estaban dispuestas a ir a Washington. Me dicen que les gustaría guardar una cantidad en sus congeladores para que sus hijos nunca tuvieran que pasar lo que ellas han pasado», dice la doctora.

Sin embargo, es un medicamento controvertido, ya que puede producir defectos en el feto. Los médicos advierten que no se debe usar si existe alguna posibilidad, aunque sea remota, de quedarse embarazada. Asimismo, no debe iniciar el tratamiento hasta después de tener la primera menstruación normal después de un resultado negativo en la prueba del embarazo. También posee efectos secundarios, como reducción de la visión nocturna y conjuntivitis aguda infecciosa.

Una vez desaparecido el acné, dice la doctora Terezakis que la forma tópica de este medicamento puede mantener su cutis nuevo. «Si el acné deja cicatrices profundas, las inyecciones de colágeno pueden ayudar a alisar la piel.»

Presentación de un poro perfecto

Puesto que el acné del adulto es una dolencia crónica, usted tendrá que seguir un programa regular de prevención, para eliminar la grasa y el acné que hacen que las bacterias obstruyan sus poros. Esto significa conservar los poros lo más limpios posible. Los médicos recomiendan usar una esponja suave o la mano y un jabón suave, como Dove, Purpose o Neutrogena. El lavado enérgico de cara para limpiar los poros puede irritar la piel y empeorar la situación. La doctora de Julie le recomendó también que usase una loción limpiadora que contenga ácido salicílico, que ayuda a eliminar el material de desecho, de un modo relativamente suave.

Para evitar la aparición de nuevas manchas, y limitar la gravedad de los granos, en caso de aparecer, usar una loción antibacteriana que contenga peróxido de benzoilo. Y no olvide los parches que ocultan las manchas a la vez que las secan.

Julie dice que después de probar todos los productos posibles, incluyendo antibióticos, al final halló un sistema que ha conseguido eliminar prácticamente la piel de granos. Consiste en lavarse la cara dos veces al día con un jabón suave y usar una loción limpiadora que contiene ácido salicílico y una crema que contiene peróxido de benzoilo por la noche.

Según ella, esto combinado con un control del estrés, es el truco. «Y vale la pena el esfuerzo. Ahora puedo llevar el pelo retirado de la cara, y a veces recogido atrás. Mi piel está mejor que nunca, suave como la crema y con color de melocotón.»

MATERNIDAD

Muchas de las madres actuales fueron criadas y educadas según la imagen de Donna Reed y June Cleaver, esas milagrosas madres de la pequeña pantalla que tenían hijos maravillosos y casas extremadamente limpias sin alzar la voz o la mano. Las niñas de hoy aprenden el oficio de Clair Huxtable de «The Cosby Show», que sólo difiere de sus predecesoras por añadir la carrera de abogado a su currículum.

¿A quién podemos dirigirnos para tener una cierta dosis de realidad? Tal vez lo más cerca a lo que se puede llegar para comprender un poco mejor lo que es la maternidad es hablando con otras madres que, por lo general con pocos recursos, mostrarán «con todas sus imperfecciones» lo que realmente es la profesión más antigua del mundo. Eso es lo que las investigadoras Eva Margolies y Louis Genevie, doctora en filosofía,

Los mitos, los misterios y la magia

hicieron cuando entrevistaron a 1.100 madres de todas las edades y publicaron los resultados en su libro *The Motherhood Report: How Women Feel about Being Mothers* (Informe sobre la maternidad: Qué opinan las mujeres del hecho de ser madres).

¿Cuáles fueron sus hallazgos? Sólo una de cada cuatro mujeres tenía sentimientos muy positivos acerca de la maternidad y una de cada cinco lo veía desde una perspectiva muy negativa. La mayoría de las madres tenían sentimientos encontrados, pero existe una parte positiva en esta visión decididamente pesimista de la maternidad; aunque para la mayoría de las madres los momentos malos superan a los buenos, al final los momentos buenos *compensan* los malos, algo importante. Como dicen las investigadoras, «un poco de alegría hace mucho» —porque tiene que ser así.

Un tipo de amor diferente

Convertirse en madres es posible que sea el cambio más distinto para cualquier mujer en su vida, mucho mayor que escoger una profesión o casarse. Considerado en la mayoría de las culturas como el inicio de la edad adulta, la maternidad puede que sea la conexión más íntima que un ser humano tiene con otro. Es una relación que normalmente empieza con simbiosis —embarazo— y está para siempre influido por la primera vez que la mujer siente la «identidad» del hijo. La sensación durante el embarazo de que «todo lo que le pase al bebé me pasa a mí» persiste mucho después del parto.

«El corazón se le destroza de un modo nunca esperado» dice Christiane Northrup, doctora en medicina, profesora clínica agregada de obstetricia y ginecología en la University of Vermont College of Medicine, copresidenta de la American Holistic Medical Association y madre de dos hijos. «Usted sabe lo que es enamorarse de alguien, pero hasta que no se tiene un hijo no se tiene ni idea de lo que es amar a alguien por el que estarías dispuesto a dar tu vida.»

De hecho, muchas mujeres se sorprenden de la intensidad de los sentimientos que tienen hacia sus hijos que, en algunos casos, son más profundos que en otras relaciones de amor.

«Por primera vez en la vida no puedes pensar en la idea de perder a alguien; resulta inaceptable para usted y piensa que sería incapaz de sobrevivir en caso de perderles» dice la psicóloga Ellen McGrath, doctora en filosofía, directora ejecutiva de Psychology Center en Laguna Beach, California, madre también de dos hijos. «En nuestra cultura la mayoría de las mujeres están preparadas por si pierden a sus maridos, porque así es como es. Si pierdes al marido puedes encontrar otro fácilmente. Pero un hijo es irreemplazable.»

Una madre dice que siente que se ha vuelto «un rehén de la

fortuna» con el nacimiento de su único hijo. «Es tan valioso para mí que me siento horriblemente vulnerable» admite ella. «Temo tanto que le pueda pasar algo que me obsesiona la idea de tener otro hijo. Pero sé que ésa no es la respuesta.»

El amor materno no es competencia puramente de la mujer que da a luz. La unión madre/hijo no es menos fuerte en el caso de la mayoría de las madres adoptivas.

Rachel McGinnis es una analista financiera de 36 años de edad que seguía sin casarse a los 30 años pero deseaba tener hijos. A través de una amiga supo que una agencia buscaba padres que acogiesen a niños en la familia para niños nacidos de madres con sida. Ella recogió a su primer hijo, Pedro, un encanto rubio y de pelo rizado. La experiencia resultó tan gratificante que al final adoptó otros tres hijos. Todos, a excepción de uno, no presentan la enfermedad. Joey, de tres años de edad, tiene sida y ha estado ingresado de vez en cuando en el hospital durante un año, con una serie de dolencias relacionadas con la enfermedad.

«Cuando Joey llegó a mi casa yo sabía que iba a morir» dice Rachel. «Cuando cayó enfermo la mayoría de las personas pensaron que yo iba a ser capaz de soportarlo. Era como si se estuviese muriendo una parte de mí con él y volvía a nacer cuando mejoraba. Las personas tienden a pensar, "Oh, son adoptados, si algo les pasa puedes conseguir otro". Pero adoptar a un niño y dar a luz uno es prácticamente lo mismo. El niño adoptado simplemente crece en una parte distinta de tu cuerpo, en el corazón.»

Las dos caras de mamá

Existe también la otra cara de mamá. En el estudio realizado por Margolies/Genevie, el 45 por 100 de todas las madres dijeron que las responsabilidades cotidianas de criar a los niños resultaban más penosas que agradables. Más de un tercio dijo que les faltaba suficiente paciencia y casi la mitad dijo que no controlaban su humor muy bien con sus hijos. Algunas incluso admitieron tener ideas de revancha, una válvula de escape «segura» para las furias de la maternidad que bien podrían servir para alertar a las madres de su frustración antes de que se escape de sus manos. ¿Qué origina estos sentimientos ambivalentes y a veces negativos?

Parte de la ambivalencia que se puede tener como madre puede ser, tal vez, la sensación inconsciente de que se ha acabado la vida que tenía antes —y así es—. Los cambios que los niños pueden suponer en su vida son espectaculares y profundos. Todo es diferente, desde la hora de despertarse por las mañanas hasta el tipo de relaciones que tiene con personas importantes en su vida.

Para ayudar a algunas de sus clientas a tener una perspectiva más realista de la maternidad, Suzanne Pope, doctora en filosofía, directora del Colorado Institute for Marriage and the Family, en Boulder, les pide que realicen un ejercicio. Les pide que hagan una lista de todo lo que hacen en su vida, «desde las pequeñas cosas a las grandes, desde que se levantan por la mañana hasta sus relaciones y lo que hacen profesionalmente». Luego dice, «Les digo que imaginen que cada una de esas cosas cambia. Quiero que sientan la abrumadora frustración que se siente cuando imaginan que cambia cada una de las cosas de su vida. Luego les digo que se imaginen que están tan agotadas que no pueden aguantarlo. Eso es pérdida, y nosotros vivimos en una cultura que no soporta el hecho de que esto es una pérdida. La única palabra que menciono en relación con la maternidad es "renuncia". Se le pide que renuncie al control que tiene sobre su vida».

Ni siquiera el tiempo vuelve a ser suyo. Con los hijos no resulta fácil tener un fin de semana romántico. No puedes salir a la tienda a comprar una botella de leche sin tener que hacer algún arreglo. Es posible que le resulte difícil hasta hacer la cosa más sencilla.

Los niños le despiertan de un sueño profundo, cogen una rabieta en el supermercado, no comen lo que les prepara, cambian de idea 15 veces por segundo, son insolentes, rebeldes e ilógicos —a veces hasta después de la adolescencia. «A veces pienso que estoy criando a Sybil» dice una madre de dos niños que empiezan a andar, refiriéndose al pseudónimo de una mujer con múltiples personalidades, que fue tema de un libro y de una película. «Es algo así como, ¿quién eres hoy?».

Pero hay más acerca de la ambivalencia que la sensación de pérdida y los aspectos a menudo molestos de la crianza del niño. Inicias una relación que puede ser la «más conmovedora e intensa de toda tu vida» dice la doctora Pope. «Una relación tan poderosa le poseerá. No sólo pierde parte de su vida sino que entra en una relación que a veces le poseerá. Lo que debería pensar es, "¡No es de extrañar que me sienta como me siento!"».

La realidad

Por desgracia muchas mujeres —tal vez la gran mayoría— llegan a la maternidad sin estar preparadas para estas realidades. De hecho muchas madres llegan a la maternidad con ilusiones de ser la madre «perfecta».

En el estudio realizado por Margolies y la doctora Genevie se vio que entre las madres que participaron en el estudio, sólo una de cada cuatro sabía realmente lo que era la maternidad. El 70 por 100 tenían una sensación poco clara de la maternidad algo así como si se volviese a poner «The Donna Reed Show», en donde los niños eran siempre simpáticos y cariñosos y se portaban bien y los padres siempre estaban de buen humor y eran muy comprensivos. Para muchos su único contacto con niños era cuando hacían de canguros o cuando tenían que quedarse a cuidar a sobrinos y sobrinas, que tendían a estar lo mejor posible. Por consiguiente vieron las alegrías y nada de las responsabilidades. Muchas, cuyas experiencias deberían haberlas hecho más realistas, querían ser «madres perfectas» para procurar congraciarse con alguien por su propia infancia imperfecta. Con todo, dicen las investigadoras, aquellas personas con actitudes realistas tuvieron menos problemas con las vicisitudes de la maternidad.

No hay un modelo de rol «real»

¿Cómo conseguir una actitud realista cuando resulta prácticamente un anatema decir algo malo acerca de la maternidad? Nuestras

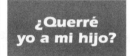

¿Querré yo a mi hijo?

Pocas mujeres, si las hay, están preparadas para ser madres. «Cuando mis amigas me preguntan cómo serán sus vidas una vez que nazca el bebé, yo siempre les digo, "¿Sabes cómo es ahora? Ya nunca volverá a ser así"», dice una madre.

Durante el embarazo, muchas mujeres sólo piensan en el parto. Pero a medida que se aproxima el nacimiento del bebé muchas se preguntan: ¿Querré a mi hijo?

No espere que el amor llegue a primera vista, advierten los psicólogos. Se ha observado en múltiples estudios que aunque la mayoría de las mujeres tienen una actitud muy positiva hacia su bebé, un número importante muestran una actitud indiferente o negativa. Incluso entre aquellas mujeres que tienen una actitud positiva, no todas llaman a sus sentimientos amor. Incluso en la relación madre/hijo el amor es algo que va surgiendo. Para algunas mujeres, aparece en cuestión de minutos, mientras que para otras tarda días, semanas o incluso meses en aparecer.

En los últimos años, muchos investigadores han cuestionado la idea de que exista un «período crítico» para la unión. Anteriormente se pensaba que el contacto directo era necesario dentro de las primeras 24 horas para garantizar una unión normal. Hoy los expertos reconocen que el contacto con el bebé es sólo uno de los muchos factores que influyen en el afecto que la madre siente

madres —nuestros primeros modelos de rol— pueden ser de poca ayuda. Atender al hogar y a los niños era su único motivo de autoestima. La mayoría de las madres de hoy trabajan además de cargar con la responsabilidad de los niños y del hogar. «Nuestras madres no pueden enseñarnos porque no vivieron como nosotras vivimos» dice la doctora McGrath.

A menudo existe un lapso «de realidad» entre las madres actuales y sus madres. «Recuerdo intentar hablar con mi madre sobre cómo me sentía» dice Lynda Carroll, fotoestilista y madre de dos hijas que tienen ahora veintitantos años. «Muchas veces odiaba ser madre. Me sentía culpable por no gustarme jugar con mis hijas. Pensaba que todo lo que pudiera interesar a una niña de tres años sería aburrido para mí. Pregunté a mi madre si en alguna ocasión sintió lo mismo y se quedó pasmada. «Oh, no» dijo ella. «Me encantaba ser madre». «Lo que impli-

por su hijo. En un estudio, sin embargo, las madres que sentían amor por sus hijos el primer día de parto dijeron que sucedió durante un momento bastante íntimo.

Pero no se alarme si averigua que posee sentimientos ambivalentes hacia su nuevo hijo. Está en buena compañía. En *The Motherhood Report* (Informe sobre la maternidad) escrito por las investigadoras Eva Margolies y Louis Genevie, doctora en filosofía, muchas madres con hijos menores de 12 años dijeron que la primera etapa era la fase que menos preferían de la infancia. En un estudio se vio que era normal que las madres expresasen simultáneamente emociones positivas y negativas hacia sus bebés. Algunas madres decían que resentían la época en que sus hijos exigían su atención pero al mismo tiempo admiten que les encanta ocuparse de ellos.

Por lo general los primeros tres meses de vida de su bebé serán los peores para usted porque el bebé es posible que no duerma (ni tampoco usted) o dé la lata a menudo, y usted puede tener problemas con la lactancia materna. Durante ese tiempo los sentimientos negativos parecen superar a los positivos, pero la mayoría de las mujeres comprueban que su afecto crece a medida que crece el niño. Una vez que empiece a comprender a su bebé —un extraño, a pesar de todo— y él empiece a sonreírle y a arrullarle, es muy probable que aparezca el amor.

caba, por supuesto, que algo raro me pasaba a mí. Incluso yo lo llegué a pensar.»

La falta de unos buenos modelos de rol para la maternidad hace que las madres de hoy estén en desventaja pudiendo contribuir a la creación del mito. «Pienso que la mayoría de nosotras tenemos una idea bastante irreal por contar con tan pocos modelos reales, de modo que creamos nuestra propia idea de lo que se supone que tiene que ser la maternidad» dice la doctora MacGrath. «Muchas de nosotras negamos nuestros temores construyendo algo mucho más positivo de lo que pudiera existir.»

Acudir a otras madres —a través de grupos de apoyo para padres o grupos de madres/bebés del vecindario— puede servir para hacer que se desvanezca el mito de madre que tenemos, siempre que todas vean el grupo como un modo de compartir experiencias más que como una oportunidad para fanfarronear. Pero si todos son francos —y la mayoría lo serán— usted podrá comprobar que sus sentimientos negativos y ambivalentes son normales.

Estrés: el riesgo laboral

También podrá ver que la mayoría de las madres consideran la maternidad estresante. De hecho, una investigadora denomina al estrés un riesgo laboral con tiempo limitado para las madres jovenes. Cualquier mujer puede comprender perfectamente a la madre que puntúe como «muy estresante» el día en que su hijo, atado al asiento de un coche de carreras, logró que empezase a andar el coche y se cayera por un barranco de un metro y medio de alto. Ni el niño ni el coche sufrieron daños pero la investigadora añadió un informe de los daños muy distinto en relación con la madre.

¿Cómo afrontar este tipo de estrés?

Abby King, doctora en filosofía, antigua investigadora científica en Stanford University School of Medicine's Center for Research in Disease Prevention aconseja que se tome un tiempo para usted misma. «En uno de los estudios que hicimos con madres trabajadoras —la mayoría de ellas eran madres— les animábamos a que pasasen media hora al día haciendo algo de su agrado. A algunas de ellas les costó identificar qué les agradaba hacer, ya que hacía tanto tiempo que no lo hacían. Otras se sentían culpables por tener un tiempo para sí mismas. Cuidar de uno mismo será positivo para la familia. No sólo será usted quien esté mejor. Tiene que sentirse tranquila por el hecho de ser usted una prioridad.»

Una actividad agradable que la doctora King sugiere es el ejercicio. Varios estudios que ha realizado con sus compañeras indican que algo tan sencillo como media hora andando es un antídoto para el estrés. «Primero proporciona un tiempo alejado del estrés. Segundo, a través de algún mecanismo físico o psicológico, estar al aire libre, respirando, socializándose, parece tener otras ventajas» dice ella.

Un paseo diario podría ayudar también «en las depresiones posparto, aumento de peso y fatiga» sugiere la doctora King. «En lo que respecta a la imagen corporal y autoestima hemos podido comprobar que el ejercicio posee buenos efectos. Las mujeres que hacen ejercicio sienten que tienen más control sobre sus vidas, algo que se ha demostrado que es un buen reductor del estrés.»

La culpa

No es de extrañar que tantas madres se sientan estresadas, sobre todo si tenemos en cuenta lo susceptibles que son a sentir culpa. Resulta fácil sentirse culpable por no hacer lo suficiente por los hijos, o por pensar que no está actuando correctamente.

En un estudio llevado a cabo en California hace varios años los investigadores hallaron que los estudiantes de instituto que ellos estudiaban eran más propensos a culpar a sus madres que a sus padres por sus problemas emocionales. (Desde el punto de vista positivo los estudiantes tendían a culparse más a menudo a sí mismos y a la sociedad por sus problemas en vez de culpar a sus madres.)

Aunque nadie puede restar importancia a una madre cariñosa y que reacciona con entusiasmo ante el desarrollo emocional del hijo, el hijo es mucho más de lo que su madre ha hecho que sea, dicen los psicólogos. El niño está influenciado por sus genes y por el resto de las personas que rodean su vida, y los estudios sugieren que el niño puede intervenir en su propia educación. Su temperamento puede, en realidad, influir en la forma que tiene su madre de tratarlo. De hecho, Margolies y la doctora Genevie extraen de su estudio que «los niños mejores producen madres mejores».

«Si usted participa en un grupo de madres/hijos podrá apreciar todas las formas que existen de cuidar a los hijos y verá que ninguna es perfecta» dice la doctora Pope. «Se adquiere un sentido del modo propio y también adquiere una idea de la unicidad de su hijo.»

Una vez que ve que otras madres tienen los mismos problemas es posible que le anime a no exigirse demasiado a sí misma. Nadie puede esperar ser —o deberían esperar que fuese— la madre perfecta.

Hacer bastante ya es suficiente

El término *madre bastante buena* se inventó en 1965, y el concepto puede servir como antídoto de la necesidad, si la tiene, de ser «la madre perfecta».

La madre bastante buena actúa lo mejor que puede, reconociendo que a veces cometerá errores pero que actuará correctamente lo bastante a menudo como para criar niños «suficientemente buenos». También aprende a fiarse de sus juicios. Después de todo ella conoce a su hijo mejor que nadie, incluidos los expertos. Tiene que confiar en su capacidad de «actuar bien» incluso si se opone abiertamente a otras opiniones.

«La madre bastante buena sabe que en realidad no existe un modo perfecto» dice la doctora Pope. «Sabe que no existe ningún manual en ninguna parte. Sabe que cometerá errores. Opera desde su propia conexión entre ella y su hijo, de lo que sabe de sí misma y lo que sabe de su hijo. Ella respeta su relación con sus hijos más que la opinión de cualquier otro.»

Como madre es muy probable que oiga, tanto si las palabras juiciosas provienen de su propia madre, del último libro sobre paternidad como de un extraño de la calle que se pregunta si su hijo «no debiera de ir un poco más controlado». A menudo resulta difícil oír su propia voz por encima de la de los demás, pero eso es lo que tiene que hacer. «Ante todo tiene que estar comprometida con la idea de que usted tiene algo de juicio» dice la doctora Pope.

A veces, dice ella, sugiere que las madres escriban un diario para que les ayude a estar de acuerdo con sus propias técnicas y conocimientos maternos. También recomienda que las mujeres lean y presten atención a la mayor cantidad de consejos posible. «Entonces se da cuenta de lo contradictorio que resulta todo, pudiendo forzarle a reivindicar su propio juicio para con su hijo, y reivindicar su posición como madre» dice. «Tiene que darse cuenta de que está abriendo su propio camino personal con su hijo, algo que resulta amenazador pero también emocionante. Usted es el mejor experto que puede conseguir.»

Diane Mayer dice que aprendió todo lo que sabe acerca de crianza del niño de sus hijos. «Cuando volví a casa con mi hijo mayor, Jason, seguía pensando cómo responder a su llanto. Un libro que había leído decía que lo mejor es cogerle en brazos; otro decía lo contrario. Luego estaba mi madre que me decía lo que tenía que hacer, y mi suegra diciéndome lo que ella hacía. ¿Qué podía hacer yo? Cuando Jason lloraba yo tenía la irresistible necesidad de cogerle y consolarle. Y eso hacía. Me sentía fenomenal. Después de esa ocasión nunca dudé de mis actos.»

Cambio en el matrimonio

Su matrimonio es la fundación sobre la que usted crea una familia, y su compañero es lo que los psicólogos llaman un factor psicosocial, su mejor apuesta contra el estrés.

A pesar de todo, Margolies y la doctora Genevie informan que el número de mujeres que dijeron que su matrimonio fue a peor después de tener hijos era el doble que el número de mujeres que dijeron que había mejorado.

«Otros estudios muestran también que empeora la relación marital, da un buen bajón y sigue así hasta que el último hijo se va de casa» dice la doctora Pope. «Esto proyecta una sombra sobre la idea de la posibilidad de tener un buen matrimonio y un hijo a la vez.»

¿Desesperada? No, dice la doctora Pope, sólo enfrentada a un reto. «Cuando se tienen hijos no puede esperar simplemente que todo vaya bien. Existe una tasa de divorcio bastante elevada cuando los niños abandonan el hogar. La pareja piensa que ya no les queda nada o que han evolucionado de formas muy distintas. Lo que significa eso es que las personas tienen que comprometerse para recuperar su relación.»

Para cuando su hijo cumple los dieciocho meses o los dos años, cuando exige menos de usted y usted está un poco más descansada, usted necesita realmente «volver a conectar», dice la doctora Pope. Su matrimonio tiene que recuperar nuevamente la prioridad.

«Durante los dos primeros años es normal dejar a un lado la relación, por el momento, para que la pareja se oriente alrededor del niño, pero incluso durante ese período es importante ocuparse del otro regularmente» dice ella.

Estar pendiente de los sentimientos del otro. Como madre, es posible que usted esté agotada, no sólo por las horas de dedicación o por la falta de tiempo, sino porque siente que es lo más importante del mundo. Su marido puede pensar que es el guardián del hogar, un funcionario que realiza trabajos raros pero que carece de un papel concreto en la familia. «No piense que transcurridas tres semanas después de dar a luz se va a ir a bailar» dice la doctora Pope. «Tenga paciencia uno con el otro y sean conscientes de a lo que se está enfrentando cada uno de ustedes. No tome nada como algo personal y hablen del momento en que recuperarán un tiempo para estar juntos. Mantenga encendida la luz al final del túnel.»

MATERNIDAD FRENTE A PROFESIÓN

A finales de los ochenta, en los momentos más críticos del nuevo boom de natalidad, se lanzó una revista llamada *Parenting*. Iba dirigida a los padres modernos con muchos ingresos y, si su publicidad pudiera dar alguna indicación, a la necesidad de pañales desechables. En otras palabras, a la pareja con dos profesionales que aparcan dos coches en el garaje y tienen a los niños en una guardería.

Pero en mayo de 1988 la revista publicó una historia atípica en su portada. «Madres quedaos en casa» decían triunfantemente los titulares de la portada. «Una elección que funciona.»

A la mayoría de los lectores de *Parenting* esa frase debe de haberles causado sorpresa. Educados con imágenes de amas de casa enjoyadas mientras quitan el polvo, su mente se ha forjado con las ideas de los años sesenta y setenta, cuando el movimiento femenino les garantizaba que la mujer tenía que estar en cualquier sitio menos en casa. La mayoría de las mujeres han tomado ese consejo al pie de la letra. En un estudio realizado en la Universidad de California del Sur, sólo un 3 por 100 de las mujeres antiguas estudiantes en 1986 esperaban pasar todo el tiempo en casa para cuando cumpliesen los 30, comparado con el 12 por 100 que eran antiguas estudiantes en 1976. Aparentemente también se forjó la conciencia de los hombres jóvenes, aunque no tanto. Una tercera parte de la clase de chicos de 1986 pensaba que las madres tenían que estar en casa con sus hijos, comparado con el 50 por 100 de la clase de 1976.

Sin contar con estadísticas comparativas, el artículo publicado en *Parenting* implicaba que muchas mujeres, aunque no regresen a sus casas en multitud, están optando por quedarse en casa y ocuparse de los niños en vez de ejercer su profesión. Según estadísticas proporcionadas por el Departamento de Trabajo en 1990 había poco más de 11 millones de mujeres —33,3 por 100 de todas las madres— que decidieron permanecer en casa. Aunque esa cifra es inferior a la que existía en 1988 —cuando el 35 por 100 de todas las madres, o 11,6 millones de mujeres tomaban la maternidad como profesión— indica que está disminuyendo el deseo de las madres de dejar el cuidado de sus hijos en manos de otros.

¿Quién regresa a casa?

Si existe una nueva madre que se queda en casa es aquella que ha descubierto que la maternidad ofrece una satisfacción emocional nunca soñada que incluso el trabajo más lucrativo y prestigioso no podría ofrecer; la mujer que pensaba que sus sueños se encontraban en una carrera profesional, hasta que nació su hijo. Una mujer como Carol Marden.

Si alguien hubiese dicho a Carol que a los 36 años se dedicaría exclusivamente a su hijo ella se hubiera reído. «Yo había hecho un MBA (título universitario de administración de empresas). No estaba dispuesta a malgastarlo en casa» dice ella. «Quería ser presidenta de una compañía cuando tuviera treinta y tantos años. Siempre había deseado *más*».

Pero en 1986 después de que naciese su primer hijo, Carol se encontró enfrentada a una elección sorprendentemente difícil. Mientras estuvo de baja maternal, la división de la compañía Fortune 500 donde ella trabajaba le ofreció ser presidenta. «Aunque era lo que siempre había deseado, realmente tuve que pensármelo» dice Carol. «Me sentía muy unida a mi hijo y no quería dejarle.»

Su marido la convenció para que «aceptase su sueño» y así lo hizo, a pesar de que supuso viajar mucho y un horario muy duro.

Pero tras el nacimiento de su segundo hijo, tres años después, Carol regresó a casa. No lo dudó. No se arrepintió. «Cuando pasen una serie de años, me gustaría iniciar una compañía casera» dice Carol. «Pero por ahora soy más feliz de lo que nunca fui. No necesito nada más. Tengo todo lo que necesito.»

¿Un final feliz? Para muchas mujeres sí. ¿Pero es ésa su elección? A veces puede resultar atractivo, pero ejercer de madre las 24 horas del día no resulta ciertamente fácil. «Yo conozco a mujeres profesionales y cada vez que tienen un hijo se preguntan si les gustaría quedarse en casa» dice Gisela Booth, doctora en filosofía, psicóloga clínica y profesora clínica agregada en Northwestern University en

Mamá, deja que los niños sean niños

Cuando su trabajo consiste en criar niños resulta tentador utilizarles para llenar sus necesidades de autoestima, dice Gisela Booth, doctora en filosofía, catedrática en Northwestern University en Chicago. Ello supone una terrible carga para los niños. Si usted espera que sean perfectos les está abocando al fracaso —y también a usted misma.

De hecho, algunas mujeres piensan que puesto que se quedan en casa sus niños son más propensos a salir mejores que los niños de enfrente, cuyos padres trabajan fuera. Pero los niños no llegan con un manual de instrucción de infalibilidad, o cualquier garantía.

«La mujer que se queda en casa puede de hecho controlar demasiado a los niños y no dejarles suficiente independencia» dice la psicóloga Matti Gershenfeld, doctora en filosofía, procedente de Couples Learning Center en Pennsylvania. «Si usted ha renunciado a su carrera por sus hijos, porque desea que sean perfectos, tiene que decirse a sí misma, «Pues bien, no lo van a ser. Hago esto porque pienso que mis hijos son muy, muy importantes y que merece la pena dedicarles mi tiempo y mis esfuerzos, y deseo darles lo mejor. Eso es lo único que usted puede esperar.»

Éstos son algunos otros consejos que los psicólogos ofrecen para no perder la cabeza mientras se está en casa.

Tome algún tiempo de descanso. Cuando decide quedarse en casa con los hijos está firmando

Chicago. «Atraviesan una especie de fantasía melancólica de lo bonito que resultaría quedarse en casa, al menos durante unos años. Después de pocos meses, la mayoría deciden que no.»

Un trabajo nada fácil

¿Por qué son más las madres que deciden renunciar a lo que parece una buena vida? En muchos casos probablemente el aspecto económico desempeñe un papel crucial. Actualmente la familia con un único sueldo resulta una anomalía económica. Pero es posible que

---

un trabajo de 24 horas al día. Necesitará descansar incluso más que la madre que trabaja fuera del hogar. Si es posible, contrate a un canguro una vez por semana y salga con su marido o con algunos amigos. En caso de no poder hacerlo, negocie los canguros con vecinos o amigos.

Pedir al marido que ayude. Si usted y su marido deciden mutuamente que usted va a quedarse en casa y atender a la familia, entonces tiene derecho a pedirle que colabore. Eso significa ayudar con el trabajo que nunca acaba. «Si el niño llora a las dos de la mañana, yo me levanto y doy de comer al bebé porque puedo echarme una siesta durante el día y él no» dice la doctora Gershenfeld. «Pero él debe ayudar bañando a los niños, haciendo la colada, haciendo la compra o simplemente ocupándose de los niños durante un rato.»

Hallar un grupo de apoyo. Si usted es la única madre que se queda en casa en su vecindario puede sentirse muy sola. De hecho, un investigador que estudiaba los efectos que tienen múltiples roles en mujeres halló que las mujeres que tenían pocas amigas —mujeres trabajadoras en este caso— sufrían una serie de problemas físicos y eran más propensas a tener depresión.

Además de lo que representa la compañía y tener pocos amigos, usted tiene que sentir «que no es la única que ha tomado esta decisión o que no se le queda mirando la gente» dice la doctora Gershenfeld. «Necesita apoyo para un sistema de valores. Esto es muy importante.»

haya algo más. Tal vez se deba también a que estas mujeres piensen intuitivamente que las nuevas madres que se quedan en casa están abriendo un camino a través de un campo de minas.

En un tiempo presionadas para permanecer en casa, a las mujeres ahora se les insta a que vayan a trabajar. Las mujeres que toman la valiente decisión de quedarse en casa se arriesgan a destruir su autoestima en un trabajo que, al menos según un estudio, muchas de nosotras opinamos que es más estresante que una carrera. De hecho, en bastantes estudios se ha visto que las amas de casa tienen menos salud y son más propensas a la depresión que las mujeres que trabajan fuera de casa.

«Todo el mundo piensa, en cierto modo, que si la mujer se queda en casa va a llevar la mejor vida posible» dice Matti Gershenfeld, doctora en filosofía, directora de Couples Learning Center en Jenkintown, Pennsylvania, y a menudo conferenciante sobre madres que permanecen en casa y autoestima. «La realidad es que absolutamente nadie la entiende —a menudo incluido su marido. Las mujeres que se quedan en casa se sienten antediluvianas. Nadie comprende por qué hacen esto. Las personas dicen cosas como "Te gusta cambiar pañales" o "Te gusta limpiar el suelo de la cocina". Existe una actitud de que los demás utilizan su mente mientras usted está sentada en casa pudriéndose.»

Nancy Gaither, autora de libros dice que tomó la decisión de quedarse en casa con sus dos hijas, de cinco y tres años, con mucha agitación. Ella tenía sus propias ideas de lo que era una madre que se quedaba en casa —y no encajaba mucho con su forma de ser. «Sabía lo que el trabajo implicaba y me sentía segura ahí. No sabía lo que sería ejercer de madre todo el día» admite. «Tenía miedo a lo desconocido, temor a convertirme en ese monstruo que todas conocemos, la mujer que no para de comer bombones y de ver los seriales en la televisión.»

La madre que trabaja y que regresa a casa puede encontrar también que toda la autoestima adquirida con el trabajo se derrumba al enfrentarse a la lucha que supone criar a los niños. Hace varios años, Carolyn Kessell renunció a su trabajo como ejecutiva en una compañía de ordenadores para quedarse en casa junto a sus dos hijos. Su trabajo nuevo fue una sorpresa desagradable. Escribiendo *Welcome Home* (Bienvenida a casa), una hoja informativa mensual dirigida a las madres que se quedan en casa, Carolyn dice que durante los primeros meses se sintió «completamente impotente, exasperada, humillada y condenada por los deseos de dos personas que no son el presidente de una junta y un nuevo presidente, sino una niña de tres años y un niño de 22 meses.

¿Cómo es posible que una persona que pone en marcha una compañía que acaba de empezar y crea una división de servicio al cliente que se convierte en norma industrial se quede perpleja al intentar acostar al mismo tiempo a dos niños?» se pregunta impotente.

Resulta estresante trabajar solo, como hacen muchas madres amas de casa. También es estresante tener sólo un campo donde conseguir satisfacción. Cuando la madre que trabaja fuera de casa tiene un mal día en el hogar al menos puede esperar tener un buen día en su trabajo, y viceversa. La mujer que ejerce de ama de casa nunca deja de trabajar.

Una cuestión de elección

A pesar de todo muchas mujeres lo están haciendo —y con éxito. Uno de los motivos por los que la maternidad en el hogar es, como dice *Parenting,* «una elección que funciona», es que para las amas de casa de los noventa, muchas de las cuales ya han probado el mercado laboral, el hogar *sí* es una elección.

Los resultados de una encuesta realizada a nivel nacional con más de 1.000 madres mostraron que las mujeres que decidían permanecer en sus casas y criar a sus hijos por voluntad propia eran bastante felices. Pero las mujeres que permanecían en casa porque pensaban que no tenían otra alternativa o que pensaban que tenían que seguir los pasos de sus madres eran desgraciadas. En otros estudios que relacionan al ama de casa con una mala salud se ha visto que la falta de satisfacción con el rol que se desempeña podría ser el factor determinante.

«La nueva madre que se queda en casa se ha probado a sí misma que puede hacerlo, de modo que ahora puede tomar la decisión de no quedarse» dice Suzanne Pope, doctora en filosofía, directora del Colorado Institute for Marriage and the Family en Boulder. «¿Pero qué pasa si la mujer no se lo ha probado a sí misma? Siempre tendrá esa duda: ¿es que no quise o es que no pude?»

Escoger convertirse en madre todo el día es igual que escoger cualquier carrera. Ayuda también a convencerse de que la decisión tomada es la mejor para usted y para su familia. Independientemente de lo que los demás puedan pensar usted desempeña una importante labor. Usted se queda en casa para criar y educar a sus hijos y no para conservar brillante el suelo.

«Este trabajo produce mucha satisfacción» dice Nancy Gaither. «Yo soy quien ayuda a mis hijos a pasar por la vida, a plantear las cuestiones de lo que está bien y lo que no lo está. Yo soy quien les ayuda a decidir lo que van a ser, aliviándoles sus heridas emocionales y físicas. Yo escogí lo que es más importante en mi vida, y lucho por ello. En caso de lograrlo habré logrado el objetivo más importante de mi vida. Pero mentiría si dijese que nunca echo de menos mi trabajo profesional. Hay algo muy tangible en el hecho de recibir una recompensa con un cheque.»

La cuestión monetaria

De hecho el dinero es importante por varios motivos. Salir adelante con un solo sueldo en vez de con dos implica ciertamente ajustar bien las cosas. Pero también lo es vivir con el dinero de otro. «Existe una sensación de pérdida de la independencia» dice Nancy. «Un cheque es siempre un símbolo muy tangible de lo que uno vale. Cuando dejé de recibirlo tuve una sensación de pérdida.»

Para algunas mujeres el hecho de traer dinero ayuda a mitigar la culpa que sienten por, según opinión de ellas, «forzar a sus maridos a asumir toda la carga económica de la familia». Para otras, un cheque representa una cierta independencia económica que, para la mayoría de las mujeres trabajadoras, puede ser a lo que más les cuesta renunciar.

Nancy se enfrenta a esos sentimientos haciéndose responsable de las cuentas del hogar. Ella hace el presupuesto de los gastos del hogar, «y me ocupo de nuestros ahorros a pesar de ser pequeños».

Algunas mujeres se convierten, en esencia, en interventoras de la familia y en caso de estar faltos de dinero saben economizar de forma muy creativa. Algunas buscan tiendas económicas y subastas para comprar la ropa y los muebles que estén en buen estado. Otras se dedican a recoger cupones y hacer reembolsos. Una madre joven se dedicó a recoger cupones mientras salía del supermercado tirando de un carrito lleno de alimentos. Fue una técnica que le vino bien cuando su marido pasó un breve espacio de tiempo en paro. «Nunca tuvimos que preocuparnos por la comida» dice ella con orgullo.

Un año cada vez

Si usted tenía una profesión antes, puede volver a tenerla, aunque en algunos casos es posible que piense que ha descendido profesionalmente o que necesita actualizarse en el campo que le interesa. Lo importante que tiene que recordar es que quedarse en casa fue una decisión que tomó entre la gran variedad de opciones que tenía —y probablemente sigue teniendo.

«Pienso que nadie debería comprometerse a quedarse en casa más de un año cada vez» dice Nancy Gaither. «En mi caso me resultó agradable saber que tenía la posibilidad de volver a trabajar. Me daba una sensación de control, de que no me sentenciaba de por vida.»

Usted puede pensar también que su experiencia en casa se traduce en unas mejores técnicas laborales. Nueve meses después del nacimiento de su tercer hijo, Carolyn Kessell tuvo que volver a trabajar por motivos económicos. Halló un trabajo agradable en el departamento comercial de una pequeña empresa de tecnología. Comprobó asimismo que los años que pasó en casa, lejos de mermar su capacidad de trabajo, lo había mejorado.

«Cuando volví a trabajar me di cuenta de que me sentía mucho más segura y puedo atribuirlo directamente al hecho de haberme quedado en casa» dice Carolyn. «Tiene que ver con el hecho de tener que enfrentarme conmigo misma como persona y comprobar que me agradaba quien soy. Detrás de mi nombre no había ningún título que me probase la calidad de persona que yo era. Eso fue algo que aprendí gracias a los años que pasé en casa con los niños y siendo nadie.»

MATERNIDAD SIN MATRIMONIO

Algunas deciden hacerlo solas

on 36 años Jane Mattes se encontraba con el mismo dilema que la mujer moderna de un cómic que se acabó convirtiendo en una camiseta popular hace algunos años. «Oh, no» se muestra a la mujer llorando de consternación, «¡me olvidé de tener hijos!»

«Yo estaba muy metida en mi carrera» dice Mattes, psicoterapeuta de la ciudad de Nueva York, explicando su propio «descuido».

No sólo no se percató de que «todo el mundo que quería casarse se estaba casando» sino que no escuchó el ruido de su propio reloj biológico hasta que empezó a sonar como una bomba de efecto retardado. «Yo era muy ingenua pensando que todo iba a ser siempre posible. No era consciente de que las opciones suponen cambios y cierran puertas. De repente me di cuenta de que una se estaba cerrando con mucha rapidez y que tenía que darme prisa si quería tener hijos. Podía aceptar casarme tarde o incluso no casarme, pero era impensable no tener un hijo.»

En la actualidad, Mattes es madre de un hijo adolescente, cuyo padre ya no forma parte de su vida. También es la fundadora de un grupo de apoyo nacional que cuenta con 1.000 miembros para aquellas mujeres suficientemente valientes como para superar los enormes obstáculos social, legal y emocional y decidir libremente ser madre soltera.

Cuando ella fundó Single Mothers by Choice, en Nueva York, poco después de tener a su hijo, Mattes no era consciente de que era una idea a la que le había llegado su momento. Aunque siguen siendo pocas, el número de mujeres modernas «no casadas y con hijos» está creciendo. El National Center for Health Statistics informa que desde 1980 a 1988 la tasa de natalidad aumentó un 69 por 100 en mujeres solteras de raza blanca, el mayor aumento ocurrido entre mujeres mayores de 25 años de edad.

Perfil de la señorita Mamá

¿Quiénes son esas mujeres que deciden tener hijos solas? Al igual que Mattes, la mayoría de ellas son mujeres mayores, con buenos ingresos económicos y que se «olvidaron» de casarse, nunca encontraron al hombre adecuado o nunca lo buscaron, pero que desean ser madres antes de que se cierre para siempre esa posibilidad. Algunos estudios psicológicos muestran un dibujo poco preciso de una mujer que puede estar aislada y ser narcisista, y que escoge la maternidad para luchar contra su soledad o temor a tener relaciones íntimas (o miedo a los hombres) o para compensar el rechazo que sienten por sus padres. Por otro lado, otros estudios encuentran que existe muy poca diferencia entre las madres solteras, por decisión propia, y el resto de las madres. De hecho, en esos estudios surge otro dibujo: el de una mujer con un fuerte ego, emocionalmente sana para quien la maternidad, y no necesariamente el matrimonio, es una parte integral de su identidad y cuya vida se ve enriquecida con su hijo.

Andrea Cowley es una amalgama de esa serie de perfiles psicológicos. Andrea, diseñadora gráfica, abandonó un matrimonio sin pasión y sin hijos cuando tenía treinta y tanto años para tener un hijo con un trabajador de la construcción de 18 años de edad, que perdió la cabeza por ella. «Yo lo tenía todo, un buen matrimonio, una buena carrera, mucho dinero y reconocimiento, pero me sentía vacía» dice Cowley. «Actualmente estoy encantada».

La relación que Cowley tiene con su hija, de 12 años, es la antítesis de su relación con sus propios padres que, según palabras suyas, hacía que no se sintiese querida. «A través de mi hija yo sentí el amor por primera vez en toda mi vida» dice Cowley. «Para mí eso es lo mejor de ser madre. Veo el amor todo el tiempo.»

Para Sally Hemphill, adoptar a su hija coreana supuso la culminación de un sueño de toda la vida que, ella confiesa, realmente nunca incluyó el matrimonio. «Incluso de niña quería ser madre» dice Sally, profesora de música. «Decidí que si no me había casado cuando tuviera 30 años, adoptaría un niño. Entre ambas cosas, matrimonio y maternidad, tener un hijo fue mi primera elección, no la segunda. Siempre pensé que sería una buena madre pero un desastre de mujer.»

¿Quién es papá?

Una vez que la mujer toma la decisión de ser madre soltera tiene varios modos de lograr la maternidad, cada uno de ellos con sus ventajas e inconvenientes. Cuando empezó su organización, Mattes dice, un gran número de mujeres escogían la inseminación de donantes, pero últimamente ha aumentado el número de ellas que optan por usar una pareja. «Los médicos, cada vez más, están usando esperma congelado, algo mucho menos exitoso para la concepción que el esperma fresco o el coito» dice ella.

La inseminación de un donante ofrece varias ventajas para la pareja: existe un mínimo de riesgo de peleas legales posteriores por la custodia o conflictos amargos por la educación del niño. Los peores momentos que Andrea ha pasado en los últimos 12 años han tenido que ver con el padre de su hija. «Está enfadado por no poder vivir con nosotras. Él desea que seamos una familia y eso no va a pasar. En una ocasión, la mujer con la que él salía intentó convencerle para que nos llevara a juicio por la custodia de la hija. Afortunadamente no lo hizo, pero la idea fue terrible.»

Escoger a un papá del banco de esperma supone también algunas cuestiones peliagudas: ¿Cómo explicar a tu hijo que su padre es un número en una carpeta sellada? En los bancos de esperma es normal recoger datos detallados del historial médico de los donantes de esperma pero hasta el momento, sólo uno, The Sperm Bank of California, en Oakland, permite al niño conocer el nombre de su padre una vez cumplidos los 18 años, suponiendo que el donante dé su consentimiento.

«Entre nuestros miembros, la cuestión más importante es "¿Qué le vamos a decir al niño?"» dice Mattes. Los expertos coinciden en pensar que resulta vital para los niños saber la verdad acerca de su parentesco que, para algunos, se vuelve una parte importante de la búsqueda de identidad durante la adolescencia. Para las madres adoptivas de niños americanos la tarea resulta a veces más fácil. Para aquellas que optan por la inseminación de un donante o por una pareja es una cuestión más delicada porque la explicación se complica

Una de las incógnitas de ser madre soltera por decisión propia es de qué modo este tipo de solución afectará al niño. La psicoterapeuta neoyorquina Jane Mattes y una compañera suya han llevado a cabo un estudio durante diez años para determinar, en parte, cómo son los niños de familias monoparentales. Pero desde su experiencia con miembros de Single Mothers by Choice, dice que puede hacer algunas conjeturas preliminares de los resultados de su investigación.

«Supongo que nos encontraremos con niños más inteligentes que la media ya que se ha probado científicamente que es cierto en niños de madres mayores» dice ella. «Desde el punto de vista emocional, las madres solteras se asemejan mucho a las madres añosas.»

«Otra cosa que hemos notado en estas reuniones es que son niños muy fuertes» dice ella. «Se trata de niños atendidos, acostumbrados a ser importantes para alguien, que esperan que se les preste atención. Estos niños no son una ocurrencia tardía. Son de importancia vital para sus madres.»

Aunque esta atención continua proporciona a los niños «dinamismo personal», dice Mattes, «es posible que los convierta también en demonios».

La disciplina puede resultar más dura en la familia monoparental. De hecho, dice la psicóloga de Virginia, Maria Mancusi, doctora en filosofía «la investigación nos muestra que los niños de familias monoparentales son menos obedientes que los niños de familias biparentales. Ello se debe a que la madre soltera tiene que ser muy coherente en su disciplina».

Algo de lo que probablemente no tenga que preocuparse es por que usted o su hija reciban un calificativo. Para muchas personas, el término *madre soltera* en estos días evoca la imagen de una adolescente, no de una mujer con carrera profesional. Existen además muchas familias monoparentales, y la única diferencia es que la mayoría de ellas existen por una mala suerte, no por decisión propia. Y, como dice Mattes desde su propia experiencia, «por cada persona que piense que esto es terrible hay otra que opina que es maravilloso».

con el grado de comprensión por parte del niño del sexo y la reproducción y, en el caso de padres ausentes, con algunas emociones fuertes. Asimismo, cuando llega el momento, algunas mujeres se encuentran luchando con un sentimiento inesperado de culpa.

«A pesar de que usted sabe que sentirse culpable puede ser perjudicial para su hijo y para usted, a menudo no puede evitar pensar que ha traído un niño al mundo sabiendo que no tendrá padre» dice Mattes. «Usted ha tomado una decisión inusual que tiene muchos puntos oscuros, pero también ofrece al niño gran cantidad de cosas realmente importantes y positivas.»

Y ésas, dice ella, son las cosas que usted debe recalcar. Por un motivo, el hijo de madre soltera normalmente es querido y deseado. «La madre soltera está encantada de tener un hijo» dice Mattes, «tal vez incluso más que la pareja felizmente casada, porque no pensaba que iba a tener una familia. Ella se siente feliz, más contenta. Para ella su hijo es un regalo caído del cielo de muchas formas y no tiene nadie más a quien dedicar su tiempo, energía y compromiso. Teniendo eso en cuenta, tiene que decir al niño: "Realmente deseaba ser madre. Deseaba tanto tener un hijo que estaba dispuesta a aceptar la responsabilidad yo sola". No lo enfoque desde un punto de vista negativo: no pude encontrar un hombre, nadie quería ser papá. Lo importante a recalcar es que existen distintos tipos de familias y ésta es nuestra familia.»

El mundo real

Está claro que la maternidad a solas no es una decisión que se debe tomar a la ligera. «Prácticamente es seguro que será mucho más difícil de lo que piensa» dice Maria Mancusi, doctora en filosofía, psicóloga de Springfield, Virginia, especialista en relaciones madres-padres/hijos. «Usted tiene muchas fantasías, al igual que el resto de los padres, sobre cómo será, y pienso que se sorprenderá tanto como las familias con dos padres cuando se dan cuenta de lo extremadamente difícil que es criar a un hijo. La realidad va a ser mucho más dura para la familia monoparental ya que tendrá que pasarlo a solas.»

Lo primero a lo que la madre sola tiene que enfrentarse es al hecho de que ella es todo. Tiene que cargar con todo el esfuerzo que supone la crianza del niño, desde levantarse de madrugada si llora, pasar las largas tardes de lluvia encerrada en casa, hasta lidiar la etapa conflictiva de la adolescencia. Como casi siempre trabaja, la madre soltera se preocupa y organiza sola la vida del niño. Cuando el hijo está enfermo se queda en casa a cuidarle. Cuando ella está enferma tiene que buscar a alguien que cuide del niño. Ella carece de un «sistema de apoyo» dice la doctora Mancusi; no tiene pareja con quien compartir las alegrías y las dificultades del cuidado del niño. El estrés puede ser muy fuerte.

«No creo que usted pueda hacerlo sola» dice Mattes. «Necesita tener personas alrededor que le apoyen emocionalmente. Nadie se preocupa tanto como usted, y ése es un sentimiento profundo de soledad. Cuando su hijo da sus primeros pasos y dice "mamá" por primera vez nadie se emocionará tanto como usted.»

Pero necesita contar con otras personas que también se interesen, aconseja ella. Recalca la importancia que tiene crear un grupo de apoyo con familiares y amigos que le echen una mano cuando lo necesite. «Necesita saber que existen personas con las que puede contar a cualquier hora del día, que vendrán y se quedarán con su hijo», dice ella.

La figura paterna

Mattes recomienda que las madres solteras intenten buscar una figura masculina importante en la vida de su hijo, tanto si es su propio padre, abuelo, tío, amigo, profesor o quien sea. En el caso de Mattes, el marido de su mejor amiga —el padrino de su hijo— accedió a hacer de «figura paterna».

«Creo que a no ser que el niño tenga un contacto íntimo con ambos sexos, realmente no estará preparado para relacionarse con ambos sexos en el mundo real cuando crezca» dice ella. «Estos niños tienen que tener no sólo la figura de papá Noel, sino alguien relacionado con ellos a nivel real, que se preocupe por ellos, con quien discutir y hallar una solución —una relación enriquecedora.»

La presencia de otro adulto en la vida del niño puede ayudar también a «diluir» las cualidades negativas de la familia monoparental. Sally Hemphill dice que ha habido momentos en los que echó de menos una pareja «que me parase los pies cuando reaccioné de forma excesiva. Hubiera sido de gran ayuda, por ejemplo, durante los deberes, si hubiera tenido a alguien que llegase y dijese, «Yo te ayudo con las matemáticas. Nos hubiera ahorrado a mí y a mi hijo muchas tensiones».

No se olvide de usted misma

La compañía de personas adultas también es muy importante para usted. Tiene que tener intereses y relaciones que no tengan nada que ver con su hijo. Resulta fácil permanecer en una vida cómoda y feliz desempeñando el papel de madre querida y cariñosa, pero corre el riesgo de privarse de otras relaciones satisfactorias y de cargar al niño excesivamente con su necesidad emocional.

«Los niños querrán ser el centro de su vida independientemente de quién sea usted» dice la doctora Mancusi. «Las madres solteras son muy propensas a ceder porque realmente son el centro de la vida del niño, y eso resulta muy satisfactorio. Pero corre el riesgo de sobreproteger al niño, sobre todo si el hijo es del sexo opuesto. El niño puede convertirse en el pequeño padre. Creo que inconscientemente se carga al niño con más responsabilidades de las que puede soportar.»

Permitir que su hijo tenga otras relaciones con adultos puede romper la pareja exclusiva, que es en la que probablemente se conviertan. Como madre soltera usted puede cuidar demasiado al niño, quien se convertirá en «único».

La doctora Mancusi advierte que no se debe intentar ser padre y madre a la vez. «Es probable que se sienta abrumada al intentar cubrir las necesidades del hijo, por un sentimiento de culpa por privarle de una familia denominada normal» dice ella. «Es una mentira que usted tiene que ser padre y madre del niño. Lo único que tiene que ser es una buena madre.»

El secreto del éxito

La familia monoparental, en realidad, tiene más aspectos positivos que negativos. ¿La madre soltera ideal? Es alguien, dice Mattes, con sentido de la aventura.

«Usted tiene que saber que es el tipo de persona capaz de pedir ayuda cuando la necesita, creativa a la hora de hallar soluciones a los problemas y que no tiene una actitud pasiva ante la vida; se atreve a tomar decisiones con variantes desconocidas y es capaz de vivir con la incertidumbre» dice Mattes. «Después de todo, se trata de una aventura, y las aventuras siempre tienen su cara desconocida.»

La doctora Mancusi dice: «Si usted es una persona sana no utilizará a su hijo para cubrir sus necesidades, usted tiene un equilibrio sano entre el hecho de dar amor a su hijo y ser capaz de quererse a sí mismo, entonces podrá criar a un hijo independiente y cariñoso y lo hará muy bien. De hecho, lo hará mejor que si estuviese sola por un divorcio amargo. Sin duda alguna puede hacerlo bastante bien.»

MATRIMONIO

Un nuevo giro en las expectativas de la mujer

Y vivieron para siempre felices». Sí, seguro. En los cuentos de hadas tal vez. O en los sueños. Prácticamente sin excepción alguna las mujeres que se casan por primera vez esperan que su futuro sea como el cuento de hadas que oían cuando eran niñas. Sin embargo la vida real a menudo ofrece algo muy distinto. Al menos es así en el 50 por 100 de las parejas, ésta es la tasa actual de divorcios.

Las mujeres siguen teniendo la fantasía de que un príncipe —el compañero perfecto— aparecerá y vivirán felices para siempre, dice Constance Ahrons, doctora en filosofía y catedrática de sociología en la University of Southern California, en Los Ángeles, directora adjunta, además, del Marriage and Family Therapy Program de la Universidad. «Es un mito culpable de importantes decepciones en muchos casos.»

«Antiguamente la mayoría de las mujeres esperaban casarse, ser esposas y madres de familia y que el marido las mantuviese» dice Michele Weiner-Davis, terapeuta de matrimonios y familias en Woodstock, Illinois, autora además de *Divorce Busting: A Revolutionary and Rapid Program for Staying Together* (Divorcio fracasado: Un programa rápido y revolucionario para permanecer juntos). «Y las expectativas de sus maridos eran las mismas.»

«Pero desde el movimiento femenino de los años sesenta y setenta, la expectativa de matrimonio ha cambiado algo. Es posible que las mujeres sigan queriendo que sus maridos tengan un buen puesto, pero ahora esperan también encontrar un hombre más sensible, más abierto, con más sentimientos; en realidad, que se parezca más a la mujer.»

Muchos expertos opinan que las expectativas irreales —tanto para la mujer *como* para el hombre— son responsables de muchos de los problemas que tienen los matrimonios actuales.

Mayores expectativas

Las mujeres piensan que cuando se casen van a tener un amigo muy bueno, alguien con quien confiarse por completo, que les comprenderá y que será su aliado incondicional, dice la doctora Ahrons, coautora también de *Divorced Families: Meeting the Challenge of Divorce Remarriage* (Familias divorciadas: Enfrentarse al reto del divorcio y de un nuevo matrimonio). Mientras tanto, las expectativas de los hombres giran en torno a que su mujer «esté ahí» esperándole, apoyándoles durante sus momentos difíciles, siendo un apoyo y una buena esposa. «Cuando no se cumplen esas expectativas es muy probable que exista mucho descontento» dice la doctora Ahrons.

Con todas estas expectativas tan distintas no es de extrañar que las parejas que esperan congeniar muy bien a veces choquen por algo desde el principio.

«Mi marido no es capaz de comunicarse» es probablemente la principal queja que yo oigo en mi consulta, dice Weiner-Davis. «Sin embargo, lo que realmente pasa es que él se comunica de una forma incomprensible para ella. No se trata del prototipo de estilo femenino de comunicación, al que ella está acostumbrada; es el estilo masculino.»

Las mujeres tienden a cubrir sus necesidades de intimidad mediante la comunicación verbal, dice la doctora Ahrons, mientras que los hombres son más propensos a sentirse conectados mediante las acciones. En otras palabras, los hombres y las mujeres poseen diferentes necesidades emocionales de intimidad y comunican dichas necesidades de formas muy distintas. «Un hombre puede sentirse especialmente cerca de su mujer, por ejemplo, si ella se sienta a ver un partido de fútbol con él, tanto si lo ponen por televisión como si están en el estadio», dice la doctora Ahrons. «Ella estaba ahí con él. Las mujeres, por otro lado, se sienten próximas a sus maridos si ambos se sientan a charlar durante horas.»

«Resulta útil si cada uno de ellos es capaz de traducir el lenguaje del otro» dice Weiner-Davis. «Una mujer se quejaba de que su marido le compra rosas todo el tiempo, pero no le dice que la ama. Lo que ella tenía que comprender es que, algunos hombres, dicen "te quiero" con un ramo de rosas.»

Lo que ves es lo que tienes

Es un gran error pensar que una vez que te casas con alguien serás capaz de cambiar cualquier aspecto que te desagrada desde antes de casarte, dice la doctora Ahrons. «Las personas rara vez cambian su forma de ser» dice ella. «De modo que la mujer se pasa el tiempo intentando cambiarle, y él pasa el tiempo intentando cambiarle a ella, y ninguno de los dos se enfrenta a la realidad de que no van a cambiar para cubrir las necesidades del otro de la forma que habían pensado.»

Una mujer admite que acompañaba a su novio de copas a pesar

Ingredientes para un matrimonio feliz

Lo crea o no, no se ha investigado a fondo lo que hace que el matrimonio sea *feliz*. No obstante, mucho de lo que hay se lo debemos a Florence Kaslow, doctora en filosofía, directora de Florida Couples and Family Institute en West Palm Beach. Su investigación mostró una serie de factores que las parejas muy satisfechas parecían tener en común.

- Expresión franca de amor y afecto.
- Confianza y respeto mutuo.
- Compartir intereses y valores.
- Compartir el amor y el interés por sus hijos.
- Capacidad de dar y recibir.
- Sensibilidad hacia las necesidades y deseos del otro.
- Una relación igualitaria en donde los temas importantes no son motivos de disputa.
- Alegría y pasarlo bien juntos.
- Buen sentido del humor.

de que le espantaba la idea. «Pensaba que después de casarnos sería capaz de cambiarle, para que quisiera quedarse en casa todas las noches conmigo». Por el contrario, su marido siguió yendo de copas y se quejaba de que su mujer había cambiado después del matrimonio y había pasado de ser una mujer que le encantaba la juerga a una persona pesada.

«Durante el noviazgo las mujeres a menudo se esfuerzan más por agradar a los hombres» admite la doctora Ahrons. Pero es cierto también que durante el ímpetu de un nuevo romance a menudo las personas no ven realmente cómo es la otra persona. Después del matrimonio, cuando se enfría un poco la pasión inicial, se ven uno al otro de forma más objetiva y menos generosa.

Es entonces cuando empiezan las disputas.

Lucha justa o injusta

Dinero, sexo, comunicación, infidelidad, cuidado de los niños, responsabilidades del hogar, éstos son los motivos de disputa entre las parejas la mayoría de las veces, según opinión de los expertos. Pero no se trata de *por qué* discuten sino de *cómo* discuten lo que fortalece o erosiona un matrimonio. «Hay muchas formas de luchar y de expresar la cólera» dice la doctora Ahrons. «Una persona puede tirar la toalla y otra seguir luchando, por ejemplo». Los asesores matrimoniales se encuentran enseñando a la persona que tira la toalla a no hacerlo tantas veces, y a la que lucha a insistir menos. «Da un cierto equilibrio al modo de afrontar el problema» explica la doctora Ahrons.

Los expertos opinan que es inevitable discutir de vez en cuando. Prácticamente todos los matrimonios tienen sus altos y bajos y así es la vida. «Todos nos quejamos de vez en cuando de nuestra pareja», dice Weiner-Davis. «Pero las quejas me indican que la persona sigue intentando arreglar su relación. Le sigue importando. La principal señal de que existe un problema grave es que la persona que se ha estado quejando, de repente deje de hacerlo. Normalmente eso es signo de que las cosas han empeorado drásticamente, y que ya no tiene esperanza.»

La doctora Ahrons dice que existen otros signos de advertencia:

- Peleas constantes entre la pareja.
- El matrimonio aporta más desgracias que satisfacciones.
- La pareja se va distanciando.
- Se ha perdido la buena vida sexual que existía antes.
- Empiezan a engañarse.
- Resulta muy incómodo estar juntos.

Cómo mejorar la situación

Si usted sospecha que puede haber problemas en su relación, pero no está dispuesta a tirar la toalla, ¿se puede hacer algo para arreglarlo?

Sí se puede, dice Weiner-Davis. «Yo tengo dos fórmulas sencillas que recomiendo a mis parejas; la primera es: si funciona, no lo arregle, esfuércese. Yo les pido a las parejas que examinen esos momentos en su relación en los que no se peleaban y analicen qué hizo cada uno para que fuese así. Ellos se preguntan uno al otro, ¿qué hacemos cuando nos sentimos enamorados?, ¿dónde vamos?, ¿cómo nos hablamos?, ¿quién más está alrededor en esos momentos?, ¿cuándo es más probable que existan esos buenos momentos?, ¿menos probable?

«Las parejas normalmente realizan esas estrategias positivas —sean las que sean— incluso en medio de acaloradas discusiones, a pesar que, de vez en cuando, las personas regresan a patrones anteriores» dice ella.

Weiner-Davis les pide también a las parejas que acuden a ella que identifiquen lo que ella denomina más de la misma conducta. Ésa es la segunda fórmula sencilla. «Piense en ello» dice ella. «La mayoría de las personas responden de un modo ante determinados temas, y responderán así una y otra vez a pesar del hecho de que *nunca funciona*. Yo ayudo a las parejas a librarse de esa mala costumbre y a intentar un planteamiento nuevo.»

La cuestión es, si lo que usted hace no logra el resultado deseado, pruebe algo completamente diferente, incluso si es raro.

«Escuché en un programa de radio un ejemplo fantástico de cómo romper esta especie de conducta robot» dice Weiner-Davis. «Una mujer había suplicado a su marido durante sus 55 años de matrimonio que no fuese a desayunar sin ponerse la camisa. Cuando era joven no le importaba tanto, admite ella, pero ahora que es viejo no resultaba muy agradable ver ese cuerpo fofo mientras comía. Con todo, independientemente de las veces que ella repitiera su súplica, él hacía oídos sordos.»

«Una mañana» cuenta Weiner-Davis, «la mujer había preparado un desayuno suculento a su marido, y una vez más vino a la mesa desnudo de cintura para arriba. De repente a ella se le ocurrió una idea y dejó la mesa al instante. Fue a su cuarto y se desnudó de cintura para arriba, y luego regresó a la mesa. Su marido literalmente empezó a atragantarse al verla. Aparentemente el marido se levantó de la mesa, se vistió, y según palabras de la mujer, nunca volvió a desayunar sin ropa».

La cuestión es, dice Weiner-Davis, que usted necesita romper el ciclo, la petición tantas veces repetida que al final acaba por ignorarse.

Hace que la otra persona mire de otra forma la relación y puede que haga maravillas para avivarla, dice ella.

Casarse por dinero

¿Ha soñado alguna vez en acabar con todos los problemas económicos con dos palabras? Diga «sí quiero» al chico apropiado y usted puede cambiar ese montón de facturas sin pagar por una cuenta abierta en todas las tiendas que desee. ¡Qué maravilla!

En realidad, la gente se casa por dinero y no es necesariamente una receta para un fracaso, dice Constance Ahrons, doctora en filosofía y terapeuta matrimonial de California. «Cualquier matrimonio puede funcionar, incluso uno así», dice ella. «Pero cada persona tiene que comprender y estar de acuerdo con las reglas básicas y con que existen ciertas concesiones mutuas que se deben hacer. El amor, tal vez, sea la mayor.»

La mujer que se casa por dinero es frecuentemente insegura, dice la doctora Ahrons. «A menudo piensa que la única forma de tener acceso al dinero, y de tener el poder que el dinero implica, es a través del matrimonio». «Con toda probabilidad le han enseñado a apreciar las cosas materiales de la vida más que cualquier otra cosa, y se siente incapaz de conseguirlo por sí sola.»

Pero aunque es posible que se case con un hombre por dinero, y él es muy consciente de ello, el hombre puede aceptarlo porque piensa que recibe algo a cambio. «Ella puede ser muy joven y guapa, un trofeo que mostrar» explica la doctora Ahrons. «O tal vez ella está de acuerdo en ocuparse de su vida, encargarse del hogar, ser una buena anfitriona y no pedirle nada más.»

«¿Cón qué frecuencia usted ve a una mujer joven y guapa del brazo de un hombre mayor y corriente, a no ser que él sea muy rico también? Pero aquí hay trampa. A medida que las mujeres logran un éxito económico por su propia cuenta, empiezan a tener relaciones con hombres más jóvenes» dice ella.

MENOPAUSIA

Las mujeres —famosas o no, en programas de televisión o en su cuarto de estar— hablarán sobre sus matrimonios, divorcios, estiramientos de cara o tripa, implantes de pecho. Hablarán sobre sus tipos de cáncer y mastectomías, sus opiniones sexuales y sobre su adicción a las drogas. Incluso hablarán sobre su aumento de peso, la aparición de canas y sobre su edad. Pero tanto si tienen 46, 52, 60 o como si tienen 70 años, rara vez les oirá hablar acerca de la menopausia. ¿Por qué?

«La menopausia es un indicador indiscutible de envejecimiento, dice Kathleen MacPherson, diplomada en enfermería, doctora en filosofía, catedrática de enfermería en University of Southern Maine School of Nursing, en Portland. Aunque la nutrición, el ejercicio o la existencia de genes buenos pueden hacer que usted siga estando sana y atractiva a medida que va cumpliendo años, llegar a la menopausia es muy probable que le haga darse cuenta de los múltiples mitos negativos asociados a esta fase normal de la vida.

Las actitudes hacia las mujeres mayores —que deja mucho que desear en nuestra sociedad de veneración a la juventud— también pueden hacernos ver la menopausia de un modo negativo, añade Linda Gannon, doctora en filosofía, catedrática de psicología en Sout-

---

Apagar el fuego

Para aquellas mujeres cuyas oleadas de calor son intensas, frecuentes y perjudiciales esto es lo que, en opinión de los médicos, usted puede hacer:

Hacer anotaciones. Escriba la fecha, hora, intensidad y duración de la oleada de calor. Anote, también, las circunstancias que precedieron: lo que comió o bebió y cómo se sentía. Las mujeres dicen que las oleadas de calor se agravan y se hacen más frecuentes durante momentos de tensión. Beber café con cafeína también puede fomentar los sofocos.

Tener en cuenta el biofeedback. Esta técnica, que se vale de sensores eléctricos para detectar cambios en la temperatura corporal y tensión muscular, ha ayudado a muchas mujeres a mitigar las cefaleas. También se ha demostrado su eficacia a la hora de ahogar las oleadas de calor.

No luchar contra lo inevitable. Las mujeres que intentan controlar las oleadas de calor pueden intensificarlas aún más. En vez de luchar contra el sofoco, deje lo que esté haciendo, siéntese y deje que cuelguen los brazos y piernas. Deje que la oleada de calor pase como una ola.

Evaluar las posibles ventajas positivas de la vitamina E. Según Lila E. Nachtigall, doctora en medicina, catedrática de ginecología en la Universidad de Nueva York, 400 unidades internacionales de vitamina E tomadas dos veces al día pueden detener los sofocos en algunas mujeres. No obstante, hable con su médico, antes de empezar con el suplemento. La vitamina E puede tener el efecto de reducir la densidad de la masa ósea.

Considerar la terapia de reposición de estrógeno (TRE). La TRE se considera que es el tratamiento más eficaz contra las oleadas de calor. Si sus sofocos son tan intensos que alteran su vida, comente con su médico la posibilidad de iniciar la terapia de reposición de estrógeno.

hern Illinois University, en Carbondale. Incluso nuestras propias madres pueden contribuir también a que tengamos una opinión negativa de la menopausia.

Durante generaciones las mujeres esperaban el «cambio de vida» como si se tratase de una tormenta inminente. Se preparaban para resistirlo, esperando que fuese lo mejor posible, y se quedaban quietas hasta que pasase.

Hoy en día esa actitud está desapareciendo. Los científicos saben ahora que aproximadamente el 10 por 100 de todas las mujeres pasan por la menopausia prácticamente sin ningún síntoma, mientras el 75 por 100 tendrá una serie de síntomas que van desde el insomnio, oleadas de calor e irritabilidad hasta sequedad vaginal, alteraciones del estado de ánimo y palpitaciones —todos los síntomas que han dado mala fama a la menopausia.

Cuando disminuye el estrógeno

La menopausia es en realidad un proceso trifásico que pone punto final a su vida reproductiva.

La primera fase —premenopausia— empieza normalmente alrededor de los 40 años, conforme empieza a disminuir la cantidad de estrógeno que producen los ovarios. Los períodos se vuelven gradualmente irregulares durante el decenio siguiente, y la consistencia del flujo menstrual, en sí, empieza a cambiar. Un mes el flujo será tan escaso que se puede quitar con un poco de papel, otro mes será tan abundante que usted deseará que inventasen tampones super plus.

Al final los niveles de estrógeno disminuirán tanto que no serán suficientes para volver a desencadenar una menstruación. Ésta es la menopausia real —término griego que significa «mensual» y «cese»— que va desde el último período hasta 12 meses después. Por lo general tiene lugar alrededor de los 52 años, dependiendo de la edad en la que las mujeres de su familia dejaron de menstruar. Normalmente las hijas tienden a seguir el patrón menstrual establecido por su madre y abuela.

Después de pasar 12 meses sin período se llega a la tercera y última fase-posmenopausia. Puesto que la mayoría de las mujeres viven ahora hasta los 78 años o más, es una fase en la que la mujer estará aproximadamente una tercera parte de su vida.

Violentas oleadas de calor

Si usted es una de esas mujeres que tienen síntomas durante la menopausia, el primer síntoma que tendrá, y el más probable, serán oleadas de calor.

Las oleadas de calor parecen deberse a un descenso de los niveles de estrógeno que causan una alteración de la bioquímica cerebral tan importante como para tambalear el termostato corporal. Por desgracia, alterar el termostato corporal —en realidad una pequeña glándula situada en el centro del cerebro— es exactamente como alterar el termostato de su hogar. El termostato nota, incorrectamente, que usted tiene frío y enciende la caldera. Envía mensajes que producen una vasoconstricción cutánea, elevando su temperatura y haciendo que usted sienta calor. Pero —puesto que para empezar usted no tenía frío— su organismo vuelve a abrir, apresuradamente, los vasos sanguíneos en un intento de disminuir la temperatura. El resultado es un aporte brusco de sangre a la parte superior del cuerpo y cara —motivo por el cual aparece el rubor— y una sudoración abundante.

¿Qué intensidad tienen las oleadas de calor? Muchas mujeres sólo notan un ligero rubor y una sudoración leve. Otras notan sofocos.

Clarice Harrel, azafata de vuelo de 46 años de edad, describe sus oleadas de calor como, «si un volcan emergiese por encima de mi cabeza». En cuanto a la sudoración, dice ella, «me despertaba empapada dos o tres veces por la noche. Mirando hacia atrás no era de extrañar que estuviese malhumorada durante el día».

El mito de la locura

La sudoración nocturna y la consiguiente pérdida del sueño no tienen, ciertamente, la culpa de parte de la irritabilidad que muchas mujeres notan justo antes y durante la menopausia. Pero el verdadero culpable de la irritabilidad, falta de memoria, cambios de humor y de lo que algunas mujeres denominan depresión no es el rubor o la sudoración que acompañan al descenso de los niveles de estrógeno, es el bajo nivel de estrógenos, en sí.

«El estrógeno aumenta, de forma natural, el estado de ánimo» explica la investigadora Barbara B. Sherwin, doctora en filosofía y profesora adjunta de psicología, obstetricia y ginecología en McGill University, en Montreal. Es por eso por lo que algunas mujeres se sienten deprimidas o irritables cuando disminuyen los niveles de estrógeno.

En realidad, «pensé que me estaba volviendo loca» dice Clarice. «Me pasaba una semana viendo todo negro y la siguiente sintiéndome feliz. Si algo era triste, se convertía en tragedia. Si era divertido, se volvía histérico. Mi equilibrio emocional parecía haberse estropeado. Era como tener 50 veces más de síndrome posmenopáusico, pero sin que desapareciese» sigue diciendo. «Lo único que hacía era enfadarme con mis amigos. Me costaba muchísimo ser amable —incluso con las personas que más quiero.»

Los cambios bruscos de humor que describe Clarice resultan en el mejor de los casos desagradables, pero no se trata del tipo de depresión profunda que exige un tratamiento farmacológico serio. La idea de que la menopausia provoca depresiones profundas o importantes cambios de personalidad en mujeres sanas es un mito, dice la doctora Sherwin. Un estudio llevado a cabo en la Universidad de Pittsburgh, por ejemplo, halló que las mujeres que habían pasado recientemente la menopausia no presentaban niveles superiores de ansiedad, estrés, cólera, nerviosismo o depresión, que un grupo similar de mujeres que seguían menstruando.

Lo que es más, estudios de población indican que no existe un aumento de las depresiones profundas entre mujeres sanas y normales, dice la doctora Sherwin. Cuando aparece una depresión clínica durante la menopausia sucede normalmente entre mujeres que ya tienen problemas bastante importantes.

Afortunadamente cuando el descenso de los niveles de estrógeno sí produce cambios de humor, irritabilidad o el sentimiento de depresión entre mujeres normales, constituye normalmente un problema a corto plazo fácil de manejar. (Véase «Dejarse llevar por su estado de ánimo» en la siguiente página.)

¿Quién lo pasa mejor?

No todas las mujeres presentan alteraciones en el estado de ánimo y otros problemas «emocionales» durante la menopausia. ¿Significa eso que existe un determinado tipo de mujer inmunizada contra los efectos psicológicos del descenso del estrógeno?

Es muy probable que sea así. En un estudio sobre 500 mujeres menopáusicas, Ann J. Clark, diplomada en enfermería, doctora en filosofía, directora de la University of Alabama en Birmingham Center for Nursing Research, halló que las mujeres enérgicas, independientes y autoritarias presentan menos síntomas y menos sensación de angustia durante la menopausia que las mujeres que se caracterizan por ser tradicionalmente femeninas y emocionales. También comprobó que las mujeres con un fuerte propósito en la vida son menos propensas a notificar síntomas molestos que aquellas carentes de dicho propósito.

Tener un objetivo parece particularmente importante, coincide en decir la doctora MacPherson, quien se sacó el título de doctora en filosofía cuando estaba a punto de cumplir los cincuenta. «Me interesaba sacar esta titulación» dice ella. «Estaba tan emocionada por todo lo que estaba aprendiendo que no prestaba mucha atención a la menopausia.»

Sólo porque la menopausia ponga a las hormonas en situación delicada no significa que toda su vida tiene que estar en franca decadencia.

Rodearse de mujeres de su misma edad. Linda Gannon, doctora en filosofía y catedrática de psicología dice que cualquier actividad —desde actividades sociales en la iglesia a la recogida de fondos para fines políticos— que haga que usted se relacione con mujeres de su misma edad le ayudará a afrontar su propia menopausia. «Cuando las personas se aíslan tienden a pensar que sus problemas son únicos» dice la doctora Gannon. «Resulta un alivio comprobar que les pasa lo mismo a otras mujeres.»

Kathleen MacPherson, diplomada en enfermería, catedrática de enfermería y doctora en filosofía está de acuerdo. Ella ha dirigido grupos de autoayuda para mujeres que atraviesan o están a punto de enfrentarse a la menopausia. «No hay nada como formar parte de un grupo para hallar una amplia variedad de opiniones acerca de la menopausia y aprender de todas ellas» dice ella. «Existen incluso algunas pocas mujeres jóvenes que se han unido porque desean saber y comprender lo que notaban sus madres.»

Organizar el cuerpo. Se ha demostrado científicamente que cuando se alteran ciertos ritmos de nuestro cuerpo tienden a tener un impacto negativo en nuestra función psicológica, dice la doctora Gannon. Durante la menopausia su ciclo menstrual, que es uno de los ritmos naturales de su cuerpo, es probable que sea irregular. Por consiguiente es posible que las cosas fuesen mejor si el resto de los ritmos del cuerpo fueran lo más predecibles posibles. En otras palabras, comer con un horario regular, hacer ejercicio de forma regular y dormir de forma regular.

Descubrir el encanto del ejercicio. Existen pruebas de que el ejercicio enérgico regular puede mejorar el estado de ánimo cuando éste tiende a deprimirse. Por ejemplo, un paseo rápido puede elevar los niveles de endorfinas —hormonas del buen humor que es sabido que disminuyen durante la menopausia.

Susan Lassiter, correctora de manuscritos de 55 años de edad, opina igual. «Pienso que estaba tan ocupada con mi trabajo que no tenía tiempo de ocuparme de eso» dice Susan. «Me acuerdo de cómo hablaba mi madre en susurros sobre "el cambio". Ella decía, "tienes que cuidar de ti de forma especial en estos momentos". Pero yo no sabía de qué me estaba hablando. La menopausia casi no hizo mella en mi vida.»

¿Por qué unas actitudes tan dispares? A las mujeres que se enfrentan hoy a la menopausia se las educó para algo más que traer niños al mundo y cuidar de ellos, explica la doctora Gannon. Por lo que perder la posibilidad de tener hijos no es tan importante para ellas como lo fue para sus madres, quienes a menudo tuvieron menos opciones para su autorrealización.

Mejorar las cosas

Si su vagina es víctima de la sequedad que aparece con la menopausia esto es lo que usted puede hacer al respecto.

Mantener vivo el sexo. La actividad sexual regular colabora a conservar la humedad natural y el tono de la musculatura pélvica.

Reponer la lubricación perdida. Si la sequedad se convierte en un problema pruebe con un lubricante que se venda sin receta médica.

Escoger con cuidado los productos de higiene personal. Usar un jabón o producto de limpieza suave (no desodorante y sin olor). Abstenerse de usar atomizadores para higiene personal ya que pueden irritar el tejido vaginal seco y sensible.

Pensar dos veces antes de usar antihistamínicos. Estos fármacos no discriminan; secan las mucosas de la nariz y de la vagina.

Tener en cuenta los estrógenos. Incluso los síntomas vaginales más intensos pueden revertirse con la terapia de reposición de estrógeno, según opinión de expertos. La dosis, además, es inferior que la que se usa para ahorrar los sofocos. Es posible que usted desee probar, también, una crema de estrógeno que se aplica directamente en vagina. Puede aliviar instantáneamente el picor y la sequedad que aparecen al disminuir la producción de estrógenos en el cuerpo.

Cambios permanentes

Una serie de cambios menopáusicos que no desaparecen junto a los periodos mensuales son aquellos que afectan a la vagina, huesos y corazón.

En estos tres casos el estrógeno ha desempeñado un papel fundamental a lo largo de todos los años. Ha conservado el grosor y fuerza de los huesos, contribuyendo aparentemente a la conservación de un sistema cardiovascular sano al estimular los niveles del colesterol «bueno» y reducir los niveles del «malo».

Estudios realizados indican que una cantidad excesiva de colesterol malo y una cantidad insuficiente del bueno conduce a una obstrucción arterial, insuficiencias cardíacas y a la muerte. La reducción de la densidad ósea conlleva una fragilidad y fractura ósea. Una pared vaginal demasiado fina y seca facilitan la aparición de infecciones y el coito doloroso.

Afortunadamente, dicen los médicos, la terapia de reposición de estrógeno puede impedir todos estos posibles problemas y permitir que usted disfrute de su menopausia.

¿Disfrutar de la menopausia?

Absolutamente. Uno de los secretos mejor guardados en la ciencia médica (y algo que con toda probabilidad su madre no se atrevió a decirle) es el hecho de que la menopausia conlleva un incremento de los niveles andrógenos —hormonas maravillosamente agresivas secretadas por las glándulas suprarrenales— que encienden el impulso sexual de un modo que usted no había experimentado desde la adolescencia.

¿Habría que preguntarse por qué un estudio especializado halló que el 96 por 100 de aquellas mujeres que veían inicialmente la menopausia con pesar en realidad están encantadas con ella una vez que llega?

Véase también Terapia de reposición de estrógeno, Cardiopatía, Osteoporosis.

MODELOS DE ROL

Quién es su modelo de rol? ¿Su madre? ¿Su padre? ¿Meryl Streep, su profesora de francés, su vecina? Puede ser una persona famosa o alguien que usted conoce, pero hay muchas posibilidades de que sea alguien a quien usted admira y a quien copia.

Y eso es bueno, ya que tener a alguien a quien emular puede tener un impacto fuerte y positivo en su vida, dice Michele Paludi, doctora en filosofía, coordinadora de Women's Studies Program en Hunter College, en la ciudad de Nueva York, que ha estudiado las relaciones que las mujeres mantienen con sus mentores.

Además, pueden tener un efecto duradero en su vida, incluso cuando ya no forman parte de ella. «Cuando yo tenía veintitantos años y me sentía insegura, conocí en el trabajo a una señora mayor que era madre soltera de tres hijos, y era reportera de un periódico, como yo» dice Mary

Los mentores crean un carácter

Cameron, de 39 años de edad. «No sólo sabía mucho acerca de su trabajo —cosas que yo desconocía—, sino que tenía mucha confianza en sí misma. A mí siempre me impresionaba cómo se ocupaba de todo y cómo lo hacía con tanto humor. Nada le importaba. Nada era demasiado terrible como para que a ella no se le ocurriese una broma. Aprendí mucho de ella, a ser una buena periodista y una persona íntegra. Con los años sé que he adoptado algunos de sus rasgos. A veces incluso soy ella misma, y digo cosas que le oído decir.»

Alguien a quien admirar

En el caso de Mary su modelo de rol fue su amiga y mentora, término habitualmente usado para referirse a una persona influyente que muestra un interés especial por usted y quien le ayuda a lograr un éxito académico o profesional.

Todos podemos beneficiarnos de tener uno.

«Para muchas mujeres, los mentores realizan una función psicosocial» dice la doctora Paludi. Su «mentor» puede ser una mujer que sabe que tiene éxito combinando su profesión y su vida familiar o alguien que tiene experiencia en el campo que a usted le gustaría entrar, tanto si es administrativo como maternal. Puede ser alguien cuyo estilo personal usted admira o que lucha con éxito con los mismos problemas que usted tiene. Su vida puede servirle de guía a usted.

La nueva edad para ser mentor

Es importante tener modelos de rol, dice la doctora Paludi. El problema actual para las mujeres es que tienen cada vez menos modelos de rol para la cantidad de papeles que desempeñan.

Pero el modelo de rol puede ser cualquier persona. Puede incluso ser cada uno de nosotros, dice la doctora Paludi. «Un mentor no tiene por qué ser alguien mayor. Puede ser, y a menudo es, alguien de su mismo grupo generacional. Resulta una relación más recíproca. Nosotros lo denominamos conexión de redes de mentores.»

Usted puede que tenga muchos modelos de rol a lo largo de su vida. En uno de los estudios llevados a cabo por la doctora Paludi halló que los modelos de rol masculinos generalmente no cambiaban desde su niñez, pero los modelos de rol de las mujeres cambiaban cada vez que se hacían cargo de un nuevo rol. «Tenían diferentes personas en distintas etapas de su vida» dice ella.

¿Dónde hallar estos modelos de rol «de dónde echar mano»? Pueden estar en su despacho o en su vecindario, o es posible que usted tenga que unirse a un grupo de apoyo o grupo profesional para conocer a otras mujeres que comparten sus intereses. En un estudio de personas que se identificaban a sí mismas como mentores, los investigadores les preguntaron cómo iniciaron su relación como mentores, dice la doctora Paludi. «Muchas de ellas respondieron simplemente "es cuestión de química".»

MONOGAMIA

U sted no es la única si alguna vez duda de que los únicos hombres que siempre son fieles son los marinos. A pesar de que su lema *Semper fidelis* resulta simplemente la versión en latín de un voto que se hace en el matrimonio, a veces parece que todo vale sólo en la guerra, y no en el amor.

Estudios tras estudios confirman esta opinión. En varios sondeos se ha visto que entre el 40 y el 50 por 100 de los hombres casados tienen relaciones extramatrimoniales, así como un tercio de todas las mujeres casadas. Aún más, casi el 70 por 100 de los hombres casados menores de 40 años que no han caído aún dicen que esperan hacerlo, según otro estudio. A pesar de que existe la idea común de que hay más hombres que mujeres infieles, algunos expertos que han investigado la moralidad social de otras sociedades dicen que donde no existe un doble rasero para el adulterio las mujeres tienen la misma cantidad de líos amorosos que sus maridos. Al menos en un estudio se vio que las mujeres son responsables de la mayor parte del ascenso producido en las relaciones extramatrimoniales.

Por supuesto que hay algunas personas que opinan que la fidelidad es un estado innatural, tan incómodo como un número de zapato incorrecto, una aberración sociológica en constante lucha con la biología humana. A pesar de que existen abundantes pruebas de que somos naturalmente monógamos —la mayoría de las personas prefieren casarse con una persona— no parece existir un imperativo biológico para que seamos fieles a alguien *para siempre*. De hecho, sugiere la antropóloga Helen Fisher, doctora en filosofía, para algunas de nosotras puede existir incluso un instinto innato en la dirección opuesta —deseo que arriesgaremos lo que sea por satisfacer. Incluso la muerte.

¿Naturalmente infiel?

«He estudiado el adulterio en 42 sociedades y existe en todas ellas» dice la doctora Fisher, autora de *The Sex Contract: The Evolution of Human Behavior* (El contrato sexual: Evolución de la conducta humana) e investigadora asociada en el departamento de antropología en el American Museum of Natural History en la ciudad de Nueva York. «Desde una perspectiva histórica sucedía incluso aunque se pudiera perder la cabeza por ello. En la actualidad tenemos una sociedad en la que las personas mueren debido al sida, transmitido sexualmente, y las personas siguen siendo adúlteras. En América, si alguien dijese que existe la posibilidad de morir por comer brécol, puede estar seguro de que nadie lo volvería a comer. A pesar de todo seguimos siendo adúlteros, algo que habla a favor del hecho de que existe un cierto componente biológico en ello.»

¿Por qué tendríamos nosotros la tendencia biológica a ser infieles? La explicación evolutiva resulta bastante sencilla, como explica la doctora Fisher. «En las praderas de África hace cuatro millones de años los primeros hombres adquirieron una ventaja genética engendrando niños con tantas mujeres como podían. Al tener hijos con más de una mujer el hombre se garantizaba en el futuro una mayor ventaja genética. La mujer no podía tener más de un hijo al año (y probablemente cada tres o cuatro años, ya que a menudo la ovulación estaba inhibida por la lactancia). De modo que el adulterio no le daba más hijos pero sí le proporcionaba más recursos y protección. De modo que ambos sexos mantenían relaciones amorosas. Por consiguiente, aquellas personas con naturaleza adúltera tenían una mayor probabilidad de sobrevivir.»

A pesar de que la teoría tiene un sentido evolutivo, la cuestión permanece: ¿Es un destino biológico? ¿Tenemos alguna elección al respecto? Después de todo, al menos la mitad de nosotros permanecemos *semper fi* en el matrimonio. Sí, dice la doctora Fisher, ciertamente tenemos una elección. Pero para algunos de nosotros la fidelidad puede ser difícil.

Verdad y amor

Por fortuna, en realidad, somos más que prisioneros de nuestra biología, dice Jeanette Lauer, doctora en filosofía, decana del College of Liberal Studies en la United States International University en San Diego.

Somos también criaturas emocionales que valoramos el amor, la confianza, amistad y el compromiso; todas ellas marcas distintivas de los 300 matrimonios duraderos y felices que la doctora Lauer y su marido, Robert, estudiaron hace varios años y sobre las que escribieron en su libro *Til Death Do Us Part* (Hasta que la muerte nos separe). A pesar de que el matrimonio Lauer no preguntó directamente acerca de la fidelidad, la doctora Lauer dice que dichas cualidades son «incongruentes con la infidelidad».

«Las cualidades que valoraban —y tanto los hombres como las mujeres mencionaron las mismas prácticamente en el mismo orden— son vitales para una relación» dice ella. «Impiden que las personas se extravíen.»

En realidad, la fidelidad es el eje del matrimonio, dice Florence Kaslow, doctora en filosofía, directora de Florida Couples and Family Institute en West Palm Beach y antigua presidenta del International Family Therapy Association. «Es una de las piedras angulares del matrimonio, parte de la fundación. Si fuerza la fundación, rápidamente se derrumba.»

La fidelidad —con lo que implica de lealtad y compromiso— constituye una parte integral de una relación íntima, aquella en la que se entrega el alma y el corazón a otra persona. «Por lo general nadie le conoce como su cónyuge» dice la doctora Lauer. «Este descubrirse uno mismo, dejando que otra persona le conozca como usted es, le deja vulnerable, motivo por el cual la confianza es un elemento tan importante en el matrimonio». De hecho, dice la doctora Lauer, uno de los motivos por los que la infidelidad hace tanto daño es por traicionar esa confianza, «prácticamente un acto de traición».

También reconocemos la infidelidad por lo que es, un signo de advertencia. En un estudio llevado a cabo en 1990 por una revista canadiense, el 87 por 100 de los encuestados dijeron que las relaciones extramatrimoniales eran un signo de fracaso del matrimonio.

«Ése fue mi caso» dice Trudy Meyers, cuidadora de caballos de 47 años de edad quien fue infiel repetidas veces durante su primer matrimonio y se ha mantenido siempre fiel en su segundo matrimonio. «Si tuviera que ser infiel ahora destruiría mi matrimonio y a mí misma. En mi primer matrimonio no me importaba tanto. No haría nada por poner en peligro este matrimonio. Ni siquiera tengo ganas de engañar.»

Fielmente tuya

Si su matrimonio o relación tiene importancia para usted, usted es consciente de que la fidelidad no es algo con lo que se puede jugar.

«Toda relación supone un esfuerzo» dice la doctora Lauer. Algunos hombres y mujeres tienen líos por tener expectativas irreales. Cuando empieza a disminuir la intensidad y la atracción física notan también que la relación está cambiando. Y es posible que así sea, pero no necesariamente a peor.

La mayoría de las relaciones pasan primero por una fase de encaprichamiento, un cambio físico que constituye literalmente, dice la doctora Fisher, «un baño cerebral de sustancias químicas» que son las propias anfetaminas naturales. Al igual que cualquier otra droga, se desgastan y entonces pasamos a la fase de acoplamiento, un amor más calmado, más seguro y a veces más profundo. «Pero muchas personas llegan al matrimonio enamoradas del amor» dice la doctora Lauer. «Piensan que estos momentos en los que se hace el bobo y se pasa bien son los más importantes. Cuando llega la primera dificultad se percatan de que también exige un esfuerzo. Los líos amorosos parecen una solución muy fácil ya que aportan la excitación de la primera parte del matrimonio y le ayudan a ignorar el problema.»

Las parejas comprometidas entre sí se esfuerzan al máximo por sacar la relación adelante en vez de mantener relaciones amorosas extramatrimoniales, algo que les ayuda a evitar en vez de resolver las cuestiones que perjudican a su matrimonio, dice ella.

«Cuando pedimos a las parejas entrevistadas que argumentasen sus altibajos, sus esquemas se asemejaban a montañas rusas» dice la doctora Lauer. «Pero a pesar de todo siguieron comprometidos con su matrimonio, con la institución del matrimonio y, lo que es más importante, con la persona a la que consideraban su mejor amigo. Debido a su compromiso, con el tiempo desarrollaron unas buenas técnicas de comunicación y aprendieron a solucionar los conflictos, mejorando incluso más sus matrimonios.»

La doctora sugiere que las parejas saquen tiempo para dedicarse uno al otro. En nuestro estilo actual de vida tan ajetreado es fácil convertirse en dos barcos que navegan solos por la noche. Si alguien es su mejor amigo, por definición significa que pasan tiempo juntos.

Examine sus prioridades y vuelva a jerarquizarlas si es necesario. En vez de dividir las tareas domésticas, háganlas juntos. Se tarda más tiempo, pero es más divertido. Organícese el tiempo y haga de su relación una cuestión con suma prioridad. Programe el sexo. Suena fatal pero la previsión puede formar parte de la diversión».

Tentación oculta

La amenaza a su relación puede aparecer cuando menos se lo espera, incluso cuando usted es feliz y no lo busca. Incluso una relación que no es sexual puede eclipsar su matrimonio, advierte la doctora Kaslow.

«Yo he visto eso con personas que aprenden a ser co-terapeutas» dice ella. «Están juntos todo el tiempo, hablando y procesando constantemente su relación, profundizando hasta convertirse en una amistad muy rica. A menudo acaban hablando más en profundidad con sus co-terapeutas que con sus cónyuges. Incluso si no se llega al sexo, incluso si no se trata de "un lío", da a cada uno de ellos la idea de a lo que pueden llegar, pudiendo perjudicar el matrimonio. El cónyuge contrario nota esa unión pudiendo sentir celos y antagonismo.»

Si usted empieza a notar una atracción hacia alguien que está lejos de ser segura, dice la doctora Kaslow, «tiene que definir sus parámetros y no salirse de ellos. Si piensa que puede traspasar la línea y poner en peligro su matrimonio —y desea que ese matrimonio perdure— tendrá que reprimirse».

Eso no significa que tenga que abandonar todas sus amistades profundas. La amistad es muy importante. Pero tiene que tener cuidado de que no compita con la relación que tiene con su cónyuge o persona allegada.

Para que una relación se conserve franca y verdadera no puede permitir que las insignificancias se conviertan en algo grande, advierte la doctora Lauer. «Cuando tenga un problema, hable de ello» dice ella. «Hablen regularmente de lo que tengan que hablar. Su relación es algo importante. Cuídela.»

Véase también Infidelidad, Matrimonio.

NUTRICIÓN

S i los nutricionistas repartiesen las notas de todas las personas actualmente, es probable que las mujeres sacasen un notable en nutrición. Esto se debe a que en la mayoría de las encuestas se ha visto que las mujeres superan regularmente a los hombres en cuanto a conocimientos y práctica de nutrición. Pero no piense que puede dormirse en los laureles. Con lo que nosotras *no sabemos* de la nutrición literalmente se podrían llenar libros. Según una encuesta, el 55 por 100 de las mujeres encuestadas no tenían ni idea de la cantidad de leche que tenían que beber para cubrir la ración dietética recomendada para el calcio, mineral de importancia vital para las mujeres, debido al riesgo que tienen de pérdida de masa ósea posmenopáusica.

Cuando existen cada vez más pruebas de que lo que comemos está directamente relacionado con el riesgo que corremos de desarrollar enfermedades peligrosas para la salud, como

Las mujeres tienen necesidades especiales

cáncer y cardiopatías, no es el momento de sacar un notable en nutrición.

«Cuando se trata de nutrición el sentido común puede no siempre valer» dice Marsha Hudnell, dietética, asesora de nutrición en Green Mountain en Fox Run, instituto de adelgazamiento para mujeres situado en Ludlow, Vermont. «Es posible que no tuviésemos una gran variedad de alimentos para escoger. Pero actualmente dudo si existe un juicio innato en el cuerpo que nos permita escoger los alimentos necesarios. Son demasiados los alimentos atractivos que disputan nuestra atención. Hace falta estar más informados de lo que estaban incluso hace solamente un decenio.»

Un poco de información...

Por desgracia, las encuestas que nos dan puntuaciones tan altas en los conocimientos nutricionales de la mujer encuentran también que somos propensas a escoger alimentos basándonos más en nuestro peso que en nuestra salud; nos inclinamos hacia «comidas precocinadas» o por las novedades, en vez de por comidas buenas y nutritivas; además, prescindimos de alimentos —o de comidas— en vez de poner en práctica la moderación.

Hacen falta algunos conocimientos para saber cómo adquirir suficiente cantidad de calcio en la dieta sin excederse con las grasas; para diseñar una dieta baja en calorías pero no baja en nutrientes. También hace falta saber que existen momentos especiales, en la vida de la mujer en los que tiene necesidades nutritivas especiales. Nuestras necesidades nutritivas se ven afectadas no sólo por nuestra edad, sino también por nuestro estilo de vida y nuestras actitudes. Las necesidades nutricionales de una chica adolescente, una mujer embarazada, una mujer que hace régimen, una madre trabajadora y una señora jubilada son muy diferentes.

Por ejemplo, se sabe que las adolescentes no tienen hábitos dietéticos buenos. De hecho, dice Hudnell, las adolescentes pueden correr un riesgo mayor que la mayoría de las mujeres de tener carencias nutricionales, «como tienen necesidades mayores, probablemente se interesen menos por los efectos a largo plazo de la dieta, y se interesen más por tener buen tipo. De modo que si ello implica saltarse comidas o no ingerir dietas bien equilibradas, eso es lo que hacen».

Necesidades de toda mujer

Independientemente de la edad que se tenga, el mayor reto dietético de la mujer es conseguir suficiente cantidad de hierro, zinc y calcio.

Durante la menstruación existe una pérdida de sangre y, dependiendo del flujo menstrual, puede haber una pérdida importante de hierro y zinc; estos dos minerales se hallan principalmente en la carne. El hierro resulta particularmente difícil de conseguir, en cantidades suficientes, a través de la dieta, sobre todo para las mujeres, ya que sus necesidades —15 milígramos/día— son mayores que las del hombre. Este mineral se encuentra en muchos alimentos pero sólo abunda en el hígado, cereales enriquecidos y en el zumo de ciruela pruna. Con la posible excepción de los cereales, los otros dos productos no son frecuentes en la dieta de la mujer.

Pero las necesidades de hierro de algunas mujeres pueden no ser críticas, sobre todo en aquéllas con pocas pérdidas menstruales, según Bonnie Worthington-Roberts, doctora en filosofía, directora del Nutritional Sciences Program en la Universidad de Washington. «Sus necesidades de hierro no van a ser tan importantes como serían en otro caso.»

Existe además una cierta controversia sobre las necesidades dietéticas recomendadas para el hierro. «Es muy difícil alcanzar los 15 milígramos, incluso cuando se ingiere una dieta bien equilibrada» señala Hudnell. «Muchas personas sostienen que es una cifra excesivamente alta.»

A la mayoría de las mujeres también les cuesta mucho conseguir suficiente zinc en sus dietas. Según un estudio, aproximadamente sólo un 8 por 100 de todas las mujeres consumían los requerimientos dietéticos de este mineral, abundante en la carne pero presente también en los cereales, legumbres, nueces, semillas y leche y otros productos lácteos.

El calcio

Pero la cuestión principal para la mayoría de las mujeres es el calcio, dice la doctora Worthington-Roberts. Y para las adolescentes resulta especialmente importante. «Una vez iniciada la menstruación y durante ese período de tiempo entre los 11 y los 24 años existe un crecimiento sustancial continuo y es cuando el desarrollo óseo es más importante» dice ella. «De modo que la ingesta de calcio es particularmente importante.»

El calcio sigue siendo un nutriente importante durante toda la vida adulta. «Cuide de sus huesos mientras es joven» dice la doctora Worthington-Roberts. «Ingiera una dieta de calidad, con mucho calcio y vitamina D entre los 11 y los 30 años, ya que todos nosotros perderemos densidad ósea al cumplir los 35, y la frecuencia de pérdida aumenta a partir de entonces.»

Lo mejor que puede hacer para cubrir sus necesidades de calcio es ingerir productos lácteos bajos en grasa, verduras de hoja verde y cereales enriquecidos con calcio. «En el caso de las chicas jóvenes que se preocupan por su figura esto puede ser particularmente difícil» advierte la doctora Worthington-Roberts.

El salmón y las sardinas son fuentes relativamente buenas de calcio. Pero de nuevo, estos alimentos no son frecuentes en la dieta femenina.

¿Qué se puede hacer? Los suplementos pueden ayudar. «El suplemento con la mayor cantidad de calcio por tableta es el carbonato cálcico, que es un 40 por 100 de calcio elemental (puro)» dice la doctora Worthington-Roberts. «El gluconato cálcico tiene aproximadamente un 10 por 100 de calcio, de modo que tiene que tomar mucho más para conseguir la misma cantidad.» En el caso de las mujeres que sufren de estreñimiento y gases debidos al carbonato cálcico, la alternativa es el citrato cálcico, que se tolera mejor aunque tiene menos cantidad de calcio.

Síndrome de comer y correr

Aunque los estudios muestran que ahora hay más hombres que cocinan, sigue habiendo más mujeres en la cocina. Según un sondeo Gallup casi el 75 por 100 de las mujeres encuestadas dijeron que hacen la mayoría de las compras y comidas. Demasiado ocupadas para cocinar, muchas mujeres recurren a los alimentos congelados o precocinados o a comidas que traen a casa.

Y, dice la doctora Worthington-Roberts, eso no tiene por qué ser malo. En la sección de alimentos congelados se pueden encontrar comidas buenas, nutritivas, bajas en grasas y en sodio.

«La industria alimentaria comercial ha respondido bastante bien a la demanda de las personas de tener opciones nutritivas que sean rápidas» dice ella.

Entre todas esas hamburguesas grasientas que tiene el restaurante local de comidas rápidas es muy probable que usted encuentre alternativas bajas en grasas, ensaladas, incluso palitos de zanahoria. En el supermercado acostúmbrese a leer las etiquetas. Busque comidas precocinadas pobres en grasas y bien equilibradas. Aprenda los distintos nombres que aparecen en las etiquetas refiriéndose a la grasa y al azúcar. Por ejemplo, dice Hudnell, se ha comprobado científicamente que hemos retirado algunas de las grasas evidentes de nuestras dietas —carnes rojas muy jaspeadas, por ejemplo— pero las hemos sustituido por queso, postre y algunos platos de cereales mezclados que pueden tener la misma cantidad de grasa.

Tanto si está ocupada como si no el mejor regalo nutricional que se puede hacer a sí misma es reducir la grasa en la dieta, algo que no es siempre fácil de hacer cuando se está ocupado. «Para la mayoría de las mujeres esto va a marcar la mayor diferencia», dice la doctora Worthington-Roberts. «Ayudará con las calorías, con el colesterol en sangre, probablemente reducirá el riesgo de cáncer de mama, y facilitará el control del peso.»

De modo que, incluso si usted no tiene tiempo de cocinar una comida todas las noches, no evite la sección de frutas y verduras del supermercado, dice la doctora Worthington-Roberts. Las frutas y verduras son una alternativa baja en grasas que debe estar en su mesa, y no resultan tan difíciles de preparar. Puede cocer las verduras al vapor en el microondas y no hace falta nada de preparación para sacar un plato de fruta como postre». «Asimismo, las frutas y verduras tienen ahora mucha publicidad porque se piensa que poseen cualidades que impiden la aparición del cáncer» dice la doctora Worthington-Roberts. «Además tienen pocas calorías.»

Escatimar la dieta

Cuando una revista nacional encuestó a sus lectores acerca del sexo en 1991, descubrió que al menos algunos de los encuestados, conscientes de la salud, no pensaban que engañar a sus parejas era peor que engañar a la dieta que hacían. En lo relativo a la conciencia del peso, la nueva moralidad se centra en nuestra relación con los alimentos no con los demás.

Estudios realizados señalan la existencia de dos rasgos comunes entre mujeres y su relación con los alimentos: la mayoría de las mujeres siguen o han hecho un régimen, y muchas de las elecciones alimentarias que hacen giran en torno al peso, no a la salud. A veces dichas elecciones son buenas —restringir las carnes rojas, comer más ensaladas, prestar más atención a la fibra en la dieta. Pero muchas veces, cuando están motivadas por el objetivo de adelgazar, no resultan sensatas.

Por ejemplo, dice Hudnell, muchas mujeres aplican el concepto moral de «bueno» y «malo» a los alimentos. Lo bueno se ve como «pobre en calorías» y lo malo como «rico en calorías», algo que conduce a saltarse muchas comidas y a desarrollar fobias alimenticias; esto puede rápidamente desequilibrar una dieta muy meditada, dice ella.

Por ejemplo, señala ella, «muchas mujeres dejan de tomar pan. A pesar de que ha existido un giro entre muchas personas, relativo a la idea que tienen de que el pan engorda, esta idea equivocada persiste entre las personas que hacen régimen. Vemos a un número enorme de mujeres que dejan de comer cuatro trozos de pan al día cuando la recomendación actual es de seis».

Los alimentos que se retiran de la dieta por percibirse como «malos» adquieren el aura de «fruto prohibido» dice Hudnell. «Si usted intenta prohibirlos es muy probable que acabe comiéndolos de forma compulsiva. Algo prohibido resulta más atractivo. Este tipo de ingesta fomenta el aumento de peso. Nosotras lo vemos a diario.»

Otra elección poco sensata que hacen muchas mujeres es dejar de beber leche, una de las fuentes más ricas en calcio que existen, porque se piensa que tienen relativamente gran cantidad de calorías, algo que rechazan por «malo» las personas que hacen régimen. «Dejan incluso de beber leche desnatada para ahorrar calorías» dice Hudnell. Pero esto no significa que las mujeres estén ignorando la necesidad de alimentos ricos en calcio.

«Desde 1980 el queso superó a la leche en su consumo, de modo que el problema no es el calcio, es la grasa» dice Hudnell. «Incluso los quesos pobres en grasa tienen más grasa que la leche desnatada. Muchas mujeres tienen que moderar más su consumo de queso.»

Si una mujer que hace régimen deja de tomar carne y leche es posible que carezca también de riboflavina, una de las vitaminas B liberadoras de energía. La carencia de rivoflabina es rara, pero se ha podido ver en estudios realizados que las mujeres muy activas aumentan su necesidad de rivoflabina. «Las mujeres que hacen régimen y hacen mucho ejercicio pueden encontrar que es un problema» sugiere Hudnell.

Consejo para la futura madre

La necesidad que tiene la mujer de nutrientes —y calorías— nunca será mayor que cuando está embarazada o durante la lactancia. La gestación es también una época en la que el apetito sufre cambios espectaculares. Se pueden tener náuseas por la mañana, que hacen que se odie la comida, seguido de meses en los que se tiene un apetito feroz. También se pueden tener «antojos», un fenómeno del que se ha hablado mucho pero que se entiende poco, que puede o no tener una base fisiológica.

Además de conseguir suficientes calorías tiene que prestar una atención especial a la ingesta de alimentos ricos en calcio, hierro y ácido fólico. En algunos casos, además, es posible que tenga que empezar a tener cuidado con las necesidades nutricionales *antes* de quedarse embarazada.

En cualquiera de los casos, su médico le prescribirá un suplemento vitamínico durante el embarazo. Con toda probabilidad tendrá una buena dosis de hierro, ya que la carencia de hierro es la carencia nutritiva más frecuente entre mujeres gestantes. Resulta difícil conseguir suficiente cantidad de hierro en la dieta cuando no se está embarazada, y lo es incluso más cuando aumenta esta necesidad.

Nutrición para uno

Un sondeo Gallup halló que en cualquier noche de la semana dos de cada diez adultos comen solos. Existen muchas posibilidades de que la mayoría de esas personas solitarias sean solteras y quizás vivan solas. La comida es un acto social muy importante en nuestra cultura y pierde parte de su encanto cuando no hay nadie sentado al otro lado de la mesa. De modo que no hay gran motivación por cocinar.

«En vez de escoger algo nutritivo, las personas solas recurren a lo rápido y eso significa que a menudo se quedan escasos en lo que respecta a la nutrición» dice la experta en nutrición Bonnie Worthington-Roberts, doctora en filosofía, de la Universidad de Washington.

Pero vivir solo es una tendencia tan normal que la industria alimentaria, incluso los mismos supermercados, están facilitando a estas personas el que coman bien. «No estaba acostumbrado a poder comprar algo empaquetado para una o dos personas. Ahora sí puede» dice la doctora Worthington-Roberts. «Incluso en la sección de carnes, puede comprar trozos pequeños. Eso era imposible hace 10 años.»

Si busca una cena rápida para llevar a casa muchos supermercados tienen bandejas de ensalada y comidas calientes. Algunos empresarios atienden exclusivamente a personas profesionalmente muy ocupadas, proporcionándoles un menú semanal de comidas deliciosas y sanas que pueden encargarse de antemano y recogerse luego. Las cenas congeladas —muchas de ellas pobres en grasas, en sodio y en calorías— se cocinan en 6 a 7 minutos en el microondas.

Pero existen también otras opciones. Algunos supermercados venden verduras cortadas para freír rápidamente y comidas fáciles y sencillas que se cocinan en pocos minutos. Para las personas que viven solas y disfrutan cocinando pero no tienen tiempo sólo tienen que dejar de hacer la compra y cocinar para uno. Por el contrario, pueden preparar varias porciones a la vez y congelar el resto para calentarlo posteriormente en el microondas durante la semana.

No obstante, dice la doctora Bonnie Worthington-Roberts, aunque prescribir suplementos vitamínicos es una práctica bien consolidada entre los obstetras, muchas mujeres no lo precisan. «No existe prueba alguna de que tengan un efecto beneficioso concreto» dice ella. «Hay que tener cuidado con el consumo de vitaminas durante el embarazo. No debe tomar *ningún tipo* de suplemento sin que lo autorice su obstetra.»

Una vez que el niño nace, sus requerimientos calóricos aumentarán si usted escoge la lactancia materna, dice la doctora Worthington-Roberts. Usted puede necesitar desde 300 a 500 calorías/día de más aunque existe una cierta controversia sobre la cantidad exacta. «Existen algunos indicios de que durante la lactancia las mujeres utilizan un poco mejor las calorías» dice ella. «Pero, por otro lado, la mayoría de las mujeres son poco activas después del parto por lo que disminuye su gasto calórico. Asimismo siguen teniendo una acumulación de grasa del embarazo y parte de dicha grasa se utiliza para las calorías necesarias durante la lactación.»

Ella dice que su necesidad de ingerir más calorías debe estar dictada por su estilo de vida y su grado de actividad. «Variará de una mujer a otra.» Por ejemplo, un estudio realizado con mujeres que se preparaban para correr un maratón halló que las corredoras que daban de mamar y que comían más de 3.000 calorías/día seguían perdiendo peso.

Lo mejor que puede hacer es comer lo mejor posible para protegerse a sí misma y al bebé. Si no ingiere suficientes vitaminas, tampoco lo hará el bebé. Hacer régimen durante la lactancia puede afectar a la calidad de los nutrientes y finalmente a la cantidad de leche que produce, dice la doctora Worthington-Roberts. Si usted no come bien, sus reservas de nutrientes terminarán por agotarse y correrá el riesgo de tener carencia nutritiva.

Menopausia y después

Ésta es la tercera vez que la ingesta de calcio es de importancia vital para la mujer —pero no debe ser la primera vez en su vida que presta atención de la cantidad que ingiere con la dieta.

Después de la menopausia aumenta el riesgo de osteoporosis a pesar de sufrir una cierta pérdida ósea desde mediados de los treinta. Si usted fuese lista, se preocuparía de la ingesta de calcio durante toda su vida como de una cuenta de jubilación individualizada, cogiendo cada día un poco como si fuese un nido para el futuro.

Durante la menopausia la única forma segura de enlentecer significativamente la pérdida de densidad ósea es el estrógeno, dice la doctora Worthington-Roberts. Pero no todas las mujeres son candidatas a la terapia de reposición de estrógeno. ¿Servirá el calcio?

«El calcio puede colaborar a enlentecer la pérdida ósea pero no lo impide» dice la doctora Worthington-Roberts. «El estrógeno es lo mejor. Lo peor es no tomar nada. De modo que, sí, la nutrición marca una diferencia.»

Si usted opta por el calcio, ¿qué cantidad debería tomar? Suponiendo que su dieta contenga al menos 500 milígramos —la media de una mujer— se necesitan 800 a 1.000 miligramos adicionales, dice ella. «Pero si se ha preocupado por el calcio y bebe leche desnatada es posible que esté tomando 800 a 1.000 milígramos.»

Conforme la mujer envejece tiene que prestar más atención a su ingesta calórica, sobre todo si lleva una vida sedentaria. Esto puede influir en las vitaminas y minerales de la dieta. La pérdida de masa muscular en la vejez significa que usted quema menos calorías. Esto significa que necesita menos alimentos para conservar el mismo peso.

La reducción de la ingesta de alimentos conlleva un descenso correspondiente en la cantidad de vitaminas y minerales existentes

---

Nutrición, la píldora y el DIU

No hace tanto tiempo que los médicos prescribían píldoras vitamínicas junto a la receta de un anticonceptivo oral. Se pensaba que las píldoras anticonceptivas aumentaban la necesidad de una serie de nutrientes, incluidas las vitaminas C, B6 y ácido fólico (una vitamina del complejo B).

«Actualmente se sabe que las píldoras anticonceptivas poseen un contenido hormonal tan bajo que su impacto en el estado de los nutrientes es mínimo» dice la experta en nutrición Bonnie Worthington-Roberts, doctora en filosofía de la universidad de Washington. «Cualquier mujer que haya estado tomando la píldora durante años puede desarrollar un indicio bioquímico de carencia de vitamina B6 o de ácito fólico, pero es muy improbable.»

Sin embargo, si tiene un DIU puede correr el riesgo de tener carencia de hierro. Esto se debe a que el DIU a menudo aumenta el flujo menstrual perdiéndose hierro por la sangre. «Muchas mujeres que se ponen un DIU automáticamente piden una receta para un suplemento de hierro debido a esto» dice ella.

en la dieta. «En este momento de su vida es incluso más importante escoger los alimentos de forma sensata» dice Marsha Hudnell.

Escoja alimentos con alta densidad en nutrientes, sugiere. Son alimentos que tienen una elevada proporción de nutrientes por calorías. Por ejemplo, una taza de leche desnatada contiene un 30 por 100 de la cantidad de calcio recomendada en la dieta y 90 calorías. Una taza de leche entera posee la misma cantidad de calcio pero 150 calorías, de modo que la leche desnatada es más densa en nutrientes.

«Un trozo de pastel de zanahorias puede tener mucha cantidad de vitamina A pero contiene también gran cantidad de grasa y calorías si se compara con una zanahoria» dice Hudnell.

OSTEOPOROSIS

Primero se fracturó la muñeca. Dos años después, se rompió el tobillo. Y luego, sólo diez días después de que le quitasen esa escayola, se fracturó el otro tobillo. Aunque la fractura de muñeca se debió a una mala caída, Evelyn Kline, de 70 años de edad, no hizo nada fuera de lo corriente para sufrir el resto de las fracturas. Para empeorar las cosas, la cicatrización fue lenta para esta mujer normalmente activa, y tuvo que seguir un esquema de actividades limitado durante semanas incluso después de que le quitasen la última escayola.

«A pesar de que yo no me sentía impotente, debo decir que tener los dos tobillos rotos me afectó mucho» dice ella. «Mi capacidad de andar —moverme sola— se vio afectada. De repente tuve la sensación de ser vulnerable. Era consciente de cada paso que daba, y me preguntaba si el siguiente me produciría otra fractura.»

Para la mayoría de las mujeres mayores, un

Iniciar pronto la prevención

hueso roto —normalmente debido a un accidente sin importancia— es a menudo el primer signo de osteoporosis, dolencia debilitante en la que los huesos van perdiendo su densidad, se vuelven porosos y son propensos a fracturas.

Para muchas constituye una clara afirmación de que está a punto de cambiar para siempre la vida que conocen. La osteoporosis es una enfermedad con grandes consecuencias ya que puede quitar la independencia a la mujer. La debilidad ósea conduce a una constitución débil, y la mujer tiene miedo de salir y de depender de los demás emocional y físicamente.

«El hecho de que ya no podría volver a andar bien, de que me podía volver a pasar con toda facilidad, me paralizaba» dice Evelyn.

Los huesos fuertes precisan calcio

La pérdida ósea tras la menopausia no se puede impedir totalmente pero sí se puede enlentecer con una dieta rica en calcio. Algunos investigadores opinan que la cantidad dietética recomendada de calcio —800 miligramos/día— no es suficiente. Por el contrario, 1.000 miligramos de calcio se recomiendan a mujeres con terapia de reposición de estrógeno y hasta 1.500 miligramos para las mujeres que no tomen la hormona.

El calcio abunda mucho en los alimentos lácteos, sobre todo en los productos lácteos pobres en grasa. Cuanto menor sea su contenido en grasa más cantidad de calcio contienen. Pero los productos lácteos no son la única fuente donde cubrir las necesidades de calcio. Muchos otros alimentos, como las verduras de hoja verde oscuro, nueces y semillas, son también buenas fuentes de calcio así como otras vitaminas y minerales. Sin embargo, usted debe saber que ciertas verduras oscuras, como espinacas y col rizada contienen también grandes cantidades de ácido oxálico, que liga calcio e impide su correcta absorción.

A continuación se muestra una lista de los principales alimentos que contienen calcio.

Alimento	Cantidad	Calcio (mg)	% de RDA
Yogur desnatado	1 taza	448	56
Leche desnatada	1 taza	352	44

La ignorancia es negligente

Cuando el médico de Evelyn le dijo que tenía osteoporosis no tuvo que explicarle lo que era (a pesar de hacerlo). Tampoco tuvo que explicarle sus implicaciones. Hoy los artículos de las revistas y la publicidad —principalmente de artículos tales como la leche y vitaminas— hacen que las mujeres sean más conscientes de la osteoporosis que antes.

Pero el problema, como lo ven algunos expertos, es que muchas mujeres hacen muy poco al respecto. De hecho, no es infrecuente que hasta que la mujer mayor se rompe un hueso no se ocupa mucho de la salud de sus huesos, dice Deborah T. Gold, doctora en filosofía, profesora agregada de psiquiatría y sociología en Duke University

Alimento	Cantidad	Calcio (mg)	% de RDA
Queso ricotta semidesnatado	½ taza	336	42
Yogur de fruta semidesnatado	1 taza	312	39
Queso romano	28,35 g	296	37
Leche entera	1 taza	288	36
Queso suizo	28,35 g	272	34
Queso provolone	28,35 g	208	26
Tofu	½ taza	130	13
Queso Cheddar	28,35 g	200	25
Almendras sin tostar	¼ taza	90	9
Brécol cocido	1 plato	83	8
Judías cocidas	½ taza	64	6
Mantequilla de sésamo	1 cucharada	63	6
Grano de mostaza cocido	½ taza	52	5
Swiss chard, cooked	½ taza	51	5
Col rizada	½ taza	47	5
Pepitas de girasol	¼ taza	42	4
Habas rojas cocidas	½ taza	39	4
Puerros cocidos	1	37	4

Medical Center en Durham, Carolina del Norte. Parte de la culpa, dice ella, lo tiene la falta de conocimientos. Aunque la mayoría de las mujeres saben lo que es la osteoporosis, muchas tienen ideas erróneas acerca de qué lo produce y cómo impedirlo.

La prevención es su mejor defensa

¿Quién tiene más posibilidades de desarrollar osteoporosis?

Si usted es de constitución pequeña, delgada, fuma y bebe mucho, hace muy poco ejercicio y nunca ha dado a luz, la respuesta es: Usted. Si además no ingiere productos lácteos, tiene una dieta pobre y tiene una madre o abuela que se ha roto la cadera de mayor, su posibilidad es incluso mayor.

De hecho, si cualquier aspecto de este perfil encaja con el suyo piense que usted corre riesgo, dice Diane Meier, doctora en medicina, catedrática en Mount Sinai School of Medicine. Pero no piense que la enfermedad es inevitable. La osteoporosis *sí* se puede evitar.

El secreto de mantener unos huesos sanos de por vida es llevar a cabo un programa de prevención cuando se es joven —antes de que empiece a perderse hueso. Pero eso no significa que no deba empezar ahora, sea cual sea su edad. Un buen programa de prevención es lo que necesitan sus huesos. Esto es lo que, en opinión de los expertos, usted tiene que hacer:

Ingerir grandes cantidades de calcio. Los huesos están compuestos principalmente de calcio. También es una sustancia necesaria para su organismo. Cuando el cuerpo no puede obtenerlo de los alimentos —cuando su dieta carece de la cantidad necesaria de calcio— se lo roba a los huesos.

Estudios realizados han mostrado que la mujer media no obtiene suficiente calcio de la dieta. Los productos lácteos —leche semidesnatada, yogur y quesos, etc.— son algunas de las principales fuentes de calcio. También lo son los pescados con espinas como las sardinas y el salmón. Si sospecha que su dieta es pobre en calcio háblelo con su médico. Es posible que le recomiendo tomar un suplemento.

«Piensan por ejemplo que si beben un vaso de leche a diario ya está» dice la doctora Gold, quien es también antiguo miembro en el Center for the Study of Aging and Human Development, de la universidad. «O piensan que la osteoporosis es algo completamente gené-

Tomar también una cantidad adecuada de vitamina D. Si usted recibe el calcio de una fuente diversa a los productos lácteos es posible que no tome vitamina D, un nutriente necesario para la absorción del calcio, dice la doctora Meier. (La leche está enriquecida con vitamina D.) Dice también que la absorción de vitamina D puede verse afectada si no toma el sol (necesario para que el cuerpo fabrique vitamina D) o si utiliza de forma regular un protector solar. Sin embargo, la vitamina D es tóxica a dosis altas, no debiendo de tomarse suplementos sin la supervisión médica. Cuando va al médico es un tema que puede comentar junto a la dieta.

Hacer ejercicio. Los expertos saben cómo el ejercicio regular puede colaborar a enlentecer la pérdida ósea. De hecho, puede incluso aumentar la masa ósea en algunas mujeres posmenopáusicas. Los ejercicios en los que se carga peso —como correr, tenis, aerobic suave y andar— fortalecen los huesos. Pero, señalan los expertos, el ejercicio sólo es beneficioso si se hace de forma rutinaria, al menos tres a cinco veces a la semana.

En la menopausia examinar su necesidad de estrógeno. No todas las mujeres necesitan tomar estrógeno para proteger sus huesos, dice la doctora Meier. Si su densidad ósea es alta en el momento de la menopausia entonces incluso la pérdida rápida que tiene lugar durante los años siguientes le deja con suficientes reservas óseas, dice ella. La mujer cuya densidad ósea sea baja o tirando a baja en el momento de la menopausia, por otro lado, es posible que pueda evitar futuros problemas debido a la existencia de huesos quebradizos si toma terapia de reposición de estrógeno (TRE).

La TRE, sin embargo, no está exenta de riesgos; se ha asociado a un mayor riesgo de ciertos tipos de cáncer. La TRE es una decisión que usted tiene que tomar junto con su médico.

tico, de modo que si sus madres no lo tuvieron, ellas tampoco lo tendrán». Algunas piensan que el cuidado de los huesos es algo que puede posponerse hasta que sean mayores, como es después de la menopausia. «Pero cuando se tiene esa edad la densidad ósea ya se ha perdido» dice ella.

La realidad es que la salud de los huesos es algo que se tiene que empezar a cuidar mientras se es joven, dice la doctora Gold. Cuando se cumplen los 30 ó 35 años el cuerpo humano alcanza lo que los expertos denominan el pico de masa ósea, momento en el que el hueso es más fuerte y denso. Aproximadamente después de los 35 empieza la pérdida de densidad ósea de forma continua, lenta y gradual, hasta llegar a la menopausia. Durante la menopausia y varios años después la pérdida ósea se acelera de forma espectacular siendo de un 3 por 100 por año, pérdida directamente relacionada con la ausencia de estrógeno. Es la principal causa de que la osteoporosis se considere enfermedad de la mujer.

Existen además otros factores conocidos que pueden aumentar las posibilidades de desarrollar esta enfermedad. Algunos no se pueden cambiar, como una menopausia temprana o quirúrgica, antecedentes familiares de osteoporosis o una estructura ósea pequeña. Pero existen algunos factores de riesgo sobre los que sí se tiene control —un estilo de vida sedentario, tabaquismo y una dieta pobre en calcio contribuyen a debilitar los huesos. «Cuanto antes corrija esto, mejor le irá» dice la doctora Gold. «Si espera a tener 50 años será demasiado tarde.»

Temor a caerse

Hay muchos motivos para tomar en serio el consejo de la doctora Gold. La osteoporosis afecta ya a 25 millones de personas —principalmente mujeres— y es responsable de 1,3 millones de fracturas óseas al año, siendo las más frecuentes las de muñeca, cadera y columna vertebral. No hace falta gran cosa para que se produzca una fractura. Actividades aparentemente mundanas de la vida cotidiana, como agacharse para acariciar a un perro o coger un bulto ligero pueden romper un hueso quebradizo. Evelyn Kline dice que sus dos fracturas de tobillo sucedieron mientras caminaba —y ella ni se cayó ni resbaló. «Simplemente noté un dolor en el tobillo que no existía un minuto antes.»

Las fracturas de cadera son las más devastadoras, dice Diane Meier, doctora en medicina, codirectora de Osteoporosis and Metabolic Bone Disease Program en el Mount Sinai Medical Center en la ciudad de Nueva York. Aproximadamente el 40 por 100 de las mujeres mayores que se rompen la cadera acaban por no poder volver a andar sin ayuda. El 17 por 100 de las fracturas de cadera conducen a la muerte, a menudo a consecuencia de complicaciones tales como neumonía o coágulos de sangre en los pulmones.

«El temor a caerse y romperse otro hueso puede en realidad hacer que las mujeres teman salir fuera» afirma la doctora Meier, quien es además profesora adjunta de geriatría y medicina en Mount Sinai School of Medicine de la Universidad de Nueva York. «Por consiguiente limitan enormemente sus actividades físicas, pudiendo a su vez exacerbar el proceso de adelgazamiento óseo.»

Evelyn dice que en un momento dado tenía miedo de salir de su casa, sobre todo tras un incidente particularmente aterrador relacionado con una acera con hielo. «A pesar de que llevaba el bastón no paraba de resbalarme. Cada paso que daba tenía más miedo. Me defendí caminando por la hierba y agarrándome a los árboles que había a mi paso. Cuando llegué a la esquina tuve que subirme a la acera para cruzar la calle. Ahí fue cuando me caí y me di un golpe fuerte. Cuando finalmente llegué a casa estuve temblando durante horas. Sólo de pensar que podría haberme roto la espalda o mi pierna me resultaba aterrador. De repente me sentí frágil y vieja.»

Sentirse vieja e impotente

La reacción de Evelyn es bastante normal. Cuando la fractura de un hueso lleva al diagnóstico de osteoporosis también se rompe la autoestima de la mujer, dice la doctora Gold, que estudió el impacto psicológico y social de la enfermedad en un grupo de mujeres.

Las relaciones interpersonales también pueden verse afectadas. «La mujer diagnosticada de osteoporosis puede tener un aspecto perfectamente sano» dice la doctora Gold, «pero no lo está. Cuando le dice a su marido, "George ya no me dejan cargar ningún peso superior a 2.200 g de modo que tú tendrás que llevar el cesto de la ropa sucia" es probable que la respuesta de George sea, "de ningún modo, yo te veo con un aspecto estupendo". Es probable que le traten de enferma, algo muy lejos de ser verdad».

La doctora Gold dice que a sus pacientes a menudo les cuesta pedir al médico el apoyo emocional que precisan. Como señaló una mujer de su grupo: «Soy independiente y me cuesta mucho pedir algo, sobre todo cuando es algo tan nimio como coger un paquete o llevar la bolsa del ultramarinos. Llevo haciendo esto toda mi vida. Es duro aceptar que ya no puedes hacerlo».

Existen también problemas con la imagen corporal. Una señal de osteoporosis es la reducción de estatura debido a la compresión de los huesos de la espalda. Puede hacer que la mujer parezca encorvada y tenga una proporción rara. «A veces las mujeres se encorvan tanto que sus costillas se apoyan en sus caderas» dice la doctora Meier. «Se hace prácticamente imposible encontrar ropa que le quede bien». Algunas mujeres acaban teniendo giba, que como dice la doctora Meier es como el «signo inequívoco de la vejez».

Recuperar la vida

La osteoporosis obliga a hacer algunos cambios en la vida, pero no es una sentencia de por vida, señala la doctora Meier. Empieza por aprender a pensar en una misma lo primero, lo que, si se tiene en cuenta la condición de las mujeres, no es algo fácil de hacer.

Si el grupo de estudio de la doctora Gold sirve de indicador, no espere tener mucha ayuda voluntaria. Si necesita ayuda tiene que aprender a pedirla.

Igual de importante es hacerse responsable de la propia seguridad. La mayoría de las caídas se producen en el hogar, de modo que es ahí donde hace falta hacer algunos cambios sencillos, dice la doctora Meier. Quitar las alfombras que resbalen. Comprobar que todos los cables de la electricidad estén bien sujetos para que no pueda tropezarse con ellos. Cambiar el linóleo o la moqueta que tenga las esquinas levantadas. Tirar los tacones altos y usar zapatos planos y que sujeten bien el pie. Olvidarse de la coquetería y usar un bastón o andador si su forma de andar es inestable. Instalar barras asideras en el servicio, sobre todo en el baño o ducha. Poner mucha luz sobre todo en los armarios, pasillos y escaleras.

La doctora Gold añade que el hecho de doblarse y estirarse puede resultar doloroso para la persona con osteoporosis. Por ello, ella recomienda que se coloquen todas las ollas, sartenes y platos en un sitio accesible de la cocina. «Es posible que no esté tan ordenado como le gustaría» admite, «pero las mujeres que siguen ese consejo encuentran una enorme mejoría en su estado general».

Véase también Terapia de reposición de estrógeno

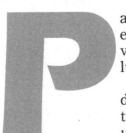

Para una mujer, no existe una experiencia más intensa o inolvidable en la vida que dar a luz.

«Pienso que la mujer que da a luz equivale, probablemente, al hombre que ha pasado una guerra», dice Deborah Gowen, comadrona de WomenCare, en Malden Hospital, en Brigham y Women's Hospital en Boston. «Cuando los soldados regresan de la guerra, piensan que nadie puede saber lo que era eso a excepción de alguien que haya pasado por ello. Incluso si cada historia de guerra es distinta, para ellos fue un rito de iniciación. Pasa lo mismo con el parto. Cuando yo visité una residencia, conocí a ancianas de 80 años que no se acordaban de sus propias vidas, pero podían contarme sus partos».

Pero si el parto es como la guerra, es una guerra sin la Convención de Ginebra. No hay reglas, ni normas establecidas por las que la mujer puede medir o predecir su pro-

Una
experiencia
única
—cada vez—

Cinco medidas de dolor

Los investigadores han comprobado que estos cinco factores —algunos físicos y otros psicológicos— están a menudo asociados con el grado de dolor que dicen las mujeres haber tenido durante la dilatación.

Síntomas menstruales. Por lo general, las mujeres que tienen mucho dolor y otros síntomas durante sus menstruaciones dicen notar más dolor en la dilatación, posiblemente porque sus cuerpos segregan más prostaglandinas, una serie de sustancias químicas que estimulan las contracciones uterinas, y que se asocian al dolor.

Nivel socioeconómico. Las mujeres de clase social alta y con más educación tienden a notificar menos dolor, según dicen los investigadores, porque es más probable que hayan aprendido y usado técnicas de control del dolor (como la respiración de Lamaze), y tienen personas sensibles a su lado que les ayudan a reducir su temor.

Edad. Las mujeres con más edad dicen notar menos dolor durante la dilatación que las mujeres jóvenes, posiblemente porque tienen más control de sus vidas —un factor que reduce el estrés— y cuentan con más apoyo que las mujeres jóvenes, que están más tensas durante el parto.

Grado de ansiedad. Los investigadores han comprobado que la ansiedad que se siente a las 32 semanas era la mejor forma de predecir el uso de fármacos para el dolor de la dilatación, en las madres primerizas.

Partos. Las madres primerizas notan más dolor que las mujeres que ya han tenido más hijos, posiblemente porque la primeriza desconoce el dolor que se siente durante la dilatación. Las mujeres multíparas saben qué esperar por lo que se preocupan menos y están menos tensas que las primíparas.

pia experiencia. No hay dos partos iguales, ni siquiera para la misma mujer.

Existen partos fáciles y difíciles, aunque no hay nadie a quien no le resulte doloroso. Algunas mujeres notan más dolor, y otras menos, por motivos tanto físicos como psicológicos. A pesar de que estudios realizados demuestran que la ansiedad puede afectar al curso del parto, incluso hacer que sea más doloroso, no existe garantía alguna para que la mujer que va a dar a luz llena de seguridad tenga una experiencia mejor que la mujer que llega al hospital mordiéndose los labios y apretándose las manos.

Con todo lo individual que puede ser la *experiencia,* el proceso físico básicamente es el mismo para todas las mujeres. Llegado un momento del embarazo, el cuerpo y el feto indican al útero que empiece a contraerse, desencadenándose, irrevocablemente, el parto. A pesar de que los médicos pueden detener temporalmente el parto, o acelerarlo, es un proceso con poderes de un monstruo.

Dolor, temor, pérdida del control: así es la realidad del parto. El modo que cada mujer tiene de enfrentarse a él es tan individual como sus huellas digitales. Al igual que el embarazo, el parto es una crisis psicológica. Sus antecedentes pueden ser la mejor forma de predecir cómo responderá a este reto.

«Por norma general, la mujer da a luz como ella vive», dice Christiane Northrup, doctora en medicina, y ginecóloga privada en Yarmouth, Maine, copresidenta además de la American Holistic Medical Association.

El reino del dolor

¿Cuánto duele el parto? Un estudio de investigación respondió de forma bastante concisa: al encuestar a 115 mujeres de parto, éstas tendían a puntuarlo como «doloroso» en su primera fase, «horrible» en la fase activa del parto y «atroz» durante la expulsión —la última fase del parto.

Por supuesto que algunas mujeres tienen partos relativamente fáciles. En el *Motherhood Report,* las autoras Eva Margolies y Louis Genevie, doctoras en filosofía, comprobaron que el 8 por 100 de las 1.100 mujeres estudiadas dijeron haber tenido un parto fácil y relativamente no doloroso. Pero tanto si se tiene dolor como si no, 6 de cada 10 de las mujeres encuestadas recuerdan el parto como una experiencia positiva muy importante en sus vidas. El dolor parece ser una cuestión de actitud así como una realidad física.

Becky Stern, una mujer de 32 años y madre de dos niños, había oído muchas historias de terror antes de tener su primera hija, y se sorprendió gratamente de su propia experiencia. «Para algunas personas sí es auténticamente muy doloroso. Pero no lo fue para mí», dice ella. «Quiero decir que fue más doloroso que cualquier otra cosa que me hubiese pasado en la vida, pero lo bueno que tiene el dolor del parto es que como viene se va. No es como si alguien te cuelga del pelo y te deja así durante 35 horas».

Un motivo por el que el dolor del parto, aunque inolvidable, puede verse de forma más positiva, digamos, como un brazo roto, es que a diferencia del dolor producido por una lesión o enfermedad, no resulta amenazador. De hecho sirve para un propósito positivo. Un experto en dolor dice que el dolor que no se percibe como perjudicial casi no se nota.

Escoger un profesional

Está claro que reducir la ansiedad es algo clave para mejorar las posibilidades que se tienen de tener un parto más corto y más manejable. Pero ¿cómo mitigar la ansiedad cuando te enfrentas a lo que para la mayoría de las mujeres es el peor dolor que han tenido nunca?

Quizás lo más importante que usted puede hacer es escoger al mejor profesional para usted. Tiene que escoger a un profesional —obstetra o comadrona— con quien se encuentra segura y cómoda, que esté ahí cuando dé a luz y que está dispuesto a tener en cuenta y cubrir sus necesidades. No sólo se sentirá menos preocupada cuando llegue el momento, según estudios realizados, mejora sus posibilidades de tener una experiencia positiva, un bebé sano y menos intervenciones y complicaciones médicas si la persona que le atiende es sensible, paciente y amable.

«Parece cosa de nada», dice Kathy Scott, la madre de dos niños, «pero en mi primer parto mi médico tocó algunos cables y organizó las cosas de tal modo que tuve un cuarto privado, porque ella sabía que yo estaba muy nerviosa. Su sensibilidad cambió mucho las cosas para mí. Yo seguía estando nerviosa, pero me sentía segura. Su actitud no fue "he hecho esto un millón de veces", sino "ésta es la primera vez que *usted* lo hace"».

Kathy tuvo suerte. Ella encontró a una médico amable y comprensiva que no sólo cubrió sus necesidades sino que las sintió. Hallar una persona así a menudo resulta más fácil decirlo que hacerlo. Desde que los niños dejaron de nacer en las casas y lo hicieron en hospitales, como dijo un experto, se ha «medicalizado».

«*Usted* necesita tener un control», dice la doctora Northrup. La experiencia de un parto maravilloso, dejando un tiempo antes de cortar el cordón, para que el bebé pueda descansar sobre su abdomen en la penumbra resulta bonito, pero, dependiendo de dónde tenga al niño, es posible que tenga que luchar por ello. Para que los partos puedan cambiar es necesario que las mujeres empiecen a confiar en sí mismas y también en los profesionales que las atienden».

Por desgracia, lo que sucede a menudo es que la mujer está rodeada por una serie de profesionales, quienes la instan a empujar, a no empujar, a respirar, a dejar de hacerlo. En resumen, dirigen el parto como si fuese un guión, en vez de ayudarle a dar a luz en el momento adecuado y a su modo. A esto hay que añadir unos protocolos médicos tan restrictivos, deshumanizados y estresantes, como son frecuentes exámenes vaginales, monitorización fetal y no dar a la mujer comida y bebida; la mujer respira un «ambiente de crisis», dice la doctora Northrup, que lo único que hace es aumentar la ansiedad que siente, pudiendo incluso afectar al proceso o resultado del parto.

En un estudio realizado en la University of Colorado Health Sciences Center School of Medicine, en 1989, los investigadores observaron y analizaron cintas de vídeo de la dilatación y parto, y hallaron que el tipo de entrada que reciben las madres de sus cuidadores puede afectar a la calidad de la salud del bebé, después del parto. Joyce Roberts, doctora en filosofía, comadrona titulada, y sus compañeras descubrieron que tanto las madres como sus hijos estaban más sanas después del parto si las personas que las atendieron mostraron interés —permitiendo que la madre escogiese la posición para dar a luz y dejándola empujar cuando quería— en vez de ser «reguladores», algo que la doctora Roberts define como intentar acelerar el proceso del parto diciendo a la madre lo que debe hacer, incluido empujar cuando no está preparada.

Nada de planes

Cuando *usted* se pone de parto, está claro que lo último que necesita es que exista un plan de acción. Lo que en realidad necesita, dice la comadrona Gowen, es tener al lado a una persona amable que usted sabe que está ahí para cubrir, no dictar, sus necesidades. Incluso si es la primera vez que usted da a luz, dice Gowen, puede saber mejor instintivamente, incluso cuando lo que usted quiere hacer se enfrenta al protocolo de actuación del hospital, a lo que aprendió en las clases de preparación para el parto, incluso al carácter que usted tiene a diario.

«En nuestra práctica», dice Gowen, «nosotros seguimos el ritmo de la señora. Si necesita dormir, la dejamos dormir. Si prefiere andar, se pone a andar. Si quiere ser amable o tener mal genio, eso es lo que hace. Puede llorar como un bebé, decir que quiere volver a casa o encerrarse en un aseo oscuro y no hablar con nadie, y a nosotras nos parece bien. Éste es el único momento de su vida en el que consigue decir y hacer y ser lo que desee con impunidad».

La mujer a la que se le permite hacer la dilatación a su modo, con la ayuda de una persona amable, puede también necesitar menos fármacos analgésicos, dice Gowen. De hecho, varios estudios muestran que las mujeres a las que han acompañado durante la dilatación personas allegadas —no necesariamente personal médico— pasan un momento menos difícil. Pueden tener una dilatación más corta y necesitar menos intervenciones médicas, incluida la cesárea; además, tanto ellas como sus bebés pueden presentar menos complicaciones de salud. Los investigadores se preguntan si la presencia de un acompañante puede ayudar a mitigar la ansiedad que siente la mujer, que a su vez —en un modo aún desconocido— ejerce un efecto positivo en la experiencia del parto y en el resultado.

Seguir la corriente

Los expertos en partos opinan que usted reducirá también la ansiedad que tiene en el parto si sigue dos consejos aparentemente opuestos: Estar preparada y esperar lo inesperado.

En muchos estudios se ha visto que asistir a clases de preparación para el parto puede mitigar la ansiedad y el temor, y proporcionarle sentimientos más positivos respecto al período de dilatación y parto. Por un motivo, usted pierde parte de su temor a lo desconocido. A pesar de que sea la primera vez que da a luz, las clases, que ofrecen la mayoría de los hospitales, le ofrecen la oportunidad de preguntar a otras mujeres —desde profesionales sanitarios a madres con experiencia— de qué se trata en realidad.

Hablar con otras madres puede resultar bastante útil, dice Gowen, si habla con bastantes. Existe, por supuesto, el peligro de que en todo grupo de mujeres, que comparten sus experiencias del parto, usted oiga una serie de horrores. «Pero pienso que si las mujeres hubiesen oído historias de partos desde que eran niñas, no resultaría tan aterrador ya que habrían oído muchas y muy distintas», dice Gowen. «De vez en cuando las mujeres tienen partos fáciles. Pero el 98 por 100 de las mujeres que tienen partos difíciles, se encuentran al día siguiente andando, hablando y vivas, le dirán que existe un sentimiento de éxito en el hecho de haber pasado por ello y haber salido bien».

Parto antinatural

Las experiencias del parto varían enormemente, incluso en la misma mujer. «Una primera experiencia negativa no implica que la segunda vaya a ser igual», dice Gowen. Y una primera experiencia buena tampoco predice la siguiente. Lois Bjornsgaard tuvo un parto corto, casi sin notarlo, con su primer hijo. Con el segundo, ella esperaba que fuese igual. «Sólo que más corto, ya que había oído que sería más rápido», dice ella. Para su sorpresa, su hijo Luke «se tomó el tiempo que quiso en nacer, y yo lo pasé fatal. "Para que luego hablen las comadronas"», dice riéndose.

Los estudios muestran también lo raro que es asistir a un parto totalmente natural. Al menos usted saldrá del hospital con la episotomía hecha (una incisión en el suelo pélvico y vagina, que se hace para evitar que se desgarre durante el parto). Incluso después de haber realizado toda la preparación para el parto, es posible que el médico decida, en el último momento, debido a determinadas circunstancias, que hay que facilitar la dilatación con fármacos, o que es necesario hacer cesárea. Usted tiene que ser suficientemente flexible para reconocer que al igual que todos los planes bien organizados, éste puede torcerse. Tiene que encontrar el modo de colaborar con su médico para que la experiencia resulte positiva, a pesar de ser un parto médicamente asistido, reconociendo que tanto su seguridad como la del bebé son prioritarias.

Incluso algunos de los defensores del parto natural coinciden en decir que los fármacos —sobre todo la anestesia epidural— son la mejor forma de que las mujeres tengan una buena experiencia del parto. Cuando los administra una persona con experiencia —comadrona o médico— la medicación puede marcar una diferencia entre una experiencia terrible y otra alegre, con pocos o ningún efecto negativo para usted o para su bebé.

Las técnicas de control del dolor, aunque muy eficaces para muchas mujeres y altamente recomendadas, no son la panacea. Y es probable que fracasen si usted espera que le garanticen una dilatación y parto sin dolor. Los ejercicios respiratorios que se enseñan en las clases de preparación son en realidad una técnica de relajación, un modo de ayudarle a soportar pero no eliminar el dolor, aunque puedan hacerlo en cierto modo. «Yo nunca digo a las mujeres que las respiraciones le van a mitigar el dolor», dice Diane Courney, enfermera y especialista clínica en preparación para el parto y en asesorar sobre problemas con el embarazo, en el Centro de Ciencias de la Salud de la Universidad de Texas, en San Antonio. «Intento dejar claro que controlará cómo sienten el dolor, cómo responden al dolor. Yo digo a las mujeres, "Llegado un punto de la dilatación, quizás más de una vez, usted dirá que esto no funciona, y querrá dejar de hacer las respiraciones. Pero pronto se dará cuenta de que lo mejor es que siga con ellas, de modo que continuará respirando"».

Pero no debe pensar que ha fracasado si pide medicación. Pensar que debe aguantar estoicamente el parto es prepararse para sufrir un desencanto. Mimi Cohen decidió tener a su primer bebé en una clínica llevada por comadronas, ya que quería tener un parto «natural», que para ella significaba la ausencia total de fármacos. Temiendo no lograr las expectativas de todo el mundo, incluidas las suyas propias Mimi aguantó una dilatación y parto difícil y, viéndolo en retrospectiva, lamentó no haber pedido alguna medicación. Cuando habla acerca del nacimiento de su hija, tiene un tono amargo. «Mi experiencia fue horrorosa y ahora, dos años después, sigo pensando que sería incapaz de repetirlo. Me quedé pensando que todas esas respiraciones sólo eran, básicamente, un complot hecho por personas que tienen que estar ahí mientras tú das a luz, para que hagas algo que no sea gritar.

Carol Tucker, por otro lado, tuvo un parto «estupendo». No natural, por supuesto, dice alegremente. «Me pusieron la epidural, me llevaron a la sala de parto, me indicaron cuándo debía empujar y en 15 minutos salió mi hija. Resultó rápido y fácil y ni siquiera me despeiné. Yo vi cómo nacía en un espejo y era como si otra mujer estuviera dando a luz. No sentí nada de dolor. Fue maravilloso».

La actitud correcta

La mayoría de los expertos en partos coinciden en decir que lo mejor que se puede hacer para dar a luz es olvidar lo que se ha oído sobre «lo que se supone que es». Por el contrario, debe prepararse para «seguir la corriente», reconociendo que una vez que el útero desencadena el parto, todo puede pasar.

Algunas mujeres se mueren de miedo de pensar que pueden «perder el control» durante la dilatación, gritando, maldiciendo, incluso defecando —todo ello puede y de hecho pasa. Esto puede producir mucho temor en las mujeres, incluso pánico. «Me habían contado que a algunas mujeres se les escapan las heces en la misma mesa de quirófano y yo pensaba: "Oh, por Dios, si me sucede eso a mí, me muero", recuerda Kathy Scott, quien admite que su parto le ponía muy nerviosa. «Incluso tenía demasiado miedo para hablar de ello con mi médico, y me sentí tan feliz cuando no sucedió».

Para algunas mujeres, «perder el control» es un duro golpe para su autoestima, sobre todo para muchas mujeres profesionales que están acostumbradas a controlar casi todas las facetas de su vida, dice la doctora Northrup, que habla desde su experiencia personal. Con su primer hijo, dice, ella pensaba que iba a tener un parto natural prácticamente sin ponerse a sudar. Pero en vez de «pasar» por el parto, dice que «luchó» con él.

Me sorprendió comprobar cómo dolía. Yo había presenciado cientos de partos, había hecho guardias durante cuatro años, ayudando a traer niños al mundo, y ¿no habría pensado usted que me podría haber hecho una idea de que era molesto? Pero sabe, sabía que lo era para *ellas*. Pero yo era una supermujer. No me sucedería a mí. Éste es el momento en que su cuerpo toma el control, de modo que usted tiene realmente que aguantarse durante un rato. En la actualidad, la mayoría de las mujeres, sobre todo las que ya han cumplido los treinta y saben controlarse, lo pasan mal», dice ella.

Usted puede lograr estar en buena forma para la dilatación sin tener que ser un gimnasta profesional. Existen una serie de ejercicios sencillos que pueden ayudarle a aprender a relajarse mientras nota dolor, y prepararle para algunas de las sensaciones que puede notar durante el parto. También pueden ayudarle a evitar laceraciones durante el parto, pudiendo beneficiarle de otra forma una vez que ha dado a luz.

Es probable que su médico o comadrona le aconsejen que haga los ejercicios de Kegel. Todos los días, tan a menudo como sea posible, contraiga y relaje los músculos del suelo pélvico. Puede hacerlo sentada, de pie, tumbada boca abajo o en su dormitorio, el coche o en el supermercado. Contraiga simplemente los músculos del ano y uretra. Es como si controlase la salida de la orina y de las heces. Aguante así unos momentos, y luego relájese.

Lo que hace este ejercicio es ayudarle a relajar los músculos que se utilizan durante el parto, colaborando a reducir el riesgo de desgarro. Si a usted le resulta difícil aislar un músculo, inténtelo primero con el brazo, como sugieren las comadronas de Deborah Gowen de Boston's Brigham and Women's Hospital. Contraiga un músculo determinado, y luego relájelo. Algunos expertos recomiendan que haga esto con todas las extremidades, ya que le ayudará a relajarse durante el difícil momento de la dilatación. Las clases de yoga también pueden ayudarle a aprender a contraer y relajar determinados músculos, y conseguir una relajación total.

Una vez que tenga al bebé, los ejercicios de Kegel le ayudarán a conservar el tono en los músculos del suelo pélvico, para impedir que tenga problemas vesicales.

Está convencida de que su actitud influyó en la dilatación, que «se detuvo cuando había alcanzado seis centímetros», y resultó muy dolorosa y en algunos momentos no productiva.

Es por eso por lo que ella recomienda a las mujeres que realicen actividad física —yoga, masaje, ejercicio— que les ayude a conocer cómo funciona su cuerpo. (Véase «Preparación para la dilatación», en página anterior). «Usted necesita estar a tono, aprender a confiar en la sabiduría de su propio cuerpo», dice ella. «Existe un viejo axioma entre los obstetras que dice que las personas que planifican con todo detalle su parto —"esto me va a pasar a mi, esto no me va a pasar a mi, hazlo, no lo hagas"— son las más aptas para tener problemas. No tienen confianza en sí mismas y quieren que todo esté planeado de antemano. Pues bien, existen algunas cosas que no pueden planearse, y ésta es una de ellas. Es así».

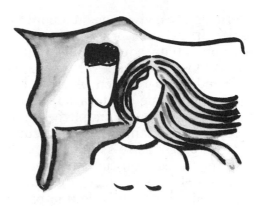

PERSONAS QUE COMPARTEN ALOJAMIENTO

El matrimonio es una institución, y ¿quién quiere comprometerse con una institución? Pues bien, según el censo de los EE.UU., aproximadamente 2,9 millones de ciudadanos no quieren. Ése es el número de parejas que según el censo de 1990, viven juntos sin tener un compromiso oficial —PCA, como se les denomina a veces, siglas que significan Personas que Comparten Alojamiento (o parejas de hecho). Y su número va en aumento. En 1980 sólo había aproximadamente 1,6 millones de parejas no casadas que vivían en cohabitación. En 1985, dicha cifra había aumentado a 2 millones. Evidentemente es una relación que está de moda.

¿Por qué? Por un motivo, vivir juntos está socialmente más aceptado. Contamos con modelos de rol que les ha ido bien, la mayoría de ellos personalidades como la pareja de actores Kurt Russell y Goldie Hawn.

Y, en muchos casos, es una relación que funciona. Para algunos, vivir con su amante es el ensayo del matrimonio, una cosa temporal, una prueba. Para otros, es un fin en sí. Algunas mujeres, sobre todo aquellas que han pasado por un matrimonio infeliz (o por dos), o a quienes la procreación no les preocupa, encuentran estupenda esta relación. A otras mujeres les gusta la independencia psicológica que conlleva no estar legalmente «atado» a nadie. Para otras, vivir juntos es simplemente un matrimonio sin documentos, un compromiso tan fuerte como cualquier matrimonio bueno en el que ambas personas se sienten responsables uno del otro.

Pero como sucede con cualquier relación, tiene sus escollos, como pudo descubrir Pamela Armstrong. Pamela, productora en Washington, D.C., y ella misma hija de una pareja de hecho, en una ocasión vivió con un hombre que estaba divorciado y compartía la custodia de sus dos hijos pequeños. Puesto que en esos momentos estaba en paro, permanecía en casa y cuidaba de los hijos de su amante y se encargaba de las tareas del hogar. El arreglo funcionó bien hasta que Pamela cayó enferma.

«Él ganaba mucho dinero al mes y yo me quedaba en casa cuidando a sus hijos. Pero cuando me puse enferma se suponía que yo tenía que pagar mis facturas médicas porque yo no estaba dentro de su seguro médico» dice Pamela. «Poco tiempo después, yo me fui. Me di cuenta de que yo daba mucho más de lo que recibía. No tenía nada legal de mi parte. Yo no podía entrar en su seguro a pesar de llevar a cabo las tareas de mujer y madre. Me di cuenta de que existe un motivo por el cual el matrimonio es una institución. Es una institución que protege a la mujer.»

Asuntos ocultos

Existen otros motivos por los que esta vida en cohabitación puede no resultarle satisfactoria. Este tipo de relación implica una ausencia de compromiso total, dice Iris Sanguiliano, doctora en filosofía, psicóloga privada de la ciudad de Nueva York. Existe una cierta incertidumbre e inseguridad en ello que a veces puede resultar emocionante y otras temible. Existe además el riesgo de que la relación que no se mantenga unida se termine acabando.

«Al trabajar con parejas he visto lo que yo llamo síndrome de compañero de cuarto, en donde el hombre y la mujer llevan vidas casi paralelas pero realmente no se relacionan socialmente. En realidad no se sienten responsables uno del otro. Existe una falta de compromiso en muchas áreas» dice ella.

Para aquellas personas que tienen miedo de comprometerse o de estar próximos a otra persona, una vida en cohabitación puede parecer una buena alternativa al matrimonio, pero simplemente es un modo de evitar hacer frente a esas cuestiones que se interponen con la intimidad real, dice ella.

A pesar de que, ciertamente, hay muchas personas que llevan unas vidas juntos largas y felices sin casarse, la mayoría de los expertos ven a aquellos a los que todo les sale mal. Diana Kirschner, doctora en filosofía y psicóloga clínica, ve a muchas mujeres en su consulta privada de Gwynedd Valley, Pennsylvania, que llevan una vida en cohabitación. Ella dice que la gran mayoría de estas mujeres llegan a esta relación con asuntos ocultos incluso para ellas mismas. «Independientemente de lo que le digan, a menudo albergan el deseo secreto de casarse» dice la doctora Kirschner. «Resulta una fantasía interna bastante bien desarrollada. A veces prácticamente no saben que lo tienen. En realidad lo reprimen. Yo he visto a mujeres que pensaban que eran mujeres muy dedicadas a su profesión, negar apasionadamente estos sentimientos. Mis clientes dicen cosas tales como: "Realmente no me importa que sólo vivamos juntos. No sé por qué lloré en la escena de la boda de la película. No tiene nada que ver con que yo quiera casarme". Pero por su supuesto que sí.»

A veces, dice ella, estas mujeres inician una relación con hombres que han salido quemados de un anterior matrimonio y no están dispuestos a volver a casarse. «A menudo, él no desea formar otra familia ya que tiene que seguir pagando la primera» dice ella.

Si usted alberga en secreto el deseo de casarse y tiene relación con un hombre que no está dispuesto a hacerlo, usted se encuentra en la misma posición que aquella mujer que inicia una relación pensando que «le va a cambiar». Rara vez pasa, advierte la doctora Kirschner. Por el contrario, usted se está preparando para ser infeliz.

«Con el tiempo tiene un efecto debilitante. Usted espera un gran banquete y se muere de hambre» dice ella. «No sólo eso, sino que puede mermar su autoestima tanto que incluso puede pensar que no merece que le den de comer».

Fobia al matrimonio

Las mujeres que tienen una relación a medias por temor —temor a que «esto es lo mejor que puedo hacer» o temor a intimar con otra persona— también se preparan para el fracaso.

La doctora Kirschner dice que ve a muchas mujeres que se enamoran de un hombre «que no es el tipo que se casa» y se mantienen a su lado, infelices, porque su sensación de valía personal está tan dañada que piensan que es lo único que les cabe esperar. «Es posible que piense, estoy envejeciendo a su lado. Estoy perdiendo el tiempo con esta relación. No tengo ningún tipo de seguridad», y ella empieza a pensar que está perdiendo su valor.

«Por desgracia las mujeres están discriminadas en el "mercado" del matrimonio. Tenemos que ser jóvenes y atractivas para conseguir un hombre, y la realidad es que a medida que se cumplen años cada vez hay menos hombres disponibles. Estas mujeres se sienten infelices pero no abandonan. Prefieren tener algo en vez de estar solas.»

Algunas mujeres inician una relación de cohabitación porque tienen miedo al matrimonio, dice la doctora Sanguiliano. «Todas nosotras equiparamos el matrimonio con el único matrimonio que conocemos íntimamente, el de nuestros padres, que puede haber sido malo. Existe una inclinación a pensar: "Yo nunca voy a hacer nada así". También es una cuestión social. Cuando miramos a nuestro alrededor vemos que la mitad de la población está divorciada o procede de un hogar roto. De modo que no es sólo nuestra historia personal. En la sociedad, en general, existe una sensación de inestabilidad.»

Algunas mujeres temen que el matrimonio «se las trague», como sucedió con sus madres, dice la doctora Sanguiliano. Otras pueden temer el compromiso o la intimidad, o simplemente quieran evitar el dolor de un fracaso matrimonial. Algunas mujeres —y hombres— tienen lo que podría llamarse fobia al matrimonio. «Vivimos con muchas ilusiones y mitos, siendo uno de ellos que, si no estás casada, en cierto modo estás libre» dice la doctora Sanguiliano. «Ése puede ser el motivo por el que algunas parejas que se casan después de años de vivir juntos al final rompen».

La prueba definitiva

¿Cómo saber si una relación de cohabitación le va bien a usted? La doctora Kirschner da a sus clientes una prueba reveladora: «Les digo que imaginen su vida ideal dentro de cinco años» explica ella. «Cuando lo hacen, les pido que describan exactamente lo que está pasando, con quién vive, qué significa esa relación para usted, qué aspecto tiene su hogar, cómo es, cómo parece. Valiéndose de esas tres modalidades, usted puede crear una visión real en la mente. Cuando ve su vida ideal, sabrá si desea casarse con ese hombre, si le ama o si incluso le gusta».

Si se da cuenta de que su problema es una falta de autoestima, dice la doctora Kirschner, haga una prueba real. «Salga, haga cosas, coquetee» recomienda ella. «¿Qué tiene que perder?»

Si está implicada en una relación de cohabitación que se parece más a un callejón sin salida, pero tiene demasiado miedo como para romper, es importante que conserve sus actividades fuera de la relación. «Algunas mujeres renuncian a todo por la relación» dice la doctora Kirschner. «Participe de la vida, de sus aficiones, sus amigos, ya que todo ello tiende a mantener alta su autoestima.»

Eche un vistazo a su vida personal. ¿Tiende a ser impulsiva? ¿Teme acercarse demasiado a alguien porque tiene miedo de que le hagan daño? ¿Tiende a escoger a sus parejas porque le permiten revivir momentos de su pasado con la esperanza de que resulte diferente? ¿Piensa que puede cambiar a este hombre si vive con él?

Tiene que ser muy consciente de sus motivos, dicen los expertos. Para que una relación de cohabitación tenga éxito, como el matrimonio, hace falta amor, honestidad y compromiso. Cualquier otra cosa es sólo compañeros de cuarto.

PÍLDORAS ANTICONCEPTIVAS

Los anticonceptivos orales —hormonas sintéticas que anulan las hormonas naturales que controlan la reproducción— son ahora tan seguras que según opinión de los expertos usted tiene diez veces más probabilidades de morir mientras se dirige en coche a la farmacia, para comprarlas, que las que tiene por tomarlas.

Ésa es una probabilidad de seguridad bastante buena, si se tiene en cuenta que se han convertido en el método de control de la natalidad de elección entre las mujeres que pretenden tener hijos en el futuro, pero que no los desean por ahora.

El hecho de estar en primer lugar es un logro que debe esperarse de un fármaco que, píldora tras píldora, nos condujo a la Revolución sexual. Después de todo, hace sólo poco más de una generación que la mayoría de las mujeres estaban tan aterrorizadas con la idea de quedarse embarazadas, que evitaban las relaciones sexuales hasta tener una alianza en el dedo.

Los anticonceptivos orales cambiaron esa actitud por completo, dividiendo la estructura social que la apoyaba. Al eliminar la probabilidad de embarazo, los anticonceptivos orales suprimían también la necesidad de contraer un compromiso de por vida, antes de que las mujeres pudieran expresar su sexualidad.

Pros y contras

¿Cómo funcionan los anticonceptivos orales? Fundamentalmente, según informes científicos, no dejan ningún cabo, o función reproductora, suelto. Suprimen la ovulación, alteran la composición del moco cervical de modo que al esperma le cueste penetrar, interfieren con el transporte del óvulo a través de la trompa de falopio y modifican la capa interna del útero inhibiendo la implantación de un óvulo fecundado.

Y son eficaces. Sólo entre el 3,8 y 8,7 por 100 de las mujeres que toman la píldora quedan embarazadas, y la mayoría de las veces por usarla incorrectamente.

Por supuesto que, al igual que con cualquier fármaco, existen efectos secundarios y riesgos. Los problemas más frecuentes, notificados por los médicos son manchar y hemorragias adelantadas, debido en gran parte a las píldoras con dosis bajas de estrógeno. Cuanto menos estrógeno haya en la píldora, más probabilidades tendrá de manchar.

Las hemorragias adelantadas no resultan agradables, por supuesto, pero es una molestia que le permite evitar lo que algunas mujeres pensaban que eran los efectos secundarios más desagradables de las píldoras con dosis altas de estrógeno, que se prescribían en los años sesenta: náuseas, aumento de peso, hinchazón de mamas, cefaleas y cambios en el color de la piel. Aquellos efectos secundarios ya son algo del pasado, según dicen los expertos, al igual que muchos de los problemas cardiovasculares que a veces acompañaban a la píldora original.

Cuando su protección se convierte en humo

En realidad es un milagro que la píldora —como se la llama normalmente— se hiciese tan abrumadoramente popular, si se tiene en cuenta que su presentación estuvo marcada por informes de dichos efectos secundarios tan intimidantes. De hecho, en un momento dado, en los periódicos salían anuncios frecuentes que avisaban que los anticonceptivos orales producían accidentes cerebrovasculares y ataques cardíacos.

Al principio, los científicos sospecharon que los problemas cardio-vasculares que notificaban las mujeres que usaban anticonceptivos orales eran simplemente un efecto secundario debido al juego hormo-nal. Hoy, sin embargo, algunos piensan que muchos de los problemas podrían deberse a la interacción entre el tabaco, la píldora y la edad, dice Jacqueline Darroch Forrest, doctora en filosofía, vicepresidenta de investigación en el Alan Guttmacher Institute, una organización no lucrativa que realiza estudios de investigación sobre reproducción, en la ciudad de Nueva York.

Los estudios han demostrado que el efecto combinado de la píldora anticonceptiva y el tabaco puede aumentar el riesgo de sufrir un ataque cardíaco, independientemente de la edad que se tenga. Y cuanto mayor se sea —posiblemente porque es más probable que cargue la ecuación con aumento de la tensión arterial o también con un aumento del colesterol— más riesgos se tienen.

Contracepción bajo su piel

El implante de levonorgestrel es el primero y principal método contraceptivo introducido en los Estados Unidos en muchos años. Este contraceptivo consta de seis pequeñas cápsulas que contienen progestina, la misma hormona sintética que se utiliza en los anticonceptivos orales, para suprimir la ovulación. Implantado justo por debajo de la piel del brazo de la mujer, estas cápsulas liberarán, de forma continua, progestina al organismo, evitando el embarazo durante cinco años. La fertilidad se recupera una vez extraídas las cápsulas.

Antes de ser aprobadas por la Food and Drug Administration, en 1990, se probó en más de 50.000 mujeres de todo el mundo, demostrando ser altamente eficaz. Desde un punto de vista estadístico, la probabilidad de quedarse embarazada con el implante es aproximadamente del 1 por 100, convirtiéndolo en un método tan eficaz como los anticonceptivos orales.

El principal inconveniente del implante parece ser las irregularidades menstruales. La mayoría de las mujeres que lo utilizan dejan de menstruar, empiezan a tener hemorragias abundantes o manchan durante el ciclo. Algunos de estos problemas se resuelven por sí mismos transcurrido el primer año, y la aceptación del método es bastante alta

A los 40 años, por ejemplo, las mujeres que toman anticonceptivos orales pero no fuman tienen 10 veces entre 100.000 posibilidades de sufrir un ataque cardíaco que las mujeres que utilizan otro método de control de la natalidad.

Parece existir el mismo tipo de relación entre el tabaco, los anticonceptivos orales y el accidente cerebrovascular, informan los investigadores. Al llegar a los 40, las no fumadoras que toman la píldora tendrán una tasa de 7 por 100.000 posibilidades de sufrir un ictus que otras mujeres que usan otras formas de control de la natalidad. Pero al llegar a los 30, las mujeres muy fumadoras aumentan su riesgo más del 1.000 por cien.

Está claro, coinciden en decir los médicos, que el riesgo añadido de enfermedad cardiovascular que tiene las mujeres que usan la píldora, que son jóvenes y no fumadoras, es muy bajo.

—en un estudio el 94 por 100 de las mujeres dijeron que utilizarían los implantes otra vez a pesar de que el 95 por 100 de ellas presentaron algún efecto secundario—. Otros efectos secundarios, distintos de las irregularidades menstruales, son cefalea, acné, caída del cabello y aumento de peso. Otro inconveniente es que el implante puede no ser tan eficaz en mujeres que pesen más de 70 kg en el momento de su introducción, o en las mujeres que engordaron después. La eficacia disminuye conforme aumenta el peso. Resulta además muy caro, siendo su costo de 500 dólares o más.

A pesar de que aún se sabe poco acerca de los principales efectos sobre la salud que posee el uso de progestina como control de la natalidad, los expertos opinan que es improbable que usted corra un riesgo mayor de desarrollar una enfermedad cardiovascular, ya que el estrógeno es la hormona que se relaciona con los problemas cardíacos. Y, al igual que con los anticonceptivos orales, es probable que le proteja contra la enfermedad inflamatoria pélvica, tumores benignos de mama y quistes de ovario. Sin embargo, el uso de progestina se ha relacionado con un aumento de la tensión arterial, que es un factor de riesgo de los accidentes cerebrovasculares.

La píldora y el cáncer

Quizás lo que más preocupa a las mujeres es la relación que existe entre los anticonceptivos orales y el cáncer de mama —relación que parece más confusa con cada estudio que se hace. Un estudio parece indicar que la píldora anticonceptiva sí produce cáncer de mama. Otro estudio, igualmente riguroso, dice que no, la píldora anticonceptiva no produce cáncer de mama.

¿Qué hay en el fondo? Pues bien, el Centers for Disease Control, en Atlanta, llevó a cabo un estudio donde participaban 10.000 mujeres, que puede explicar estos resultados aparentemente opuestos. El problema, y posiblemente la causa de toda la confusión, puede ser que el uso de la píldora parece *aumentar* el riesgo que tiene la mujer de desarrollar cáncer de mama, si tiene menos de 35 años, pero *disminuye* dicho riesgo si la mujer tiene 45 años o más.

Una teoría que podría explicar la relación aparentemente extraña entre la píldora y el cáncer de mama, en mujeres jóvenes, es que las hormonas que contiene la píldora no producen cáncer en sí, sino que aceleran el desarrollo de un cáncer que no se habría diagnosticado hasta más tarde, dice la doctora Forrest. Otra teoría es que las mujeres que utilizan la píldora son examinadas con mayor frecuencia, y por tanto el cáncer se detecta en una fase más temprana. Otra teoría más es que la píldora, al simular un embarazo, aumenta el riesgo de cáncer de mama a corto plazo, pero lo reduce a largo plazo, de igual modo que el embarazo.

La píldora protege

A pesar de que sigue existiendo, en cierto modo, una relación entre los anticonceptivos orales y el cáncer de mama, estudios realizados han podido comprobar que la píldora protege claramente a las mujeres de otros tipos de cáncer.

Las mujeres que han usado anticonceptivos orales tienen un 40 por 100 menos de probabilidad de desarrollar cáncer de ovario o cáncer endometrial, según informes científicos, y, al menos en el caso del cáncer de ovario, los efectos protectores de la píldora pueden durar 15 años o más después de dejar de tomarla.

Aún más, cuanto más tiempo tome la píldora, mayor grado de protección ofrece. Una mujer que haya estado tomando la píldora durante 4 años o menos, por ejemplo, reduce su riesgo de cáncer de ovario un 30 por 100. Una mujer que haya estado tomando la píldora durante 6 a 11 años reduce su riesgo un 60 por 100. Y, lo crea o no, una mujer que haya tomado la píldora durante 12 años o más reduce el riesgo de cáncer de ovario sorprendentemente en un 80 por 100.

La píldora le ofrece tal protección que, de hecho, un investigador hizo un cálculo formal del número de cánceres que evita: 2.000 casos de cáncer endometrial y 1.700 casos de cáncer de ovario al año.

Pero los efectos protectores de la píldora no acaban en el cáncer. Si los investigadores están en lo cierto, cada año la píldora puede evitar también 51.000 casos de enfermedad inflamatoria pélvica, 27.000 casos de anemia ferropénica, 20.000 casos de tumores benignos de mama, 9.900 embarazos ectópicos y 3.000 quistes de ovario.

Tomar una decisión

Toda decisión que se tome en relación con el control de la natalidad debe hacerse siempre consultándola con su médico, dice la doctora Forrest. No sólo porque necesite una receta, sino porque los conocimientos médicos avanzan con tanta rapidez que cada una de nosotras poseemos una configuración distinta de posibles factores de riesgo, en cualquier momento dado.

La mayoría de los médicos coinciden, por ejemplo, en decir que si usted tiene más de 35 años, es gran fumadora, tiene hipertensión u otra enfermedad cardiovascular, o si usted tiene o sospecha que tiene cáncer de mama debe evitar cualquier contacto con los anticonceptivos orales. Pero ¿qué sucede si tiene antecedentes familiares de cáncer de ovario? En ese caso, dice la doctora Forrest, algunos de esos aspectos negativos pueden no ser tan importantes.

También hay que tener en cuenta el estilo de vida, añade Linda J. Beckman, doctora en filosofía, directora de investigación en California School of Professional Psychology, en Alhambro, que ha realizado varios estudios sobre métodos anticonceptivos elegidos por mujeres.

Si no mantiene relaciones sexuales de forma regular, o tiene muchas parejas, es posible que la píldora anticonceptiva no sea la mejor elección, dice la doctora Beckman, profesora adjunta, además, del Departamento de Psicología en la Universidad de California, Los Ángeles. En estos casos, usted necesita un método que se pueda usar según se necesite y uno que le proteja contra enfermedades de transmisión sexual —sida, herpes, verrugas genitales, y semejantes— que pueden afectar a su vida y futura fertilidad. En caso de escoger los anticonceptivos orales, deberá seguir usando un preservativo para protegerse contra las enfermedades de transmisión sexual.

Pero si está casada y no quiere tener hijos por ahora, dice la doctora Beckman, puede pensar que la píldora es lo que el médico debiera prescribirle.

La elección, añade, es suya.

Véase también Contracepción, Embarazo.

PLANES DE JUBILACIÓN

Se jubilará usted en un sitio paradisíaco o en una casa de una ciudad? O, como temen algunas mujeres, ¿acabará siendo una mujer sin techo?

«La mayoría de las mujeres que vienen a mis seminarios temen exactamente eso» admite la planificadora financiera Judith Martindale, que dirige un programa radiofónico y un programa semanal en televisión, sobre temas monetarios en San Luis Obispo, California. «Lo oigo una y otra vez. Las mujeres llegan y dicen: "Oh, Judi, no deseo acabar siendo una mujer sin techo". Incluso tengo una mujer que mete ropa, mantas y sábanas de más en un baúl, por si acaso. Y se trata de una mujer que tiene su propio negocio y le va muy bien en su ciudad.»

La mejor manera de organizarse

¿Viejo equivale a pobre?

Al igual que Martindale, algunas psicólogas han detectado también un nuevo tipo de ansiedad entre la tercera edad. Aunque no se limita a un sexo, sí parece afectar a muchas mujeres solteras, viudas o divorciadas quienes, echando un vistazo al futuro, se ven solas, acurrucadas al lado de una serie de pertenencias en una casa sucia.

«Yo soy una mujer soltera, autónoma y sé que cuando no hay nadie alrededor da realmente miedo» dice Martindale, que está divorciada y no tiene hijos. «Hubo una época en que sentía pánico de pensar que también yo podía acabar en la calle.»

Su solución para tranquilizar sus temores fue hacer un plan. Se dio cuenta de que la calidad de su vida, tras la jubilación, dependía de su salud y del dinero que tuviese. De modo que se ocupa de sí misma y de su dinero, un buen consejo para todas las mujeres que tienen una serie de problemas económicos relativos a su sexo.

Tengamos en cuenta estos hechos:

■ La mayoría de las mujeres casadas se enfrentarán a la vejez como viudas.

■ Los ingresos medios de las mujeres mayores de 60 años son de 31.530 ptas. mensuales, más dos pagas extraordinarias.

■ La mayoría de las mujeres ganan menos dinero que los hombres, por lo que cuentan con menos dinero disponible para ahorrar para la jubilación. Además, las mujeres jubiladas reciben menos dinero de la seguridad social que los hombres.

■ Las mujeres que sacan tiempo para atender a sus familias, trabajan en tiempo parcial o no trabajan o empiezan a ejercer una profesión después de criar a sus hijos, tienen menos dinero que separar para su vejez. Además, cuando llega la jubilación también se ven afectadas por el «penalty de la maternidad»: un pago inferior procedente de la Seguridad Social, debido al menor tiempo cotizado.

■ Las mujeres tienden a vivir más años y a padecer enfermedades crónicas más a menudo que los hombres, de modo que a no ser que la mujer planifique con mucha antelación su vejez, es muy probable que sobreviva a sus ahorros para la jubilación.

Planificar de antemano

Al igual que Martindale, Lynn Scherzer está planificando su jubilación. Tanto ella como su marido, Jack, tienen una visión muy clara de lo que les espera. Lynn, que es autónoma, y Jack, un profesor numerario de universidad, tienen ambos casi 50 años y pueden pasar sin trabajar el jueves para estar juntos, haciendo compras, cocinando, dando un paseo o haciendo algún deporte. «Cuando pensamos en la jubilación pensamos que viviremos todos los días del año como vivimos

Las mujeres casadas tienen que tener en cuenta la posibilidad, muy real, de que pasarán sus años de jubilación solas. «Usted tiene que hacerse a la idea de que es posible que viva sola» dice la planificadora financiera de California Judith Martindale. «Aproximadamente el 41 por 100 de todas las mujeres que se jubilan no están casadas.»

Pero no tiene que darle miedo, dice Martindale. De hecho, dice ella, usted puede planificarlo ahora adquiriendo las aptitudes necesarias para vivir sola. Entre las sugerencias que le ofrecemos están:

- Identificar tres situaciones en su vida en donde se enfrentó a adversidades y sobrevivió.
- Imaginarse en una situación negativa y luego verse resolviendo el problema.
- Aprender a ser flexible. Tal vez la forma más sencilla de hacerlo, dice ella, es identificar una de sus rutinas cotidianas y variarla. «Salga de la cama por un lado distinto por las mañanas» dice ella.
- Aprender a ser firme e independiente. Si no sabe cómo hacerlo, dice Martindale, pregunte a alguien que conozca y que usted admire su independencia cómo lo hace.
- Hacer amigos. Su mejor apuesta contra la soledad es contar con personas en su vida que se preocupen por usted y viceversa. Puesto que la vejez es una época en la que a menudo perdemos a los amigos de la vida, usted tiene que poder hacer nuevos amigos, dice Martindale. «Creo que aquí es donde nuestra inclinación cultural hacia atender a los demás resulta realmente positiva para nosotras» dice ella. «Sabemos cómo relacionarnos con otras personas. Pero a menudo estamos ocupados y perdemos la pista de nuestras amistades, de modo que tenemos que acordarnos de hacerles caso.»

ahora los jueves» dice Lynn. «Estoy deseando poder hacer las cosas que me gustan cuando sea vieja. Y no deseo pasar los próximos años preocupada por lo que nos puede pasar, de modo que lo estamos planificando económicamente y también pensando en nuestra salud.»

Tanto Lynn como Jack invierten en un programa de pensión. Una de sus prioridades es meter la máxima cantidad de dinero posible en el seguro, cada año, incluso cuando hay que pagar otras facturas. Ellos aprovechan mucho el seguro médico de Jack, que cubre un examen físico anual para ambos, y se han comprado un aparato de ejercicios que tienen en casa, donde ambos trabajan tres veces por semana.

«Esto es muy importante para nosotros» dice Lynn. «No queremos acabar en la miseria y deseamos pasar la jubilación viajando por lugares interesantes, y no por las consultas médicas».

De hecho, los planificadores financieros y los psicólogos coinciden en decir que el momento de ocuparse de su jubilación es ahora, independientemente de la edad que tenga.

Si, como en el caso de Lynn, usted sabe cómo desea pasar su tercera edad, podrá planificarlo mejor psicológica y económicamente. Si, por ejemplo, su plan es usar su tiempo de ocio para viajar por el país con una caravana, señala Martindale, tendrá que ahorrar para financiar el viaje, que puede resultar bastante caro. Si, por el contrario, usted desea pasar estos años dedicándolos a trabajos de voluntariado, sus necesidades económicas —y, por tanto, su plan de ahorro— pueden ser más modestas.

Decida hasta cuándo quiere trabajar o, en el caso de muchas mujeres, hasta cuando *tiene* trabajo. Una mujer que disfruta con su trabajo, la independencia económica que le proporciona y la camaradería del trabajo puede querer seguir trabajando después de cumplir la edad de jubilación tradicional. Otras mujeres que se incorporaron tarde al mercado laboral o que cuentan con escasos ahorros, pueden *necesitar* trabajar más tiempo para mantenerse.

En caso de estar casada, su marido y usted deben hablar de su visión del futuro. Si planean pasarlo juntos, tienen que ponerse de acuerdo en el itinerario.

«Usted tiene que saber lo que quiere y lo que el otro quiere» dice Martindale. «He llegado a la conclusión de que son más las personas que viven como viven más por descuido que por elección. Tan sólo aproximadamente un 3 por 100 de la población se fija objetivos. Si usted no lo hace, vive con ausencia de objetivos.»

Tenga un segundo plan

A la hora de hacer un plan de jubilación tome en cuenta el hecho de que no siempre vivimos felices el resto de la vida. Existe la posibilidad en algún momento de su vejez de que usted desarrolle una incapacidad, dice Dorothy Litwin, doctora en filosofía, psicóloga privada de la ciudad de Nueva York que trabaja con mujeres mayores en psicoterapia.

«Cuando se cumplen los cincuenta se llega al período de transición. Las cosas empiezan a cambiar. Aparece el cansancio. Usted no puede hacer lo que antes hacía. También pasan cosas buenas. Usted goza de mayor seguridad económica durante ese decenio. Es entonces cuando las personas tendrían realmente que empezar a pensar en lo que van a hacer cuando sean viejos y estén posiblemente incapacitados.»

Compruebe su cobertura médica —seguro médico y plan de ahorro privado— para cerciorarse de que cuenta con suficiente dinero para pagar las facturas médicas que se presentan cuando se tiene una enfermedad crónica. Según las estadísticas, las mujeres tienen más enfermedades crónicas que los hombres por lo que sus necesidades de cuidados de salud son diferentes. La enfermedad crónica puede hacer necesarios unos cuidados de enfermería a largo plazo que pueden no estar cubiertos por su seguro médico.

Si usted es de las que empezó tarde a trabajar, asegúrese de comprobar en la Seguridad Social si tiene derecho a asistencia médica una vez jubilada. Casi el doble de mujeres reciben una pensión por ser mujeres de trabajadores que por trabajar ellas mismas. Recuerde que la mujer dependiente sólo puede contar con el 45 por 100 de la base reguladora de su marido. «Si ésta es su única fuente de ingresos tendrá serios problemas económicos» advierte Martindale. Será mejor que pida los beneficios por jubilación procedentes de su propia cuenta, pero primero tiene que tener una.

Conócete a ti misma

La jubilación puede suponer una gran tensión psicológica en la mujer y, si está casada, en su relación marital. Si se vale de la introspección puede protegerle de problemas, dice la doctora Litwin.

Por ejemplo, pregúntese a sí misma cómo se las va a arreglar cuando tenga —como dijo un bromista— «la mitad de dinero y el doble de marido». Un asunto principal en las columnas periodísticas de consejos son cartas de mujeres cuyos maridos jubilados no saben qué hacer y las incordian, ofreciendo sugerencias de ahorro en el supermercado y sugerencias de ahorro en casa. «Cuando el marido se jubila, pierde sus contactos sociales pudiendo depender más de su mujer» dice la doctora Litwin. «Pierde su base de poder de modo que su mujer se convierte en su público».

Pregúntese a sí misma si está dispuesta a jubilarse cuando lo haga su marido. Algunas mujeres que empezaron tarde a trabajar no están dispuestas a dejar de trabajar cuando él tiene 65 y ella 60 años. «En algunos casos cuando el marido está listo para la jubilación la mujer sigue trabajando a pleno rendimiento» dice la doctora Litwin. «La expectativa de vida de la mujer es mayor por lo que es posible que ni siquiera esté preparada para jubilarse a los 65».

Tener una vida propia

A no ser que usted tenga intereses más allá de su trabajo, su cónyuge y su familia, sus años de jubilación pueden vislumbrarse vacíos en vez de un tiempo lleno de alegría y diversión.

«Cuantos más intereses tenga, mejor lo pasará» dice la doctora Litwin. «Las personas que esperan que llegue su jubilación lo ven como el tiempo de ocio que siempre han querido para poder disfrutar de sus aficiones».

Tenga en cuenta esta parte de su segundo plan cuando, por algún motivo, el plan A no funcione. La doctora Litwin dice que ha visto la diferencia que los intereses externos son capaces de lograr en la vida de una mujer mayor. «Yo tenía una mujer que se divorció a los setenta años. Su marido era su trabajo. Ella planificaba todo el día alrededor suyo. Ella vivía siempre pendiente de él. Pero finalmente ella logró dejarle porque tenía una aptitud de la que podía echar mano, y su pérdida entonces no fue tan arrolladora. Por el contrario, conocí a una mujer que tenía 70 años cuando su marido murió. Toda su vida fue una persona muy dependiente, en su adolescencia y en sus dos matrimonios. Como no trabaja está muy deprimida debido a su pérdida. No parece tener los recursos que tenía la otra mujer.»

La salud: primero y ante todo

Cuidar de la salud es una de las mejores inversiones que usted puede hacer para su futuro. Como sus ahorros, una buena salud le permitirá seguir siendo independiente durante más años.

A pesar de ser planificadora financiera y no gerontóloga, Judith Martindale sigue con entusiasmo las recomendaciones del médico relativas a cuidados de salud preventivos. Dice a sus clientes que empiecen un programa de ejercicio y que no dejen de hacerlo ya que esto mejorará su salud y movilidad; que se interesen y mejoren su dieta y que se hagan una revisión médica anual. Advierte, en particular, a las mujeres que presten atención a su ingesta de calcio, para evitar la osteoporosis, y que hagan una autoexploración de mama regular y se hagan mamografías para la detección precoz del cáncer de mama.

Aprender a ahorrar

Martindale dice a sus clientas que calculen el dinero neto que ganan para tener una idea más clara de su situación económica actual. Muchas mujeres tiemblan sólo de pensarlo, dice ella, en parte porque piensan que lo que se van a encontrar será un golpe a su autoestima, sin mencionar la sensación de seguridad económica. «Muchas mujeres bromean diciendo que no tienen suficiente como para preocuparse. Pero a menudo se encuentran con que tienen más de lo que pensaban» dice Martindale.

Asimismo, dice ella, las mujeres —sobre todo las casadas— tienden a sentirse un poco intimidadas por el dinero, ya que piensan que no tienen suficientes conocimientos para comprenderlo. «Incluso cuando la mujer es la que se ocupa de las facturas cotidianas y siente realmente que participa de la economía doméstica, su marido es quien tradicionalmente toma las decisiones sobre las inversiones que hacen» dice Martindale. «Ella tiene la ilusión de que administra el dinero cuando quien realmente lo administra es una planificación a largo plazo.»

Martindale también pide a las mujeres que examinen sus actitudes ante el dinero, en parte para determinar si tienen algún obstáculo psicológico para empezar un plan de ahorro. Para analizar sus sentimientos e ideas acerca del dinero les pide que terminen frases que empiecen así: «El dinero para mí significa...» o «Si pienso que soy responsable de mi propio futuro económico, yo...»

También les pide que examinen los gastos que hacen y que observen en qué se gastan el dinero durante dos o tres meses, para que les ayude a determinar si gastan al día y no hacen planes para el futuro, o ahorran todo para el futuro y no disfrutan del presente.

Ella recomienda iniciar un plan de ahorro para la jubilación lo antes posible. Un planificador financiero puede ser de gran ayuda, dice ella, pero busque a uno que le merezca su confianza. «Primero tiene que aprender el lenguaje para poder participar en las estrategias de inversión. No querrá depender totalmente de lo que haga otra persona».

No piense, además, que no tiene suficiente dinero para empezar. Incluso empezar a ahorrar una pequeña cantidad al mes, ayuda.

Compruebe que usted aparece en su presupuesto siguiendo la vieja recomendación de «pagar primero lo suyo» dice Martindale. Si le resulta difícil ahorrar, aprovéchese de métodos de ahorro «indoloros», incluido un plan de pensiones, que ofrecen muchas empresas o programas de depósito directo.

PROBLEMAS MENSTRUALES

Karen Arlen se encontraba en viaje de negocios a Nueva York cuando empezó a notar bruscamente que sangraba a mitad del ciclo. «Al principio pensé que sólo eran unas manchas, que ya había tenído antes, pero pasaron de ser unas manchas a una hemorragia real, semejante al período» dice. «Me asusté; tengo 48 años de modo que se me pasó por la cabeza que podría ser el principio de la menopausia, pero deseaba estar segura.»

Cuando regresó a su casa Karen pidió una cita con su ginecóloga. «Me sentía un poco culpable» confiesa ella. «Le dije que probablemente no se tratase de otra cosa que de la menopausia y ella estuvo de acuerdo conmigo, pero me dijo que no tenía por qué disculparme. Cualquier hemorragia a la mitad del ciclo puede ser un síntoma de algo más grave, como el cáncer. Me dijo que había hecho bien en ir a hacerme una revisión. Me dijo que con 28 años no es probable encontrar un cáncer de útero, pero que a los 48 sí.»

En el caso de Karen, unas pocas pruebas le garantizaron que no tenía cáncer y que su hemorragia irregular era, en realidad, el primer signo de la menopausia. Pero su experiencia ilustra lo que toda mujer debería hacer en caso de cualquier irregularidad en su ciclo menstrual, desde una hemorragia a la existencia de calambres: acudir al médico. Aunque la mayoría de las veces la causa será algo sencillo, no resulta sensato arriesgarse, advierte Jill Maura Rabin, doctora en medicina, profesora adjunta de obstetricia y ginecología en la División de Uroginecología en Long Island Jewish Medical Center, en New Hyde Park, Nueva York.

«Si no lo ha hecho aún, establezca una relación con un médico de su confianza» dice la doctora Rabin. «Analizar un síntoma fuera de lo normal antes en vez de más tarde resulta mejor ya que en caso de ignorarlo, no desaparecerá y puede agravar el pronóstico.»

No dé por sentado el dolor

Ni siquiera piense que los calambres son normales. Aunque rara vez son algo grave, pueden ser un síntoma de endometriosis, fibromas o infección, pudiendo poner en peligro su fertilidad. Además, en la mayoría de los casos, los calambres, incluso agudos y debilitantes, son «curables».

Como pudo comprobar Mimi Cohen. Desde la primera vez que tuvo el período, cuando era adolescente, Mimi tenía fuertes dolores dos a tres días antes de ponerse mala y durante los primeros días de la menstruación. «Recuerdo con 15 años ir a la consulta de enfermería y que me mirasen y dijesen: "Por Dios, estás verde", recuerda Mimi. «Me sentía realmente mal. He llegado a pasar noches enteras en blanco debido al dolor.»

Para la mayoría de las mujeres, un medicamento que se vende sin receta médica, como ibuprofen, fármaco antiinflamatorio no esteroide, funciona como un milagro, dice Penny Wise Budoff, doctora en medicina y autora de *No More Menstrual Cramps and Other Good News* (Basta de dolores menstruales y de otras buenas noticias). «Existen distintos grados de dolor menstrual. Para algunas mujeres, son ligeros; si se ponen de pie y se dan una vuelta se sentirán mejor. Hay otras mujeres que piensan que se van a morir y pueden necesitar que el médico les recete un fármaco antiinflamatorio no esteroide.

Su médico querrá descartar la existencia de fibromas, tumores no malignos en el útero, y endometriosis, situación en la que parte del endometrio (capa interna del útero) se separa e implanta en la parte inferior del abdomen. Estos tejidos mal colocados responden del mismo modo que el endometrio durante el ciclo menstrual. Esto es, sangran y producen dolor, y por tanto irritan la capa interna del abdomen, produciendo dolor.

Relación con las prostaglandinas

Sin embargo, en la mayoría de los casos, los dolores menstruales se deben a sustancias químicas semejantes a hormonas, que existen en el cuerpo y se llaman prostaglandinas. Las prostaglandinas provocan las contracciones uterinas, no sólo durante la menstruación sino también durante la dilatación. Las contracciones que usted nota como dolores, sirven para un propósito importante, dice la doctora Rabin. «Durante el período, se parte una porción de la capa interna del útero. Lo que hace que se desprenda son los espasmos vasculares, provocados por las prostaglandinas. Los vasos sanguíneos existentes en el útero se contraen y dilatan, y a medida que lo hacen, producen cada vez más prostaglandinas. Lo que hacen las prostaglandinas es mantener el funcionamiento. Al final, toda esta dilatación provoca una fuga en los vasos sanguíneos, conduciendo al desprendimiento de la capa superficial del endometrio.»

Su labor no termina ahí. «Durante el primer día en que el flujo sanguíneo es abundante los retortijones ayudan a cerrar los vasos sanguíneos en el lugar donde ya se ha producido el desprendimiento para impedir la hemorragia» dice la doctora Rabin. «A medida que el útero se contrae, impulsa hacia afuera la sangre y la capa interna.»

Todo el mundo produce prostaglandinas. ¿Por qué algunas mujeres notan más dolor que otras? «Todo el mundo tiene retortijones» dice la doctora Rabin. «Simplemente lo que sucede es que las personas tienen un umbral de dolor diferente. Para algunas pueden carecer de importancia, son tan leves que ni siquiera lo notan. Pero algunas mujeres pueden producir más prostaglandinas o pueden tener receptores en sus cuerpos que ligan prostaglandinas de un modo tal que les permite trabajar con mayor fuerza.»

Por lo general, fármacos como el ibuprofén eliminan el dolor, ya que se conocen como antiprostaglandinas —fármacos que bloquean la producción de prostaglandinas del cuerpo o que impiden que esta sustancia química llegue a sus receptores. También pueden ayudar a mitigar la diarrea y las náuseas —y de vez en cuando las oleadas de calor— que presentan algunas mujeres, que se deben a la llegada de las prostaglandinas a los receptores situados en el intestino y colon.

Es posible que el médico tenga que probar varios fármacos antes de dar con el apropiado para usted. Mimi Cohen probó con ibuprofen pero le sirvió de poco. Cuando su médico le recetó antiprostaglandinas para el dolor de cuello, Mimi comprobó que eliminaba también sus retortijones. «De modo que siguió recetándomelo para mi dolor menstrual» dice ella.

Algunas mujeres opinan que el ejercicio les ayuda, dice la doctora Rabin. «El ejercicio ayuda a oxigenar mejor los tejidos para acelerar la eliminación de las toxinas orgánicas y de los productos de desecho que se forman» dice la doctora.

Existen otra serie de métodos «naturales» válidos para algunas mujeres, como la meditación, beber entre ocho y diez vasos de agua al día y pasar a una dieta pobre en grasas y azúcar, con muy poco alcohol y nada de cafeína, régimen que en opinión de algunos médicos sirve también para el síndrome premenstrual.

Tanta variedad de causas

Existen dos grupos de mujeres que tienen muchas posibilidades de presentar períodos irregulares: las chicas jóvenes que empiezan a menstruar y las mujeres que se acercan a la menopausia. En ambos casos, las irregularidades menstruales están normalmente relacionadas con la ovulación, que puede ser en sí irregular. «Son mujeres que se encuentran en polos opuestos del espectro de la vida reproductiva» dice la doctora Rabin. «Los ovarios de una chica joven empiezan a producir un óvulo maduro todos los meses. A estas edades es posible que no se ovule todos los meses, de modo que usted puede saltarse un período (ciclo ovulatorio) o puede ser irregular. Es posible que no tenga períodos regulares al principio y al final de la vida reproductiva.»

No obstante, es importante ir al médico si sus períodos son irregulares-ausentes, infrecuentes, particularmente dolorosos o van acompañados por una hemorragia excesiva. «Los períodos irregulares o un sangrado vaginal anormal pueden ser signo de cáncer de la capa interna del útero u ovarios y esta posibilidad es cada vez mayor conforme la mujer va cumpliendo años, ya que la frecuencia del cáncer aumenta con la edad» dice la doctora Rabin.

Existen también otras causas de hemorragia anormal. Los fibromas pueden producir sangrado vaginal anómalo —hemorragia particularmente excesiva— así como las masas ováricas benignas u otro tumor benigno existente en la capa interna del útero. La adenomiosis, que es el crecimiento de tejido endometrial en la pared del útero, puede producir una hemorragia excesiva y es muy frecuente de ver en mujeres que ya han cumplido los cuarenta. La endometriosis puede producir sangrado abundante así como hemorragias entre las ovulaciones y menstruaciones. Se puede tener un sangrado anómalo si se tiene un pólipo en el útero o cérvix. Todos ellos son problemas funcionales, dice la doctora Rabin.

También se puede tener una hemorragia disfuncional y ovulaciones irregulares debido a un problema que no esté relacionado con el sistema reproductor, dice la doctora Rabin. Los problemas de tiroides, diabetes y patología de la sangre, como la drepanocitosis y la hemofilia pueden producir hemorragia menstrual irregular. El desequilibrio hormonal, que puede deberse a múltiples causas, incluyendo tumores de la pituitaria, puede interferir con la ovulación y causar un sangrado excesivo o irregular.

El tratamiento varía según el problema. Éstos son una serie de fármacos —incluidos medicamentos con base hormonal como los anticonceptivos orales y antiprostaglandinas— capaces de cortar un flujo sanguíneo excesivo. Los anticonceptivos orales a menudo se prescriben para regular el ciclo menstrual. Los fármacos que reducen el tamaño de los fibromas o la extirpación quirúrgica del tumor o el útero (histerectomía) aliviarán también las hemorragias menstruales abundantes si su causa son tumores uterinos.

Una de las cosas que el médico querrá descartar —sobre todo si usted se ha saltado un período o más o tiene períodos irregulares— es el embarazo, y en especial el embarazo ectópico, donde el óvulo fecundado se implanta fuera del útero, situación que puede poner en peligro tanto su fertilidad como su vida. El dolor abdominal es un signo temprano de embarazo ectópico y debe recibir atención médica.

Alteraciones ováricas

Una vez descartado el embarazo el médico querrá saber si usted está ovulando. Las mujeres que ovulan tienden a tener períodos regulares. Las mujeres que no lo hacen es posible que ni siquiera tengan el período —situación denominada amenorrea— o pueden tener períodos irregulares o manchar. (Algunas mujeres tienen dolor en la mitad del ciclo como signo de ovulación. Esto es perfectamente normal y por lo general es un buen signo de que se está ovulando.)

Si el médico sospecha que las irregularidades menstruales que usted tiene se deben a una ausencia de la ovulación es posible que le pida que se tome la temperatura basal a diario. En el momento de la ovulación la temperatura corporal aumenta aproximadamente 0,5 grados y permanece alta hasta la menstruación. Esto refleja el efecto que la progesterona tiene sobre el hipotálamo, la parte del cerebro que regula la temperatura. Existen otra serie de pruebas para medir la ovulación, incluida la biopsia endometrial, procedimiento en donde el médico extirpa un trozo pequeño de tejido endometrial que puede analizarse para saber cualquier cosa, desde los niveles hormonales y signos de ovulación hasta situaciones precancerosas y cancerosas.

La incapacidad de ovular puede deberse a muchas causas. El

estrés puede suprimir la ovulación, al igual que el ejercicio excesivo y los trastornos de la ingesta. La dolencia conocida como ovarios poliquísticos donde existe un engrosamiento de los ovarios por contener una serie de óvulos parcialmente maduros pero no expulsados, se debe a un desequilibrio hormonal. A menudo se corrige con fármacos de la fertilidad, como el citrato de clomifeno (Clomifen). Los problemas de tiroides y tumores de ovario y cápsula suprarrenal pueden interferir también con la ovulación y producir así irregularidades menstruales.

El factor de la obesidad

Las mujeres que superan el 20 por 100 o más de su peso ideal pueden no ovular por tener un exceso de estrógeno, que se almacena en la grasa corporal. En esas cantidades mayores el estrógeno actúa de igual modo que el estrógeno suplementario, interfiriendo con las fluctuaciones normales de estrógeno/progesterona que desencadenan la ovulación, preparan el útero para la gestación y, en caso de no existir embarazo, provocan la eliminación de la capa interna del útero. «El exceso de estrógeno que existe en el cuerpo de la mujer obesa corta el centro de la ovulación situado en el cerebro» dice la doctora Rabin. «Esta situación es a menudo reversible. Tiene que perder peso.»

No simplemente porque su fertilidad se ve afectada. En la mujer obesa —de hecho, en toda mujer que no ovula durante un tiempo— el exceso de estrógeno puede producir una acumulación de tejido endometrial, pero al carecer de progesterona que contrarreste el estrógeno, esta capa interna no se expulsa por completo. La mujer no sólo no tiene un período normal, sino que la acumulación de tejido endometrial puede producir hiperplasia, situación precancerosa que, si no se corrige, puede volverse maligna.

El problema de estar demasiado delgada

En el polo opuesto, una mujer que sea demasiado delgada puede dejar de menstruar porque su grasa corporal ha descendido por debajo del nivel necesario para soportar el ciclo menstrual. La amenorrea, como se conoce esta situación, es corriente en mujeres con trastornos de la ingesta y en las atletas. En estudios realizados recientemente se ha visto que las mujeres normales que pierden peso con dietas vegetarianas pobres en calorías pueden presentar también amenorrea.

Hace poco, algunos investigadores han empezado a analizar la historia menstrual de las atletas, sobre todo de las corredoras y de las mujeres que hacen pruebas de resistencia, que a menudo dejan de menstruar. La amenorrea, que al principio se pensó que era un efecto secundario benigno, e incluso deseado, del ejercicio, se relaciona actualmente con la osteoporosis y, en algunos casos, con la pérdida irreversible de hueso. En algunos estudios, de hecho, aproximadamente la mitad de las corredoras con amenorrea terminaban con fracturas filamentosas, conocidas como fracturas de estrés, comparado con aproximadamente el 30 por 100 de corredoras que tenían ciclos menstruales normales. En los estudios se ha visto también que cuanto más tiempo exista la irregularidad menstrual, mayor es la lesión y riesgo de pérdida ósea.

Un motivo por el cual las atletas presentan estos efectos secundarios no deseados podría ser que al carecer de la suficiente cantidad de grasa en el cuerpo, donde se almacena el estrógeno, simplemente no tienen suficiente estrógeno que apoye la menstruación o mantenga un equilibrio correcto del calcio. El calcio es un mineral clave para los huesos sanos.

Si usted es una persona muy activa y tiene problemas con el período es mejor que no lo considere una ventaja por ser atleta. Se ha visto en estudios realizados que si la mujer recupera el ciclo menstrual normal, bien reduciendo la actividad o bien mediante terapia de reposición de estrógeno (por lo general contraceptivos orales) y aumenta la ingesta de calcio, es posible que recupere la masa ósea perdida.

No se retrase. Algunos estudios sugieren que la pérdida ósea asociada a la amenorrea existente desde hace tiempo (tres o cuatro años) es irreversible con el estrógeno o calcio.

Véase también Síndrome premenstrual.

PROBLEMAS DE TIROIDES

onnie Kriegler estuvo enferma durante dos años antes de que los médicos lograsen finalmente detectar un problema de tiroides —hipotiroidismo— como la causa de su múltiple sintomatología. «Durante todas las pruebas» dice esta terapeuta respiratoria de 61 años de edad, «sintiéndome tan mal como me sentía, lo peor de todo era que los médicos pensaban que mis quejas eran todas mentales. ¿Qué pensaban, que había esperado hasta cumplir los 59 años para convertirme en una hipocondríaca? ¿Pensaban que de repente descubrí que caer enferma era divertido?»

Marjorie Chase, por otro lado, descubrió que tenía un tiroides hiperactivo —hipertiroidismo— prácticamente de casualidad. «Soy diabética insulinodependiente y acababa de entrar en la consulta de mi endocrinólogo para hacerme un chequeo cuando la secretaria notó un cambio en mi aspecto» dice Marjorie, una dependienta de

37 años de edad. «De repente me di cuenta de que tenía razón. Tenía los ojos un poco saltones y había adelgazado unos 7 kg a pesar de no hacer régimen. Puesto que la secretaria a menudo ve a pacientes que llegan a la consulta con estos síntomas, ella me diagnosticó antes de que el médico pudiera hacerlo «enfermedad de Graves». La enfermedad de Graves es la forma más común de hipertiroidismo.

El tiroides

En lo que respecta a problemas de tiroides, Connie y Marjorie tienen mucha compañía. Según la American Thyroid Association, millones de mujeres padecen un trastorno de tiroides y muchas de ellas ni siquiera lo saben. En realidad, los trastornos de tiroides son más frecuentes de lo que muchos médicos piensan. Son particularmente comunes entre mujeres de mediana edad y mayores, y a menudo pasan desapercibidos o se toman por otra cosa. La experiencia de Connie con sus médicos, por desgracia, no fue un caso aislado.

El tiroides, en forma de mariposa, se encuentra en el cuello y sus dos «alas» rodean la tráquea justo por debajo de la nuez. Esta glándula vitalmente importante normalmente pesa menos de 28,35 g, pero puede tener un enorme impacto en su salud. Piense en ella como en el regulador del metabolismo corporal. Libera dos hormonas, principalmente la tiroxina, que contiene yodo. Las hormonas ayudan a regular el latido cardíaco, temperatura corporal, el trabajo muscular, la rapidez con que quema calorías, el paso de los alimentos por el sistema digestivo, etc.

Normalmente el tiroides distribuye la cantidad apropiada de hormonas para que estos procesos sean uniformes. Pero, como en el caso de Marjorie, puede hacerse hiperactivo y bombear demasiadas hormonas. O, como en el caso de Connie, puede hacerse hipoactivo y no distribuir una cantidad suficiente. De cualquiera de las formas el nivel hormonal anormal puede afectar profundamente al metabolismo corporal, enlenteciéndolo o acelerándolo.

La mayoría de los problemas de tiroides —por una hiper o hipo actividad glandular— se deben a una reacción autoinmune. Normalmente el sistema inmunitario funciona para defender al organismo de microbios invasores. En una reacción autoinmune, sin embargo, el sistema inmunitario inexplicablemente se pone en contra del organismo y lo ataca.

En el caso del hipotiroidismo el sistema inmunitario produce anticuerpos que atacan y lesionan células tiroideas, reduciendo progresivamente la distribución de hormona tiroidea, dice Kay McFarland, doctora en medicina, endocrinóloga y catedrática de medicina en la University of South Carolina School of Medicine en Columbia.

En la enfermedad de Graves, por otro lado, los anticuerpos atacan los receptores de las células tiroideas y estimulan al tiroides para que produzca cantidades excesivas de hormonas tiroideas, explica la doctora McFarland. En ambos casos existe un grave desequilibrio en la regulación energética del organismo. Lo bueno que tiene es que ambos problemas de tiroides responden bien al tratamiento una vez diagnosticados.

Hipotiroidismo: un importante enlentecimiento

Antes de que el médico de Connie descubriese su hipotiroidismo ella había tenido prácticamente todos los síntomas. «Yo era como un ejemplo de los libros» dice ella. «Tenía la piel seca, se me caía el pelo, tenía frío siempre, y me sentía cansada y dolorida en general. Por qué ninguno de los médicos a los que fui era capaz de mirarme y ver estos signos —que más tarde descubrí que eran clásicos del hipotiroidismo— es algo que no logro entender.

Pero el hipotiroidismo puede ser difícil de reconocer, sobre todo en personas mayores, dice la doctora McFarland. «Los síntomas son tan poco específicos que podrían hacer pensar en muchas posibles enfermedades».

Por ejemplo, la sintomatología se parece mucho a la de la edad avanzada, motivo por el cual el médico a menudo pasa por alto el hipotiroidismo, según la American Thyroid Association. En realidad, incluso la misma mujer puede equivocarse ya que los síntomas llegan gradualmente en un período de meses o años. La carencia tiroidea puede producir rigidez muscular, espasmos y dolor. Los médicos a menudo pasan por alto estos síntomas.

El hipotiroidismo también puede elevar los niveles de colesterol en sangre, aumentando así la velocidad de endurecimiento arterial (aterosclerosis) dice la doctora McFarland.

Eso fue justamente lo que le pasó a Connie. «Yo tenía un nivel de colesterol alto, dolor en el pecho, mareos, dificultad para respirar y palpitaciones. El cardiólogo descubrió que tenía obstruidas dos arterias coronarias. Me hicieron un procedimiento denominado angioplastia con balón para corregirlo. Yo estaba segura de que ése sería el final de mis problemas» dice ella, «pero por el contrario seguí teniendo el dolor en el pecho y los demás síntomas. Me suponía un esfuerzo tremendo levantarme simplemente de la cama por las mañanas. A medida que fueron pasando los meses mi sintomatología empeoraba, pensé que me iba a morir». Pero se curó.

Resultados positivos

Descubrir el hipotiroidismo resulta tan fácil como hacer unos cuantos análisis de sangre, siendo el más importante de todos medir el nivel en sangre de TSH (hormona estimulante del tiroides) y el nivel en sangre de tiroxina. La glándula pituitaria produce TSH y hace lo que indica su nombre: estimula el tiroides para que libere sus hormonas. La pituitaria libera TSH en respuesta a la cantidad de hormona tiroidea existente en la sangre. Cuanta menos hormona tiroidea produzca el cuerpo, mayor cantidad de TSH circulante habrá en el torrente sanguíneo.

Cuando le hicieron análisis a Connie se vio que su nivel de TSH era unas siete veces mayor de lo normal. Le empezaron a dar de inmediato hormona tiroidea sintética para compensar la disminución de la producción tiroidea. «Después de tomar la primera píldora noté una gran diferencia» dice Connie. «En cuestión de *horas* notaba que el corazón dejaba de latir de forma irregular, mejoraba mi circulación y desaparecía el dolor».

Los médicos coinciden en decir que hay una respuesta espectacular al tratamiento. Como dijo un médico «es como administrar insulina a un diabético porque das al cuerpo justamente lo que necesita».

Los médicos del Instituto Nacional de la Salud opinan ahora que una de cada 10 mujeres mayores de 40 años tiene un cierto grado de hipotiroidismo. Puesto que las mujeres desarrollan la enfermedad cuatro veces más a menudo que los hombres, muchos expertos recomiendan que se haga un examen de tiroides como parte de todas las revisiones ginecológicas.

Hipertiroidismo: acelerar la marcha

El diagnóstico de hiperactividad tiroidea puede ser más fácil que diagnosticar un hipotiroidismo ya que los síntomas son muy claros.

Imagínese sentada en un coche que está en marcha tranquilamente en el garaje. Si aprieta el acelerador el motor va más rápido; demasiado rápido si el coche está parado. Aproximadamente dos millones de mujeres están igualmente aceleradas, y la mayoría de ellas son mujeres de 30 a 55 años de edad. Su tiroides produce una cantidad excesiva de hormonas acelerando su metabolismo.

Con mucho, el tipo de hipertiroidismo más común es la enfermedad de Graves. Produce síntomas tan diversos como diarreas frecuentes, mayor sensibilidad al calor, ojos saltones (debido al engrosamiento de determinados tejidos que hay detrás del globo ocular), excesiva sudoración, pérdida de peso, fatiga, debilidad muscular, nerviosismo, irritabilidad, insomnio y temblor de manos. Otro síntoma —un latido cardíaco rápido en reposo— puede ser especialmente grave. Puede intensificar el dolor torácico en personas con cardiopatías, pudiendo incluso dar lugar a una insuficiencia cardíaca. Si no se trata, puede producir la muerte.

Marjorie Chase dice que cuando finalmente lograron controlar la dolencia ella había tenido la mayoría de los síntomas comunes a esta enfermedad. «Sin embargo, lo peor de todo fue el cambio de aspecto» admite ella. «Una cosa es tener una enfermedad que nadie sabe que tienes. Y otra muy distinta, que las personas te miren y digan: "¿Qué te pasa? Pareces distinta. Tienes los ojos muy raros".»

«Aún más, tuve que alterar mi estilo de vida. No podía hacer nada que supusiese andar mucho y no era capaz de hacer el ejercicio que solía hacer. Estaba demasiado cansada y mi corazón no podía resistirlo».

Tranquilizar a un tiroides hiperactivo

Hacen falta varios tipos de análisis de sangre para diagnosticar la enfermedad de Graves. Hay tres posibles opciones de tratamiento: farmacológico, yodo radiactivo y quirúrgico.

Los fármacos antitiroideos se toman no sólo para frenar la hiperproducción de hormonas tiroideas, sino también con la esperanza de que se logre una remisión de la enfermedad. Sin embargo, en la mayoría de los casos en adultos no se logra una remisión permanente, y el siguiente recurso es la terapia con yodo radiactivo —un «cóctel atómico» que se toma por boca. Las células productoras de hormonas existentes en el tiroides absorben el yodo y mueren por su radiactividad. El resultado: una menor secreción de hormona tiroidea. Si hay algún motivo que impida el uso de la terapia con yodo radiactivo, se recurre a la cirugía para extirpar parte del tiroides.

Parece drástico pero la terapia con yodo radiactivo ha sido durante más de 50 años el tratamiento estándar para el hipertiroidismo. Los expertos en medicina opinan que el tratamiento es seguro, ya que produce pocos efectos secundarios negativos. Finalizado el tratamiento el insuficiente funcionamiento de la glándula tiroidea, resultante, puede corregirse con dosis diarias de una hormona, al igual que sucede con las personas que padecen hipotiroidismo, dice la doctora MacFarland. En ambos casos el tratamiento implica tomar a diario una píldora barata.

Marjorie probó el primer tratamiento —la medicación antitiroidea—, pero tuvo una reacción no deseada. Pronto pasó al yodo radiactivo.

«Antes de iniciar el tratamiento con yodo radiactivo casi no tenía fuerzas para ir a trabajar» recuerda. «No podía ni pensar en hacer la casa y siempre notaba como si estuviese a punto de derrumbarme. Después del tratamiento con yodo radiactivo empecé a recuperarme inmediatamente. No obstante, tardé aún un año o más hasta lograr regular correctamente la dosis de la hormona y recuperar completamente la normalidad.»

PROLAPSO UTERINO

Debbie Barrone sabía que algo estaba mal tan pronto como salió de la cama y se puso de pie. «Sentí como si algo que tenía dentro colgase fuera de la vagina» dice esta ama de casa de 38 años de edad. «Al principio pensé que era un tumor que me había salido por la noche. Pero pensando más detenidamente supe que eso no era probable. El hecho de levantar cualquier cosa —incluido a mi hijo de cuatro años de edad— hacía que empeorase, como si mis partes internas fuesen a caerse y aplastarse contra el suelo.»

Debbie fue a ver a su ginecóloga, quien le explicó que el bulto que notaba en la vagina no era un tumor. Era que el útero había empujado hacia abajo la vejiga, situación conocida con el nombre de prolapso uterino. «No es de extrañar que tuviera ganas de orinar continuamente» dice Debbie.

«El prolapso se debe a un debilitamiento de

La salud al revés

los músculos y ligamentos de sostén del útero, que hace que ceda o se deslice por la vagina, alcanzando a veces incluso la abertura de la vagina» dice Yvonne S. Thornton, doctora en medicina, profesora adjunta de obstetricia y ginecología en Cornell University Medical College, en la ciudad de Nueva York. «En algunos casos, también puede verse afectada la función vesical o intestinal.»

«La causa más frecuente de prolapso uterino es el parto vaginal. Pero el esfuerzo que supone simplemente llevar un niño en el vientre también puede producirlo. La obesidad y la tos crónica, frecuente en fumadoras, pueden contribuir también al problema.»

¿Hasta qué punto puede ser grave?

El prolapso de útero puede desarrollarse lentamente, durante una serie de años, o aparecer bruscamente, como sucedió en el caso de Debbie. «Cada mujer es diferente» dice la doctora Thornton. «Usted puede pasar por carecer de síntomas hasta ver el cérvix salir por la vagina, en un espacio de tiempo bastante corto. Llegado a ese punto se denomina prolapso de tercer grado, y resulta muy incómodo. El coito se hace muy difícil ya que el pene choca constantemente contra el cérvix.»

Por otro lado, es posible que usted no se dé cuenta del prolapso uterino que tiene, incluso durante el coito o cuando se introduce un tampón. Algunas mujeres han vivido con ello durante 30 años o más, antes de necesitar atención por sus síntomas. Depende solamente del malestar con el que usted quiera vivir, dice la doctora Thornton.

Debbie dice que su prolapso uterino le resultaba muy molesto cuando le tocaba la menstruación o cuando intentaba cargar con algo que pesase más de 22 kg. Pero había veces —sobre todo cuando orinaba— que ella medio esperaba que cayese algo al retrete. «Era *así* de malo» dice ella.

Momentos violentos

Algunas mujeres soportan el malestar hasta el último momento porque resulta muy difícil ir al médico a quejarse de esta «cosa» que tengo entre las piernas, dice la doctora Thornton. Según ella, la mujer tiende más a acudir antes al médico si su ginecólogo es mujer. «Al principio a las mujeres les cuesta hablar de ello porque les resulta muy violento» dice la doctora. «Por supuesto que yo las tranquilizo. Después de todo, ellas no son responsables del prolapso» indica ella.

Dependiendo de la gravedad del prolapso, algunas mujeres ni siquiera pueden andar con libertad o hacer ninguno de los deportes que hacían antes del prolapso. El sexo, además, puede ser un problema real. Una mujer admitió a la doctora Thornton que tenía que empujarse el útero hacia dentro con los dedos antes de poder hacer el amor con su marido. No es de extrañar que produzca tanta tensión emocional.

Lo que usted puede hacer

«Lo primero que mi médico me sugirió fue hacerme la histerectomía» dice Debbie. «Pero, dicho sea en su honor, también me sugirió que probase a hacer los ejercicios de Kegel antes de tomar la decisión final de operarme».

La realidad es que aproximadamente el 16 por 100 de todas las histerectomías (y el 33 por 100 en el caso de mujeres mayores de 55 años) se realizan por problemas de prolapso uterino. Pero a no ser que usted tenga un prolapso de tercer grado, existen otras opciones menos drásticas a tener en cuenta, siendo los ejercicios de Kegel la principal de todas. (Véase «Preparación para la dilatación» en la página 477, para informarse sobre cómo hacer los ejercicios de Kegel.)

«Los ejercicios de Kegel ayudan a fortalecer los músculos del suelo pélvico, pero tiene que hacer unos 200 ejercicios al día para notar una mejoría si tiene prolapso» recalca la doctora Thornton. Debbie dice que empezó a hacer los ejercicios tan pronto como su médico se lo recomendó. «Yo quería conservar mi útero» admite ella. «Sabía que la histerectomía podía significar semanas de recuperación y además, ¿qué pasaría si quisiese tener otro hijo algún día?»

Después de dos meses haciendo 200 ejercicios de Kegel al día, Debbie dijo que había logrado un cambio formidable. «Ya no notaba el útero o la vejiga sobresaliendo. De hecho, dieron tan buen resultado que ya no los hago de forma tan consciente como antes. Cuando fui consciente de que podía curar mis síntomas, me sentí contentísima» añade Debbie. «Me sentía poderosa, capaz de controlar mi cuerpo. Y me sirvió para ratificar mi decisión de no hacerme la histerectomía».

Otras opciones

Otra opción no quirúrgica es el pesario, aparato en forma de anillo que se coloca en el cérvix para mantener el útero en posición normal. Resulta eficaz incluso para el prolapso de tercer grado, dice la doctora Thornton. Pero no está exento de inconvenientes. El pesario, de mayor uso actualmente, tiene que insertarlo inicialmente el médico. Está desinflado en el momento de su colocación y posteriormente usted lo infla hasta que note que está cómoda. Debe limpiarse a menudo y retirarse para el coito. Pero si usted no es sexualmente activa o buena candidata para la cirugía, podría ser su tratamiento de elección.

Existe también una alternativa quirúrgica diferente a la histerectomía. Implica suturar de nuevo el útero y devolverlo a su sitio. Se trata de una cirugía mayor que se realiza normalmente con anestesia general. Pero si usted desea salvar su útero por cualquier motivo, es posible que considere esta opción.

PRUEBAS PRENATALES

Su médico sospechaba que el bebé que llevaba Gloria Higgfs en sus entrañas no estaba desarrollándose de forma normal. «Me quedé petrificada» dijo Gloria, que tenía 36 años por aquel entonces. «El diagnóstico de retraso en el crecimiento fetal sonaba tan mal».

El médico de Gloria la remitió a un hospital universitario próximo que tenía un departamento de medicina materno-fetal. Allí los especialistas realizaron una ecografía. Valiéndose de ondas sonoras de alta frecuencia la ultrasonografía fetal produce una imagen del feto moviéndose dentro del útero. En los cuidados obstétricos se utiliza para todo, desde determinar la edad del feto hasta detectar anomalías estructurales y dirigir la aguja durante la prueba diagnóstica uterina.

«Yo casi tenía miedo de mirar a la pantalla» admite Gloria. «Pero cuando lo hice pude ver a mi bebé. Estaba moviendo sus brazos y piernas como yo había visto hacer a los bebés cuando intentaban quitarse la sábana. Hasta ese momento sólo había sido una idea para mí. Ahora era un bebé real.»

Para Gloria, la experiencia resultó magnífica. Aunque la prueba confirmó que el bebé era más pequeño que la media, no era de preocupar. Los médicos le aconsejaron que se repitiese la ultrasonografía periódicamente durante su embarazo y ella acordó felizmente hacerlo. Empezó a llamar a sus citas hospitalarias, «ir a visitar al bebé».

Ventajas sanas

La prueba prenatal —habitualmente acompañada de asesoramiento genético— ha modificado espectacularmente la experiencia del embarazo para las miles de mujeres que se someten a ello cada año. Para algunas revela los angustiosos meses de preocupaciones, «¿Está bien mi bebé?». Para otras, como Gloria, hace que la idea del bebé pase a ser un bebé real, a veces acelerando los sentimientos maternales. Para unas pocas ofrece la horrible elección: poner fin al embarazo o prepararse para dar a luz un niño con defectos.

En la actualidad los médicos poseen una gran cantidad de pruebas genéticas capaces de diagnosticar hasta 250 enfermedades, la mayoría de las cuales no pueden tratarse ni curarse. Hoy en día los padres pueden saber si su hijo nacerá con un labio leporino, retraso mental o está destinado a padecer un deterioro mental y muerte a la mediana edad debido a la enfermedad de Huntington. Para muchos padres esta oportunidad de saber el destino de su hijo —y el suyo propio— produce a la vez tranquilidad y ansiedad.

«Todo parece tan sencillo» dice Lonnie Hagstrom-Benner, quien se sometió a asesoramiento genético y a una amniocentesis debido a su edad —36 años— cuando nació su hijo. «Pero eres consciente de que esta prueba determinará si vas a ser, o no, madre. Creo que yo intenté no pensar demasiado en el bebé hasta que tuve los resultados de las pruebas. No quería encariñarme si sólo me iba a traer disgustos.»

El caso de Lonnie no es el único. Tampoco lo es el de Gloria. Una serie de estudios han demostrado que el hecho de ver al niño moviéndose y vivo, en un monitor, puede aumentar la aceptación que tiene la madre del embarazo, como algo real, mucho antes de que empiece a notarlo en el segundo trimestre. Hasta ese momento, como señala Gloria, el bebé sólo es una idea, el motivo del cansancio y de las náuseas, pero no una presencia física. De este modo, la mujer inicia antes su relación con el bebé.

La imagen de su bebé —agitando sus brazos y piernas, chupándose el dedo pulgar, dando saltos mortales— puede llegar a conmover tanto que, según muestran estudios realizados, la mujer que se realiza

Cualquier persona preocupada por la posibilidad de un defecto en el parto, síndrome genético o una anomalía estructural es candidata a asesoramiento genético, dice Ann Garber, doctora en salud pública, asesora genética en Cedars-Sinai Hospital, en Los Ángeles.

La mayoría de aquellas que buscan asesoramiento genético son mujeres mayores de 35 años que corren un riesgo ligeramente mayor de tener un hijo con síndrome de Down. Pero el 35 no es un número mágico. Es simplemente la edad en la que el riesgo de tener un niño defectuoso sobrepasa el riesgo de someterse a las pruebas, señala la doctora Garber. Cualquier persona preocupada por la idea de defectos congénitos debe buscar asesoramiento genético. «Si usted tiene 32 años y está preocupada, si tiene una amiga que ha tenido un hijo con síndrome de Down a los 26 años y le preocupa la idea, entonces ha llegado el momento de sentarse con alguien que será objetivo y le explique exactamente cuáles son los riesgos y cuáles son los riesgos y las limitaciones de las pruebas diagnósticas prenatales.»

Hay una serie de estadísticas que debe conocer antes de tomar una decisión muy personal, basada en sus propias circunstancias personales. Una mujer que finalmente se queda embarazada tras siete años de intentarlo puede decir que el pequeño riesgo de aborto, que existe en la amniocentesis, es un riesgo demasiado grande para correrlo. Otra mujer, sin antecedentes de esterilidad, puede pensar que ese pequeño riesgo de aborto resulta bastante aceptable si se compara con la posibilidad de tener un niño con un defecto de nacimiento.

El asesoramiento está también indicado si cualquiera de los padres tiene o sospecha un trastorno genético en la familia. Ciertos grupos étnicos —negros, hispanos, italianos, griegos, asiáticos y judíos procedentes de Europa del Este— a menudo se someten a pruebas de detección selectiva para descartar trastornos genéticos más frecuentes en su grupo, como es el caso de la drepanocitosis, enfermedad de Tay-Sachs en los judíos y beta talasemia en aquellas personas con antepasados mediterráneos. Las mujeres que han tenido un niño muerto o uno o varios abortos, así como aquellas que piensan que pueden haber estado expuestas a cualquier sustancia que se sabe causa defectos en los niños, también debe ser asesorada.

Lo ideal es, dice la doctora Garber, que las mujeres que tengan más posibilidades de tener un hijo con un trastorno genético, por cualquier motivo, vean a un asesor genético antes de quedarse embarazadas. «En determinados trastornos hay que hacer estudios familiares especiales para poder completar un diagnóstico prenatal. A veces éstos tardan meses en completarse» dice ella.

Una visita a un asesor genético no siempre irá seguida de una serie de pruebas. El asesor analizará la familia de la pareja y los antecedentes obstétricos, y les ayudará a evaluar las posibilidades que tienen de tener un hijo con un defecto de nacimiento. De hecho, estudios realizados demuestran que fomentar el asesoramiento genético antes de la amniocentesis reduce realmente el uso de las pruebas prenatales, y en especial de la amniocentesis.

Cuando ella se quedó embarazada, Louise Petrillo y su marido buscaron asesoramiento genético porque Louise tenía una tía con síndrome de Down.

«El asesor genético nos dijo que el riesgo que teníamos, basándose en un simple análisis de sangre y en los antecedentes familiares, era sólo ligeramente superior de lo normal, por lo que dejamos de preocuparnos en aquel momento» dice Louise, cuya hija nació sana y normal. «No tuvimos la necesidad de "confirmar" nada con otras pruebas. Cuando salimos de su consulta sentíamos como si nos hubiesen quitado un gran peso de encima.»

un ultrasonido es más probable que siga una dieta sana y renuncie a los hábitos perjudiciales, como es beber y fumar. En estudios de mujeres sometidas a ultrasonidos, por un embarazo de alto riesgo, la visión de su hijo, moviéndose y aparentemente normal, les proporcionó mucha tranquilidad, incluso cuando tuvieron que someterse a otras pruebas diagnósticas más exactas, como la amniocentesis. Algunos profesionales de la salud prescriben la ultrasonografía en mujeres que pueden estar excesivamente preocupadas con su embarazo sin que existan signos de problema, simplemente para reducir su tensión. Los ultrasonidos también proporcionan a los padres un bebé tangible ya que ellos están privados de otras sensaciones físicas del embarazo.

Demasiado preocupada para ocuparme

La amniocentesis y muestra de vellosidades coriónicas (MVC) son dos pruebas diagnósticas que la mayoría de las mujeres se harán, ya que gracias a ellas se pueden diagnosticar anomalías cromosómicas, como el síndrome de Down, que constituyen los defectos de nacimiento más habituales. Aunque este tipo de pruebas normalmente tranquiliza a muchas mujeres, esta tranquilidad se ve perturbada por el temor a que los resultados muestren un grave trastorno genético. Estudios realizados han demostrado que las mujeres que tienen que someterse a una amniocentesis tienden a no encariñarse con su hijo, y muchas incluso no consideran el embarazo «real» hasta tener los resultados de las pruebas. Algunas incluso pueden no decir que están embarazadas hasta saber los resultados de las pruebas prenatales, que, en el caso de la amniocentesis, pueden no estar hasta pasadas 20 semanas o más de embarazo, después de que la mujer ya note los movimientos del feto.

Las ventajas de la MVC, aunque puede que sea un procedimiento algo más arriesgado, es que se realiza antes, mucho antes de que se noten los movimientos del niño. «A pesar de que nunca nadie desea interrumpir un embarazo, cuando más avanzada esté la gestación parece más difícil para los padres» dice Ann Garber, doctora en salud pública, genetista reproductiva en Cedars-Sinai Medical Center en Los Ángeles. «Poder tener esa información antes de notar los movimientos fetales, antes de que el cuerpo empiece a cambiar de forma espectacular, es realmente importante para el futuro padre y madre».

Investigadores en Simon Fraser University, en British Columbia hallaron que las mujeres que se sometían a la prueba de MVC tenían un período de ansiedad más breve que las mujeres que se sometían a la amniocentesis, probablemente por tener antes los resultados. Es importante reseñar que el motivo por el cual los investigadores se interesaban por el grado de estrés de las mujeres es porque la ansiedad al principio de la gestación va estadísticamente asociada a complicaciones en el embarazo. La ansiedad de las mujeres sometidas a una MVC disminuía llegado el tercer mes, pero las mujeres sometidas a amniocentesis no veían disminuir su tensión hasta el quinto mes. «precisamente el período de mayor riesgo», según indican los investigadores.

Incluso las mujeres mejor adaptadas y con mucha paciencia pueden encontrar insoportable el tiempo de espera. Corinne Nye, que tenía 40 años cuando se quedó embarazada de su segundo hijo, no recuerda estar nerviosa antes de someterse a la amniocentesis. «Pero sé que lo estaba» dice ella. «Lo sé, porque después de tener los resultados, que eran buenos, tuve una migraña que me duró tres días».

La capacidad que la mujer tiene de retener sus emociones antes de tener los resultados de las pruebas prenatales puede ser limitada. En un estudio realizado en Suecia, los investigadores hallaron que, aunque las mujeres decían que intentaban distanciarse de sus bebés para ahorrarse el disgusto si recibían malas noticias, estaba claro que no podían.

Una mujer que dijo que había dejado de pensar en su hijo confesó a los investigadores que había comprado ropa para el bebé pero que la había escondido. Otra confesó que cuanto más intentaba ocultar sus sentimientos hacia su hijo era consciente de que «el bebé estaba en mi subconsciente todo el tiempo». De hecho, los investigadores dicen, «todas las mujeres desarrollan una relación emocional con el futuro hijo a través de sonrisas, cambios de voces y gestos, independientemente de que digan que se alejan y sueñan».

La realidad era que las mujeres podían estar incluso más centradas en sus bebés no nacidos simplemente porque la prueba en sí hacía que el niño estuviera «más vivo» para ellas, dicen los investigadores.

¿Qué pasa si...?

«A pesar de que yo intentaba no pensar en mi bebé, sabía que al final era algo inútil», dice Lonnie Hagstrom-Benner, que había visto a su hijo en la ecografía antes de someterse a la amniocentesis. «Una vez que sabes que estás embarazada, empiezas a pensar en ti misma como en madre, madre de alguien que no puedes ver, sentir, oír o tocar pero que sigue siendo vagamente real para ti. La vida empieza a girar en torno a la fecha de parto, momento en el que finalmente esperas conocer a este pequeño desconocido. Sé que si yo hubiera perdido a mi bebé me habría destrozado. No puedes protegerte contra el sentimiento de pérdida. Si quieres a alguien, incluso cuando sólo es la "idea" de alguien, notarás dolor.»

Pruebas prenatales: motivos y riesgos

Prueba	Detecta	Calendario
Amniocentesis tradicional	Anomalías cromosómicas como el síndrome de Down, anomalías en el cromosoma sexual, defectos del sistema nervioso, una serie extensa y creciente de defectos en un determinado gen, como la espina bífida y el sexo del bebé.	16-18 semanas; resultados en 2 a 3 semanas
Amniocentesis temprana	Igual que la amniocentesis tradicional, excepto para los defectos del sistema nervioso, como la espina bífida.	12-13 semanas; resultados en 2-3 semanas.
Muestra de vellosidades coriónicas (MVC)	Igual que la amniocentesis tradicional, excepto para los defectos del sistema nervioso, como la espina bífida.	8-12 semanas.
Ultrasonografía	Defectos del sistema nervioso, como la espina bífida, anomalías estructurales, defectos cardíacos, embarazos múltiples, edad y tamaño del feto, a veces el sexo del bebé.	Cualquier momento.
Prueba de detección en suero materno de la alfa fetoproteína (AFP)	Riesgo de defectos en el sistema nervioso, como espina bífida y riesgo de síndrome de Down.	15-20 semanas.
Muestra percutánea de sangre umbilical (PUBS)	Igual que la amniocentesis tradicional, excepto para los defectos del sistema nervioso, como espina bífida.	Al final del embarazo.

Procedimiento	Exactitud	Riesgos
Con la ayuda de los ultrasonidos se introduce por vía abdominal una aguja en el útero para extraer líquido que se analiza en busca de células fetales, proteínas y enzimas. Se hace bajo anestesia local.	Casi de 100 por 100 para los defectos cromosómicos; ligeramente inferior para otras enfermedades.	0,3-0,5 por 100 de aborto. Puesto que los resultados de las pruebas pueden estar después de notarse el movimiento fetal, el tiempo de espera y las decisiones pueden tener más carga emocional. El aborto quirúrgico es mas complicado en el segundo trimestre.
Igual que la amniocentesis tradicional.	Igual que la amniocentesis tradicional.	Aproximadamente un 0,5 por 100 de aborto.
Guiándose de los ultrasonidos, se inserta un catéter de volumen pequeño en la vagina a través del cérvix, o abdominalmente en las vellosidades coriónicas (preplacenta) que se convertirá en placenta, y posee la misma configuración genética que el feto.	99 por 100.	0,5-1 por 100 de aborto; según algunos investigadores tiene un 8 por 100.
Usando ondas de alta frecuencia se visualiza el feto en un monitor dentro del útero.	Variable; debe ir seguida de otras pruebas más sensibles, en caso de detectarse anomalía.	Se desconoce.
Un análisis simple de sangre mide las proteínas que producen los riñones fetales, que circulan en la sangre materna.	AFP es una prueba de detección selectiva, no una prueba diagnóstica como la amniocentesis. Más del 40 por 100 de las mujeres con AFP alto tendrán un hijo normal.	Ninguno para el análisis de sangre; mayor crisis emocional para los padres debido a resultados falsos positivos.
Guiándose con ultrasonidos, se inserta una aguja fina, por vía abdominal, en la vena umbilical para extraer sangre fetal. Se hace bajo anestesia local.	Casi del 100 por 100; la prueba se usa para una rápida confirmación de otros resultados ambiguos.	2 por 100 de aborto; gran carga emocional porque la prueba se hace cuando el embarazo ya es avanzado, para confirmar datos anómalos obtenidos previamente; la prueba sigue siendo en cierto modo experimental.

La mayoría de los asesores genéticos, aunque no proporcionen una terapia, pueden recomendar grupos de apoyo y terapeutas capacitados para afrontar la interrupción del embarazo o los defectos congénitos. «Para algunas personas que ya han tenido una experiencia con el diagnóstico de anomalía, volver a pasar por lo mismo en el siguiente embarazo, hace rememorar los momentos difíciles» dice la doctora Garber. Si usted está excesivamente alterada, dice ella, sería mejor que buscase ayuda profesional, incluso si sólo se limita a ayudarle a pasar las pocas semanas que hay que esperar para tener los resultados.

También es importante no dar demasiada importancia a las pruebas prenatales. «Incluso en el mejor de los casos, sigue existiendo entre el 3 y el 4 por 100 de posibilidades de que exista algún tipo de problema congénito, normalmente corregible» dice la doctora Garber. «A veces las pruebas dan a los padres una sensación *falsa* de tranquilidad».

Si se acepta la idea de que la prueba prenatal le «garantizará» un bebé perfecto, la mujer puede inadvertidamente pedir más intervenciones médicas, culpables en sí de provocar ansiedad. Todas las agujas y pinchazos, toda la búsqueda de alguna anomalía, tiende a equiparar un embarazo a una enfermedad. «Puede conducir a lo que yo llamo terrorismo médico» dice Christiane Northrup, doctora en medicina, ginecóloga en Women to Women, en Yarmouth, Maine, y copresidenta de la American Holistic Medical Association. «La mujer se somete a todas estas pruebas y las pruebas en sí hacen que tema que algo va mal. Hemos llegado a pensar que con todos los análisis de los libros y los mejores cuidados prenatales posibles podemos impedir toda posibilidad de un mal resultado, y no es así. Todas tenemos que comprender eso.»

Véase también Embarazo después de los 35.

QUEHACERES DOMÉSTICOS

Ganar las batallas principales

T radicionalmente, los quehaceres domésticos han sido trabajo de la mujer, una tarea doméstica sin valor alguno hasta que tienes que pagar a otra persona para que lo haga.

Mientras las mujeres, al incorporarse al mundo laboral, han sido capaces de alcanzar el poder y la independencia «masculina» ganando un sueldo, no existe tradicionalmente una recompensa masculina por limpiar el servicio o cambiar el pañal del bebé. El hombre puede cocinar —como la mayoría de los primeros cocineros son hombres eso se puede considerar un trabajo «importante»— pero se resisten a limpiar, un trabajo con salario mínimo en la mayoría de los casos. Sólo el dinero y el poder equivalen a prestigio, como las mujeres profesionales han podido comprender. Esto puede explicar parte de la resistencia que muestran los hombres a realizar tareas domésticas, posiblemente uno de los trabajos más desprestigiados que hay.

O puede ser, incluso, mucho más simple que eso, sugiere Diane Martínez, doctora en medicina y psiquiatra en la University of Texas Health Science Center, en San Antonio, y además mujer trabajadora y madre. Los hombres, dice ella, simplemente no están preparados para las tareas domésticas. Según todas las probabilidades, si colaborasen en la casa como los niños, se les daría tareas estereotipadas por el sexo —recoger la basura frente a limpiar el polvo. Es posible incluso que no sepan, si no se les dice, que el lugar más sucio de toda la casa es la parte de arriba —o de abajo— de la nevera. Nacer mujer no significa que genéticamente seamos más ordenadas que los hombres, pero sólo los hombres que pasan por un maravilloso colegio mayor masculino son los que consiguen la aprobación de las faenas domésticas.

¿A quién le importa?

«A muchos hombres realmente no les importa si se ha limpiado el suelo» dice la doctora Martínez. Y es algo más que simple testarudez, dice ella. «Es que no les importa. No están organizados de la misma forma que las mujeres en lo referente a estar pendiente de cuándo hay que bañar al perro o vacunar a los niños. Incluso cuando mi marido lava los platos, no limpia las cacerolas, ni retira los restos de comida del desagüe. Yo me pongo enferma, pero a él no le importa», dice ella. «Los hombres normalmente no hacen las cosas igual de bien que nosotras incluso si tienen buena intención e intentan hacerlo lo mejor que pueden.»

Una señal que a menudo se pasa por alto de que usted se está defraudando a sí misma es cuando critica o rechaza los esfuerzos que su marido hace por ayudar, ser sensible y amable. Usted tiene que darle un respiro; después de todo, es algo nuevo para él, dice la doctora Martínez.

La solución fácil

Phyllis George, ex reina de belleza que ha hecho de todo desde ser presentadora de un programa deportivo hasta hacer de primera dama de Kentucky, ofrece probablemente la mejor solución al dilema de las tareas domésticas que invade a la mayoría de las parejas con dos profesiones. «La máquina que ahorra trabajo, más popular de todas, sigue siendo el dinero» dice ella.

Todos los expertos están de acuerdo. Si usted puede pagarlo, compre un modo de librarse de ciertas molestias: contrate ayuda.

La doctora Martínez dice que a ella le salvó la vida un ama de llaves que contrató hace tres años. «Ella conduce, piensa, habla dos idiomas. Yo puedo literalmente pedirle que haga cualquier cosa, incluso la tarea más complicada. Lo que no puede hacer es pasar consulta a mis pacientes. Tampoco se lo he pedido. Pero puede hacer cualquier otra cosa y gracias a ella mi hogar va sobre ruedas.»

Pero puede pasar que se acostumbre demasiado a la ayuda externa. La doctora Martínez dice que cuando su ama de llaves se pone enferma «todo es un' infierno. Afortunadamente, rara vez está enferma».

Pero usted no necesita un ama de llaves que le facilite la vida. Helen Bergey, una mujer con carrera profesional, esposa y madre, contrató a una mujer que limpiaoc su casa una vez por semana. «El dinero que me cuesta es dinero bien gastado» dice ella. «Mi marido y yo no discutimos sobre quién va a hacer las cosas durante nuestro único día de descanso y, francamente, nuestra asistenta es mejor ama de casa de lo que yo he sido. Sin embargo lo más divertido de todo es que mi asistenta trabaja en dos casas y ¡ella también tiene que contratar a otra asistenta!»

Existen otras tareas que usted puede encargar a otro que haga, por un dinero, a no ser que usted viva en un sitio muy retirado. Muchas lavanderías se encargan también de la ropa sucia. Algunos supermercados pueden traerle la compra (¡y usted puede mandarles por fax la lista de lo que quiere!). Y con la tendencia hacia alimentos más sanos, una o dos veces por semana usted puede hacer una comida nutritiva fuera que no esté frita y empaquetada.

Negociar el poder

¿Qué pasa si usted no puede permitirse ni siquiera una ayuda externa de vez en cuando? La única opción que le queda es algo menos seguro. Tiene que negociar con su familia, a menudo una delicada transacción que, para muchas mujeres, sólo logran un éxito a medias.

Lo que recomiendan la mayoría de los expertos es que se siente con su cónyuge y hagan un plan explícito y detallado de lo que tiene que hacer cada uno y cuándo, y colgarlo en un sitio de la casa. La palabra clave aquí es explícito.

«Si usted ha hecho un trato con su marido que usted prepara la cena si él baña a los niños, será mejor que deje claro que él tiene que recoger las toallas del cuarto de baño» dice la psicóloga Matti Gershenfeld, doctora en filosofía y directora de Couples Learning Center en Jenkintown, Pennsylvania. «Muchos hombres hacen la parte divertida de los baños y después lo dejan todo desordenado».

Si resulta un punto conflictivo en sus relaciones, usted tiene que hablar seriamente con su marido. Dígale lo que usted quiere y pregúntele su opinión. Existe la posibilidad, dice la doctora Martínez, de que se encuentren con mucha cólera y resentimiento porque él piense que usted no aprecia todas las cosas que *él* hace.

En el mejor de los casos, dice ella, es probable que él sugiera un plan de acción que, puesto que es su plan, sea más probable que cumpla.

Es importante no olvidar que el hecho de que los hombres colaboren en las tareas domésticas es un fenómeno reciente. En muchos casos los hombres y las mujeres tienen ideas muy diferentes de lo que significa «limpiar la casa». «Para mi marido, limpiar la casa significa recoger el desorden» dice Carolyne Roberts, ejecutiva y madre de familia. «Para mí, tiene algo que ver con un cubo de agua y jabón.»

El compromiso que ha hecho el matrimonio Roberts parece obvio para ambos. David recoge lo que está desordenado. Carolyn le sigue con el cubo de agua y jabón.

Una advertencia importante: Una vez que su marido y familia acuerdan poner manos a la obra, no critique. «Él no tiene por qué hacerlo como usted lo hace» dice la doctora Gershenfeld. «No importa si usted primero quita el polvo y luego pasa la aspiradora, y él lo hace al revés. No importa si él carga el lavavajillas de delante atrás o viceversa. Lo que importa es que lo haga.»

Véase también Dos carreras.

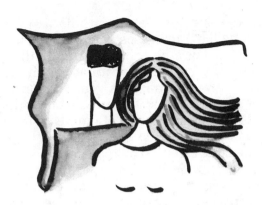

RELACIÓN OFICIAL

*El lugar de trabajo no está diseñado para acomodar
a las personas que se enamoran.*
INFORME ESPECIAL DE THE BUREAU OF NATIONAL AFFAIRS

Tanto si le gusta como si no la oficina es un lugar donde los chicos conocen a las chicas. De hecho, algunas estadísticas muestran que salen más matrimonios de las oficinas que de ningún otro sitio. Pero también se rompen muchos matrimonios en la oficina.

Con toda posibilidad el romance de oficina más comentado públicamente fue entre William Agee, por aquel entonces principal director ejecutivo de Bendix Corporation y su auxiliar ejecutiva Mary Cunningham. La relación amorosa fue titular de periódicos a nivel nacional porque muchos pensaban que su «favoritismo» influyó en su ascenso dentro de la corporación. Al final ambos abandonaron la compañía, se casaron e iniciaron su propio negocio juntos.

La mayoría de los amores de oficina no son noticia nacional pero sí tienen un cierto interés. El Bureau of National Affairs (BNA) lo encontró un tema tan candente que se convirtió en el

**¿A quién
le importa?**

centro de atención de un estudio a nivel general en el que fueron entrevistados numerosos psicólogos, jefes de colectivos, gerentes intermedios y sus empleados. El BNA halló que los romances de oficina de hecho sí crean gran cantidad de situaciones incómodas desde los puestos ejecutivos hasta la gente común.

Por supuesto que el Bureau of National Affairs halló que sólo ciertos tipos de amores de oficina ponían nerviosos a los trabajadores. En particular ese tipo que relaciona al jefe y a un subordinado. El BNA dice que este tipo de relación amorosa resulta «la más perjudicial para la rutina de la oficina y muy negativa en sus consecuencias» sobre todo si uno o ambos amantes están casados. «Estos romances producen celos y sospechas entre compañeros de trabajo pudiendo reducir la productividad» según el informe. «Estas relaciones pueden dar lugar a cargos de favoritismo.» Muchos trabajadores, según expertos que estudian romances de oficina, se sienten abandonados por su jefe quien, obviamente ve a uno de sus compañeros como alguien especial.

Kathryn Roland, de 27 años de edad, ejecutiva de una gran empresa de publicidad lo comprobó en su propia carne. Kathryn dice que cuando su jefe, que estaba casado, mostró un especial interés por ella, no se percató de que el resto de las personas notaban lo que estaba pasando. «Al principio empezó a jugar conmigo, y era divertido» admite, «y yo intenté olvidar que estaba casado. Él me dio proyectos creativos para que hiciera y me llevaba a comidas de negocios. Pero para hacer eso tenía que esquivar a mi supervisor inmediato, y a ella le molestó. Yo era demasiado ingenua para reconocer que eso era inaceptable».

Cuando Doris Delaney era una reportera de 30 años de edad y tenía un lío amoroso con su director, un hombre casado, ella sabía que todos pensaban que él mostraba favoritismo con ella, a pesar de que su relación se suponía que era secreta. «La realidad era —dice Doris— que me exigía más que al resto. Nunca me sentí favorecida.»

En realidad, el informe del BNA indica que ésta es a menudo la actitud que prevalece. Un experto notificó que los trabajadores que tienen citas «demuestran la falsedad del argumento a veces, para ser justos». A pesar de todo, la desigualdad en el trato sigue siendo la sospecha que alberga la mente de la mayoría de los compañeros de trabajo.

Existe, además, por supuesto una situación incluso mayor. «Una relación entre el jefe y un subordinado conlleva otro riesgo más obvio» dice Judith Sills, doctora en filosofía, psicóloga clínica privada de Filadelfia. «¿Qué pasa si —o como es más probable, cuando— este asunto se acaba? Ésta es una pregunta que no se puede ignorar.»

Lo agradable que resulta

Sin embargo, no todo es injusto en el amor y en los romances de oficina. Algunas relaciones pueden encender el ambiente de la oficina. Un experto lo llamó humanizar. Existen, por supuesto, intereses amorosos entre dos compañeros de trabajo.

Si se lleva correctamente este tipo de relaciones amorosas pueden ser «extremadamente positivas», informa el Bureau of National Affairs. «Las personas que están enamoradas están contentas de ir a trabajar, desean trabajar más horas y no tienen prisa por irse para acudir a una cita.»

A veces una relación puede crear un problema si otros empleados piensan que la pareja «busca excusas para pasar tiempo juntos durante las horas de trabajo y no realizan el trabajo que les corresponde». Los compañeros de trabajo se resienten de esto.

Pero en este tipo de relación sólo ocurren problemas reales de trabajo si el romance tiene un final triste. Crea «una atmósfera de tensión no sólo para la pareja sino también para sus compañeros de trabajo» dice el BNA. Los trabajadores sienten como si tuvieran que dividir su lealtad, «como los niños en los divorcios».

Consejo para dar el consentimiento

¿Debería o no debería tener usted una relación amorosa en la oficina? Sólo lo puede saber su conciencia. Pero Lois B. Hart y J. David Dalke, coautoras del libro *The Sexes at Work* (Los sexos en el trabajo) recomiendan hacerse a sí mismo las siguientes preguntas para poder aclararse las ideas.

- ¿Hasta qué punto me gusta esta persona?
- ¿Me seduce esta relación porque es lo que no se debe hacer?
- ¿Qué voy a ganar de esta relación?
- ¿Se ve afectado mi trabajo por mi interés?
- ¿Estoy creando una situación en mi trabajo de la que pueda arrepentirme más tarde?
- ¿Mi deseo de divertirme se debe a lo poco comprometida que estoy con mi trabajo?

Los psicólogos advierten, por supuesto, que hallar una respuesta racional no resulta tan fácil. El amor es una emoción demasiado irracional.

Cuando la relación se acaba

¿Qué *sucede* cuando se acaba la relación?

Kathryn Roland dice que cuando quiso terminar la relación con su jefe él no lo tomó bien. «De repente el proyecto especial se acabó. Me hizo pensar si alguna vez tuvo en cuenta mi inteligencia y talento o si su actitud se debió sólo a que yo le atraía físicamente. Durante meses me sentí menos segura de mí misma.»

Pero puesto que fue ella quien decidió terminar la relación, en realidad no tuvo efectos secundarios emocionales.

No fue igual para Doris Delaney. Ella lo perdió todo: su amante, su trabajo, su autoestima. A menudo un final amargo es la verdad amarga de los amores de oficina. Incluso el informe BNA halló que intentar reanudar una relación sólo de trabajo es difícil, sobre todo si hubo amor, y no sólo sexo. A menudo uno de los dos deja el trabajo.

«Quedarse en el puesto al menos requiere una cierta ostentación de dignidad» dice la doctora Sills. «No siempre es tan fácil de hacer.»

SÍNDROME DE FATIGA CRÓNICA

Se ha denominado la gripe del *yuppy* y síndrome de Raggedy Ann. Pero no permita que eso le desanime. El síndrome de fatiga crónica (SFC) es una enfermedad caracterizada por una continua sensación de estar rendido, dolor muscular, fiebre, somnolencia y una «depre» que dura varios meses, a veces incluso años.

«A pesar de que toda persona puede tener el síndrome de fatiga crónica, el paciente típico es con mucha probabilidad una mujer entre los 20 y los 50 años, y a menudo con mucho éxito, formación y capacidad de expresarse bien», dice la doctora Dedra Buchwald, doctora en medicina y profesora adjunta de medicina en la Universidad de Washington, directora además del Chronic Fatigue Syndrome Clinic, en Harborview Medical Center, en Seattle.

La paciente típica es probable que tenga también dificultad para encontrar a alguien que se tome en serio sus síntomas.

Pregunte a Roberta Holland, de 30 años de edad. «Le decía a cada médico al que acudía que llevaba tres meses con dolor de cabeza y que me dolían tanto las articulaciones y los músculos que incluso me molestaban estando tumbada», dice ella. «Les dije que no podía pensar con claridad, no podía recordar. Me costaba incluso deletrear las palabras. Les dije que me sentía agotada todo el día, y que en cambio no dormía por las noches». Pero a Roberta le costó mucho encontrar a alguien que se tomara en serio sus síntomas.

Roberta, que era bibliotecaria de temas médicos, buscó la respuesta por su cuenta. Y la halló: SFC. Pero su investigación no sirvió para convencer a los médicos.

Dice haber ido a media docena de especialistas antes de encontrar a uno que se mostró comprensivo con su problema. «Un psiquiatra me dijo que no tenía SFC, sino depresión», recuerda ella. «Un internista dijo que no podía ser SFC porque mis ganglios linfáticos no estaban hinchados y yo no tenía febrícula, a pesar de ser una enfermedad semejante a la gripe. Al final, un médico admitió que él no creía que el SFC existiese. ¡No era de extrañar que no lo pudiera diagnosticar!».

El proceso de eliminación

La doctora Buchwald admite que existen algunos médicos que se resisten a reconocer o diagnosticar el SFC, aunque esto no es tan común ahora como hace unos años. También admite que el SFC real puede ser difícil de diagnosticar. Un motivo puede ser que los médicos a menudo oyen decir a sus pacientes que están muy cansados. Pero sólo una minoría reúne realmente las características del SFC, establecidas por más de una docena de expertos así como por el Centers for Disease Control, en Atlanta.

Según estos criterios, las personas que realmente tienen SFC son aquellas que han presentado fatiga debilitante (o una tendencia a cansarse fácilmente) que persiste durante al menos seis meses, y que ha disminuido su nivel de actividad diario al menos en un 50 por 100. Tienen además que descartar (con la ayuda de su médico) cualquier trastorno psiquiátrico como depresión, que pueda copiar los síntomas del SFC, problemas físicos tales como enfermedades infecciosas, trastornos hormonales como enfermedad del tiroides, drogadicción y exposición a agentes tóxicos. Asimismo, tienen que presentar al menos 8 de los 11 síntomas siguientes, de forma recurrente o persistente durante seis o más meses:

- Escalofrío o febrícula.
- Dolor de garganta.

- Dolor o hinchazón en ganglios linfáticos.
- Debilidad muscular generalizada, inexplicable.
- Malestar muscular.
- Fatiga durante al menos 24 horas después de realizar un ejercicio que anteriormente toleraba.
- Dolor de cabeza no parecido a ningún dolor tenido anteriormente.
- Dolor articular sin que exista hinchazón o enrojecimiento.
- Tendencia a olvidar, a estar excesivamente irritable, confuso, incapaz de concentrarse o mostrar depresión.
- Trastornos del sueño.
- Brusca aparición de síntomas en unas horas o días.

Es posible que el paciente cumpla también los criterios establecidos por el Centers for Disease Control, al presentar seis de los síntomas, y tener dos de los tres resultados de una exploración física que se muestran a continuación: febrícula, inflamación de garganta y presencia de nódulos palpables o sensibles en el cuello o axilas.

El misterio del SFC

¿Pero qué es exactamente el SFC? ¿Y por qué existe un problema que obligue a reconocerlo como enfermedad?

«Ésta podría ser la pregunta del millón de pesetas. Los médicos, investigadores y pacientes han estado durante los últimos años investigando en busca de la respuesta» dice la doctora Buchwald. «Por ahora sólo tenemos teorías. El SFC podría deberse a un problema en el sistema inmunitario o infección vírica crónica, y *varios* virus podrían ser los causantes de los síntomas».

De hecho, la mayoría de las personas que presentan SFC dicen que su fatiga empezó bruscamente después de una infección, como la gripe. Es posible que incluso puedan decir el día exacto en que cayeron enfermos.

«A menudo el síndrome empieza durante un momento estresante, cuando los pacientes se enfrentan a situaciones inusualmente difíciles» dice la doctora Buchwald, «como es el caso de un divorcio, cambio de trabajo o la muerte de un familiar».

«Los resultados de las pruebas de laboratorio realizadas a pacientes con SFC pueden mostrar un recuento anómalo de leucocitos, ligera anomalía en la función hepática, aumento de los niveles de anticuerpos para varios tejidos o virus o un ligero incremento o descenso en el nivel total de anticuerpos. No obstante, los patrones no están claros. Existen algunos factores inmunológicos que están deprimidos y otros

Aunque necesite conseguir la ayuda de un médico para luchar contra los síntomas agotadores del síndrome de fatiga crónica (SFC), éstas son una serie de cosas que usted puede hacer para sí mismo. Esto es lo que los expertos dicen que debería intentar hacer, incluso si no le apetece.

Comer bien. El SFC no se piensa que esté asociado a carencias vitamínicas o de minerales, pero ingerir comidas con una adecuada cantidad de nutrientes (incluidas calorías) sí marca una diferencia en el estado general de las personas con SFC. Algunas personas dicen encontrarse mejor cuando la dieta es baja en azúcar y grasa.

Hacer ejercicio a diario. Incluso un poco de ejercicio, como es simplemente estirarse, puede ser útil. El sobreesfuerzo crónico tiende a agravar los síntomas pudiendo prolongar el curso de la enfermedad. La mayoría de los expertos no piensan que las personas mejorarán más rápido si permanecen en cama largos períodos de tiempo. Esto puede resultar física y psicológicamente devastador.

Jerarquizar las actividades. Dedra Buchwald, doctora en medicina y directora de Chronic Fatigue Syndrome Clinic en el centro médico Harborview de Seattle dice que se debe ser implacable. Hay que eliminar aquellas cosas que no

que están hiperactivados. Sea lo que sea, se trata de un proceso muy difuso».

Asimismo, es un proceso que sigue en estudio y es difícil de diagnosticar.

«Es verdad que los pacientes se frustran mucho al no encontrar a nadie que sepa algo acerca del síndrome de fatiga crónica, o que quiera escucharles», dice la doctora Buchwald. «A muchos pacientes se les dice que sus síntomas son todos mentales, y que deberían simplemente de dejar de pensar en ellos y volver a trabajar. Para cuando los pacientes acuden a mi consulta —que habitualmente es en último caso— están desesperados».

Incluso con un tratamiento, el síndrome de fatiga crónica puede tardar mucho en desaparecer. Puede durar meses o incluso años.

«Durante la peor parte de la enfermedad, yo era incapaz de trabajar

son importantes. «Ello implica aprender a decir no a tareas que pueden dejarse sin hacer», dice ella, «de modo que usted pueda distribuir su energía entre aquellas cosas que deben hacerse».

Prescindir de la familia y amigos. Explicar cada detalle de su enfermedad a los familiares puede ser perjudicial. «Los familiares y amigos no están preparados para afrontar la naturaleza devastadora del SFC de forma continua», explica la doctora Buchwald. «Está bien informar a aquellas personas allegadas acerca de esta enfermedad, pero tenga cuidado con la cantidad de detalles personales con los que les agobia. No querrá quedarse sin su red de apoyo social más importante».

Pedir ayuda. Los grupos de apoyo a pacientes pueden ser un importante motivo de confort para muchos, por enseñarles a afrontar emocional y funcionalmente la enfermedad. Para otras personas es positiva la fisioterapia o asesoramiento.

Seguir viviendo. Si no puede andar un kilómetro, ande una manzana. Si no puede trabajar a tiempo total, intente hacerlo a tiempo parcial, dice la doctora Buchwald. En otras palabras, intente hacer lo mismo que solía hacer, incluso si sólo puede hacer una parte de dicha actividad.

Conservar una actitud positiva. Aquellos que lo hacen parecen afrontarlo mejor.

o leer» dice Roberta Holland. «Ya ha pasado un año y sigo sin poder leer algo que sea demasiado complicado; incluso me sigue costando organizar mis pensamientos. Hay días, ahora, en los que mi nivel de energía parece casi normal. Pero bruscamente dejo de encontrarme tan bien; es como si cambiase de una hora a otra o de un día para otro, y a veces me desespero pensando que nunca volveré a estar completamente bien. Aunque de forma global he ido mejorando enormemente en estos dos últimos años, sé que la enfermedad puede durar años y ser crónica, y esta idea me persigue».

La medicación puede ayudar

Teniendo que enfrentarse a un problema así, ¿cómo se puede recobrar la salud? Aunque aún no existe una cura probada del SFC, sí hay una serie de tratamientos que a menudo ayudan a mitigar los síntomas.

Los médicos han probado distintos fármacos para ayudar a reforzar el sistema inmunitario o para atacar determinados virus. «No existe ninguna medicación aprobada específicamente para el síndrome de fatiga crónica», dice la doctora Buchwald. «El tipo de tratamiento farmacológico escogido se basa en la experiencia clínica. Y todos tienen algún grado de éxito.

«En muchos casos ha valido una serie de antidepresivos. Estos fármacos no sólo aumentan la energía y mejoran el estado de ánimo, sino que pueden ayudar a los pacientes a dormir bien por la noche, colaborando a su vez a reducir el cansancio. La mayoría de las personas no se dan cuenta de que los antidepresivos tienen múltiples aplicaciones». Las personas con SFC normalmente necesitan dosis mucho menores de estos fármacos, que las que se describen para tratar la depresión. Los médicos han probado también a dar agentes antivirales, gammaglobulinas, dosis de vitamina B_{12}, opiáceos y bloqueantes histamínicos, entre otros, dice la doctora.

Sea cual sea el tratamiento que se prescriba, los expertos en SFC recomiendan que se tenga cuidado con las terapias no probadas que se fomentan como forma segura de curación. No es necesario atravesarse todo el país para encontrar un médico. Puede hallar unos cuidados de calidad en su lugar de residencia. Busque a un especialista en SFC afiliado a una universidad u hospital docente, o pida a un grupo de apoyo local que le recomiende un buen médico. Y hasta que encuentre su curación, céntrese en tratamientos seguros y probados por los médicos, es opinión de los expertos.

Véase también Fatiga.

SÍNDROME PREMENSTRUAL

En algún momento de sus vidas prácticamente todas las mujeres tienen algunos síntomas desagradables asociados a la menstruación, desde dolor en el pecho a una depresión, desde irritabilidad a la aparición de acné. A diferencia de la creencia popular, muy pocas mujeres —10 por 100 o menos— padecen síntomas debilitantes que les obliguen a dejar de trabajar, ofender a los seres queridos o como señala irónicamente un experto, «intentar hacer cosas horribles».

A pesar de ser prácticamente mundial, se sabe poco acerca del síndrome premenstrual (SPM), afección misteriosa que afecta a millones de mujeres una vez al mes, con distinta intensidad, y que conlleva uno o más de los 150 síntomas notificados. A pesar de que el SPM se ha padecido, estudiado, diagnosticado y ocasionalmente usado como defensa legal, los médicos no logran ponerse de acuerdo en la naturaleza —o incluso el nombre— del causante.

Médicos con solución poco fácil

¿El SPM es hormonal o psicosocial? Existen pruebas circunstanciales muy persuasivas de que el SPM es hormonal, puesto que acompaña al cambio hormonal de la mujer, estrógeno y progesterona, en la semana que precede a la menstruación, desapareciendo síntomas mensuales en la menopausia. No obstante, los investigadores que han hospitalizado a mujeres con SPM intensos, y han medido sus niveles hormonales durante las 24 horas del día, nunca han hallado ninguna alteración significativa en los niveles normales de hormonas circulantes. Un trabajo muy reciente llevado a cabo por la médica británica Katharina Dalton hace pensar que la progesterona es el antídoto del SPM. Aunque algunas mujeres que presentan SPM han notificado un alivio gracias a la progesterona, hasta el momento la mayoría de los estudios realizados no han hallado que la hormona dé mejores resultados que un placebo a la hora de mitigar el SPM. Al menos en un estudio pequeño, mujeres que presentaban un importante SPM notificaron un cierto alivio gracias a un tratamiento común para los síntomas de la menopausia —estrógeno administrado por vía tópica a través de parches cutáneos.

Algunos de los últimos indicios arrojan algo de luz sobre la controversia surgida con la hormona. En un estudio publicado en el *New Journal of Medicine,* los investigadores gubernamentales administraron a las mujeres que presentaban SPM un fármaco que eliminaría los cambios hormonales que aparecen durante la fase premenstrual (o lútea). Las mujeres con SPM siguieron presentándolo, por lo que los investigadores especulan que el problema puede desencadenarse por cambios hormonales en *otra* parte del ciclo, o puede ser un trastorno del ánimo totalmente distinto que está sincronizado con, pero no se deba al ciclo menstrual.

Algunos investigadores han investigado la relación que existe entre el SPM y una disfunción de la glándula tiroide y entre trastornos afectados por la estación del año, una alteración del ritmo circadiano que se trata con dosis de luz brillante con todo su espectro. Pero hasta el momento el SPM sigue siendo un misterio como en 1931, cuando el obstetra y ginecólogo Robert Frank, doctor en medicina, ideó por primera vez el término para describir una situación psicológica cíclica que presentaban una serie de pacientes.

Su relación con la mente

Las teorías sobre las raíces psicológicas del SPM han avanzado mucho desde que la idea vigente fuese —y puede que siga siendo, entre algunos médicos— que las mujeres que presentan SPM son neuróticas, mentalmente inestables, histeria «típicamente femenina».

Existen algunos indicios de que el SPM puede exacerbarse con el estrés; esto hace que algunos investigadores que formulen conjeturas acerca del motivo por el cual el SPM parece aumentar cuando la mujer tiene treinta años es porque esta etapa de la vida puede resultar bastante estresante, sobre todo si la mujer lucha con un matrimonio, un trabajo profesional y el cuidado de los niños. Parece además que los problemas emocionales existentes pueden exacerbarse por el SPM, algo que un médico denominó magnificación premenstrual. Una serie de investigadores han averiguado que aquellas mujeres que padecen un trastorno de la ingesta consistente en comer desmesuradamente y luego purgarse, conocido como bulimia, pueden intensificar este trastorno premenstrualmente, y las personas que abusan del alcohol y las drogas aumentan también su ingesta justo antes del período.

La psiquiatra Leslie Hartley Gise, doctora en medicina, directora del Premenstrual Syndromes Program en Mount Sinai Medical Center, en la ciudad de Nueva York, dice que la evidencia sugiere que el hecho de tener antecedentes familiares de trastorno mental, inestabilidad anímica, importantes problemas de adaptación o drogadicción parece predisponer a la mujer a tener SPM. Algunos investigadores creen incluso que el SPM puede ser un trastorno maníaco-depresivo.

Los científicos tampoco logran ponerse de acuerdo con su nombre. ¿Debería llamarse síndrome premenstrual, tensión premenstrual o trastorno premenstrual? Puesto que cada mujer puede presentar una serie de síntomas únicos, que pueden cambiar de intensidad cada mes y pueden tener distintos orígenes, algunos investigadores opinan que resulta técnicamente más correcto referirse a ello en plural. El nombre más molesto es trastorno disfórico de la fase luteínica final, que es como se presenta en el manual de trastornos psiquiátricos de American Psychiatric Association, para gran consternación de las feministas y demás mujeres que temen que al considerarse un trastorno psiquiátrico pueda influir en contra de la mujer.

Sentirse bien nuevamente

Contando con pocos datos científicos sobre los que apoyarse, aquellas personas que tratan el SPM usan una serie de tratamientos en gran parte no probados, desde dietas y ejercicio a antidepresivos y hormonas, básandose aparentemente en la filosofía de que si sirve para algo, hazlo. A pesar de lo poco científico que pueda parecer, rara vez resulta perjudicial, y a menudo sí vale. Según la experta en SPM Jean Endicott, doctora en filosofía, de Columbia-Presbyterian Medical Center, en la ciudad de Nueva York, «algunas personas dicen que no se puede intentar tratar una enfermedad sin conocer su etiología. Yo les contesto que si todos los tratamientos médicos hubiesen esperado hasta que las personas conociesen su etiología habría mucha más gente enferma».

De hecho, a pesar de que hay mujeres que sólo consiguen un alivio con terapia farmacológica u hormonal, muchos programas de tratamiento para el SPM se centran en cambios sanos en la dieta y ejercicio y en reducir el estrés —alteraciones modestas e inocuas que la mayoría de los médicos pueden prescribir tranquilamente. «Nadie puede caer enfermo por hacer una dieta sana» dice Michelle Harrison, doctora en medicina y autora de *Self-Help for Premenstrual Syndrome* (Autoayuda para el síndrome premenstrual) y profesora agregada de psiquiatría en la University of Pittsburgh School of Medicine. Cuando empezó a tratar a pacientes con SPM hace ya varios años, dice la doctora Harrison, puso en práctica una cierta duda acerca de si la dieta puede considerarse terapia.

Cambió de parecer cuando, en una corazonada —basada en la fuerte semejanza que existe entre los síntomas del SPM y los de un nivel bajo de azúcar en sangre (hipoglucemia)— desarrolló una dieta hipoglucémica modificada para sus pacientes. La dieta rica en hidratos de carbono —llena de cereales enteros, frutas y verduras, patatas y pasta— era baja en grasa y eliminaba el azúcar, cafeína, alcohol y los edulcorantes artificiales. Ella animaba a sus pacientes a hacer frecuentes comidas pequeñas durante el día.

«Y funcionó» dice maravillada. «Yo estaba asombrada. Yo cuento con una sólida formación tecnológica y si alguien me hubiese dicho que un día yo diría a las mujeres que eliminasen el azúcar y la cafeína y que comiesen hidratos de carbono para encontrarse mejor hubiera pensado que estaban locos. Existen muchos tratamientos para el SPM que parecen funcionar durante uno o dos meses, después de los cuales ya no valen. La dieta no es siempre válida, pero cuando sí lo es, tiene efectos a largo plazo.»

Otros médicos que utilizan programas similares dicen tener resultados semejantes, nunca una cura completa, pero sí una importante reducción de los síntomas. La doctora Gise dice que los cambios en el estilo de vida «marcan la diferencia entre las mujeres que tienen síntomas que interfieren con sus vidas y aquéllas cuyos síntomas duran poco tiempo y son suficientemente leves como para pensar que pueden controlarlos sin medicación.»

La dieta que altera el estado de ánimo

Aunque no existe prueba alguna de que las mujeres con SPM sean realmente hipoglucémicas, cada vez hay más pruebas de que los alimentos pueden ser, en gran parte, la respuesta al misterio del SPM. Se han hallado fuertes lazos entre la cafeína y el SPM. Irónicamente, además, el impulso incontrolado que algunas mujeres tienen por la comida —y que desprecian— típicamente premenstrual, proporciona una de las pruebas más importantes.

Judith Wurtman, doctora en filosofía e investigadora del Massachusetts Institute of Technology, que ha investigado acerca de los efectos que tienen los hidratos de carbono sobre el apetito y el cambio de humor, deseaba averiguar si los alimentos que las mujeres con SPM anhelaban pudieran ser una forma de automedicación, un intento de reajustar reguladores internos del ánimo. Invito a 19 mujeres con SPM cuidadosamente seleccionadas para que viviesen en su laboratorio de investigación durante dos días, antes de ponerse malas, y dos días después de tener la menstruación, para que ella pudiera medir y controlar su ingesta de alimentos y compararlo con mujeres que no presentan SPM. Lo que averiguó fue que las mujeres con SPM comen premenstrualmente más hidratos de carbono de lo que ingieren cuando ya han pasado la menstruación.

Pero, ¿los hidratos de carbono mejoran el humor? Para hallar la respuesta, la doctora Wurtman dio a otro grupo de mujeres premenstruales —que habían hecho pruebas psicológicas— un cuenco de cornflakes con una crema no láctea. «Funcionó como el Valium» dice la doctora Wurtman. Las mujeres, que estaban taciturnas e inactivas bruscamente se mostraron más alertas y felices y menos enfadadas,

---

La dieta para el SPM

Si usted padece de síndrome premenstrual (SPM) seguir la dieta rica en hidratos de carbono y baja en proteínas, diseñada por Susan Lark, doctora en medicina y directora de PMS Self-Help Center, en Los Ángeles, puede ayudarle a mitigar los síntomas. Con el fin de que dé resultado, dice ella, usted debe seguir la dieta —que denomina la dieta de la mujer— todo el tiempo.

Lo que debe comer: Hidratos de carbono de cadena larga: cereales enteros, pan, arroz, patatas, pasta, frutas y verduras del tiempo.

Lo que debe limitar: Proteínas.

Lo que debe evitar: Azúcar: caramelos, galletas, pasteles, bebidas refrescantes; cafeína: café, té y colas; alimentos con grasa: patatas fritas, alimentos fritos, chocolate; alcohol; sal (sólo si es propensa a retener líquidos).

irritables y deprimidas. Al administrarles la misma comida después de la menstruación, su estado de ánimo no cambió.

¿Qué hace que los hidratos de carbono suban el ánimo a las mujeres con SPM? La investigación llevada a cabo por la doctora Wurtman y su marido, Richard Wurtman, doctor en medicina, ha mostrado que los hidratos de carbono incrementan los niveles de una sustancia química cerebral denominada serotonina, que a su vez sube el ánimo y regula el sueño. Es posible que sea la única sustancia química cerebral tan directamente influida por un alimento. Sin embargo, para ser eficaz, la comida a base de hidratos de carbono debe ingerirse sin proteínas, motivo por el cual la doctora Wurtman dio a las mujeres de su estudio una crema no láctea en vez de leche normal. «Las proteínas interfieren con la síntesis de serotonina» dice ella.

Un fármaco antidepresivo que afecta a la serotonina —fluoxetina, comercializado bajo el nombre de Prozac— ha demostrado ser eficaz también en el tratamiento del SPM, en algunas mujeres, aunque, a diferencia de los hidratos de carbono, resulta caro y posee efectos secundarios. Asegúrese de usar la dosis más baja para reducir los efectos secundarios.

Siga activa

Nadie sabe a ciencia cierta por qué el ejercicio mejora los síntomas del SPM. «Las mujeres se enfadan cuando les digo que hagan ejercicio. Dicen que podían haber leído *eso* en una revista para mujeres» dice la doctora Gise. «Pero cuando realmente se comprometen a cumplir un programa regular de ejercicios dicen sentirse mucho mejor.»

¿Por qué? Muchos expertos sugieren que es el incremento en las endorfinas lo que acompaña a un ejercicio vigoroso. «Sabemos que existe una liberación de endorfinas, que son los opiáceos naturales del organismo, por lo que se logra una sensación de bienestar debido al ejercicio» dice Stephanie DeGraff Bender, psicóloga clínica directora de la PMS Clinic en Boulder, y autora de *PMS: Questions & Answers* (SPM: Preguntas y respuestas).

En un estudio, de hecho, los investigadores vieron que los niveles de endorfinas de las mujeres descendían durante la fase premenstrual. Otro estudio insinúa la existencia de una conexión entre los niveles de endorfinas y la retención de líquidos y la sensibilidad en las mamas.

Recuperar el control

«Gran parte de los cuidados para el SPM suponen cuidar de nosotras mismas, algo que muchas de nosotras no hacemos» dice Bender, quien padece asimismo SPM. «Un paseo de 15 minutos le supone un descanso y le da tiempo para estar al aire libre. Su energía no se desgasta emocionalmente. Usted se revitaliza. No sé que haría yo sin mi paseo matutino. Me encuentro tan bien cuando me cuido.»

De hecho, dice Bender, cuando se hace cualquier cosa para remediar el SPM puede lograrse algunos efectos positivos porque da a la mujer la sensación de que puede controlar lo que a menudo parece como una situación impredecible e incontrolable.

«Las mujeres que tienen SPM a menudo piensan que sus cuerpos les han traicionado. Han oído decir que forma parte del hecho de ser mujer, que es todo mental y que tienen que aprender a vivir con ello. En el caso de SPM el control es *la cuestión*. Se nos ha dicho que es algo que podemos esperar que pase y que no podemos hacer nada al respecto. Pero cuando dé ese primer paso para controlarlo, ha empezado a salir del apuro. Si yo no hubiese controlado mi SPM no hubiera sido capaz de crear una clínica, no hubiera podido escribir dos libros, hubiera sido incapaz de hablar en público.»

Ayuda para los casos agudos

Si su SPM interfiere significativamente con su vida, su trabajo y con sus relaciones, debe pedir ayuda. Pida a su médico que le recomiende un libro o una clínica que ofrezca una serie de tratamientos prudentes para el SPM, puesto que ninguna dieta, fármaco o programa es válido para todo el mundo. Desconfíe de las personas que digan que el SPM puede «curarse». Los mejores programas pueden ayudar a aliviar pero nunca a eliminar todos sus síntomas.

Los programas buenos empezarán por pedirle que escriba un diario de sus síntomas para que usted y el profesional que le trate determinen si usted padece un SPM real —es necesario que su ánimo decaiga premenstrualmente y vuelva a subir en el momento o cuando la menstruación está próxima— o si por el contrario presenta un problema emocional subyacente que se agrava premenstrualmente. Tratar un problema subyacente mediante terapia psicológica o con medicación puede en sí eliminar la mayoría de sus síntomas del SPM. A veces, sólo el hecho de escribir un diario puede ayudar a que la mujer sienta que controla la situación.

Una mujer que anota regularmente sus periodos dice: «Cuando empiezo a notarme irritable miro el calendario. Una vez que compruebo que me voy a poner mala tiendo a restar importancia a lo que me molesta. Evito situaciones en las que pienso que puedo perder el control. Sé que no es el momento de tener una discusión seria con mi marido o con los niños. No es que hiberne pero tiendo a no hacer gran cosa hasta que se me pase.»

Las familias también sufren

Si su SPM es agudo, es muy probable que haya notado que afecta a la relación que mantiene con las personas importantes en su vida. «El problema principal que motiva a las mujeres a buscar ayuda es que tienen miedo de las consecuencias emocionales que dejan en sus hijos» dice Bender.

Bender, que tiene dos hijos adolescentes, dice que siempre agradeció no haber sido nunca una ordenancista física cuando entraba en uno de sus estados propios del SPM. «Pero mi lengua también hacía mucho daño». Buscó ayuda cuando sus hijos eran pequeños y les pidió a ellos y a su marido que le ayudasen. «Mi familia realmente se unió. Era mi proyecto pero se convirtió en el proyecto del grupo.»

Recomienda que se explique a los hijos que lo que pasa es que tiene un problema físico que a veces le altera, pero que usted está

Los terribles 20

El 90 por 100 de todas las mujeres presentan uno o más de los 150 síntomas notificados del SPM. Éstos son los 20 síntomas más importantes de la lista de sufrimientos mensuales y el porcentaje de mujeres que lo presentan.

Entre el 70 y el 90 por 100

- Ansiedad
- Irritabilidad
- Alteraciones del estado de ánimo
- Tensión

60 por 100

- Hinchazón
- Sensibilidad en mamas
- Retención de líquidos
- Aumento de peso

Entre el 30 y el 40 por 100

- Ansia de dulces
- Mareos
- Fatiga
- Cefalea
- Incremento del apetito
- Palpitaciones

Entre el 1 y el 20 por 100

- Confusión
- Llanto
- Depresión
- Falta de memoria
- Insomnio
- Aislamiento

intentando superarlo. «Pídales su ayuda» dice Bender. ¿Quién no quería ayudar a mamá con su problema? Usted tiene que sacarles del atolladero y tranquilizarles diciéndoles que ellos no son los responsables.»

Su marido tiene que comprender lo mismo que usted, que usted padece un problema médico que puede tratarse y controlarse, y que no se trata de una aberración mental concreta ni de un caso de egoísmo propio de la depresión.

Tampoco es buena idea usar el SPM como excusa para el mal humor o para controlar a aquellos que le rodean. «No está bien convertirse cada mes en una persona a quien se debe cuidar» dice Bender. «Si su SPM es tan importante, entonces la mujer tiene que hacer algo al respecto.»

Véase también Problemas menstruales.

SÍNDROME DE SUPERMUJER

uando Marjorie Hansen Shaevitz escribió *The Superwoman Syndrome* (El síndrome de supermujer) en 1984, miles de mujeres acudieron en tropel a su taller para averiguar cómo podían tenerlo todo. Pero seis años más tarde algo cambió. «La mujer de los años ochenta quería tenerlo todo» dice Shaevitz, asesora matrimonial y de familia en La Jolla, California. «La mujer de los años noventa lo acaba de tener.»

¿Qué ha pasado en esos seis años? Es bastante sencillo. La realidad lo confirma. Hoy en día las mujeres que se ven metidas dentro de un traje de chaqueta y llevando un maletín en una mano y un bebé en la otra han aprendido la valiosa lección de la experiencia: lo que es posible no es siempre fácil. «En la vida real, tenerlo todo significa serlo todo, significa hacerlo todo» dice una ejecutiva, madre de un niño pequeño. «Y créame, es agotador.»

Janet Loeb, de 38 años de edad, regresó a su

trabajo en una editorial cuando su hijo tenía cuatro meses. Dice que estaba mal preparada para ser una supermujer, imagen que ella, como la mayoría de las mujeres, tenía de los medios de comunicación. Películas como *Baby Boom* en donde la madre soltera Diane Keaton cría a una hija mientras simultáneamente dirige una compañía multimillonaria de alimentos para bebés, añadiendo además la imagen de una ejecutiva que vuelve a casa con la compra y cocina, son «fantasías inalcanzables», dice Shaevitz, del Institute of Family and Work Relationships. Dichas imágenes contribuyen a la sensación que tiene la mujer de que tenerlo todo es facilísimo.

Vuelta a la realidad

«Todo parecía tan fácil» dice Janet. «Usted tiene una buena profesión, un bebé fantástico y una niñera buenísima que le atiende perfectamente mientras le enseña francés. Nadie hablaba de cómo sería ir a reuniones de alto nivel habiendo dormido cuatro horas porque el bebé no distingue la noche del día. ¿Sabe lo lúcido que se puede estar después de haber dormido cuatro horas? Tiene suerte si recuerda su nombre. Yo tuve una niñera fantástica, pero nadie me habló de lo que era estar separada de tu bebé ocho horas al día. Dárselo a otra persona, aunque sea maravillosa, resultó una experiencia dolorosa. No paraba de pensar, «¿Por qué nadie me lo dijo?»

En su libro *Sequencing* (Secuencias) —que prometía que las mujeres podían tenerlo todo, pero no a la vez— Arlene Rossen Cardozo convirtió su introducción en un obituario. Lo llamó la Muerte de la Supermujer. Uniéndose al cortejo funerario estaba Carol Orsborn, fundadora de Superwomen's Anonymous (Supermujeres anónimas), un grupo de ayuda personal y autora de *Enough Is Enough: Exploding the Myth of Having It All* (Ya es suficiente: Explotar el mito de tenerlo todo).

Pero si la supermujer ha muerto, ¿dónde nació? Cardozo, una autoridad en cuestiones relativas a la mujer, dice que la supermujer surgió del movimiento feminista que, en su lucha por liberar a la mujer de la casa y el hogar en 1960 y 1970, aseguraba a las mujeres que podían tener hijos y una profesión también. «Nos dijeron que podíamos hacerlo todo» dice Janet. «Pero no nos dijeron cómo hacerlo.»

La parte positiva: supermadre, super feliz

No queremos decir que todas las supermujeres son infelices. «No hay nada malo en querer tener todo» dice Shaevitz. Por el contrario, una serie de estudios muestran que las mujeres que combinan la familia y una profesión —lo que los investigadores llaman múltiples roles— son más felices y más sanas que las amas de casa tradicionales. «Aunque las personas con múltiples roles tienen muchas exigencias muy diversas, son capaces de afrontarlas mejor, tal vez por la satisfacción que tienen del trabajo» dice Sharon A. Lobel, doctora en filosofía, profesora agregada de administración en Albers School of Business and Economics en la Universidad de Seattle.

Una de las ventajas de tener una familia y trabajar fuera de casa es una mayor oportunidad de lograr y mejorar una autoestima. Usted corre un gran riesgo, como dice el viejo cliché, cuando tiene todos los huevos en una cesta. Cuando el niño coge una rabieta en el supermercado es menos probable que usted piense que es un ser humano despreciable si le acaban de hacer directora de ventas. A la inversa, un mal día de trabajo puede sopesarse con una frase enternecedora como «te quiero mamá».

La doctora Lobel, que combina su profesión con su matrimonio con un médico y la crianza de un niño de cuatro años de edad, dice que nunca tiene que preguntarse, «¿Cuál es el objetivo de mi vida?»

Hay tantas respuestas «tal vez demasiadas» dice ella, riéndose. «Pero tener tantos modos diversos de llenar mi vida es mejor que carecer de una sensación de valía personal».

Asimismo existe una gran recompensa psicológica por «hacerlo todo». Cuando funciona te atribuyes el mérito, pero cuando no, usted es como el malabarista que juega con platos y palos. Cuando se cae un plato, todos se caen.

Super estrés

Muchas mujeres están empezando a darse cuenta de que tienen límites, dice la doctora Lobel. «Probablemente podemos ocuparnos de dos roles intensos bastante bien, tal vez el cuidado de los niños y otro, pero tenemos que darnos cuenta de que el resto de las cosas van a verse perjudicadas».

Para algunas mujeres ocuparse de una profesión, la casa y los niños significa que reducen —las labores domésticas, su relación con el marido y a menudo no se cuidan de ellas mismas. Shaevitz, que asesora a mujeres trabajadoras, dice que las mujeres que ella ve muestran una plétora de síntomas de estrés físico y psicológico que van desde irritabilidad a úlceras, de falta de interés por el sexo al insomnio. «La queja más frecuente que oigo es insomnio. Es tan frecuente que resulta casi una epidemia» dice ella.

De hecho, un estudio realizado por Marcia Killien, diplomada en enfermería, doctora en filosofía y Marie Annette Brown, diplomada en enfermería, y doctora en filosofía, ambas de la Universidad de Washington, indicaba que muchas mujeres reducen deliberadamente las horas de sueño para poder hacer más cosas, o tal vez lo que es más importante, para tener un tiempo a solas. Muchas mujeres que trabajan piensan que el no tener un tiempo para sí mismas es un factor de estrés en sus vidas, según se ha podido ver en varios estudios. «Al no tener tiempo para uno mismo no se puede descansar» dice Janet Loeb.

(El estudio Killien/Brown detallaba además qué mujeres son las «más afectadas» de forma diaria: madres casadas y trabajadoras. En la cima de esta lista se encuentran síntomas físicos y emocionales, problemas de transporte y conducta infantil, situándose los problemas relacionados con el trabajo al final de la lista.)

Parte del problema para las mujeres es que en efecto están haciendo dos trabajos de jornada completa, y ambos muy exigentes. El movimiento de la mujer pretendía ofrecernos opciones, pero el término opción implica una cosa u otra. Hoy en día no es una cuestión de profesión *o* maternidad, responder de algo *o* pasar la aspiradora. Se espera que las mujeres hagan *todo* y empiezan a preguntarse el porqué.

Doble trabajo y desinterés

En su importante libro *The Second Shift* (El segundo giro) la catedrática de Berkeley, Arlie Hochschild, ella misma con un matrimonio con dos profesiones, halló sin que fuese sorpresa para nadie que las mujeres casadas que trabajan también se ocupan de las tareas del hogar. Trabajan un «segundo turno». A pesar de que cada vez son más los estudios que muestran el incremento en la participación de los hombres, normalmente es para hacer las tareas más sociales y gratificantes, como bañar a los niños y jugar con ellos.

Hochschild dice que tanto los hombres como las mujeres tienden a ver esta doble tarea como problema de la mujer, a pesar de que el impacto que tiene en el hombre es innegable. La mujer que trabaja un segundo turno está cansada, y el cansancio hace parejas raras. El desinterés por el sexo también puede ser resultado del resentimiento, pudiendo existir muchos motivos en el hogar cuando la mujer que trabaja no tiene un minuto de descanso.

Algunos estudios muestran que la falta de implicación del marido en las tareas domésticas y cuidado de los niños ha llevado al divorcio o al menos a pensar en el divorcio. En un estudio, los investigadores pudieron cuantificar el efecto de la ayuda del marido en los quehaceres domésticos, en la satisfacción que la mujer sentía por su matrimonio. Hallaron que por cada tarea del hogar que hiciese el marido al menos la mitad del tiempo, su mujer tenía aproximadamente un 3 por 100 menos de posibilidades de pensar en el divorcio.

Insustituible

Incluso cuando los maridos colaboran, la mujer sigue pensando que es responsable de todo, queriendo decir que siempre tiene que estar pendiente. Como indica Shaevitz aunque la contracepción ha hecho que la maternidad sea voluntaria, la descripción actual de trabajo no ha cambiado. Muchas mujeres siguen pensando que son responsables de las mismas funciones que su madre —en las reuniones de colegio, compartiendo el coche para ir a trabajar, pidiendo citas con el médico y acudiendo a ellas— a la vez que, a diferencia de sus madres, trabajan fuera de casa.

Las mujeres, señala Shaevitz, han crecido «orientadas hacia los demás», sintiéndose impulsadas a cubrir las necesidades del resto de las personas de su vida, a menudo sacrificando la propia. El impulso es natural. Después de todo, a la mayoría de nosotras nos criaron mujeres que probablemente eran las últimas en sentarse a cenar, las últimas en acostarse y las últimas en comprarse un nuevo abrigo para el invierno.

Las mujeres además son las que guardan las tradiciones de la familia —¿quién más se acuerda de los cumpleaños y aniversarios?— y las administradoras del hogar, incluso cuando sus maridos y niños «colaboran». Las madres tienden a ser el eje de la familia, algo que hizo que un fabricante de camisetas lanzase el siguiente eslogan: «Cuando mamá no está contenta, nadie está contento».

¿Pero atender a los demás es algo tan malo? No, dice la investigadora Nancy Fugate Woods, diplomada en enfermería, doctora en filosofía, de la Universidad de Washington. De hecho, para la mayoría de las mujeres, resulta un motivo de placer. Es lo que hace que merezca la pena vivir la vida. Pero esta atención no está exenta de costos, incluidos la sensación de quemazón, conflictos y culpa. Se convierte en una carga cuando la persona que está pendiente de los demás se siente abrumada, dice la doctora Woods.

La realidad es que la única supermujer que puede que esté muerta es aquella que murió de agotamiento. Shaevitz dice: Es «la mujer que intenta ser todo para todo el mundo y niega sus propias necesidades».

Tenerlo todo facilita las cosas

«Hay que renunciar a algunas cosas si usted intenta combinar su trabajo con la vida de casa» dice la doctora Lobel. «Usted puede decir, "bueno no podemos pagar un sueldo a una asistenta" o "no puedo abusar de la amabilidad de alguien". Decida qué puede pagar y con quién puede contar, limítese a eso. La idea de ser supermujer es posible si usted tiene ayuda.»

Dependiendo del tamaño de su casa puede costarle muy poco dinero a la semana pagar un servicio de limpieza. «Hemos vivido en el mismo sitio durante seis años y nunca hemos cortado el césped» bromea Janet. «Un hombre jubilado que vive en nuestro vecindario cuida el jardín por un dinerito. Merece la pena. Es algo menos que tenemos que hacer.»

No piense que contratar ayuda es gastar dinero; considérelo como comprar tiempo.

A las mujeres, sobre todo las que trabajan fuera de casa, les cuesta mucho pedir ayuda, en gran medida, dice Shaevitz, porque no tienen tiempo para devolver el favor. Pero los familiares y amigos pueden estar encantados de echar una mano si usted se lo pidiese.

«Cuando yo trabajaba en un proyecto que duraba nueve meses, necesitaba a alguien que se ocupase de mi hijo un día a la semana, pero no podía pagar una señorita» dice Janet. «Me armé de valor y le pregunté a mi tía si ella podía. No sólo podía, sino que estaba encantada de hacerlo. Resultó ser el aspecto interesante de su semana.»

No hay motivo alguno para que su marido e hijos no contribuyan algo en la dinámica del hogar. La doctora Lobel sugiere que deje claro al resto de la familia «lo que realmente necesita». Shaevitz va aún más lejos. Conviértase en administradora del hogar, dice ella. Al igual que cualquier administrador, usted fija objetivos, organiza las actividades domésticas y delega tareas. Le resultará más fácil si prescinde de algunas tareas que no son absolutamente necesarias («Cuando tenga duda, rcháchcelo» dice Shaevitz) y establezca un tiempo límite para los quehaceres domésticos normales y los recados.

¿Qué pasa si alguien dice que no? Simplemente muéstreles la parte positiva. Diga que cuantas más personas colaboren, antes se hará el trabajo y más tiempo tendrán para estar juntos haciendo algo agradable, dice Shaevitz.

¿Sigue siendo usted responsable? Sí, eso no ha cambiado. Pero es posible que esté menos ocupada.

«Yo» también es importante

Uno de los principales motivos por los que necesita que le ayuden con la casa es porque le da la posibilidad de tener tiempo para sí misma. Cuando establezca sus prioridades asegúrese de que una de las personas «importantes» de su vida es usted, dice Shaevitz. «No piense que está siendo egoísta» dice ella. «Ya ha sido desinteresada demasiado tiempo.» Muchas mujeres prestan tan poca atención a sus necesidades, dice ella, que piensan que la única forma de justificar el

Susan Ashton es una escritora casada con un abogado, que se denomina a sí misma supermujer reformada.

«Cuando tuve una hija, realmente podía hacerlo todo y, en realidad, presumía bastante de ello» confiesa ella. «Cuando nació mi hijo cambió todo. Yo tenía un trabajo con jornada completa, cuidaba a una niña de tres años y a un bebé y tardaba una hora en ir y volver del trabajo. No es que no pudiese con todo; es que no tenía tiempo de hacer nada.»

Susan solucionó al menos parte del problema siguiendo algunos consejos que asesoras como Marjorie Hansen Shaevitz, autora y asesora familiar y matrimonial de California, dieron a otras supermujeres en recuperación. Se preguntó a sí misma: «¿Qué es esencial? ¿Quién tiene importancia?»

Una vez que se acostumbró a pensar así fue capaz de alejar de su vida las cosas que le estaban debilitando. Al hacerlo, advierte ella, tiene que estar dispuesto a hacer algunos sacrificios.

En el caso de Susan, tanto su marido como ella opinaban que la relación y sus hijos eran más importantes para ellos que las vacaciones anuales y los regalos de Navidad que su buen sueldo les permitía tener. De modo que ambos cambiaron su trabajo a tiempo completo por otro de media jornada, compartiendo el cuidado de los niños y las tareas domésticas por igual.

«La principal ventaja es que nuestros niños se han dado, finalmente, cuenta de que pueden contar con la ayuda de mamá y de papá» dice Susan, quien admite que esta solución tiene sus

descanso o pedir ayuda es poniéndose enfermas. «¿Pero por qué esperar a caer enferma?» dice ella. «Permítase cuidar de sí misma. Es por el bien de usted y de su familia.»

Tómese algún tiempo de descanso. Escriba con un lápiz una actividad agradable para hacer un par de veces por semana, tanto si es darse un baño de sales como cenar con una amiga. No se olvide de dejar un tiempo libre para no hacer nada.

También puede librarse de parte de su carga si baja sus expectati-

propios problemas. «Tener menos dinero y no poder pagar el ocio ahora que tenemos tiempo libre es un problema grande» dice riéndose. «Pero al final averiguas cómo llenar el tiempo de ocio sin gastar mucho dinero; y cuando lees todos esos artículos que versan sobre el significado real de las Navidades, que no se trata de hacer grandes regalos, puedes decir: "Sí, así es. Encaja perfectamente con nuestro plan porque no tenemos dinero."»

A los Ashton no les ha resultado fácil apretarse el cinturón. Cuando se acerca el tiempo de vacaciones, dice Susan, «resulta duro organizar excursiones de un día cuando estás acostumbrada a pasar 15 días al sol».

Para algunas familias, la acumulación se ha convertido en su modo de vida. Pero el brillo del éxito —una casa grande, los coches, las comodidades— tiene su precio. Siempre hay algo a cambio.

Los Ashton se dieron cuenta del impuesto que pagaba su vida anterior: nada de tiempo que dedicar a los niños y nada de tiempo para ellos dos. «Finalmente me he dado cuenta de que no resulta fácil hacerlo» dice Susan. «Simplemente hay que decidir con qué se puede vivir y qué no es imprescindible. Si la estabilidad económica significa mucho para usted, entonces quédese con el trabajo. Si poder estar con los hijos significa mucho para usted, entonces quédese en casa, si puede económicamente. Cada uno encuentra su propia solución. Lo que hacemos es duro pero hemos aceptado que va a ser así. Lo que hay que hacer es encontrar cuál es el camino menos duro para usted.»

vas. Olvídese de intentar ser la mejor en todo dice la doctora Lobel. La perfección es la antesala del fracaso. Por desgracia las mujeres se han convencido de que bastante bueno no es suficientemente bueno. Piensan que tienen que ser perfectas.

A las mujeres a las que se les ha enseñado a «buscar necesidades y cubrirlas» pueden pensar que pueden ganar la aprobación que desean siendo perfectas, dice Shaevitz. La solución, dice ella, es no buscar la aprobación de los demás. «Si usted no cubre directamente sus propias

No hace falta trabajar fuera de casa para ser una supermujer. Simplemente recibe otro nombre: supermamá.

Marjorie Hansen Shaevitz, asesora familiar y matrimonial de California, ve dos variedades distintas de estas mamás Tipo-A. La supermadre número uno puede haber trabajado antes, y aunque ahora esté en casa, no ha renunciado a sus ambiciones. Su vida la organiza su agenda. El lunes por la noche tengo una reunión con el APA, el martes por la mañana un campeonato infantil, clases extraescolares y fútbol varios días a la semana, etc. La mayoría de las noches las pasa en el teléfono organizando mercadillos benéficos o programas escolares. Esta supermamá es víctima de la continua devaluación del «trabajo de la mujer».

«La mayoría de las mujeres no lo admiten, pero piensan que tienen que hacer estas cosas porque no trabajan fuera de casa» dice Shaevitz, autora de *The Superwoman Syndrome* (Síndrome de la supermujer). «Piensan que tienen que justificar su existencia.»

La supermamá número dos es lo que Shaevitz denomina la mamá que comienza desde el principio. Está tan ligada a la cocina o a su costurero como cualquier mujer pionera, haciendo comidas y disfraces para Carnaval en un delirio de domesticidad.

Aunque lo expresen de diferente modo, ambas versiones de la supermamá luchan con una autoestima baja, dice Shaevitz. «Cuando estás empleada, el sueldo que recibes confirma tu valía. Cuando no trabajas fuera de casa necesitas hallar otros motivos de autoestima. Necesitas hacer algo que haga que se sienta útil que haga salir la energía y los talentos que posee.»

Ella sugiere evitar el planteamiento forzado de estas mujeres cuya energía se disipa en una serie amplia de actividades. «No intente hacerlo todo. Haga las cosas que le proporcionen una sensación de satisfacción y paz» dice Shaevitz.

Al igual que las madres que trabajan fuera de casa, las que permanecen en el hogar necesitan tener unas horas para ellas mismas para poder recobrar la energía. «Tendemos a gastar nuestra energía hasta que caemos agotadas o enfermas» dice Shaevitz. «Cuando usted echa un vistazo a las personas sanas, ellos poseen una serie de cosas especiales que les ayudan a sentirse equilibrados.»

A Kathy Scott le gusta leer. «De todo, misterio, biografías..., lo hago mientras los niños duermen la siesta o después de que se hayan acostado, en vez de ver la televisión. Noto que mantiene mi mente despierta de una forma distinta que cuando juego a las comiditas con mi hija o al Lego con mi hijo. No es que no me guste jugar con los niños, pero si sólo se hace eso sientes como si te fueses oxidando.»

Si a usted no le gusta la lectura, decida cuál es su placer secreto, incluso si tiene que buscar en lo más remoto de su mente para hallar lo que solía hacer antes de tener hijos. «A algunas mujeres les gustan las plantas, a otras cocinar, otras disfrutan con el arte» dice Shaevitz. «Haga algo que le haga sentirse bien.»

Preste atención especial a su matrimonio o al tipo de relación que tenga. Existe un subgrupo de supermadres que aún no han renunciado a su versión del sueño de tenerlo todo. Tanto ella como su marido lo quieren todo —la casa, el coche, las vacaciones— e intentan hacerlo con un sueldo. A menudo, eso significa muchas horas fuera de casa para el marido, y largas horas de espera en casa para la mujer.

La palabra clave aquí es tiempo. «Los matrimonios con éxito implican tres tipos de tiempo: tiempo para divertirse juntos, tiempo para hablar y tiempo para mantener relaciones sexuales» dice Shaevitz. Pregúntese a sí misma dónde coloca a su matrimonio en esta lista de prioridades.

«Por supuesto que me encantaría tener una casa grande y todas las comodidades» dice Kathy quien, con su marido ingeniero y dos niños, vive en una casa de tres habitaciones en un barrio de la periferia. «Pero cuando decidimos que yo me quedaba en casa con los niños nos sentamos e hi-

> cimos nuestros cálculos para poder vivir cómo-
> damente y que nos sobrase tiempo y dinero para
> disfrutar juntos. Tanto Rob como yo queríamos
> que los niños estuviesen en casa con uno de los
> padres y no en una guardería, pero no íbamos a
> alcanzar el objetivo a expensas del matrimonio.
> Nuestra relación era lo primero, y lo sigue sien-
> do. Sin ello, nada del resto importa.»

necesidades, depende de los demás para tener un estímulo positivo.
Debe hacerse responsable de su propia vida.»

Trabajo: doble lucha

En el trabajo, dice la doctora Lobel, las mujeres han aprendido
que «tienen que rendir el 150 por 100 para que las consideren normales. Los estudios demuestran que las mujeres consiguen menos as-
censos y menores aumentos de sueldos que los hombres, a pesar de
rendir por igual, de modo que se las recompensa menos su buen
trabajo.»

De hecho, un estudio donde se comparaba a hombres y mujeres
trabajadores halló que las mujeres tienden a exigirse más que los
hombres. Además se sienten tan estresadas por intentar cumplir sus
exigencias que son más propensas a sufrir síntomas físicos y a buscar
ayuda de un profesional de la salud mental.

Hay indicios de un cambio en el ambiente laboral lento. No obstante, hay modos de hacer que vaya más rápido.

Informar a su jefe

Una de las mayores tensiones que tienen las mujeres con múltiples
roles es la disonancia que existe entre las mujeres que trabajan y la
maternidad. Ser la Mamá resulta bastante distinto a ser el Jefe. Pero
incluso eso parece que está cambiando.

«Estamos ahora empezando a leer y a oír sobre cómo las personas
están ahora aplicando las técnicas del cuidado de los niños al trabajo»
dice la doctora Lobel. «Me gustaría poder comprobar que fuese más
generalizado. Con un niño de dos o tres años se adquieren muchos
principios básicos: paciencia, buena capacidad para escuchar y aptitud
para la gente. Un ejecutivo entrevistado dijo que aprendió después de

criar a cinco niños que es mejor tener la cooperación de sus empleados fomentando un mutuo respeto que dando órdenes. Como dijo otro jefe, "Contar hasta 10 funciona siempre".»

Si su jefe necesita ser más amable, ofrézcase para proporcionarle pruebas de que algunos programas, guarderías mantenidas por la compañía, permiso maternal/paternal y un horario flexible es lo mejor para la compañía y sus empleados. Existen pruebas de que las compañías que ofrecen un buen trabajo y programas familiares tienen más facilidades de atraer y conservar a las madres que trabajan.

Posponerlo todo

Si usted ya ha alcanzado algunos de sus objetivos profesionales y se lo puede permitir económicamente, es posible que quiera considerar la posibilidad de hacer un alto en su carrera profesional.

Arlene Rossen Cardozo lo llama secuencias, un modo de tenerlo todo, pero no todo a la vez. En palabras sencillas, tomarse unas breves vacaciones —uno, dos incluso cinco años— para estar con sus hijos mientras son pequeños, y luego reincorporarse al mercado laboral. Ésta es una opción que probablemente se haga mejor si usted ya tiene un buen currículum. No quiere arrepentirse de nada y desea volver a su profesión con cierta facilidad.

Carol Marden se convirtió en presidenta de una empresa de sondeo de mercado a los 33 años de edad. Un año más tarde tuvo a su primer hijo. Casada con otro ejecutivo comercial durante un año tuvieron que estar separados por motivos de trabajo. «Todos los fines de semana el bebé, la chica que contratamos para cuidarle y yo íbamos a ver a mi marido» explica ella. «Teníamos unos ingresos muy buenos pero nuestra vida era muy agitada.»

No obstante ella aún no estaba dispuesta a renunciar a ello. «Mi carrera seguía siendo una prioridad por aquel entonces» explica. «Yo me había especializado en administración de empresas y me había propuesto llegar a presidenta de una compañía. Por fortuna alcancé el objetivo pronto. Ése fue uno de los motivos por los cuales pude dejarlo después de que naciese nuestro segundo hijo. Yo no estaba a punto de conseguir algo que siempre había querido. Ya lo tenía.»

Su modelo de rol, dice ella, era Sandra Day O'Connor de la corte suprema de justicia, quien se tomó un descanso de cinco años, mientras sus hijos fueron pequeños, para ejercer de madre.

«A ella no le fue tan mal haciéndolo, de modo que pensé que también me podría ir bien a mí» dice Carol. «Me quedan 20 ó 30 años de trabajar. Dentro de cinco años pienso que algún empresario se interesará por una antigua presidenta de una compañía que está especializada en administración de empresas.»

Más valioso que el dinero

Hacer un alto en la carrera profesional resulta arriesgado, por supuesto que sí. En algunas profesiones una ausencia de cinco años puede hacer que se pierda la práctica e incluso que resulte desfasada. Eso se remedia fácilmente manteniéndose al tanto de la última tecnología y tendencias leyendo revistas profesionales o realizando algún que otro curso, o tal vez realizando trabajo de voluntariado en su profesión como manteniéndose en contacto con antiguos compañeros de trabajo.

También hay un sacrificio. Pasará de vivir con dos salarios a contar sólo con uno. Es posible que tenga que comprar lo que quiera, una casa, un coche, muebles, antes de dejar de trabajar. Eso es lo que el matrimonio Mardens hizo. El hecho de haberlo planificado todo les permitió seguir viviendo cómodamente con un sueldo.

Pero el verdadero placer, dice Carol, es poder «sentarse en familia todas las noches a cenar. Eso vale más de lo que puede comprarse con dinero. La realidad es que ahora lo tengo todo».

Véase también Dos carreras, Quehaceres domésticos.

SOBREPESO

Yo he tenido problemas de sobrepeso, de forma intermitente, desde que era niña» dice Sara Miller, de 39 años de edad, una profesora que ahora se encuentra en uno de sus períodos de delgada.

«Me han llamado de muchas formas, se han burlado de mí, me he preocupado, me he sentido humillada, me han esquivado y han hecho que me sienta un monstruo de la naturaleza. Hubo muchos momentos mientras crecía que me hubiera gustado haberme muerto. Nunca fui a un baile de la escuela. Nunca fui a un baile de gala. No puedo compartir esa nostalgia que las personas sienten por su época de adolescente.»

Sara dice que tenía casi 20 años —y pesaba unos 20 kg menos— antes de que un chico le preguntase si quería salir con él. «Me hicieron falta varios años de tratamiento que me ayudasen a reparar mi autoestima» admite. «Incluso ahora soy incapaz de hablar de mi vida con de-

Un problema demasiado grande para ocultar

talle. Tengo miedo de que si lo hago lo que parece una cicatriz se vuelva a abrir convirtiéndose en herida.»

Para Sara, como para otras muchas mujeres obesas, la grasa es algo más que un problema físico; el triunfo del apetito sobre la voluntad. Puede ser una dolorosa herida psicológica que aparece por una sensación de alienación y vergüenza.

Pérdida de la autoestima

La primera víctima del sobrepeso, tanto si es en la infancia como en la edad adulta, es normalmente la autoestima, ya que la obesidad posee un estigma muy grande en nuestra sociedad. En estudios realizados se ha podido ver que desde una edad muy temprana los niños tienen actitudes muy negativas hacia las personas obesas. En un estudio, los niños mostraban más rechazo por sus compañeros obesos que por los que tenían desfiguración facial. Los niños pueden ser crueles. Puesto que los sentimientos que tenemos de nuestra persona están configurados por la opinión que los demás tienen de nosotros, las mujeres que han sido obesas desde pequeñas aprenden rápido a sentir aberración hacia sí mismas.

«Los niños toman como algo normal llamar a un compañero gordo de clase nombres horribles» dice Sara. «Cuando yo era una de ésas, la pandilla de mi colegio me convirtió en el hazmerreír del colegio. Yo guardaba un calendario donde marcaba cada día que se burlaban de mí. A veces eran todos los días.»

Pérdida del estatus

Existen algunos indicios de que las personas obesas —sobre todo las mujeres— se ven discriminadas en el colegio y en el trabajo, tienen menos probabilidades de ir a la universidad y ganan menos dinero que otras con la misma inteligencia y preparación pero que además son delgadas. El hecho de ser gorda limita las opciones. Además de disminuir el estatus socioeconómico, la mujer obesa puede tener problemas para mantener una relación íntima con un hombre, pudiendo verse privada del matrimonio y los hijos.

Está claro que el hecho de ser gorda es algo más que el tamaño de piel que se tenga. Existen matices morales que se atribuyen al tamaño del cuerpo. «A las personas gordas se les hace responsable de su sobrepeso, primero por engordar y luego por permanecer así» según las investigadoras de obesidad Janet Polivy, doctora en filosofía y C. P. Herman. «Esto resulta un contraste con las personas delgadas, cuya esbeltez se elogia». En estudios realizados a las personas gordas se les considera vagas, mezquinas y estúpidas. Por otro lado, el pre-rrequisito de belleza es una constitución delgada. Estas recompensas sociales por ser delgada son múltiples. En un estudio se vio que a las personas atractivas incluso se las exculpaba más a menudo o recibían sentencias menos severas en simulaciones de juicios que las demandadas menos atractivas.

Dilema dietético

Sin embargo y de forma sorprendente, se ha podido comprobar gracias a estudios realizados que las personas con problemas de peso no presentan muchos más problemas psicológicos que el resto. De hecho, algunos expertos opinan que la dieta, y no el sobrepeso, puede dañar más a la autoestima debido a la sensación de fracaso que acompaña lo que para la mayoría de las personas que hacen régimen es la recaída inevitable.

Lo triste del hecho de hacer régimen es que la mayoría de las personas que lo hacen pierden peso pero pocos se mantienen así. De hecho, un investigador señalaba que si la «cura» de la obesidad se define como adelgazar y mantener el peso ideal durante cinco años, es más probable que la persona se recupere de un cáncer que de la obesidad.

A pesar de que existan muchos hombres obesos, la grasa parece ser más un problema de mujeres que de hombres. La obesidad se define como poseer un 20 por 100 más del peso ideal. Esa cifra no toma en cuenta a aquellas personas que se sienten gordas, cuyos 2 a 4 kg de más hacen que sean demasiado conscientes de su cuerpo como para llevar la blusa por dentro o sentirse demasiado incapaz para buscar un buen puesto de trabajo o romper una relación insatis-factoria.

Acoplarse a sus genes

Parte del problema es genético. Muchas mujeres obesas se están enfrentando a la biología. Numerosos estudios realizados, incluidos aquellos hechos con gemelos idénticos criados aparte, indican que el tamaño del cuerpo tiene mucho que ver con la genética. Algunos estudios han sugerido que existen diferencias individuales en cómo metabolizamos y almacenamos los alimentos que ingerimos, motivo por el cual su amiga que come muchos helados no engorda a pesar de ingerir 2.800 calorías al día mientras que usted engorda 2 kg si añade unas pocas galletas a su régimen de 1.800 calorías.

El factor genético puede predestinarle desde un principio, más que cualquier otra cosa. Es muy probable que su autoestima se vea afectada si el objetivo que se pone es tener un cuerpo de modelo cuando ha heredado tobillos gordos o «cartucheras» en los muslos. Aproximadamente sólo el 5 por 100 de la población es así de delgada de forma natural. Para el resto, es un objetivo alcanzable a un muy alto costo, si es que se alcanza.

«Con el ideal de esbeltez de nuestra sociedad, las mujeres tienen que ser prácticamente anoréxicas para estar guapas» dice Ronette Kolotkin, doctora en filosofía, psicóloga clínica en Duke University Diet and Fitness Center, en Durham, Carolina del Norte. «Nos presionan tanto para ser perfectas, para tener un cuerpo escultural, que hacen que las personas se sientan defectuosas. Entonces hallan consuelo en la comida. Se sienten impotentes y se dicen a sí mismas: "No importa lo que yo haga, nunca voy a tener un cuerpo perfecto. Lo mejor que puedo hacer es comer".»

La grasa como cuestión femenina

La genética explica también por qué los hombres, en general, no luchan contra la grasa con la misma asiduidad que las mujeres. En las mujeres, hitos tales como la pubertad, gestación y la menopausia están asociados al aumento de peso. Es otra de las injusticias de la vida, el hecho de nacer mujer la predispone a tener más grasa que el hombre. Incluso antes de la pubertad, las chicas tienen un 10 por 100 a 15 por 100 de grasa que los chicos. Después de la pubertad tienen casi el doble que los chicos. Al igual que las chicas, los chicos aumentan de peso en la pubertad, pero su aumento se debe a un aumento de la musculatura y de los huesos. Las hormonas sexuales que aparecen en la pubertad parecen colaborar también a fomentar la acumulación de grasa, al igual que el embarazo, ya que es un modo natural de proteger a la madre y al feto de inanición en épocas de hambre. Por algún motivo, aún desconocido, los kilos que engorda la mujer en el embarazo son particularmente difíciles de perder.

Las mujeres tienden también a tener un metabolismo más bajo que los hombres. Su metabolismo más rápido, junto con una musculatura que quema más grasa es por lo que los hombres son capaces de adelgazar con más rapidez. Hacer régimen de forma crónica, algo epidémico entre las mujeres, hará que a largo plazo resulte más difícil que la mujer adelgace la cantidad deseada, ya que en respuesta al «hambre» obligada por una dieta con pocas calorías, su metabolismo mejora su capacidad de almacenar grasa.

Por si los obstáculos físicos no fuesen suficientes, existen también obstáculos psicológicos.

Usted puede sabotear sus esfuerzos por adelgazar porque, al igual que muchas mujeres, no le cuesta ocuparse de los demás pero se siente egoísta o culpable si se ocupa de sí misma.

Sus seres queridos pueden, deliberada o inconscientemente, desalentarle, dice la doctora Kolotkin. Pueden llegar incluso a comer delante de usted sus alimentos preferidos o tentarla sacándola a cenar para descarrilar sus esfuerzos porque se sienten descuidados o les preocupa el cambio —físico y psicológico— que ven en usted. Lograr adelgazar puede darle sensación de dominio o control que se refleje en otros aspectos de su vida. «Usted puede haber sido muy pasiva y ahora que siente que tiene más control se vuelve enérgica» señala la doctora Kolotkin. «Es posible que tarden un tiempo en acostumbrarse a su nuevo yo.»

A pesar de que el apoyo familiar es uno de los factores identificados como instrumentales a la hora de ayudar a las personas que hacen régimen a mantenerse delgadas, a veces «usted tiene que enseñarles cómo pueden ayudarle» dice la doctora Kolotkin. «Por ejemplo, cuando le preguntan si debería comer algo dígales que es mejor que le alaben por el progreso logrado en vez de señalarle los fallos.»

Consolarse con la comida

Existen también otras trampas. Para la mayoría de nosotras los alimentos no son sólo comida. Son todo: estimulantes, reconfortantes y calmantes. «Decir que los alimentos sólo sirven para conservar la vida» dice la psicóloga de California, Joyce Nash, doctora en filosofía, y autora de *Maximize Your Body Potential* (Aumentar su potencial corporal), «es como decir que el sexo sólo vale para procrear».

Para algunas mujeres los alimentos sacian muchos tipos de hambre. Estudios realizados recientemente han hallado que las personas que han tenido una infancia difícil —han sufrido abuso sexual, perdido un padre o no han recibido suficiente atención— pueden usar los alimentos como consuelo y nutrición. «Cuando eran niños, cuando no sabían cómo afrontar sus sentimientos, hacían algo agradable, que les ayudaba a hacer frente a la situación, conservando ese mal hábito después» dice la doctora Kolotkin.

Los alimentos pueden «proporcionar distracción de cualquier problema real» dice la doctora Nash. Para muchas mujeres, la comida sirve como válvula de escape, un modo de evitar o afrontar los problemas.

«Una de las cosas que me ayudó a ver los alimentos desde un punto de vista objetivo fue acudir a un grupo de apoyo de adelgazamiento» dice Cassie Herold, que está intentando perder los 27 kilos que ha engordado en los últimos ocho años y tras un embarazo. «El moderador preguntó a todos los participantes del grupo por qué co-

En los últimos años la investigación se ha centrado en estudiar por qué algunas personas logran perder peso y mantenerse así. La catedrática Rosemary Johnson, doctora en filosofía, de la Universidad de Southern Maine School of Nursing, dedicó 200 horas observando y entrevistando a personas que seguían un régimen de adelgazamiento bien conocido, para aprender el secreto de su éxito.

Lo que hallaron fue que las personas que conseguían perder peso y mantenerse así reconocían que no sólo estaban cambiando su forma sino que estaban modificando su modo de vida. Su plan de adelgazamiento era algo más que una dieta, unas pocas horas de ejercicio y un grupo de apoyo semanal. Era una reestructuración gradual de sus vidas.

Las mujeres entrevistadas meditaron y reflexionaron mucho, identificando exactamente lo que tenían que hacer para alcanzar sus objetivos. Las estrategias escogidas diferían unas de otras. «Tenían soluciones personalizadas» dice ella. «Estaban hallando estrategias que encajasen con ellas, en vez de comprar la idea de "esto es lo que tiene que hacer". Los programas que dicen "esto es lo

mían. Conforme iban hablando las personas sentadas alrededor de la mesa decían que comían porque estaban estresados, preocupados, deprimidos, tristes y me di cuenta de que *nadie* decía que comía porque tenía *hambre*. Todos usábamos los alimentos como antídoto universal para todo lo que nos molestaba.»

La doctora Nash llama a esto la ley del martillo.

«La ley del martillo significa que una vez que encontramos solución o un mecanismo compensatorio lo usamos con todo, incluso si no es apropiado. No nos damos cuenta de que necesitamos diferentes herramientas para distintos tipos de problemas.»

De hecho, en un estudio realizado por la dietética Susan Kayman, doctora en salud pública y sus compañeras mientras estaban en la Universidad de California, Berkeley, las mujeres que conseguían mantener el peso conseguido eran menos propensas a usar los alimentos como válvula de escape y más propensas a enfrentarse directamente a los problemas. Por ejemplo, no comían cuando se enfrentaban a

que funciona" pueden hacer que se sienta fracasada cuando a usted no le dan resultado. Algunas de las mujeres entrevistadas se salieron del programa cuando se dieron cuenta de ello, y a pesar de todo perdieron peso.»

Se dieron cuenta del papel que desempeña comer en exceso en sus vidas, ahondando mucho para determinar para qué otras funciones, además de la de nutrir, sirven los alimentos. Se fijaron una prioridad, negándose a preocuparse o sentirse culpables si hacían primero sus cosas antes de cubrir las necesidades de quienes les rodean. Cambiaron su concepto de éxito y fracaso, renunciando a la idea de que tenían que ser perfectas para tener éxito. Se elogiaban a sí mismas cada vez que daban un paso positivo (tanto si iba o no acompañado de pérdida de peso) y se negaron a pensar que era un fracaso cada vez que hacían trampa.

Reconocieron que las técnicas que estaban desarrollando en su esfuerzo por adelgazar tendrían que durar toda la vida, ya que la conservación de ese peso sería, para ellas, una cuestión de vigilancia de por vida. «Estaban estableciendo nuevas identidades para sí mismas como personas delgadas» dice la doctora Johnson.

---

problemas maritales o familiares. Eran conscientes de que una galleta no solucionará el problema de su hijo o no arreglará un matrimonio roto, de modo que buscan soluciones reales. «Por otro lado, las mujeres que vuelven a engordar pensaban que no podían afrontar la solución del problema de modo que regresaban a su anterior estrategia de adaptación: comer para sentirse mejor» dice la doctora Kayman, actualmente especialista en conservación del peso y trabajando para Kaiser Permanente Medical Group.

Ganar por perder

«La clave del éxito de un programa de adelgazamiento tiene que ser un cambio real de la cabeza, en lo referente a la definición del yo» dice la doctora Nash. «Usted tiene que dejar de luchar. No es distinto de la persona que lucha por dejar de fumar. Mientras el fumador se diga: "Realmente me apetece un pitillo" esa lucha se convierte en el centro de su vida y tarde o temprano capitulará y terminará fumando. Tiene que cambiar la idea de su cabeza y decir: "Yo no soy fumadora". Si piensa que es una fumadora que intenta dejarlo es distinto que pensar que no fuma. Pasa lo mismo con la dieta. La persona que hace régimen tiene que dejar de pensar, «hago régimen porque tengo un problema de sobrepeso. Soy adicta al chocolate». Si así es como usted piensa así será. Tiene que cambiar de idea de la cabeza y decir, «ya no lucho con el chocolate porque yo no hago eso. Soy una persona que come con moderación alimentos sanos».

En los últimos años los investigadores han aprendido mucho acerca de la pérdida de peso observando las vidas y los esfuerzos de las personas que adelgazan mucho. Uno de estos investigadores da otros pocos consejos que parecen tener éxito en millones de personas obesas:

Ejercicio. Es un factor continuo en la mayoría de los estudios de las personas que logran adelgazar. En su estudio sobre estas personas que se mantienen delgadas durante al menos un año, la doctora Kolotkin comprobó que casi la mayoría de ellas hacían ejercicio, y no tenían que esforzarse mucho. «Nos tranquilizó mucho ver que no se mataban siete días a la semana. Hacían ejercicio sólo tres o cuatro días a la semana, siendo el ejercicio más típico caminar. Con esto se prueba que no hace falta hacer cambios heroicos sino cambios continuos y moderados».

Existen también algunas pruebas científicas de que el ejercicio puede mejorar el estado de ánimo, un estímulo para aquellas personas que recurren a la comida cuando están deprimidos o estresados.

Escribir un diario de alimentos. En el estudio realizado por la doctora Kolotkin, y en otros estudios, incluido uno hecho en Kaiser Permanente Center for Health Research, en Portland, Oregón, escribir un diario de alimentos iba asociado a una pérdida permanente de peso. Al escribir todos los alimentos ingeridos y al contar las calorías se logra conseguir fácilmente nuevos hábitos alimenticios buenos. Algunos expertos recomiendan también que describa su ánimo, ya que le ayudará a identificar qué situaciones y sentimientos le impulsaron a comer. También puede llevar un registro de la asiduidad y el tiempo que hace ejercicio. Muchas personas que logran perder peso dicen que el diario de alimentos les ayuda a sentir que controlan su ingesta.

Tomarse el tiempo necesario. Dése un espacio de tiempo razonable para perder el peso deseado. No querrá prepararse para el fracaso esperando perder 27 kilos en pocos meses. Propóngase perder peso de forma más paulatina, digamos 450 g por semana. Además se dará tiempo para acostumbrarse a su nuevo yo. «Se tarda tiempo en adelgazar» dice Rosemary Johnson, doctora en filosofía y profesora agregada en la University of Southern Maine School of Nursing, en Portland. «Alguien que se haya pasado la vida luchando con su peso es posible que tenga que librarse de más motivos emocionales que alguien que haya engordado hace poco.»

Desarrollar nuevas técnicas de adaptación. Otra cosa que el tiempo le proporciona es la posibilidad de sustituir los viejos hábitos con nuevas técnicas. Usted *sabe* que el chocolate realmente no mejora las cosas. Cuando se acabe esa tableta de chocolate el problema sigue existiendo. Pero usted tiene en sus manos la posibilidad de hallar la solución a su problema. Aprender a afrontar los problemas, tanto si es controlar el estrés o la necesidad de comer galletas, le dará una sensación de dominio personal que el chocolate nunca le dio.

Perdone, olvide y arréglelo. Usted está a punto de cometer algunos errores, una trufa de chocolate de vez en cuando, una comilona... Recuerde, un error no le convierte en fracasada. «Las personas que logran conservar su peso tienen ideas y planteamientos más flexibles» dice la doctora Nash. «No tienen esa actitud de todo o nada. Aceptan una pequeña indiscreción una noche sabiendo que serán capaces de controlarlo haciendo un poco más de ejercicio al día siguiente o teniendo más cuidado mañana.»

Véase también Dieta, Ejercicio.

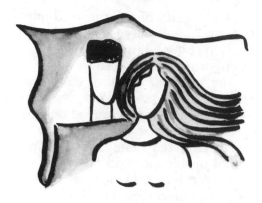

TENER UNA CITA

Ésta es una situación que podría estar pasando justamente ahora en su propio vecindario.

CHICO: ¿Quieres que volvamos a salir mañana por la noche?
CHICA: ¡Caramba!, hemos salido anoche, y ahora también quieres que salgamos mañana.
CHICO: Anda, vamos.
CHICA: Bueno, vale.
CHICO: ¿Te puedo dar un beso de despedida?

El sida, quizás más que ninguna otra cosa, ha cambiado esta escena en los años noventa, dice Judith Sills, doctora en filosofía y psicóloga clínica en ejercicio, de Filadelfia. «Retrasa el sexo unas cuatro citas.»

En esa época cuando el sexo era libre y fácil y el sida sólo se conocía como pastilla de dieta, la mujer se sentía libre para mantener relaciones sexuales la primera vez que quedaba con un chico, si así lo deseaba. «Antes del sida y del herpes, las mujeres podían tener relaciones sexuales en la primera o segunda cita» dice la doctora Sills. «Hoy en día, es más probable que las mujeres tarden un tiempo y no se acuesten con un hombre hasta pasado un mes o mes y medio. El efecto es que se tienen relaciones sexuales con menos personas, ya que hay menos personas con las que quedar seis veces.»

Las enfermedades de transmisión sexual están literalmente quitando el deseo a las personas. Las citas en los noventa están siendo mucho más refinadas.

Sólo los tontos se precipitan

Posponer las relaciones sexuales un cierto tiempo es algo aconsejable pero, aparte de limitar posiblemente el número de hombres con los que se acuesta la mujer, no reduce realmente el riesgo de contraer una enfermedad de transmisión sexual.

«Las mujeres creen que acostarse con un hombre que conocen desde hace unos meses o un año es más seguro que acostarse con un hombre que han conocido hace una hora» dice la doctora Sills. «Puede que lo sea, pero no es necesariamente cierto. Es el contacto sexual lo que hace que corra riesgo.»

¿Qué hay de malo, entonces, por probar este método?

CHICA: Antes, eh, bueno, ya sabes... Ah, ¿tienes alguna enfermedad que tal vez yo debería, me gustaría saber?

CHICO: ¡Yo! Por Dios, no. Por supuesto que no.

«Usted no puede fiarse de él», responde la doctora Sills. Y aparentemente ella sabe de lo que está diciendo. Según un estudio realizado sobre las citas entre estudiantes de universidad de 18 a 25 años, dos investigadores de California hallaron que los hombres, mucho más que las mujeres, mentirán para tener sexo. El estudio mostró que el 20 por 100 de los hombres, pero sólo el 4 por 100 de las mujeres, admitieron haber mentido diciendo que eran VIH-negativos (prueba de detección del sida). Y un tercio de los hombres, pero sólo una cuarta parte de las mujeres, mintieron diciendo que no tenían relaciones sexuales con más de una persona.

Charla de enamorados en la cama

Esto, por supuesto, no significa que no debe preguntar, dice la doctora Sills. «Si no está segura de cómo sacar el tema, simplemente diciendo que no sabe cómo sacar el tema ya deja una puerta abierta.

O empiece diciendo: "Bueno, creo que ha llegado el momento de hablar sobre enfermedades"».

Pero la conversación no debe terminar ahí. Si realmente quiere estar segura, dice la doctora Sills, tiene que tener un sexo seguro. «Y dejarlo perfectamente claro desde el principio que es el único tipo de sexo que pretende tener.

«También recomiendo que digan: "Incluso si nunca has tenido una enfermedad, vamos a usar el preservativo", y puede añadir, "Comprendo perfectamente que puede interferir con el placer sexual que sientas. También puedo comprender por qué piensas que no es necesario. Pero no vas a hacer el amor conmigo sin preservativo. Si no estás de acuerdo, búscate a otra".»

Ginny Strickland, una técnico de rayos de 31 años de edad, dice que se había vuelto «prácticamente paranoide» comprobando que los chicos con los que estaba no estaban enfermos. «Tal vez sea porque soy profesional sanitario y sé lo que la falta de cuidado puede hacer», dice ella. «Pero lo que realmente hice fue pedir a mi pareja sexual que me trajese un comprobante médico —en otras palabras, un comprobante de limpieza— antes de acostarme con él. Un hombre se negó a hacerlo y yo me acosté con él de todos modos, porque me atraía tanto y parecía tan simpático. Más tarde tuve una infección por *clamydia*.»

Los viejos tiempos

Volviendo a la época *antes* de que el sexo fuese libre y fácil, se podía conocer a alguien durante dos años, estar comprometidos, tal vez incluso casarse, antes de tener relaciones sexuales.

«Cuando el sexo se introduce pronto en las relaciones, hace que el proceso de noviazgo y las citas resulten más vulnerables», dice la doctora Sills. «La mayoría de las mujeres me dicen que establecen una relación emocional cuando tienen un amante. Las relaciones emocionales le convierten en un ser vulnerable.»

Y ese sentimiento amoroso es lo que hace que las mujeres de los noventa no se diferencien de las que buscaban el amor hace una generación. Las mujeres pasan por toda una serie de emociones cuando quedan con alguien que les gusta. La esperanza, la ansiedad, la espera, la emoción, hay un poco de todo.

«Desde este punto de vista las citas no han cambiado nada en los últimos 10 ó 20 años», dice la doctora Sills. «Lo que ha cambiado es que las personas mantienen ahora relaciones sexuales a una edad más temprana que antes. Y eso lo cambia todo, sobre todo para la mujer.»

El sexo no da a los hombres una unión emocional automática, dice la doctora Sills. «La mujer, por otro lado, que puede estar insegura de sus sentimientos, se sentirá unida una vez hecho el amor. Puede ser un shock comprobar que esa relación no es compartida.»

Ir a escote

¿Qué hay de malo en esta situación?

CHICO: Camarero, la cuenta.
CHICA: Paguémosla a medias.
CHICO: Pero, pero...
CHICA: Insisto en ello.

Absolutamente nada, dice la doctora Sills. Es un gesto firme que deja las cosas claras. «Pagar la cuenta a medias transmite algo platónico» dice ella. «La mujer desea pagar a escote cuando no desea mantener una relación sexual.»

Sin embargo, es una situación que se ve menos de lo que usted podría pensar. «Para muchas mujeres, resulta muy difícil aceptar que alguien va a venir y pagar la cuenta», dice la doctora Sills. «Y lo crea o no, oigo esto más ahora que hace cinco años.»

Véase también Contracepción.

TERAPIA DE REPOSICIÓN DE ESTRÓGENO

sted se preguntará: ¿Debería o no debería hacerlo? ¿Resulta seguro o no? ¿Servirá para algo? Ha llegado a la menopausia —o incluso ya la ha pasado— por lo que tiene que saberlo, y necesita saberlo pronto. ¿Tiene sentido tomar estrógeno cuando las reservas naturales del cuerpo se agotan? Podría ser una de las decisiones más importantes que puede hacerse durante la edad mediana, decisión que podría tener efectos duradedos no sólo sobre su futura salud, sino también en la calidad y cantidad de vida que le resta.

Marie Califano habla en nombre de muchas. «Cuando llegué a la menopausia, hace aproximadamente cuatro años, mi médico me sugirió que tomase estrógeno» dice esta bibliotecaria de 55 años. «Pero yo no quería. No había tenido prácticamente oleadas de calor ni cualquier otro síntoma al respecto. Y me parecía poco natural sustituir el estrógeno que mi cuerpo había dejado

Lo positivo, lo negativo y lo desconocido

de producir. Yo pienso que la menopausia es una parte normal del envejecimiento, algo por lo que atraviesa mi cuerpo. Tal vez pensaría de otro modo», dice Marie, «si tuviera que padecer muchos síntomas».

Roseanne Dwyer tenía un motivo distinto para no tomar estrógeno. «Lo tomé durante dos años justo después de tener una menopausia quirúrgica a la edad de 28 años», dice esta estilista que actualmente tiene 38 años, «pero luego decidí dejarlo». (La menopausia quirúrgica se debe a la extirpación de los ovarios y útero en una histerectomía.)

«Me preocupaba más los posibles efectos secundarios a largo plazo del estrógeno que lo que estaba por las oleadas de calor que empezaba a tener. Todos los estudios de investigación que yo había visto se habían realizado a mujeres que habían empezado a tomar estrógeno a los cincuenta y sesenta años. Nadie parecía saber qué le pasaría a alguien que empezase a tomarlo a los veinte y siguiese tomándolo durante 30 y 40 años», dice ella. «Pero sobre todo, leí que el estrógeno aumenta el riesgo de cáncer de mama y cáncer endometrial. Si mi médico me hubiera podido mostrar un estudio que dijese que incluso en el uso a largo plazo las ventajas superan a los riesgos, es posible que hubiese opinado de otro modo».

Clarice Harell, por otro lado, opina que la terapia de reposición de estrógeno le devolvió la vida. Ella presentaba alteraciones del estado de ánimo, debidas a la menopausia, y oleadas de calor que le dejaban literalmente agotada, irritable y «que me hacían saltar a la mínima». «Ahora estoy pasando un momento muy fácil de mi vida, en vez del momento más difícil de todos» dice Clarice, azafata de vuelo de 46 años. «Me siento femenina, mi impulso sexual está tan bien como nunca, no tengo que enfrentarme al problema de las menstruaciones y, lo más importante de todo, no tengo esos horribles cambios de humor. Incluso si me dijesen ahora que el estrógeno es malo para mí, seguiría tomándolo».

Algo de lo que jactarse

La terapia de reposición de estrógeno (TRE) normalmente implica un programa regular de estrógeno para sustituir el estrógeno natural que desaparece con la menopausia. A veces se añade otra hormona, progestina (una forma sintética de la progesterona) al régimen de estrógeno. Cuando se toma una combinación entonces se denomina terapia de reposición hormonal (TRH). Las hormonas se comercializan en píldoras, aunque a veces se administran en cremas, parches cutáneos, inyecciones o supositorios vaginales. Millones de mujeres menopáusicas y posmenopáusicas están tomando TRE o TRH, y muchos médicos opinan que la mayoría de las mujeres se pueden beneficiar del tratamiento. En el caso de que los parches se comercialicen en dos dosis, su médico puede ayudarle a decidir cuál debe ponerse.

De hecho, actualmente es difícil encontrar un médico que no se jacte de las ventajas de la TRE. «No existe un médico en el mundo que conozca la información acerca de la TRE y que no anime a toda mujer que reuna las características a hacerla» dice Deborah T. Gold, doctora en filosofía, y antiguo miembro del Centro de Estudios del Envejecimiento y Desarrollo Humano, en el Centro Médico de la Universidad Duke, en Durham, Carolina del Norte. «Y eso es, en general, la gran mayoría de las mujeres».

No es ningún secreto, por ejemplo, que la terapia de reposición de estrógeno puede mejorar los síntomas de la menopausia. Con el descenso del estrógeno, aproximadamente el 25 por 100 de las mujeres presentan oleadas de calor, insomnio, alteraciones del humor y atrofia vaginal. En algunos casos, como el de Clarice, los síntomas son agudos. La TRE puede mitigar esos síntomas hasta en un 95 por 100. Resulta especialmente útil si la menopausia se debe a una histerectomía. Los síntomas de la ausencia de estrógeno después de la histerectomía pueden ser particularmente agudos.

Los médicos saben desde hace años que la TRE que se inicia en la menopausia se considera el mejor tratamiento preventivo que existe para la osteoporosis, enfermedad que disminuye la masa ósea normal en las mujeres mayores. La densidad ósea disminuye rápidamente después de la menopausia. El resultado puede ser fracturas. Pero si se inicia un tratamiento de estrógeno durante o inmediatamente después de la menopausia, reduce dicha pérdida ósea mientras que la mujer tome la hormona.

«Puedo ver la diferencia entre tomar y no tomar el estrógeno cuando miro a mi madre y a su hermana» dice la doctora Gold, quien es además profesora adjunta de psiquiatría y sociología en el centro médico. «A mi tía le hicieron una histerectomía y no tomó estrógeno porque le preocupaba la idea del cáncer. Mi madre atravesó una menopausia natural y decidió tomar estrógeno» dice la doctora Gold. «Actualmente, mi tía tiene terriblemente curvada la espalda y se ha roto la columna, muñeca y cadera. Mi madre, por otro lado, tiene una postura perfecta y no ha sufrido fracturas. Éstas son dos mujeres con prácticamente el mismo material genético y es el estrógeno el que ha marcado una diferencia en su salud.

«Incluso si se dejase a un lado el enorme efecto que el estrógeno tiene sobre los síntomas de la menopausia y la salud del hueso» añade la doctora Gold, «existen suficientes pruebas científicas que muestran que seguiría mereciendo la pena que las mujeres tomasen la TRE».

Tener un corazón

La doctora Gold se está refiriendo al impresionante cuerpo de investigación que ha demostrado las propiedades que tiene el estrógeno para mejorar la vida y salvar el corazón. En un estudio realizado durante siete años, los investigadores de la Universidad de Carolina del Sur comprobaron que las mujeres que toman estrógeno pueden añadir tres años más a sus vidas, principalmente porque reduce espectacularmente su riesgo a morir de cardiopatía o insuficiencia cardíaca.

Tras estudiar la tasa de mortalidad de casi 9.000 consumidoras y no consumidoras de estrógeno, los investigadores vieron que las mujeres que tomaban estrógeno —independientemente del tiempo que llevasen tomándolo— era menos probable que muriesen de cardiopatía o insuficiencia cardíaca. En realidad, incluso su uso a corto plazo —3 años o menos— interrumpido más de 15 años antes de participar en el estudio estaba asociado con una cierta reducción de la mortalidad. Pero las mujeres que habían estado tomando el fármaco durante 15 años o más eran las más beneficiadas de todas. Los investigadores opinan que el efecto beneficioso del estrógeno sobre el riesgo de tener cardiopatía puede deberse en parte a una alteración favorable de los niveles sanguíneos de colesterol.

La parte (no tan) negativa

¿Qué hay de esas molestas dudas que las mujeres siguen teniendo acerca de los posibles efectos secundarios de la terapia de reposición de estrógeno? Siguen existiendo. Sobre todo el temor al cáncer de mama. «Me aterroriza pensar que puedo tener cáncer de mama» dice Lucinda Mikulsky. «Mi tía murió de eso, y yo vi cómo sufrió», dice esta profesora de 49 años. «Puesto que no todos los médicos están de acuerdo acerca del riesgo de cáncer de mama por tomar estrógeno voy a aguantar un tiempo sin tomarlo. Al menos sé que existen otras cosas que yo puedo hacer para ejercer algún control sobre el riesgo que corro de desarrollar una cardiopatía y osteoporosis. Pero me siento totalmente impotente cuando se trata de evitar el cáncer de mama».

Es cierto que algunos estudios previos han sugerido la existencia de una relación entre la TRE y el cáncer de mama. Pero estos estudios se hicieron cuando las dosis de estrógeno eran mucho mayores de lo que son ahora. Los médicos saben ahora que la TRE puede tener las mismas ventajas a la mitad de dosis. Un análisis reciente de la investigación sobre la relación que existe entre la TRE y el cáncer de mama ha hallado que las mujeres que toman 0,625 milígramos al día

—la dosis más habitual administrada ahora— no tenían un mayor riesgo de desarrollar cáncer de mama que aquellas que no toman estrógeno. Lo que es más, dicen los investigadores, a esta dosis baja tampoco existe prueba concluyente de que la duración del tratamiento aumenta el riesgo de cáncer de mama.

No obstante, la investigación realizada hasta el momento sigue dejando abierta la posibilidad de un mayor riesgo de cáncer de mama en aquellas mujeres que tomaron dosis superiores (1,25 milígramos al día) en el pasado. Con todo, los expertos insisten en decir que el riesgo es muy pequeño.

Por desgracia no puede decirse lo mismo de la parte que el estrógeno —independientemente de a qué dosis— desempeña en la aparición de otro tipo de cáncer.

La cuestión del riesgo

Estudios realizados han confirmado que la toma de estrógeno sólo durante más de dos años aumenta significativamente el riesgo de cáncer endometrial (cáncer de la capa interna del útero). Pero los médicos han comprobado que si se prescribe la dosis inferior de estrógeno, combinado con progestina, se eliminan los riesgos. De hecho, se ha demostrado científicamente que la frecuencia de cáncer endometrial en mujeres que toman la combinación hormonal es incluso inferior a la de las mujeres que no toman ningún tratamiento hormonal.

Existe un callejón sin salida. Los investigadores siguen sin estar seguros del efecto que pueda tener la progestina en el riesgo de cáncer de mama y si interferirá con la formación de masa ósea y fortalecimiento cardíaco, del estrógeno. «Sí sabemos que la toma de progestina con estrógeno puede afectar negativamente al colesterol sanguíneo al disminuir las lipoproteínas de alta densidad (eso es bueno) y elevando las lipoproteínas de baja densidad (lo malo)» dice Donna Shoupe, doctora en medicina, profesora adjunta de obstetricia y ginecología en la Universidad de Carolina del Sur, en Los Ángeles. El estrógeno, en sí, posee un efecto beneficioso sobre el colesterol.

Estas preguntas pueden contestarse ahora mediante un ensayo clínico a largo plazo, bajo lo que se conoce como Intervenciones Posmenopáusicas Estrógeno/Progestina. Los investigadores apoyados por el National Heart, Lung and Blood Institute están midiendo el efecto del TRH sobre los cuatro principales indicadores de salud cardíaca —lipoproteínas de alta densidad, insulina, tensión arterial y fibrinógeno (un factor de coagulación)—, así como la masa ósea y cambios en las mamas y útero. Esperan averiguar cuál regimen de estrógeno es más eficaz y menos arriesgado.

Mientras tanto existen algunos resultados prometedores extraídos de un estudio que evaluaba un régimen continuo a dosis bajas de estrógeno y progestina en mujeres menopáusicas. Los investigadores procedentes del Centro de Ciencias de la Salud de la Universidad de Arizona, en Tucson, hallaron que una combinación de 0,625 miligramos al día de estrógeno y 2,5 ó 5 miligramos al día de progestina mejoraban los síntomas menopáusicos y protegían el endometrio a la vez que mantenían los efectos beneficiosos sobre los niveles sanguíneos de colesterol que el estrógeno sólo produce. Lo que es más, dicen los investigadores, con esta combinación a dosis baja existía un marcado descenso de los episodios molestos de hemorragia semejante a la del período, de frecuente aparición cuando se utilizan dosis superiores de progestina.

La doctora Shoupe está probando también un nuevo método de administración de progestina a mujeres menopáusicas, que parece eliminar sus efectos poco seguros y desagradables. Ella estudió un grupo de mujeres que utilizaban un dispositivo intrauterino que liberaba progestina (DIU). «Con el DIU se libera localmente progestina en el útero (el único lugar donde se necesita) evitándose los efectos secundarios de la progestina oral» dice ella. La doctora Shoupe espera que al final se cree un dispositivo (que podría llamarse implante uterino de progestina) que se hiciese con materiales biodegradables que durase entre 5 y 10 años.

Sopesar las ventajas

La decisión de hacer una terapia de reposición de.estrógeno o terapia de reposición hormonal es muy fácil para muchas mujeres. Clarice Harrell no es la única en dar esa recomendación entusiasta. En realidad, incluso la escéptica Roseanne Dwyer empezó a tomar nuevamente estrógeno, tras siete años de ausencia, cuando su nuevo médico comprobó que había perdido gran parte de la densidad de la masa ósea. «Me dio un buen susto», dice ella. «Ahora me pongo siempre el parche de estrógeno. Como ventaja secundaria debo admitir que mi impulso sexual también ha mejorado».

No se puede dudar, además, de las ventajas cardíacas que posee la TRE. Trudy L. Bush, doctora en filosofía y epidemióloga en la Facultad de Higiene y Salud Pública de la Universidad Johns Hopkins, dice que la cardiopatía —no el cáncer— es la principal causa de muerte en mujeres posmenopáusicas. Cada año las cardiopatías son responsables de 12 muertes entre 2.000, en mujeres mayores de 50 años. El cáncer de mama, por otro lado, tiene una tasa de mortalidad sólo del 2 por 2.000.

Con todo, la terapia de reposición de estrógeno no vale para todas.

Marie Califano, por ejemplo, dice estar satisfecha de vivir bien sin estrógeno. A pesar de su mayor riesgo de cardiopatía —admite pesar 13 kg más de lo debido y la existencia de cardiopatías en su familia— ella prefiere usar alternativas no hormonales. «No me gusta la idea de tomar medicinas» insiste en decir.

Incluso si usted quiere tomar estrógeno, la mayoría de los médicos le dirán que si ha tenído cáncer de mama es mejor hallar una alternativa a la terapia hormonal. (Muchos dan ese mismo consejo a mujeres con alto riesgo de desarrollar cáncer de mama). Si usted tiene antecedentes de coagulación sanguínea o insuficiencias cardíacas —y sobre todo si usted es una gran fumadora— es posible que también le digan que se abstenga de hacer TRE.

Además, si usted presenta fibromas o endometriosis (el estrógeno estimula ambas afecciones), hepatopatías, migrañas, enfermedad de vesícula biliar o trastornos convulsivos le desaconsejarán que haga una terapia hormonal.

Si usted no es candidata para una TRE existen muchas otras

Hormonas y cuidados preventivos

Si usted decide tomar estrógeno o una combinación de estrógeno y progestina existen algunas precauciones sanitarias que recomiendan los expertos.

- Hacerse una mamografía *antes* de empezar el tratamiento.
- Examinar atentamente las mamas durante el tratamiento hormonal. Ello significa hacerse una mamografía una vez al año, una exploración médica de mamas, dos veces al año, y una autoexploración de mamas mensual (para más instrucciones véase «Cómo realizar la autoexploración de mama» en la página 178).
- Programar una biopsia endometrial si toma estrógeno sin progestina y sigue teniendo útero.
- Informar inmediatamente a su médico de cualquier hemorragia inusual. Puede ser un signo de cáncer endometrial.
- Controlar estrechamente la tensión arterial si usted tiene antecedentes de hipertensión.
- Tomar la dosis efectiva más baja posible de hormonas.

opciones no hormonales que le ayudarán a reducir el riesgo de cardiopatía y osteoporosis, así como a reducir la mayoría de los síntomas desagradables de la menopausia.

La decisión es suya

La TRE no carece de efectos secundarios molestos, aunque menores. La retención de líquidos, sensibilidad en las mamas y aumento de peso son algunas de las quejas más frecuentes. Y, si usted toma progestina junto con estrógeno, es posible que tenga también hemorragias parecidas a las menstruaciones. Roseanne dice que el aumento de peso y retención de agua son sus mayores quejas, aunque no le importa aguantarlo debido al temor a la osteoporosis. En lo referente al aumento de peso, dice que su médico le dijo, «Si no se lo mete en la boca, no engordará más kilos».

Mírelo de este modo. Actualmente las mujeres viven la mayor parte de su vida —unos 30 años— después de pasar la menopausia, dice la doctora Gold. «Debido al cambio en nuestra expectativa de vida, tenemos que cambiar nuestras conductas para la salud, para que nuestros cuerpos se adapten a esta ampliación del tiempo».

La terapia de reposición de estrógeno es una conducta para la salud a tener en cuenta. Como dice Clarice, «es una decisión personal que usted toma con su médico. Se tienen que sopesar todas las pruebas científicas con las necesidades propias de salud que se tengan».

Véase también Cardiopatías, Menopausia, Osteoporosis.

TRASTORNOS DE LA INGESTA

Con 35 kg de peso, Ann pensaba que estaba gorda. Luego, un día, después de salir de la ducha, su hija pequeña le miró y gritó. «Yo dije, "Cariño, ¿qué pasa?"» recuerda Ann, de 36 años. «Ella dijo entre sollozos, ¿Tienes alguna idea de cuál es tu aspecto? Mamá eres un esqueleto. Fue entonces cuando supe que estaba fuera de control».

Janine, de 20 años, era diabética insulinodependiente y comía grandes cantidades de alimentos para luego vomitar. Empezó a manipular su insulina para orinar más y perder peso. Como consecuencia de todo ello perdió el control de su diabetes y se lesionó los riñones. Pero ella no aceptó que tenía un problema hasta que «un día me di cuenta de que tenía que dormir para tener suficiente fuerza para darme una ducha».

Anna y Janine presentaban trastornos de la ingesta. Anna es anoréxica. La anorexia nerviosa aparece típicamente en mujeres jóvenes, a me-

Perfiles enigmáticos en la anorexia y bulimia

nudo adolescentes, que, como Anna, utilizan dietas exageradas, a menudo junto a demasiado ejercicio, para adelgazar hasta quedarse en los huesos, y a pesar de todo siguen pensando que están gordas. Janine es bulímica. Las personas con bulimia, con mucha frecuencia mujeres jóvenes, típicamente comen mucho y luego se purgan, bien forzando el vómito, usando laxantes o eméticos o bien haciendo una dieta y ejercicio rigurosos. Ellas también tienen distorsionada la imagen corporal y un temor enfermizo a estar gordas.

Tanto la anorexia como la bulimia se consideran trastornos psiquiátricos que se comprenden tan poco como otras enfermedades mentales, y pueden responder mal al tratamiento. Ambos trastornos pueden ir en ascenso. Entre el 2 y el 5 por 100 de las adolescentes y mujeres adultas jóvenes presentan anorexia que, en caso de no tratarse, puede tener una tasa de mortalidad aproximada del 20 por 100. Se piensa que otro 5 por 100 sufre de bulimia, aunque es raro llegar a la muerte con este trastorno. Pero las mujeres con trastornos de la ingesta pueden presentar una gran variedad de dolencias desde irregularidades cardíacas y amenorrea, una enfermedad potencialmente grave en donde se interrumpen las menstruaciones, hasta complicaciones a largo plazo como son osteoporosis, una enfermedad que disminuye la densidad de la masa ósea y que ataca normalmente a las mujeres después de la menopausia.

¿Quién corre riesgo?

La mayoría de los expertos coinciden en decir que una serie de factores hacen que las mujeres jóvenes corran riesgo de desarrollar un trastorno de la ingesta. Lo que alarma a muchos investigadores y médicos es el hecho de que el ideal de delgadez que existe actualmente para la mujer —inalcanzable excepto para un pequeño porcentaje de la población— puede estar haciendo que crezca el número de mujeres vulnerables. «Muchas mujeres utilizan los alimentos sólo como un modo de satisfacer su hambre, y están muy preocupadas por su peso» dice Lisa Silberstein, doctora en filosofía, exdirectora clínica de la Clínica de Trastornos de la Ingesta de la Universidad de Yale, y que ejerce actualmente la práctica privada en New Haven, Connecticut. «Las cuestiones del peso y la comida son un débil vínculo para muchas mujeres».

En realidad algunos programas sobre trastornos de la ingesta están notificando un incremento en el número de mujeres mayores con carrera profesional que buscan tratamiento. Según la doctora Silberstein, se trata de supermujeres que han absorbido el mensaje de la sociedad de que para que la mujer tenga éxito tiene que ser guapa y elegante y tener además buen tipo. «Existen algunos estudios que sugieren que las mujeres que adoptan el ideal de ser y hacer todo también correrán el riesgo de desarrollar trastornos de la ingesta» dice ella. «La imagen de la supermujer crea un objetivo imposible».

Pasa lo mismo cuando se intenta tener el cuerpo de una modelo cuando sus genes dictan lo contrario. «Existen además variables biológicas a tener en cuenta», dice la doctora Silberstein. «Al menos en lo que al peso se refiere, la forma del cuerpo que tiene cada persona está determinada por una disposición genética. Si alguien está genéticamente programado para tener un cuerpo grande puede correr más riesgo que los demás de desarrollar un trastorno de la ingesta ya que también puede sentirse ligeramente más pesada».

Una chiquilla para siempre

Uno de los motivos por los cuales los investigadores opinan que tantos trastornos de la ingesta empiezan en la pubertad es porque en esa época, cuando las chicas empiezan a fijarse en los chicos, es cuando sus cuerpos inician el proceso de maduración cogiendo más grasa. Por desgracia el ideal que tiene la naturaleza de las líneas femeninas no coincide con el de la sociedad. «Las niñas están programadas para que llegada la pubertad aumenten el peso con grasa y los chicos aumentan el peso en músculo y tejido magro» dice la doctora Silberstein. «Durante la pubertad los chicos empiezan a tener cuerpos que se aproximan más al ideal masculino. Para ellos resulta deseable el desarrollo. Nosotras hicimos estudios de la insatisfacción corporal que se sentía entre compañeros varones y hallamos que son más propensos a querer ser más gordos a más delgados. En el caso de las mujeres esto prácticamente no existe».

De hecho algunos investigadores dicen que la anorexia es el modo que tiene la mujer joven de cancelar la pubertad. Probablemente porque les falta una cantidad adecuada de grasa corporal, las mujeres anoréxicas no tienen el período y a veces pierden algunas de sus características sexuales como es el vello púbico. Permanecen, en realidad, como niñas pequeñas. Su temor a la grasa es, básicamente, temor a la vida. Otros investigadores señalan que al volverse anoréxica o bulímica la mujer puede pensar que finalmente controla su vida, o al menos ha encontrado una parte que puede controlar, normalmente mejor que nadie más. Puede ser su mejor tentativa hacia la perfección.

Los signos y síntomas de trastorno de la ingesta pueden ser sutiles e insidiosos. Pueden incluir:

- Rechazo a aceptar y mantener el peso corporal, sobre todo si usted tiene un peso normal o inferior a lo normal.
- Distorsión de la imagen corporal (pensar que está gorda a pesar de que las personas que le rodean le aseguran que no es así).
- Ejercicio excesivo.
- Preocupación con el peso y la dieta.
- Pérdida de tres períodos menstruales consecutivos.
- Pérdida del vello púbico.
- Compulsión en la comida, sobre todo de alimentos poco nutritivos.
- Cambios en el estado de ánimo sobre todo antes o después de comer en exceso.
- Importante pérdida de peso (al menos un 15 por 100 por debajo de lo normal).
- Importantes fluctuaciones de peso (5 kg o más en un mes).
- Incapaz de reconocer los sentimientos básicos, como el hambre y la tristeza.
- Aversión a ciertos alimentos o preferencias inusuales hacia ciertos alimentos.
- Almacenamiento de alimentos.
- Sensibilidad al frío.
- Abuso de laxantes, diuréticos y eméticos.
- Erosión del esmalte dental (debido al ácido gástrico procedente de los vómitos).
- Aislamiento de la familia y amigos.
- Incapacidad para concentrarse.
- Depresión y pérdida del sueño.

Las más vulnerables

Aunque todas estamos sujetas a los caprichos sociales de la moda y medidas corporales, en realidad son muy pocas mujeres las que desarrollan trastornos de la ingesta. Para aquellas que sí lo hacen pueden existir otros factores. «Existen algunas personas más vulnerables a incorporar los mensajes culturales relativos al ideal de cuerpo, como es el caso de las bailarinas y modelos» dice la doctora Silberstein.

«También corren mayor riesgo las mujeres que dependen inusualmente de motivos externos de alabanza y de normas externas. Asimismo los factores genéricos de riesgo de problemas mentales, en general, como es el caso de la autoestima baja y la depresión, aumentan el riesgo de tener trastornos de la ingesta».

Estudios realizados han demostrado también que en algunos casos, pero no en todos, puede existir una frecuencia mayor de inestabilidad familiar. «Existe una frecuencia mayor de otros tipos de trastornos psiquiátricos en la familia, incluido el alcoholismo y la drogadicción» dice la doctora Silberstein.

En un estudio de 78 mujeres con trastornos de la ingesta, los investigadores hallaron que el 30 por 100 notificaban haber sufrido abuso sexual. Sin embargo, cuando los investigadores profundizaron en el problema, ampliando los criterios de abuso, la cifra aumentó hasta el 64 por 100. Otra serie de estudios hallaron que entre un tercio y dos tercios de todas las mujeres que sufren trastornos de la ingesta sufrieron abuso sexual durante su niñez o adolescencia.

Otros investigadores, incluidas Judith Rodin, doctora en filosofía y Kathleen Pike, doctora en filosofía, en Yale, han estudiado la relación entre mujeres con trastornos de la ingesta y sus madres. «Estas mujeres jóvenes que desarrollan trastornos de la ingesta actualmente son las hijas de la primera generación de mujeres preocupadas por su peso» señala la doctora Silberstein. Y, de hecho, el estudio Rodin-Pike halló que las mujeres jóvenes que tienen trastornos de la ingesta eran más propensas a tener madres excesivamente preocupadas por el peso y que, como pensaban que sus hijas no eran suficientemente atractivas, les animaban a adelgazar.

Distorsionar la realidad

Algo que es común a las mujeres con anorexia y bulimia es una distorsión de la imagen corporal. Independientemente de lo delgadas que estén, siguen pensando que están gordas, aunque son conscientes de que desde un punto de vista objetivo pesan menos de lo que deben. Junto a esta distorsión de la percepción existe la negación. Muchas mujeres con trastornos de la ingesta se niegan a admitir que tienen un problema por lo que el tratamiento puede ser difícil. «Su rechazo es muy fuerte» dice la doctora Silberstein. «Las personas bulímicas a menudo se siguen diciendo durante años que su forma compulsiva de comer y la purga posterior no es un grave problema sino un buen método para perder peso».

De hecho, tanto para las anoréxicas como para las bulímicas, el control de su peso corporal sirve para un propósito importante en sus vidas. Aunque inapropiado y a veces peligroso para su salud, es un modo de afrontar los problemas. Las bulímicas, por ejemplo, a menudo utilizan los alimentos como un modo de «madurar sus emociones», dice la doctora Silberstein. «Para ellas, comer puede ser un modo de amortiguar sus sentimientos y liberar la tensión. Para muchas, la comida les hace compañía mientras están solas».

Otro motivo por el que el tratamiento resulta tan difícil es que normalmente implica volver a comer, algo que puede resultar una experiencia dolorosa tanto física como emocionalmente. En algunos centros se utilizan fármacos para aliviar las molestias gástricas y la distensión abdominal que a veces acompaña a la alimentación, y la psicoterapia para ayudar a reducir el temor a engordar que tienen la mayoría de las mujeres. La terapia de grupo se utiliza para ayudar a las mujeres a recuperar un cierto sentido real de su propio tamaño corporal, y para reducir su sentimiento de aislamiento y «caprichos», que pueden hacer que nieguen la existencia de un problema. En un estudio de un grupo de ayuda personal, una mujer dijo al investigador: «El grupo me ayudó a sentir que yo no era una mala persona».

Fuera de la realidad

Aunque a las mujeres con trastornos de la ingesta normalmente les preocupa la comida y la dieta, muchas tienen muy pocos conocimientos básicos reales de nutrición y necesitan asesoramiento nutricional. También han perdido el contacto con sus sentimientos, y utilizan los alimentos o una intensa privación para controlar —de hecho evitar— sus sentimientos internos de ansiedad y depresión. «A menudo necesitan psicoterapia orientada hacia adentro» dice la doctora Silberstein, para que les ayude a aprender a identificar y afrontar sus sentimientos.

Algunos médicos han comprobado que los antidepresivos pueden ser útiles en el tratamiento de los trastornos de la ingesta, sobre todo la bulimia, y el fármaco de elección cada vez mayor para las mujeres que comen mucho y se purgan es fluoxetine, comercializado con el nombre Prozac. Nadie sabe a ciencia cierta por qué funciona, pero fluoxetine —usado en el tratamiento de todos los trastornos, desde la depresión hasta trastornos obsesivos-compulsivos— regula una sustancia química reguladora del estado de ánimo denominada serotonina, capaz de suprimir el apetito. En los casos de amenorrea, en donde se detiene el ciclo menstrual, los médicos pueden recomendar una terapia de reposición de estrógeno, para proteger contra una pérdida prematura de la masa ósea.

En algunos casos se recurre a la terapia familiar «ya que la familia sigue actuando en modos que podrían contribuir, en primer lugar, al desarrollo del trastorno de la ingesta», dice la doctora Silberstein.

Dependiendo de su trastorno médico, la mujer que tiene trastorno de la ingesta puede tratarse de forma ambulatoria o ingresarla en el centro. Incluso después de un tratamiento exitoso pueden seguir existiendo algunos efectos residuales «aunque la mujer que ha tenido un trastorno de la ingesta puede seguir teniendo algunos problemas con los alimentos» dice la doctora Silberstein. «El objetivo del tratamiento es que ella controle los alimentos más que lo contrario. El tratamiento le ayuda a salir del peligro médico y puede mejorar su funcionamiento es otros aspectos de su vida».

VENAS VARICOSAS

**Más profundo
que la piel**

Enroscadas, como sogas, con nudos, engrosadas —no es de extrañar que las mujeres con venas varicosas escondan sus piernas debajo de leotardos, pantalones o faldas largas, sin importarles el calor que haga.

Ni pensar en pantalones cortos. «La mayoría de las mujeres que vienen a mi consulta no tienen ni un solo par de pantalones cortos» dice Deborah Foley, doctora en medicina, médico en Vein Clinics of America, Chicago. «Nos gusta que nuestras pacientes lleven pantalón corto para el examen —pensamos que estarán más cómodas que en ropa interior— de modo que ahora tenemos pantalones cortos de un solo uso en el almacén de la clínica para aquellas mujeres que no los traigan puestos» dice ella.

A menudo la mujer se pone unos pantalones cortos y se queda horrorizada de lo que ve, dice la doctora Foley. «Intentará cubrirse las piernas con los brazos como si estuviese desnuda. Yo creo que ayuda muchísimo enseñarles las múltiples fotos que tenemos colgadas en las paredes de la clínica de antes y después del tratamiento. Independientemente de lo mal que piense que tiene las piernas, puede ver que hay alguien más que tenía unas piernas como las suyas o peores.»

Sentir dolor y vergüenza

En una situación normal unas diminutas válvulas que tenemos en las venas permiten que la sangre fluya en una única dirección. Cuando dichas válvulas pierden su función, la sangre que debería ir en movimiento ascendente hacia el corazón se estanca y ejerce presión sobre las paredes de las venas superficiales, haciendo que sobresalgan. El resultado son unas piernas doloridas, hinchadas, pesadas y cansadas. Cuanto más esté de pie más se agravarán los síntomas. Algunas mujeres se quejan de calambres nocturnos.

De forma interesante, el tamaño de la vena varicosa no determina el grado de los síntomas. De hecho, la vena con peor aspecto puede doler menos.

«Las mujeres a menudo sufren durante años con sus venas varicosas antes de buscar ayuda» dice la doctora Foley. Nancy Strackany, un ama de casa y madre de cinco hijos, de 42 años de edad, que siempre se ha preocupado de su aspecto, pero hasta después de que naciese su tercer hijo las venas varicosas no empezaron a molestarle. «Fue entonces cuando noté que tenía una vena grande y fea en el área púbica» dice ella. «Esa vena cada vez mayor impedía que me sintiese sexy. Era tan grande que podía verla incluso a través de los leotardos que usaba en la clase de ejercicios. También tenía venas aracniformes por la parte inferior de la pierna y pie, que daban una tonalidad azulada a mi piel.»

A pesar de todo hasta después de que naciese su quinto hijo Nancy no decidió buscar ayuda. Por entonces las venas varicosas habían subido hasta la cara interior del muslo y pantorrilla. «Tenía mucho dolor y presión y me resultaba cada vez más difícil quedarme de pie durante el tiempo que fuese» dice ella. «Aún más, eran muy feas. No me resultaba agradable llevar ropa que dejase ver mis piernas.»

Cifras: 1 de cada 5

El diecisiete por cien de todos los adultos presentan algún tipo de problema venoso, siendo siete veces mayor su frecuencia en mujeres que en hombres. «De modo que cuando piense en su propio grupo de

Las venas varicosas que ya han sido tratadas no es probable que vuelvan a aparecer, pero puesto que se trata de una enfermedad progresiva crónica es necesario que usted siga un programa de seguimiento. La tendencia a desarrollar nuevas venas con problemas no desaparece. Es probable que en algún momento las venas que actualmente son normales se vuelvan varicosas. «El riesgo está ahí» dice Deborah Foley, doctora en medicina, médico de Vein Clinics of America, en Chicago Esto es lo que usted puede hacer para colaborar a enlentecer el avance de la enfermedad.

- Elevar los pies siempre que pueda para drenar la sangre estancada.
- Usar medias de descanso. Ejercen presión sobre las paredes de las venas, que posteriormente fuerzan el paso de la sangre que está en las venas superficiales a otras más profundas.
- Llevar a cabo un programa de ejercicios. Caminar o nadar son particularmente buenos para mejorar la circulación en las piernas, un modo seguro de evitar complicaciones tales como úlceras.
- Evitar períodos largos de pie o sentada en un sitio. Esto provoca una acumulación de sangre en el extremo distal de las piernas, ejerciendo más presión en las venas debilitadas.
- Usar ropa que no quede estrecha. La ropa estrecha limita la circulación.
- Estirarse a menudo cuando realice un viaje largo en avión, tren o coche.
- Si tiene problema de sobrepeso, póngase a régimen. Cuanto más pese peor será para sus venas varicosas.
- Sea consciente de que un aumento de los niveles de estrógeno, asociado al embarazo, píldora anticonceptiva y a la menstruación, puede agravar los síntomas de las venas varicosas.

amigos, eso significa que con toda probabilidad uno de cada cinco tendrá un importante problema venoso, sin que usted lo sepa» dice la doctora Foley. Las venas varicosas a menudo aparecen o se hacen más evidentes después del embarazo, pero pueden aparecer en la adolescencia o incluso antes.

Beverly Sedlacek, una secretaria de 37 años de edad, dice que la primera vez que se las notó tenía 12 años. «Me solía horrorizar ponerme en traje de baño» dice ella, «sobre todo después de que apareciese una enorme vena cerca de la ingle. Nunca nadie me dijo nada molesto pero yo podía ver que me miraban las piernas. Intenté llevar medias blancas con las faldas porque pensaba que así podía ocultarlas. Pero se seguían viendo porque sobresalían».

La cara negativa

Por desgracia sigue existiendo el mito de que las venas varicosas son inocuas, que el mayor problema es la fealdad y turbación que producen. Pero simplemente no es así.

Las venas varicosas no constituyen una variante normal de su anatomía. Son anomalías con el riesgo de algunas graves complicaciones médicas, dice la doctora Foley. «Con el tiempo las venas varicosas pueden hincharse (afección conocida como flebitis) o pueden conducir a una hinchazón crónica de piernas y úlceras cutáneas que nunca desaparece. En el peor de los casos, pueden aparecer coágulos de sangre en una vena hinchada (denominado tromboflebitis) y las venas engrosadas pueden sangrar.

«Nuestros médicos han tratado a personas que presentaban úlceras en piernas durante 10 años antes de buscar ayuda» dice la doctora Foley. «Una mujer tenía una úlcera abierta en una pierna desde hace años. ¿Sabe lo doloroso que es eso? Ella se gastaba mucho dinero a la semana comprando apósitos para evitar que el drenaje manchase su ropa, y no salió de casa durante dos años. Es un milagro que la familia nos la trajera. Conseguimos que la úlcera se cerrase por completo. Le aseguro —admite la doctora Foley— que su pierna no volverá a ser bonita después de por lo que ha pasado. Pero esta mujer puede ahora ir a todas partes. Piensa que ha cambiado por completo su vida».

Incluso si las venas varicosas fuesen inocuas, la doctora Foley opina que la turbación tan grande que producen es motivo suficiente para buscar tratamiento. «Lo que más me disgusta ver» dice ella «es la mujer que llega y se disculpa por buscar ayuda. Dirá que sabe que no es un problema grave (porque a menudo así es como lo presenta la comunidad médica, lo crea o no). Las personas así realmente piensan que no tienen derecho a que se lo traten, porque es frívolo. Pues bien, incluso si el único motivo para buscar ayuda fuese su aspecto, incluso si no tuviesen dolor, deberían poder sentirse bien por el hecho de que le arreglen las venas.»

Tener nuevamente unas piernas bonitas

Para la mayoría de las mujeres el tratamieto incluso de las venas más grandes puede dar lugar a unas piernas que no importen mostrar con minifaldas o pantalones cortos. Aún más, dicen los expertos, todos los síntomas físicos incómodos asociados a esta dolencia desaparecen generalmente por completo después del tratamiento —y eso incluye eliminar el riesgo de complicaciones. Existen tres tipos de tratamiento: compresión, escleroterapia y cirugía. A veces se utilizan estos tres métodos en combinación.

Compresión. Si usted tiene un dolor y molestias leves, y sobre todo si sus varices son pequeñas, las medias de descanso a menudo son suficiente para lograr un alivio. Si presenta síntomas más graves es posible que su médico le prescriba medias especialmente diseñadas para su caso, que van de una suave a media compresión. Estas medias de compresión mejoran por lo general los síntomas, reducen el riesgo de trombosis y pueden usarse indefinidamente.

Escleroterapia. Con toda probabilidad es actualmente el tratamiento de elección; supone la alternativa no quirúrgica. En la actualidad la escleroterapia puede realizarse incluso en venas varicosas grandes, dice la doctora Foley. Se inyecta en la vena una solución especial que la irrita hasta el punto que se arruga y se cierra. En las venas grandes e incluso en las que tienen forma de araña el efecto es muy espectacular.

Beverly dice que fue a ocho sesiones de tratamiento en un período de seis meses por pierna, para obtener unos resultados finales. Cada sesión de tratamiento consistía en múltiples inyecciones. «Al principio duele un poco, probablemente porque estaba asustada. Pero una vez que supe el resultado, esperaba ansiosamente cada tratamiento. Las venas prácticamente desaparecían delante de mis ojos. Tuve un poco de hematoma que desapareció con el tiempo. Lo mejor de este tratamiento» dice Beverly, «es que te pones de pie inmediatamente. De hecho parte del programa consiste en caminar un poco todos los días». La deambulación es importante para la circulación, explica la doctora Foley, y ayuda a conservar sano el sistema venoso.

Nancy Strackany también se sometió a escleroterapia y dice haber notado una mejoría del 80 por 100 en el aspecto de sus piernas, incluso antes de que finalizase el tratamiento. «Es un procedimiento largo» señala. «Tienes que estar dispuesta a continuar el tratamiento varios meses y a usar las medias de compresión durante la recuperación, pero vale la pena. No resulta doloroso y no hay período de recuperación. Yo soy una persona muy ocupada y estoy mucho tiempo de pie. Incluso antes de que finalizase el tratamiento yo notaba que las piernas me tenían. Al final del día siguen sin dolerme». Strackany dice que la vena fea que le salió en la ingle ha desaparecido prácticamente. Ella vuelve a usar pantalones cortos.

Cirugía. En un tiempo fue tratamiento de elección para los casos graves, pero hoy en día es mucho menos popular. Se realizan incisiones en la parte superior e inferior de la pierna y la vena varicosa grande literalmente se «arranca» fuera de la pierna. Requiere anestesia general o local, un día o dos en el hospital y varias semanas de recuperación. La cirugía puede eliminar las venas grandes en forma de cordones, pero normalmente deja pequeñas cicatrices en el tobillo y tercio superior del muslo.

Una mujer que se quitó las varices operándose opina que el dolor, las cicatrices y el tiempo de baja eran un inconveniente real. Tres años más tarde, cuando necesitaba nuevamente un tratamiento, optó por la escleroterapia con muchos mejores resultados.

VIDA A SOLAS

**Treinta
y tantos
y todavía
sola**

oanna Russell tiene 38 años y nunca se ha casado, hecho que hace que esté en uno de los grupos menos exclusivos: soltera y viviendo sola.

Según el censo de los EE.UU., la Familia de Uno ha crecido más de un 25 por 100 en este último decenio, convirtiéndolo en el tipo de hogar de mayor crecimiento. Hay 23 millones de familias así, y el 61 por 100 son mujeres.

¿Qué se siente al formar parte de una tendencia? «Duele» dice Joanna, que vive y trabaja en Washington, D.C., una ciudad con mucho movimiento de personas algo que, dice ella, hace que las citas parezcan «que nadas en una piscina llena de tiburones».

«En realidad» dice ella, «vivir solo puede llenar mucho, sobre todo cuando se llega a una edad en la que se tiene un éxito profesional y una cierta seguridad económica. Por un lado, me encanta la libertad que ofrece el hecho de ser soltera. Intentar no serlo, sí».

El estado civil

Aunque ella dice que nunca le importa, Joanna confiesa que la mayoría de sus amigas solteras piensan que el resto del mundo las mira con ojos críticos. «Piensan que tan pronto como alguien averigua que eres soltera, sobre todo si tienes más de 30 años y nunca te has casado, piensa ¿qué te pasa?»

En su consulta de Manhattan, la psiquiatra Carol Weiss, doctora en medicina, también profesora agregada de psiquiatría y salud pública en Cornell University Medical College, en la ciudad de Nueva York, dice que ésta es una actitud común entre las solteras mayores que ella ve. «¡Tienen vergüenza de ser solteras y a veces incluso mienten. Se sienten anormales. ¿Qué me pasa a mí que no me he casado? Piensan que los demás no tendrán un buen concepto de ellas, que les respetarían más si tuvieran pareja. No sé si realmente la sociedad piensa eso de ellas, pero ciertamente así es como ellas piensan de sí mismas.»

Un artículo publicado en *New York Times,* en febrero de 1991, ayudo ciertamente a fomentar esta idea. Titulado «Society Looks Askance at Family of One» (La sociedad mira dubitativa a las Familias de Uno) el artículo implicaba que el hecho de vivir solo hace que la persona sea un fracasado. El artículo mencionaba a un experto que decía que, aunque en la actualidad hay una mayor aceptación de la vida a solas, el matrimonio sigue viéndose como parte de la «ética del éxito» y ser soltera se considera un «defecto».

Estos valores sociales, dice la doctora Weiss, no hacen nada por ayudar a las personas solas a sentirse como debieran por su estado civil. «No hace falta mantener una relación para sentirse válido» dice ella. De hecho, sentirse imperfecto por ser soltero puede en realidad reflejar un problema más fundamental: una autoestima baja. «El hecho de no tener pareja en sí, y de por sí, no es motivo para sentirse raro» dice la doctora Weiss. «Si usted opina así, puede ser el reflejo de sentimientos de incapacidad por cualquier otro motivo, que debe analizarse.»

La actitud de Katharine Hepburn

Los grupos de apoyo —incluso grupos informales, como sus amistades— pueden ayudarle mucho a combatir cualquier sentimiento incómodo que tenga por ser soltera, sin mencionar la compañía para luchar contra la soledad que puede sentir a veces. «Uno de los tratamientos de la enajenación es saber que no está sola. Una vez que ve a otras personas valiosas y cariñosas que están como usted, se da cuenta de que no parecen personas raras» dice la doctora Weiss.

También pueden ayudar los modelos de rol. Una mujer dijo que ella admiraba a la actriz Katharine Hepburn quien, tras un matrimonio que duró poco tiempo, vivió sola el resto de su vida. «Yo vi que se podía ser feliz, tener éxito y ser querida sin tener un marido» dice ella.

Algunas mujeres hallan modelos de rol en sus propias vidas. «Cuando yo estaba en el instituto me fascinaba una de mis profesoras que era fantástica, tenía 30 años y no estaba casada» dice una mujer soltera y feliz. «Tenía un apartamento maravilloso, muchos amigos, hombres que se rendían a sus pies y una vida brillante. Mi vida no es tan brillante, pero ella me ofreció una opción válida en caso de que no llegase mi "príncipe azul". Supe que la vida no empezaba en el matrimonio.»

Modo de pensar de una solterona

En realidad, así es como muchas solteras desgraciadas piensan: La vida empieza en el matrimonio. Y el matrimonio es algo que sucede cuando se es joven. «Lo que no consiguen ver, dice la doctora Weiss, es que la vida está llena de cosas interesantes, a menudo de posibilidades no soñadas».

«Algunas solteras piensan que el final de su vida está a la vuelta de la esquina, en caso de no casarse pronto» dice la doctora Weiss. «Les preocupa la idea de acabar viejas y arrugadas y nunca ser suficientemente atractivas para encontrar a un hombre. Son incapaces de prever las distintas fases de la vida que les esperan. Piensan que la única persona que se interesará por ellas es un chico de 30 años de edad. No se dan cuenta de que a medida que cumplen años pueden resultar atractivas a otras personas de diferentes fases de la vida. No se dan cuenta de que no todo el mundo vive la misma vida.»

Muchas mujeres están condicionadas por sus sueños infantiles: una bonita boda de blanco con el equivalente humano del príncipe azul, mientras son aún suficientemente jóvenes como para no preocuparse por las patas de gallo y las canas. Luego no es así y se pasan la vida a la espera.

«Pensaron que cuando tuviesen 30 años ya estarían casadas, y cuando esto no ocurre piensan que la vida se les ha acabado. He fracasado» dice la doctora Weiss.

Pero es un modo de pensar muy limitado, dice ella. «Tiene que ser capaz de ver distintos modos de vida. Tiene una vida muy llena por delante, independientemente de cómo resulte. Tanto si permanece soltera para siempre como si se casa, o si se casa y luego se divorcia. Hay algo positivo en cada aspecto de su vida. Pero se obceca viéndolo de un modo y el resto lo ve todo negro. Tiene que salir de esa actitud y aprender a disfrutar de la vida.»

Allison Harvey aprendió lo importante que era mantener una mente abierta. En vez de esperar a casarse para comprarse una casa, se compró una casa vieja, que está arreglando. Se pasa los fines de semana paseando por las carreras de coches o pistas de deporte. El hombre que busca no es la figura de sus sueños infantiles. Por una razón muy simple, él tiene 24 y ella 39.

Allison dice que rechazó dos propuestas de matrimonio antes de cumplir los 30 porque «hasta que cumplí los 35 me aterraba la idea del matrimonio». Pero una vez que decidió que el matrimonio era una buena idea, todos los hombres casaderos de su edad habían desaparecido. De modo que amplió su horizonte para incluir a otros más jóvenes.

«La realidad es que pensé que era mayor y él pensó que yo era más joven, pero la diferencia de edad no es mucho problema» dice ella. «Tenemos una experiencia diferente, pero eso hace que resulte muy interesante».

Disminuir las citas por ley

Al igual que Joanna Russell, muchas mujeres solteras dicen que lo peor de ser soltera son las citas. «¿A cuántos sapos hay que besar antes de descubrir al príncipe?» bromea Joanna. La psicóloga Marion Frank, doctora en filosofía dice que muchas de las mujeres solteras que ella ve en su consulta privada de Filadelfia se quejan de que los hombres que conocen son «poco apropiados».

«Como feminista y psicóloga pienso que hay algo de cierto en eso» dice ella. «A medida que las mujeres progresan profesionalmente hay cada vez menos hombres disponibles».

No es que no haya hombres. Pero tradicionalmente las mujeres se casan con hombres mayores que ellas, y los hombres se casan con mujeres más jóvenes que ellos. El caso de Allison, sin embargo, rara vez funciona.

La doctora Frank dice que los hombres y las mujeres son diferentes, sobre todo cuando se trata de sexualidad. Mientras la mujer puede sentirse orgullosa de su éxito profesional e independencia, muchos hombres lo encuentran intimidante. El éxito en el hombre resulta sexy; a la mujer le puede cortar las alas.

«Eso significa que los hombres tienen mucho donde escoger, y nosotras no» dice Joanna. «Siempre hay mujeres más jóvenes que se encaprichen de ellos. Si un hombre está disponible siempre tendrá una mujer más joven a su lado admirándole. En cambio, una mujer soltera cuantos más años cumpla, menos exclamaciones producirá.»

Eso no significa que es irremediable. «Conozco a algunas mujeres que se cansan tanto de quedar con hombres que piensan que es una causa perdida y dejan de hacerlo» dice la doctora Frank. «Usted tiene que mantenerse abierta a las posibilidades, de lo contrario se convierte en una profecía que por su propia naturaleza contribuye a cumplirse. Aún es posible encontrar a un hombre que le comprenderá y querrá y que no se sienta intimidado.»

VIOLACIÓN

Ahora las mujeres tienen que preocuparse por las oficinas llenas de gente, restaurantes y por los hogares confortables. Para las mujeres, ya no existe ningún lugar que puedan llamar seguro.
UNITED STATES SENATE MAJORITY STAFF REPORT

Robin Warshaw tenía 20 años cuando aprendió esa dolorosa verdad. Mientras era estudiante en Filadelfia, Warshaw fue retenida a punta de navaja durante horas y violada, no por un extraño enmascarado en una calle oscura, sino por su ex novio y en el apartamento de un amigo. Pero como había sido su novia, como habían mantenido relaciones sexuales antes, tardó tres años para llamar violación a lo que pasó.

«Yo tenía las mismas desventajas que encuentran ahora las mujeres jóvenes» dice Warshaw, que ahora tiene 41 años, está casada y es la autora del libro muy conocido de Ms. Foundation, sobre parejas y violación por un conocido, *I Never Called It Rape* (Nunca lo llamé violación). «Cuando me pasó a mí nadie hablaba sobre violaciones de conocidos. Sabía que algo horrible había pasado por la amenaza y el temor que sentía, pero sentía más miedo por mi vida.»

Buscar sentido a un delito insensato

Las estadísticas asombrosas

Una de cada cinco mujeres será violada en algún momento de su vida, según una de las principales expertas en violación de los EE.UU., Mary Koss, doctora en filosofía, catedrática de psiquiatría en la Universidad de Arizona. Casi 300 mujeres son violadas cada día. De hecho, las violaciones se han hecho epidémicas. Según un informe procedente del Comité Judicial del Senado de los EE.UU., en 1990 fueron violadas más mujeres que en cualquier otro año de la historia de los EE.UU. La tasa de violaciones ha aumentado cuatro veces más rápido que la tasa global de crímenes en este último decenio. «Hoy en día las mujeres están obligadas a vivir con miedo» termina diciendo el informe del Senado. Sabiendo que una de cada cinco mujeres será violada en cualquier momento de su vida, las mujeres deben preguntarse —todos los días de su vida— «¿Seré yo?» y en caso afirmativo, «¿Me pasará hoy?».

Con el fin de reunir datos exactos, el comité, presidido por el senador Joseph Biden de Delaware, se vio obligado a ir más allá de los informes habituales de la policia y del FBI, y ponerse en contacto con centros de crisis por violación, que existen en más de la mitad de los estados. ¿El motivo? La violación es uno de los pocos crímenes en el que la víctima se arriesga a que la culpen de lo que le ha pasado. Muchas mujeres, temiendo que les hagan responsables de la violación sufrida, o de tener que contar y juzgar en la corte cada aspecto de su vida sexual, no notifican el crimen. Algunas ni siquiera se lo dicen a su familia o amigas. No debe sorprender que la violación sea también el crimen menos notificado a las autoridades. Aproximadamente sólo el 7 por 100 de todas las violaciones se notifican a la policía.

Otro motivo por el cual se notifican tan pocas violaciones es que en la mayoría de los casos, la víctima, como Robin Warshaw, conoce a su atracador. Debido a ello, es posible que no sea consciente de que lo que le ha pasado es una violación. Parte de la mitología sobre violación de nuestra sociedad es que el violador siempre es un extraño y que lo que pasa entre dos personas que se conocen, incluso si existe fuerza, es seducción y sexo. Pero, señalan los expertos, la realidad es que cualquier forma de sexo forzado constituye violación, tanto si lo lleva a cabo un extraño enmascarado que salta de entre unos arbustos, como si se trata del hermano de su mejor amigo, y va acompañado de vino, flores y música.

En realidad, usted tiene cuatro veces más posibilidades de ser violada por alguien que conoce que por algún desconocido. «Según el mito, el violador es "otro"» dice Warshaw. «Él es pobre, negro, latino, cualquier otra cosa diferente a usted. Pero es más probable que a usted la viole alguien que se le parezca mucho. Esto es algo que las personas no aceptan fácilmente. Usted tiene cuidado en los aparcamientos y calles oscuras. No espera ser atacada en su propia sala de estar, o en el coche de un chico con el que sale por primera vez.»

Autoculpación desenfrenada

Muchas víctimas de violación luchan durante años con sentimientos de culpa y autoculpación, algo, que según dicen los psicólogos, puede alargar y aumentar la gravedad de sus síntomas. La violación supone un trauma serio con consecuencias de gran repercusión. Según un estudio, la violación va sólo después del combate militar en cuanto al impacto que tiene en la vida de la persona. El hecho de haber sido violada es un factor de riesgo para todo tipo de enfermedad mental grave, excepto la esquizofrenia.

«Tras sufrir una violación la mujer no para de remover los hechos. ¿Qué hizo ella? ¿Qué comunicó? ¿Por qué decidió ir a ese bar o a ese lugar con esa persona? ¿Qué hizo mal?, dice la doctora Koss.

La sociedad en general —y a menudo las personas que le rodean— le apoyan considerando que en cierto modo ella es culpable de lo que le ha pasado. «Si no hubieses llevado esa minifalda», «Si no hubieses ido a esa fiesta», «Si no te hubieses emborrachado», «Si te hubieses resistido». Estas acusaciones en cierto modo veladas reflejan sus propios pensamientos, pudiendo impedir que busque ayuda.

La mujer puede ocultar sus sentimientos —lo que los psiquiatras denominan negación— pero rara vez se mantienen enterrados. Muchas continúan sufriendo trastornos debidos a una tensión postraumática, diagnóstico originalmente diseñado para describir los síntomas psicológicos tardíos observados en los veteranos del Vietnam. De hecho, el grupo más amplio de víctimas son las víctimas de violaciones, según la doctora Koss. En un estudio el 94 por 100 de las víctimas presentaban algunos de los síntomas del trastorno de estrés postraumático, dentro de los 12 días posteriores a la violación. Tres meses más tarde, el 47 por 100 presentaban *todos* los síntomas.

Escenas retrospectivas y pesadillas

Al igual que los veteranos de un conflicto bélico, las víctimas de violación vuelven a experimentar su trauma a través de escenas retrospectivas, pensamientos intrusivos, pesadillas y otras imágenes que pueden aparecer años, incluso decenios después del acontecimiento inicial.

«Si se encuentran con algo que les haga recordar el trauma pueden presentar mucha ansiedad» dice Constance V. Dancu, doctora en filosofía, directora de Crime Victims Program, en el Medical College of Pennsylvania, en Filadelfia, y una de las investigadoras de un estudio a largo plazo, con fondos gubernamentales, sobre la eficacia del tratamiento en mujeres víctimas de un crimen.

«Andar por una calle peatonal y ver a alguien que se parezca a su agresor puede hacer que se pongan a temblar físicamente y provocarles escenas retrospectivas del hecho. Algunas mujeres intentan evitar ideas, actividades o situaciones que les hagan recordar la agresión. Para evitar los sentimientos de ansiedad y temor, evitan salir. Cuando se atreven a salir, puede perturbarles mucho el hecho de que alguien camine detrás suyo. Empiezan a vigilar en exceso, analizando siempre su entorno, con miedo y siempre pensando, «él me va a hacer daño», «estoy en peligro», «no estoy segura».

Las relaciones que la mujer puede mantener en esos momentos pueden verse perjudicadas. «Pueden presentar disfunción sexual» dice la doctora Dancu. «Puede que les cueste mucho tener sentimientos de amor. El hecho de que le abrace o toque un hombre les trastorna mucho, incluso su padre o tío o persona allegada, que saben que no les van a hacer daño.»

Diane fue atacada por un amigo adolescente de su hermano, cuando ella tenía 12 años. «Él se metió en mi cuarto mientras yo dormía y me quitó las braguitas», recuerda Diane, actualmente con 35 años de edad y madre de dos niños. «Me daba miedo decírselo a alguien porque me daba miedo que me preguntasen qué había hecho yo para animarle». Su «crimen», como lo ve ella, fue que ella estaba «mejor dotada que la mayoría de las niñas de 12 años».

A consecuencia de su violación, Diane nunca a vuelto a sentirse cómoda con los hombres. Durante muchos años, cuando entraba en un lugar público estaba segura de que todo el mundo la miraba fijamente. A pesar de haber sido muy delgada, ha luchado con un problema crónico de peso y con la depresión. Pero, durante 15 años, nunca asoció sus problemas a su violación. Luego, algo —no sabe exactamente qué— desencadenó los recuerdos. Empezó a tener pesadillas y ataques de pánico. Incapaz de comer, empezó a adelgazar y padeció una serie de síntomas físicos, incluida la colitis. Terminó por someterse a una terapia, donde comentó por primera vez la agresión sufrida. Pero el mejor alivio que sintió fue cuando se enteró que el chico que la había violado había muerto.

Nunca volverá a ser igual

Irónicamente, a menudo la mujer intenta recuperar el equilibrio tras una violación autoculpándose, algo que irrevocablemente cambia

Usted evita las estaciones de metro y las callejuelas oscuras y cruza la calle cuando ve a un desconocido sospechoso. Pero no es suficiente. Existen otros lugares de alto riesgo y personas que debe evitar, advierten los expertos que han examinado la violación y sus causas.

Muchos hombres transmiten señales de peligro de que son potencialmente violadores. Tenga cuidado con los hombres que no la consideren igual o que la desprecien emocionalmente a usted o a las mujeres en general, y con los hombres celosos o que intimidan. «Lo que sí sabemos acerca de los hombres que hacen esto es que se consideran más importantes que las mujeres que escogen como víctimas, motivo por el cual existen tantas violaciones entre conocidos en sistemas culturales próximos como un campus universitario con su jerarquía social» dice Robin Warshaw, víctima de violación y autora de *I Never Called It Rape*.

Cuando usted está en una fiesta o con un hombre al que no conoce bien, manténgase sobria. Esté al lado de buenos amigos o quede a la vez con más gente. Pague su parte y, en una primera cita, lleve su coche.

Confíe en su intuición. Si un hombre hace que no esté cómoda no lo pase por alto. Muchas de las víctimas de violación que Warshaw ha visto no dieron importancia a sus recelos. «Queremos ser amables —ése es el lema de ser chica»,

la opinión que tiene de sí misma como buena persona y del mundo como un lugar seguro. «Es una forma de pseudo-recuperación» dice la doctora Koss. «Si se culpa a sí misma, al menos tiene una explicación de por qué pasó. Eso le da una cierta sensación de control. "Si sé por qué ha pasado, entonces hay algo en mi vida que puedo cambiar para que no vuelva a pasarme." Pero es una ilusión.»

Sin embargo, es una ilusión compartida por muchas personas; por eso a las víctimas de violación les puede costar mucho pedir la ayuda que necesitan a las personas que les rodean, desde la policia a sus seres queridos. Muchas personas prefieren pensar que las cosas malas solo les pasan a las personas que son malas.

Un motivo por el cual la violación resulta tan traumática, dice la

dice ella. «No queremos que él se sienta violento o que nosotras parezcamos tontas. Usted sale con el chico porque al principio le encontró atractivo o amable. Usted piensa, es presumido, él ha salido con Rochelle o es compañero de habitación de Brian. Muchas mujeres se encuentran dentro de situaciones irrevocables por no fiarse de sus propias reacciones.»

Lea acerca de la violación. Hay una serie de cosas que debe saber para que le ayude a evitar convertirse en víctima. Por ejemplo, muchos estudios demuestran que los hombres y mujeres interpretan de muy diversos modos las relaciones sociales. Lo que para una mujer es violación, puede parecer un acto sexual normal para el hombre, que ve más matices sexuales en las situaciones sociales que la mujer. Los hombres están, además, acostumbrados a tener un sentido de derecho que les hace creer —a menudo de forma inconsciente— que son más importantes que las mujeres y no tienen que escuchar lo que les dicen, sobre todo cuando lo que dice es no.

Una estadística particularmente reveladora: En un estudio de violaciones notificadas en 32 chicas jóvenes, realizado por la experta en violación, Mary Koss, doctora en filosofía, de la Universidad de Arizona, el 84 por 100 de los hombres culpables de lo que se define legalmente como violación dijeron que lo que hicieron *está claro* que no era violación.

doctora Koss, es que «la violación implica la violación de los espacios privados más íntimos. No es sólo la penetración de un espacio personal que hay en su cuerpo, sino que se trata de la penetración de los límites reales de su cuerpo. Es una pérdida de control de una parte de su cuerpo, que a las niñas desde muy corta edad se les enseña que tienen la responsabilidad de proteger. Es una experiencia que inmediatamente hace que las mujeres se den cuenta de que les ha pasado algo que potencialmente afecta a la opinión que los demás puedan tener de ellas».

La violación por un conocido añade otra dimensión al peligro psicológico. «Cuando se trata de algún conocido existe esa terrible sensación de violación de la confianza personal» dice la doctora Koss.

No hay garantía alguna de que cualquiera de estas técnicas vaya a funcionar en todo tipo de situaciones, y el modo que usted tenga de responder a un ataque sexual dependerá de múltiples cosas, incluido de cómo valora usted el posible peligro de la situación. Recuerde, la primera responsabilidad que tiene para consigo misma es seguir viva, incluso si eso significa que la violen.

Mantener la calma y valorar la situación. ¿En caso de gritar le oirá alguien? ¿Tiene algún modo de escapar? ¿Su agresor tiene un arma? ¿Qué probabilidades tiene de que su agresor le ataque si usted actúa? Tiene que pensar y actuar rápidamente si desea escapar.

Salir corriendo. «Ésta es la defensa más eficaz» dice Robin Warshaw, víctima de violación y autora de *I Never Called It Rape*. A menudo, si sale corriendo cogerá desprevenido a su agresor, y si logra llegar a un sitio público donde haya gente, es posible que él no la siga. Grite, mueva los brazos —no tenga miedo de hacer el ridículo. Necesita atraer la atención.

Enfadarse. Estudios realizados muestran que las mujeres que escapan de situaciones peligrosas tienen una sensación de cólera mayor, dice Warshaw. «Están tan enfadadas que no pierden las fuerzas por temor a que las maten».

Defenderse. Aunque el sentido común dice que las mujeres que luchan lo único que conseguirán es que las hagan más daño o las maten, estudios realizados recientemente dudan de ello. La psicóloga Sarah Ullman, doctora en filosofía en Brandeis University, en Massachusetts, analizó

Pedir ayuda, ir mejorando

Rara vez las mujeres son capaces de recuperarse de un trauma así solas. La mayoría de los expertos coinciden en decir que el mejor sitio a donde ir a pedir ayuda es a un centro de crisis por violación.

«Además del trauma existe la idea de que lo que les han hecho les convierte ahora en pacientes mentales» dice la doctora Koss. «Por eso, el centro de crisis por violación es un buen sitio donde acudir ya que no forma parte del sistema de salud mental formal.»

una serie de violentas violaciones llevadas a cabo por desconocidos y halló que «el hecho de defenderse se relacionaba con una reducción en el número de violaciones completas y carecía de relación alguna con lesiones físicas que pudieran deberse a la violencia física del agresor»: No tenemos garantías de que defenderse siempre funcione.

«Cada situación es diferente» dice la doctora Ullman, psicóloga en la Universidad de California, Los Ángeles. «Pero basándome en los resultados de mi investigación, puedo decir que cuanto menos resistencia presenten las mujeres más posibilidades hay de que las violen». Puesto que es muy improbable que la mujer tenga más fuerza que el hombre, por la diferencia de tamaño y fortaleza física, Warshaw aconseja, «luche de forma sucia pero con determinación. Su objetivo es incapacitarle el tiempo suficiente para poder escapar. No se preocupe por hacerle daño.»

Actuar de forma loca o vulgar. Una mujer que Warshaw entrevistó frustró la violación fingiendo una crisis de histeria, algo que destruyó la fantasía de una escena de seducción que tenía el agresor. En su libro, que tiene que ver más con violadores conocidos que con extraños, Warshaw recomienda decir al agresor que tiene una enfermedad de transmisión sexual, tiene la menstruación o está embarazada. «Puede actuar físicamente para hacerle cambiar de idea: orinar en el suelo, meterse el dedo en la nariz, eructar, ventosear e incluso vomitar» sugiere ella. Warshaw advierte que estos métodos deben usarse como último recurso.

Personas especialmente preparadas ayudan, con su solidaridad y comprensión, a las víctimas de violación a superar toda una serie de emociones que acompañan a la agresión sexual. Pueden proporcionar asesoramiento y trabajar defendiendo a sus víctimas. Si la violación acabá de suceder, un voluntario a menudo acompaña a la mujer al hospital y permanece a su lado durante la exploración médica, que para algunas mujeras puede resultar muy difícil.

Muchas mujeres necesitan que les asesoren después de sufrir un ataque sexual, dice la doctora Koss, pero no le servirá cualquier tipo de persona. Debido a la naturaleza del asesoramiento psicológico algunos profesionales pueden centrarse, sin saberlo, en el rol que la víctima percibe que desempeñó en su agresión.

Echar la culpa a quien la tiene

Si usted ha sido víctima de una agresión sexual una de las mejores cosas que puede hacer para sí misma, además de buscar ayuda, es creer en sí misma, dicen los expertos en violaciones. «Algo terrible le ha sucedido y *no fue culpa suya*» dice la doctora Koss. «Eso parece algo muy fácil de pensar pero muchas mujeres pasan años y años sin poder creerlo.»

Incluso si usted conocía a su agresor, incluso si usted estaba vestida y actuaba de forma provocadora, incluso si estaba bebida o se miraban ambos con pasión, incluso si no se resistió, si en cualquier momento decide que no desea mantener relaciones sexuales y dice no, y el hombre sigue adelante, lo que le suceda es una violación. Como una asesora en violaciones dijo a Robin Warshaw, «equivocarse al discernir no es motivo para que le hagan daño».

Uno de los mitos sobre violaciones que toda mujer tiene es que los hombres, una vez que están sexualmente excitados, pierden el control.

Para un estudio, la doctora Koss preguntó a un grupo de hombres y mujeres si pensaban que había un punto a partir del cual los hombres no pueden controlarse sexualmente. «Una serie de mujeres pensaban así, mientras que los hombres opinaban, por supuesto, que no es cierto» dice ella. «Si *fuese* cierto que los hombres pierden el control, me parece que tendríamos que establecer unos procedimientos por los cuales el vicepresidente asumiese los papeles del presidente mientras éste estuviese sexualmente excitado.»

Las mujeres no son, como señala Warshaw, «las personas encargadas de proteger las furias sexuales. No es cierto que si la mujer no está en guardia, se merece lo que le pase. Los hombres tienen que aceptar su parte de responsabilidad. *Él* fue quien decidió hacer lo que hizo, y no usted».

Salir del atolladero

Reconozca la culpa —la propia y la de los demás— por lo que es: injustificada. Como señala Warshaw: «Como sociedad, no culpamos a las víctimas de la mayoría de los crímenes. No pensamos que una víctima de asalto «se lo merece» por llevar un reloj o un monedero por la calle. De igual modo, una compañía «no lo está pidiendo» cuando tiene malversación de beneficios; el dueño de una tienda no tiene la culpa de entregar el dinero al asaltante, cuando éste le está amenazando. Estos crímenes ocurren porque quien los perpetúa decide cometerlos». ¿Por qué culpamos, entonces, a las víctimas de violación?

Comente su experiencia a un asesor cualificado o a un muy buen amigo, o busque un grupo de apoyo. Aunque al principio le pueda parecer doloroso, encontrará que le ayudará a superar la experiencia tan pronto como usted pueda recuperar su estima y su valía como persona» dice la doctora Koss.

Reconozca que usted no es la única mujer a la que le ha pasado. «Ayuda mucho, pero mucho, comprender lo frecuente que es» dice Warshaw. «Si le ha pasado a usted, también le ha pasado a miles de mujeres como usted.»

VIRGINIDAD

Fue una decisión consciente» dice Sarah Gold recordando la primera vez que mantuvo relaciones sexuales a los 17 años. Sarah admite que sentía más curiosidad que amor. «Por aquel entonces ni siquiera estaba excitada. El chico era alguien a quien conocía desde hace mucho tiempo y con quien había estado quedando, pero no era el amor de mi vida. Nos habíamos besado y acariciado pero sin sobrepasarnos porque él sabía que yo era virgen.»

«Después, recuerdo volver a casa pensando que debería sentirme de algún modo distinta. Que debería ser una ocasión muy especial. Pero lo único que sentía era un vacío e incluso un poco de vergüenza. Todo fue una decepción».

Eso fue hace diez años y una reacción muy típica de la primera vez que una chica hace el amor. Pero lo que era típico hace diez años también lo era diez años antes y lo sigue siendo hoy, según Lillian B. Rubin, doctora en filosofía,

Todo lo que se necesita es amor

autora de *Erotic War: What Happened to the Sexual Revolution?* (Guerra erótica: ¿Qué pasó con la revolución sexual?), y antiguo miembro de investigación de la Universidad de California, en Berkeley. Aunque la moralidad y las actitudes sociales acerca de las relaciones sexuales han cambiado mucho en la última generación, no lo han hecho los sentimientos que surgen la primera vez que se hace el amor. Perder la virginidad es, siempre ha sido y probablemente siempre será una experiencia inquietante para la mayoría de las chicas.

¿Y esto es todo?

Éstas son algunas de las palabras que las chicas han usado para describir el acto sexual después de su primera experiencia: sobrestimado, decepcionante, una pérdida, horrible, aburrido, estúpido, vacío, ridículo, raro, miserable, inmemorable. ¡Resultan términos bastante depresivos para describir el acontecimiento que se supone que hace girar el mundo! De modo que, ¿qué es lo que pasa?

Los expertos opinan que es normal pensar en mantener relaciones sexuales y preguntarse cómo será. Pero mantener relaciones demasiado joven, antes de estar emocionalmente preparada, puede resultar decepcionante. En el estudio realizado por la doctora Rubin, aquellas chicas que lo encontraron gratificante —que hablaban en términos positivos de ello— eran chicas que lo habían compartido, casi siempre, con alguien muy importante para ellas. A menudo este alguien era mayor y con más experiencia.

Por desgracia, añade la doctora Rubin, algunos adolescentes piensan que el sexo la primera vez es como será siempre, impresión que puede dificultarles el desarrollar una buena relación sexual cuando sean mayores.

No, no, aún no

Los adolescentes tienen que tener en cuenta algunas cuestiones importantes antes de decidirse a mantener relaciones sexuales. ¿Decepcionarás a tu familia, amigos, y principalmente, a ti misma? ¿Pondrá en peligro sus valores? ¿Se sentirá culpable? De hecho, tiene que estar preparada para controlar toda una serie de emociones que se presentan la primera vez. Algunas saben que no pueden. De modo que no lo hacen.

Laura Pinto, una estudiante de 24 años de edad, dice que cuando tenía 17 años «se negó a mantener relaciones sexuales con un tiazo» con el que nunca había quedado. A pesar de que le atraía mucho, notaba que él sólo estaba interesado en el sexo, y no en una relación real. «Sabía que si me acostaba con él me sentiría rebajada» dice ella. «Yo quería que el sexo fuese un suplemento de una relación amorosa. De modo que le dije que no. Lo gracioso es que han pasado muchos años desde entonces y seguimos siendo amigos.»

Nenas en chicolandia

Al igual que sus madres y que las madres de ellas las adolescentes de los años noventa pueden encontrar el sexo ligeramente decepcionante la primera vez, pero lo están averiguando antes.

Un estudio llevado a cabo por el Centers for Disease Control, sobre chicas adolescentes con edades comprendidas entre los 15 y los 19 años, halló que el 51,5 por 100 habían dejado de ser vírgenes, casi el doble (28,6 por 100) que en 1970 —aproximadamente la época en que sus madres tenían la misma edad.

Otro estudio, publicado en *Family Planning Perspectives,* mostraba que incluso chicas más jóvenes están perdiendo su virginidad prácticamente con la misma frecuencia. Este estudio de chicas de 14 años de edad, procedentes de tres áreas rurales en Maryland, mostró que el 47 por 100 de las chicas (y el 61 por 100 de los chicos) ya habían tenido relaciones sexuales.

Antes de tomar estas cifras por su valor aparente tenga en cuenta lo siguiente. Aunque las estadísticas no mienten «a menudo nos dejan una visión distorsionada de la realidad» afirma la doctora Rubin. Sí, estas chicas han hecho el amor pero en muchos de los casos no significa que se hayan vuelto sexualmente activas. De hecho, cuando lo han probado, muchas deciden que una vez es suficiente por una temporada. Sarah Gold, por ejemplo, dice que pasaron dos años antes de mantener otra relación sexual después de la primera vez. «No me arrepiento de lo que hice» dice ella. «Simplemente pensé que había sido demasiado pronto para mí. Cuando volví a hacerlo fue por un motivo correcto, estaba locamente enamorada de alguien que sentía lo mismo que yo.»

Opinión de la madre

Si usted es madre de una niña adolescente, este tipo de estadísticas pueden resultarle un poco alarmantes —incluso si no son sorprendentes. De modo que, ¿cómo plantear un tema que su madre puede no haberle planteado muy bien, o lo que es más, nunca habérselo planteado?

«La mayoría de las personas hoy comprenden que la insistencia que se hace con el celibato antes del matrimonio es poco más que un sueño nostálgico» dice la doctora Rubin. Pero no es raro que las madres —incluso aquellas que vivieron y se interesaron por la Revolución sexual— sientan un cierto recelo al pensar en la inminente sexualidad de su propia hija, dice Lonnie Barbach, doctora en filosofía, psicóloga y terapeuta sexual en San Francisco, autora además de *For Yourself: The Fulfillment of Female Sexuality* (Para usted: La satisfacción de la sexualidad femenina). «Principalmente se debe a que todo está pasando más rápido y a una edad más temprana» explica ella.

«La madre que dice a su hija que bajo ningún concepto puede mantener relaciones sexuales antes de casarse está poniendo un obstáculo para cualquier posible comunicación» advierte la doctora Barbach. «Necesita saber también que una vez que la relación se hace sexual tiene más posibilidades de que le hagan mucho daño.»

Laura Pinto tenía una madre que hacía muchas preguntas. Ella recuerda tener una conversación franca con su madre acerca del sexo antes de su experiencia con el «tiazo».

«Mi madre y yo siempre hemos tenido ese tipo de relación que mis amigas envidian» dice Laura. «De modo que naturalmente me dirigía a ella para pedirle consejo. Me dijo que no me podía dar "permiso" para el sexo, que por supuesto yo quería. Pero me dijo que confiaba en que yo supiese cuándo sería el momento adecuado. Me dijo que no debía tener miedo a decir que no al chico si en mi fuero interno realmente no me apetecía. También me dijo que esperaba que yo esperase un poco, pero que si decidía que había llegado el momento, me asegurase que comprendía y usaba un método anticonceptivo. Yo pensé mucho en la decisión antes de rechazarle. Pero fue una decisión que tomé *yo*».

VIUDEZ

Cuando falleció el marido de Melissa Madenski, de una cardiopatía congénita, a la edad de 34 años, ella se convirtió en una joven viuda con dos niños de 6 años y 18 meses. Profesora y escritora, ella había trabajado desde los 16 años. Siempre se había considerado independiente, con confianza en sí misma, «una superviviente». Pero tras la muerte de Mark se vio destrozada por un «terror puro».

«Por primera vez en toda mi vida no sabía si podría controlar la situación» recuerda Melissa. «Me sentía atrapada en una pequeña caja sin puerta y era incapaz de ver la salida. Había momentos en los que pensaba que no podía respirar. El cielo, los árboles, todo perdió su sentido. Es como si alguien te arrojase al vacío y cayeses al suelo aturdida.»

Múltiples pérdidas

Todos los años cientos de miles de mujeres pierden a sus maridos. Y muchas de ellas, como Melissa, encuentran que han perdido otras cosas.

La pérdida del marido tiene un impacto muy grande que puede incluso poner en peligro la sensación que usted tiene de quién es, dice la investigadora de aflicción de Houston, Elizabeth Harper Neeld, doctora en filosofía, autora de *Seven Choices: Taking the Steps of New Life after Losing Someone You Love* (Siete posibilidades: Las fases de una nueva vida tras perder a un ser querido) y ella misma viuda joven. «Termina una relación que le ayudaba a identificar quién era y lo que hacía todos los días» señala ella. En un instante dejas de ser mujer para convertirte en viuda. Es posible que pierda a su mejor amigo, la persona a la que se acude en busca de consuelo y apoyo. Si tienen hijos, te conviertes en familia monoparental. En caso de no tener hijos, pierdes los niños que pensabas tener. Pierdes el «futuro previsto» dice la doctora Neeld. Junto al hombre al que amas entierras todos los planes, esperanzas y sueños futuros. No sólo has perdido a tu marido, pierdes parte de tu ser. Es como si te arrancasen tu vida desde las raíces.

A medida que pasa el tiempo, usted ve continuamente modos nuevos y básicos en que su vida ha cambiado irrevocablemente. «Al principio no tienes ni idea de lo extensos y profundos que son los patrones que ha creado junto a su marido: la cantidad de leche que compra en la tienda, lo que hace después del trabajo, las tarjetas de Navidad que manda, cómo pagar los impuestos, qué hacen en los cumpleaños y aniversarios» dice la doctora Neeld. «No tienes a nadie a quien decir, ¡yo lo cojo! cuando suena el teléfono, y a nadie a quien ayudar a traer las bolsas de la compra.»

Los expertos afirman que perder al marido es uno de los acontecimientos más estresantes que nos pueden ocurrir en la vida. Puesto que, en general, las mujeres sobreviven a los hombres, la viudez resulta inevitable para un número importante de mujeres. Y aunque usted puede prever este hecho realmente no hay modo adecuado de prepararse para ello.

Tarda un tiempo

Al igual que sucede con otros tipos de aflicción, éste no sigue una trayectoria ni tiempo concreto. Aunque sus amigos y seres queridos esperen que usted lo «supere» en un año, su experiencia puede ser muy distinta. Un estudio realizado con 300 personas que habían perdido a sus cónyuges halló que la aflicción duraba mucho más de lo esperado. La mayoría de las mujeres, según los investigadores, estaban «relativamente bien adaptadas» después de cuatro años.

El tiempo de duelo que usted tenga estará dictado por su propia personalidad —por cómo responde a los cambios, por ejemplo— el significado que el cónyuge tenía en su vida, las circunstancias de su muerte (si fue brusca o sucedió tras una larga enfermedad), su sistema de apoyo o familiares y amigos, incluso las pérdidas anteriores, que pueden removerse por este nuevo duelo.

La viuda joven tiene un golpe más —la injusticia que supone. «Esto no estaba previsto que pasase» dice la psicóloga de Filadelfia Marion Frank, doctora en filosofía, quien se quedó viuda a los 23 años, cuando su marido murió en un accidente de aviación. «Esto está totalmente fuera de lo esperado. Es posible que se sienta una inmensa sensación de injusticia, casi de furia.»

Para cada mujer la experiencia es única.

En los días, semanas y meses que siguieron a la muerte de su marido, la vida de Melissa prácticamente se detuvo. Era incapaz de comer, y le costaba mucho dormir. Ella se encontraba bien en una actividad frenética o bien estaba demasiado agotada para moverse. No paraba de llorar. A veces se sorprendía de la intensidad de la cólera que sentía hacia los desconocidos, recuerda, «porque ellos podían seguir viviendo sin que les afectase esta tragedia que había alterado tanto la vida de mi familia».

En medio de su dolor, ella tenía que hacer frente a las cuestiones prácticas. De repente se había convertido en la madre de dos niños, uno de ellos con pañales y el otro afligido por la pérdida de su querido padre. Aunque su marido les había dejado algo de dinero, Melissa sabía que tendría que hallar algún modo de suplementar sus ingresos. «A las tres de la madrugada me sentaba en la cama con los ojos como platos y pensaba por Dios, ¿cómo lo voy a hacer?»

Y aprendió que aunque lo normal es que te vayas acostumbrando, lo haces de forma imperceptible. Cuatro años después de su muerte y «aún en una situación económica límite» ella es finalmente capaz de pensar en Mark «sin dolor». Pero, confiesa, «cuando oigo una canción en la radio —nuestra canción era *My Funny Valentine*— me echo a llorar».

Emociones conflictivas

Las mujeres que enviudan tarde pueden encontrar que su luto se prolonga por lo incierto de su futuro. «Una mujer mayor es posible que nunca haya trabajado fuera de casa, y si no cuenta con unos ingresos suficientes, es posible que se vea forzada a entrar en el mercado laboral, donde es posible que se enfrente a una discriminación por la edad, o que carezca, en primer lugar, de las aptitudes necesarias» dice Midge Marvel, antigua especialista en programas para el Widowed

Persons Service de la American Association of Retired Persons en Washington, D.C., ella misma viuda desde los 58 años. «Puede ser atroz. Si usted está horrorizada por no tener suficiente dinero afectará a todo lo que usted haga.»

Algunas mujeres incluso se enfadan con sus maridos. «Usted puede enfadarse por pensar que le ha abandonado, que de hecho es lo que ha pasado» dice Marvel. No es infrecuente sacar a relucir todas las discusiones, desaires, todas las palabras que se cruzaron. «Algunas personas incluso se enfadan con Dios» dice Marvel. Tampoco resulta raro reflejar la cólera que siente en otras personas, como Melissa comprobó que estaba haciendo.

Puede sentirse culpable no sólo de la cólera que siente, sino porque puede preguntarse si —y desear— había algo que usted hubiera podido hacer. «Usted piensa, si me hubiese ocupado más de él, si hubiese estado ahí en ese momento, hubiera podido hacer mucho más» dice Marvel.

Puede preguntarse a sí misma lo que Melissa ha denominado las preguntas inútiles: ¿Por qué yo? ¿Por qué él? ¿Qué significado tiene?

«Usted se verá pensando en ello todo el tiempo» dice la doctora Frank. «No puedo creer que haya pasado. No ha pasado». Uno de los motivos por los que usted necesita repetir la historia una y otra vez es para convencerse de que realmente ha pasado.

Al principio puede haber una sensación de irrealidad acerca de la muerte. Puede esperar ver a su marido aparecer por la puerta, puede soñar con él vivo o incluso verle en alucinaciones. «Yo tenía que narrar la historia una y otra vez; era tan irreal» dice Melissa, cuyo joven marido murió de repente después de una cena familiar. «Había oído a personas en medio de su dolor decir "Tal vez no ha muerto; a lo mejor alguien vino y se lo ha llevado". Ahora comprendo por qué pensaban así.»

Aprender a sobrevivir

No hay ninguna receta fácil para afrontar la viudez, pero los expertos ofrecen algunas sugerencias que le ayudarán a sobrevivir.

Ante todo está pedir ayuda profesional para que le ayude a pasar lo peor. Incluso si usted piensa que está llevando las cosas bastante bien y está rodeada de familiares y amigos que la quieren, la aflicción por la pérdida del marido y el hecho de tener que crear una nueva vida pueden ser dos cosas largas y difíciles. «Yo organicé todo para ir a ver a un asesor una vez al mes durante dos años» dice Melissa. No quería agotar a mis amigos. Usted necesita contar su historia tantas veces. Aunque sabía que tenía unas pocas amigas que seguirían escuchándome, tenía que decírselo a alguien más.»

Muchas viudas desarrollan algunos síntomas de depresión aguda, como insomnio, pérdida de peso, aislamiento o crisis de llanto que perduran durante un año o más después de su muerte. Se ha visto en estudios realizados que las mujeres que reprimen sus emociones tienen más problemas físicos y psicológicos que aquellas que no; es por esto por lo que es tan importante tener a alguien comprensivo con quien hablar.

El asesor o un grupo de apoyo para viudas pueden ser muy útiles durante los momentos difíciles, sobre todo para hacer frente a la soledad. Marvel dice que empezó a trabajar cada vez hasta más tarde. «El único motivo por el que volvía a casa era porque sabía que tenía que dar de comer al perro. La idea de entrar en una casa vacía era insoportable.»

Si usted tiene niños pequeños tendrá que hacer frente a sus sentimientos de dolor en unos momentos en los que sus recursos son escasos. El asesor o un grupo de apoyo pueden ayudarle a aprender cómo consolar a sus hijos, cuyas reacciones ante la muerte pueden ser muy distintas a la suya.

Llegar

Es posible que también necesite ayuda con las cuestiones prácticas. Algunos asesores y grupos de apoyo especializados en la aflicción pueden ayudarle con todo, desde administración del dinero a encontrar un trabajo y oportunidades de formación.

Por desgracia, en algunos casos usted necesita que le ayuden a hacer nuevos amigos, sobre todo aquellos que comprendan lo que usted está pasando. «Una de las cosas más difíciles, aunque no crea que le puede pasar a usted, es que muchos de sus amigos le dejarán sola» dice Marvel. «No saben qué hacer con usted. Algunas mujeres tendrán miedo de que usted muestre interés por sus maridos. A veces las personas intentarán encontrarle pareja. Puede ser violento. Usted se siente una chiquilla.»

A menudo, sus viejos amigos le harán sentirse peor al intentar que se sienta mejor. «Se va a encontrar con personas que no sabrán qué decirle, o que dicen cosas como, «eres suficientemente joven, te volverás a casar» o «ya ha pasado mucho tiempo, tienes que levantar la cabeza» dice Marvel.

Si no desea hablar con los demás, e incluso si lo desea, escribir un diario de sus pensamientos y sentimientos puede serle muy útil. Melissa, escritora y autora de libros infantiles, escribió en su diario todos los días. Lo encontraba reconfortante, dice ella, sobre todo cuando sentía que estaba luchando sin avanzar nada. «Miraba las anotaciones de mi libro y veía lo lejos que había llegado» dice ella.

Cuidar de una misma

Una importante herramienta para sobrevivir es, de hecho, una cierta introspección y autoanálisis. Esto es porque, como viuda, usted puede correr un mayor riesgo de caer enferma o tener accidentes. Según un estudio, en un año de duelo, descendió la salud de aproximadamente 67 por 100 de las viudas. Y, aunque es raro, parece haber un aumento en la frecuencia de muertes entre las mujeres que han perdido a sus maridos. Un estudio realizado por investigadores de varios centros médicos de California halló que el sistema inmunitario de las viudas estaba deteriorado, haciendo posiblemente que corriesen un mayor riesgo de enfermedad.

Por eso es importante ingerir una dieta equilibrada y hacer algo de ejercicio, incluso si no ha hecho ejercicio nunca antes. Se ha visto en estudios realizados que además de contribuir a un estado de salud general bueno, el ejercicio puede mejorar el humor.

«Yo hago ejercicio porque con dos niños yo vivía con un miedo absoluto de caer enferma» dice Melissa. «Monto en bicicleta todos los días, salto a la comba a las 22:00 horas. Sé que me ha salvado; rara vez estoy enferma».

También escuchó la advertencia de una amiga, que había perdido a su marido en Vietnam. Le dijo que tuviese mucho cuidado, sobre todo cuando iba conduciendo o hacía algo potencialmente peligroso, como subir por una escalera.

«Cuando has perdido a alguien usted tiende más a vivir en el límite. A arriesgarse» explica la doctora Marion Frank. «Tiene que tener cuidado y pensar, ¿lo que estoy haciendo tiene sentido o no? Es posible que usted tienda a que no le importe.»

Permítase sentir dolor

Durante el proceso de aflicción usted es vulnerable de muchas formas. Es importante que lo reconozca y que se permita un tiempo suficiente para superarlo.

No intente acelerar su recuperación o llenar el vacío de su vida demasiado rápido, dice la doctora Frank. Se tarda un tiempo en superar la aflicción y casi nunca es un camino fácil.

Algunas mujeres cometen la equivocación de iniciar una relación demasiado pronto, advierte la doctora Frank. «No tiene sentido hacer un compromiso cuando aún siente profundamente el duelo» dice ella. «Por lo general se trata de una forma de escape, que no funciona.»

Conforme usted va reanudando su vida encontrará que hace pequeños cambios que, aunque dolorosos, serán parte de la nueva vida que está formando. «Necesariamente se convertirá en una nueva persona» dice Marvel.

Pero es un proceso que puede durar meses, incluso años. Dése ese tiempo para acostumbrarse a la vida sin su marido. Superar lo más duro exige una cierta previsión.

Planear esas ocasiones especiales

Algunos de los aspectos más difíciles de la viudez son las ocasiones especiales que solía celebrar con su marido y que ahora tiene que pasar sin él.

Para Marvel esos días resultaban particularmente dolorosos porque su marido «celebraba mucho las ocasiones especiales. Siempre tenía planeadas todo tipo de sorpresas. Escribía poesías. El primer cumpleaños que pasé después de su muerte fue terrible. Lo que nosotros sugerimos es que las personas hagan planes para las ocasiones especiales, como Navidad y los cumpleaños, e inicien nuevas costumbres».

También puede ser útil establecer rituales que recuerden a su marido, algo que ayuda mucho a sus hijos que necesitan lograr superar la pérdida de su padre en cada etapa del desarrollo. «Todos los años celebramos un ritual recordando a Mark. En el campo de fútbol está escrito en el marcador, "En memoria de Mark y de los años que vivió". Mi hijo, Dylan, me preguntó, ¿no estamos celebrando la muerte de papá? Yo le dije, "no, estamos celebrando su vida. Eso siempre ha sido muy importante para nosotros".»

Esto también cambiará

Durante los momentos más difíciles resulta difícil de creer que su vida será mejor. «Resulta muy difícil de creer; el dolor es increíble» dice Marvel. «Y nadie puede pasarlo por usted. Usted tiene que pasar por todo el proceso».

Pero hay una salida, tal vez más fuerte, o más sensata. «Nunca se olvidan esos sentimientos» dice la doctora Frank, «pero cada vez se alejan más».

Melissa dice: «Yo le dije a Dylan que es como un corte que cicatriza, pero a veces sigue doliendo. No lo superas pero te adaptas a ello. Si alguien me preguntase si lo he superado, yo le diría, "Sí, pero tardé mucho". Actualmente no me resulta terrible pensar que lo perdí, sino maravilloso pensar que le tuve.»

Véase también Aflicción.

VOLVER A CASARSE

«Casarse en segundas nupcias fue muy distinto a cuando me casé por primera vez» dice Jean Saunders, una profesora de 46 años de edad que se volvió a casar dos años después de divorciarse. «Yo esperaba que nuestra vida de casados transcurriese sin incidentes, porque somos muy compatibles. La realidad es que seguimos siéndolo, pero no siempre ha resultado fácil. Esto se debe a que hemos tenido que ocuparnos de mis dos hijos, sus dos hijos, su ex mujer, mi ex marido. Se imagina la situación.»

«En general, nos ha ido bien, probablemente porque nos queremos y apoyamos mutuamente tanto, sin importarnos los problemas que tengamos. Pero puedo comprender perfectamente por qué un segundo matrimonio, sobre todo el que cuenta con hijastros, puede romperse.»

De hecho así sucede de forma abrumadora. Según las estadísticas, el 50 por 100 de los primeros matrimonios terminan por romperse, aproximadamente el 80 por 100 de las personas divorciadas vuelven a casarse, y casi un 60 por 100 de estos matrimonios terminan en divorcio.

«Pero tal vez lo más alarmante sea el hecho de que las parejas que se casan en segundas nupcias acaban separándose mucho antes que las parejas casadas en primeras nupcias» según las investigadoras Deena Mandell y Esther Birenzweig, que asesoran a familias en Toronto. De hecho el divorcio es un 50 por 100 superior en los cinco primeros años de un segundo matrimonio que lo que es en un primer matrimonio; esto sugiere que esos cinco primeros años pueden ser la fase crítica de adaptación.

De modo que si usted está pensando en volver a casarse o ya lo ha hecho, ¿qué puede hacer para estar segura de que su nueva relación no se convierte en una estadística horrible?

Una segunda oportunidad

Para empezar, usted puede estar segura de que en caso de haber niños por medio se enfrenta a un reto mayor, dice Emily Visher, doctora en filosofía, psicóloga clínica y terapeuta familiar de Lafayette, California.

No es que no haya motivos de preocupación. «Por ejemplo, si ha tenido que soportar un divorcio complicado, es probable que le cueste más confiar en la nueva relación» dice la doctora Visher, quien ha fundado junto a su marido John Visher, doctor en medicina, la Stepfamily Association of American, situada en Lincoln, Nebraska.

«Usted puede preguntarse, ¿si fracasé en mi primer matrimonio, seré capaz de que éste salga bien?» Yo le sugiero que contemple la primera experiencia como un fracaso del matrimonio señala la doctora Visher, «mas que como un fracaso individual. Después de todo, el matrimonio es una relación formada por dos personas. De modo que lo que ha fracasado es la relación. No obstante, ayuda intentar averiguar qué es lo que no funcionó en su primer matrimonio para no cometer las mismas equivocaciones en el segundo».

La adaptación a un segundo matrimonio depende también, en gran parte, de si el primer matrimonio acabó en divorcio o si por lo contrario enviudó.

«Si acabó en divorcio, normalmente quiere que el segundo matrimonio sea totalmente distinto» dice la doctora Visher. «Pero si el matrimonio acabó por la muerte del cónyuge, y era una buena relación, por lo general desea que sea igual. No obstante, debe señalarse que nada volverá a ser igual. Puede ser maravilloso, pero será distinto». Si espera que sea distinto y *deja* que así sea, puede ayudarle.

El estigma social que a menudo acompaña a los matrimonios en segundas nupcias varía. Una mujer confesó a la doctora Visher que era incapaz de comprender lo distinta que había sido la reacción tras su segundo matrimonio (que tuvo lugar después de un divorcio) y su tercer matrimonio (después de que su segundo marido muriese).

«Cuando se casó con su segundo marido, todo el mundo se mostraba muy frío, preguntándose quién era esta persona. Nadie parecía alegrarse por ella» dice la doctora Visher. «Pero ahora, puesto que su segundo marido murió, todo el mundo se muestra muy contento de que haya encontrado un tercer marido. Le han acogido bien y piensan que es maravilloso.»

Matrimonios múltiples

Por lo general, si usted se casa y divorcia más de dos veces, aumenta el estigma social. «Las personas empiezan a preguntarse qué pasa» dice la doctora Visher. «De hecho, los matrimonios múltiples pueden indicar que a usted le cuesta mantener relaciones íntimas. Comprender por qué es así puede hacer que la intimidad resulte más gratificante.»

Existen pocos estudios sobre matrimonios múltiples, pero uno realizado en el Medical College of Georgia, en Augusta, puede arrojar algo de luz al tema. A pesar de que se llevase a cabo usando principalmente a hombres, resulta interesante observar las conclusiones extraídas por los investigadores. Sospechan que las personas que se divorcian y vuelven a casar una y otra vez es más probable que sean impulsivos y socialmente inconformistas y necesitan muchos estímulos.

Las personas impulsivas, por ejemplo, pueden tener un noviazgo más corto, haciendo que escojan mal a su cónyuge, haciendo que sea más probable la incompatibilidad y los conflictos. Y aquellos que necesitan muchos estímulos pueden aburrirse fácilmente, tolerando menos la rutina. Para que se conserve un matrimonio estable hace falta una cierta cantidad de rutina.

Fusión familiar

El 60 por 100 de las personas que vuelven a casarse son padres. Eso significa que existen más de dos personas implicadas en la creación de una nueva relación. Resulta más complicado y, por consiguiente, es más fácil que vaya mal. Las variaciones y permutaciones pueden parecer interminables, así como los problemas potenciales que provocan.

Existen hogares en los que el marido *o* la mujer tiene hijos, uno en donde ambos tienen hijos y toda una serie de posibles soluciones de custodia, dice la doctora Visher. En parte, es como si los niños tuvieran doble ciudadanía.

«Piense en ello. Cuando se trata de dos países la moneda es diferente, la comida es distinta, las costumbres varían y el idioma es otro» explica ella. «¿Pero qué pasa cuando los dos países están en guerra? Entonces la persona con doble ciudadanía tiene tremendos conflictos de lealtad. Esto es lo que los hijastros tienen que afrontar y dominar.»

En realidad, la doctora Visher dice que ella misma tuvo que aprender todo esto cuando volvió a casarse hace muchos años. Tanto ella como su marido tenían cuatro hijos de relaciones anteriores. Como él es un psiquiatra y ella una psicóloga, pensaron que combinar ambas familias sería coser y cantar. «Pero estábamos equivocados» dice ella.

Las fases para convertirse en madrastra-padrastro

Acostumbrarse a una familia totalmente nueva es una transición que tarda un tiempo, a veces mucho tiempo, y a menudo se dificulta con falsas expectativas. El mayor mito que existe es que todos se querrán inmediatamente.

«Eso sólo conduce a que todos sufran un importante desencanto» dice la doctora Visher. «Adaptarse a una nueva familia es un proceso lento, y existen fases emocionales que estas familias deben atravesar antes de lograr una adaptación y cooperación en la nueva familia.»

El período típico de adaptación, dice ella, a veces es así:

Fase de fantasía: Usted piensa que va a ser el lazo de unión, que todo va a ser tan maravilloso y fácil. Por ejemplo, usted está tan contenta de que sus hijos tengan una nueva figura del padre y nuevos hermanos.

Fase de pseudo-asimilación: Intenta que sea tal y como se lo imaginó, pero no está saliendo así. Aquí es cuando la fantasía golpea a la realidad.

Fase de conocimiento: Sabe que algo no va bien y que deben hacerse algunos cambios. De repente se cansa de que su hijastra se siente delante en el coche, al lado de su papá, por ejemplo, en vez de estar usted sentada a su lado. Las tensiones van en aumento y normalmente alguien salta durante esta fase.

Fase de movilización: En esta fase media la familia empieza a descongelarse y hablan sobre lo que no les gusta. Espere tener muchas discusiones.

Fase de acción: Los padres empiezan a formar un equipo ejecutivo en el hogar, trabajando juntos para descifrar cómo organizar las complejas necesidades de su nueva familia.

Fase de contacto: Finalmente usted va logrando profundizar en la relación padrastros/hijastros.

Fase de resolución: Ahora todos se conocen bien; se han fijado nuevas normas y éstas se cumplen. Se han convertido en una familia sólida.

Algunas familias tardan en pasar por todas las fases del ciclo cuatro años, dice la doctora Visher. Otras tardan entre cinco y diez años. Y algunas familias nunca lo logran, y piensan que el divorcio es la única solución.

Jean Saunders lo logró, aunque al principio le costó aceptar a los hijos de su marido. «Mis hijos eran adolescentes y los suyos eran menores de 10 años cuando nos casamos» dice ella. «Yo odiaba la idea de tener que ocuparme nuevamente de niños pequeños, y los suyos eran tan malos. Al principio yo intenté sonreír y soportar su mala conducta pero al final pude castigarles yo misma, igual que si fuesen mis hijos. Eso fue toda una diferencia.»

«Tardé unos cinco a seis años hasta sentirme realmente cómoda con sus hijos, para sentir ese parentesco real. Por otro lado, mis hijos aceptaron relativamente bien a su nuevo padrastro y viceversa. Hubo un breve período de tiempo, al principio, en el que mis hijos pensaron que el hecho de querer a su padrastro significaba ser desleal a su padre. Pero hablamos de ello extensamente y al final comprendieron que no pasaba nada por querer a ambos.»

Hacer que funcione

Hay una serie de cosas que puede hacer para asegurar que su familia y usted atravesarán con éxito ese difícil ciclo de adaptación.

«Las buenas relaciones crecen a partir de compartir recuerdos positivos, y la sensación de pertenencia se crea con modos familiares de hacer las cosas» dice la doctora Visher. «La creación de rituales y tradiciones es una importante característica de las familias nuevas con éxito.»

Jean dice que ella solía quejarse a su marido que tenían que compartir su historia. «Sentía como si tuviese amnesia» recuerda ella. «Todos mis recuerdos eran actuales. No había pasado para recordar. Pero después de un tiempo desarrollamos nuestros propios rituales. Cada Navidad, por ejemplo, mi marido y sus hijos iban al mismo sitio a cortar un árbol. Habíamos acumulado nuestros propios adornos que tenían un significado especial para nosotros. También podemos mirar hacia atrás y recordar hechos que nos agradaron o nos dieron miedo. Creo que eso forma parte de lo que nos hace sentirnos familia.»

Todas las diferencias que cada uno de ustedes aporta a la familia nueva tienen una parte positiva, dice la doctora Visher. «Incluso los cambios y las pérdidas tienen una cara positiva» dice ella. «Yo he conocido niños que me han dicho que el hecho de aprender a vivir y a convivir con la nueva familia les ha proporcionado una sensación de dominio. Sienten que son capaces de manejar cualquier cosa que les traiga la vida. Han aprendido a vivir en la adversidad y han salido adelante a pesar de todo.»

Una niña le dijo a la doctora Visher que pensaba que tenía suerte por formar parte de dos hogares. «Ahora tengo cuatro personas adultas que me quieren» dice ella.

Dedicar un tiempo a ustedes dos

Existe también la posibilidad de que no tenga que cuidar de niños las 24 horas del día, siete días a la semana —si los niños pasan un tiempo con sus otros padres. A las parejas nuevas a menudo se las deja intentar tener una luna de miel en medio del jaleo, dice la doctora Visher. Es importante que planifiquen pasar un tiempo a solas para alimentar su relación. «En las familias nuevas que funcionan bien, los padres que vuelven a casarse son conscientes de que, aunque sus hijos siguen necesitándoles, también necesitan la sensación de seguridad que proviene de una pareja estable y de la seguridad de que esta nueva familia seguirá existiendo. También da a los niños un ejemplo de pareja que puede estar bien, lecciones que apreciarán más adelante en sus vidas.»

Tanto usted como su nuevo marido necesitan ese tiempo especial para ustedes, dice ella. No se sienta culpable por sacarlo; es posible que su matrimonio recién creado dependa de ello.

ÍNDICE ANALÍTICO

American Medical Women's Association, 88.

Amistad, 61.
conservación de, 64.
en la mediana edad, 295.
entre mujeres y hombres, 64.
matrimonio y, 429.
mortalidad y, 62.
para mujeres y hombres, 61.
para los ancianos, 295.
valor de la, 62.
viudez y, 612.

Amniocentesis, 514.

Amoxicilina, para infecciones de vías urinarias, 157.

Analgésicos, para el dolor del fibroma quístico de mama, 328.

Anaprox, para los calambres, 497.

Ancianos. *Véase también* Envejecimiento; Jubilación, planes para
amistad entre, 295.
temor a la pobreza en la vejez, 490.
viudas, 612.

Andrógenos, menopausia y, 435.

Anemia, 67.
dieta, 70.
síntomas, 68.
tabaco, 69.

Angina de pecho, 112.

Anorexia nerviosa, 215, 580.

Anovulación, 435.

Ansiedad, 73. *Véase también* Fobias; Estrés.
agorafobia, 73.
en el embarazo, 253.
adaptarse a, 264.
fobias, 76.
por un bulto en mama, 361.
por un cáncer, 104.
por un cáncer de mama, 148.
por la exploración de mama, 176.
por la mamografía, 181.
separación, 190.
síntomas, 73.
trastornos generalizados, 74-75.
tratamiento, 79-80.

Antibióticos
infecciones por levadura, 368.
para infecciones de vías urinarias, 157.

Anticonceptivos, 168-175. *Véase también* Esterilización.
comunicación sobre, 168.
diafragmas, 174-175.
escoger el método, 168.
espermicidas y esponjas, 173.
implante de levonorgestrel, 484.
oral (*véase* Píldora anticonceptiva).
para evitar enfermedades de transmisión sexual, 286.

preservativos, 170.
femeninos, 171.

Antidepresivos, 207.
para la bulimia, 580.

Antihistamínicos, sequedad vaginal por, 440.

Aptitudes, para la mediana edad, 295.

Arrugas, 81. *Véase también* Envejecimiento; Cirugía estética.
alfa hidroxy ácidos para, 83.
exposición al sol, 82.
prevención, 82.
protección solar, 82.
tabaco y, 82.

Aspiración con aguja, de células mamarias, 328.

Aspirina, cardiopatía y, 112.

Ataque cardíaco, 112.
mortalidad masculina y femenina por, 114.
terapia de reposición de estrógeno y, 117.

Atención médica, 85-92. *Véase también* Ginecólogos; Médicos.
envejecimiento, 295.
especialidad de salud de la mujer, 88.
iniciativa del paciente, 92.
investigación y educación, 86.
por obstetras, 266.
seguro médico, 491.

Atletas, amenorrea en, 502.

Atractivo, envejecimiento y, 298.

Autoestima, 93. *Véase también* Imagen corporal; Inseguridad.
abuso físico y, 33.
abuso sexual, 43.
adicción y, 198.
baja, motivos de, 93.
cáncer y, 99.
celos y, 123.
celulitis y, 128.
cirugía plástica y, 137.
cohabitación y, 479.
depresión, 207.
divorcio, 232.
ejercicio y, 247.
esterilidad y, 303.
imagen corporal y, 358.
infidelidad y, 374.
mejorar, 97.
maternidad y, 404.
osteoporosis y, 461.
parto y, 469.
pérdida de la mama y, 150.
régimen y, 215.
relaciones con hombres casados y, 352.
sobrepeso y, 559.
vida de soltera y, 593.
violación y, 598.

Gyno-Pevaryl, para las infecciones por levadura, 372.

H

Hemoglobina, anemia y, 68-69.
Herencia. *Véase también* Defectos congénitos.
  obesidad, 561.
Hermanas, 340.
Hermanos, 340.
  circunstancias que los unen, 343.
  conflicto entre, 342.
Heroína, adicción a la, 203.
Herpes genital, 293.
Hidratos de carbono, SPM y, 539-540.
Hierro, suplementos de, 71.
Hierro
  carencia, por el DIU, 460.
  embarazo y, 71.
  en la dieta, 71, 451.
Hiperplasia, 498.
Hipertensión
  cardiopatía y, 119.
  en el embarazo, 267.
Hipertiroidismo, 507.
Hipotiroidismo, 506.
Histerectomía, 345.
  abdominal frente a vaginal,
  alternativas, 349, 350.
  decisión sobre, 346.
  motivos para, 346.
  por endometriosis, 278, 346.
  por fibromas, 322.
  por prolapso uterino, 510.
  problemas postoperatorios, 348.
  sexualidad y, 348-351.
Histeroscopio, para fibromas, 323.
Hombres. *Véase también* Estereotipos.
  casados, relaciones con (*véase* Relaciones con hombres casados).
  poder, 239.
  tareas domésticas y, 514.
Hombres casados, relaciones con, 352. *Véase también* Infidelidad.
  fundamento, 353, 356.
  terminar las, 356.
  trampas emocionales, 354-356.
Hormona estimulante del tiroides (TRH), 509.
Hormona liberadora de gonadotropina
  para la endometriosis, 280.
  para el fibroma, 327.
Hormonal, terapia de reposición (TRH), 573. *Véase también* Terapia de reposición de estrógeno.
  cáncer endometrial y, 576.
  colesterol y, 576.

  para la endometriosis, 278.
  precauciones, 577.
Hormonas. *Véase también* las específicas.
  depresión y, 207.
  embarazo y, 253.
  ovarios y, 347.
  ovulación y, 503.
  píldora anticonceptiva y, 484.
  SPM y, 537.
  tiroides y, 505.
Huesos, calcio para. *Véase* Calcio para huesos.

I

Ibuprofén, 497.
  para la endometriosis, 278.
  para los calambres, 497.
Ictiosis, 84.
Imagen corporal, 358. *Véase también* Autoestima.
  abuso sexual, 43.
  cáncer y, 99.
  celulitis y, 128.
  cirugía estética, 137.
  ejercicio y, 247.
  mejorar, 361-362.
  obesidad, 559.
  osteoporisis, 461.
  régimen, 215.
  trastorno de la ingesta, 580.
Incapacidad, jubilación y, 493.
Incest Survivors Anonymus, 46.
Incontinencia, 363.
  causas, 365.
  estigma de, 363-364.
  tipos, 366.
  tratamiento, 367.
  turbación, 366, 367.
Infección. *Véase* Cistitis; Enfermedad inflamatoria pélvica; Enfermedades de transmisión sexual; Infecciones vaginales.
Infecciones vesicales. *Véase* Cistitis.
Infidelidad, 374. *Véase también* Divorcio; Relaciones con hombres casados.
  amenaza para el matrimonio, 446.
  estudios, 446.
  explicación evolutiva, 446.
  femenina, 378.
  masculina, 376.
  momentos vulnerables, 377.
  recuperación marital por, 379.
  respuesta emocional, 375.
  sexual frente a emocional, 375.
  sufrir por, 376.
Ingesta, trastornos de la, 580.
  abuso sexual y, 43.
  efectos adversos, 403.

Mycostatin, para infecciones por levadura, 368.

N

Nacido muerto. *Véase* Aborto y nacido muerto.
Nacimiento. *Véase* Parto.
Nariz, cirugía estética de, 137.
National Institute of Health, 85.
Natural, parto, 478.
Náuseas matutinas, en el embarazo, 256.
Nerviosismo. *Véase* Ansiedad.
Niño(s). *Véase también* Parto; Maternidad; Adolescentes.
  abuso sexual de (*véase* Sexual, abuso).
  adopción de (*véase* Adopción).
  cuidado de (*véase* Cuidado del niño).
  de madre soltera, 422.
  divorcio y, 232.
  libre por decisión propia, 193.
  madre que se queda en casa, 414.
  matrimonio, 429.
  segundas nupcias, 619.
  pérdida de, aflicción por (*véase* aflicción por la pérdida de un niño).
Niños, 408-409. *Véase también* Lactancia materna; Cuidado de los niños.
  unión con
    cesárea y, 131.
    guarderías, 186.
    en el embarazo, 253.
No esteroides, fármacos antiinflamatorios, para problemas menstruales, 502, 503.
Nortriptilina, para la depresión, 207.
Nutrición, 451. *Véase también* Dieta.
  conocimientos de, 451.
  contraceptivos y, 168.
  dolor por fibroma quístico de mama, 328.
  embarazo y, 253.
  menopausia y, 435.
  necesidades de calcio, 451-454. (*véase también* Calcio).
  necesidades de hierro, 451-454.
  necesidades de zinc, 451-454.
  osteoporosis y, 461.
  por comidas rápidas y precocinadas, 453.
  régimen y, 215.
  síndrome de fatiga crónica, 531.

O

Obesidad. *Véase* Sobrepeso; Pérdida de peso.
Obstetras, 85.
Obstetricia y ginecología, 85.
Oleadas de calor, 435.
autoayuda para, 436, 441.
fisiología de, 437.
Orales, anticonceptivos. *Véase* Píldora anticonceptiva.
Orejas, cirugía estética para, 137.
Orgasmo, 227-229.
  alcanzar el, 227-229.
    efecto de la histerectomía sobre, 351.
Osteoporosis, 461. *Véase también* Terapia de reposición de estrógeno.
  amenorrea y, 503.
  calcio y (*véase* Calcio para los huesos).
  estrógeno y, 572.
  factores de riesgo, 467-468.
  fracturas y, 467.
  ignorancia acerca de, 462.
  menopausia y, 435.
  prevención, 467.
  vivir con, 467.
Ovario, cáncer de
  hemorragia anómala por, 498.
  píldora anticonceptiva y, 484.
Ovarios
  extirpación de, 346.
  poliquísticos, 503.

P

Padrastro/madrastra, fases, 619.
Padres, ancianos o enfermos, cuidado de, 274.
Páncreas, cáncer de, 110.
Pánico, ataque de. *Véase también* Fobias.
  agorafobia, 77.
  causas, 74.
  síntomas, 74-76.
  tratamiento, 77.
Parto, 469. *Véase también* Maternidad; Embarazo.
  actitud y, 477.
  cuidados para, 472-473.
  después de los 35 (*véase* Embarazo después de los 35).
  dolor de la dilatación, 471.
    medicación para, 474.
  ejercicios de respiración, 474.
  experiencia de, 469-470, 474.
  infidelidad, 374.
  infructuoso (*véase* Aborto y nacido muerto).
  intervenciones, 474.
  lactancia materna después (*véase* Lactancia materna).
  natural, 476.
  por cesárea (*Véase* Cesárea).
  preparación, 474.
    ejercicios de Kegel, 477.
  sueños de, 265.

citas y, 568.
estigma de, 287.
sida (*véase* Síndrome de inmunodeficiencia adquirida).
signos y síntomas, 294.
tipos, 293-294.
Sexuales, estereotipos. *Véase* Estereotipos.
Sida. *Véase* Adquirido, síndrome de inmunodeficiencia.
Sífilis, 293-294.
Sin techo, en la vejez, temor a, 490.
Síndrome de fatiga crónica (SFC), 531. *Véase también* Fatiga.
causas, 533.
diagnóstico, 532-533.
medicación, 537.
síntomas, 531-532.
tratamiento, 534.
Síndrome de supermujer, 546. *Véase también* Matrimonios con dos profesiones; Quehaceres domésticos.
apoyo familiar, 550-551.
estrés y, 548.
necesidades personales, 551-552.
recuperarse de, 550-551.
trastornos de la ingesta, 580.
ventajas, 547.
Sobrepeso, 559. *Véase también* Régimen; Ejercicio; Pérdida de peso.
autoestima, 559.
cambios de comportamiento, 564.
cáncer y, 110.
cardiopatía, 119.
como problema femenino, 562.
contribución genética, 561.
enfoques y tratamientos, 564.
ejercicio, 565-566.
estigma, 215.
incontinencia y, 363.
opinión de la sociedad, 559.
peligros, 219.
problemas menstruales, 497.
régimen y, 559.
venas varicosas, 587.
Sociales, relaciones. *Véase también* Amistad; Relaciones.
cardiopatía y, 112.
longevidad y, 61.
Sodio, dolor en mama con fibroma quístico, 333.
Sol, lesión cutánea por el, 400.
Soltera, madre por decisión propia, 422.
Solteras, madres. *Véase* Maternidad sin matrimonio.
Solteras, mujeres, envejecimiento visto por, 299.

SPM. *Véase* Síndrome premenstrual.
Sueño
fatiga y, 317.
síndrome de supermujer y, 546.
Sueños, de la infancia, 265.
Supermamás, 547.
Sustancias, abuso de. *Véase* Dependencias.

T

Tabaco, consumo de. *Véase* Tabaquismo.
Tabaquismo. *Véase* Tabaco.
Tabaquismo
anemia y, 69.
arrugas y, 81.
cáncer y, 106.
cardiopatía y, 118.
fibroma quístico de mama, dolor y, 330.
incontinencia y, 363.
píldora anticonceptiva y, 485.
Talasemia, 514.
Tay-Sachs, enfermedad de, 514.
Temor. *Véase* Ansiedad; Fobias.
Tensión arterial alta. *Véase* Hipertensión.
Tiroides, problemas de, 504.
enfermedad de Graves, 504.
hipertiroidismo, 507.
hipotiroidismo, 506.
hormonas y, 505.
Trabajadoras, madres. *Véase también* Cuidados del niño culpa y, 186-188.
Trabajo. *Véase también* Profesiones; Matrimonios con dos profesiones; Síndrome de supermujer.
cardiopatía y, 114.
embarazo y, 253.
normas y recompensas, 557.
quehaceres domésticos, 523.
regreso a, 421.
Trabajos. *Véase* Profesiones; Trabajo.
Traición. *Véase* Infidelidad; Relaciones con hombres casados.
TRE. *Véase* Terapia de reposición de estrógeno.
TRH. *Véase* Terapia de reposición hormonal.
Tricomoniasis, 292.
Tromboflebitis, 587.
TSH, 508.

U

Úlcera, en la pierna, 592.
Ultrasonografía fetal, 514.
Umbilical, muestra de sangre, percutánea, 514.
Urinaria, incontinencia. *Véase* Incontinencia.

Urinarias, infecciones de vías. *Véase* Cistitis.
Uterina, hemorragia
  dilatación y legrado, 389.
  en la mitad del ciclo, 497
  histerectomía, 345.
Uterinos, problemas, aborto por, 25.
Útero. *Véase* Histerectomía; Prolapso de útero.
Útero, cáncer de
  dilatación y legrado para descartar, 389.
  hemorragia anómala y, 497.
Útero, fibroma de. *Véase* Fibromas.

V

Vaginal, inflamación, por alergia, 368.
Vaginales, infecciones, 368.
  causas, 369.
  prevención, 370.
  tratamiento, 372.
Vaginal, sequedad por la menopausia, 435.
Vaginal, pH, 371.
Vaginales, lubricantes, 441.
  para el coito, 168.
Vaginismo, 227.
Vasectomía, 313.
Venas,
  aracniformes, 587.
  varicosas, 587.
Venas varicosas, 587.
  buscar ayuda para, 588-589.
  enlentecer su progreso, 589.
  gravedad de, 590.
  tratamiento, 589, 591.
  vergüenza por, 588.
Venas aracniformes, 587.
Verduras, 451.
Verrugas genitales, 290.
Viajar a diario, en matrimonios con dos profesiones, 242.
Vida a solas, 593.
  citas y, 568.
  vergüenza por, 595.
Violación, 598. *Véase también* Abuso sexual.
  autoestima y, 606.

culpa y, 600, 606.
estadísticas, 599.
evitarlo, 602.
no notificada, 599.
por un conocido, 598-601.
recuperarse de, 601, 604, 606.
sentimientos después, 601.
técnicas de confrontación, 604.
Violencia. *Véase* Abuso físico; Violación.
Virginidad, 608. *Véase también* Celibato.
  estadísticas, 609.
  guía materna y, 610.
  pérdida de, 609.
Vitamina B$_6$, píldoras anticonceptivas y, 460.
Vitamina C, hierro y, 67.
Vitamina E, para las oleadas de calor, 435.
Vitamínicos, suplementos, durante el embarazo, 456.
Viudez, 612. *Véase también* Aflicción.
  adaptarse a, 617.
  amistad y, 615-616.
  jubilación y, 490.
  respuesta emocional a, 613-614.
  salud y, 617.
Vivir juntos fuera del matrimonio. *Véase* PCA.
Volver a casarse, 619.
  éxito, 620.
  fases en el papel de padrastro/madrastra, 621-622.
  fracaso, 619-620, 623.
  múltiple, 621.

Y

Yodo, radiactivo, para la enfermedad de Graves, 504.
Yogur, infecciones por levadura y, 368.

Z

Zumo de arándano, infecciones vesicales y, 164.